2016年度浙江省社科联省级社会科学学术著作出版资金资助出版(编号：2016CBZ03)

浙江省社科规划一般课题(课题编号：16CBZZ02)

当代浙江学术文库
DANGDAI ZHEJIANG XUESHU WENKU

# 江浙人口政策比较研究

彭伟斌 著

中国社会科学出版社

# 图书在版编目（CIP）数据

江浙人口政策比较研究 / 彭伟斌著. —北京：中国社会科学出版社，2018.6

（当代浙江学术文库）

ISBN 978 - 7 - 5203 - 2675 - 9

Ⅰ.①江… Ⅱ.①彭… Ⅲ.①人口政策—对比研究—江苏、浙江 Ⅳ.①C924.21

中国版本图书馆 CIP 数据核字（2018）第 111997 号

---

| | |
|---|---|
| 出 版 人 | 赵剑英 |
| 责任编辑 | 田　文 |
| 特约编辑 | 丁　云 |
| 责任校对 | 周　昊 |
| 责任印制 | 王　超 |

---

| | |
|---|---|
| 出　　版 | 中国社会科学出版社 |
| 社　　址 | 北京鼓楼西大街甲 158 号 |
| 邮　　编 | 100720 |
| 网　　址 | http://www.csspw.cn |
| 发 行 部 | 010 - 84083685 |
| 门 市 部 | 010 - 84029450 |
| 经　　销 | 新华书店及其他书店 |

| | |
|---|---|
| 印　　刷 | 北京君升印刷有限公司 |
| 装　　订 | 廊坊市广阳区广增装订厂 |
| 版　　次 | 2018 年 6 月第 1 版 |
| 印　　次 | 2018 年 6 月第 1 次印刷 |
| 开　　本 | 710×1000　1/16 |
| 印　　张 | 28.25 |
| 插　　页 | 2 |
| 字　　数 | 468 千字 |
| 定　　价 | 118.00 元 |

---

凡购买中国社会科学出版社图书，如有质量问题请与本社营销中心联系调换
电话：010 - 84083683
版权所有　侵权必究

# 序　言
## 解释中国的生育率下降

2013年中央十八届三中全会决定实施"单独两孩"政策，2015年五中全会又决定实施"全面二孩"政策。虽然这些政策实施的时间还比较短，目前考察分析这些生育政策"新政"对生育率的实际影响可能还为时过早，但是初步结果至少表明，我国生育率并未如某些政府部门或某些人所预言的那样发生大幅反弹。实际上，2015年我国出生人数还出人意料地出现了负增长。

一个相关的重要的问题是如何解释我国的生育率变动。在1970年以来我国生育率快速下降的进程中，生育控制政策和有利于生育率下降的经济社会变化都发挥了重要的推动作用，但需要研究两者的影响是如何动态变化的。

弄清楚生育率下降的原因，不但对于解释过去的生育率下降十分重要，对于判断生育政策调整后我国未来生育率的走向也十分重要。如果导致20世纪90年代以来我国生育率不断走低的主要原因是经济社会条件的变化，而生育控制政策至多只是次要的原因，那么我们就有理由认为，放宽生育政策不会导致生育率的大幅"反弹"，更不会引起生育率"失控"。

长期以来，在如何解释生育率下降的问题上，国内存在不同意见的争论。彭伟斌的新著《江浙人口政策比较研究》是解释我国生育率下降的一个新的重要研究。该书另辟蹊径，以江浙两省为主要研究案例，对新中国成立以来江浙两省人口政策的演进与人口变动进行了深入的考察分析，并尝试用定量分析方法，测度政策因素与经济社会因素在江浙两省不同历史时期对生育率变动的效果。研究结果发现两省政策殊途同归，在生育率已经显著降低的情况下，政策性因素的作用已经日渐式微，而经济水平与社会发展等其他控制变量已成为决定总和生育率的主要因素。

我本人对这一研究发现表示高度赞同。这一发现的重要政策含义是，在生育控制政策对生育率的影响不断减弱的情况下，继续实施社会成本高昂的生育控制政策已经毫无必要。更何况，在我国人口生育率与增长率不断下降，并将在未来10年左右的时间内进入负增长的背景下，值得我们担忧的不是生育率过高的风险，而是生育率过低的风险。

该书作者彭伟斌还建议，为促进两省人口长期均衡发展，需要在全面实施"全面二孩"政策的基础上进一步调整和完善人口政策。我相信，未来新发布的人口统计数据将为这一建议提供新的实证支持。我个人非常赞成，尽快取消对城乡家庭生育数量的任何限制，让生育选择权回归家庭，让计划生育回归家庭计划，在此基础上，进一步出台鼓励生育政策，帮助城乡育龄夫妇解决他们养育子女的实际困难。

我国已经进入经济新常态，需要我们加快供给侧改革的步伐。在我看来，供给侧改革最根本的长远之计是加大对我国人力资本的投入，包括对人力资本的数量与质量的投入。如何鼓励我国人口的总和生育率逐步回升到更替水平，如何为全体人民尤其是学龄儿童提供更加公平和更高质量的教育，如何为全体人民提供更好的医疗保健，是需要我们进一步研究的重大课题。

该书是研究人口政策的一个新的重要文献，我愿意借此机会将此书推荐给关心人口政策问题的广大读者。

上海社会科学院研究员
中国人口学会原副会长
左学金
2017年8月5日于上海

每一种强烈的意识都是生活的源泉，都是我们整个生命活力的基本要素。因此，凡是削弱这种活力的因素都在贬低和抑制着我们自身，也会给我们带来不安和沮丧，就像生命的重要机能停滞和延缓下来所带给我们的感觉一样。所以当我们面临着削弱我们意识的危险的时候，我们势必要坚决地予以还击，把它彻底地清除掉，从而保证我们意识的完整。

——［法］埃米尔·涂尔干

# 目 录

**第一章　导论** ……………………………………………………（1）
  第一节　研究背景 ………………………………………………（2）
  第二节　研究意义 ………………………………………………（24）

**第二章　文献回顾：人口政策研究述评** ……………………（27）
  第一节　人口政策的概念界定 …………………………………（27）
  第二节　人口政策的目标 ………………………………………（32）
  第三节　人口政策的研究方法 …………………………………（38）
  第四节　人口政策的决策机制与程序 …………………………（45）
  第五节　人口政策的效果 ………………………………………（47）
  第六节　人口政策的反思 ………………………………………（60）
  第七节　人口政策的调整 ………………………………………（65）
  第八节　文献研究评述小结 ……………………………………（81）

**第三章　基本概念、研究方法与研究思路** …………………（86）
  第一节　基本概念 ………………………………………………（86）
  第二节　研究方法 ………………………………………………（94）
  第三节　研究思路 ………………………………………………（99）

**第四章　人口政策演进及影响因素：印度经验** ……………（102）
  第一节　人口政策演进的政策学诠释 …………………………（102）
  第二节　人口政策演进的国际案例 ……………………………（107）
  第三节　印度人口政策的演进过程 ……………………………（108）
  第四节　影响印度人口政策演进的因素分析 …………………（128）
  第五节　印度人口政策演进的国际启示 ………………………（147）

## 第五章　中国人口政策演进：过程、阶段与特征 …… (161)
第一节　从全球家庭计划运动看中国计划生育开端 …… (161)
第二节　中国人口政策的演进过程 …… (171)
第三节　中国人口政策演进的阶段划分 …… (188)
第四节　中国人口政策演进的基本特征 …… (193)

## 第六章　江浙两省人口政策的形成、发展与比较 …… (206)
第一节　江浙两省地理区位及人口概况 …… (206)
第二节　地方性人口政策的形成 …… (212)
第三节　江苏人口政策的发展过程 …… (218)
第四节　浙江人口政策的发展过程 …… (229)
第五节　江浙两省人口政策发展比较 …… (242)

## 第七章　江浙两省人口发展现状及历史变动比较 …… (256)
第一节　江浙两省人口规模及历史变动比较 …… (256)
第二节　江浙两省人口结构及历史变动比较 …… (269)
第三节　江浙两省生育水平及历史变动比较 …… (291)
第四节　江浙两省人口分布及人口负增长区域比较 …… (301)
第五节　江浙两省人口发展综合水平比较 …… (308)

## 第八章　江浙人口政策效果的实证分析与比较 …… (314)
第一节　理论分析 …… (314)
第二节　模型构建 …… (318)
第三节　实证分析 …… (325)
第四节　结论和启示 …… (328)

## 第九章　生育政策调整与江浙人口展望 …… (331)
第一节　单独两孩生育预测模型 …… (332)
第二节　生育政策调整对江浙两省人口发展的影响预测 …… (338)
第三节　结论与讨论 …… (352)

**第十章 新时期中国人口政策的完善和优化** …………………（365）
　第一节　从人口表象回归人口真实 ………………………（365）
　第二节　从短时段回归长时段 ……………………………（372）
　第三节　从政府决策回归家庭决策 ………………………（377）
　第四节　从计划生育回归家庭计划 ………………………（382）
　第五节　从新马尔萨斯主义回归马克思主义 ……………（385）
　第六节　从政策刚性回归政策理性 ………………………（391）

**结　语** ……………………………………………………………（396）

**参考文献** …………………………………………………………（402）

**致　谢** ……………………………………………………………（442）

# 第 一 章
# 导　　论

　　人口是一种重要而长远的"根本性资源"①，把人口作为一种重要资源，也曾是世界各国的普遍观念。② 正因为如此，人口增长对国家经济增长能力的影响与经济增长对人口的影响同样重要③。重商主义和重农主义一度将人口与财富的组合视为治理理性的首要目标。④ 作为一个客观存在的社会群体，人口在不断运动的过程之中具有自身发展的客观规律性。

　　一定历史条件下社会经济发展和运动的复杂过程造就了人口政策。作为一个国家公共政策体系的有机组成部分，人口政策如何在遵行人口自身发展客观规律性的同时，科学驾驭和把握人口的社会性，特别是如何基于发展的视野来全面透析特定时空环境下人口发展中存在的系列问题，从而准确把握一个国家或地区人口变迁的基本态势并制定出与之相适应的人口政策，实际上是公共政策科学决策中一个极具挑战性的难题。正因为如此，人口政策对一国人口发展走向的影响和作用向来充满争议。无论是从历史还是从现实来看，人口政策已经实实在在成为一个站在当代世界门槛上的热点问题。人口政策之所以备受国际社会和民众关注，不仅因为它与人们的家庭与个人福祉休戚相关，而且因为它会实实在在地影响社会经济发展的进程。

　　制度变迁是历史演进的源泉。⑤ 目前世界上绝大多数发展中国家的

---

　　① Simon, Julian L. The Ultimate Resource：rinceton, N. J.：Princeton University Press, 1981.
　　② 李琦：《二十世纪五十年代中共领导人的人口控制思想探析》，《中共党史研究》2009年第11期，第37页。
　　③ ［美］戴维·波谱诺：《社会学（第十一版）》，李强等译，中国人民大学出版社2007年版，第602页。
　　④ ［法］米歇尔·福柯：《安全、领土与人口》，钱翰、陈晓径译，上海人民出版社2010年版，第3页。
　　⑤ ［美］道格拉斯·C. 诺斯：《经济史中的结构与变迁》，陈郁、罗华平等译，上海三联书店、上海人民出版社1999年版，第18页。

政府都已制定并公布了旨在促进人口缓慢增长的政策，而且通常都是通过家庭计划政策试图促进这一目标的实现。① 其中，中国先于改革开放政策的生育制度变迁，不仅已经实实在在地成为影响现代中国社会经济历史进程的重要事件，也成为全球家庭计划运动历史的重要组成部分。中国作为世界上人口数量最多的国家，尽管不是世界上第一个开展家庭计划的国家，但它既是世界上首个有清晰人口政策的国家，也是人口政策最为多元、强制性持续时间最长、政策执行最为严厉、政策过程和结果争议最多的国家。而且，中国还是目前世界上唯一一个将计划生育写入宪法并作为基本国策的国家。中国人口政策的演化，如同它的现代化进程一样，既有自身独特的一面，也有世界共性的一面。中国的人口政策与世界上其他国家的人口政策一起，构成全球家庭计划运动及世界人口政策演化历史的一个不连续的整体。

本书基于中国大陆江苏与浙江两省人口政策比较之视角，遵行从整体到局部再到整体的逻辑思路，试图来切入和重温中国计划生育独特的历史进程，以理性评估和科学看待中国人口政策的历史作用和未来走向，为未来中国人口政策的进一步调整与优化提供参考。

## 第一节 研究背景

### 一 国际社会对全球家庭计划的总结与反思

人口问题作为令人瞩目的一个世界性社会问题，无疑是近一个多世纪来全球政治经济发展格局中的一个重要构件。大多数人口学家都认为，生育控制的普及是减少世界人口的关键手段。② 从人口经济学的发展历史来看，在经历19世纪末到20世纪20年代的黄金年代后，随着发达国家尤其是西欧人口增长停止，西方经济学家们不再担忧人口增长的威胁，也没有制定人口政策。以国家层面出台的现代人口政策，在马尔萨斯发表

---

① ［美］吉利斯、波金斯、罗默、斯诺德格拉斯：《发展经济学（第四版）》，中国人民大学出版社1998年版，第201页。

② ［美］戴维·波普诺：《社会学（第十一版）》，李强等译，中国人民大学出版社2007年版，第604页。

《人口论》大约150年后才出现。① 20世纪50-60年代，发达国家的经济学家们越来越将注意力集中于发展中国家的经济增长，并且关注到它们过快的人口增长问题，认为这会制约经济增长并将带来严重的资源与环境问题，也将带来巨大的移民压力。② 同时，发展中国家的许多决策者都断定，较低的出生率对他们的国家是合乎需要的，而且有理由认为，节制生育运动和鼓励性计划在某些时期，能够降低一些国家出生率。③ 也就是从这个时期开始，家庭计划开始充当人口政策的先锋，成为许多发展中国家脱贫致富的首选方法。作为一个普遍选择的公共政策工具，家庭计划尽管在执行之初遭到了执行国政府和人民的反对，但它最终还是被许多国家所接受，并对全球发展产生了深远的影响。

从1965年一直到1994年，人口控制作为引导全球人口政策的一个主要概念不断被普及推广。④ 20世纪70年代，美国国际开发署、世界银行和其他一些国际援助机构都非常重视人口政策，并将其视为考核一个潜在受援国发展绩效的重要标准。⑤ "人口问题是发展的中心问题"几乎成为世界共识。早在1984年世界银行的一项研究就发现，人口快速增长与私人储蓄之间存在负相关关系，从而对资本深化进程产生一定的抑制作用。⑥ 虽然如此，在人口政策的选择上，国际争论仍然较大。1974年布加勒斯特世界人口大会上，各国对如何解决人口增长问题实际上存在较大分歧，以中国、阿尔及利亚、巴西和阿根廷为首的许多国家反对旨在降低人口增长率的政策，而印度等一些亚洲国家却持赞同立场。民族主义者和马克思主义者断言，制度和结构方面的阻力是造成不发达的原因，而不是人口增长。尽管如此，布加勒斯特会议后的十年里，许多发展中国家的领导

---

① John F. May. World Population Policies：Their Orign, Evolution, and Impact. The World Bank, Washington DC：Spinger, 2012：viii.

② Amartya Sen. Population：Delusion and Reality. New York Review of Books, Vol. 41, No. 15, 1994：3.

③ [美] 朱利安·L. 西蒙：《人口增长经济学》，彭松建、周维、邱沛玲、蔡文眉、胡键颖、李运宽、王德中、南钟万译，北京大学出版社1984年版，第535页。

④ Paige Whaley Eager. Global Population Policy：From Population Control to Reproductive Rights. Prined in Britain by Antony Rowe Ltd, Chippenham, Wiltshire, 2004：1.

⑤ [美] 吉利斯、波金斯、罗默、斯诺德格拉斯：《发展经济学（第四版）》，中国人民大学出版社1998年版，第199页。

⑥ 世界银行：《1984年世界发展报告》，1984年，第51—206页。

人都比较支持家庭计划了。一些原本在布加勒斯特会议上持批评态度的国家，其中最明显的是中国，在1984年墨西哥召开的第二次世界人口会议上，反而成了家庭计划活动的主要支持者。① 据联合国人口报告称，20世纪80年代中期以前，全球有127个国家的政府都在某种程度上支持家庭计划，这些国家涵盖了世界人口的94%。② 其中，有34个国家采用人口政策和项目来降低生育率，另有32个国家出于非人口统计学目的以及健康和人道主义考虑提供家庭计划服务。家庭计划覆盖了发展中国家的25亿人口，相当于当时居住在农村地区人口总数的90%。③

到了20世纪80年代，美国国内泛起了日益增长的反对在人口经济问题上采取限制人口增长的观点，批评的声音指向国际人口项目援助，认为有关国际援助纵容了中国等一些实行强制性计划生育的国家侵犯人权。受此影响，美国政府对人口增长不利于经济发展的立场反而采取了保守的态度，甚至在1984年的会议上劝说发展中国家转变到自由市场，以免政府过多地陷入经济与人口事务的纠纷之中。这一年，美国出台的《墨西哥城政策》（Mexico City Policy）明确要求所有接受美国联邦政府经费补助的非政府组织，不得在美国境外从事或推动和堕胎有关的事务（因强奸、乱伦和孕妇生命危险而堕胎的除外），也不提倡将堕胎作为推行计划生育的一种方法。④ 这使有关人口的政策性讨论变得十分慎重而且极为复杂。1986年美国科学院有关"人口增长与经济发展：政策问题"的研究报告甚至得出了模棱两可的结论。⑤ 即使还缺乏充分而定量的科学证据，仍有越来越多的发展中国家领导人认为控制人口的措施是明摆着的好事。正是

---

① ［美］托马斯·梅里克等：《世界人口转变》，何晓勤、步金玲、严春松译，上海图书情报中心，1987年，第24页。

② ［意］马西姆·利维巴茨：《繁衍——世界人口简史（第三版）》，郭峰、庄瑾译，北京大学出版社2005年版，第188页。见 "Law and Policy Affecting Fertility: A Decade of Change," Population Reports, Series E, Now. 1984: E - 117。

③ W. Parker Mauldin. Assessment of National Family Planning Programs in Developing Countries. Studies in Family Planning, Vol. 6, No. 2, 1975: 30.

④ Policy Statement of the United States of America at the United Nations International Conference on Population. Reprinted in Population and Development Review, Vol. 10, No. 3, 1984: 574 – 579.

⑤ National Research Council, Committee on Population, Working Group on Population and Development, Population Growth and Economic Deveiopment: Policy Questions. Washington, D. C.: National Academy Press, 1986: 90.

基于这一判断，发达国家仍坚持向发展中国家提供人口项目援助。①

20世纪90年代以来，世界各国普遍认识到，应在充分尊重个人权利的情况下确保制定人口政策的合法性。1993年克林顿中止了墨西哥城政策。1994年开罗人口大会确定将持续发展置于人口问题的核心，并终止了"人口控制"的概念，认识到小的家庭和减缓人口增长速度不是取决于控制，而是取决于自由选择。② 各发展中国家的人口政策也由单一的数量控制向提高人口素质和优化人口结构转变。③ 2001年，布什总统上任伊始又恢复了禁令，甚至批评国际人口基金会支持中国的计划生育政策，实施强制堕胎和实行非自愿绝育。这一反堕胎取向的《全球禁制通令》甚至被反对者抨击为"全球限制自由法"，有关研究甚至认为该禁令并没有达到限制堕胎的效果，反而严重扰乱了家庭计划服务，增加了堕胎的数量，而且侵犯了受资助国的主权。④ 2009年，奥巴马签署总统令撤销了这一禁令，认为联邦政府为国际援助设定的条件过于宽泛，这些条件已经破坏了那些努力促进外国实施安全有效的自愿性家庭计划方案，国务卿和美国国际开发署的管理员必须放弃现有的早就应该放弃的附带性补助条件。⑤ 近几年来，美国政府有加大资助国际家庭计划领域组织力度的倾向，在强调家庭计划去政治化的同时，也要求国际援助组织应在减少贫困、改善妇女和儿童健康、预防HIV/AIDS以及为154个国家的妇女提供计划生育援助中发挥更为积极的作用。与此同时，家庭计划领域的国际性非政府组织⑥更加强调人的发展和人文关怀，更加关注妇女自己、自主、自由决定是否、何时以及生育多少孩子的权利。

---

① ［美］托马斯·梅里克等：《世界人口转变》，何晓勤、步金玲、严春松译，上海图书情报中心，1987年，第40页。

② http://www.unfpa.org/6billion/populationissues/program.htm. Population, Issues, 1999.

③ 联合国：《人口与发展国际会议行动刚要》，开罗，第1994页。

④ Barbara B. Crane, Jennifer Dusenberry. Power and Politics in International Funding for Reproductive Health: the US Global Gag Rule. Reproductive Health Matters, 2004, Vol. 12, Issue 24: 128.

⑤ Amanda Adams. Obama Withdraws Family Planning Policy, Restores Some Nonprofit Speech Rights, http://www.foreffectivegov.org/node/9641.1-28-2009.

⑥ 代表性的如Family Planning 2020 (FP2020)，http://www.familyplanning2020.org。FP2020是一个与政府、民间社会、多边组织、捐助者、私营部门以及研究和开发社区密切合作的国际性组织，其目标是在2020年前采用避孕药的妇女达到1.2亿，该组织是2012年伦敦家庭计划峰会的成果。超过20个国家的政府在峰会上做出承诺，要扫除女性在获取避孕信息、服务和用品中存在的政策、资金、配送以及社会文化障碍，有关捐助者也承诺额外追加26亿美元。

上述分析表明，家庭计划作为一个国家人口政策极为重要的组成部分，其政策选择和政策过程并不仅仅是作为一个国家内部的公共事务问题，而是超越国界发展成为一个国际社会普遍关注的发展问题。其中，我们可以看到发达国家尤其是美国的重要影响。近半个多世纪来，美国一直将国外人口政策置于首要位置，代表美国政府立场的美国联合开发署以及其他一些国际性组织在许多发展中国家开展了一系列人口项目与活动，显著地影响了这些国家的人口政策制定与实施。二战以后，美国十分关注亚、非、拉广大地区发展中国家的所谓"人口爆炸问题"，这大大超过了他们对国内人口问题与人口政策的关注。例如，1965年美国国家科学院编写的《美国人口的增长》报告中开篇就谈及国际人口问题，认为人口增长与规模问题不仅是亚、非、拉广大地区发展中国家所特有的问题，而且是关系到美国的重大问题，从而成为美国重视国外人口政策的根据。[①] 自20世纪60年代至今，美国一直是全球家庭计划领域从资金援助、技术支持到人员培训的最大援助国。美国国际开发署（United States Agency for International Development，USAID）在全球家庭计划革命运动的历史进程中扮演着非常积极的角色。

回顾全球家庭计划这段历史，不难看出，其实在国际援助组织热心推进发展中国家家庭计划项目的同时，有关总结和评估的理性之声就一直存在。要对这些新出现、广泛存在且分散的家庭计划项目进行评估，面临理论和实践上的双重难题。[②] 早在1971年，发展经济学家戴维斯就指出，家庭计划项目不应该指向人口控制和计划，也不应该用来作为生育控制的工具。简单设定的生育控制目标不仅会带来十分复杂的社会经济弊端，也使人口自身的问题变得更复杂。发达国家为发展中国家提供不适用的人口统计学模型，误导了发展中国家人口政策的制定和实施。[③] 实际上，在开罗会议上，关于人口增长问题缺乏宏观紧迫性和微观层面上对生殖健康和权利的过度关注的结合，导致几乎完全重新形成全球人口政策和策略。《国际人口与发展大会行动纲领》明确要求放弃人口和家庭计划项目目

---

① 戴世光：《评美国人口政策》，《人口研究》1978年第1期，第23页。

② W. Parker Mauldin. Assessment of National Family Planning Programs in Developing Countries. Studies in Family Planning, Vol. 6, No. 2, 1975: 30.

③ Davis K. Population Policy: Will Current Programs Succeed?. Science, Vol. 162, 1967: 1243–1248.

标,支持一种更广泛的政策议程。除了一系列旨在赋予妇女权利并强化她们权利的社会和经济政策措施外,还包括一系列生殖健康措施,包括迎合妇女整体生殖健康需求的家庭计划。人口问题并非开罗议程的重要部分,而是一度到会议行将结束之际差点被忽略的部分。开罗会议后,家庭计划几乎成了完全被遗忘的术语。实际上,《国际人口与发展大会行动纲领》关于节育服务的主要章节在预备会议的文件中已经被命名为"家庭计划及生殖权利和健康",在180多个代表团出席的会议所采用的最终版中仅被称为"生殖权利和生殖健康"。①

尽管如此,20世纪80年代后期,以中国为代表的一些发展中国家的计划生育并未回到国际社会的新共识上来,人口控制和节制生育的指向性十分明显。有关的实证研究认为,发展中国家20世纪60年代初到80年代末生育率的下降,其中43%应归于计划生育发挥的作用。在此期间发展中国家发生的避孕使用增加和生育率下降的革命很大程度上是政策和项目干预的结果。② 然而,值得注意的是,国际社会早已认识到,发展中国家人口政策选择应该摒弃单一的家庭计划。那种认为家庭计划与发展彼此相悖的观点是一种逻辑上的二律背反。事实上,家庭计划与经济发展都有助于生育减少的人口转折的完成,单靠家庭计划难以降低生育率。③ 从一些发展中国家的家庭计划开展情况来看,由于生育受经济、政治、文化、宗教、社会意识形态等多种因素的影响,试图通过单一性人口政策来惩罚公民的生育行为以达到有效控制人口的目的,实施起来往往非常困难且耗资巨大。在20世纪60—80年代,在许多没有实施家庭计划的欠发达国家中,生育率已经出现了显著而快速的下降。从这一点来看,家庭计划对生育率下降的作用可能被夸大了,发展中国家的那些热衷于家庭计划的人口政策制定者们应该从中汲取足

---

① Warren C. Robinson, John A. Ross. The Global Family Planning Revolution: Three Decades of Population Policies and Programs. The World Bank, 2007: 10.

② John Bongaarts. The Continuing Demographic Transition, Edited by G. W. Jones et al. Oxford: Clarendon Press, 1997: 422 – 443.

③ [美] 吉利斯、波金斯、罗默、斯诺德格拉斯:《发展经济学(第四版)》,中国人民大学出版社1998年版,第207页。

够的教训。①

在以控制人口和生育为导向的计划生育逐渐淡出历史舞台的过程中，自20世纪80年代开始，国际社会就已出现大量文献对发展中国家家庭计划的效果进行总结和评析。② 如果将家庭计划视为"无声的革命"③，那么这一持续了40多年的革命到底意味着什么？它究竟是失败还是成功？它在多大程度上实现了国家所设定的目标？为人类留下了什么？诸如此类的总结与反思一直为国内外学术界④所关注。进入21世纪后，西方学术界更是出现了有关的系统性总结与回顾。⑤

## 二 全球气候变化与发达国家对人口政策的再度关注

自从生物学家保罗·埃里奇扔出他的《人口爆炸》以来，在全球产生了有关人口增长与资源环境承载力的讨论热浪，其余波一直持续至今，且通过全球气候变化问题的关注正在形成新的冲击力。目前，气候变化问题已引起全世界对人口发展问题提出新的议论和思考。在哥本哈根举行的

---

① Nick Eberstadt. Recent Declines in Fertility in Less Developed Countries, and What 'Population Planners' May Learn from Them. World Development, Vol. 8, 1980: 37 - 60.

② 代表性的如 Robert J and Lapham, W. Parker Mauldin Family Planning Program Effort and Birthrate Decline in Developing Countries. International Family Planning Perspectives, Vol. 10, No. 4, 1984: 109 - 118; Ronald Freedman. The Contribution of Social Science Research to Population Policy and Family Planning Program Effectiveness. Studies in Family Planning, Vol. 18, No. 2, 1987: 57 - 82.

③ Warren C. Robinson, John A. Ross. The Global Family Planning Revolution: Three Decades of Population Policies and Programs. The World Bank, 2007: 421.

④ 国内代表性的学者早期如侯文若《各国人口政策比较》，中国人口出版社1991年版；近期有徐剑:《中国人口政策效果分析》，吉林大学博士学位论文，2010年。国际代表性的有 James C. Knowles, John S. Akin and David K. Guilkey. The Impact of Population Policies: Comment. Population and Development Review, Vol. 20, No. 3, 1994: 611 - 615; Pitchett, Lant H. Desired Fertility and the Impact of Population Policies. Population and Development Review, Vol. 20, No. 1, 1994: 1 - 55; W. Parker Mauldin, John A. Ross. Family Planning Programs: Efforts and Results, 1982 - 89. Studies in Family Planning, Vol. 22, No. 6, 1991: 350 - 367; Therese Hesketh, Li Lu, Zhu Wei Xing. The Effect of China's One-Child Family Policy after 25 Years. The New England Journal of Medicine. September 15, 2005: 1171 - 1176; John Bongaarts, Steven Sinding. Population Policy in Transition in the Developing World. Science, 2011, Vol. 333: 574 - 576.

⑤ 代表性的有 John A. Ross and W. Parker Mauldin. Family Planning Programs: Efforts and Results: 1972 - 94. Studies in Family Planning, Vol. 27, No. 3, 1996: 137 - 147 以及 John F. May. World Population Policies: Their Orign, Evolution, and Impact. The World Bank, Washington DC: Spinger, 2012.

国际研讨会上，各国就气候变化问题提出了有关的战略和对策。人口问题被再一次提出并成为讨论的焦点。① 根据联合国《世界人口展望》（2010修正版）②，2100年全球人口总量从2008年的91.5亿的预测值调高到了100亿。2014年的预测值则显示，到2100年全球人口总量将从72亿上升到123亿。③ 联合国不断调高的全球人口预测值，重新引起一些学者对人口激增的恐慌。代表性的观点认为，气候变化、食物、石油和水资源都会导致冲突④。如果新兴市场的50亿人口都开始过上普通美国人的生活方式，而且消耗一样多的人均自然资源，那么我们就面临一个全球危机。⑤ 目前，有关生态浩劫的各种说法甚嚣尘上，科学家们也竭力说明全球变暖的程度及其对长期气候所造成的效应。1992年在巴西里约热内卢召开的联合国环境与发展大会，154个国家签署了《气候变化框架公约》，同意稳定大气中的温室气体，以防止人类对全球气候造成的影响。1997年京都会议更是将全球变暖上升为政治议题。⑥ 2015年联合国195个成员国在气候峰会上达成《巴黎协定》，取代了以前的京都议定书。2017年6月美国新任总统唐纳·特朗普宣布美国退出巴黎协定遭到了国际社会的广泛批评。

可以这样说，气候变化问题就是人口、资源与环境问题的翻版。由于它超越了国界变成一个全球的共性问题，且涉及不同国家的可持续发展，已经演变成为一个充满争议与斗争的国际政治问题。实际上，自从梅多斯

---

① 赵白鸽：《人口发展与人口政策——在中国经济社会发展智库首届论坛上的致辞》，2009年7月21日；见程恩富主编《激辩"新人口策论"》，中国社会科学出版社2010年版，第21页。

② United Nations, World Population Prospects: The 2010 Revision. Department of Social Affairs, Population Division, United Nations, New York, 2011.

③ Patrick Gerland1, Adrian E. Raftery, Hana Ševčíková, Nan Li, Danan Gu, Thomas Spoorenberg, Leontine Alkema, Bailey K. Fosdick, Jennifer Chunn, Nevena Lalic, Guiomar Bay, Thomas Buettner, Gerhard K. Heilig, John Wilmoth. World population stabilization unlikely this century. Science, 2014-9-18.

④ [英]乔治·马格纳斯：《人口老龄化时代：人口正在如何改变全球经济和我们的世界》，余方译，经济科学出版社2012年版，第17—24页。

⑤ 沈联涛：《中国的增长模式可复制吗?》，载奥利维尔·布兰查德、戴维·罗默、迈克尔·斯宾塞、约瑟夫·斯蒂格利茨《金融危机的教训——反思当代政策》，浙江大学出版社2013年版，第177页。

⑥ [美]布赖恩·费根：《洪水、饥荒与帝王——厄尔尼诺与文明兴衰》，董更生译，浙江大学出版社2009年版，第239页。

等学者提出"增长的极限"以来,人口、资源与环境的协调发展与公共政策选择就已经逐渐进入了世界各国政府尤其是西方发达国家的政治视野。20世纪末,可持续性发展与永续能力已从地区或区域性问题跃升为世界性的社会发展目标,并获得了国际社会的广泛认同。发达国家更是特别重视气候变化问题,希望以中国为首的新兴发展经济体能够在减少温室气体排放上承担更多的责任。尽管全球在碳排放问题已达成初步共识,然而人口作为一个决定低碳社会走向的主要因素却被广为忽视。[1] 西方发达国家之所以对气候变化如此关注,主要是因为不断增长的人口和消费导致了全球食品和能源价格的快速攀升,从而带来全球气候变暖与显著的环境压力。[2] 在主要发达国家看来,尽管本国人均碳排放量要远高于低收入国家,但是减缓低收入国家的人口增长更有助于解决全球气候问题,中国、印度等人口众多的新兴经济体生活水平的快速提升无疑将进一步加剧全球气候问题。加拿大《金融邮报》甚至公开评论说,哥本哈根气候峰会"不便说出的真相"并非全球气温升高或是降低的问题,而是人口过多问题,全世界都应该学习和推广中国的独生子女政策。[3]

进入21世纪以来,越来越多国家的政府不仅出台人口政策,而且将之置于公众视野进行讨论。同时,许多国家采用独立的人口政策并设立相关的重要部门,使人口政策显著区别于其他国家政策。[4] 目前,美、欧、澳等西方发达国家尚没有清晰的人口政策。美国的 Michael E. Kraft、英国的 John Guillebaud 和 Dr Pip Hayes 等人口研究专家纷纷呼吁本国政府重视和发展本国的人口政策。2010年9月,澳大利亚工党赢得选举后,联合绿党组建类似英国的"气候变化委员会",将人口政策作为重要的议题。2009年10月,第26届世界人口大会人口与环境学术专题研讨会认为,控制人口高增长率可减缓全球气候变化,在一些欠发达地区采取措施遏制

---

[1] Michael E. Kraft. Population Policy for the 21st Century, http://www.Populationpress.org/essays/essay-kraft.html.

[2] L. R. Brown. Foreign Policy 186, 54, May, June, 2011, 见 John Bongaarts, Steven Sinding. Poplation Policy in Transition in the Developing World. Science, 2011, Vol. 333: 574.

[3] 博客中国. 个人专栏文章. http://www.blogchina.com/860323.html. 见: Diane Francis. The real inconvenient truth—The Whole World needs to Adopt China's One-Child Policy, Financial Post. Dec. 14, 2009. http://www.financialpost.com/story.html?id=2314438.

[4] Economic and Political Weekly. Rewinding Population Policy? Economic and Political Weekly, Vol. 37, No. 26, Jun. 29 – Jul. 5, 2002: 2515.

人口快速增长仍应是重要的人口发展战略。与会专家指出，人口的快速增长正在加速气候变化，破坏地球的生态系统，导致饥荒，使一些发展中国家更加贫困。他们认为，气候变化是全人类普遍关注的问题，必须通过全球统一行动来应对。为此，专家们呼吁各国政府发挥重要作用，在制定应对气候变化政策时重视人口问题，特别关注过高人口生育率等对气候变化的影响，并制定相应的人口政策。

随着国际社会尤其是发达国家对全球气候变化及碳减排问题的日益重视，中国也在开始从人口、资源、环境挑战的视角考虑经济发展模式问题。在近十年的时间里，中国通过强制性措施关闭了许多高耗能、高污染和高排放的企业，试图将发展低碳经济与经济转型结合起来。根据2014年9月19日国务院印发的首个应对气候变化的国家专项规划《关于国家应对气候变化规划（2014—2020）的批复》，2020年前中国要确保实现单位GDP二氧化碳排放较2005年要下降40%—45%，非化石能源占一次能源消费的比重达到15%左右，森林面积和蓄积量分别比2005年增加4000万公顷和13亿立方米的目标。① 显然，碳排放和碳约束仍将是"十三五"乃至更长时期中国社会经济发展不得不考虑的重要因素。

尽管目前有关是否确实存在气候变化以及引起气候变化的原因存在各种各样的解释，但是矛头还是再次直指人口因素。中国因为人口总量世界排名第一而被推向风口浪尖，不得不在全球减排和气候治理中做出被动应对。在此背景下，国内也开始出现为应对气候变化应控制人口的声音，认为控制人口增长、保持人口长期均衡发展有利于气候变化问题的解决，自然资源条件、社会生产力发展状况决定了当前中国必须把稳定低生育水平摆上应对气候变化的重要位置。② 几年前有一种说法，即中国计划生育政策不仅在减轻人口激增引发的社会问题方面有着特殊阶段的积极作用，促进了国家发展，促进了全球人口的稳定、资源保护和能源的节约。根据有关方面的说法，中国育龄妇女总和生育率从5.8下降至目前的1.8，如果按照少生四亿人口来计算，起码减少了18.3亿吨的碳排放。因此，中国

---

① 安蓓、赵超、王优玲：《中国批复应对气候变化首个国家专项规划》，新华网（http://news.xinhuanet.com/politics/2014-09/19/c_1112552582.htm）。

② 董尚荣：《人口发展与应对气候变化》，《中国人口报》2010年2月22日。

计划生育所产生的出生人口减少对全球气候变化的贡献十分显著，哥本哈根气候变化会议的有关成果文件中对人口问题应该有所体现。此类论调在引来国内强烈质疑①的同时，也招致国际有识之士的批判②。与经济不发达阶段人口过多被当作贫困的原罪如出一辙，在全球气候变化的国际压力下，人口问题被再次拿来说事，成为某些官员企图维持中国计划生育政策不变的借口，以至于把稳定低生育水平作为应对气候变化的"双赢"战略。③

近10年来，有关气候变化全球治理主要分为全球主义、国家主义和跨国主义三大范式。④ 其中跨国社会机制是全球治理中最为引人瞩目的机制。虽然跨国机制尚处于远未发育完善的起始阶段，但是在国际社会反思现行政策的各种不足和缺陷方面，正在发挥积极作用。有关气候变化需要加强土地使用、自然资源管理和经济发展等领域的管理政策，各国间应开展合作以应对潜在冲突的呼声越来越高。⑤ 如在欧洲，瑞典、奥地利、波兰、瑞士等欧洲八所科学院发布联合声明，称欧洲的低生育率、人口老龄化、内部移民增加等问题给决策者带来巨大挑战，并呼吁政府和相关机构在关注气候变化和自然资源短缺等问题的同时针对人口变化制定应对策略。⑥

### 三　后金融危机时代全球人口发展与经济增长的不确定性

2008年以来，美国次贷危机引发的全球金融风暴演变为严重的世界性经济衰退，发达国家经济增长乏力，除美国经济呈现疲软的弱复苏迹象

---

① 代表性的质疑如舟木：《就"计划生育减少碳排放"言论与赵白鸽主任商榷》，舟木的搜狐博客 http：//zhoumure nkou. blog. sohu. com/139406585. html/2009 - 12 - 12 以及 whymay．《冷眼观看计生委副主任赵白鸽在哥本哈根的表演》，中国网．http：//forum. china. com. cn/thread - 603276 - 1 - 1. html/2009 - 12 - 16.

② Maurice Vellacott. Fear depopulation, not overpopulation. Financial Post. http：//www. financialpost. com/opinion/story. html？id = 2332380.

③ 赵白鸽：《人口方案和应对气候变化》，《人口研究》2010年第1期，第46页。

④ 张胜军：《气候变化治理的理论范式》，《中国社会科学报》2013年5月31日。

⑤ Singe Marie Cold Ravnkilde, Mikkel Funder. Development Cooperation, Climate Change and Conflict. Danish Institute for International Studies（DIIS）. 2012.4.27：http：//www. filestube. to/ Development-cooperation-climate-change-and-conflict-dJagSGEFuglKq0h2J3swfa. html.

⑥ 王晓真编译：《欧洲八科学院联合呼吁应对人口挑战》，《中国社会科学报》2014年6月18日。

外，欧洲和日本等主要经济发达体仍深陷衰退之中。根据标准普尔2015年的预测，美国2015年实际GDP增速预计为2.3%。另一家国际信用评级机构穆迪则预测美国2015年和2016年实质GDP增长率在2.8%左右。①在此之后，经济增速可能下滑。对于未来15年年产出增长的保守预期是1.5%，乐观预期是增长3.2%。穆迪表示，在此之后，经济增速可能下滑。② 欧洲债务危机引发的经济萎靡已经蔓延到德国和意大利等欧洲核心经济体，尽管欧洲中央银行采取了量化宽松的货币政策，欧盟预计2015年欧元区经济增长率也只能达到1.5%。国家商务部公布的欧洲统计局数据显示，2015年欧元区经济平均增长率确实只有1.5%。③；日本则更严重，平均增长率为-0.3%，再次回落到衰退状态，显示安倍经济学和日本中央银行量化宽松政策对经济增长的提振作用在逐渐衰减。尽管这些发达经济体采取了包括量化宽松货币政策在内的一揽子经济刺激方案，但是由于长期存在的人口老龄化、劳动力市场僵化、广义上的生产力萎缩等结构性矛盾，这些政策始终无法激起周期性恢复。④ 而以"金砖四国"为代表的新兴发展中国家尽管也受到了全球金融危机的冲击，还是呈现出相对较好的发展态势。西方国家的相对衰落仿佛正在得到验证。

根据经济史学家安格斯·麦迪森的估算，在19世纪初欧洲、美国和加拿大的GDP总量大约为当时世界GDP总量的32%。按购买力平价计算，到1950年，这一比例上升到68%。然而，随着资本主义发展度过1950—1973年的"黄金时期"，世界经济增长的动力已经开始急剧下降，不同地区的经济表现呈现出极大的不平衡。⑤ 欧洲、美国和加拿大在全球GDP中所占比重由1950年的68%下降到2003年的47%，到2050年这一

① 标普：《预计2015年美国实际GDP增速为2.3%》，汇通网，2015-10-8（http：//finance. sina. com. cn/money/forex/hbfx/20151008/035423414506. shtml）。
② 凤凰国际iMarkets. 穆迪：《美国2015年和2016年实质GDP增长率在2.8%左右》，2015-5-5，http：//finance. ifeng. com/a/20150505/13683251_ 0. shtml。
③ 中华人民共和国商务部网站. www. mofcom. yov. cn/article/i/jyjl/m/201603/20160301266958. 5html
④ Stephen S. Roach. The Stall-Speed Syndrome. http：//www：roject-syndicate. org/commentary/stephen-s-roach-warns-that-anemic-growth-is-leaving-developed-economies-vulnerable-to-a-recessionary-relapse，08-27-2014。
⑤ ［英］安格斯·麦迪森：《世界经济千年史》，伍晓鹰、许宪春、施发启译，北京大学出版社2003年版，第115—116页。

比重将会低于他们在1820年所占30%的比例。这意味着2003—2050年全球GDP总量约80%的增长将发生在欧洲、美国和加拿大以外的地区。①中国、印度、巴西、南非、墨西哥、印度尼西亚以及土耳其等新兴工业化国家正在成为全球经济增长的主要动力。15个亚洲国家生产了世界GDP的四分之一，养活了一半的世界人口。②

在全球经济增长充满不确定性的同时，正在发生的一系列人口发展趋势将对21世纪全球安全和发展格局产生重大影响。各国决策者如何适应全球人口与经济变化的新格局，将决定未来全球政治和经济的稳定性。20世纪90年代以来，世界人口剧增的根本原因不再是出生人口更多，而是人口活得更长。③

目前，全球人口似乎正在向两个不同的方向发展：一方是部分欠发达国家生育率仍然高居不下，人口继续快速地增长，给这些国家的社会经济发展带来沉重的压力；另一方则是主要发达国家生育率长期低位徘徊，少子老龄化正在带来一系列严峻的社会经济挑战，人口负增长的消极后果令这些发达国家深感忧虑。发达国家的平均人口增长率远远低于1%，而发展中国家的增长率一般都高于2%。死亡率的下降是人口急剧增长的主要原因，死亡率从1950年的23‰下降到现在的11‰或12‰。现在发展中国家的人口增长占世界总人口增长的94%以上。④ 考虑到这种正在形成的全球人口趋势，战略家们应该彻底放弃冷战时期有关"三个世界"的划分，代之以"新三个世界"来重塑全球秩序：第一世界为人口老龄化的工业

---

① [美]杰克·戈德斯通:《新人口爆炸：四大趋势将改变世界》，宁维嘉译，《国外社会科学文摘》，2010年，第21页。见 Jack A. Goldstone. The New Population Bomb：The Four Megatrends That Will Change the World：The Four Megatrends That Will Change the World. Foreign Affairs. 2010, January/February. http：//www.foreignaffairs.com/articles/65735/jack-a-goldstone/the-new-population-bomb.

② [英]安格斯·麦迪森:《世界经济千年史》，伍晓鹰、许宪春、施发启译，北京大学出版社2003年版，第119页。

③ [美]杰克·戈德斯通:《新人口爆炸：四大趋势将改变世界》，宁维嘉译，《国外社会科学文摘》，2010年，第23页。见 Jack A. Goldstone. The New Population Bomb：The Four Megatrends That Will Change the World：The Four Megatrends That Will Change the World. Foreign Affairs. 2010, January/February. http：//www.foreignaffairs.com/articles/65735/jack-a-goldstone/the-new-population-bomb.

④ [美]戴维·波谱诺:《社会学（第十一版）》，李强等译，中国人民大学出版社，2007年版，第602页。

化国家及地区，包括日本、新加坡、韩国、中国台湾以及 2030 年之后的中国；第二世界是经济充满活力，人口数量呈现快速增长状态但年龄分布较为合理的国家，主要包括巴西、伊朗、墨西哥、泰国、土耳其、越南以及 2030 年之前的中国；第三世界是那些人口增长迅速且呈年轻化，城市化日益加剧但经济疲软、政府管制无力的国家。①

随着全球人口总数突破 70 亿大关，对于上述"新三世界"而言，人口增长快和老龄化加剧已发展成为 21 世纪最严重的挑战。至 21 世纪中期，全球青少年占世界总人口比重将与老年人持平。尤其是欧洲和日本等主要发达国家，人口结构已经从原来的金字塔状慢慢变为柱状，②使得这些经济体正在逐渐失去活力，社会负担随之不断加大。美国因为人口仍将继续按世界平均水平增长，老龄化进程比日本和西欧稍慢一些。从经济上讲，老龄化社会可能会不同程度地逐渐侵蚀一些西方经济体的财政能力，这将随着时间的变化慢慢地、持续地表现出来，或者以爆发国际金融危机的形式表现出来。③"人口悬崖"已成为"谁都逃不掉的经济命运"，随着人口老龄化的富裕国家债务堆积和泡沫破裂，类似日本"昏迷经济"的历史仍将在发达经济体中重演。④ 欧洲的情况相对较为严重，与第一次人口转变相比，欧洲第二次人口转变无论在深度、广度，还是在变化的机理方面，都有很大的不同。⑤ 到 2025 年，欧洲 65 岁以上的人口占比将超过 20%，较 2002 年 16% 的比例有更为显著的上升。随着越来越多的退休人口消耗掉社会的储蓄，以及创造其中大多数储蓄的劳动年龄人口越来越少，大多数欧洲国家的绝对储蓄水平将会骤降。英、德、意三

---

① ［美］杰克·戈德斯通：《新人口爆炸：四大趋势将改变世界》，宁维嘉译，《国外社会科学文摘》，2010 年，第 22 页。见 Jack A. Goldstone. The New Population Bomb: The Four Megatrends That Will Change the World: The Four Megatrends That Will Change the World. Foreign Affairs. 2010, January/February. http://www.foreignaffairs.com/articles/65735/jack-a-goldstone/the-new-population-bomb。

② 赵琪：《人口增长快和老龄化加剧已成为 21 世纪严重社会问题》，《中国社会科学报》2014 年 8 月 25 日第 A3 版。

③ ［英］乔治·马格纳斯：《人口老龄化时代：人口正在如何改变全球经济和我们的世界》，余方译，经济科学出版社 2012 年版，第 1 页。

④ ［美］哈瑞·丹特：《人口峭壁》，中信出版社 2014 年版，第 1—69 页。

⑤ 蒋来文：《"欧洲第二次人口转变"理论及其思考》，《人口研究》2002 年第 3 期，第 45 页。

个欧盟最大的经济体中,家庭以金融资产衡量的财富将比其历史持续的增长水平缩水4万亿美元。这将严重威胁欧洲大陆的生活水平和经济福利。①

目前,发达国家尤其是日本和欧洲正在经历超低生育率带来的经济寒冬。欧洲大陆的经济学家与政治学家们都感受到了来自养老金改革问题的焦虑,但是改革缺乏人口增长的动力。② 而发展中世界还可以继续分享人口红利的时间为20—25年。因此,人们根本不会太早注意到许多国家正在发生人口老龄化的速度,以及其中隐含的问题。③ 放眼全球,当今新人口爆炸问题是世界人口的绝对增长落后于世界人口年龄和分布的变化。因此,决策者必须使当今的全球治理机制适应工业化国家老龄化趋势,世界经济和人口增长集中于发展中国家以及国际移民增加的新现实。④ 展望未来,各国都期待稳定优质的人口发展,年轻人缺乏势必将影响包括国防在内的多个社会经济系统的正常运转。⑤ 后金融危机时代,无论是发达经济体还是发展中世界,只有真正实现了财政与人口协调,才能最大化实现本国之人口红利。质言之,只有高度重视人口增长的质量与结构,才能从根本上解决这些令人头疼的问题。

全球人口发展的趋势与变化正在引发各相关国家的人口政策发生转向:更多国家倾向于鼓励性生育政策而非限制性生育政策。不仅韩国、日本、新加坡等东亚国家和地区早已转向推行鼓励性生育措施,甚至是澳大利亚也在不遗余力地鼓励生育。只有同处低生育率国家之列的中国仍在继续维持控制生育的人口政策。这与国际社会主流人口政策发展的走向渐行

---

① Diana Farrell. The Economic Impact of an Aging Europe. The McKinsey Quarterly. 2005,(5). www. mickeybutts. com/agingeurope. pdf.

② 刘骥:《阶级分化与代际分裂——欧洲福利国家养老金政治的比较分析》,北京大学出版社2008年版,第234页。

③ [英]乔治·马格纳斯:《人口老龄化时代:人口正在如何改变全球经济和我们的世界》,余丹译,经济科学出版社2012年版,第3页。

④ [美]杰克·戈德斯通:《新人口爆炸:四大趋势将改变世界》,宁维嘉译,《国外社会科学文摘》,2010:22。见 Jack A. Goldstone. The New Population Bomb: The Four Megatrends That Will Change the World: The Four Megatrends That Will Change the World. Foreign Affairs. 2010, January/February. http://www.foreignaffairs.com/articles/65735/jack-a-goldstone/the-new-popu-lation-bomb。

⑤ 赵琪:《人口增长快和老龄化加剧已成为21世纪严重社会问题》,《中国社会科学报》2014年8月25日第A3版。

渐远，由此产生的系列负面影响难以估量，中国人口政策的调整已迫在眉睫。①

中国经济在2008年全球金融危机爆发后至今仍面临许多的挑战，转变经济发展方式已经到了刻不容缓的地步。未来经济发展仍面临很多不确定性因素。未来经济能否持续增长，关键要看能否应对日益严峻的老龄化冲击。有学者认为，在当前形势下，"人口论"的前提假设已不再成立，应该立即调整人口政策，大幅度放松甚至完全取消计划生育政策。调整和完善人口政策不仅有助于应对经济下行所带来的严峻挑战，而且有助于缓解未来劳动力市场供给日渐短缺之不利前景。② 为应对经济危机的不断蔓延和深化，中国除了实行积极的货币政策和财政政策外，人口政策也发生了积极的转向。

### 四 中国人口政策和人口过程正在经历重要的历史转折

为了遏制人口过快增长的势头，以使中国人口总量在20世纪末能有效控制在12亿以内，1980年9月25日中共中央向全国人民发出《关于控制人口增长问题致全体共产党员、共青团员的公开信》（下文简称《公开信》），以既非正式政策也非正规法律的特有方式向全国人民发出"只生一个孩子"的号召。在"提倡一对夫妇只生育一个孩子"的同时，还"强调晚婚晚育"。然而，这个号召到后来走样畸变成"一胎化"运动。从1982年中央出台十一号文件纠正和遏制这种极端"一胎化"的做法，颁布了以"女儿户"为核心内容的生育政策，一直到2014年11月15日中共十八届三中全会通过《中共中央关于全面深化改革若干重大问题的决定》，启动实施一方是独生子女的夫妇可生育两个孩子的政策，中国的人口政策终于迎来了期待已久的调整。尽管调整的力度较小，并没有实现一步到位，然而这个调整却意味着中国人口政策正在进入一个重要的历史转折期。

人口政策是一个国家受众面最广的公共政策之一。由于人口总是处于运动和变化之中，理论上来说，人口政策要作为一个公共政策发挥有效的

---

① 沈可、王丰、蔡泳：《国际人口政策转向对中国的启示》，《国际经济评论》2012年第1期，第112页。

② 苏剑：《论中国人口政策的走向》，《广东商学院学报》2010年第1期，第13—15页。

作用，也应该与时俱进。当人口数量过多且生育率增长过快之时，人口政策一般强调降低生育率和减小人口规模；而当生育率已经显著降低甚至接近"低生育率陷阱"之时，人口政策应关注和强调解决好人口年龄结构与质量问题。①《公开信》中曾非常明确地指出，当中国人口态势发生变化后，就可以采取别的政策了。然而，在后来的实际执行过程中，"提倡"却演变成"强制"。1978年开始的改革开放打破了新中国成立以来传统经济管理体制中的计划模式，使国民经济的发展逐渐建立于市场经济基础，然而，对人的生产实行的计划控制却几乎没有大的改变。即使《公开信》中约定的30周年之期限到来，国家也并未及时进行人口政策的调整。客观而言，当今中国人口形势已经发生重大变化，如果说30多年前中国人口的主要问题是数量问题，那么30多年后的今天中国人口的主要问题不再是数量问题，而是结构问题，国民经济的可持续发展迫切需要采取宽松和更为积极的人口政策。应该认识到，中国最初出台计划生育政策是在国家百废待兴，国力衰弱阶段"万不得已"的手段。从人类的繁衍、文明的延续、国家的战略发展、家庭的和谐幸福、孩子的教育成长等各方面来看，都不是一个尽善尽美的政策。② 这项政策从一开始就充满了争议，特别是在政策强制执行过程中，有许多野蛮违法的粗暴做法，招致了人们的强烈抵触，饱受国际社会的诟病。

长期以来，中国执行的"一胎化"独生子女政策所带来的老龄化、出生性别比等社会问题已使其不能很好地适应当今社会经济发展之需要，人口政策仍需作进一步的调整、完善和优化。目前，中国妇女的总和生育率已经降低到1.4（国家统计局近年调查数据）至1.8（国家计生委抽样调查数据）的很低水平，如果不对生育政策采取积极的更进一步的调整措施，所谓构建"人口均衡型社会"就是奢谈。实际上，1998年以后，中国每年新生人口从未超过2000万人，2012年中国出生人口为1635万人。未来中国人口将面临怎样的发展态势，人口政策应如何进一步调整和完善，我们需要"从历史的透镜认识中国人口"③。

---

① 左学金：《关于稳定适度低生育水平的新思考》，《人口与发展》2011年第3期。
② 唐勇林：《放开二胎刻不容缓——专访中国人民大学校长纪宝成》，《南方周末》2009年4月9日。
③ 顾宝昌：《从历史的透镜认识中国人口——读〈人类的四分之一：马尔萨斯的神话与中国的现实（1700—2000）〉》，《人口研究》2001年第3期，第77页。

2010年第六次全国人口普查数据结果显示，2000—2010年中国人口年均增长率为0.57%，远远低于1990—2000年1.07%的年均增长率，人口增长速度明显放缓。与此同时人口结构发生了巨大变化：2010年，中国60岁以上的老龄人口达到1.78亿，占比从1982年的7.62%升至13.26%，0—14岁人口占比则由33.59%降至16.60%。① 联合国最新人口数据预测也显示，中国60岁及以上人口占比已大大低于经济合作与发展组织（OECD）的平均水平。这说明中国人口增长过快的趋势已经得到根本上的扭转，多年来对经济发展做出巨大贡献的人口红利正在消失，人口负增长的惯性正在快速形成。长期以来中国从官方到民间一直存在一个严重的思维误区，即中国经济的落后是由于人口太多，实施计划生育政策人口减少，中国经济就能快速发展，太多人口是一种负担，目前人口还太多，应该进一步减少，只有这样中国的人均GDP才能真正提上来。但实际上，近30多年来中国的发展动力当中，除了改革开放释放的制度红利外，人口红利也是功不可没的，这一点，往往为许多人所忽视。

在出生率和生育意愿显著下降的情况下，如同日本一样的少子老龄化趋势越来越明显，将对中国社会经济发展产生严重的制约作用。因为人口变化趋势往往带有巨大惯性，甚至暗含自强化机制。如果总和生育率降到1.5以下的低水平，那么将来想要再扭转过来将会变得极为困难。② 从日本、韩国、新加坡和中国香港、台湾地区等早已步入这一"陷阱"的国家或地区人口演变的历史经验来看，对于超低生育率及其带来的人口老龄化和相关经济社会治理问题，目前尚未找到根本有效的解决办法。③ 如果说人口过快正增长的惯性可怕，那么人口负增长的惯性一旦形成，其严重的社会经济影响更为可怕，这一点还不为众多国人所知甚至在制订一些非常重要的社会经济发展规划中被许多地方政府所忽视。

不仅如此，人口问题的影响还具有显著的代际传递性，当代人口变化所引发的问题往往需要下一代人来承担，这个特点决定了研究人口问题和

---

① 中国发展研究基金会：《人口形势的变化和人口政策的调整（中国人口发展报告2011/12）》，中国发展出版社2012年版，第1页。

② 《中国经济周刊》评论员：《中国要警惕"低生育率陷阱"》，《中国经济周刊》2011年5月9日。

③ 左学金：《关于稳定适度低生育水平的新思考》，《人口与发展》2011年第3期。

制定人口政策时需要很强的前瞻性。①历史表明，在社会发展的某些关头，需要在政策上作大幅度的调整，有时甚至是抛弃以前的政策而重新确立新的政策。②中国的人口过程已经现实地进入重要的转折时期，面对正在涌现的新情况和新问题，需要及时做出人口政策上的调整。在此背景下，如何重新审视和进一步调整和完善中国的人口政策，使之适应中国社会经济可持续发展的需要和更好地满足人民群众的发展需求，是中国当前面临的重大战略问题。

## 五 国内外对于中国人口政策的第四次学术大讨论

20 世纪 70 年代以来，中国人口经历了一场前所未有的巨大变化，实现了人口再生产从"高出生率、低死亡率、高增长率"向"低出生率、低死亡率、低增长率"的历史性转型。在此过程中，中国的生育政策发挥了重要作用。作为一个狭义的人口政策，中国现行的计划生育政策是新中国成立以来引发争议最多的一项基本国策，特别是 20 世纪 80 年代实施"一胎化"政策以来，更是引发了很多学者的批评和争议。

实际上，人口问题是中国长期以来颇有争议性的学术话题。从 19 世纪开始一直到 20 世纪 30 年代，有关的学术争论实际上一直没有停歇③，我们可将这一持久的讨论称之为中国第一次人口大讨论。新中国成立之后，中国第一代国家领导集体对中国的人口发展态势及有关的人口问题是非常关注的。④新中国政府感到人口众多是一个负担，1955 年 2 月卫生部提出关于节制生育的建议，同年 3 月中央就在文件中明确指出："节制生育是关系到广大人民生活的一项重大政策性问题，在当前的历史条件下，为了国家、家庭和新生一代的利益，我们党是赞成适当地节制生育的。"⑤

---

① 中国发展研究基金会：《人口形势的变化和人口政策的调整（中国人口发展报告 2011/12)》，中国发展出版社 2012 年版，第 2 页。

② ［美］查尔斯·林德布洛姆：《决策过程》，竺乾威、胡君芳译，上海译文出版社 1988 年版，第 7 页。

③ 王中保：《新人口理论与政策——中国经济社会发展智库首届论坛综述》2009 年 7 月 21 日，见程恩富主编《激辩"新人口策论"》，中国社会科学出版社 2010 年版。

④ 罗兰容：《毛泽东"适当"节制生育思想原因评析》，《毛泽东思想研究》2005 年第 1 期。

⑤ 孙沐寒：《中国计划生育史分期问题研究》，《中国人口科学》1992 年第 4 期。见：中共中央：《对卫生部党组关于节制生育问题的报告的批示》1955 年 3 月 1 日。

1956年周恩来在党的八大报告中也讲到了支持避孕和节制生育的论述。在此之前，实际上包括《人民日报》这样的主流媒体上都还没有"计划生育"这个词，毛泽东对是否计划生育"三起三落"①最终仍未明确提出来，其人口思想实际上对新中国成立后有关人口问题的第二次大讨论有很大的影响。20世纪70年代中国将控制人口增长指标纳入国民经济发展计划，政府还成立了计划生育领导小组，开始全面实行计划生育政策。②从政策的制定到政策的执行，引起了学术界的第三次大讨论。改革开放以后，中国人口仍在不断增长，所释放的人口红利有力地促进了中国社会经济的快速发展。从十六大后党中央、国务院做出《关于全面加强人口和计划生育工作 统筹解决人口问题的决定》到十七大明确提出"统筹解决人口问题"，再到十八大提出深化改革启动生育政策调整，近15年来中国学术界就人口政策是否应该调整以及如何调整的深入探讨实际上形成了中国人口问题的第四次大讨论。

可以看出，随着中国人口过程在不同历史时期所呈现出不一样的人口问题以及对这些问题的不同看法，形成有关人口政策的学术讨论。尽管政府有意采取并实际采取了从严从紧控制生育的人口政策，但是政界内部以及学术界对是否以及如何调整人口政策是有较大分歧的。尽管中国人口发展过程中所呈现出的诸如新增劳动力数量下降、老龄化水平上升、新生人口下降、出生性别比居高不下以及婚龄人口挤压等一系列问题③正在不断呈现，亟须学界形成应对共识。而伴随民族聚集区人口迅速增长，有关生态环境压力却在大大增加，未来中国少数民族地区的人口政策是否应与东南沿海的人口宜居地区实现统一，也是需要考虑和权衡的现实问题。④尽管随着生育政策微调，单独两孩新政逐渐得以贯彻落实，实现了一些学者和民众的生育政策调整期待，然而目前有关人口问题的讨论并未止息，尚有许多亟须深入探讨的问题。本书认为，至少在如下三个问题上需要通过

---

① 梁中堂：《毛泽东人口思想考》；梁中堂：《毛泽东"人口非控制不行"考》，《人口与发展》2010年第2期。

② 王中保：《新人口理论与政策——中国经济社会发展智库首届论坛综述》2009年7月21日。参见程恩富《激辩"新人口策论"》，中国社会科学出版社2010年版。

③ 张翼：《我国人口不会到16亿》，《科学决策》2005年第10期。

④ 彭希哲：《中国未来发展的四个关键性人口问题》，《探索与争鸣》2012年第5期，第48—50页。

进一步的讨论取得共识。

第一个问题是如何真实地看待、回顾和总结中国人口政策的问题。近30多年来，中国"一胎化"及现行生育政策到底是如何出台的，中共中央特别是最高领导人对人口政策到底持何种态度，这一段历史的真相，随着时间的推移正处于湮没之中。目前，中国公众甚至是很多学者，对这一段曲折的历史并不清楚，由此导致了在中国人口问题和人口政策选择上的不全面甚至极端的看法。特别是，一些经历这段历史的少数人口学家，著书立说，对这段历史有曲解和编造之嫌疑，这令更多的人对国家人口政策产生偏见。有学者明确提出"一胎化"政策是在中央"五次人口座谈会"上形成的。[①] 然而，其他学者的有关文献考证却表明，"一胎化"政策实际上在《公开信》发表前已经在实际工作部门推行一年多的时间，此后中央也从未召开过"五次人口座谈会"。[②] 这些争论充分说明，在公众乃至学者当中，对"一胎化"及现行政策的认识，确实仍存在不少混淆视听的声音以及一些认识上的误区，亟待还原历史之真实。这亦是本书试图研究的一个历史与现实背景。

第二个问题是当前中国人口政策应该如何再进一步，进行与时俱进的调整、优化和完善。人口政策如何调整？2015年12月27日，第十二届全国人民代表大会常务委员会第十八次会议以157票赞成2票弃权，表决通过了关于修改人口与计划生育法的决定，明确提出2016年1月1日起实施全面二孩的生育政策，在不到两年的时间里生育政策再次进行调整。那么，国家现在"提倡一对夫妻生育两个子女"的全面二孩政策以及一些专家原来认为"能够避免"人口反弹和出生堆积的单独两孩政策，这两个过渡性政策为什么无法有效提升中国的生育率水平？中国人口的发展是否因此而错过优化政策的最佳时间？中国人口政策进一步调整的时间窗口应选择怎样的历史时机？是否应立即全面放开生育政策？全面二孩政策是否真正适用于中国当前乃至未来的社会经济发展需要？中国人口政策应如何设计方能立足于人口结构的和谐、防止未来劳动力短缺？人口政策如

---

① 田雪原：《新中国人口政策60年回顾与展望》，社会科学文献出版社2009年版。
② 对田雪原研究员在《新中国人口政策60年回顾与展望》所提及的"中央'五次人口座谈会'"，梁中堂教授曾撰写《"中央人口座谈会"：一个由田雪原自编自唱的谎言》《致田雪原的一封信》以及《鹿耶，马耶？田雪原"中央人口座谈会"》等文进行商榷。

何实现在总量控制的基础上缓解日益严峻的老龄化问题？对于这一些关系到中国未来社会经济发展的重大问题，迫切需要进行更深入的讨论。然而，对于这些问题的解答，目前学术界恰恰存在非常大的分歧。需要在回顾历史的基础上把握中国人口政策的历史真实，并理性分析当前学术分歧的焦点，从学术真实的角度来科学选择中国人口政策。

第三个问题是中国人口政策的未来，即"十三五"乃至更长时期，中国应如何创新和构建"全面、清晰、友好"的人口政策？如何实现人口政策的管理控制向人性化服务的战略转型？所谓"生育自主、倡导节制、素质优先、全面发展"的新人口政策，以及调整生育政策和提高人口素质促进人的全面发展两大政策取向如何通过人口政策的选择得到落实？对于中国这样一个多民族的国家来说，未来中国人口政策是否需要逐渐统一？如何统一？新时期我国人口政策改革的策略、目标和路径如何抉择？这一系列重大现实问题，确实是关系到中国经济社会发展未来走向和国家前途命运的重大问题。

目前，中国的计划生育进入了一个新的阶段，中国已经形成并正面临一个与计划生育初期前完全不同的人口态势，一些发展中国家已经完成了第一次人口转变，而一些发达国家仍在经历第二次人口转变，不同国家处于人口过程的不同阶段也使当今世界正面临一个与全球家庭计划执行初期阶段完全不一样的人口发展格局。这种人口态势和格局具有何种规律和特点，对中国及全球的长期发展可能会有什么样的影响，从世界人口长期趋势和中华民族长期发展的角度看，中国应该采取什么战略，这是人口学者应该超前思考和研究的问题。[①] 统筹解决好人口问题，始终是中国实现经济发展和社会进步面临的重大而紧迫的战略问题。未来人口政策的取向和选择，只有正面历史，亟须全面总结、回顾和客观评价30多年来中国人口政策的发展和演变。本书正是基于这一问题，以江苏和浙江两省比较之视角，透过局部看整体，对中国人口政策进行历史回顾与现实反思。

---

① 《中国重大战略性人口科学与政策问题学术研讨会》筹备组．关于《中国重大战略性人口科学与政策问题学术研讨会》讨论方式的说明，2014年9月6日．

## 第二节 研究意义

基于上述国内外人口发展趋势及人口政策转向等多种错综复杂的大背景，本书试对江苏和浙江两个省份的人口政策进行比较研究，具有一定的研究意义和探索价值，具体可归纳为以下三个方面。

### 一 理性回顾中国计划生育之历史

理性回顾中国计划生育之历史，在于以史为鉴，溯源人口政策形成与演进的历史真实，此乃本书研究意义之一。历史论题是人类生活中极其重要的元素。在历史中，人们形成并且反映了他们与其他人的认同感、归宿感，以及与他者的差异。在归宿感和差异的宽泛视界中来看待"世界诸文明"，人们才能够谈及"文化认同"。① 正因为如此，对人口与发展的反思，不仅对了解发展中国家人口政策的理论基础，而且为设计一个适宜的人口发展计划，都指明了方向。②

20世纪下半叶，许多发展中国家都面临人口快速增长的挑战，但为什么唯独中国采取了"一对夫妇只生一个孩子"的极端性生育控制政策？而且，这样一个弊端众多的政策，为什么能够持续如此之久，甚至超过了当初制定时的预定期限？这是现代人口和社会史上必须要回答的两个问题。③ 尽管目前世界银行已经召集多个执行家庭计划国家的专家学者，从全球家庭计划史的视角进行了总结和回顾④。然而，其中却没有对中国计划生育的回顾与总结。本书以中国东部经济发达地区的江苏和浙江两省为研究个案，从学术探讨之视角对中国人口政策的发展进行历史回顾与现实反思，试图透过局部窥探整体，揭示30多年来中国人口政策发展和演进

---

① [德] 耶尔恩·吕森：《历史的观念译丛》总序一，载 [法] 费尔南·布罗代尔著《论历史》，刘北成、周立红译，北京大学出版社2008年版，第 i—ii 页。

② [美] 吉利斯、波金斯、罗默、斯诺德格拉斯：《发展经济学（第四版）》，中国人民大学出版社1998年版，第203页。

③ 王丰、蔡泳、顾宝昌：《人口、政策、政治——从历史的视野看中国的独生子女政策》，顾宝昌教授发与笔者的电子稿，2012，第1页。

④ Warren C. Robinson, John A. Ross. The Global Family Planning Revolution: Three Decades of Population Policies and Programs. The World Bank, 2007.

的系列影响因素，为理性回顾和总结中国计划生育的经验教训，以及研究中国省域计划生育史提供可供借鉴的参考案例。

### 二 比较分析省域不同人口政策之效果

比较分析江浙两省之人口政策，在于辨析中国现行生育政策体系框架下不同人口政策选择对生育控制所产生的实际效果，此乃本书研究意义之二。由于人口过程是一种人口的生产和再生产过程，在一个国家、一个民族发展的不同历史时期，人口问题的表现方式既有共性的一面，也有非共性的一面。一直以来，追求以公共利益为核心的社会利益最大化是各国政府公共政策的目标。①

人口政策作为一种与个人生育行为休戚相关的重要的公共政策，只有根据人口结构变动的实际及时做出与时俱进的调整和优化，方能真正发挥其作为公共政策工具的公共利益作用。费孝通先生曾说，任何社会制度的形式都是人为的，是人类为了满足某种需要，用社会的制裁力加以制定的。以父母为中心的生育制度的形式自然也不例外。② 人口政策是政府为了直接干预人口过程才制定的。③ 为实现国家社会经济发展的战略任务，长期以来，中国的人口政策被赋予一种所谓"统筹解决人口问题"的历史使命。但是在实际执行过程中，中国的人口问题既没有得以统筹，也没有得到解决，反而出现"未富先老""养老金空账运转"等新的人口经济问题。

基于此，人口政策到底应该如何界定？人口政策与计划生育政策之间有何本质性的区别？"十三五"乃至更长时期，中国人口政策如何借国家全面深化改革之东风构建全新的政策决策机制？这一系列重大现实问题，关系到中国经济社会发展的未来走向和国家的前途命运，亟须全面总结和客观评价 30 多年来中国所执行的多样化人口政策之效果。本书从中国 31 省市区中选取了江苏省和浙江省这两个在现行生育政策体系下执行不同人口政策的省份，运用历史分析和案例分析的方法，通过研究两省人口发展现状及政策演进过程，比较不同人口政策之实际效果，不仅可以客观看待

---

① 陈庆云：《论"利益政策学"研究中的几个基本概念》，载复旦公共行政评论（第二辑）《公共政策与政府治理》，上海人民出版社 2006 年版，第 11 页。

② 费孝通：《生育制度》，中国出版集团、商务印书馆 2008 年版，第 63 页。

③ 梁中堂：《论改变和改革计划生育制度》，上海，2007 年，第 30 页。见梁中堂《人口过程：不依人的意志为转移的客观运动》，《人口研究》2005 年第 1 期。

和评价人口政策对控制人口和节制生育实际所起的作用,也可以为新时期中国人口政策的进一步调整、优化和完善提供参考。

### 三 研究探讨未来中国人口政策之取向

研究探讨未来中国人口政策之取向,重在回归和强调人口研究之学术真实,此乃本书研究意义之三。由于人口本身具有一定的延续性,现实的人口是过去几十年人口发展的结果,它同时又决定了今后几十年人口发展的状况。① 因而,基于人口发展的现状预测未来人口的发展趋势仍具有较强的现实意义。

2010年第六次全国人口普查结果显示,中国人口已进入一个十分关键的发展时期,人口迅速转变所带来的各种人口后果已经陆续显现出来,未来人口形势的变化也比以往更为复杂,② 主要挑战来自城乡结构、年龄结构、性别结构以及家庭结构,亟须前瞻性地理解未来人口发展的态势,并通过一套整合的社会经济政策体系去积极地解决中国当前这四大迫切需要解决好的人口问题以及由此衍生的各类社会经济问题。③ 而人口政策作为一项涉及国家民族发展的重大战略性政策,与应对经济波动的短期宏观政策有着本质上的区别。如果是考虑人口红利消失对宏观经济的冲击而被迫放开生育政策,那么在当前形势下,将人口政策作为一项宏观需求管理的短期政策是否可行,也是值得深思的。

目前,许多地方已经陆续制订了本地区的人口发展"十三五"规划。各地的共识是"十三五"时期仍是中国人口政策转型最重要的战略机遇期。要在这么重要的一个战略机遇期,将编制真正建立于科学依据基础之上,客观评价和科学预测生育政策的调整效果十分必要。本书在对江浙两省人口政策进行比较分析的基础上,也对两省执行单独两孩政策带来的人口发展方面的结果进行了模拟预测,可在一定程度上回答为何单独两孩政策执行一年来,在中国大陆多个省市区"遇冷"的现象,以及全面二孩政策实施以来生育率不达预期也回答了人们有关为什么单独两孩政策执行中对推出全面二孩政策的疑问,从而可为未来中国人口政策的选择和目标取向提供一定借鉴。

---

① 梁中堂:《论我国人口发展战略》,山西人民出版社1985年版,第2页。
② 李建民:《对人口均衡发展的诠释》,《人口研究》2010年第3期,第45页。
③ 彭希哲:《中国未来发展的四个关键性人口问题》,《探索与争鸣》2012年第5期,第48页。

# 第 二 章
## 文献回顾：人口政策研究述评

作为全球第一人口大国，中国的人口问题及其与之密切相关的人口政策，自新中国成立以来一直备受关注，尤其是20世纪80年代中国推行强制性的"一胎化"政策以来，出现了大量的有关中外研究文献，聚焦和探讨中国人口政策及其相关的一系列问题。随着经济社会快速发展过程中的人口转型与转变，有关中国人口政策的学术研究也在不断推进。中外学术界对"一胎化"政策的形成背景、计划生育政策的制定与执行、人口政策的社会经济效应、新时期人口政策是否需要进一步调整以及应该如何调整等一系列有关中国人口政策的具体问题进行了全方位、多视角、有争议的学术探讨。

## 第一节 人口政策的概念界定

公共人口政策的出现，是对人类事务进行有组织性社会控制总体发展趋势的一部分，它提出了许多基本而深远的问题。① 在影响人口过程的各种社会因素中，人口政策是最直接且最明显的一种因素。② 然而，在构成人口学的各个领域中，迄今为止，恐怕人口政策论是最为落后的。例如，甚至像"人口政策是什么"这样最单纯的基本问题，也还未得到充分的解答。③ 什么是人口政策？如何界定其内涵？这是人口学学术研究和政策实施应用过程中应该回答好的问题。

从文献收集、整理及阅读的情况来看，尽管人口政策在中外文献

---

① Frank Lorimer. Issues of Population Policy. Annals of the American Academy of Political and Social Science, Vol. 237, World Population in Transition, Jan., 1945: 193.
② 梁中堂：《人口学》，山西人民出版社1983年版，第235页。
③ ［日］大渊宽：《人口思想和人口政策》，《国外社会科学》1979年第3期，第65—66页，原载日本《国际问题》杂志1978年第6期。

中频繁出现,但是如何界定人口政策似乎成了人口学领域的一个研究难题。西方国家在 20 世纪 40 年代提出的现代意义上的家庭政策源于对人口规模和结构变动的担忧,当时的家庭政策研究大多与人口政策相关联。① 然而,对于西方学者而言,清晰界定人口政策的概念或者框定其范畴并非易事,原因就在于公共政策体系中没有具体的人口政策,但是在通常意义上,复杂的公共政策框架中却又能发现它的踪迹。② 通过对 1940—1975 年 34 位西方学者发表的有关文献进行研究,美国学者科萨和奥克利两人发现,人口学者们在定义人口政策时,在如下方面达成了共识:因某些特殊的人口统计学目的而设计,政府借助一定方式参与其中且间接和直接体现政府意图,关注"人口影响"而非"人口应对"的政策。考虑各种惯例和一般原理,他们将人口政策定义为"影响或试图影响人口出生、死亡和迁移间平衡的那些政府所采取的措施。"③这些措施既可直接通过家庭计划项目降低生育率,也可以借助财政激励来诱导人们拥有更多的孩子。④

20 世纪 70 年代后期,随着一些国家执行家庭计划,人口理论与人口政策之间的关系开始受到关注,随之也引起一些学者对人口政策进行概念性探讨。贝雷尔森认为,人口政策指导政府的人口行动,旨在改变人口事件或在事实上确实改变人口状况,因而人口政策的定义包含三个主要特点:(1) 它是指政府行为,在大多数情况下,人口政策是由国家政府推行的;(2) 它是指人口事件;(3) 它指意图和后果。⑤ 美国学者密列和戈德温则将人口政策的概念大致界定为"政府对于人口问题选择做或者不做什么事情",不采取措施的"没有决定的决定"被认为是更重要的,

---

① 胡湛、彭希哲:《家庭变迁背景下的中国家庭政策》,《人口研究》2012 年第 2 期,第 3 页。

② Michael E. Kraft. Population Policy. Encyclopedia of Policy Studies (Second Edithion, Revised and Expanded). Edited by Stuart S. Nagel. New York · Basel · Hong Kong: Marcel Dekker, Inc, 1994: 617.

③ Corsa, L., and Oakley, D. Population Planning. University of Michigan Press, Ann Arbor, MI, 1979: 156.

④ John F. May. World Population Policies: Their Orign, Evolution, and Impact. The World Bank, Washington DC: Spinger, 2012: 42.

⑤ Bernard Berelson. Population Policy: Personal Notes. Population Studies, Vol. 25, No. 2, 1971: 173.

对人口无为而治即是支持决定人口运动的其他影响。① 相对而言，后来日本学者大渊宽的定义似乎更为明确一些，他把人口政策的概念定义为"一个国家或一个地方政府为了国民的生存和福利而企图采取某种手段来对现实的人口过程给予直接间接影响的意图，或具有这种意图的行为"。② 美国人口理事会学者保罗·德梅尼将人口政策定义为"审慎地制定或调整的制度安排或具体项目，以便直接或间接地影响人口变化。"③

实际上，在1994年开罗国际人口和发展大会之前，人口政策在政府官方陈述中经常被狭窄地定义"为应对已经察觉的国家人口问题而采取的解决方案、期望目标，以及随着系统化组织计划而应履行的责任和义务。"④ 然而，开罗会议是一个重要的转折点，有关生殖权利和健康的新内涵出现在全球人口政策的讨论中。开罗会议之前全球人口政策所倡导的人口目标、指标摊派和计生对象，甚至是强迫性的措施，在开罗会议之后已变得不合时宜。开罗会议强调了妇女有免于政府和非政府部门强迫、暴力和歧视而自主、自由地控制她们生殖的权利。开罗会议实际上有效关闭了支持人口控制作为所谓正当理由的大门，全球人口政策的内涵转而关注生殖权利和健康。⑤

然而，在国内学术界，很多文献在探讨人口政策时往往有意或无意地直接撇开了人口政策的有关概念讨论和内涵界定，尤其是忽视了1994年开罗会议的精神和全球人口政策的转型。在谈到中国的人口问题时，许多学者有意无意地将计划生育政策直接等同于人口政策，似乎除此而无其他。实际上，人口政策乃是政府依据现实环境条件，针对当前人口问题而出台的有效计划与做法。这种计划与做法自然也是达成基本国策的中间步骤与必要手段；而家庭计划则是推行人口政策的一种方法。⑥ 从全球范围

---

① Miller, W. B., and Godwin, R. K. Psyche and Demos: Individual Psychology and the Issues of Population. New York. Poxford University Press, 1977.

② ［日］大渊宽：《人口思想和人口政策》，《国外社会科学》1979年第3期，第66页，原载日本《国际问题》杂志1978年第6期。

③ 曾毅主编：《生命支持系统大百科全书（人口学分卷）》，中国人口出版社2010年版，第619页。

④ Dixon-Mueller, Ruth. Population Policy & Women's Rights: Transforming Reproductive Choice. Westport, Connecticut: Praeger Publishers. 1993: 15.

⑤ Paige Whaley Eager. Global Population Policy: From Population Pontrol to Reproductive Rights. Printed in Britain by Antony Rowe Ltd, Chippenham, Wiltshire, 2004: 2, 26.

⑥ 镇天锡、尹建中：《人口政策的形成与检讨》，联经出版事业公司1983年版，第1页。

来看，一些国家，发展中国家比如说泰国，就曾根据本国人口发展变化的实际情况对人口政策做出过适当的调整；还有一些人口出生率持续下降的发达国家，比如说法国，一直到目前都在采取激励措施力促本国人口生育率回升。有趣的是，不仅一些学者和普通人混同了生育政策与人口政策，甚至很多人口学家在使用人口政策这个概念时，绝口不提人口政策的定义。① 30年前如此，30年后这种情况似乎也没有多大改观。人口政策的研究至今尚未取得大的突破，可能源于人口政策的概念和内涵目前还没有取得人口学家们的共识。

人口政策也可以理解为"一个国家或地区用来影响和干预人口运动过程以及人口因素发展变化的法规、条例和措施的总和"。② 它应是指一个国家或地区用以调节或干预人口生产和再生产过程而所采取的手段、态度和措施。③ 而一个国家或地区之所以未能形成一套系统、及时且有效的人口政策体系，很大程度上是由于其是对现实情况的"一种被动反应"④。这种被动反应可能缘于现实社会经济困境，因而人口政策具有很大的迷惑性。特别是在一个国家为减少出生人口数量所采用的某些技术性或是政策性措施，在不同的政治与文化背景下却未必有用，或者由于涉及个人自由，而难以被人们所广泛接受。⑤ 在许多情况下，国家颁布的试图影响和干预人口政策的法令缺乏实质性的规范和效应。因此，不能简单地将一个国家的政策法令等同于该国的人口政策。有些国家既没有制定人口政策方面的法律，也没有清晰的人口政策⑥，但是并不意味着这些国家政策不对

---

① 梁中堂：《人口学》，山西人民出版社1983年版，第235页。
② 冉志、杨化：《抗战时期国民政府人口政策研究》，《重庆师范大学学报》（哲学社会科学版）2007年第1期，第33页。
③ 杨垣国：《历史地看待新中国成立以来的人口政策及其演变》，《江西社会科学》2009年第1期，第176页。
④ 冉志、杨化：《抗战时期国民政府人口政策研究》，《重庆师范大学学报》（哲学社会科学版）2007年第1期，第37页。
⑤ ［美］吉利斯、波金斯、罗默、斯诺德格拉斯：《发展经济学（第四版）》，中国人民大学出版社1998年版，第202页。
⑥ 有学者认为美国不仅有人口政策，而且美国人口政策的演进发展还可细分为1960年前、1960—1969年、1969—1974年、1975—1992年四个阶段，有关详细划分及政策框架和内容详见 Michael E. Kraft. Population Policy. Encyclopedia of Policy Studies (Second Edithion, Revised and Expanded). edited by Stuart S. Nagel. New York · Basel · Hong Kong: Marcel Dekker, Inc, 1994: 623 – 636.

该国的人口过程产生直接的影响。① 实际上，发达国家的教育、经济、社会福利以及公共卫生等许多公共政策对人口变动和人口趋势有相当大的影响。② 这些名义上并不是人口政策但事实上已经影响了人口过程的政策，能否视之为人口政策？③ 这就有必要区分"隐性的人口政策和显性人口政策"④，中国学者的解答方法则是从"狭义"和"广义"上来划分人口政策。所谓"狭义人口政策"是指那些具有法之形式且旨在影响人口过程的国家政策和法令，而"广义的人口政策"则是指那些对人口过程产生重大影响和旨在影响人口过程的国家行为。"狭义的人口政策"也不同于家庭政策。因为家庭政策主要是指政府用于稳定家庭和承担家庭功能而针对家庭所推行的社会政策。西方国家在20世纪40年代提出的现代意义上的家庭政策源于对人口规模和结构变动的担忧，当时的家庭政策研究大多与人口政策相关联。⑤

还有观点认为，有必要搞清楚哪些是直接的人口政策？哪些是间接的人口政策。由于各种社会决策主体的决策归根到底是指向资源环境或人自身，如果把指向人自身的决策称为直接人口政策，则可将指向资源与环境且可能引起决策行动者自身变化的那些决策称为间接人口政策。⑥ 回顾中国的情况，最主要的直接人口政策是强制性的计划生育政策。而中国的间接人口政策则是指一些与城镇人口密切相关的经济和社会发展决策与措施。实际上，中国直接的和间接的人口政策对城镇人口发展的影响是综合地起作用的，会使城镇人口分布出现较大的区

---

① 邬沧萍：《十三亿人口日：挑战与希望》，《人口研究》2005年第2期，第51页。

② Michael E. Kraft. Population Policy. Encyclopedia of Policy Studies (Second Edithion, Revised and Expanded). edited by Stuart S. Nagel. New York · Basel · Hong Kong: Marcel Dekker, Inc, 1994: 617.

③ 转引自梁中堂《人口过程：不依人的意志为转移的客观运动》，《人口研究》2005年第1期。

④ Joseph J. Spengler. Socioeconomic Theory and Population Policy. American Journal of Sociology, Vol. 61, No. 2, 1955: 131; Judith Blake. Reproductive Motivation and Population Policy. BioScience, Vol. 21, No. 5, 1971: 218.

⑤ 胡湛、彭希哲：《家庭变迁背景下的中国家庭政策》，《人口研究》2012年第2期，第3页。

⑥ 钟逢干：《我国城市人口发展现状分析》，《全国经济地理研究会第十二届学术年会暨"全球化与中国区域发展"研讨会论文集》2008年6月1日。

域差异。① 这一认识与国外发展经济学家的认识基本一致，即发展中国家调控人口，除了计划生育，政府还有许多其他可用的公共政策，比如通过改变对人们生育的激励措施来间接影响妇女的生育水平。一些发展中国家的政府就是以此为计划生育措施的补充。这些政策包括：为女孩子提供更多的受教育机会，特别是在那些妇女识字率还很低的国家，要使全体妇女达到最基本的识文断字水平；增加妇女外出就业机会；建立只有对中等收入的国家才是一种现实选择的正式的社会保障体系；禁止童工；对学龄儿童实行义务教育；提高妇女地位，使她们能够更加自主地掌握自己的命运，还可以通过降低婴儿死亡率以及通过改善收入分配来降低出生率。这些都可被考虑作为一种间接的人口政策。② 从这一点来看，在毛泽东主政的时代，尽管没有后来计划生育这样的直接人口政策，但是还是有诸多间接且有效的人口政策，这可能在一定程度上对后来中国总和生育率水平的下降也产生了影响。

## 第二节　人口政策的目标

人口政策的目标是人口政策的"决策中心点"③，其独立性质是一个值得讨论的问题。按照传统的观点，人口政策目标是从属目标，即人口目标都不是单纯依据人口发展状态而设立的，而是为了实现社会、经济和政治发展而设立和追求的一种目标。④ 对许多新独立的发展中国家而言，人口政策从作为国家重要的公共政策开始，就带有明确的目标性和使命性——控制人口过快增长，降低生育率。早在1955年，就有学者提出人口政策的目标必须限定为"数量，空间，质量"三方面⑤。1967年，由30位国家元首或政府首脑签署的"世界领导人人口宣言"中表达一个共

---

① 《中国城市发展报告》编委会：《中国城市发展报告2007》，中国城市出版社2007年版，第247—248页。

② [美] 吉利斯、波金斯、罗默、斯诺德格拉斯：《发展经济学（第四版）》，中国人民大学出版社1998年版，第205—206页。

③ [美] 查尔斯·林德布洛姆：《决策过程》，竺乾威、胡君芳译，上海译文出版社1988年版，第4页。

④ 李新建：《中国人口控制中的政府行为》，中国人口出版社1999年版，第98页。

⑤ Joseph J. Spengler. Socioeconomic Theory and Population Policy. American Journal of Sociology, Vol. 61, No. 2, 1955：129.

识：如果政府要实现其经济目标并满足人民的愿望，人口问题必须作为国家长期计划考虑的首要因素。① 后来，许多发展中国家为释放人口包袱，确实是将控制人口的数量作为促进社会经济发展的重要政策工具，并在国家中长期计划中明确提出人口目标。无论是在亚洲、非洲还是拉丁美洲，为了控制人口数量，有关国家的人口政策和家庭计划项目无一例外地将目光聚焦于生育率控制，② 而在中国，政府更是设立了严格的人口目标责任考核。

1960 年，全世界仅有印度和巴基斯坦有降低人口增长率的人口政策和项目。但是 60 年代后期至 70 年代初，人口政策受到空前的关注。这一时期有 34 个发展中国家相继制定了本国的人口政策并积极推进人口项目，另有 32 个国家出于健康和人道主义等非人口统计学考虑也提供了计划生育服务。③ 尽管一些国家人口政策中途有所变更，但是作为有效控制人口的政策工具一直保留了下来。如印度早在 1951 年制定其第一个"五年计划"时就产生了稳定人口之需求，④ 后来虽然几度调整人口目标，但是坚持将全国人口政策的长期目标定位于"达到更替水平（总和生育率 2.3）"⑤。而发达国家则由于普遍面临严重的老龄化和超低生育率困扰，也根据本国人口发展的现状提出人口政策目标。如日本早在 1960 年将人口总量目标设置为 1 亿人，并将人口的永续发展、劳动力的持续保障、国防安全需要等列为具体的参考目标。⑥

人口政策目标的确定往往能影响一国或地区人口的发展方向与发展规模，而与之紧密相关的人口方案亦可影响该国未来人口变动的方

---

① Hania Zlonik：《人口预测和世界人口趋势》，陈佳鹏译，游允中校，见曾毅主编《生命支持系统大百科全书（人口学分卷）》，中国人口出版社 2010 年版，第 639 页。

② John Sharpless. Reviews of Population Policy: Contemporary Issues. Contemporary Sociology, Vol. 20, No. 3, 1991: 412.

③ W. Parker Mauldin. Assessment of National Family Planning Programs in Developing Countries. Studies in Family Planning, Vol. 6, No. 2, 1975: 30.

④ Ashish Bose. National Population Policy, 2000: Swaminathan to Shanmugham. Economic and Political Weekly, Vol. 35, No. 13, 2000: 1058.

⑤ Mahinder D. Chaudhry. Population Policy in India. Population and Environment, Vol. 11, No. 2, 1989: 101.

⑥ 石川準吉、国家総動員史資料編：《人口政策確立要綱》，国家総動員史刊行会，1976 年，第 1100—1103 页。

法和步骤。① 在新中国成立后一直到计划生育政策出台之前很长一个时期里，尽管中国人口问题十分突出，但是党和国家领导人并没有设定具体的人口调控目标。毛泽东一度认为中国有 6 亿人口是 "我们的本钱"②，后来他还批评宗派主义者们有关 6 亿人口太多了的说法。尽管在是否要节制生育问题上，毛泽东有点举棋不定，但他还是坚持认为依靠精耕细作，自力更生，人虽然多一点，仍可满足本国人民的吃和穿。③ 后来的国家领导人陈云主张严控中国人口，其二孩调控主张实际上与人口 "零增长"④ 目标十分接近。严格来说，中国所制定的人口数量控制目标实际上直指 "零增长" 甚至出现 "负增长" 的 "适度人口"。⑤

回头来看，毛泽东生前并未推行计划生育政策，也没有真正将人口数量作为计划调控的对象。这无形中契合了布加勒斯特会议的一个基本原则：促进妇女在社会经济各方面的平等参与。⑥ 但是后来的历史表明，在所有推行家庭计划的发展中国家中，中国最关注人口调控数量，也是人口政策目标最为明确的国家。早在 1979 年，中共中央政治局候补委员、国务院副总理兼国务院计划生育领导小组组长陈慕华就明确提出 "争取本世纪末做到人口自然增长率为零" 的人口目标。1980 年 9 月 25 日中共中央发出的《公开信》呼吁将中国的自然增长率与粗死亡率之间的差距在 1985 年之前降到 0.5% 的水平。这对于一个人口年轻型的国家来说，是一个急剧下降的目标。⑦ 在严格的计划生育政策执行 30 多年的时间里，

---

① 梁中堂：《论人口目标对社会和经济结构的影响》，载梁中堂《论我国人口发展战略》，山西人民出版社 1985 年版，第 68 页。

② 《毛泽东文集》（第 7 卷），人民出版社 1999 年版，第 228 页。

③ 同上书，第 307、153 页。

④ 代表性的有 Frank W. Notestein. Zero Population Growth: What is it?. Family Planning Perspectives, Vol. 2, No. 3, 1970: 20 - 24; Kingsley Davis. Zero Population Growth: The Goal and the Means. Daedalus, Vol. 102, No. 4, The No-Growth Society, 1973: 15 - 30; Wentworth, WC. Zero Population Growth. Quadrant, Vol. 21, No. 1, 1977: 20 - 34; Ethel Shanas and Philip M. Hauser. Zero Population Growth and the Family Life of Old People. Journal of Social Issues, Vol. 30, No. 4, 1974: 79 - 92。

⑤ 李琦：《二十世纪五十年代中共领导人的人口控制思想探析》，《中共党史研究》2009 年第 11 期，第 34 页。

⑥ World Population Plan of Action. UN World Population Conference, Bucharest, 1974.

⑦ Mara Hvistendahl. Has China Outgrown The One-Child Policy? Science, Vol. 329, No. 5998, 2010: 1458.

中国人口政策曾明确设定过各种类型的人口政策目标。其中，既有考虑人口控制政策作用期限很短的一年期的年度目标，也有五年期的与国民经济与社会发展五年计划相对应的人口规划目标，还有实施期间很长的带有国家战略意义的目标。如有学者在1979年提出将中国人口自然增长率降为零的目标。为了实现这个目标还提出了分两个阶段来实现：第一阶段是在1980年将人口增长率降至10‰，力争1985年自然增长率低于5‰；第二阶段争取到2000年实现零增长，① 总体上就是要在2000年把总人口控制在12亿，人口自然增长率降低到1%以下，人口出生率降到20‰以下，平均每个育龄妇女生育约1.7个子女。②

有学者认为，要科学制定人口控制目标必须解决好三个问题：首先必须严格划定政策发生作用的期限；其次需要解决反映人口控制目标的指标体系问题；最后还需要解决人口控制目标制定的科学依据即社会经济依据问题。基于这三点考虑，衡量尺度通常为人口自然增长率、人口出生率及总和生育率三个指标。实行人口控制政策的国家，从实质上讲，都是以争取实现静止人口作为自己的长期人口目标。③ 西方学者针对发展中国家人口增长提出的"零增长目标"，实际上关注的主要是人口数量目标。需要警惕的是，将人口发展战略归结为"零增长"不慎重也不妥当。因为这一理论的提出抹杀了不同国家、不同地区经济社会发展水平的差别和人口自身的不同构成等特点。如果把"零增长"确定为一个战略目标，当经济社会发展要求中国人口以大于或小于零的速度发展时，人们头脑中所形成的"零增长"理论就会极力反对实事求是的新理论，它就成为一种思潮，极力维护人口静止状态，从而给中国的经济社会发展带来危害。④ 确实，人口目标如果强调人口数量性的一面，可能会产生新的结构性问题。因此，具体目标的设计还需要更全面地考虑包括总和生育率在内的其他因素。

中国人口政策的理论基础是人口控制的实践，反过来它又为人口控制

---

① 梁中堂：《对中国今后几十年人口发展战略的几点意见》，载梁中堂《论我国人口发展战略》，山西人民出版社1985年版，第3页。
② 侯文若：《各国人口政策比较》，中国人口出版社1991年版，第82页。
③ 同上书，第78、82页。
④ 梁中堂：《有关人口战略的几个补充问题》，载梁中堂《中国人口问题的"热点"——人口理论、发展战略和生育政策》，中国城市经济社会出版社1988年版，第241—243页。

提供指导。① 在过去的半个多世纪,中国人口政策的目标其实是在变化的。经过 30 多年的努力,中国似乎控制住了人口过快增长,但同时也进入了世界低生育水平国家行列,人口政策的目标和关注的重点也随之发生了转换。比如 2006 年 12 月 17 日中共中央、国务院所发布的有关统筹解决人口问题的文件中所提到的"千方百计稳定低生育水平",其实就是应对中国人口形势的新变化而提出的一个人口政策新目标。文件第三部分将稳定低生育水平作为新时期人口和计划生育工作的首要任务,综合分析经济社会和人口发展趋势,到"十一五"期末中国大陆地区人口总量要控制在 13.6 亿人以内,到 2020 年人口总量要控制在 14.5 亿人左右,总和生育率稳定在更替水平以下。②

有国外学者认为,中国的人口政策实际上成功地解决了中国人口历史以来存在的三个维度问题:区域、数量和质量。在邓小平时代通过采取国家规定每对夫妻生育多少个孩子限制了人口的数量。然而,实际上早在毛泽东时代,就已经有节制生育,而且出台了一些区域性政策将农村人口限制在乡村范围之内。在江泽民时代,生育控制并非主要目标,人口政策更关注人口的质量,比如人口的健康、教育和福利等。③ 到了胡锦涛主政的时代,中国人口再生产类型已经发生深刻转变并出现了新的人口问题。这个时候的国家人口与计划生育委员会提出要在稳定低生育水平上,以"人的全面发展"来统筹解决人口问题。④

许多学者支持以"人口均衡发展"为新时期中国人口目标的观点⑤,认为在中国人口发展的这样一个关键时期,提出和讨论人口均衡发展和人口均衡型社会具有重大的理论意义和政策意义。⑥ 亦有学者认为这一提法

---

① Qian Xinzhong. China's Population Policy. Theory and Methods. Studies in Family Planning, Vol. 14, No. 12, 1983:296.

② 中共中央国务院:《关于全面加强人口和计划生育工作统筹解决人口问题的决定》(中发〔2006〕22 号). 2006 年 12 月 17 日。

③ Susan Greenhalgh. Governing China's Population:From Leninist to Neoliberal Biopolitics. Stanford University Press. 2005:41—44.

④ 张维庆:《以人的全面发展统筹解决我国人口问题——关于人口热点问题的问与答》,《求是》2006 年第 9 期,第 13—14 页。

⑤ 于学军、翟振武、杨凡、李建民、穆光宗:《为什么要建设"人口均衡型社会"?》,《人口研究》2010 年第 3 期,第 40—45 页。

⑥ 李建民:《对人口均衡发展的诠释》,《人口研究》2010 年第 3 期,第 45—47 页。

并不科学，因为"人口均衡型社会"所提的是一个"全面均衡"的概念，它所涉及的均衡已超过了人口数量、年龄结构和性别比等人口变量的均衡，还涉及人口与经济发展、资源环境等方面的全面均衡，这是不可能实现的目标。一个国家的人口政策应该抓主要矛盾。当前中国的总和生育率已降到 1.4—1.8 的很低水平，人口政策应该强调的是解决人口的年龄结构失衡和人口质量问题，奢谈实现"人口均衡型社会"是不可取的。①

在制定人口目标时，如果紧盯人口数量不放，漠视人口的健康及福利，这样的人口政策即使立法推行，哪怕是有所改进，也只会由"坏"变得"更坏"。② 20 世纪 90 年代以来，一些发展中国家人口政策的目标也开始关注生殖健康或是改变本国的社会政治状况。③ 进入 21 世纪后，中国的人口状况尽管有很大的改变，但是人口政策的数量控制目标仍然十分明显，不过政策目标倾向于多元化。比如 2000 年 3 月中共中央、国务院出台的文件中就强调中国在人口再生产类型实现转变之后，人口与计生工作的主要任务要转向稳定低生育水平。④ 后来有 300 位人口学者经过两年多的研究⑤，基本认可了"稳定低生育水平"这一提法。

国家人口和计划生育委员会认为，如果全国大陆地区的总人口峰值能有效控制在 15 亿人左右，则育龄妇女总和生育率将大致维持在 1.8 上下的水平，太高或过低皆不利于人口与经济社会的协调发展。⑥ 然而，维持

---

① 左学金：《人口均衡型社会的提法不科学》，左学金教授对国家人口计生委就"人口均衡型社会"提法专家咨询意见回复，来自梁中堂与作者的邮件通信，2011-1-13，第 1-3 页。

② Mohan Rao. Population Policy: From Bad to Worse. Economic and Political Weekly, Vol. 37, No. 22, 2002: 2120.

③ Orieji Chimere-Dan. Population Policy in South Africa. Studies in Family Planning, Vol. 24, No. 1, 1993: 31.

④ 《中共中央 国务院关于加强人口与计划生育工作稳定低生育水平的决定》，《中国共产党新闻》中国共产党新闻网，http://cpc.people.com.cn/GB/64162/71380/71382/71481/4854373.html。

⑤ 2004 年 2 月—2006 年 4 月，300 位人口专家组成国家人口发展战略课题组，经过两年多研究，形成《国家人口发展战略研究报告》，300 位中国人口专家得出了接近韩国 1996 年时的说法：稳定低生育水平。载文晔《13 亿：难解的方程式》，《中国新闻周刊》2007 年 3 月 19 日，第 30 页。

⑥ 国家人口发展战略研究课题组：《国家人口发展战略研究报告》，见国家人口和计划生育委员会编《新时期人口和计划生育工作重要文献》，中国人口出版社 2007 年版，第 91 页。

低生育水平的代际成本高,将稳定低生育水平作为人口政策所追求的目标并不清晰,原因在于前提条件没有搞清中国真实的总和生育率水平,而且从全世界来看,没有哪个国家是把生育率稳定在更替水平以下作为战略目标的,因为那样做显然违反了人类自身再生产的规律。但是在中国学术界和计划生育部门内部,有关"低生育水平"的说法多达 7 种。现行生育政策以来总和生育率的真实水平仿佛成了一个无底的谜。客观而言,中国的人口政策确实有那么一点"目标很糊涂,现实更尴尬"。①

## 第三节 人口政策的研究方法

人口政策的制定、实施及评估涉及政治学、人口学、社会学、经济学、公共管理学、历史学、公共卫生与预防医学、心理学等多个社会科学和自然科学领域,有关人口政策及人口政策项目的系列研究交叉性、综合性特征十分明显,各有关学科领域都有研究成果。从国内外有关研究来看,人口政策领域的研究方法,既有单一学科的专业分析方法,也有综合性的论证分析;既有定性研究方法,也有定量研究方法。

### 一 人口政策的定性研究方法

人口政策是一种社会现象,其研究范畴通常是人口学和政策学的有机结合。从其实践来看,包括人口政策的制定、人口政策的实施、人口政策的评估、人口政策的控制等环节,因而必须运用科学抽象的研究方法,即从客观存在的人口政策这一社会现象出发,从中科学地抽象出人口政策的一般,从理论上揭示其本质特点和一般规律的研究方法。② 中国人口学者在计划生育早期大多采用这样定性的研究方法,尽管没有运用系统论等自然科学的复杂研究方法,然而运用得当亦可获得可靠的研究结果。如梁中堂在 20 世纪 80 年代提出"晚婚晚育,延长间隔",他当时测算如果国家允许每个家庭生育二胎,到 2000 年中国总人口在 12.3 亿人左右,"二胎"方案比"一胎化"政策会少生孩子。理由是如果执行"一胎化"政策,

---

① 文晔:《13 亿:难解的方程式》,《中国新闻周刊》2007 年 3 月 19 日,第 30—31 页。
② 王俊详:《人口政策学》,河北大学出版社 1994 年版,第 7、13 页。

虽然想老百姓少生,但是农民还是要生两个甚至更多,极少人只生一个。这样不仅处罚面大,工作量也大,是防不了的,生二胎及二胎以上的管不了。但如果允许生二胎,那么政府便有能力和精力去控制少数希望生多胎的人。在论证这种方法可以有效控制人口增长时,就用了典型的定性分析方法。[1] 这种方法和测算结果显然经受了历史的检验。因为后来国家执行"一胎化"的结果是到2000年人口普查公报总人口为126583万,[2] 即使不考虑瞒报漏报问题,确实是比二胎方案测算的结果还要高,验证了梁中堂的早期论断。

从郝虹生、陈功所选取的1977—1997年发表在《人口研究》上的论文进行分析的结果来看,有关人口政策的人口学研究分析方法在早期主要以定性研究方法为主,总体上略高于定量研究方法4个百分点。[3]

## 二 人口政策的定量研究方法

定量研究生育政策主要体现在计划生育评估和人口预测等方面。反映计划生育效果的早期经典性研究文献就已经采用定量分析的方法。如李和伊斯坦斯特通过构建模型分析了家庭计划项目对生育率影响的效果[4],波特则对李和伊斯坦斯特的研究方法进行了修正和改进。[5] 定量方法被更多地运用于有关人口预测之中。通过人口预测研究未来人口数量、人口结构及其变动情况,以此为依据提出制定和调整生育政策的建议,[6] 该方法具

---

[1] 王广州、胡耀岭、张丽萍:《中国生育政策调整》,社会科学文献出版社2013年版,第28页。

[2] 梁中堂:《20世纪末的中国大陆人口总量和妇女生育率水平》,香港科技大学"两岸四地人口学家研讨会"论文,2004年11月19日,载梁中堂《论改变和改革计划生育制度》,上海,2007年。

[3] 郝虹生、陈功:《中国的人口研究与〈人口研究〉二十年》1998年第5期,第19页。

[4] Lee BM; Isbister J. The impact of birth control programs on fertility. In: Family planning and population programs. Proceedings of the International Conference on Family Planning Programs, Geneva, August 1965. Chicago: University of Chicago Press, 1966: 737 – 758.

[5] Potter RG Jr. Estimating births averted in a family planning program. In: Behrman, S. J., Corsa, L., and Freedman, R., eds. Fertility and family planning. Ann Arbor, University of Michigan Press, 1969: 413 – 434.

[6] 王广州、胡耀岭、张丽萍:《中国生育政策调整》,社会科学文献出版社2013年版,第29—31页。

体可分为统计处理法①、动态模型法②和随机人口预测法③。此外，实证调研方法在类似"21世纪中国生育政策研究"④等一系列有关中国人口政策研究的领域中也得到了广泛的运用。

随着人口学研究领域海外留学人员对中国人口问题的研究深入，国外先进的定量分析方法在人口政策研究领域也得以应用。近30年来，随着中国人口政策的演变和实施，运用实证研究方法对中国总体人口及区域人口发展的一系列问题进行分析的文献可谓汗牛充栋。如张风雨利用资料和实证分析方法，从省级、县级和个体三个层面研究了中国生育率转变及其区域差异的影响因素、生育率和人口自然增长的相关因素、个体生育概率和避孕使用模式，并且在省级和个体层面的分析上采用了多层次分析方法。除此之外，还收集了全国各省、直辖市、自治区1950—1992年生育率和社会经济指标、1990年全国县市人口与社会经济指标，为进一步开展相关研究提供了宝贵的数据集。⑤张理智通过研究均衡人口与均衡GDP的关系，认为均衡人口与均衡GDP（最优人口与最优GDP）互为对方存在的必要条件。穷者即便直接产值为零，亦可通过乘数和第三产业间接为社会增收，两者恰好相等是决定最优人口和最优GDP的基础。基于此，他认为中国应放弃实行了几十年的人口控制政策，把对人口数量、人口结构的最优调整作为一种刺激GDP快速增长的高效率产业。⑥

在人口政策的有关定量研究方法中，仿真模拟和随机预测被广泛采用。早在1967年就有学者运用Fertilia和Sterilia两个岛屿的举例对人口增

---

① 代表性的如路磊、郝虹生、高凌：《1990年中国分省简略生命表》，《人口研究》1994年第3期，第52—56页。

② 代表性的如宋健、于景元、李广元：《人口发展过程的预测》，《中国科学》1980年第9期，第920—932页。

③ 代表性的如RD Lee, L Carter, S Tuljapurkar. Disaggregatton in population forecasting: Do we need it? And how to do it simply. Mathematical Population Studies, Vol. 5, Issue 3, 1995: 217 - 234。

④ 顾宝昌、王丰：《八百万人的实践——来自二孩生育政策地区的调研报告》，社会科学文献出版社2009年版。

⑤ 张风雨：《中国生育和避孕使用的多层次研究》，中国人口出版社1997年版。

⑥ 张理智：《均衡人口与均衡GDP关系研究——兼论中国计划生育政策需要调整》，《社会科学研究》2006年第1期，第61—67页。

长和经济发展之间的关系进行论述。① 国外有学者借助 GM（1，1）模型对中国未来人口进行预测，认为 2015 年中国人口达到 13.7 亿人，2050年中国人口将达到 14.2 亿—14.8 亿人。② 通过生育、死亡、初婚这三个参数设置仿真起点数据匹配的源程序，郭震威建立了直接预测未来"四二一"家庭数量的微观仿真模型，发现在与"单独"和"二孩"政策比较，在现行生育政策保持不变的条件下，全国"四二一"家庭及广义"四二一"家庭相对较多，总和生育率将于 2033—2037 年达峰值 2.01 左右，全国总人口将于 2020 年达到 14.4 亿人，2034 年达峰值 14.6 亿人。③根据1990—2008 年河南省历年人口数据，刘凯与秦耀展基于 Logistic 和 Gompertz 模型，利用 Matlab 软件对河南省未来人口增长情况进行了预测，发现 Logistic 模型与 Gompertz 模型模拟结果具有差异，Logistic 模型均方误差与平均残差均小于 Gompertz 模型，因而模拟效果最好，他们据此预测河南省极限人口为 1.0735 亿人。④ 董立俊提出一对夫妻准许生育一个健康男孩和一个健康女孩即实行"1+1=1+1"的计划生育人口政策的方法，认为这是最佳生育方案和最理想的计划生育方案，可以利用当代先进的科学技术手段去实现这种方案的具体措施和方法。⑤

  文献研究发现，经济学分析方法在人口政策领域的研究中正在被越来越频繁地采用，诸如计量经济学、制度经济学、经济史等有关研究方法在人口政策领域都有所运用。贝雷尔森认为，借助人口规模、人口增长率、人口分布和人口结构这四个控制变量，可以从经济、政治、生态/环保以及社会四个维度来人口政策进行具体的探讨和分析。⑥ 纳洛夫就人口政策

---

① J. E. Meade. Population Explosion, the Standard of Living and Social Conflict. The Economic Journal, Vol. 77, No. 306, 1967: 239 – 242.

② Lu Caimei, Hao Yonghong, Wang Xuemeng. China's population projections based on GM (1, 1) metabolic model. Kybernetes, Vol. 38, No. 3/4, 2009: 417 – 425.

③ 郭震威：《关于"四二一"家庭的微观仿真研究》，中国人口出版社 2007 年版，第 23—40、126—155 页。

④ 刘凯、秦耀展：《基于 Logistic 和 Gompertz 模型的河南省人口预测》2010 年第 13 期，第 125—126 页。

⑤ 董立俊：《二十一世纪生育政策决策选择——应尽快实行"1+1=1+1"的计划生育人口政策》，《第六届全国优生科学大会论文汇编》2006 年第 12 期，第 309—321 页。

⑥ Bernard Berelson. Population Policy: Personal Notes. Population Studies, Vol. 25, No. 2, 1971: 175 – 176.

的几个社会问题做了基于内源性生育的一般均衡检验,结果发现自由放任的人口政策是帕累托最优的,即使是存在公共物品和马尔萨斯收益递减情况时也是如此。自由放任的人口政策下,没有遗赠时父母更关心他们的后代数量和福利水平,反而是帕累托最优的。一个合适的税收和补贴系统有助于经济恢复到帕累托最优状态。① 当人口政策的工具和人口政策的目标存在分歧时,尤其是要评估人口政策的预期效应和时间效应时,采用社会经济的分析方法是有帮助的。② 制度经济学在人口政策研究领域亦为学者所采用。人口的本质在于制度,制度安排决定人口发展,制度安排的不同设计会带来人口发展的不同效率和质量,因而寻求人口高效率和高质量发展的根本路径还在于如何实施人口政策领域的制度创新。基于这一认识,俞宪忠认为制度人口学的研究对象是人口制度以及人口与制度的互动关系,其根本任务在于揭示人口制度变迁规律及人口与制度的互动规律。③

### 三 人口政策的比较研究方法

比较研究方法是一种逻辑思维方法。在人口政策研究领域中,运用比较研究方法,就是把纵向研究和横向研究结合起来,对空间上同时并存的人口政策和时间上相继的人口政策进行比较分析,在表面上差异较大的人口政策之间看出它们本质的共同点,在表面上极为相似的人口政策之间看出它们本质的差异性。④

相对定性研究和定量研究方法,比较研究的方法及有关的研究成果在人口政策学领域相对较少。有关的研究大多将定性和定量融入比较研究之中。在人口实践中,国外的一些经验做法对我们改进人口管理和人口服务工作具有较强的借鉴意义。⑤ 如何景熙通过对中国和印度两国人口再生产及其决定因素、人口城乡分布、人口文化教育和职业结构以及国家人口政

---

① M. Nerlove. Population Policy and Individual Choice. Journal of Population Economics, Vol. 1, No. 1, 1988: 17 - 31.

② Joseph J. Spengler. Socioeconomic Theory and Population Policy. American Journal of Sociology, Vol. 61, No. 2, 1955: 129.

③ 俞宪忠:《人口发展与制度创新——兼谈制度人口学的构建》,《理论学刊》2005 年第 4 期,第 93 页。

④ 王俊详:《人口政策学》,河北大学出版社 1994 年版,第 7、15 页。

⑤ 王广州、胡耀岭、张丽萍:《中国生育政策调整》,社会科学文献出版社 2013 年版,第 31 页。

策和实施效果进行对比分析；研究了中印两国人口发展的共性与差异，还总结了两国控制人口增量的经验。① 莫龙和雅克·莱伽雷通过人口模拟定量从人口老龄化的视角比较了中国和加拿大两国的人口政策，研究结果发现，1970—2000 年中加两国人口政策以相近的强度分别实现了既定的人口目标，即中国控制了人口增长，而加拿大则增加了人口，但是两国不同人口政策对老龄化的过程及其人口学后果的作用截然不同。② 宋健和金益基结合中国与韩国的国情对两国的人口政策进行了比较研究，认为韩国在人口发展的道路上可以为中国提供一个可借鉴的例子。不仅因为两国有相同的儒家文化传统，而且历史上两国都成功实施过计划生育政策，在人口运动过程中都存在类似的人口结构问题。韩国对人口政策的调整对于中国人口政策的发展方向有一定的可借鉴之处：在成功控制人口数量的同时，为了消除人口结构对社会经济发展的不利影响，可以采取鼓励生育的人口政策。③

还有一些学者在反思中国人口政策时，也习惯于引用一些国外的例子来进行对比论证，以此强调计划生育政策调整的必要性和迫切性。如刘忠良将制度、文化、人口和思想作为民族与国家兴亡的四大关键因素，在反思中国的低生育率问题时引用印度进行了国别比较。④ 易富贤在对计划生育政策进行批判性反思时，先后引用秦国、罗马、吐蕃、蒙古国、印第安、英国、法国、德国、日本、俄罗斯、美国等古今中外多个国家和地区来论证文明兴衰与人口的政策关系。⑤

### 四 其他学科的研究方法

除了人口学和经济学的定量研究方法得以大量运用外，其他社会科学

---

① 何景熙：《中印人口状况和人口政策的比较研究》，《南亚研究》1985 年第 3 期，第 44 页。

② 莫龙、雅克·莱伽雷：《中国的生育政策和加拿大的移民政策：对人口老龄化影响的比较研究》，《人口与发展》2008 年（Z）。原载加拿大《魁北克人口学刊》2003 年第 1 期。引自莫龙等《中国人口：结构与规模的博弈》，社会科学文献出版社 2013 年版，第 109—146 页。

③ 宋健、[韩] 金益基：《人口政策与国情——中韩比较研究》，光明日报出版社 2009 年版，第 1—2 页。

④ 刘忠良：《大国危途——民族兴衰与人口政策再思考》，经济科学出版社 2013 年版，第 36—47 页。

⑤ 易富贤：《大国空巢：反思中国计划生育政策》，中国发展出版社 2012 年版，第 23—62 页。

以及自然科学领域的研究方法也经常被有些学者偶尔用来研究人口政策领域的相关问题。如美国著名人类学家苏珊·格林哈尔什就从科学和人类学交叉研究的视角，系统分析和探讨过中国的计划生育及人口政策。[①] 国内亦有学者基于田野调查资料和地方档案材料，综合运用人类学和历史学等多学科交叉研究的方法，专题性地研究和探讨了实施人口政策的微观社会基础及生育文化的演变逻辑等问题。[②] 梁中堂教授在近10年运用历史学的研究方法对中国计划生育政策进行了系列而深入的研究。[③] 也有国外学者运用心理动力模型，探讨有关人口政策项目实施过程中人类行为的心理学问题。结果发现，当试图改变生育率的人口政策引起社会条件发生变化时，特定人口群体都有一定冲突性的临床行为表现。心理学中的这种人性化模型通常在制定具体人口政策时被忽视了，但是它对人口政策的成功或失败会产生很深刻的人类行为影响。发展中国家在追求人口目标时应该重视这方面的问题。[④]

显然，在科学和政策之间，既有相同之处，也有重大分歧。在人口学领域，自然科学方法的采用可能对人口政策的决策产生积极的影响，而科学的人口政策反过来可以推动科学的发展。然而，自然科学方法在人口学领域的不恰当使用，可能对人口政策产生误导。宋健等学者在计划生育早期就曾应用现代控制理论研究中国人口发展过程，搞了一个人口控制论并对中国人口进行了百年预测。[⑤] 后来也有学者在这个人口模型的基础上综合运用机理分析、参数辨识和统计学的一般原理对中国的人口老年化发展趋势进行了预测。[⑥] 然而，有关人口发展的事实表明，这些早期人口政策研究领域有关自然科学和社会科学相结合的研究方法大多经不起历史的检验，第六次人口普查结果表明，以往人口估计和预

---

① Zhou Yongming. Just One Child: Science and Policy in Deng's China by Susan Greenhalgh. PoLAR: Political and Legal Anthropology Review, Vol. 33, Issue 1, 2010: 156.
② 郑卫东:《村落社会变迁与生育文化》，上海人民出版社2007年版。
③ 梁中堂:《中国计划生育政策史论》，中国发展出版社2014年版。
④ Kurt W. Back and Nancy J. McGirr. Population Policy and Models of Human Nature. Journal of Population, Vol. 2, No. 2, 1979: 91–103.
⑤ 宋健、于景元、李广元:《人口发展过程的预测》，《中国科学》1980年第9期，第920—932页。
⑥ 谢建文、张元标等:《基于宋健人口模型的老年化预测》，《安徽农业科学》2008年第12期，第5227—5229页。

测严重失误。①

20世纪80年代初期，人口统计学在中国快速发展。官方最初有所保留的人口数据开始发布。然而，仍有许多不透明之处。中国的人口学者们应该被允许分析、批判和调整人口数据，以便能更为准确地反映中国人口统计学的实际。中国的人口统计学不应再强调"理论"，而应重视经验研究。在人口规划领域，中国计划生育领域的成功很大程度上归功于人口管理压力——大多情况下实际上是强迫。从官方来说，强迫应被禁止。但是离开了强迫，强制性的指标和任务难以达到。中国的人口统计学者应该自由地提供客观公正的评估，而非为计划生育的目标和政策进行辩护。② 2000年前中国人口出生率的显著下降和极度不均衡的人口年龄分布，哪一个都不能作为政策目标令人接受。那种建立在系统论基础上的早期人口统计学研究构建了中国的人口政策。中国社会科学与统计领域有关人口政策研究的不完备数据是20世纪中国人口科学发展的一个主要障碍③，这个障碍在21世纪前17年仍然存在，随着深化改革和依法治国，迫切需要扫除。

## 第四节 人口政策的决策机制与程序

作为一个人口大国，人口政策的决策机制和程度，很大程度上依赖于当时的政治经济环境和当时代人民对当时人口问题的认识水平。从文献收集来看，对中国"一胎化"政策到底在怎样的一种决策机制和程序下产生，相关的文献还不多。有关研究主要集中于如下两方面。

### 一 关于《公开信》的历史地位和作用

"9.25"《公开信》已经实实在在成为中国计划生育史上的一个重要里程碑。然而，从文献收集和整理的情况来看，有关《公开信》的历史

---

① 郭志刚：《六普结果表明以往人口估计和预测严重失误》，《中国人口科学》2011年第6期，第2页。

② John S. Aird. Population Studies and Population Policy in China. Population and Development Review. Vol. 8, Issue 2, 1982: 267–268.

③ Ansley J. Coale. Population Trends, Population Policy, and Population Studies in China. Population and Development Review, Vol. 7, Issue 1, 1981: 85–97.

地位和作用，相关研究文献非常少。一般认为，在中国现行生育政策的制度化构建过程中，《公开信》发挥了非常重要的作用。在普通大众意识中，《公开信》似乎成为中央释放推行"一胎化"政策的一个重要信号。有国外学者认为，中国"一胎化"政策是1978—1992年以邓小平为核心的中国最高领导层集体决策的结果。①

《公开信》在"一胎化"向现行生育政策转变过程中之所以具有里程碑的历史意义，是因为它作为一种过渡性的制度安排，是向现行生育政策的拐点和过渡。②然而，亦有学者将《公开信》视为"一胎化"政策的起点，认为1980年3－5月中共中央办公厅召开5次人口座谈会确定"只生一个孩子"的大计，是中央把"提倡一对夫妇生育一个孩子"的人口政策通过《公开信》的方式发布出来。③梁中堂通过文献考证认为，田雪原所说的"5次人口座谈会"不是历史事实。《公开信》在某种程度上是对"一胎化"政策的纠正。实际上，在《公开信》发表之前，"一胎化"政策已经在实质性地推行了。④

## 二 关于中国人口政策的决策程序

查尔斯·林德布洛姆曾把决策准确描述为"一个极其复杂分析的和政治的过程，其中没有开头或结尾，其中边界是最不确定的"。由于它可能是模糊与不完整的，政策过程通常精确地取决于少数几个变量：问题突出的作用，领导阶层，关键利益团体、政治权力和政府间的知识问题。⑤国内有学者认为，邓小平有关中国现代化建设道路和战略的设计与思考实际上从多个层面系统而正确地解答了"人口政策是带有战略性的大政策"的基本问题，是对马克思主义人口理论的丰富与发展。⑥然而，正因为决

---

① Mara Hvistendahl. Has China Outgrown The One-Child Policy? Science, Vol. 329, No. 5998, 2010: 1458–1461.
② 梁中堂、梅岭:《我国人口政策的历史和发展》,《社会科学论坛》2010年第9期,第94页。
③ 田雪原:《新中国人口政策60年》,社会科学文献出版社2009年版。
④ 梁中堂、梅岭:《我国人口政策的历史和发展》,《社会科学论坛》2010年第9期,第97页。
⑤ [美]查尔斯·林德布洛姆:《决策过程》,竺乾威、胡君芳译,上海译文出版社1988年版,第5页。
⑥ 唐娅辉:《人口政策是带有战略性的大政策》,《湖湘论坛》2004年第3期,第7页。

策取决于有关的变量，在中国人口发展战略的形成与发展过程中，种种不确定性使人口政策的战略决策变得错综复杂，有关计划生育政策亦几度摇摆。出现这种局面与学术界和决策层在此期间对中国人口发展战略缺乏清晰、准确、全面、客观的认识有关。①

如果将《公开信》视为人口政策的重要里程碑的话，那么，谁才是《公开信》的幕后起草者和实际推行者？"一胎化"政策到底是如何出台的？中国人口政策的决策程序从制度变迁的角度来看，是自上而下的强制性制度变迁还是自下而上的诱导性制度变迁？对这些问题的解答，国内鲜有学者对此展开人口政策史的研究，国外学者的研究反倒更为厚实。苏珊·格林哈尔什认为，导弹科学和人口科学的发展是中国"一胎化"政策的源泉，导弹学家宋健在推动"一胎化"政策过程中起到了很大的作用。② 她甚至从科学和人类学交叉研究的视角提出，中国人口政策的决策其实是由知识精英分子提出，然后由政府强制执行的。在过去的30多年里，国家在管理人口中的作用以及在控制中国人口数量中的作用实际上被夸大了。中国精英的战略思想对人口的各个方面产生了深刻的影响。在人口政策的决策过程中，中国知识精英分子起到了很重要的作用。③ 然而，一直对中国人口问题和人口政策进行跟踪研究的学者则认为，中国人口政策的决策程序实际上并未颠覆中国传统的政策机制和程序，现行人口政策实际上仍然是政府主导、知识精英诠释并加以宣传的这样一种传统政治经济决策程序背景下的产物。④

## 第五节 人口政策的效果

尽管发展中国家热衷于人口政策和人口项目，但要评估人口政策的效果并非易事。原因在于政策效果难以预见和评估意料之中的效果和意料之

---

① 陆杰华、朱荟：《建设人口均衡型社会的现实困境与出路》，《人口研究》2010年第4期。见翟振武《当代中国人口发展战略的回顾与思考》2001年第3期，第10页。

② Susan Greenhalgh. Governing China's Population: From Leninist to Neoliberal Biopolitics. Stanford University Press. 2005：7 - 9.

③ Susan Greenhalgh. Cultivating Global Citizens. Harvard University Press，2010.

④ 梁中堂：《生育政策的改变与对国家的迷信》，梁中堂的网易博客，2013 - 3 - 3 - 1，http：//liangzhongtang. blog. 163. com/blog/static/10942650820132312117123/。

外的效果,也难以将短期效果从长期效果中区别开来。虽然很难评估人口政策对"福利"的影响,但通常还是可以用人口数量、质量和分布来确定人口政策的影响方向。① 客观而言,人口政策对社会福利是会产生影响的,但是它的历史作用以及它在多大程度上影响了社会福利政策的社会化改革需要进行评估,正如评估当代人口政策在何种程度上会产生类似的挑战一样。②

实际上,不同的国家有不同的人口政策,其内容涵盖移民、老龄化、生殖健康以及家庭福利等众多领域。然而,从世界人口政策的历史演进来看,计划生育政策由于一直以来能快速降低人口增长规模、抑制高生育率及非意愿生育而受到特别关注。③ 家庭计划项目在当代生育转换中扮演了重要角色。有国外学者评估认为,1960—1965 年以及 1985—1990 年这两个时间段发展中国家 43% 的生育率下降应归功于同时期开展的家庭计划项目。④ 实际上,有关这些新的、大范围存在而又分散开展的家庭计划项目效果评估,既带来理论认识上的争论,也带来实践操作上的问题。⑤

## 一 人口政策的经济效益论

人口和经济的关系从来没有一致的结论。⑥ 然而,如何看待人口和人口增长却是影响一个国家人口政策决策的重要因素。人口的增长是财富的原因,抑或相反?人口学家索维自己提出这一问题却并未在他自己的著作中给出明确的答案。⑦ 后来的人口学者们亦是众说纷纭。科勒和胡佛甚至

---

① Joseph J. Spengler. Socioeconomic Theory and Population Policy. American Journal of Sociology, Vol. 61, No. 2, 1955: 129.

② Marque-Luisa Miringoff. The Impact of Population Policy upon Social Welfare. Social Service Review, Vol. 54, No. 3, 1980: 301.

③ John Bongaarts, Steven Sinding. Poplation Policy in Transition in the Developing World. Science, 2011, Vol. 333: 574.

④ J Bongaarts. The continuing demographic transition, edited by G. W. Jones et al. Oxford: Clarendon Press, 1997: 422.

⑤ W: arker Mauldin. Assessment of National Family Planning Programs in Developing Countries. Studies in Family Planning, Vol, 6, No. 2, 1975: 30.

⑥ 尹文耀:《"中国重大战略性人口科学与政策问题"研讨会综述》,《中国人口科学》2014 年第 6 期,第 120 页。

⑦ [法]阿尔弗雷·索维:《人口通论》(上册),查瑞传、邬沧萍、戴世光、侯文若译,商务印书馆 1983 年版,第 60 页。

利用计算机制作了经济模式来论证发展中国家要提高生活水平，必须努力降低出生率。[1] 与他们同属新马尔萨斯主义阵营的罗马俱乐部成员更是预测了人口剧增的可怕后果[2]。也有一些评论家认为人口过快增长是贫困落后的"帮凶"，而非"罪魁祸首"[3]，这非常接近马尔萨斯本人对人口与贫困问题的认识。早在 1808 年，马尔萨斯通过对爱尔兰贫困的分析[4]，很有预见地得出了人口过剩是贫困的重要原因，但并不认为它是唯一或最重要的原因。[5] 然而，马尔萨斯后来的崇拜者凯恩斯[6]、汉森[7]等一些西方主流经济学家却认为人口增加是有益的，西蒙和卡恩等学者更是乐观地认为人口增长对经济发展所起的是一种刺激作用，而非抑制作用。[8] 20 世纪 70 年代，库兹涅茨的研究发现高生育率会导致收入水平下降[9]，布赖恩还明确指出妇女过高的生育率和人口过快增长是导致收入分配不平等的根本性因素[10]，快速的人口增长使劳动年龄人口的抚养负担加重，劳动收入相

---

[1] Coale, Ansley J. and E. M. Hooper, Population Growth and Economic Development in Low-income Countries. Princeton, N. J.：Princeton University Press, 1958：1 – 412

[2] Meadows, Donella H., Dennis L. Meadows, Jorgen Randers, and William W. Behrens, III. The Limits to Growth. New York：Universe Books, 1972：27；United States Council on Enviromental Quality. The Global Report to the President of the United States, Entering the 21st Century. New York：Pergamon Press, 1980.

[3] Timothy King and Allen C. Keiley. The New Population Debate：Two Views on Population Growth and Economic Development, Population Trends and Public Policy Paper, No. 7, Washington, D. C.：Population Reference Bureau, 1985：1 – 24.

[4] Malthus. Neweham and others on the state of Ireland. Edinburgh Review, 1808, (12)：336 – 355.

[5] ［英］约翰·伊特韦尔、默里·米尔盖特、彼得·纽曼：《新帕尔格雷夫经济学大辞典（第三卷）》，经济科学出版社 1996 年版，第 305 页。

[6] J. M. Keynes. Some economic consequences of a declining population. Eugen Rev. Apr. 1937；29(1)：13 – 17.

[7] Alvin H. Hansen. Economic Progress and Declining Population Growth. The American Economic Review, Vol. 29, No. 1, 1939：1 – 15.

[8] Simon, Julian L. The Ultimate Resource. Princeton, N. J., Princeton University Press, 1981：270 – 286.

[9] S. Kuznets. Population Change and Aggregate Output, Demographic and Economic Change in Developed Countries. Report of the NBER, Princeton, Princeton University Press, 1960：328 – 330.

[10] ［英］约翰·伊特韦尔、默里·米尔盖特、彼得·纽曼：《新帕尔格雷夫经济学大辞典（第三卷）》，经济科学出版社 1996 年版，第 305 页。

对于资本、土地等要素的收入比重下降，从而造成收入分配不均。① 到了 80 年代，随着美国对强制性家庭计划立场的逆转，西方学者对人口政策的探讨变得慎重了。②

中国人口政策最初设立的目的是根据国家计划调节人口增长率，它也旨在促进人口合理分布以便能够平衡区域发展和各地区自给自足，通过努力改变农业社会的"精神"的和"前景"，中国的人口政策也旨在缩小城乡差异，缩小工农对抗和消除体脑鸿沟。它的贯彻和落实是国家发展政策的成功，反过来它作为国家发展政策的一个组成部分又协助国家取得社会和经济发展的成功。③ 杨魁孚等人认为，中国自推行计划生育政策以来，人口数量控制取得了令世人瞩目的巨大成就。④ 尤其是在计划生育推行的前 10 年，取得了十分显著的效果，归纳起来包括如下五个方面：（1）中国在相对短的时间内大幅降低了人口出生率和自然增长率，1970—1979 年，人口出生率从 33.59‰ 下降到 17.9‰，急剧下降了 46.7%，自然增长率也从 25.95‰ 降至 11.7‰，降幅达到 54.9%；（2）生育率处于相对较低水平，总和生育率从 20 世纪 60 年代的 5.68，70 年代的 4.01，下降到 1979 年的 2.75，再到 1981 年降到 2.63，虽然略高于发达国家 2.0，但较发展中国家 4.6 的平均水平要低得多；（3）计划生育已深深扎根于人们心中，广大已婚育龄妇女避孕普及率高，1981 年的一项研究发现，采取避孕措施的妇女人数占所有已婚育龄妇女总数的 69.46%，接近甚至超过了某些发达国家；（4）女性的平均初婚年龄逐年提高，抽样调查报告显示已从 20 世纪 50 年代的 19.0 岁提高到 60 年代的 19.8 岁，1981 年达到 22.8 岁，这表明许多女性，尤其是城市女性已普遍接受了晚婚；（5）广大城市和部分农村地区积极响应国家"一对夫妇只生一个孩子"的号召，1981 年，全国 3300 万个独生子女家庭中，有 1400 万个领取了独生子女证，占总数的 42.3%。1970 年，总出生人数的 20.70% 为初次生育，该比例 1980 年上升至 41.8%，

---

① 魏下海、蓝嘉俊：《老龄化对劳动分配格局影响具阶段性特征》，《中国社会科学报》2014 年 7 月 16 日。

② ［美］吉利斯、波金斯、罗默、斯诺德格拉斯：《发展经济学（第四版）》，中国人民大学出版社 1998 年版，第 200 页。

③ Y. C. YuSource. The Population Policy of China. Population Studies, Vol. 33, No. 1, 1979: 142.

④ 杨魁孚、陈胜利、魏津生：《中国计划生育效应与投入》，人民出版社 2000 年版，第 32—33 页。

1981年46.55%。趋势表明"一对夫妇只生一个孩子"的政策正在逐步落实。①

在中国，学者们大多以人口出生率、自然增长率以及总和生育率这三个指标的下降来作为中国人口政策是否有效的判断依据，相关指标降幅越大，政策效果则越好。妇女生育模式由"早育、多育、密育"转向"晚育、少育、稀育"，这说明多年的计划生育宣传和实践发挥了巨大作用。②早期代表性人物侯文若认为，当代由政府出面公开推行或倾向于推行人口控制政策的国家，无不收到了效果。只不过有些国家收到的效果大些、显著些，有些国家收到的效果小一些，不那么显著。显著还是不显著，关键取决于政府主观上的努力。在他看来，中国人口控制政策所获得的成绩巨大，因为20年中国少增2.57亿人口。③如果放任中国人口自发地、无计划地增长下去，1970—1990年的人口会是13.8671亿人④。还有学者认为，人口政策的效果不仅表现在人口数据的下降上，还表现在脱贫致富的效应上。早期有学者采用量化评估的方法判断人口政策的效果。譬如，有的依据1954—1971年的人口自然增长率的数据而计算出一元回归的经验公式来估算人口政策的执行效果，从而得出1972—1991年由于人口政策的有效执行而实际少出生的人口数。然后得出结论说人口政策的执行效果十分明显，对脱贫致富起到了积极作用。⑤人口政策有效论的当代代表性人物，中国社会科学院马克思主义研究院院长程恩富认为，30年多来，"一胎化"政策使中国少生了将近4亿人口，人口政策的效果很好，值得高度肯定和评价。他还建议中国应继续实施严格的"一胎化"政策，最好将中国人口减少至5亿，如果有6亿人口，则人口的负作用大于正作用。⑥

---

① Qian Xinzhong. China's Population Policy. Theory and Methods. Studies in Family Planning, Vol. 14, No. 12, 1983: 297-298.

② 楚军红、张纯元:《龙胜县各族自治县计划生育政策评估》,载张纯元《脱贫致富的人口对策（第三集）》,北京大学出版社1994年版,第273页。

③ 侯文若:《各国人口政策比较》,中国人口出版社1991年版,第150—161页。

④ 原文数据为138671亿人,可能是印刷错误,应为13.8671亿人,同上,第162页。

⑤ 陆杰华、王凤梅:《贫困地区人口政策执行效果与脱贫致富关系研究》,载张纯元《脱贫致富的人口对策（第三集）》,北京大学出版社1994年版,第222—231页。

⑥ 《人大代表称中国劳动力过剩 有6亿人口是负作用大于正作用》,经济观察网,2010年3月11日。引自凤凰网 http://finance.ifeng.com/news/special/lianghui2010/20100311/1913533.shtml。

计划生育到底少生了多少人？少生的人算不算是计划生育政策取得的成效？在这些问题的认识上，学术界存在巨大的分歧。有学者认为，1971年以来，如果中国没有实行计划生育政策的话，到2000年年末中国的人口可能会超过18亿，如果如印度那样仅仅是倡导自愿实行计划生育，人口也会达到15.32亿。可见，计划生育为中国的社会经济发展做出了巨大贡献。[①] 一种较为流行的看法是计划生育政策帮助中国少生了4亿人口[②]，延迟4年达到13亿人口大关，为经济社会发展赢得了黄金时期，促进了经济增长和人民生活的极大改善。[③] 王丰等学者则认为"少生4亿人"的说法缺乏严谨论证[④]。也有学者认为计划生育政策严重影响人口统计学的客观性，导致了瞒报和漏报，使普查结果偏离了实际情况。[⑤]

在许多国家，人口政策被作为一种自愿性的计划，用以帮助人们控制生育率和提高生活质量。通过使用政策工具变量来评价生育的外生性变量对家庭结果的影响，经济学家发现，与偏相关的OLS估算相比，家庭福利结果的生育"交叉效应"有以显著速度下降的趋势。在很多文献中，偏相关的OLS估算提供了降低生育率政策具有正外部性的证据。[⑥] 目前中国人口发展走到了一个新的十字路口，低生育率水平下背负日益沉重的老龄化包袱的中国经济如何才能持续健康地发展？人口问题如何才能不拖经济发展的后腿？在中国进入低生育率新时期以后，人口政策如何权衡其成本与效益才能为科学决策提供参考？针对这些问题，曾毅等学者进行了深入的理论探讨和实证分析。[⑦]

经济学者们通常习惯于采用成本—效益或是投入—产出分析来衡量公共政策的效果。对于宽松的计划生育政策是否会带来高昂成本问题，陈胜利在理论和实践的结合上，在浙、鄂、粤、吉和宁及浙江省金华市五省一市选点问卷调查的基础上，分专题分析研究了中国计划生育政策的正面社

---

① 梁秋生、李哲夫：《中国人口出生控制成效的比较分析》，《人口研究》2003年第5期。
② 张维庆：《改革开放与中国人口发展》，社会科学文献出版社2009年版。
③ 吴宏洛：《影响中国人口政策走向的几个关键性问题》，《福建论坛》（人文社会科学版）2010年第1期，第144页。
④ 王丰、蔡泳：《4亿中国人是怎么少生的？》，《中国改革》2010年第7期，第85—88页。
⑤ 陈彦光：《中国城市化水平统计数据的问题分析》，《现代城市研究》2012年第7期，第7页。
⑥ T: aul Schultz. Population Policies, Fertility, Women's Human Capital, and Child Quality. Handbook of Development Economics, Vol. 4, 2007: 3249.
⑦ 曾毅等：《低生育水平下的中国人口与经济发展》，北京大学出版社2010年版。

会经济效益。① 也有国外学者运用有关方法研究了中国计划生育政策的负作用问题，认为计划生育政策导致诸如强制堕胎、溺婴、性别鉴定等"坏"的甚至是"丑陋"的一面。② 还有人认为，由于计划生育政策，中国取得了人口红利，从而使现阶段劳动力丰富，人口负担降低，由此推动了中国经济先发展，获得了相对于印度的先发优势，中国今日腾飞的原始积累是从老百姓的嘴里"抠"出来的，是中国人口政策的结果之一。③

20世纪90年代以来，中国人口政策的评估开始受到关注。总体来说，基本上肯定了"经济效益论"。有关评估热点主要集中于人口控制的有效性反思，评估结果差异很大，大致可归纳为两种倾向性结论：（1）自"一胎化"政策施行以来效果显著，尽管其间有过波折，总体上是稳定而成功的，主要表现在潜在出生人口的减少和生育率的下降上；（2）尽管"一胎化"政策取得较大成效，但其有效性正在衰减，主要表现在出生率的回升和波动上。对应这两种结论，学者们在展望未来中国人口发展趋势时态度也有所不同。前者认为应继续坚持和稳定现行人口政策，切实有效地控制住人口增长势头；后者则认为人口控制形势相当严峻，继续控制必须直面经济、文化等各种客观因素的挑战。还有人主张修订现行人口政策以保持人口控制的持续性和长期性。④

那么，"一胎化"政策是否真有如此巨大的经济效益吗？有学者认为，人口控制对改革开放以来的经济增长贡献很大，并不意味着"高经济增长、低人口增长"是中国长期经济增长的永恒模式，李通屏和才亚丽通过研究武汉市1950—2006年的经济增长发现，在新古典经济增长理论框架下，中国的人口、劳动力与国内生产总值之间始终存在较为显著的正向关系，而其他变量的影响并不必然为正。据此，他们认为中国的人口增长并没有拖累经济增长。在当前经济增长缺乏动力的情况下，中国为促

---

① 陈胜利等：《中国计划生育与家庭发展变化——中国人口与发展》，人民出版社2002年版。

② Therese Hesketh, Wei Xing Zhu. Health in China: The One Child Family Policy: the Good, the Bad, and the Ugly. Education and debate, BMJ Vol. 314, 1997: 1685–1686.

③ 《谁是谁非任评说：人口红利与中印崛起之大角力》，凤凰播报，http://blog.ifeng.com/article/4316853.html。

④ 朱国宏：《关于对我国人口政策的评估》，《科技导报》1991年第8期，第15—19页。

就业、保增长，可以采取更为开放的人口政策。① 其他批评者们还论证说，在20世纪80年代"一胎化"政策推行后的几年，中国的生育率水平实际上几乎没有变化②，直到90年代与市场化改革紧密相关的制度变迁发生后，生育率才出现较为显著的下降。相对严格的人口政策而言，中国经济系统和社会价值的全局性变化，才是促使90年代中国生育率进一步下降的更为重要的因素。③ "发展是最好的避孕药"，印度人在20世纪70年代的这一实践认知，正是对中国目前生育率持续下降的最好注解。④

## 二 人口政策的社会成本论

一个国家的经济增长过程具有内在的不稳定性，人口是明显影响这一不稳定性的"三大因素"⑤之一。中国人口政策在经济效果上，表现为控制了人口数量，促进了生育率下降，提高了人口质量，充分释放了人口红利，从而为经济发展打下了良好的基础。但是它也如同硬币一样，具有两面，会产生正反两方面的社会效果。在提高人类发展指数的同时，出生人口性别比却严重失调，几千年来传统的家庭养老模式不得不发生转变，最重要的是，它还带来计划生育的社会成本问题。⑥ 有学者认为，人口政策的制定仅仅是增大了本已庞大的政府体系，使其更加缺乏灵活性和反应力，⑦ 从而带来可能无法用经济效益来衡量的系列社会成本问题，对人口总量控制和生育率下降的乐观经济估计有可能低估人口政策的社会代价。

---

① 李通屏、才亚丽：《长期经济增长中的人口因素：武汉的经验》，《武汉大学学报》（哲学社会科学版）2010年第1期，第145页。

② Feeney, Griffith and Wang Feng: arity Progression and Birth Interval in China: The Influence of Policy in Hast ening Fertility Decline. Population and Development Review, Vol. 19, No. 1, 1993: 61.

③ Wang Feng. Can China Afford to Continue Its One-Child Policy? Asia Pacific Issues. 2005, (77): 1.

④ 代表性的认识如曾毅、李玲、顾宝昌、林毅夫：《21世纪中国人口与经济发展》，社会科学文献出版社2006年版，第132—136页；陈剑：《中国人口变动正进入重要时期》，《中国经济时报》2006年4月7日。

⑤ ［美］道格拉斯·C.诺斯：《经济史中的结构与变迁》，陈郁、罗华平等译，上海三联书店、上海人民出版社1999年版，第29—30页。

⑥ 徐剑：《中国人口政策效果分析》，博士学位论文吉林大学，2010年，第58—81页。

⑦ Himani Datar. Population Policy. Economic and Political Weekly, Vol. 27, No. 10/11, Mar. 7-14, 1992: 486.

提出人口政策的"代价问题"并予以讨论显然是意义多样且深远的①。诺贝尔经济学奖得主罗纳德·科斯曾批评说,"这是我听过的最为奇葩的政策。事实上这个政策具有潜在的毁灭性影响。如果中国一直执行独生子女政策,中国可能最终消失。"②家庭是国民经济的基础。在中国人口转变和经济社会变迁的过程中,家庭规模不断缩小,家庭结构逐渐简化,传统家庭功能趋于弱化,这对维系社会正常运作的各项社会政策带来巨大冲击。中国的家庭政策体系应实现向明确型和发展型转变。③

尹文耀认为,计划生育的直接成果不是经济成果,更不是货币成果,其影响应从效应、内容、形式、方向等不同层面进行评估。④ 如果说1979年后中国在控制人口问题上取得了很大成就,但人口控制政策也加剧了中国人口老龄化和男女性别比失调的问题。⑤ 王丰等学者认为,计划生育使中国"30年少生了4亿人"的说法缺乏科学依据。独生子女政策实施30年来,至多使中国少生1亿多人,但付出的社会经济和政治代价巨大。⑥ 实际上,早在20世纪90年代早期,中国的生育率就已经跌至更替水平以下。⑦ 但是,任何一种生育率下降都可能带来正反两方面影响与后果,生育率下降与人口老龄化的因果关系早已被确认,一旦生育率下降超越特定的社会文化边界条件这个临界,人口老龄化问题这颗"人口定时炸弹"就可能爆炸,中国将为之付出惨重代价。⑧ 一些国外学者也

---

① 穆光宗:《我国人口生育率下降的代价:框架性意见》,《社会科学》1998年第6期,第51页。

② 甘文:《作为软法的道德规范》,《国家治理的现代化与软法国际研讨会论文集》2014年7月9日。见:罗纳德·科斯《计划生育是我听过最奇葩的政策》,网易财经《意见中国——网易经济学家访谈录》栏目科斯专访,http://v.163.com/movie/2012/11/H/3/M8EL1Q1UR_M8KG1SRH3.html。

③ 胡湛、彭希哲:《家庭变迁背景下的中国家庭政策》,《人口研究》2012年第2期,第3页。

④ 《尹文耀关于计划生育投入—产出效应研究的几个问题》,《人口与计划生育》1999年第4期,第27页。

⑤ 易申波、张斌:《浅析中国人口政策》,《成都行政学院学报》2002年第3期,第25页。

⑥ 王丰、蔡泳:《4亿中国人是怎么少生的?》,《中国改革》2010年第7期,第85页。

⑦ Griffith Feeney, Yuan Jianhua. Below Replacement Fertility in China? A Close Look at Recent Evidence. Population Studies, Vol. 48, Issue 3, 1994: 381.

⑧ 穆光宗:《我国人口生育率下降的代价:框架性意见》,《社会科学》1998年第6期,第50、51页。

对有关问题进行过专题性研究和探讨。①

迄今为止，政策导向的出生率变化对妇女福利的长期效应还少有研究，诸如对生育控制技术的较好运用与推广的补贴政策，家庭计划生育项目的效果测算，几乎从来就没有评估其对劳动力供应、储蓄或孩子人力资本投资等方面所产生的长期后果。尽管偶尔有人估算人口政策与避孕使用或年龄别生育率的短期关系，长期家庭计划实践的研究不足已导致经济学家考虑用工具变量来替代政策干预。政策干预不仅决定生育变动，也可论证父母生育偏好的独立或没有观察到的节育，这些都可能影响到家庭的生命周期行为，② 所产生的代际性问题尚难以做出科学的评估。亦有学者通过分析中国各个地区计划生育与人口发展来论证中国计划生育对人口总量控制所起的作用及其产生的负面作用。③

著名经济学家阿马蒂亚·森认为，生育政策的强制过程不仅侵犯了某些人口自身具有的重要权利，而且对于存在强烈男孩偏好的中国，会导致女婴死亡率升高。④ 独生子女政策的实施也付出了巨大的政治和社会代价。根据卫生部 1986 年公布的数据，仅在 1971—1986 年的 15 年间，中

---

① 较有代表性的有 Chun-Hong Chen, Haixia Huang, Catherine M. Ward, Jessica T. Su, Lorian V. Schaeffer, Ming Guo, Bruce A. Hay. A Synthetic Maternal-Effect Selfish Genetic Element Drives Population Replacement in Droso phila. Science, Vol. 316 No. 5824. 2007: 597 – 600; W Lavely. First impressions from the 2000 census of China. Population and Development Review, Vol. 27, Issue. 4, 2001: 755 – 769; Scharping, T. The politics of numbers: Fertility statistics in recent decades. In Z. Zhongwei & F. Guo (Eds.), Transition and challenge: China's population at the beginning of the 21st century. London: Oxford University Press. 2007: 34 – 52。

② T: aul Schultz. Population Policies, Fertility, Women's Human Capital, and Child Quality. Handbook of Development Economics, Vol. 4, 2007: 3249.

③ 较为代表性的有 Susan Greenhalgh and J Bongaarts. Fertility policy in China: Future Options. In: Dudley L. Poston Jr., David Yaukey. The Population of Modern China. The Plenum Series on Demographic Methods and Population Analysis, 1992: 401 – 419; Edward Jow-Ching Tu, Jersey Liang and Shaomin Li. Mortality Decline and Chinese Family Structure Implications for Old Age Support. Journal of Gerontology, Vol. 44, Issue 4, 1989: S157 – S168; Namkee Ahn. . Effects of the One-Child Family Policy on Second and Third Births in Hebei, Shaanxi and Shanghai. Journal of Population Economics. Vol. 7, No. 1, 1994: 63 – 78; Jann Christoph von der Pütten. Moral Issues and Concerns about China's One-Child Policy. GRIN Verlag, 2008。

④ 李建新：《也论中国人口的百年战略——兼答李小平先生》，《人口研究》2006 年第 1 期，参见 [印] 阿马蒂亚·森《以自由看待发展》，任赜、于真译，中国人民大学出版社 2002 年版，第 220 页。

国流产手术达1.2354亿人次。虽然这些流产手术大多是在自愿的前提下进行的，但也有一部分是在各地基层计生干部的强制下实施的。强制实施的流产手术，不仅给育龄妇女本人和家庭带来了伤害，也使干群关系处于紧张之中。① 另据国家卫计委最新发布的数据，中国目前已成为全世界出生缺陷的高发国家，年新增出生缺陷约90万例。出生缺陷已成为中国婴儿死亡与残疾的主因，严重威胁出生人口素质。有关历史监测数据亦显示，1996年中国围产儿出生缺陷发生率为万分之87.67，到2011年增加到万分之153.23，呈现十分明显的上升态势。人口学者何亚福据此认为，与官方计划生育宣传说要提高人口素质不同，计划生育实际上降低了中国的人口素质。除了晚婚晚育导致出生缺陷率上升以外，诸如二元生育政策会导致人口素质逆淘汰，孕妇滥用"多仔丸"引起的生命安全，母婴得不到良好的营养，以及巨额"社会抚养费"挤占受罚家庭子女教育等系列衍生的副作用，使计划生育实际上在起着降低人口素质的负作用。② 同时低生育率水平可能带来的家庭结构变迁、子女教育、家庭养老以及婚姻挤压等负面效果也必须认真研究。③

### 三 人口政策的国家安全论

中国的人口，安全吗？面对诸多现实和潜在的人口安全隐患，有学者认为中国需要前瞻性的眼光，未雨绸缪、居安思危、积极应对。④ 人口是一个社会、国家的基础，人口这个基础如何变化会影响到社会的方方面面。如果说1980年以来以"一孩"为中心的计划生育政策正在断送中国的未来，这绝不是危言耸听。⑤ 若以控制人口增长为目的的人口政策长期维持不变或者是微调式的修修补补，必然导致人口下降并将在不久的未来产生巨大的人口负增长惯性。人口下降影响人口再生产，加速两大生产和

---

① 中国发展研究基金会：《人口形势的变化和人口政策的调整（中国人口发展报告2011/12）》，中国发展出版社2012年版，第8—9页。

② 何亚福：《为何计划生育降低人口素质》，人口与未来网站，2014年9月15日。http://www.cnpop.org/column/hyf/201409/00002330.html。

③ 李建新：《低生育率的社会学后果研究》，《社会科学》2001年第2期，第64—68页。

④ 宋健、姚远、陆杰华、张敏才、杨文庄、顾宝昌：《中国的人口，安全吗？》，《人口研究》2005年第2期，第34—48页。

⑤ 李建新：《计划生育断送了中国的未来》，新浪博客（http://blog.sina.com.cn/s/blog_712d83880100ol9b.html）。

两大部类之间的非平衡,这种负作用机制是通过影响和破坏社会分工来加速瓦解和破坏物质资料的生产来实现的。① 长期来看,生育与死亡转变也会对人口老龄化和老年抚养带来负面影响②。人口政策的严格推行,也会使生育率持续下降并长期处于更替水平之下。中国在过短时期内完成人口转型,少子老龄化现象会更加凸显,难以避免进入"超低生育陷阱"。③

西方学者克鲁格曾强调,人口老龄化将改变资本和劳动要素报酬,使得工资报酬上升而资本回报率下降,进而影响整体国民收入分配。马克思在论述资本的有机构成和贫困积累时早已有理论上的警示。根据中国人口老龄化的发展态势,预计未来几年少儿抚养比下降空间十分有限,而老年人口比重将不断累增。到21世纪30年代,中国人口老龄化将达峰值,若经济与社会转型不能取得实质性进步,则在未来较长时期内,劳动收入份额下降的状态仍将难以改观。④ 与老龄化有关的贫困与社会保障问题也会更加突出。从国外情况来看,老龄化还会引起尖锐的贫困问题,因此,还必须妥善处理好老年人待遇发放问题,否则会使很多老年人挣扎于贫困边缘,而一旦增加养老金标准哪怕是增幅极小都要付出昂贵的代价。⑤

从西方发达国家尤其是欧洲来看,人口下降所产生的"阶级分层与代际分裂"⑥的政治影响问题也不容忽视。欧洲出现的这种问题迟早也会在中国出现,当今中国离退休人员退休金是否过高以及今后是否实行延迟退休、是否延长时限等问题已引起社会的广泛争论。另外,人口数量和人口密度是社会内部分工的物质前提⑦,人口下降所引起的社会分工问题尚未引起足够重视,"民工荒"问题可能仅仅是人口政策引发的中国人口安全问题表现之冰山一角。在过去的30年里,无论是在劳动力还

---

① 刘铮:《人口理论教程》,中国人民大学出版社1984年版,第39页。
② 鲍思顿、顾宝昌、罗华:《生育与死亡转变对人口老龄化和老年抚养的影响》,《中国人口科学》2005年第1期,第42—49页。
③ 魏下海、蓝嘉俊:《老龄化对劳动分配格局影响具阶段性特征》,《中国社会科学报》2014年7月16日第A7版。
④ 同上。
⑤ [英]贝弗里奇:《贝弗里奇报告——社会保险和相关服务》,社会保险研究所译,中国劳动社会保障出版社2008年版,第84—85页。
⑥ 刘骥:《阶级分化与代际分裂——欧洲福利国家养老金政治的比较分析》,北京大学出版社2008年版。
⑦ 马克思:《马克思恩格斯全集(第23卷)》,人民出版社1972年版,第391页。

是在经济增长方面,在 OECD 国家中,中国的贡献都是最大的。中国新增的劳动力从农业部门大量转移至服务业和工业部门,为这两大产业部门提供了约 3.16 亿的新增劳动力,从而大大促进了中国工业化的发展,城市化也同时以史无前例的速度发展。中国在过去 15 年所取得的成就相当于英国在过去 100 多年取得的成就。① 然而,这种持续的动能正在衰减。

新近的研究表明,中国 15—59 岁劳动年龄人口在 2010 年即已达峰值,此后将呈绝对减少趋势,人口抚养比开始提高,人口红利正在消失。按照人口转变规律,劳动年龄人口负增长必然发生,人口红利终将消失。2008 年以来中国经济发展的实际也表明,经济增长速度已不可避免地从超常规转为常态,随着人口红利消失,未来中国经济可持续发展有赖于释放制度红利。② 国家统计局 2014 年 1 月的数据显示,中国 60 岁及以上人口占比 14.9%,到 2030 年预计将达到总人口的 25%,相对 2012 年,中国 2013 年的劳动人口数量减少了 244 万,老龄化导致的劳动人口萎缩目前已开始显露。③ 劳动力总量相对不足以及劳动力市场的结构性失衡将严重影响和冲击中国劳动力市场的可持续发展,其后续经济社会影响的负面性不可低估。

有学者甚至将人口下降带来的深远社会经济影响,从人口安全的视角提升至国家安全的层面来看待:中国作为发展中的人口大国,一方面,基于人口总量刚性增长的现实,广义人口安全日渐成为国家安全的基础和根本;另一方面,在长期实施计划生育基本国策的影响下,诸如性别结构、年龄结构、人的发展权力与能力分化、独生子女效应等狭义的人口安全逐渐成为国家安全的核心内容。这些人口的结构性失衡问题不解决,提升人口的质量就是一句空话。而没有人口的质量发展便没有人口安全的保障,没有人口安全的保障便谈不上国家安全的发展。虽然国家安全涉及经济、政治、军事、社会、人口、资源、环境等多个方面,但是人口安全是整个

---

① 《农民工难觅,大学生闹灾,中国劳动力市场怎么啦?》,麦肯锡季刊新浪官方微博(http://blog.sina.com.cn/s/blog_64af9ca50100vvsz.html /2011 - 08 - 24)。

② 蔡昉:《人口与劳动绿皮书(2013):中国人口与劳动问题报告 No.14——从人口红利到制度红利》,社会科学文献出版社 2013 年版。

③ 《全国仅 70 万单独夫妻申请生二孩》,《东南早报》2014 年 11 月 1 日(http://news.gmw.cn/newspaper/ 2014/11/01/ content_ 101770796.htm)。

国家安全的关节点。① 为应对超低生育率带来的国家安全问题，调整生育政策的作用已经远远比不上社会经济发展以及制度改革的作用大。当今中国早已从生育率过高转向了生育率过低，只有在各种政策制定上做出有利于养育孩子的制度安排，才有可能从根本上提高人们的生育意愿。因而，需要以制度改革应对未来人口结构危机。②

中国的人口学家们显然注意到了人口规模在地缘政治博弈中的战略性作用。尽管中印都是人口大国，然而单就人口而言，中国因为计划生育已经输给了印度。作为世界第二人口大国，印度看似人满为患，然而其人口结构年轻化，正从全球高端的世界办公室扩张到世界工厂。中国却在加速老龄化。一国生机勃勃，另一国却暮气沉沉。以百年为计，印度拥有光明而强盛的未来，中国则要面对老龄化的巨大挑战。③ 21世纪中印博弈进程中，人口正在成为实现国家安全战略不可忽视的重要因素。

## 第六节 人口政策的反思

关于生育政策的讨论实际上是对人口规律性的认识问题。④ 有学者认为，计划生育政策的合理性在于两个基础前提：一是中国面临严重的人口压力；二是计划生育政策可以有效减缓人口增长。⑤ 然而，有关研究却表明，人类社会需要隐性的鼓励生育的政策，因为这并非"给予"，而是一种个体"志愿"为人父母的方案，除非他们受到了强有力的控制。实际上，鼓励生育的政策从经济上和非经济上都促使潜在的父母将孩子视为奖励和廉价。而一个限制出生率的政策就会使父母拥有孩子不划算和更昂贵。从这个角度来看，很明显，提高人口出生率在现代社会已经深受侵蚀。如果生育率进一步下降，我们必须明白已经发生了什么，剩下就是我

---

① 戚攻：《我国人口和计生综合改革面临的八个问题》，《人口和计划生育》2004年第7期，第18—20页。
② 何亚福：《以制度改革应对未来人口结构危机》，《南风窗》2011年第17期，第45页。
③ 李建新：《计划生育和中印未来》，《中国企业家》2012年第9期，第22页。
④ 顾宝昌：《关于生育政策的讨论实际上是对人口规律性的认识问题——读"关于进一步完善生育政策的若干认识问题"》，《市场与人口分析》2007年第1期，第92页。
⑤ 樊明等：《生育行为与生育政策》，社会科学文献出版社2010年版。

们需要做什么。① 起码我们应反思严控人口的必要性以及是否高估了人口增长的挑战性。② 有些学者在人口政策调控的主张上似乎显得有点任性了，竟然认为将来中国人口开始负增长时，只要放松计划生育，生育率就会回升。在他们眼中，生育率如同一个水龙头，可以想开就开，想关就关。这是计划者的悲哀。③

新中国成立以来，国家人口政策的演变实际上经历了几个导向不同的阶段。比如，新中国成立之初是鼓励生育的，对人口增长实际上采取的是一种放任的态度，但不久之后，因为人口过快增长带来的压力以及现代化生活的需求，国家也提出了节制生育的需求。三年自然灾害后，补偿性生育导致中国人口剧增，一些地方开始尝试控制人口增长的计划生育，一直到现行生育政策形成。新中国人口政策的演化发展既有历史的必然性，也有决策失误中体现出来的主观性。理性审视政策演化过程中的系列经验教训，对于厘清当前中国人口问题的性质、检讨现行人口政策的得失、统筹解决当前中国人口问题很有必要。④ 一般而言，现代国家大多以经济和社会发展为首要目标，已经越来越关注人口现象不同的含义。要回答的是采纳人口政策的根据是什么。在人口领域有关国家实施人口政策的合法性似乎直接源于国家责任：国家的根本目的是促进经济和社会发展以确保其公民的幸福最大化。然而，这并不意味着国家可以随意干预家庭生育以达到其所期望的人口参数发生变化。因为人口政策几乎总是导致严重而持久的失衡，这可能以经济、生态、社会等许多不同的方式表现出来。如果这种不平衡的主要原因是人口的变化（例如，快速的人口增长、不平衡的人口分布或异常事件所引起的人口减少），它肯定会要求由国家行动。但是首先要强调的是，除非一个人的最基本的权利被剥夺，否则国家永远没有理由强迫个人生育违背自己意愿，也不能完全阻止她生育。基于这一考

---

① Judith Blake. Reproductive Motivation and Population Policy. BioScience, Vol. 21, No. 5, 1971：218-219.

② 冯立天、马瀛通、李建新等：《中国人口政策的过去、现在与未来》，《人口研究》2000年第4期，第27页。

③ 何亚福：《人口危局——反思中国计划生育政策》，中国发展出版社2013年版，第207—208页。

④ 杨垣国：《历史地看待新中国成立以来的人口政策及其演变》，《江西社会科学》2009年第1期，第176页。

虑，有必要检查人口政策实施方法的合法性，特别是人口政策中有关各种声明和规定是否遵行了人权原则。[①]

中国一方面经济发展需要人口红利，但另一方面又担心人口膨胀带来资源环境的巨大压力。这就难以对人口政策进行清晰的定位。人口作为劳动力的源泉是物质资料生产的一个因素，因而是社会经济活动的基础和主体，是一切社会活动的基础和主体，是社会物质生活条件的必要因素，因此人类自身生产对社会发展有重要的作用，能够延缓或者促进社会发展。人类自身生产对社会发展的作用，是通过作用于社会的经济、政治、思想、文化等社会生活的各个方面而实现的。[②] 马克思将人视为生产力中最核心的因素。显然，计划生育不仅影响家庭的微观生育行为和人口的再生产，而且实际上会显著影响微观主体的生产行为，尤其是对农村计划生育户，过于强制性的生育控制行为实际上人为造成一种农村生产的破坏。有关研究发现，计划生育的实施确实会削弱一些家庭本可拥有的生计资本与家庭发展能力[③]，尤其是对超生户所采取的一些极端做法使很多超生家庭彻底失去了生产资料和生活资料。诸如此类的伤民行为也凸显了国家民主法治的不足。正因为如此，有学者将计划生育法斥为恶法，认为它是一部有违于国家宪法的法。[④] 如果说民主和法制是一个国家的根本，传统道德是维系一个民族的基础，安全和有尊严的人民生活是社会长治久安的基本条件的话，那么，计划生育无疑就是在败坏我们的根基和基础。[⑤] 凡此种种深层的后遗症，值得好好反思。早在政策调整前，就有学者强烈呼吁应该立即无条件实施普遍二胎的生育政策，以利于中国经济社会持续发展。[⑥]

实际上，人口政策时常隐含着人类行为的心理学理论，却刻意避免提

---

① Simone Veil. Human Rights, Ideologies, and Population Policies. Population and Development Review, Vol. 4, No. 2, 1978: 313, 314, 316.

② 刘铮：《人口理论教程》，中国人民大学出版社1984年版，第38页。

③ 杜本峰、李碧清：《农村计划生育家庭生计状况与发展能力分析》，《人口研究》2014年第4期，第50—61页。

④ 梁中堂：《计划生育正在毁坏民族发展的根基》，梁中堂的新浪博客，http://liangzhongtang.blog.163.com/blog/static/1094265082014330111164687/2014-04-30。

⑤ 梁中堂：《一部有违于我国宪法的法——三论计划生育法是恶法》，梁中堂的新浪博客，2014-8-10，http://liangzhongtang.blog.163.com/blog/static/10942650820147 1024818。

⑥ 郭志刚：《议人口政策》，《财经》2012年9月2日。

及这一点。对心理问题的公然漠视源于不能干预私人领域的活动,从而不接受影响个人行为的人口政策目标会导致一些冲突性行动。① "一胎化"政策在贯彻过程中尽管也得到了许多家庭的支持,但也招致许多家庭的抵制和反抗。而且,这种抵制与反抗一直延续至今。总体上说,中国独生子女的生命历程是家国视野下的一种制度化选择,以生育政策形式表现的国家意志得到了完全实施和贯彻。有学者认为,这一结果有其历史必然性。② 因为从理论推演的角度来看,国家是带有掠夺(或剥削)和契约两重特性的。诺斯认为,如果国家的"暴力潜能"(violence potential)能在公民之间进行平等分配,便产生契约性的国家,否则便产生掠夺性(或剥削性)的国家,由此出现统治者和被统治者,即掠夺者(或剥削者)和被掠夺者(或被剥削者)。③ 从中国的人口政策来看,生育权在公民之间其实不是平等分配的,过去如此,生育政策调整以后仍然这样。国家强制实施的"一胎化"生育政策其实剥夺了大多数家庭生育多个孩子的权利,即使现在已放宽到"全面二孩",但是考虑到非意愿多胎生育的自然性因素,对于无法避免的三胎征收社会抚养费仍然是剥夺了他们生育多少与何时生育的权利而最终还需要这些被掠夺者承担巨大的社会成本。比如,"一胎化"生育政策带来的"失独"问题,它所带给"失独家庭"的,绝不仅仅是心灵上的巨大创伤,更有养老等一系列深层的社会后遗症。因此,应将这些计生特殊家庭全部纳入政府养老和医疗体系并给予充分的优待。④ 从国际视野来看,对于控制人口的计划生育政策,学术界是存有较大争议的。经济导向会诱发政治后果,甚至产生人权问题,这正是一些学者认为人口政策应该检讨和反思之处。

人口管理制度的实质是一种宪政文明⑤。国际社会对于中国计划生育领域的人权保护问题一直非常关注,与人口领域的国际人权标准比较而

---

① Kurt W. Back and Nancy J. McGirr. Population Policy and Models of Human Nature. Journal of Populati on, Vol. 2, No. 2, 1979:91.

② 包蕾萍:《中国独生子女生命历程:家国视野下的一种制度化选择》,《社会科学》2012年第5期,第90页。

③ [美]道格拉斯·C. 诺斯:《经济史中的结构与变迁》,陈郁、罗华平等译,上海三联书店、上海人民出版社1999年版,第14页。

④ 罗屿:《二胎:生还是不生?》,《小康》2014年第4期,第32—37页。

⑤ 王建芹:《人口管理制度的实质是一种宪政文明》,《人大研究》2007年第4期,第31页。

言，中国法制体系确实存在一定差距。这种差距基于不同的权利哲学而形成。中国既要加强对话，也要深入反思和改进人口政策领域的人权保障工作。① 国外学者针对倡导人口控制和主张应将生殖健康作为国家和国际健康政策这一争论的现实背景进行了回顾。② 20 世纪 60 年代中期以来，美国等西方发达国家认为，人口控制特别是发展中国家的人口控制对社会经济的发展十分必要，人口控制在国际计划生育预测和规划中一直处于支配地位。人口控制通常意味着追求一个生育控制的单一目标，对被计划生育的当事人的权利却往往缺乏足够的关注。这种狭隘的理念导致了很多强制性政策的出台，出现了大量违反伦理道德的事例以及根本不起作用的计划生育预测。在过去的许多时间里，妇女健康领域日益增多的活动家和研究者一直在倡导进行从人口控制到生殖健康的政策转换。一个生殖健康的政策体系架构应该提供一个更为宽广的系统关注，以便能对诸如性传播疾病、不生育、流产、生殖类癌症和妇女普遍性的权力等一系列问题带来必要的关注。进入 21 世纪以来，人口政策的关注重点由人口控制向再生权利和人口健康转移。③ 目前，国际社会对中国"一胎化"政策有几个重点关注的领域：妇女和女孩的虐待问题，女婴的流产和遗弃问题，加强绝育和流产问题，人口早期老龄化问题，性别比失衡问题以及人口拐卖的增长效应问题等。④

目前，中国经济正在向日益成熟的市场经济迈进，应该充分让市场发挥作用，家庭能够自主抉择做到的，国家和政府就不应干预，对人们的生育理性和理性生育要能容忍，尽量让个人成为生育理性决策的主体，只有这样才能真正降低计划生育的"交易成本"，让计划生育成为名副其实的"家庭计划"，而不是"政府计划"。⑤ 国际社会普遍认为，生多少、何时

---

① 湛中乐、苏宇论：《政府信息公开排除范围的界定》，《行政法学研究》2009 年第 4 期，第 36 页。

② Sandra D. Lane. From population control to reproductive health: An emerging policy agenda. Social Science & Medicine, Vol. 39, No. 9, 1994: 1303 – 1314.

③ Paige Whaley Eager. Global population policy: From population control to reproductive rights. Chippenham, Wiltshire: Antony Rowe Ltd, 2004: 1 – 3.

④ Jann Christoph von der Pütten. Moral Issues and Concerns about China's One-Child Policy. GRIN Verlag, 2008: 1.

⑤ 李通屏、郭继远：《中国人口转变与人口政策的演变》，《市场与人口分析》2007 年第 1 期，第 42—48 页。

生、如何生应该是一种家庭私权，正因为如此，许多国家尤其是发达国家往往将生育权视为一项基本人权，并将其放在妇女人权的核心位置。中国在经济能力提升的同时，价值体系、思想观念、法律体系等正在逐渐与国际先进文化和政治文明接轨。若不承认生育权属于人权，改变计划生育制度和取消现行的计划生育政策，归还民众的自由生育权，① 则妄谈遵行人权领域的相关国际公约。

目前，中国人口出生缺陷发生率正在不断增高，育龄妇女生殖道感染高发病率和男性生殖健康问题令人担忧，而性病和艾滋病的不断蔓延也对整个国家和民族敲起了警钟。② 在新的人口问题和现象面前，我们应该认识到，要实现中国社会经济的可持续发展，人口政策应作与时俱进的修正。积极的人口政策调整并非简单的控制人口数量，而是一种顺应可持续发展的文化取向，体现以人为本的后实证主义政策思维。③ 在人口问题发生重大转型的历史背景下，中国人口问题观和人口治理观都需要与时俱进，新时期中国亟须重建被破坏的生育伦理观和生育文化观。④

## 第七节　人口政策的调整

尽管《公开信》发表之后"一代之约"的时间早已到来，然而中国的人口政策并未进行调整。有学者认为，人口数量过多仍然是21世纪中国的首要人口问题，人口必须要控制的共识决不能有丝毫的动摇。⑤ 然而，中国生育率下降是以出生性别比失调和严重的人口老龄化等为代价的。如果这种代价太过沉重，超出了未来社会经济发展和人们的心理承受

---

① 梁中堂：《自由生育权是一个不容讨论的问题》，网易论坛，2011-9-28，http://bbs.local.163.com/bbs/localhunan/232071877.html。

② 张家康、张力：《我国人口健康面临的挑战和对策》，《科技创新导报》2008年第15期，第197页。

③ 金小桃、周学馨、朱尧耿：《关于构建社会主义和谐社会与人口政策拓展的战略思考》，《南方人口》2005年第6期。见：陈一平《中国人口政策的评价性分析与选择：可持续发展的框架》《南京社会科学》2001年第3期，第39页。

④ 穆光宗，王本喜，周建涛．大国人口观的演进与转变，《人口与社会》2016年第4期，第13页。

⑤ 翟振武：《当代中国人口发展战略的回顾与思考》，《教学与研究》2001年第3期，第10页。

能力，那么政策调整就是必需的。① 改变现行生育政策只是一种回到常态，而回到常态是不需要什么特别理由的。② 尽管如此，近十多年来，对于要不要调整生育政策以及如何调整生育政策，以及政府对于最佳"结合点"的选择，学术界却出现了重大分歧。有关观点对垒成为不同的阵营，可谓众说纷纭。

## 一 人口政策是否应调整？

面对中国日益严峻的老龄化，新时期中国人口政策是采纳"先控后减的新人口策论"，还是实施"普遍二孩"的新生育政策，抑或实行不加干预的自由人口政策？总体来看，目前学术界大致形成了四个观点和立场不同的学术阵营。

### 以程恩富等为代表的"严控紧缩派"

该派极力主张国家继续执行严格的"一胎化"人口政策，认为只有这样中国总人口才能"先控后减"，即先将总人口控制在15亿左右，后逐渐减至5亿左右。他们积极倡导"先控后减的新人口策论"，将之归纳为10个要点，把有关公民自由生育权神圣不可侵犯的有关观点抨击为"一种片面的、抽象的、自私的权利观"，认为这种观点既漠视了中国的具体国情，又割裂了个人利益同社会利益和全球利益的关系。程恩富等人还认为，中国人口的主要问题在于"太多"，而不是"太老"，解决人口老龄化问题取决于人均劳动生产率而非抚养比，出生性别比失衡问题是多种因素造成的，不能简单将罪责归咎于计划生育政策，当然也不能基于这样的理由就取消计划生育政策。③ 而且，不同生育水平下的人口预测和分析都已经表明，中国实行"一胎化"生育政策不仅重要而且必要，应该继续严控城乡家庭生育"一对夫妇一个孩子"的底线，继续执行严格的"一胎化"政策。④ 程恩富还认为中国有6亿多人口是"人口负利"，用放开二胎政策来解决中国的老龄化问题并不恰当，有关地方部门以地方出生

---

① 陈友华：《中国生育政策调整问题研究》，《人口研究》1999年第6期，第23页。
② 左学金、杨晓萍：《生育政策调整势在必行》，《中国改革》2010年第5期，第11页。
③ 程恩富、王新建：《先控后减的"新人口策论"——与六个不同观点商榷》，《人口研究》2010年第6期，第79—89页。
④ 王爱华、程恩富：《中国"一胎化"生育政策的成本—效益测度》，《重庆社会科学》2008年第7期，第50页。

率为由松动计划生育政策是不妥的。程恩富极力主张国家人口政策应该"提倡一胎,特殊二胎,严禁三胎,奖励无胎"。① 其中心思想就是一要反对调整人口政策,继续严控计划生育不放松;二要争取人口负增长,大规模缩减中国人口数量。因此,以任何形式放开二胎都不可取。他因此也被人称为"当代马寅初"。②

无独有偶,美国的郭子中将中国的计划生育视为"一场看不见硝烟的战争",而其后果关系到国家的命运。在这场战争中,中国人必须坚决守住一个底线:继续实行计划生育政策,尽快达到人口零增长的目标,避免中国人口的大爆炸,让中国的经济继续领先于世界。③

在人数众多的反对调整人口政策的阵营中,另一位"严控紧缩派"人物侯东民认为,中国人口基数本来就大,如果放开生育政策,将承受更大的资源和环境压力;另外,不能将老龄化作为放开生育政策的理由。类似观点也认为不能以放开政策多生孩子来解决中国老龄化问题,终极办法还有赖于建立完善而广泛的社会保障制度和养老服务体系。④ 在侯东民看来,国内外思潮对中国人口红利消失及老龄化危机的解读是一种误导,从多方面来看,随着中国经济规模扩大,人口问题的滞后效应已经明显进入一个充分展现期,此时人口政策如果转向为鼓励增加人口,必将成为一次重大失误。对于这样一个人口大国,轻易放弃缩减庞大人口基数的努力最终将继续遭受历史的惩罚。⑤

中国社会科学院人口与劳动经济研究所李小平与主张通过放宽生育政策来优化人口结构的赞成调整派论调相反,他认为坚持从紧控制生育从而进一步减少生育数量并早日进入减少人口总量的进程,恰恰才是优化人口

---

① 程恩富:《我们现在是人口负利》,《经济观察报》2010年3月11日。
② 《当代又出马寅初》,《杭州日报》2009年3月30日。见程恩富《激辩"新人口策论"》,中国社会科学出版社2010年版,第310—313页。
③ [美]郭子中:《人口战争——谨防世界与中国人口大爆炸》,光明日报出版社2014年版,第2页。
④ 《二胎:生还是不生?》,和讯网(http://news.hexun.com/2014-04-10/163784721.html)。见罗屿《二胎:生还是不生?》,《小康》2014年第4期,第36页。
⑤ 侯东民:《国内外思潮对中国人口红利消失及老龄化危机的误导》,《人口研究》2011年第3期,第29、40页。

结构和加速提高人民生活水平的真正出路。① 李小平主张继续实行严厉的计划生育以大量减少中国人口就是"美"②，中国人口的终极目标应至少降到 5 亿以下，甚至 2 亿—3 亿人就足够了。为此，应采用加大对农村独生子女家庭的奖励或加速实现农村独生子女父母的社会化养老保障的举措来进一步降低人口增长。③ 李宏规认为，要深刻地认清中国人口众多这一基本国情，长期坚持实行计划生育这一基本国策是中国实现人口、资源、环境协调发展的重要保证④，稳定低生育水平是对中国人口问题几十年认识和实践总结所得出的结论。正因为如此，今后几十年中国应坚定地将稳定低生育水平作为一项战略任务。⑤ 刘金塘与林富德两人有关 21 世纪中国人口发展态势的模拟结果发现，中国要在 21 世纪实现可持续发展，只能稳定低生育水平，采取人口负增长战略。⑥ 官方代表性的观点则认为，学术界不能用美国的标准来要求中国。如果中国的人口无计划地持续增长，环境资源将无法承载，那将是自己毁灭自己。⑦ 于学军也认为，中国已进入"后人口转变时代"。这种历史性的飞跃源于党和政府在人口问题上逐步统一了认识，是人口与计划生育工作日臻完善以及社会经济环境快速变迁的必然结果。但是这种传统意义上的人口转变完成并不意味着所有人口问题已经终结。恰恰相反，在稳定低生育水平的前提下，如何解决 21 世纪的中国人口与可持续发展问题，是中国和全世界共同面临的挑战。⑧ 与于学军持同样观点的李建民也认为，中国已进入"后人口转变时代"的第一个发展阶段，人口发展面临的挑战更为严峻，对中国人口发展长期目标的实现极为关键，这一时期的人口发展状态将决定中国最优人

---

① 李小平：《控制和减少人口总量就是优化人口结构》，《重庆工学院学报》（社会科学版）2007 年第 9 期，第 53 页。

② 李小平：《人口与经济的关系及人类生活的美学问题》，天涯社区，2006 - 4 - 29，http: //bbs. tian ya. cn/post-no01 - 237191 - 1. shtml。

③ 李小平：《人类生活的美学问题》，《读书》2001 年第 10 期，第 20 页。

④ 李宏规：《实行计划生育是人口、资源、环境协调发展的重要保证》，《中国人口、资源与环境》1992 年第 1 期，第 5—7 页。

⑤ 李宏规：《面向新世纪的重大决策》，《人口与计划生育》2000 年第 3 期，第 17 页。

⑥ 刘金塘、林富德：《从稳定低生育率到稳定人口——新世纪人口态势模拟》，《人口研究》2000 年第 4 期，第 40 页。

⑦ 李宏规、杨胜万：《生育权利和义务问题》，《人口研究》2003 年第 1 期。见彭珮云主编《中国计划生育全书》，中国人口出版社 1997 年版，第 268 页。

⑧ 于学军：《中国人口转变与"战略机遇期"》，《中国人口科学》2000 年第 2 期，第 8 页。

口状态的实现。① 当前人口政策应围绕把人口自然增长率逐步下降到零，同时促进人均绿色国民收入取得明显增长作为主要目标，力争将宏观经济调控和解决人口问题有效结合起来。②

实际上，国内目前类似上述极力主张坚持一胎政策不放的新马尔萨斯主义学者还有很多。他们在国内掀起生育政策的激烈论争。③ 该派的共识就是认为人口增长是压力，所引起的收益递减的逻辑暗含人口增长和资源之间存在持续的角逐。除非前者通过生育控制受到限制，使得财富可以累积、生存条件得以改善。在他们看来，"人口增长无论如何都对经济发展起着制约的作用"。④ 客观而言，中国当前的新马尔萨斯主义者的认识深度，远远不及18世纪中叶的学者。因为，几百年前的那些古典学者就坚定地认为，人口增长促进了发展，大量的人口及其增长是财富最重要的标志，是财富的主要源泉，是财富本身——对于任何民族来说他都是所能拥有的最大财产。⑤ 幸运的是，并非所有的人口学家都是马尔萨斯的追随者，尤其是很多西方人口学家，对马尔萨斯的观点进行了理性的认识。如伯泽尔普通过假定人口增长是经济转变的支配力量，推翻了马尔萨斯模型。在伯泽尔普模型⑥及有关的类似研究⑦中，人口不再是依赖于发展的变量，而是变成了决定发展的变量。

### 以李建新等为代表的"量化宽松派"

该派主张放松人口政策，但不赞同完全取消计划生育无限制地生育。该派人数众多，但各自观点有异。以顾宝昌、翟振武、郭志刚、李建新、曾毅、王丰、穆光宗等学者为代表。有关观点类似金融危机后期美联储所采取的"量化宽松"政策，认为政府在人口战略的定位和指向中仍然是

---

① 李建民：《后人口转变论》，《人口研究》2000年第4期，第9、13页。

② 何干强：《人口政策的调整要与经济社会发展的实际相适应》，《经济纵横》2009年第10期，第17页。

③ 程恩富：《激辩新人口策论》，中国社会科学出版社2010年版。

④ [意]马西姆·利维巴茨：《繁衍——世界人口简史（第三版）》，郭峰、庄瑾译，北京大学出版社2005年版，第93页。

⑤ J. A. Schumpeter. History of Economic Analysis. Oxford: Poxford University Press, 1954: 251.

⑥ E. Boserup. The Conditions of Agriculture Growth. Allen and Unwin, London, 1965: 22-62.

⑦ C. Clark and M. Haswell. The Economics of Subsistence Agirculture. Macmillan, London, 1964, chs. 1 and 2.

不可或缺的,但人口政策调控手段应该与时俱进。

顾宝昌和王丰运用山西翼城、甘肃酒泉、湖北恩施、河北承德等地840万人的实践证明,在一定条件下相对宽松的允许生育二胎的政策,不仅可实现低生育率水平,而且有利于计划生育开展。没有理由不相信,二孩生育政策在更广大地区的实施必将迎来中国人口与计划生育工作的健康发展、长治久安。① 李建新坚决反对李小平单纯地认为"中国应以减少人口数量为战略目标"的观点,并对李小平提出的"200年后中国人口降至3亿—5亿"这一所谓200年后的人口目标进行了驳斥,认为在人口发展战略的目标设计上,不宜为未来100年或200年提前设定一个远小于现实人口规模的绝对人口数量目标,只有统筹解决好人口数量、结构与质量问题,才是中华民族永葆昌盛不衰的人口战略,也是国家身处多重困境中的最佳选择。② 李建新还对于学军、李建民等人提出的"后人口转变论"提出质疑,就中国人口数量与结构问题与翟振武论战,特别警示中国低生育率所带来的那些不容忽视的社会后果。③

"宽松"的前提是"量化",即并不反对计划生育,但也不主张实施过于严格的计划生育,认为应该实施普遍二孩政策。但是在放松的时间节点上还是出现了分歧。曾毅认为国家只要运用好晚育这根有力"杠杆"即可在可承受的"人口增量"范围内顺利实现二孩政策的平稳过渡。④ 穆光宗则认为中国目前的超低生育率陷阱是"强国大患"⑤,国家生育政策改革的目的在于调动和保护人们二孩生育的积极性,这也是维持中国人口正常更替的一个必要条件。⑥ 从中国"十三五"和中长期人口格局的变化来判断,有必要将生育政策改革、开发人力资本红利、推进户籍改革和实

---

① 顾宝昌、王丰:《八百万人的实践——来自二孩生育政策地区的调研报告》,社会科学文献出版社2009年版,第12页。

② 李建新:《也论中国人口的百年战略——兼答李小平先生》,《人口研究》2006年第1期,第69页。

③ 李建新:《转型期中国人口问题》,社会科学文献出版社2005年版。

④ 王跃生:《制度人口学重大问题研究述评》,《社会科学管理与评论》2006年第5期,见:曾毅《以晚育为杠杆,平稳向二孩政策过渡》,《人口与经济》2005年第2期,第7页。

⑤ 穆光宗:《论我国人口生育政策的改革》,《华中师范大学学报》(人文社会科学版)2014年第1期。

⑥ 穆光宗:《民心不可失 民权不可轻 民意不可违》,穆光宗的凤凰播报,2014年10月21日,http://blog.ifeng.com/article/34273484.html。

现迁移流动人口市民化、积极开展行动应对老龄化及强化家庭的发展能力构造成为面向未来的新人口发展战略作为五个支柱。①

在现行生育政策时期,由于大多数家庭被要求只生育一个孩子,这样做不仅是在控制人口过快增长,而且是在敦促人口尽快负增长。所以,当前中国实行的计划生育政策其实是一种压缩人口规模的战略。这种压缩人口规模的战略所带来的严重后果可能要到80—100年以后才会显现出来。面对人口增长严重下滑的趋势,适度放松计划生育的行政管制,合理调节育龄妇女的生育水平,② 适时调整生育政策,不仅可平抑人口负增长态势,增加劳动年龄人口供给,还有助于延缓老龄化步伐,从而赢得时间和财富,以应对老龄化经济社会的挑战。③

尽管"量化宽松派"赞成放松生育控制政策,但是在何时退出"量化"的操作上还是有较大的争议。该派另一位代表性学者翟振武在测算生育政策变动可能带来的人口效应后,认为国家不宜立即全面放开二孩政策。从平抑"普遍二孩"后出生人数的堆积效应而言,平抑生育高峰有多种方法可供选择。④ 相对于该派其他学者而言,翟振武尽管也赞同放松过于严格的生育控制政策,但很强调把握一个度,十分重视和主张政府发挥在人口政策制定与实施中的主导作用。北京大学的郭志刚教授则认为,中国人口结构已形成巨大的负增长惯性,要特别警惕"人口控制"矫枉过正。⑤

值得一提的是,"量化宽松派"阵营中除了一直坚持计划生育应该放松的学者外,还有从"严控紧缩派"阵营中转过的学者,较有代表性的人物是田雪原。他在中国推行计划生育初期阶段极力推崇"一胎化"方案,对于当时国内的反对声音,他还在《人民日报》上撰文进行反驳:"有人认为,推行'一胎化'方案会出现老年人为四、劳动力为二、未成

---

① 任远:《中国人口格局的转变和新人口发展战略的构造》,《学海》2016年第1期,第76—81页。

② 长子中:《从可持续发展的角度看中国的人口政策》,《新西部》(理论版)2008年第11期,第13—14页。

③ 魏下海、蓝嘉俊:《老龄化对劳动分配格局影响具阶段性特征》,《中国社会科学报》2014年7月16日。

④ 翟振武、张现苓、靳永爱:《立即全面放开二胎政策的人口学后果分析》,《人口研究》2014年第3期,第3、16页。

⑤ 郭志刚:《警惕"人口控制"矫枉过正》,《中国改革》2010年第5期,第8页。

年人为一的局面。实际上，这是不可能的。""即便按照老龄化过程来得比较快的'一胎化'方案，中国在本世纪末人口老龄化的程度，尚没有达到发达国家现有的水平。"① 然而到了 2005 年，田雪原在论述中国人口的"五大人口高峰"态势时，提出从当前人口态势实际出发，认为中国人口发展战略应该选择"软着陆"方案，即"生育率保持相对稳定，稍有回升后即稳定在高于现在的水平"。② 显然，要"回升"意味着必须放松"一胎化"政策，但是田雪原在他的文章中并没有明确提出来。到了 2009 年，他的立场更是发生了很大转变，认为当前中国正处在人口发展战略的第二步，如何走好这一步？他就数量控制提出了生育政策的调整途径。③ 归纳而言，田雪原也成了十足的"量化宽松派"。转向者阵营中还有胡鞍钢，他曾经是计划生育政策长期而坚定的支持者，但现在他也赞成并提出，应适时调整计划生育政策，认为人口增长已经不再是中国资源环境的主要压力来源。④

### 以易富贤为代表的"鼓励扩张派"

"鼓励扩张派"不仅坚决反对"一胎化"政策，还反对将生育政策的调整和优化限于"量化宽松"的做法，认为即使全面放开二孩也为时已晚，最好是在完全取消生育限制的基础上采取鼓励性的措施。该派一方面反对政策干预，但是为了解决政府"一胎化"政策的历史后遗症，又主张政府采取积极态度去鼓励。其中，最有代表性的人物要数易富贤、梁建章等人。

"一胎化"政策如何产生是政策和方法论上都比较有挑战性的问题，易富贤最早在他的《大国空巢》⑤ 中，就试图通过科学研究的知识生产性镜头来探究公共政策的制定，并重新思考政策研究领域来对人类学的政策进行经验上扩展和理论上丰富。易富贤认为中国人口问题船大惯性大，调

---

① 田雪原：《关于人口"老龄化"问题》，《人民日报》1980 年 3 月 18 日。
② 田雪原、王金营、李文：《"软着陆"：中国人口发展战略的理性选择》，《社会科学战线》2005 年第 2 期，第 237—241 页。
③ 《二胎：生还是不生？》，和讯网（http://news.hexun.com/2014 - 04 - 10/163784721.html）。见罗屿《二胎：生还是不生？》，《小康》2014 年第 4 期。
④ 姚忆江、袁瑛、实习生、梅岭、丁婷婷：《"人口政策不要陷入教条主义"》——专访国情研究中心主任胡鞍钢》，《南方周末》2010 年 3 月 18 日。
⑤ 易富贤：《大国空巢：反思中国计划生育政策》，中国发展出版社 2012 年版。

头要趁早。①"五普"显示，中国的生育率并没有稳定在中央所要求的维系可持续发展的不低于 1.8 的水平。1990 年总和生育率为 2.2 左右，到 20 世纪 90 年代中期滑至 1.3 左右，这已经是超低生育率水平，2000 年更是降低到极其危险的 1.22。2005 年全国 1% 人口抽样调查结果也证实全国总和生育率只有 1.33。中国非正常死亡率和出生人口性别比都比发达国家要高，总和生育率需要在 2.3 以上。如果考虑不孕不育症等减少生育的其他情况，那么一个正常社会应当是主流家庭生育 3 个孩子，部分家庭生育 1—2 个孩子或是 4—5 个孩子。② 由于生育对家庭有回报，对国家有利益，中国历代统治者都鼓励生育，多生多育意愿、多子多福观念深入人心。③ 假如中国大陆现在鼓励生育，生育率在经历 3—5 年的补偿性出生高峰后将会跌落到 1.6。韩国和中国台湾在鼓励生育的情况下，生育率到 2010 年也分别仅为 1.22 和 0.895，2012 年分别为 1.297、1.265。由此看来，中国的人口政策调整或已到十字路口，不必用二胎作为过渡，应尽快采取措施鼓励生育。④

另外一位"鼓励扩张派"学者梁建章也认为，中国早已陷入"低生育率陷阱"，现在即使立即全面放开甚至鼓励生育都难以走出困境，放开单独二胎对生育率恢复正常只能是杯水车薪⑤，中国人可以多生！⑥ 国家人口政策的长期目标应该是稳定和维持出生人口，将养育身心健康的孩子作为民族复兴的战略性基础，应让每个家庭不仅生得起孩子，还养得起孩子。⑦ 1985 年在山西翼城县力推的"晚婚晚育加间隔"二胎试点至今已 32 年，然而该县不仅没有出现人口急剧增长，生育率反而下降了，甚至还低于全国平均水平。山西翼城县的二胎试点结果充分证明中国需要采取

---

① 易富贤：《中国人口问题：船大惯性大，调头要趁早》，2008，web1. cenet. org. cn。
② 易富贤：《以人为本，用科学的发展观指导人口政策调整》，《社会科学论坛》2008 年第 6 期，第 77 页。
③ 易富贤：《历代鼓励生育的政策》，《决策与信息（上旬刊）》2014 年第 4 期，第 60 页。
④ 易富贤：《人口政策何必用二胎过渡》，《中国改革》2013 年第 10 期。
⑤ 梁建章：《放开单独二胎对生育率恢复正常杯水车薪》，财新网，2013 - 11 - 15，http://opinion. caixin. com/20 13 - 11 - 15/100605703. html。
⑥ 梁建章：《中国人可以多生！反思中国人口政策》，社会科学文献出版社2014 年版，第 1 页。
⑦ 黄文政：《北京不应该控制人口规模》，搜狐财经，2014 - 09 - 04（http://business. sohu. com/2014 0904/n404075995. shtml）。

鼓励生育的政策。① 综合考虑人口结构老化对经济的负面影响、性别失衡及家庭风险等因素，全面放开生育政策利国利民，如果仅仅开放单独二胎还远远不够。从联合国发布的《世界人口政策 2009》来看，在 1976 年曾认为生育率偏低的国家中，截至 2009 年已有 85% 出台了鼓励生育措施。② 为防止中国掉入低生育率陷阱，作为一个重要的公共政策，国家考虑生育政策要有 30 年的前瞻性。③ 中国未来提升生育率，维持人口可持续发展的任务将极其艰巨。中国不仅需要放开生育，更需要借鉴别国经验，配套出台大力鼓励生育的政策，才能在逆水行舟中做到溯流而上。④ 故而，中国人口政策需要重大逆转。⑤

### 以梁中堂为代表的"自主抉择派"

第三派则是以梁中堂教授为代表的"自主抉择派"，与古典经济学的思想可谓一脉相承，强调个人在生育选择上的自由和抉择能力，尊重家庭和个人的理性选择，反对政府干预，让市场充分地发挥作用。该派体现的是一种人本主义倾向。即侧重于行为因素的作用，包括人们的生育态度、目的、家庭理想以及人们在生育行为方面的决策过程等。⑥ 目前该派的支持者相对较少，但是主张非常鲜明。尽管梁中堂教授是中国"晚婚晚育加间隔"二胎政策试点的始作俑者，然而与他早年的认识不同，梁中堂教授如今旗帜鲜明地主张彻底废除计划生育，认为人口生育是家庭内部的决策权利和程序，国家不应该干预家庭生育行为，社会经济发展可以起到比人口政策强制性实施更好的节育效果。其人口学思想和人口发展战略的思考可从其近几年来陆续发布的《论改变和改革计划生育制度》⑦ 以及 2014 年出版的《中国计划生

---

① 黄文政、梁建章：《翼城二胎试点结果印证中国需鼓励生育》（http://www.cnpop.org/column/ljz/201310/00000523.html），转自华尔街日报中文网，2013 - 10 - 17。

② 沈可、王丰、蔡泳：《国际人口政策转向对中国的启示》，《国际经济评论》2012 年第 1 期，第 115—116 页。

③ 梁建章：《中国人可以多生！反思中国人口政策》，社会科学文献出版社 2014 年版。

④ 黄文政：《鼓励生育将逆水行舟》，《人口与社会》2015 年第 2 期，第 37、41 页。

⑤ 黄文政：《中国人口政策需要重大逆转》，《中国发展观察》，2015 年第 8 期，第 38—43 页。

⑥ 王渊明：《历史视野中的人口与现代化》，浙江人民出版社 1995 年版，第 217 页。

⑦ 梁中堂：《论改变和改革计划生育制度》（自印本），上海，2007 年。

育政策史论》①和《中国生育政策研究》②等系列研究中窥见一斑。2008年,梁中堂教授通过研究近30年里拥有中国最宽松的生育政策五个少数民族自治区的经济与人口发展状况,结果发现这几个民族地区都属于同期全国生育率下降幅度最大的几个省份。西藏地区生育政策最宽松,宽松到在藏民族中几乎没有推行限制生育的程度。即使如此,西藏的总和生育率早在1990—2000年就下降了1.7,是同期全国唯一拥有如此大降幅的省份。然而,那些执行严厉"一胎化"生育政策的省份付出比民族地区大得多的努力,却没有得到持续的生育率下降效果,表现出人口过程本身所具有的不以人们意志为转移的客观规律性。③

该派另一位代表性人物何亚福认为,自主生育是夫妇自主地决定生育子女的数量和生育间隔,目前全球绝大多数国家都是实行自主生育的人口政策,④无论育龄夫妇的生育意愿是高还是低,都应该由育龄夫妇自主决定生多少个孩子。韩国的计划生育历史与中国有着惊人的相似之处,人口密度相当于中国3倍以上。在20世纪90年代前半叶,韩国国内对是否应该继续实行人口控制出现了很大的争论,但是1996年韩国政府批准改变人口政策,取消了控制人口出生的政策。然而,政策调整后,韩国总和生育率不仅没有回升,反而进一步下降到1.2,迫使韩国2005年实行鼓励生育的人口政策。因此,政府应吸取韩国经验教训,尽快结束计划生育,充分尊重人们生育意愿的多样性。⑤真实而言,《计划生育法》有违于现代国家法,计划生育和计划生育法都应该尽快废除,对于目前社会上存在质疑的社会抚养费制度不是要不要改革以及怎样改革,而是应该立即废除废止。⑥

---

① 梁中堂:《中国计划生育政策史论》,中国发展出版社2014年版。
② 梁中堂:《中国生育政策研究》,山西人民出版社2014年版。
③ 梁中堂:《我国五个民族自治区经济发展和人口变动研究》,《人口学刊》2008年第4期,第3—14页。
④ 何亚福:《人口漫话》,《决策与信息》2015年第1期。
⑤ 何亚福:《人口危局——反思中国计划生育政策》,中国发展出版社2013年版,第220、235、239页。
⑥ 梁中堂:《为什么要废除"计划生育法"》? 梁中堂的网易博客.2017年8月28日. http://liangzhongtang.blog.163.com/blog/static/1094265082017728/01733661.

## 二 人口政策应如何调整？

目前，中国人口发展正在形成负增长惯性，若对此置若罔闻，将使中国社会再次面临人口政策失误之后果①。中国上至政府官员，下至平民百姓，许多人对人口政策的发展初步有了一个需要调整和完善的认识。十八届三中全会提出"坚持计划生育的基本国策，启动实施一方是独生子女的夫妇可生育两个孩子的政策"后，2014年各省市先后贯彻落实。然而，对这个问题的讨论并没有随着单独两孩政策的调整落实而停止。生育新政在获得支持和赞同的同时，也有学者对放开后带来的出生堆积感到担忧。在关于如何放开和调整的认识上，学界也存在巨大争议，并分别提出观点迥异的人口政策调整方案。

### 调整方案设想

"渐进微调"方案。以周长洪为代表的学者主张采用"小步慢行、平稳过渡"方式从2015年到2020年开始全国普遍实行每个家庭允许生育两个孩子的政策。② 顾宝昌则主张要么采取适当适度、循序渐进的原则，要么进行全面放开二孩生育政策试点，分阶段、按省区一步到位全面放开二孩政策。③ 其他主张"双轨制"④ 等有关的方案设想本质上也是主张采用微调慢进之法。

"一步到位"方案。主要是上述"鼓励扩张派"和"自主抉择派"。认为最直接、最有效性、最迫切也最不折腾的方案就是一步到位，完全放弃计划生育，将生育决策权完全回归家庭。如，何亚福认为与其将来鼓励生育，不如从现在起实施自主生育。⑤

"两步战略"方案。《江浙沪粤基层计划生育工作调查》课题组认为

---

① 王丰、郭志刚、茅倬彦：《21世纪中国人口负增长惯性初探》，《人口研究》2008年第6期，第8页。

② 周长洪：《关于现行生育政策微调的思考——兼论"单独家庭二孩生育政策"的必要性与可行性》，《人口与经济》2005年第2期，第1—6页。

③ 顾宝昌：《解决人口问题重在把握人口结构特点》，《中国党政干部论坛》2012年第11期，第20—21页。

④ 代表性观点见桂世勋：《关于调整我国现行生育政策的思考》，《江苏社会科学》2008年第2期，第165—169页。

⑤ 何亚福：《人口危局——反思中国计划生育政策》，中国发展出版社2013年版，第242、244页。

如果最理想的"一步普二"调整短期内无法实现的话，可先放开"单独家庭"的生育政策，过渡几年再放开两孩生育。曾毅则力推"二孩晚育软着陆"，认为在政策调整失去最佳时机的情况下，必须抓住2012—2013年的这个最后的次优时机。① 王桂新坚持认为单独两孩政策对人口老龄化缓解程度几乎可忽略不计，对中国人口结构来说最有利的改革时间表是2014年执行单独两孩政策，2015年全面放开。②

"三种着陆"方案。田雪原等提出"硬着陆"方案、"软着陆"方案和"缓着陆"方案三种备选路径，并认为"软着陆"是比较理想的方案。③ 翟振武等也认为，为有效避免"出生堆积"，应将单独两孩政策作为一个过渡，采用试点方案分三阶段来实施。④ 此外还有诸如"三步走"方案⑤、"三步走"战略⑥以及"三段论"方案⑦。

"四步走"方案。陈友华提出一个分四步走的渐进方案：第一步单独；第二步普二；第三步取消数量限制；第四步鼓励政策。⑧ 他认为生育率只有在尚未失去弹性之时进行及时调整才能奏效，而要使生育率的回升保持在"可承受的范围"就要讲究调整的步骤，至于是否会出现"出生堆积"则取决于政策调整的具体实施方案。由于目前人们的生育意愿已经弱化，放宽生育政策不会导致当地出生人数的剧增。⑨

---

① 曾毅：《力推"二孩晚育软着陆"》，和讯网（http：//news.hexun.com/2012-09-04/145449156.html）。

② 刘夷：《单独二孩启动》，东方财富网（http：//www.eastmoney.com.2014-3-26）。

③ 田雪原、王金营、李文：《"软着陆"：中国人口发展战略的理性选择》，《社会科学战线》2005年第3期。

④ 李微敖：《二胎政策启动：每年或多生100万人GDP增长0.2》，《21世纪经济报道》2013年11月16日。

⑤ 《卫计委专家："单独二孩"是过渡，下一步将全面放开》，网易新闻，2013-12-2，http：//news.163.com/13/1202/17/9F3V5FBU00014JB6.html。

⑥ 张赛群、黄殷殷：《生育政策城乡趋同助推户籍制度改革》，《中国社会科学报》2014年8月29日A8。

⑦ 中国发展研究基金会：《人口形势的变化和人口政策的调整（中国人口发展报告2011/12）》，中国发展出版社2012年版，第61页。

⑧ 陈友华：《关于生育政策调整的若干认识问题》，天涯社区，http：//bbs.tianya.cn/post-world look-188464-1.shtml。

⑨ 陈友华：《关于进一步完善生育政策的若干认识问题》，《市场与人口分析》2007年第1期，第30—40页。

### 生育堆积测算

不同学者提出不同的调整方案，除考虑到区域与人口的差异性外，主要考虑的还是放宽生育政策后所产生的补偿性生育和出生堆积问题。对这个还没有出现但是可能出现也可能根本不会出现的"大反弹"，不同学者预测的反弹力度不一样，给出的方案便有显著不同的设计思路。

浙江大学姚引妹研究团队运用2010年国务院人口普查办公室补充汇总的各地区分城乡、分年龄、分存活子女数的妇女数具体测算了生育堆积问题，结果发现，单独两孩政策实施当年全国"堆积夫妇"规模约2612万对，到2040年堆积现象才能消除。堆积夫妇占育龄夫妇的比重先升后降，峰值为7.9%左右，35岁及以下堆积夫妇比重占70.5%，生育释放的能力较强。从区域来看，江苏、山东等10省区是重点堆积区。[①] 国家卫生与计划生育委员会则依据官方的统计数据也对可能出现的单独两孩生育数据进行了测算，认为符合单独两孩政策条件的夫妇有1100多万对，老政策每年出生1600万，再加上新政策每年新增出生人口2000万，在4—5年、5—6年内每年可能有3000万—4000万新增人口。官方以此得出结论：尽管单独两孩政策对新增人口的影响还是很大，但是不会导致婴儿潮。

蔡昉等20多位人口学家的有关研究表明，若全面实施普二政策，中国的生育率将高于4.4，每年出生4700万人口；即使实施单独两孩政策，生育率也将反弹至2.4。[②] 翟振武课题组的有关三个对应指标预测结果则分别为4.5、4995万人和1.8。若全面放开二胎的话，则全国将累计多出生9700万人。[③] 而从王广州等学者的测算结果来看，无论是放开"单独两孩"还是"普遍两孩"，都不会引起很大的生育反弹，出生堆积也远没有想象的那么高。若在2015年全国统一实施"普遍两孩"，那么中国每年出生人数只多增加600万左右，不可能达到1000万人。[④]

---

[①] 姚引妹、李芬、尹文耀：《单独两孩政策实施中堆积夫妻及其生育释放分析》，《人口研究》2014年第4期，第3页。

[②] 易富贤：《补偿性出生高峰真的会出现吗？》，《经济观察报》2014年11月3日。

[③] 翟振武、张现苓、靳永爱：《立即全面放开二胎政策的人口学后果分析》，《人口研究》2014年第3期，第10—11页。

[④] 王广州、胡耀岭、张丽萍：《中国生育政策调整》，社会科学文献出版社2013年版，第219、263页。

现实来看，有人想生也生不了，有人原本就会合法生二胎，有人原本就打算超生二胎，生育理想转变不了生育现实，有人会主动放弃生育机会。考虑这四种情况，2014年单独两孩政策出台后，实际上已释放一定的补偿性出生动能，若2015年二胎全面放开，则2016年补偿性生育人口只有400万人，总和生育率仅为1.7。即使全面停止计划生育，累计补偿性出生也不可能达到2000万人，峰值生育率仍然低于替代水平。不仅大大低于中国1986—1990年的生育水平，也低于近年来印度的出生水平。①近期，易富贤还根据各省已公布的申请与实际批准的单独两孩夫妻对数，具体测算了全国符合"单独两孩"再生育条件的妇女为1500万—2000万人，而"普遍两孩"的补偿性生育的目标妇女有1.52亿人，为前者的7.6—10.1倍；"普遍两孩"后第一年的申请会多出生507万—674万人。若以2010年第六次全国人口普查基数来计算，则出生峰值人口为1890万—2057万，低于蔡昉预测的4700万峰值和翟振武所预测的4995万峰值。四年累计补偿性出生人数为1269万—1687万，远低于翟振武所预测的9700万人。为避免中国人口快速减少和极端老化，易富贤认为应尽快停止计划生育，并出台有利于人口发展的经济和社会政策。②

尽管如此，在2015年，针对人口学家们的呼吁，国家卫生与计划生育委员会仍坚持认为现在、目前、立刻全面放开二孩的政策目前来说还不成熟，理由是如果目前中国有1.4亿—1.5亿的独生子女家庭，假定其中的60%—70%生育二孩，将有8000万—9000万的孩子要出生，则4—5年内会形成一个非常大的出生婴儿潮，经测算平均每年多出生2000多万人。"③ 对于官方来说，这将是极为可怕的补偿性生育高峰。梁中堂教授对这一测算结果进行了批判，他认为官方的推算不仅没有搞清独生子女的概念，而且目前中国到底有多少独生子女还是个未知数。依据一个还没搞清楚的独生子女数来测算出另一个言之凿凿的人口数据来，无论是逻辑还是数据推导上都会出现一连串的混乱。实际上，如果扣除已包含在每年出生的1600万之中的0—30岁独生子女母亲中每年已发生的部分再生育数

---

① 易富贤：《补偿性生育高峰真的会出现吗?》，《经济观察报》2014年11月3日。
② 易富贤：《从单独二孩实践看补偿性生育》，《财经》2014年第29期。
③ [转载]《从单独二孩实践看停止计划生育》，江汤290的博客（http://blog.sina.com.cn/s/blog_13125ec400102v5e7.html），原文出自于卫计委，2014年7月10日新闻发布会。

量，以及 25—30 岁独生子女的父母占整个 0—30 岁独生子女总数的 10.3% 的不再生育情况，将来有可能发生生育补偿的独生子女数充其量只有 1.2 亿，低于官方公布的 1.4 亿—1.5 亿。如果再扣除违反计划生育政策出生的非独生子女伪报为"没有兄弟姐妹"而统计为独生子女的数量，以及在 0—30 岁所谓的独生子女数中还存在较大比例的父母死亡和离异情况，则实际独生子女数可能大大低于 1.2 亿。①

## 调整释放红利

当人口学家们还纠结和争论于人口政策是否调整和如何调整的时候，经济学者们似乎早已看到了未来的人口红利，不仅将生育政策调整视为后金融危机时期拯救中国经济的一剂药方，还将其视为十八届三中全会深化改革的制度红利之一。迄今为止，中国的经济增长一直依赖于相对充裕的劳动力和日益增长的安全投资环境。然而，未来中国劳动力数量将持续萎缩，这将促使其经济偏离其他依靠劳动力和资本回报相对增长的发展中国家，除非人口政策有根本性的改变。②

金融危机爆发后，中国经济发展方式面临前所未有之挑战，转变经济发展方式，调整经济结构是一个十分紧迫的任务。未来经济能否持续增长，能否应对日益严峻的老龄化冲击，经济学者们也热衷于讨论人口政策的调整问题，认为人口政策可以帮助中国成功应对金融危机和保持经济增长。尽管本轮金融危机基本上已经过去，但金融危机的根源尚未消除。全球泛滥的过于宽松的货币政策很有可能诱发美元危机。中国除了可以采取创新支持政策应对外，调节人口政策也是奏效的办法。中国应立即调整人口政策，大幅度放松甚至完全取消计划生育政策，这有助于中国应对当前经济下滑以及未来劳动力短缺之冲击。③ 针对当前中国经济扩张政策与人口政策等问题，著名金融学家、美国斯坦福大学经济学教授罗纳德·麦金农认为储蓄与投资的不平衡是罪魁祸首，未来财政政策的取向不仅要借助投资拉动内需，还需要大力提升消费水平。因此，中国应考虑对已实施多

---

① 梁中堂：《我国可能出现的补偿性生育究竟有多少？——政府部门说话不可以信口开河》，梁中堂的新浪博客（http://liangzhongtang.blog.163.com/blog/static/10942650820146200293957/2014-7-19）。

② Rod Tyers, Jane Golley. China's Growth to 2030: The Roles of Demographic Change and Financial Reform. Review of Development Economics, Vol. 14, No. 3, 2010: 592.

③ 苏剑：《论中国人口政策的走向》，《广东商学院学报》2010 年第 1 期，第 13—16 页。

年的计划生育政策进行必要调整,以缓解全球金融危机带来的负面冲击,真正引导经济增长方式向消费驱动型模式发展。①

鉴于消费驱动经济增长较为乏力,积极的人口政策被视为拉动中国当前经济增长的潜在而有效的政策工具。放宽生育政策在短期能解决当前产能过剩和消费不旺问题;中期则可解决中国社会老龄化问题;长期还有望解决经济的可持续发展问题。美国、日本、韩国的历史充分证明了积极人口政策对经济的有效拉动作用。人口的增长才是拉动消费的根本因素。目前,全球金融危机还在蔓延,中国经济仍未从冲击中走出来,除了实行积极的货币政策和财政政策外,积极的人口政策也应该是应对此次危机的另一种可行性政策。② 蔡昉认为,如果调整人口生育政策短期效应非常小,对国内生产总值的潜在增长率不会马上产生正面作用,所产生的负面影响也不到1%。然而,生育政策调整的长期效应却是非常显著的:中国经济潜在增长率 2031—2035 年有望升至 7.1%—11.8%,潜在增长率在 2046—2050 年甚至可显著提高到 15.5%—22.0%。③

## 第八节　文献研究评述小结

从国内外文献收集、整理和阅读的情况来看,目前已有大量文献涉及中国人口政策研究。30 多年来,随着中国计划生育政策的不断推进,人口学、经济学、人类学、政治学等多个学科的相关学术跟踪研究也在不断深入,国内外学术界对中国人口问题进行了卓有成效的研究和思考。既有独到的观点,也有创新的见解。在研究方法上,从传统数理人口方法的使用、计算机分析和建模到现代计量经济学工具的运用,学科交叉和工具创新给人口政策学研究注入了新的活力。

值得注意的是,在中国尽管人口问题与人口政策息息相关,但是遗憾

---

① [美]罗纳德·麦金农口述,贾康、石英华等整理:《人口观决定发展观》,《新理财》(政府版) 2009 年第 7 期,第 14 页。

② 韦杰:《拉动消费的另一种政策——积极的人口政策》,《现代商业》2009 年第 26 期,第 188 页。

③ 李微敖:《二胎政策启动 每年或多生 100 万人》,《21 世纪经济报道》2013 年 11 月 18 日。见蔡昉《人口与劳动绿皮书(2013):中国人口与劳动问题报告 No.14——从人口红利到制度红利》,社会科学文献出版社 2013 年版。

的是，人口政策的研究要远远滞后于人口问题的研究，系统研究新中国人口政策演进特别是进行效果评估的中外文献并不多。在很多学者眼中，或许是人口政策的刚性，他们并不将人口政策及其已经引发或将要引发的问题视为中国人口问题之一，很多时候将人口问题置于人口政策之上，这是一种本末颠倒的做法。大多数文献受所处历史阶段和观念认识的限制，对人口政策的探讨缺乏针对性、深入性、长期性、责任性和前瞻性。对中国"一胎化"和现行生育政策的决策过程、历史背景尚缺乏系统深入的文献考证和分析，特别是如何从马克思主义唯物史观和人口观来探讨复杂的中国人口问题以及进行相应的人口公共政策选择，相关研究亟待深入。这使很多的文献呈现阶段性特征，缺乏前瞻性和战略性，经不起时间和实践的检验。直到近几年来，尤其是第六次全国人口普查结果公示后，人口政策问题才受到前所未有的关注与重视，并引发学术界的讨论和反思。有关的热点在近5年来主要集中于人口政策是否应该调整以及如何调整上。然而，有关学术研究仍需深入和细化。2016年全面二孩政策出台后，有关人口政策问题的探讨似乎停滞了，就好像全面二孩政策是最完善的政策选择一样，人口学家们关于进一步调整和优化全面二孩政策的声音减弱了，这是一件非常危险的事情。因为面对日益严峻的人口结构性危机，中国的人口政策改革还在半途之中，亟须更深入的调整、优化和改革。

　　中国尽管采取了世界上最为严格和强制性的人口政策，但是它也是世界上人口政策最多样化和最丰富的国家，所经历的时空实践是任何其他国家所无法比拟的。因而，在进一步调整和优化人口政策之际，很有必要进行国内外人口政策的比较研究。但是，恰恰是这一方面，有关的学术研究进行得非常少。总体研究特征是全国性人口政策关注多，省域个案研究多，政策问题研究多，但是省际比较研究少，政策机制研究少，政策效果评估也很少。这些有待深入研究的问题，凸显出本书主题研究的必要性。作为一个发展中的人口大国，在制定、实施和调整人口政策之前，应科学把握一定时代背景条件下，人口政策的内涵、性质、特点、形式及可能产生的社会经济影响，特别是需要基于人口过程的实证性比较研究。正因为如此，在中国当前社会经济发展的关键转型期，开展人口政策的比较研究具有十分重要的现实意义。

　　学术的争论是必要的。百家争鸣、学术繁荣对探索科学的人口政策尽管有积极的意义。但是，很多时候，真理远离争论。人口政策问题的研究不是你对我错的问题，客观、科学地探讨人口政策，特别是在基于历史回顾的基础上进行比较研究，从而反思中国未来人口政策的去向，使人口政策的研究从激辩回归理性，回归人口政策研究的学术真实、历史真实和科学真实，这是本书作者从文献阅读中获得的启悟，亦是本书研究的起点和目的。

中国人口学重建和全面实行计划生育已有近40年的历史了。经过学术界尤其是中国人口学界学者们30多年的不懈努力，中国人口科学得到长足的发展，中国的计划生育和人口政策研究也正在进入一个新的阶段。目前，中国已经形成并正面临一个与执行计划生育之初完全不同的人口态势，世界也面临一个与开展全球家庭计划革命之初完全不同的人口状况。这一人口发展态势有什么基本规律和特点，预示着什么？对中国甚至世界的长期发展可能会带来什么样的影响？从世界人口长期趋势和中华民族长期发展的角度看，中国应该采取什么战略？这是人口学者应该前瞻性思考和研究的问题。正确的理论是科学行动的先导。理论上的不彻底、不成熟，甚至不正确，将会误导国家的战略、政策和行动，对国家和民族造成长期的、不可弥补的损失。有鉴于此，中国的人口政策研究在"中国未来发展面临的重大战略性人口理论问题""中国未来发展面临的重大战略性人口政策问题""中国人口科学发展面临的重大战略性方法论问题"以及"中国人口决策的体制机制问题"①这四大关键性问题上，仍需从理论和战略上作更深层次的思考与研究。

应该认识到，任何一个国家或地区的人口政策是不能离开特定的社会经济条件而设计和制定的，人口政策也必须基于它所诞生与发展的土壤条件才能在一定的历史时期发挥其制定之作用。客观而言，不存在所谓能脱离经济因素而存在的人口政策，也不可能让人口政策产生超越它所依赖的经济基础的社会作用。② 目前，中国各省市已经陆续启动实施单独两孩政策，2016年又推行全面二孩政策。正如一些学者所认为的那样，将这两个政策作为一个过渡，以便能够缓冲计划生育急刹车的冲击力作用。这种

---

① "中国重大战略性人口科学与政策问题学术研讨会"筹备组：《关于〈中国重大战略性人口科学与政策问题学术研讨会〉讨论方式的说明》，浙江大学西部研究院，2014年9月6日。

② 梁中堂、谭克俭、景世民：《20世纪最后20年中国妇女生育水平变动研究》，《中国人口科学》2000年第2期。

认识其实是一种渐进调适，高估了新政策的作用，低估了更为完善的生育政策的作用。这种政策调整的历史性的延误会进一步加剧前30多年过于严格的人口政策所带来的后遗症。

美国当代政治学家，政策分析创始人查尔斯·德布洛姆认为，决策过程通常只是政策决策者根据以往经验对现行政策稍加修改。这个修改过程是缓慢而渐进的，然而可积小变为大变，其实际演进的速度甚至大于那些大的社会经济变革。政府通常会避免政策上的大起大落，因为政策的剧变往往欲速而不达，甚至会危及社会的稳定。[①] 所以，政策分析者有时还会故意犯些小错以避免大错。他会将决策视为一个典型的一步接着一步、永远没有完结的过程。在这过程中，一点一点地吞噬而非一口吞下。[②] 从公共政策分析的视角来看，国家先行采取单独两孩政策作为临时性的过渡，然后再推出全面二孩政策的做法也就不足为奇了。有观点甚至认为，尽管放宽计划生育政策的呼声很高，但是真要放开实施起来将会困难重重，因为几十年以来的构建的计划生育行政管理体系难以在朝夕之间分拆和安置，体制之下的"中国上百万的计划生育干部已经形成了巨大的利益集团"[③]，从而成为阻挠人口政策领域改革的现实阻力。从笔者深入基层与一线计生干部的接触来看，国家推出全面二孩政策后，更多的人是表现出无奈，有关的计划生育工作也失去了主动性和目标性，似乎计划生育工作的目标与中心就是抓超生，控制出生率，一旦政策放开，基层工作人员反倒变得无所适从了。而实际上从国际家庭计划的经验来看，中国存在大量未满足的计划生育需求，中国的计划生育工作亟须与国际的现代化家庭计划工作接轨。故而，计划生育之后在新的历史时期不应该被边缘化。在计生委与卫生部门合并之后，计生工作确实存在被边缘化的现象，这是值得警惕和关注的现象。因为新时期中国人口需要更加积极、主动、理性、科学的计划生育服务。

梁中堂教授曾说："我20多年的研究，就是为了使中国的生育政策

---

① [美]查尔斯·林德布洛姆：《决策过程》，竺乾威、胡君芳译，上海译文出版社1988年版，第3—4页。
② 范锡兵：《渐进选择：非理性主义?》，《政治学研究》1996年第9期。参见[美]查尔斯·林德布洛姆《决策过程》，竺乾威、胡君芳译，上海译文出版社1988年版，第37—40页。
③ 闲时彝者转载《人口红利与中印崛起之大角力》，新浪博客（http://blog.sina.com.cn/s/blog_5310b03f01012gyr.html）。

合理些,为了使包括国家和农民的关系在内的各种社会关系顺达、通畅些。"① 本书以江浙比较之视角切入中国人口政策研究,祈望能秉承这一良知和责任,在前人研究的基础上,为中国生育政策的优化和人们自主生育权利的回归贡献绵薄之力。

---

① 梁中堂:《人口论疏》,上海,2004年。

# 第三章
# 基本概念、研究方法与研究思路

## 第一节 基本概念

如前文文献综述中有关人口政策的概念研究所述,在人口政策领域,尤其是在中国人口政策领域,不仅对有关人口政策的效果、人口政策是否应该做出与时俱进的调整以及如果调整应该如何调整上存在巨大的分歧,即使在有关人口政策的概念上也存在很不一样的界定。为便于展开后文研究,有必要先对与本书主题密切相关的三对基本概念进行说明。

### 人口政策与生育政策

从公共政策学来看,人口政策与生育政策本来是两个紧密相关而又有所区别的政策。在现代社会,人口过程基本上是与人口政策过程联系在一起的,人口政策对人口过程的调节作用日趋增强。① 始于20世纪60年代的全球家庭计划运动对发展中国家的人口发展进程有不同程度的影响,从而改变了许多国家人口的基本结构与发展态势,有关国家旨在调控人口的公共政策通称为人口政策。尽管调控的核心主题是生育,但是极少有国家的公共政策体系中有专门制定的生育政策,因而谈及生育政策,更多的是置于一种人口政策的范畴与视野之中。质言之,如同中国许多学者所实际处理的那样,将生育政策视为狭义的人口政策。无论是学术研讨还是公众讨论的话语境中,提及人口政策,便潜意识地将其与生育调控联系起来。

本书将生育政策界定为:一国政党与政府为调节本国妇女生育率,以期达到某种预定的人口规模、人口速度和人口素质而制订的一系列影响和干预家庭生育系统的计划、规范与措施的总和。而将以计划生育有关的系列计划、规范与措施的总和视为计划生育政策。因而,在下文,论及中国的计划生育政策时,即指中国的生育政策;论及中国的生育政策时,即指

---

① 王俊详:《人口政策学》,河北大学出版社1994年版,第3页。

狭义的人口政策。考虑到中国的特殊情况，由于政策是治党治国的规则与策略，所以将人口政策粗略地界定为：政党与政府为实现一定的人口总目标而确立的行动规则。之所以将"政党"放入概念的界定中，就是现实地考虑了中国共产党以及其《公开信》所实际在引导人口与计划生育工作中发挥的历史性作用。之所以不直接用"法律法规"而用"行动规则"，亦是考虑到中国人口政策历史演进的实际情况，在中国开始实行计划生育到后来国家专门为计划生育立法之前相当长的一个时期内，中国并没有专门的法律条文，但是在实际执行计划生育时所依据的是中共中央的"行动规则"以及原国家计生委对"行为规则"的解读。因而，更具体一点，下文研讨所论及的人口政策是指狭义上的人口政策，所集中关注的是与计划生育及政策调整紧密相关的国家和区域性的生育政策。

20世纪70年代以来，由于中国计划生育政策主要聚焦生育控制，有关计划生育工作的重点一直放在对生育行为的管制和干预上，因而这一政策深刻地改变了中国传统家庭的基本结构，也从根本上改变了中国社会的基本结构。从人口发展的态势和政策演化的趋势来讲，中国迫切需要从狭义的人口政策过渡到广义的人口政策，即国家应根据人口的自然结构、经济结构、社会结构和地区结构等的变动进行深化改革而采取的新政策。虽然，到目前为止，在允许家庭生育孩子的数量上有所放宽，但是这种改革和转型的步伐还非常之小，有关生育问题还存在巨大的争议并实际性地影响了政府的人口政策决策。但是，从以计划生育为核心的狭义的人口政策过渡到以人为本的广义的人口政策必是大势所趋。

基于此，本书的比较分析始于狭义人口政策选择的历史演进及其与其他因素综合作用下的人口发展现状，尽管研究重点着力于不同生育政策选择之比较以及生育政策调整可能带来的长期性后果，落脚点却是在于国家构建不再强制和干预家庭生育行为的以人为本的广义人口政策。

### 家庭计划与计划生育

"家庭计划"（Family Planning）是一种倡导节育并以关注孕产妇和婴幼儿健康为核心的家庭发展福利，是"一种工业革命以来逐渐风行的避孕和节制生育"[①]，并非特指政府控制人口增长的主要手段。"计划生育"

---

[①] 梁中堂：《新中国六十年的计划生育：两种含义和两个三十年》，见梁中堂《我国生育政策史论》，上海，2013年，第5页。

则是一个国家或地区的政府政党以计划性指令、法规或生育性规范约束来限制生育的人口控制活动，因而是政府控制人口增长的一种主要手段。"家庭计划"是建立在指导和自愿基础上来开展的，而"计划生育"则是建立在约束性和强制性基础上来开展的。鉴于目前国内对"Family Planning"一词的概念解释和使用不很统一，因而有必要对这个词的译法及其产生的两个概念与相关理论范畴加以界定与区分。

尽管"家庭计划"与"计划生育"的英文原词都是"Family Planning"，但是中文译法所代表的含义是不同的。第一层含义上的计划生育完全等同于家庭计划，它主要是指实施以家庭为单位的节制生育的一项社会性的行动计划或者社会项目，类似中国的群众运动。主要内容是向育龄夫妻宣传节制生育知识、提供各种避孕技术和医疗服务。此种含义上的计划生育有两个基本原则：一是提供服务和被提供服务的双方都是自愿的；二是项目实施主体一般是民间组织，可以有也可以没有政府介入。第二层含义上的计划生育则是指以国家政策名义实施的，由政府出资、组织和管理，以生育控制（Birth Control 或 Birth Planned）为主要目的的一项政府人口控制项目。① 就其工作内容来看，也包括制订家庭生育计划、宣传节育知识和提供避孕服务等。但是其有两个明显的特点：一是实施的主体是国家；二是主要宗旨是实现国家的人口发展目标。这两种类型的计划生育都是客观存在的，西方发达国家主要采取的是第一种形式，中国采取的则是第二种形式，还有一些国家的家庭计划则介于两者之间。②

目前国内沿用的"Family Planning"译法是计划生育，在许多国家实施的"Family Planning"就是中国这样的计划生育。尽管一些人口学家在"Family Planning"认识上的观点是基本一致的，即计划生育的本义是家庭计划，即帮助夫妇获得"想要的"子女数或避免"不想要的"子女数，但另一些人口学家还是有不同的看法。③ 顾宝昌认为，"Family Planning"就是"计划生育"，因为中国的计划生育就是世界计划生育的一个组成部分，没有本质的不同。④ 在 20 世纪的下半叶，国际上之所以兴起轰轰烈

---

① 赵晓姝：《论计划生育在促进中国人权进步中的作用》，河北大学学位论文，2004 年。
② 李新建：《中国人口控制中的政府行为》，中国人口出版社 1999 年版，第 109—110 页。
③ 左学金：《关于"family planning"的译法——左学金研究员与梁中堂、顾宝昌和郑真三位教授的通信》，2014 年 2 月 22 日。
④ 顾宝昌：《关于翻译顾宝昌教授与笔者的通信》，2014 年 1 月 3 日。

烈的计划生育运动，从召开国际会议到制定国家规划，就是因为面对人口增速加快，而诉之于通过开展计划生育、提高避孕节育、降低生育水平来达到放慢人口增长速度的目标。所以，从指导思路来说，中国和国际上是在做同一件事，但中国在做的过程中却走到了相当极端。①

左学金认为，中国的计划生育尽管起源于计划经济时期，但是长期以来，官方将计划生育与"家庭计划"混用，以至于中国的"国家计划生育委员会"的译名也是"State（或National）Family Planning Commission"，甚至还将国外的"Planned Parenthood"也同样翻译为"计划生育"。实际上，在中国的计划生育工作中，也包括一些如提供避孕药具等家庭计划的内容，尽管计划生育的核心是政府对人口增长目标的宏观控制，但长期以来英文字面上的"家庭计划"在中国译为"计划生育"，被有意无意地等同于"家庭计划"；在中国，这两个词的长期混用在公众中造成了普遍的误解，以为"各个国家的计划生育与中国政府管制的计划生育相同"，实际上中国的"计划生育"与世界各国的"计划生育"即"家庭计划"是不同的。但考虑"Family Planning"一词在中国使用的特殊语境，他还是主张将"Family Planning"翻译为"计划生育"，若译为"家庭计划"则忽视了中国的特殊环境和语境。②

梁中堂认为，不能将"计划生育"等同于"家庭计划"，中国的"计划生育"从1956年开始提出的时候是强调国家计划，指的是与国家经济计划相适应的生育计划。经过50多年的变迁，中国的"计划生育"实际上已经有了两个含义：一个是节制生育意义上的计划生育，即发展中国家都在做的"Family Planning"；另一个是政府管制的、发放指标的计划生育——这是在中国持续了30多年的由政府管制国民生育行为的计划生育制度。中国的计划生育是与国外有所不同的。其他任何国家都没有一个由政府专职部门管理的"Family Planning"。中国在过去几十年的宣传给人们造成了一个印象，似乎全世界的发展中国家都在"控制人口"（实际上这一用词在1974年布加勒斯特会议上就已经被放弃了），甚至发达国家的

---

① 顾宝昌：《关于译法顾宝昌教授与左学金研究员与梁中堂教授的通信》，2014年2月23日。

② 左学金：《关于"family planning"的译法——左学金研究员与梁中堂、顾宝昌和郑真真三位教授的通信》，2014年2月22日。

政府也在干预人口过程。这是一种误解，结果是稀释和淡化了计划生育问题的严重性。故而，在强调获取公民生育自由权的情况下，将"Family Planning"翻译成"家庭计划"以强调"Family Planning"的家庭主体作用就更有现实意义。①

笔者亦认为，"计划生育"与"家庭计划"还是有区别的，至少在1994年开罗会议之后两者的理念就已经很不一样了。因为1994年开罗人口大会将持续发展置于人口问题的核心。快速的人口增长和高生育率阻碍发展，延续了贫穷。开罗会议还终止了"人口控制"的概念，认识到小的家庭和减缓人口增长速度不取决于"控制"，而是取决于自由选择。②由179国政府参加的1994年国际人口与发展的开罗会议，里程碑的事件就是关于"人口控制"，从话语上转变为以人为本的发展。③ 显然，1994年的开罗人口大会就已经将"家庭计划"从"人口控制"的耻辱中解放出来，而在人权上有很强的话语权了。④ 联合国人口基金强烈反对人口控制，不支持中国政府的独生子女政策，不参与中国政府的管理。联合国人口基金是让妇女和夫妇获得信息和方法从而自愿地决定怀孕和家庭计划。此外，联合国人口基金坚持要求取消生育限额，并施压中国政府取消经济奖罚政策（少生奖、多生罚）。⑤

家庭计划运动的历史作为国家控制人口增长的手段或目标，确实是国际计划生育运动的一部分，但是从来没有成为计划生育运动的共识。⑥ 笔者认为，"计划生育"尽管源于国际上的"家庭计划"，两者表面上看是一回事，但是实际上在内容、推行方法以及最终所引起的社会反应和后果却存在相当大差距。考虑到"Family Planning"之学术真实和历史真实，

---

① 梁中堂:《梁中堂教授与顾宝昌教授的通信》，2014年2月19日。
② 易富贤:《易富贤与梁中堂教授的通信》，2014年1月4日，原文取自联合国网站（http://www.unfpa.org/6billion/populationissues/program.htmPopulation Issues – 1999）。
③ 易富贤:《易富贤与梁中堂教授的通信》，2014年1月4日，原文取自联合国网站（http://www.unfpa.org/public/home/news/pid/15052 – 2013）。
④ 易富贤:《易富贤与梁中堂教授的通信》，2014年1月4日，原文取自联合国网站（http://www.unfpa.org/public/News/pid/4557 – 2009）。
⑤ 易富贤:《易富贤与梁中堂教授的通信》，2014年1月4日，原文取自联合国人口基金主任欧拜德2002年讲话（https://www.unfpa.org/public/News/pid/3674UNFPA – 2002）。
⑥ 左学金:《关于"family planning"的译法——左学金研究员与梁中堂、顾宝昌和郑真真三位教授的通信》，2014年2月22日。

笔者觉得，应该将"Family Planning"理解为"家庭计划"，这样才能与国际家庭计划的缘起与发展历史相符。本书之所以提出和强调两者的区别，旨在试图澄清中国计划生育30多年来国内宣传和误导所形成的根深蒂固的谬见，使之回归家庭计划的本义。中国计划生育领域的改革深化，应该从消除人们思想观念中传统计划生育形成的误解开始，从"计划生育"这个词的改变上开始。否则，这个历史的烙印所形成的阴影将长期挥之不去，成为国家进步与民族复兴的巨大障碍。中国的计划生育剥夺了人们的生育自主权，让很多家庭经历被迫流产、迁移、失独、失去工作等种种巨大痛苦和耻辱。尽管中国的计划生育与国际家庭计划节制生育的初衷基本一致，但由于政府对这一运动施加的直接而强制性的干预，中国的计划生育运动已经不同于其他发展中国家的家庭计划运动，因而其涵盖范畴、政策内容、政策工具以及社会后果与国外形成了鲜明对照。为避免两者混淆，故先在此作一个阐述说明，后文提及的"Family Planning"，就国际案例来说，用的是"家庭计划"，但是放到新中国人口政策的历史演进语境和江浙比较分析的视野中，则是指"计划生育"。作这样一个区分，就是要避免将中国计划经济体制下的传统计划生育思维粗略地理解为西方工业革命所带来的人类新的家庭计划生活方式并将两者简单地等同起来。研究主题话语境下的人口政策是指在国家计划经济时期提出的要求人口生育计划与经济社会发展计划相适应并一直沿用至今的计划生育政策。

## 一般生育率与总和生育率

一般生育率与总和生育率是本书论述中经常提及的人口政策学领域的核心概念。这两个概念也是"21世纪中国生育政策论争"[①] 中客观评估中国人口政策以及人口政策选择和调整的一组重要概念和度量指标。

一般生育率是指一定时期内（通常为一年）出生人数与同期内育龄妇女的生存人数之比。[②] 一般生育率是生育率度量中的基本指标，能较为综合地衡量一个国家或地区的人口生育水平。因为一般生育率不仅消除了人口的性别结构的影响，而且在一定程度上能够消除人口的年龄构成影响，把分母限制在有生育可能的育龄妇女范围内，所以它比出生率指标还

---

[①] 顾宝昌、李建新：《21世纪中国生育政策论争》，社会科学文献出版社2010年版。

[②] 翟振武、刘爽、段成荣：《常用人口统计公式手册》，中国人口出版社1993年版，第35页。

要精确。① 但是一般生育率仍然受到育龄妇女内部年龄结构的影响。在实际运算中，也可将育龄妇女年平均人数或年中人数作为相应之难以计算的生存人年数估计值。一般用千分比即平均每 1000 名育龄妇女对应的活产婴儿数来表示。具体计算公式如下：

$$GFR = \frac{B}{W_{15\sim49}} \times 1000‰ \qquad (3—1)$$

式（3—1）中，$GFR$ 为一般生育率，$B$ 为期内出生人数，$W_{15\sim49}$ 为同期 15—49 岁的育龄妇女人数。② 本书在对江浙两省一般生育率进行比较分析时，主要通过全国六次人口普查有关数据，依据（3—1）的方法进行推算。其中，1953 年、1964 年、1982 年及 1990 年四次全国人口普查的有关出生人口、育龄妇女人口数据取自范菁菁编写的《中国人口年龄性别结构》③ 一书；2000 年有关数据取自张为民等人编写的《中国 2000 年全国人口普查资料》④；2010 年有关数据取自国务院人口普查办公室、国家统计局人口与就业统计司所编写的《中国 2010 年人口普查资料》⑤。然后依据其中的分年龄、性别人口数据调出其中的 0 岁人口数以及 15—49 岁的育龄妇女人数，通过式（3—1）的方法来进行推算。

总和生育率是衡量一国或地区妇女生育水平的一个标准化的生育率度量指标，其具体概念可以表述为：在一定时间里（通常为某一年），假定一批同期出生的妇女按照一组特定的分年龄组生育率度过整个育龄期，并且在该时期内都能活到育龄期结束，则平均每名（或每千名）妇女可能生育的孩子数量。⑥ 由于总和生育率指标具有特殊的含义与作用，加之计算起来简单而又直观，故而在人口学研究领域得到了非常广泛的应用。本

---

① 翟振武、刘爽、段成荣：《常用人口统计公式手册》，中国人口出版社 1993 年版，第 36 页。

② 同上书，第 36—37 页。

③ 范菁菁：《中国人口年龄性别结构》，中国人口出版社 1995 年版，第 3、21、22、37、48、49、69、81、82、103、223、235 页。

④ 国务院人口普查办公室、国家统计局人口与就业统计司：《中国 2010 年人口普查资料（光盘版）》，中国统计出版社 2012 年版。见：中国统计年鉴数据库：中国 2010 年人口普查资料。

⑤ 张为民：《中国 2000 年全国人口普查资料（光盘版）》，中国统计年鉴数据库：中国 2000 年人口普查资料，中国统计出版社 2001 年版。

⑥ 翟振武、刘爽、段成荣：《常用人口统计公式手册》，中国人口出版社 1993 年版，第 41、42 页。

书研究采用的有关总和生育率数据主要来自姚兴武和尹华主编的《中国常用人口数据集》①、尹华和林晓红编写的《中国分省人口社会经济数据集》②及《1990年以来中国常用人口数据集》③、庄亚儿、韩枫编著的《2000—2010年中国常用人口数据集》④，国家统计局人口和社会统计司编的《中国人口统计年鉴》⑤，《浙江省人口志》⑥，浙江省人口普查办公室编写的《世纪之交的中国人口（浙江卷）》⑦，《改革开放30年与江苏人口发展》⑧，2000年和2010年江浙两省的全国人口普查资料、2005年全国1%人口抽样调查以及近几年江浙两省人口变动抽样调查样本数据等资料。由于两省生育水平的比较时间前后跨度长达65年，有些年份的总和生育率数据无法从现成资料中获取，在15—49岁的育龄妇女分年龄组生育率资料齐全时，则采用（3—2）式来进行推算：

$$TFR = \sum_{x=15}^{49} f_x \qquad (3—2)$$

其中，$TFR$为总和生育率，$f_x$为15—49岁$x$岁妇女生育率，$x$为确切年龄。

对于江苏和浙江两省有关年份不全而又无法获得各年龄段性别人口的具体分布数据时，则通过从两省卫生和计划生育委员会获取的生育率数据，采用（3—3）式来对两省对应年份的总和生育率进行粗略估算。

$$TFR = 35 \times GFR \qquad (3—3)$$

---

① 姚兴武、尹华：《中国常用人口数据集》，中国人口出版社1994年版，第144页。
② 尹华、林晓红编：《中国分省人口社会经济数据集》，中国人口出版社1996年版，第20—100页。
③ 庄亚儿、张丽萍：《1990年以来中国常用人数数据集》，中国统计出版社2003年版。
④ 庄亚儿、韩枫：《2000—2010年中国常用人口数据集》，中国统计出版社2012年版。
⑤ 国家统计局人口和社会统计司编：《中国人口统计年鉴（2002）》，中国统计出版社2002年版，第203页。
⑥ 孙燕丽：《改革开放30年与江苏人口发展》，河海大学出版社2009年版，第337—338页。
⑦ 浙江省人口普查办公室编：《世纪之交的中国人口（浙江卷）》，中国统计出版社2004年版，第64页。
⑧ 浙江省人口志编纂委员会编：《浙江省人口志》，中华书局2007年版，第431—438页。

## 第二节　研究方法

### 一　比较研究法

在人口政策学研究中，运用比较研究方法就是把纵向研究和横向研究结合起来，对空间上同时并存的人口政策和时间上相继的人口政策进行对比分析，在表面上差异较大的人口政策之间揭示它们本质上所存在的差别。① 在人口研究的有关实践中，国外的一些经验做法对我们改进人口管理和人口服务工作具有较强的借鉴意义。② 因而，人口政策的横向比较可以通过国别进行国际性比较研究，比如可以借助中国与其他国家的比较，研究人口政策在人口转变方面取得的成就和存在的人口发展问题，从而分析中国未来人口政策的演变方向；③ 或是进行国际性的多国别比较研究，通过研究不同国家的人口政策④以及回顾比较不同国家开展家庭计划的历史⑤来为中国调整和优化人口政策提供借鉴和参考。也可以借助有关史料进行古今纵向比较，通过对人口政策的研究来揭示古代中国的宏观政策⑥，从而达到以史为鉴的效果；还可以选择具体的样本进行综合性比较。

本书采用比较研究作为论证之主要研究方法，既有基于印度经验借鉴的国别比较，也有江浙两省人口政策之具体比较。实际上，选择国别进行比较有一定难度，因为中国以"一胎化"为主导的多样性生育政策确实在全世界难以找到合适的比较样本。相对而言，印度是一个好的比较案

---

① 王俊祥：《论人口政策学的研究对象任务和方法》，《河北大学学报》（哲学社会科学版）1992 年第 6 期。

② 王广州、胡耀岭、张丽萍：《中国生育政策调整》，社会科学文献出版社 2013 年版，第 31 页。

③ 宋健、[韩]金益基：《人口政策与国情——中韩比较研究》，光明日报出版社 2009 年版，第 1—188 页。

④ 上海社会科学院课题组：《国际社会应对人口老龄化的经验借鉴和 21 世纪中国人口政策的选择》，国家社科基金重大课题"21 世纪中国人口老龄化与经济社会发展对策研究"子课题研究报告，2011 年，第 1—191 页。

⑤ Warren C. Robinson, John A. Ross. The Global Family Planning Revolution: Three Decades of Population Policies and Programs. The World Bank, 2007.

⑥ 陈锋：《清代财政政策与货币政策研究》，武汉大学出版社 2008 年版。

例，因为它在历史上也曾在一段短暂的时间里实施过类似中国的强制性计划生育，但是它后来终止了强制性的控制人口增长的做法并及时调整了人口政策，实施了不同于中国计划生育的家庭计划。同时，印度也有很多可供借鉴的经验和做法。比如，印度非常重视在家庭计划项目上的投入，充分利用各种媒介宣传动员，创造性地将家庭计划服务与基层卫生保健有机融合。印度地方政府虽然重视物质刺激，但不进行经济制裁。这些家庭计划的途径和方法独特且富有成效，[①] 对于当今中国新合并成立的卫生和计划生育委员会如何从传统的计划生育转向新时期的家庭计划，无疑具有极有价值的借鉴和参考。

借助史料和数据进行专一性的中国人口政策之纵向比较，从科学性上来讲具有一定难度，因为发展阶段不同、制度不同，而且如此大范围的强制性的计划生育和家庭计划革命在中国历史上也没有过，可谓空前绝后，因而难以具有比较价值。由于中国现行生育政策的最大特点是"一个国家三种制度"，即在同一个国家实行分地区、分城乡、分民族而有所差异和有所变通的人口控制政策。选取江浙两省来进行人口政策比较，可剔除政策分析中的一些不确定性因素的影响，比如政治和社会经济背景的影响、社会发展程度的影响。地处长江三角洲的浙江和江苏省，无论是社会经济发展状况还是人口发展形势与计划生育工作水平等方面，都处于全国领先地位。最具比较价值的在于，江浙两省在差不多的时间里采取了不一样的人口政策：江苏执行的是城乡基本一致、相对严格的"一孩"生育政策，而浙江执行的则是相对宽松的"一孩半"政策。两省计划生育的执行时间相近，经济和发展水平相近，人口基数相对较大，人口发展方面也具有许多共性，在历史文化传承方面也有很大的相似性。而且，长三角地区人口老龄化发展对经济和社会的严重影响，有可能比全国其他地区早出现10年甚至更长时间。深入研究长三角地区的人口老龄化发展战略，不仅是制定本地区人口发展战略的重要组成部分，而且对制定全国和其他地区人口老龄化发展战略具有重要的参考价值。[②] 故而，本书选取长三角地区的江浙两省，在诸多相似性因素中比较他们不同的人口政策，既可找

---

① 何景熙：《中印人口状况和人口政策的比较研究》，《南亚研究》1985年第3期。见：王广州、胡耀岭、张丽萍《中国生育政策调整》，社会科学文献出版社2013年版，第32页。

② 谢玲丽：《长三角人口发展战略研究》，复旦大学出版社2007年版，第265—266页。

出隐藏在人口政策中的一些规律性的本质属性，也可在一定程度上弥补目前有关区域性人口政策讨论之不足，为新时期完善和优化中国人口政策提供政策比较视野的参考。

## 二 文献分析法

由于人口与社会、经济、政治、文化、卫生、地理等因素密切相关，相关学科领域的学者针对特定的人口交叉性问题进行了大量的研究，相关文献十分丰富。文献分析法作为一种间接的研究方法，在本书中也得以采用。在写作过程中，通过查阅相关研究文献、搜集有关的人口数据和文字资料，归纳、整理人口政策研究领域的中外文献资料进行再研究和再利用，从而析出展开本书研究所需之重要材料，以期站在前人的肩膀上，能看到人口政策领域的新景象和开拓人口政策领域的新视野。在对有关专题研究文献进行研究分析的基础上，本书主要采用归纳法，对近30年来有关中国人口政策领域的系列研究进行了归纳整理和分类。在此基础上，再结合全国人口普查资料、人口抽样调查资料以及年度统计年鉴的人口资料，对江苏和浙江两省人口政策的现状、变迁及绩效进行分析。

## 三 计量经济方法

公共政策大都具有经济上的效果或需要经济上的投入，使得经济学的分析方法应用于公共政策领域具有现实的基础，从而成为政策分析中不可或缺的一个组成部分。然而，在相当长的时期里，政策作为一种公共政策来进行经济学分析既被经济学家忽略，也被政治学家忽略。随着经济学方法的不断进步和广泛应用，政治和公共决策领域也开始关注和重视经济学分析，其作用和地位不断凸显。[①] 基于本书主题研究之需要，亦运用了计量经济学的研究方法。

迄今为止，如何衡量与评估人口政策的效果实际上仍是人口研究领域颇受争议的问题。中国学者早期在对计划生育政策绩效进行评估时，通常采用生育率降幅或是人口数量减量作为评价依据。[②] 实际上，影响生育率的因素是多元的，其本身是一个内生性的函数。如果将生育率作为一个被

---

[①] 陈振明：《政策科学》，中国人民大学出版社2003年版，第520页。
[②] 代表性的见侯文若：《各国人口政策比较》，中国人口出版社1991年版。

解释变量，则有关的解释变量是非常复杂的，而人口政策通常只是其中一个外生性的解释变量，要准确地度量出这个政策变量对降低生育率所产生的实际绩效是比较困难的。因而在评估人口政策的绩效时，不能简单地将政策性因素视为生育率的单一控制变量，还需要寻找和遴选政策控制变量之外的对生育率可能产生实际影响的其他解释变量。根据以往研究经验，本书人均GDP对数值、农村人口占总人口比重、女性人口平均受教育年限以及当年FDI占GDP比重等指标纳入控制变量，并进行多元回归分析。由于江苏省实行的是不论城乡的相对较为严格的"一孩"生育政策，浙江实行的是相对较为宽松的"一孩半"政策，在进行回归分析时，本书将政策性因素作为一个虚拟变量来处理，运用江浙两省196个区县市2010年全国第六次人口普查结果中的有关上述被解释变量和控制变量的详细资料作为实证分析的截面数据来进行比较，试图考察人口政策因素相对其他社会经济因素在江浙两省低生育率形成中所产生的实际影响。

### 四 人口预测方法

由于人口政策与社会经济密切相关，有关研究往往需要具有一定的前瞻性和预测性。预测研究方法是一种由已知推断未知的探索方法。从人口学角度来看，应用小区域开放系统人口模型可对小区域人口发展进行预测。然而，预测的准确性受许多因素的制约，如问题的性质、资料或数据的充分和可靠性、预测的时限、脉络背景、体制、预测的方法、技术、模型及其包含的假定等。[①] 由于省域范围人口开放度高，不确定性因素多，因而小区域开放系统人口模型一直是人口数学模型研究的难点。微观小区域开放系统的人口模型试图在现有研究的基础上，较好地反映区域差异和人口迁移流动对人口发展过程的影响。受研究基础和能力的限制，目前对小区域开放系统随机微观仿真研究还需要进一步加强。需要解决的既有基础参数问题，也有计算机基础数据结构和管理问题，还有人口分析模型的建构问题。[②]

---

[①] 陈振明：《政策科学》，中国人民大学出版社2003年版，第455页。
[②] 王广州、胡耀岭、张丽萍：《中国生育政策调整》，社会科学文献出版社2013年版，第265页。

对人口变化趋势预测的方法目前有许多现成模型，既可以采用传统的分要素人口预测方法，也可以采用随机人口预测方法。无论采用何种方法，生育预测是要点。本书立足于江苏和浙江两省过去和现在的人口发展状况，在分要素预测方法的基础上，借鉴南京大学陈友华教授的生育预测数学模型①，试对江浙两省执行单独两孩生育政策后的未来人口变动进行粗略估算和比较，并提出相关之对策。

**五 其他研究方法**

由于人口政策属于公共政策，有关人口政策的研究主题涉及人口学和公共政策，具有较强的交叉性。本书对江浙人口政策进行比较研究，分析江浙两省所选择的不同人口政策之效果，自然涉及人口政策的价值观和有关人口政策的伦理关系，因而不仅是公共政策描述性分析方法的具体应用，也是规范分析方法的运用。本书坚持马克思主义人口理论的立场和观点，理性思考和积极倡议中国人口政策的选择应遵行马克思主义的唯物史观和人口再生产的客观规律。

马克思说过，社会领域只有一门科学，那就是历史。在中国，关于计划生育政策的历史研究，还未开始。② 从文献梳理的情况来看，人口政策研究相对人口学其他领域要冷得多，进入 21 世纪后，尽管人口政策问题不断受到关注，当时有关人口政策的研究方法更多采用的是预测及仿真模拟的定量分析方法，采用历史研究的方法来对中国人口政策进行审视的学者和成果都不多。因此，本书在对中国人口政策的演进与江浙人口政策的选择以及总结与反思过程中，也尝试采用历史研究的方法，充分尊重中国人口政策选择和演进过程中的历史事实，对人口政策领域的历史事件尝试进行发掘和整理，以便尽可能地接近人口政策的历史真实。特别是尝试运用历史学中有关长时段的分析方法，来试图剖析中国人口政策的历史性选择及其发展趋势，试图揭示中国计划生育运动与变革中所隐藏的某种规律。

---

① 陈友华：《城乡统筹发展中的人口政策研究》，《研究报告》，2009 年，第 1—61 页。
② 梁中堂：《我国生育政策史论》，上海，2013 年，第 4 页。

## 第三节 研究思路

本课题研究主要聚焦于江浙两省的人口政策比较分析。围绕江苏和浙江两省自新中国成立以来人口政策的演进阶段与人口发展的历史变动这条主线,运用上述研究方法,先从国际经验的视角进行印度人口政策历史演进的个案分析,接着逐渐展开中国人口政策的演进以及江浙两省地方性人口政策形成的历史分析。借助1953年、1964年、1982年、1990年、2000年及2010年共六次全国人口普查的历史数据、江浙两省新中国成立以来多年的统计年鉴数据以及江浙两省计划生育政策的有关史料,对江浙两省人口发展现状与历史变动进行比较分析。然后基于2010年第六次全国人口普查主要数据测度和比较不同人口政策在江浙两省实际生育率形成中的作用,进一步运用分要素预测法和数学模型对江浙两省执行单独两孩政策后人口发展的前景进行展望。最终就江浙两省为促进人口长期均衡发展如何进一步调整和完善生育政策提出有关的对策和思考。

具体而言,本书在进行江浙人口政策比较之前,先选取了印度作为一个国别比较的案例,试图站在全球家庭计划运动史的视角来对本书的研究做一个有关中国人口政策演进历史的时间与空间拓展。印度作为仅次于中国的世界第二人口大国,其人口政策产生、发展、调整等系列演进过程,是国际家庭计划运动史中最鲜活的案例素材。从其执行强制性人口政策到取消强制性人口政策,政策调整前后人口发展所呈现出来的趋势性和规律性的特征特别值得中国借鉴。尽管目前国内有关人口政策的讨论十分激烈,但是还相对缺少基于国别比较分析的论述。印度是世界上第一个在全国范围推行家庭计划的国家,也是世界上少数几个具有清晰人口政策的国家之一。从立国之初设计推动家庭计划政策到2000年最终形成清晰的国家人口政策,本书将印度国家人口政策的历史演进大致划分为五个阶段进行了详细的阐述,认为在长达近60年的家庭计划实践与探索中,殖民因素与马尔萨斯主义、地域差异和城乡分割、土地制度与土地关系、宗教制度与传统文化、识字率及受教育机会、人口构成特征、外国政府和国际组织援助、政府结构和政治斗争等对印度人口政策的走向产生了深远影响。尽管印度政府在不同发展时期所期望的人口控制目标大都没有实现,但印度家庭计划为人类正确认识人口的生产和再生产规律做出了先驱性贡献。

借助印度的经验和教训作为人口政策选择与调整的一个国际案例，主要在于说明一国人口政策的制定应充分认识人口的社会性和历史性，计划生育政策不是万能的，也不是有效降低生育率的灵丹妙药，人口政策的目标取向应更全面地关注人口发展。

实际上，相对于全球开展家庭计划的一些其他发展中国家，中国的人口政策表现出一定的多元性，即在同一个国家实行分地区、分城乡、分民族而有所差异的人口控制政策。江苏执行的是不论城乡一对夫妇只允许生育一个孩子，而浙江省对于农村地区的夫妇，如果第一胎生育的是女孩，可以再生育一个孩子。尽管两省人口政策同属于国家严格和具有强制性的人口政策体系，但是相对而言，浙江没有执行江苏那样的严格"一胎化"政策。自现行生育政策形成以来一直到2014年两省执行单独两孩生育政策，其间不一样的人口政策到底对两省人口发展和生育率变化产生了何种具体影响，效果上有没有差异？目前学术界对此问题还缺乏系统的省域比较分析。本书通过研究，尝试进行了两个方面的具体工作：一是揭示了两种人口政策在贯彻执行后所带来的人口发展现状之不同，并进一步揭示了隐藏在江浙人口发展现状背后的人口负增长巨大惯性。通过比照江浙两省2000年第五次全国人口普查和2010年第六次全国人口普查分县数据，发现同为全国人口净输入区的江浙两省，人口负增长县（市）的数量有较大的差距。从人口发展趋势来看，相对浙江省，江苏省呈现出更大的人口负增长惯性，从而论证人口政策在一定程度上可能是形成这种人口负增长惯性的一个重要推动因素。二是揭示两种不同生育政策作为一个政策变量，在决定生育率水平中起到了多大的作用。本书借助多元回归分析对此进行研究。这两项工作亦是本书试图有所创新的努力之处。

尽管目前各省市已经陆续贯彻落实"全面二孩"的新生育政策，但这仅仅是在现行生育政策基础之上所做的微调之举，并不意味着国家对个人的计划生育调控退出历史舞台。正因为如此，有关生育政策是否应该进一步调整以及如何调整仍然存在巨大争议。争论的焦点在于生育政策调整后是否形成补偿性生育反弹，由此带来的出生堆积是否会造成生育失控。本书基于生育政策调整的人口预测模型，对江浙两省不同生育政策过渡到单独两孩政策进行了模拟测算，对政策调整后两省人口总量、出生人口、人口结构和变动趋势进行了剖析，解答了生育政策转变是否会带来巨大的出生堆积、政策能否平稳过渡以及是不是应该及时作更进一步的调整和优化等问题。基于预测结果，考虑到两省总和生育率都非常低，妇女真实的生育意愿并没有想象的那么高，以及妇女的生育模式实际上已经发生了巨大变化等事实，本书认为生育政策微调实际上已经无法扭转正在形成的人口负增长惯性，通过渐进调控生育政策、规定最低生育年龄和生育间隔等影响生育模式的措施都已违背中国人口发展的客观规律，因而应该尽快取消有关限制性措施，尽快取消计划生育，实现全国不论民族、不论城乡、不分地区的无差别的生育政策，从而探讨了中国生育政策从多元回归一元的问题。

从2014年各省陆续落实单独两孩生育政策的情况来看，各省生育政策的修订或调整普遍采取了比较保守的微调措施。这说明从中央到地方，对于实施大的生育政策调整方案仍然心存顾虑。不仅政界如此，学术界也充满了忧患意识。一些学者认为，生育政策的调整应该是一个谨慎的过程，需要审时度势，符合实际，但现行生育政策既不能变来变去、朝令夕改，也不能长期坚守独生子女政策一成不变。[①] 这充分地表达出学界在生育政策调整上的矛盾心理。本书试图进一步创新之处还在于特别提出和强调，生育政策及时调整的最大障碍并非在于出生堆积和生育失控，而是人们保守的观念和矛盾的心理。中国人口政策领域，从学术研究到政策执行，亟须个人思想领域的深化改革。基于这一认识，本书探讨了新时期中国人口的走向问题，认为中国"全面二孩"政策之后，新时期人口政策的完善与优化关键在于能否实现"六个回归"，并提出"三个转换"，即从计划经济指令型的人口政策向市场经济引导型的人口政策转换，从显性的人口政策向隐性的人口政策转换，以及从直接干预型的人口政策向间接参与型的人口政策转换。

---

① 王广州、胡耀岭、张丽萍：《中国生育政策调整》，社会科学文献出版社2013年版，第199页。

# 第 四 章
# 人口政策演进及影响因素：印度经验

## 第一节　人口政策演进的政策学诠释

### 一　人口政策的产生与发展

宇宙万物的发展变迁都可视为一种自然演进，需要运用演进研究方法来进行分析。以公共政策的发展变迁为基本线索，关注前因后果的联系和社会背景的因素，用历史演进的观点来观察和认识具体的公共政策，探索并归纳其表现出的内在规律性[①]，对于理性认识国家的人口政策是必要的。从人类历史发展的角度来看，任何一项公共政策都是社会经济发展的阶段性表征，它是一个国家的政党和（或）政府在一定历史时期为实现既定目标而规定的行为规则和准则，因而带有鲜明的时代特征和政治烙印。一般来说，公共政策本身都有一个从产生到消亡的演化过程，没有一劳永逸和一成不变的公共政策。当社会经济环境发生变化，尤其是生产力发生变化时，作为上层建筑表现的旧公共政策必将渐趋终结，而为先进生产力服务和体现生产关系改革的新公共政策将不断产生，从而形成公共政策循环往复的周期性现象。故而，公共政策的这种发展和演化过程总是离不开一定的政治环境、政治生态即政治文化的影响与制约。在相当程度上，特定的政治生态及政治文化甚至会对政策变化模式起决定性的作用。[②]

以唯物史观来看，公共政策从产生到调整甚至终结的演进过程就是生产关系不断进行自我调整变化以适应生产力发展的历史进程。人口政策作为一种公共政策，它也有自身的发展和演进过程。实际上，自20世纪70年代广大发展中国家开展家庭计划运动以来，许多国家或地区的人口政策

---

[①]　［美］詹姆斯·P. 莱斯特、小约瑟夫·斯图尔特：《公共政策导论》，中国人民大学出版社2003年版，第2页。

[②]　陈振明：《政策科学》，中国人民大学出版社2003年版，第403、405、413页。

都经历过制定、执行、评估、调整与变化的发展过程。而且，这些国家或地区的新人口政策往往是原有人口政策的调整和延续，是为了适应这个国家或地区的人口与政治领域的新问题而对旧的人口政策加以修改调整。导致这种修改调整发生的因素是多样的，有的来自外部，更多的则是源于本国或地区内部政治、社会和经济等诸多因素的影响，人口自身的因素反倒成为政策修改与调整的一个参考变量，成为一国和地区用来干预社会经济生活的一个公共政策变量。

## 二 人口政策演进中的组织及其作用

在探讨人口政策演进中，我们不可以忽视在人口政策制定与实施过程中发挥重要作用的全球家庭计划领域组织的作用。包括中国在内的许多发展中国家，在全球家庭计划运动过程中，都先后涌现出各种不同的旨在解释、执行和推动家庭计划的组织。这些组织有的是官方性质的，比如中国早期成立的国家计划生育委员会，从中央到地方构建了一个庞大的、全球独一无二的计划生育组织体系（图4-1），经过多年的发展，到现行生育

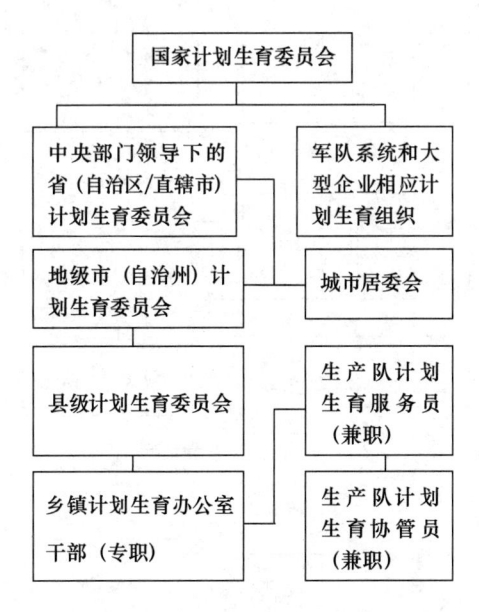

图4-1 中国计划生育初期的组织和团队架构

资料来源：Qian Xinzhong. China's Population Policy: Theory and Methods. Studies in Family Planning, Vol.14, No.12, 1983: 300.

政策正式得以贯彻落实的 20 世纪 90 年代，已形成特色鲜明的行政部门、服务机构、目标一致、上下互动、信息共享、运转高效的计划生育管理体系（图 4-2），从而大大强化了人口和计划生育管理服务体系。有的是半官方性质的，但更多的是非官方性质的。从主权范围来看，发展中国家开展家庭计划或执行计划生育的组织中，有的是在全球家庭计划运动中一直发挥着重要作用的国际性组织，如联合国人口基金会和世界卫生组织；有的则是国家性的官方组织，如美国国际开发署（USAID）；当然还有其他形形色色的各种国际性的非政府组织（NGOs）。当我们回顾全球家庭计划运动以及反思中国的计划生育政策时，发现这些组织的产生、发展及其在人类这场家庭计划运动史中的作用还缺乏深入的研究。

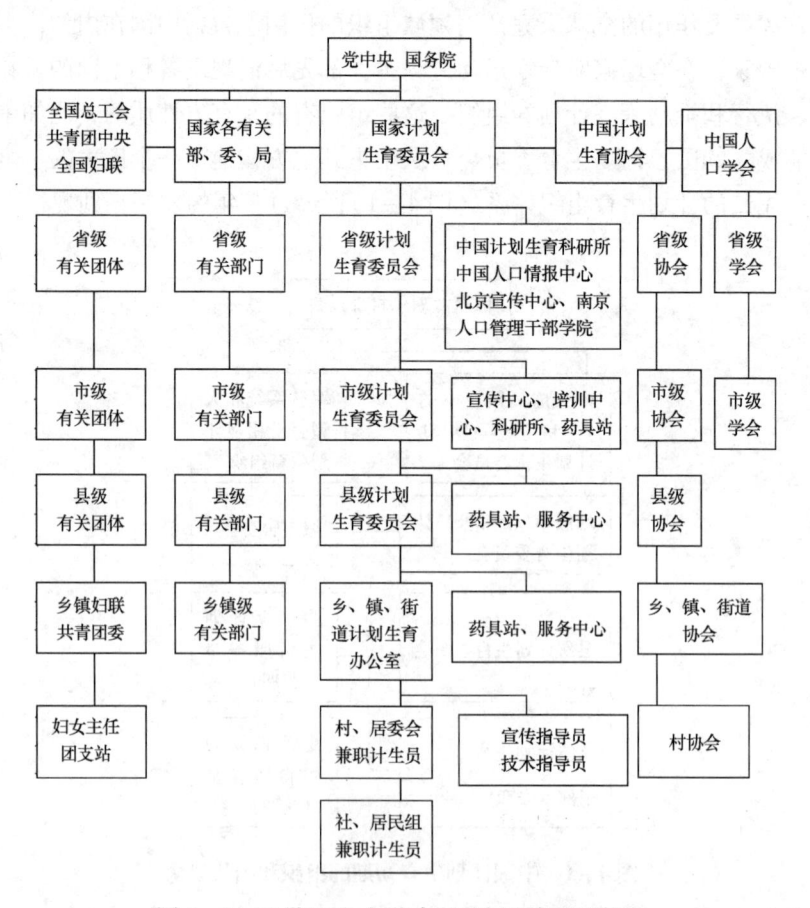

**图 4-2　20 世纪 90 年代中国计划生育管理体系**

资料来源：孙沐寒：《中国计划生育史》，北方妇女儿童出版社 1990 年版，第 234 页。

一个国家或地区人口政策的演进，从本质上来说，就是这些家庭计划组织与相关制度设施的演化。在许多发展中国家中，这些组织时常不同程度地受控于一国最高领导人或阶层，其在一个国家或地区人口政策的制定和调整中往往发挥着重要作用，从而产生非常强的路径依赖效应。很多情况下，新的人口政策要执行，组织在获得最高领导人或者阶层授权的情况下，自身也必须进行革新和流程再造，否则人口政策无法向积极的方向演进。

美国政策终结研究领域最有影响的人物考夫曼在《政府组织是不朽的吗？》以及《时间、机遇和组织》两本著作中，曾专门考察了组织的活动。通过对大量政府机构的数据分析和整理，考夫曼发现组织并不像有机体一样经历"年轻、成熟、变老、最后死亡"的生命过程。组织尤其是公共组织，大多在现实中生成和壮大，却极少死亡。考夫曼认为，公共组织在发展中能够不断壮大，从而使组织自身抵抗终结的能力不断增强，因而比私营组织更难以在现实中终结。只有在公共组织保持活动的能量和其他必要的资源流失以至于其自身不再适应环境时，公共组织才会死亡。[①] 实际上，组织存在的时间越长，它被终止的可能性就越小，经过一定时间，组织会形成继续存在的条件和对它的支持。[②] 人们通常都不愿意看到政策终结，但是人们也很少会立即反对一个新的、更好的政策出台。为缓和政策终结的压力，组织可以采用新政策出台与旧政策终结并举的方法，及时地采用新政策替代旧政策，从而使人们在丧失旧政策的同时获得一个新的希望。[③] 这种做法往往可以大大减少政策终结的争议和阻力，既可削弱反对者的力量，[④] 又可使组织作为利益集团获得维持下去的理由。

从这一视角来看，我们不难理解为何中国的人口与计划生育部门仅对生育政策进行微调而非大的调整。中国宪法所规定的"国家推行计划生育，使人口的增长同经济和社会发展计划相适应"已经定调将计划生育作为中国长期坚持的基本国策，这实际上赋予了人口和计划生育委员会作

---

① 陈振明：《政策终结与周期》，见：Herbert Kaufman. Are Governmental Organization Immortal?. Washington, DC: Brookings, 1976; Time, Chance and Organizations: Natural Selection in a Perilous Environment. Chatham, Nj: Chatham House, 1987。

② [美] 詹姆斯·E. 安德森：《公共决策》，唐亮译，华夏出版社1990年版，第211页。

③ 李敏：《浅谈公共政策的终结》，《经营管理者》2009年第4期。

④ 陈振明：《政策科学》，中国人民大学出版社2003年版，第400页。

为中国人口政策的组织者和推进者将计划生育政策维持下去的法理依据。人口和计划生育委员会在现行生育政策的执行过程中始终担心人口增长失控和人口控制引起社会秩序混乱。他们甚至还担心媒体公开讨论或炒作引起社会各界以及各级计划生育部门对现行计划生育政策执行产生思想混乱和动摇，从而导致他们失去话语权。他们更担心计划生育政策终结。如针对有人提议放开非独生子女夫妇生育二胎以帮助中国缓解老龄化的问题，原国家人口和计划生育委员会新闻发言人、政策法规司司长于学军在接受专访时曾宣称，放开生育政策可能会在某种程度上缓解人口老龄化的问题，但是这可能又会带来其他另外的负面影响，另外的负面影响又可能带来更多其他负面影响。所以，在权衡了各种各样的积极的效果和消极的效果以后，才做出这样一个非常明确的决定，就是继续稳定现行的生育政策。① 而前国家计生委主任张维庆更是提出必须坚持"四个不动摇"②。由此可见，作为中国人口政策演进的重要推动者，原国家人口和计划生育委员会一方面认为目前中国低生育率水平稳定，另一方面担心生育政策调整带来的生育水平大幅度反弹，对真实生育水平缺少有公信力和客观依据的判断，始终受到社会各界对其作为计划生育组织利益相关者的质疑。③

从国际视角来看，源自利益集团的组织障碍和来自社会各界的舆论压力的矛盾博弈，往往会迫使民选国家的政府考虑维持一项公共政策的高昂成本，公共利益、政治博弈、文化传统、社会结构等时常成为推进公共政策演进的重要因素。放到中国来看，从20世纪70年代开始执行计划生育政策到后来以计划生育演变成一项国家长期的基本国策，到今天其实都没有真正动摇过。如同已经发生深刻变化的人口形势，人们对于人口政策和人口问题的认识也在逐步深化，人口问题的本质是一个发展问题已成为普遍共识。在这种形势下，基于国际视角进行比较分析，回顾和总结中国人

---

① 于学军：《不能完全通过调整人口政策解决人口老龄化问题》，中国政府网在线访谈，2007年7月10日。

② 所谓坚持"四个不动摇"是指"坚持稳定现行生育政策不动摇""坚持党政一把手亲自抓、负总责不动摇""坚持稳定基层计划生育工作机构和队伍不动摇"以及"坚持创新人口和计划生育工作思路与工作方法不动摇"。有关详细表述见张维庆《以人的全面发展统筹解决我国人口问题——关于人口热点问题的问与答》2006年第9期，第13页。

③ 王广州、胡耀岭、张丽萍：《中国生育政策调整》，社会科学文献出版社2013年版，第12页。

口政策的演进过程与特征,对调整和终结计划生育政策是非常有必要的。

需要特别指出的是,选择全球家庭计划运动中的国际性案例进行比较,可以从全球性的认识和视角来理性审视中国生育政策的历程。理性审视和国别比较之目的,并非在于批判中国以往计划生育政策的失误,而在于试图理解和说明人口政策演进的阶段性及其影响因素的复杂性,从而有助于国家人口政策的调整和优化过程中能真正地实现三个重要"转换"。

## 第二节 人口政策演进的国际案例

本书在展开江浙人口政策分析之前,选择了印度进行人口政策演进的国别比较与经验借鉴,以便为后文能更好阐述人口政策选择与调整的复杂性、区域性和历史性作铺垫。透过印度,我们不仅可以看到人口政策演进的阶段性和影响因素的复杂性,而且可以理性审视人口政策的调整幅度是否会引来人口增长失控和社会秩序紊乱。自二战结束后,中国实际上就已成为全球化和现代化进程中的重要一员。全球家庭计划革命实际上是人类进入 20 世纪后期全球化与科技发展推动的人类新的社会经济与政治现象之一。在这个历史进程中,有很多执行家庭计划的国家,甚至是一些中东伊斯兰国家,其人口政策在并未引起剧烈冲突和矛盾的情况下取得了意想不到的效果。不走出国门比较其他发展中国家,尤其是印度的人口政策演进,我们就会围绕人口政策是否应该调整如何调整进行无止境的争论,甚至还有不少学者误解为"中国是世界上最早实行计划生育的国家之一"[1]。

实际上,从国家有目的有计划地调控人口发展的历史来看,印度是世界上第一个在全国范围推行家庭计划的国家。印度是当前世界人口增长最快的国家之一,也是全球少数几个具有清晰人口政策的国家之一。印度政府设定的国家人口政策长期目标是成功降低死亡率的同时将总和生育率降低到 2.1。尽管有长达 60 年的国民生育控制历史,但其人口规模控制并未达到政府的期望。从印度国家"十一五"规划

---

[1] 代表性的文章见梁秋生、李哲夫《中国人口出生控制成效的比较分析》,《人口研究》2003 年第 1 期,第 7 页。

(2007—2012) 和千年发展目标 (MDGs) 来看, 印度正在致力于将自己转变成一个发达的国家, 然而庞大的人口数量及过高的人口增长率一直被印度国内精英视为国民贫苦并制约国家走向强大的社会经济根源。多维贫困指数 (MPI) 显示, 印度目前大约有 55% 的人口是穷人, 即使在哈里亚纳邦、古吉拉特邦、卡纳塔卡邦等较为富裕的省份, 仍有 40% 的人口被归为穷人, 克拉拉邦是唯一穷人比例低于 20% 的邦。MPI 测算的印度贫困人口率几乎是印度政府公布数字 29% 的两倍[1]。如何采取有效的人口政策, 合理控制人口增长, 引导人口有序发展, 帮助国家更好地执行社会和经济发展战略, 是摆在印度政府面前的一项艰巨任务。本书选择印度这个人口政策演进的经典案例, 旨在理性看待人口与家庭计划政策的历史发展进程及其执行过程中的经验与教训, 为中国在新时期如何在进一步调整和优化生育政策的基础上走向以人为本的人口政策寻找参考与借鉴。

## 第三节 印度人口政策的演进过程

### 一 印度人口增长趋势

2011 年 3 月 31 日, 印度统计普查总署公布的第 15 次全国人口普查统计结果显示, 印度总人口数已达 12.10 亿, 占世界总人口数的 17.31%。其中男性人口 6.24 亿, 女性人口 5.86 亿。最新统计结果比 2001 年人口普查总数增加了 1.81 亿, 几乎相当于整个巴西的人口数。目前, 印度总人口数已超过美国、印度尼西亚、巴西、巴基斯坦和孟加拉国五国总人口数之和, 且人口分布呈现较大的地域差异, 北方邦成为人口总数最多的省份, 该邦与马哈拉施特拉邦的人口总和超过了美国。按照目前 1.58% 的年人口增长率态势, 到 2030 年, 印度人口总数将超过 15.3 亿。[2] 而根据美国人口普查网站公布的全球人口估算数据, 2011 年 5 月 1 日, 印度人

---

[1] India: Change is Possible-investing in Family Planning to Imploye Health and Development. United States Agency for International Development and Indian Health Policy Initiative. 2007: 1. http://www.healthpolicyinitiative.com/Publication/Documents/1169_1_India_RAPID_brief_FINAL_acc: df.

[2] India's Population 2011. Indian online. http://www.indiaonlinepages.com/population/india-current-population.html. Census of Inida website. http://www.censusindia.gov.in/2011 - prov-results/census2011_PPT_paper1.html.

口规模为 1173108018，小于印度统计普查总署公布的数据，占全球总人口的 16.96%，成为全球仅次于中国的人口大国（表 4 - 1）。

表 4 - 1　　　　　　　　　　中印人口规模比较

| 范围 | 数量 | 占全球人口比重（%） |
| --- | --- | --- |
| 印度人口 | 1173108018 | 16.96 |
| 中国人口 | 1330141295 | 19.23 |
| 亚洲人口 | 4157300000 | 60.11 |
| 全球人口 | 6915730890 | 100 |

资料来源：U. S. Census Bureau. The Total Population of the World, International Programs Center, World POPClock Projection. 05/06/11. U. S. Census Bureau, International Data Base.

1947 年印度独立时，全国人口为 3.5 亿人，在过去的 60 多年里，人口净增长 8 亿人，增长了 3.3 倍，平均每 10 年增加 1.26 亿多人（图 4 - 3）。这种增长的态势仍在继续，有关预测显示（图 4 - 4），2050 年后，印度人口总量可能会维持在 16 亿以上。

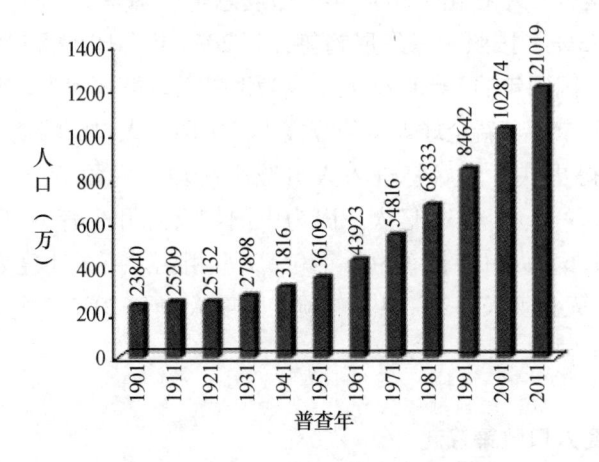

图 4 - 3　1901—2011 年印度历次人口普查人口数

资料来源：2011 census of India. http://www.censusindia.gov.

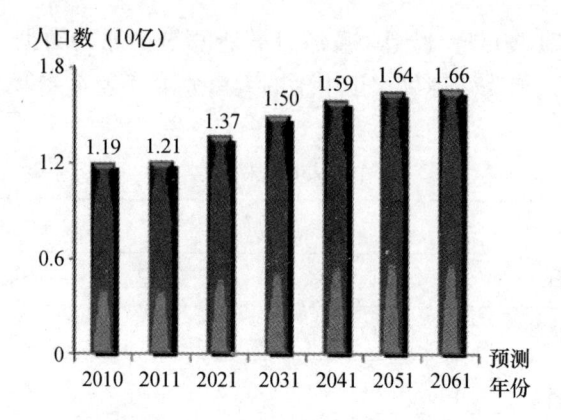

图 4-4  2010—2061 年印度人口规模预测

资料来源：India：Change is Possible-investing in Family Planning to Implove Health and Development. 2007. United States Agency for International Development and Indian Health Policy Initiative. pp1. http：// www.healthpolicyinitiative.com/ Publications/ Documents/1169_1_India_RAPID_brief_FINAL_acc. pdf.

早在 2000 年，印度通过的人口控制计划就提出了一系列社会经济措施，以防止全国人口超过 11 亿。然而，2008 年印度人口超过 11.3 亿，这个雄心勃勃的计划再次落空。联合国人口基金会在其公布的《2008 世界人口状况报告》中指出，2008 年，印度总生育率是 2.78%，而中国总生育率为 1.73%，按照这一发展趋势，到 2050 年，印度人口将达 16.58 亿人，超过中国同年的 14.08 亿人，成为世界人口第一大国。而根据美国人口普查局公布的最新全球人口趋势报告，中国的人口高峰期（14 亿人）将比预期来得更快，然后将进入人口减少阶段。中国劳动力人口将在 2016 年达到顶峰，为 8.31 亿人。因为中国妇女总和生育率已从 1990 年的 2.2 减至 1.6，人口增长率为每年 0.5%。相比之下，印度妇女总和生育率为 2.7，人口增长率达 1.4%。预计印度人口到 2025 年将达到 13.96 亿人，超过中国的 13.95 亿人。[①]

## 二  印度人口政策缘起

尽管印度从 1952 年才开始正式采取控制人口增长的有关政策措施，

---

① 《印度人口超越中国带来的警醒》，中国选举与治理网，http：//www.chinaelections.org/ newsinfo. asp? newsid = 176500。原文见：U. S. Projected to Remain World's Third Most Populous Country Through 2050, Census Bureau Reports, JUNE 27, 2011. http：//www.census.gov。

但是从印度发展的过程来看，其人口控制有着深厚的历史渊源和殖民印迹。受英国殖民统治的影响，印度是全球较早受到马尔萨斯主义影响的发展中国家之一。由于人口压力及其对食品供给和资源的影响，早期殖民时期统治者关注印度人口问题为时已久。1805—1834 年，托马斯·马尔萨斯曾在英国东印度公司学院担任政治经济学教授。当时，印度经常遭受周期性的饥荒折磨。马尔萨斯认为，印度的人口高增长率是造成这种周期性饥荒的主要原因。这一观点影响了此后印度几代殖民总督、官员和学者，几乎成了印度社会对饥荒的标准版解释①，甚至成为一个世纪后印度饥荒调查委员会对孟加拉国大饥荒②的主流认识。

多年以来，印度的人口增长所带来的严重后果也令印度国人备感不安。早在 1916 年，印度学者沃特就已著书描绘人口过多对印度社会经济造成的负面影响③。1923 年，印度首个避孕诊所就已在印度西部城市浦那开张④，但是由于甘地主义反对采取人工措施控制生育而并未得以有效开展。五年后，南印度泰米尔纳德邦首府马德拉斯出现了一个新马尔萨斯主义联盟，倡导实施家庭计划。根据 1931 年的人口普查，在 1921—1931 年，印度人口增长率超过 10%，增长了 0.277 亿人口。尽管如此，殖民当局并没有采纳新马尔萨斯主义的主张。

实际上，印度在国家独立后出台第一个五年计划（1952—1957）之前，就已意识到控制人口增长的紧迫性。负责调查孟加拉大饥荒及其产生原因的印度饥荒调查委员会早在 1942 年就曾警示，印度人口 1945—1960 年将增长 1 亿，印度应尽快设立全国性生育控制诊所网。1943 年成立的健康调查和发展委员会也号召采取国家家庭计划政策来改善人口健康状态。1951 年，印度饥荒调查委员会秘书戈帕尔斯瓦密负责领导人口普查工作，他提出 1981 年将印度人口控制在 5.2 亿的

---

① ［印］阿马蒂亚·森：《贫困与饥荒》，商务印书馆 2009 年版，第 72 页。

② 1943 年，现孟加拉国和印度的西孟加拉邦地区发生严重的饥荒，当时的英国殖民当局优先对日战争，听任大米和食品价格飞涨，造成众多的贫穷农民死亡（受害人数达 300 万），孟加拉国女作家慕克吉称这场饥荒是"英国殖民统治史上最黑暗的一章"。

③ Wattal, Pyare Kishan. The Population Problem in India: A Census Study. Bombay: Bennett, Coleman and Company. 1916: 1 – 15.

④ Visaria, Pravin, and Anrudh K. Jain. India. Country Profiles Series. New York: Population Council. 1976: 10.

目标（实际人口数为6.9亿）。由于担心人口过快增长对食品供给造成压力从而导致饥荒，引发比孟加拉饥荒更严重的灾难和死亡，戈帕尔斯瓦密督促当时的尼赫鲁总理颁发一项全国范围的输精管结扎政策[1]。

孟加拉饥荒咨询委员会与健康调查和发展委员会的研究结果促使印度政府在1947年开始实施家庭计划政策。1950年，中央政府指定由卫生部长主管的人口政策委员会在卫生服务部总经理办公大楼创立家庭计划办公室。在首个五年计划中，中央政府拟分配650万卢比给卫生部以用于对人口问题和支援家庭计划及其他避孕方法的可接受性研究。但实际到位的资金仅为145万卢比，主要用于建立避孕诊所。[2]

1952年，印度成为世界上第一个设立国家公共政策来控制人口增长的国家，强调通过一定程度的家庭计划使生育率降到"与国民经济发展需求相适应的水平"[3]。实际上，与邻国巴基斯坦及其他发展中国家相比，当时的印度人口增长率并不是特别高。1961年印度总人口年增长率约为2.2%，1971年为2.5%，且在各邦间还存在较大差别。高死亡率连同普遍性的寡（鳏）居及对寡妇重婚的文化禁忌，抑制了人口过度增长。然而，印度当时的人口月增长仍高于100万，占世界面积2.4%的印度，拥有世界15%的人口，合计人口密度超过300人/平方公里。20世纪60年代后期，印度中央和地方政府有一种普遍的共识，即庞大人口基数的高增长已造成严重的社会经济问题，不仅难以使印度国民维持最低生活水平，而且使情况更为恶化，农业和工业产品的增长被迅速增长的人口吞噬了，多管齐下的就业、住房、教育和其他基础设施扩张基本上淹没于快速的人口增长[4]。

### 三 印度人口政策的演进过程

回顾印度独立前后家庭计划从设想到进入国家五年计划的过程，可以

---

[1] Caldwell, John, and Pat Caldwell. Limiting Population Growth and the Ford Foundation Contribution. London: Frances Pinter. 1986: 10.

[2] Visaria, Pravin, and Anrudh K. Jain. India. Country Profiles Series. New York: Population Council. 1976: 12 - 16.

[3] Indian Population Commission. Indian National Population Policy 2000. 2000: 3.

[4] Narain, Govind. India: The Family Planning Program since 1965. Studies in Family Planning 1 (35): 1968: 1 - 9.

清晰地看到历史囤积起来的马尔萨斯主义思想对印度最初国家人口政策的取向产生了潜移默化的影响。印度建国之初生产力水平十分滞后，国民经济发展的成果表面看起来被快速增长的人口稀释了，人口过多似乎成了社会经济发展滞后的罪魁祸首，从而促使印度领导人将控制人口增长提上议事日程。从国家家庭计划萌芽到最终政策成文颁布，印度历经了长达半个世纪的风雨探索与实践考验。

### 1947—1960年：印度家庭计划规划阶段

1947年独立后，控制人口增长的紧迫性及甘地主义的政治影响，对印度首任总理尼赫鲁及其内阁中的大多数成员产生了重要影响，使印度家庭计划政策在规划之初就充满了鲜明的党派特色和政治斗争。对于印度独立后的第一个五年计划的设计师来说，要想在弥合两派政治分歧的同时设计出一个理性而有效的家庭计划政策，实非易事。

（1）甘地主义倡导自然避孕。受苏联计划经济的影响，尼赫鲁总理和印度计划委员会当时着手推动家庭计划，以将人口增长控制在一个合理的范围内。但是这个雄心勃勃的计划遭到了甘地主义依赖自然方法特别是自我节育实施生育控制传统思想的强烈抵制。作为已故圣雄甘地的忠实信徒，时任健康部长内贾库马利·库勒坚决反对实施国家家庭计划政策，认为除了自然避孕法外，政府无须干扰人民的生育行为。为说服政府，库勒甚至邀请了世界健康组织（WHO）代表团来印度帮助推进安全期避孕法。然而这一避孕方案成为家庭计划控制的国际笑柄——派发给妇女计算安全期的项链被人们用来装饰牛角。自然避孕实验没有达到预期的生育控制目标。

由于家庭计划并未在政治派别和各级政府间取得有效共识，这一时期，印度政府官员带头多胎生育的现象司空见惯。家庭计划一开始就实际遭遇到来自政府内部的巨大阻力。一项针对印度议会545位议员的调查显示，只有111名议员执行了国家倡导的生育两孩的标准，而其余的大多生养4—10个子女。鉴于生育控制的无序，联合国人口基金会将印度称为"缺乏人口控制的典型"。①

（2）尝试构建生育控制诊所网。来自政治反对派的阻力并未使尼赫鲁总理及其计划委员会放弃家庭计划。尼赫鲁总理大力支持福特基金会帮

---

① 印东：《新形势下中国地方政府计划生育管理体制研究》，硕士学位论文，山东师范大学，2012年。

助印度推进这一工作。1955年，福特基金会成立了一个顾问专家组①，劝说健康部长内贾库马利·库勒支持成立国家家庭计划委员会，以监督印度全国范围的自然生育计划工作②。但是，这一试图在全印范围内控制人口的想法看来前景暗淡，印度当时有多达56万个村庄和3000多个城镇，全国80%的人口生活在广袤的农村地区③，城乡分割和二元经济特征非常明显，加之文盲数量众多，文化和语言复杂多样，交通基础设施落后，特别是严重缺乏有效覆盖的大众传媒工具和渠道，这些因素使家庭计划面临难以逾越的实施障碍。

尽管如此，政府控制生育的号召却得到了印度社会精英阶层的广泛认可和积极响应。在他们的资助下，印度在全国范围内设立了许多生育控制诊所。但是，这些生育控制诊所数量的增长大多限于城市地区。从1949年到1961年，全印度建了4000个生育控制诊所，负责避孕套、子宫帽及阴道栓等避孕药具的发放。然而，当时印度的家庭计划战略家们认为，单一依靠开放避孕诊所和采取守株待兔的方法，对于快速的人口增长控制将难以奏效。虽然如此，借助诊所控制生育仍在第二个五年计划（1956—1961年）期间获得持续推广。

### 1961—1969年：印度家庭计划艰难尝试阶段

在印度独立前一个时期内，各种控制人口增长的尝试实际上已经有所开展，"一五"计划期间努力构建的全国避孕诊所网尽管对降低人口增长收效甚微，却令印度生育控制获得了进一步的推动，促使国家家庭计划工作步入艰难的尝试期。

（1）设置目标推进家庭计划。1961年全印人口普查结果显示，早期实施的构建诊所网控制生育效果不佳，因为人口增长势头并未收缩，生育水平实际上还上升了。为了应对这一挑战，1962年，印度中央政府明确设置了一个生育控制目标：1970年将粗出生率从41‰缩减到25‰。在接下来的20年时间里，降低生育率成为印度家庭计划工作的核心目标。遗

---

① Baumgartner, Leona, and Frank W. Notestein. Suggestions for a Practical Program of Family Planning and Child Care. Population Council Report, New York. 1955: 20-22.

② Ensminger, Douglas. The Ford Foundation's Relations with the Planning Commission. Oral history. Ford Foundation Archives, New York. 1971: 2-5.

③ Bhatia, Dipak. India: A Gigantic Task. In Family Planning Programs: An International Survey, ed. B. Berelson, New York: Basic Books, 1969: 73-88.

憾的是，印度中央政府在试图限定时间和设置目标来大幅降低其人口出生率时，却对教育和通信宣传重视不足。这一时期，诊所网开始让位，家庭计划工作者挨户登门游说的新形式登场[1]。在此过程中，有两个人起到了关键性作用：一是卫生部首任家庭计划总指挥雷诺。雷诺曾是印度军队的医疗军官，对生育控制素来兴趣浓厚。1937 年，他设立"我们的母亲社会"母子健康和家庭计划中心，通过医生、护士和社会工作者免费提供生殖健康服务。二是美国公共健康医生莫伊·弗雷曼恩，他在 1957 年加入福特基金会并成为该基金会的印度职员。弗雷曼恩参与了印度南部甘地金农村健康协会进行的人口与家庭计划创新尝试。这个协会的战略实施步骤，先是积极响应村民的居所资助申请，在取得村民信任后再向他们介绍健康和家庭计划服务。这个协会后来更名为甘地金农村发展和家庭计划协会。他们的项目推进取得了令人满意的效果：在 10 万人口的项目示范区里，生育率从 1959 年的 43‰ 下降到 1968 年的 28‰[2]。然而，值得注意的是，协会对这些数据的后期分析建议，在项目示范区推迟结婚年龄要比家庭计划在降低生育率的作用上更为显著[3]。甘地金农村发展和家庭计划协会在尝试推进新家庭计划过程中，对计划执行和避孕接受的影响因素进行了一系列有针对性的短期研究，后来还参与美国国际发展署支持的全世界范围内的大规模生育控制实践研究。甘地金农村发展和家庭计划协会的研究对早期借助诊所推动避孕的家庭计划方法有效性提出了质疑，并在协会项目前期实践的基础上总结设计出一个拓展性的生育控制措施。这一建议在 60 年代中期被印度政府采纳，成为一个准备推广的政策工具。

（2）扩展家庭计划项目。印度第三个五年计划（1961—1966）呼吁在先前计划分配数量的基础上追加 10 倍专项经费用于推进家庭计划。1963 年年初，通过诊所实施家庭计划的项目被"重新组织"或"拓展的"家庭计划运动项目所替代。大量的家庭计划工作人员被部署到全国

---

[1] Srinivasan, K.. Population and Family Planning Programmes in India: A Review and Recommendations. Lecture at the Fifth Dr. C. Chandrasekaran Memorial Lecture Series, February 3, Indian Institute of Population Studies, Deonar, Mumbai, 2006.

[2] McCarthy, Kathleen D. The Ford Foundation's Population Programs in India, Pakistan and Bangladesh, 1959 - 1981. Archive Report 011011. New York: Ford Foundation, 1985.

[3] Visaria, Pravin, and Anrudh K. Jain. India. Country Profiles Series. New York: Population Council, 1976.

乡村，其中包括监督拓展服务教育者、助理医师、家庭福利工作者、辅助护士—助产士和村级避孕药具贮存保管志愿者的国家和行政区家庭计划官员。保管员负责监督避孕药具的贮存和分发。这一运动的目标是满足政府将粗生育率从41‰下降到25‰。当时，约有15万训练有素的工作人员为这一雄心勃勃的扩展项目提供服务。尽管如此，项目实施仍面临巨大的挑战。1968年，已有75%的工作人员配置到位，但是其中仅有25%的工作人员获得了适当训练。医生短缺，特别是妇科医生和辅助护士—助产士严重不足。政府推出各种各样的货币激励方案来吸引医务人员参与。例如，为愿意投身家庭计划项目的女性医科毕业生提供100卢比/月的薪俸。此外，几个政府主办的中心，如新德里中央家庭计划协会，负责组织区域性培训项目[1]。扩展家庭计划项目采取了在随后几十年里或多或少保留的若干特征，政府为每个邦的项目管理提供几乎所有资金。中央政府根据方法分类为避孕接受者设定目标，然后将这些目标生搬硬套地应用于各邦、行政区及次级行政区，通过层层下达，最终落实到家庭计划工作者。

1966—1967年，全印度的目标是落实宫内避孕（IUD）233万例，绝育138万例，183万男性使用避孕套。目标按计划实现且每年增长显然不切实际。1970—1971年，政府目标设定已要求宫内避孕达到1969万例，451万例绝育以及466万使用安全套[2]。每个邦和行政区都设立其人口统计学目标，明确规定实现这些人口目标是各行政区的重要责任，且要求在一个具体的时期内必须达到这些目标。"目标点和时间表"经常出现在官方的公告中。不论印度各地区存在的社会、文化及自然环境差异现实，都必须严格执行并实现这一目标。这一由健康部运作、基于激励，目标导向，时间约束和聚焦绝育的扩展家庭计划项目，被印度学者归纳为"HITTS模式"[3]。

---

[1] Narain, Govind. India: The Family Planning Program since 1965. Studies in Family Planning1 (35): 1968: 1 – 9.

[2] Raina, B. L. India. In Family Planning and Population Programs, ed. Bernard Berelson, Richmond K. Anderson, Oscar Harkavy, John Maier, W. Parker Mauldin, and Sheldon Segal. Chicago: University of Chicago Press. 1966: 111 – 142.

[3] Srinivasan, K. Population Policy and Family Planning Programmes in India: A Review and Recommendations. Lecture at the Fifth Dr. C. Chandrasekaran Memorial Lecture Series, February 3, Indian Institute of Population Studies Newsletter, Deonar, Mumbai. 47 (1 – 2): 2006: 6 – 44.

（3）调整政府组织结构。为更好地在全国推进家庭计划，印度中央政府尽最大努力调整和加强其组织结构。20世纪60年代后期，印度健康部更名为"卫生与家庭计划部"，并在该部单独设立家庭计划部门。先后由巴特尔、科罗拉尔·迪帕克·巴特尔等上将出任该部门的领导。此后，印度继续在政府高级别层面调整家庭计划组织机构。英迪拉·甘地委任钱德拉塞卡尔为新设立的国家卫生与家庭计划部部长。钱德拉塞卡尔是一位人口统计学家，曾获得纽约大学博士学位，他写过几本关于人口问题的通俗读物，是人口控制的热情拥护者。他带头发起推动生育控制的运动，并于1971年成功游说印度国会就人工流产立法。钱德拉塞卡尔坚决反对宫内避孕，为推进生育控制计划，他出台了一项激励措施——任何一个愿意接受输精管切除的男子都可以获得一台半导体收音机。

（4）实施替代方法试验。为提高政府各种生育控制实验措施的效果，甘地金农村发展和家庭计划协会的弗雷曼恩和雷诺与他们的政府同盟进行了深入合作。借助2600万卢比的财政预算和福特基金会1200万卢比的资金支持，他们设计出一个雄心勃勃的合作计划——建立19个家庭计划重点行政区。这些行政区主要由两个新的委员会——国家健康管理与教育委员会和中央家庭计划委员会（成立于1965年）负责。这些家庭计划重点区实际上参照了早期农业强化区的运作模式和经验积累。在印度每个邦，农业强化区的指定官员可以通过示范项目，帮助农民提高他们的农业产量。同样，家庭计划重点区也可根据印度当时划分的15个邦和4大城市，各自提供相应的家庭计划示范项目服务。作为重点行政区计划的决策参谋，国家健康管理与教育委员会为家庭计划管理的培训项目提供短期服务。健康教育和管理的大学本科培训项目，到后来甚至发展到授予博士学位。公共健康管理培训采取宽泛的教学方法，学员通过有用的案例，将家庭计划与课程论文联系起来。为了给家庭计划管理员增补国家健康管理与教育委员会的项目训练，福特基金会为24位印度家庭计划官员在美国公共健康大学进修提供了奖学金。在60年代早期，美国大学还没有家庭计划管理领域的有关课程，但是哈佛、北卡罗来纳等大学的一些教学人员已经在波多黎各和美国本土印第安留居地的家庭计划项目中积累了丰富的经验。相应的，来自印度的这些研究人员被送入这些相关的研究机构进行针对性培训。同时，福特基金会在纽约的相关人口项目为这些执行培训的研究机构以及密歇根大学提供数额巨大的拨款，以帮助加强他们的家庭计划课程。在60年代和70年代，这些机构和大学成为发展中国家培训家庭计划官员的中心。而印度中央家庭计划委员会成为综合性家庭计划项目的一个技术派分支，实施了从人口统计学到避孕药具临床试验的各种各样的培训和研究项目。

遗憾的是，国家健康管理与教育委员会和中央家庭计划委员会都没能在印度中央政府的机构体系中站稳脚跟。1977年，国家健康管理与教育委员会和中央家庭计划委员会最终并入国家健康与家庭福利委员会，19个家庭计划重点加强区的规划也由于健康部官方的反对而缩减到4个。由于政府部门的反对，即使折中的方案也从未实施过。寄希望于家庭计划重点示范区工程，通过服务提供来尝试可变通的生育控制方法，而不像其他国家如韩国那样根据具体分组人口施加激励性试验指导计划，等于宣告印度国家家庭计划形同虚设。其生育控制过早定型，在具体应用时又没有从印度国情和基础出发，常常忽视地方意愿、实施条件和工作人员的胜任能力，也没有根据地方特色适时调整①，这种重生育方法实验而轻生育政策设计的做法，缺乏长期性和持久性，对控制人口增长难以真正发挥有效作用。

### 1970—1975年：大规模推进绝育阶段

印度家庭计划部门和国家健康部门从1961年着手进行的大规模生育控制运动经过长达10年的多样化实践，仍未有效控制人口增长，这令当时的政界人士非常失望。对生育控制效果的过高期望导致印度政府从1970年开始将人口控制的主要目标由降低生育率转向推进大规模绝育。

根据马德拉斯首席部长戈派尔斯瓦密的测算，若印度能够连续10年执行7‰的输精管结扎率，那么印度就可少生1/4的人口，因而能将粗出生率降到25‰的目标水平。印度政府为此出台了一系列激励措施，在全印范围大规模推广输精管结扎术。输精管结扎连同给予手术接受者的可观货币和实物激励，成为印度进入70年代后家庭计划工作的一个生动写照。尽管输卵管结扎也是印度当时绝育措施的一个重要组成部分，但是没有像男性对象那样具有显著的号召力和诱惑性。通过设立流动性和临时性的绝育营，印度政府在全国范围内发动了数次声势浩大的输精管结扎运动。仅

---

① Freedman, Ronald. The Contribution of Social Science Research to Population Policy and Family Planning Program Effectiveness. Studies in Family Planning, 1987, 18 (2): 57–82.

在印度西南部克拉拉邦的特里凡特琅地区，1970年设立的两个绝育营，累计对78000名男性和女性实施了绝育手术。

比较而言，在当时全球推行家庭计划的几个国家中，无论是输精管结扎还是输卵管切除数量，印度都走在全球前列。仅1971—1973年，印度接受绝育的人数就超过460万，差不多占到当时全球绝育统计人数的一半。1970年，独立调查机构发现，全印有13.6%的夫妇实行了家庭计划，其中仅9.7%的夫妇采用官方家庭计划项目提供的节育措施：绝育（6.3%）、避孕套（2.6%）、宫内节育器（0.7%）和其他常规方法（0.1%）。另外4%的受访者报告说，他们以不过性生活和禁欲节育[①]。尽管绝育通常是育龄晚期夫妇青睐的方法，但是与年轻夫妇采用的间隔生育方法相比，绝育方法对总体生育控制的效果，远远小于其本应达到的作用，以至于三胎以上的夫妇在印度曾经非常的普遍。

### 1976—1977年："目标设定"的强制家庭计划阶段

70年代中期，由于国内农业歉收，加之国际市场原油价格飙升，印度陷入严重的经济危机。为应对危机并巩固自己的政治地位，1975年6月26日，英迪拉政府宣布实施一项20条方案的"紧急法令"。出人意料的是，20条方案中并未涉及控制人口增长。但是1976年印度国会修改了宪法，授予中央政府在实施家庭计划方面更大的权力。英迪拉·甘地的儿子桑贾伊·甘地提出了他自己的四点方案，对人口控制予以优先和重点考虑。桑贾伊·甘地游说全国各地的政客们采取更严厉的措施来降低出生率。

受几年来绝育营及其激励组合成效的鼓舞，这一时期绝育被政府视为进一步提升控制人口增长效果可供选择的最佳方法，很多地方政府官员也积极参与其中。各行政邦纷纷提高并设定他们的绝育目标，从而使印度国家人口政策进入一个"目标设定"的生育控制阶段。地方政府纷纷开始采取强制性措施来实现这些目标。例如，在印度北部的比哈尔邦，若夫妻生育孩子数量超过三个，家庭的公共食物配给就会被取消。在北方邦，除非没有结婚或是还没孩子，教师一律被要求强制实施绝育，否则将扣发一个月的工资。马哈拉施特拉邦甚至通过一部法律，明文规定三个孩子以上

---

① Visaria, Pravin, and Anrudh K. Jain. India Country Profiles Series. New York: Population Council, 1976.

的夫妇必须绝育。除了这些强迫性的政府措施外，地方公务员如警察职员、铁路验票员以及那些平价商店经营户，若家庭男性成员符合政府规定的绝育条件，则必须实施结扎，违者将被逮捕甚至丢掉工作。

这些强制性措施大多带有明显的政治倾向，强制绝育的真正目的并非严格控制人口增长，而是讨好桑贾伊·甘地。[①] 负责强制执行的家庭计划政府官员有相当大的权力，就像各地方邦的家庭计划行政长官一样。印度从1975年4月开始实施强制性措施，此后一年绝育人口逐步扩大到826万人，超过了以往5年绝育人数的总和，也远远高于同期世界上其他国家的绝育数[②]。1976年，印度计划委员会又在报告中提出有关控制人口的政策，并在1977年具体制定了实施家庭福利计划的政策细则，但这两项政策的相关报告在提交议会后，并没有被讨论和采纳。[③] 虽然如此，政府的家庭计划部门仍认为强制性绝育成效显著，国家不应放弃强制干预。根据他们的估计，1956—1975年，印度家庭计划至少使印度少生了2000万人。他们根据前期生育干预的有效数字来推断印度的粗出生率从1960—1961年的42‰大约下降到1970—1971年的38‰、1974—1975年的35‰[④]。实际而言，单独评估家庭计划项目对一个国家出生率的影响或者试图在家庭计划与出生率下降之间建立起一种看似必然的因果关系是十分困难的，即使是影响生育率的多变量数据充足并可以有效获取时也是如此。

### 1977—1999年：强制性家庭计划淡出阶段

尽管强制性生育干预显著提升了绝育人数，但是并没有达到期望的生育控制效果，尤为糟糕的是，这一粗暴干预人民生育的绝育运动，对执政国大党的政治威信带来了严重的负面影响。这令印度新政府不得不根据时局变化，慎重考虑修改前期极端的生育控制措施，从而使印度人口政策在

---

[①] Gwatkin, Davidson R. Political Will and Family Planning: The Implications of India's Emergency Experience. Population and Development Review5, (2): 32, 1979: 44-45.

[②] Srinivasan, K. Population Policy and Family Planning Programmes in India: A Review and Recommendations. Lecture at the Fifth Dr. C. Chandrasekaran Memorial Lecture Series, February 3, Indian Institute of Population Studies, Deonar, Mumbai. 2006: 8-32.

[③] 王晓丹:《印度国家人口政策的发展与实施》,《中国人口报》2005年11月23日。

[④] Pronab Sen. It's Time to Review Population Policy. Population Policy, India, 2009-9-30. http://headlinesindia.mapsofindia.com/social-interest-news/population-explosion/its-time-to-review-population-policy-pronab-sen.html.

1977—1999 年进入一个相对稳定的以自愿性生育控制为基础的阶段,强制性家庭计划淡出并最终退出历史舞台。

(1) 强制性生育控制措施逆转。历时一年多的狂热绝育运动及其严厉的惩罚措施,引发印度民众的强烈不满与反抗。1977 年 1 月,在强大的公众压力和社会舆论下,英迪拉·甘地领导的国大党政府垮台。新执政的人民党推翻了前期政府的绝育计划,仅保留了很少一部分家庭计划项目。家庭计划被重新命名为"家庭福利","卫生与家庭计划部"也被更名为"卫生与家庭福利部"。1978 年,印度发布第六个五年计划(1978—1983)。尽管政府对家庭计划和人口政策极为低调,但是在"六五计划"中还是将年度家庭计划预算提高到近 2 亿美元①。人民党政府后来提出一个经过修订的新人口政策——家庭幸福工程。新的人口政策设计以自愿为原则,强调推进教育和提升生育动因,由以前的重视通过绝育来降低生育率转向关注生育间隔。受此影响,全印绝育人数在 1977—1978 年度骤降至 90 万,已经从 1975 年的 35.2‰下降到 1977 年的 33.0‰的出生率反弹到 33.3‰,且一直持续至 1985 年。② 这一时期,家庭计划和人口控制成了印度政界的烫手山芋。尽管英迪拉·甘地政府期间实施的一些家庭计划项目并未彻底停止,但是印度的政客们看到了强制带来的严重后果,他们不愿意为此受到牵连。即使英迪拉·甘地 1980 年东山再起,她本人及国大党对实施家庭计划也变得异常谨慎。这使印度家庭计划政策形同虚设。此后 10 年,印度人口增长不断创造历史新高。1991 年全印人口普查结果显示,印度仍然是世界上人口增长最快的国家之一。1981—1991 年,印度年人口增长速度在 2%左右,1992 年的粗出生率为 30‰,相对 1981 年 34‰的水平,仅是一个极小的变化。然而,一些人口学家仍然相信③,1981—1991 年印度人口增速的轻微下降意味着印度家庭计划项目已取得一定的成效。甘地金农村发展和家庭计划协会的相关研究也提供了另一个佐证:越来越多的印度女性由于接受教育和就业而主动推迟结婚年龄,这比采用流行避孕方法似乎更能有效降低生育率。根据这一研究成果及甘地

---

① James E. Kocher. Population Policy in India: Recent Developments and Current Prospects. Population and Development Review, Vol. 6, No. 2, 1980: 300.

② Carl Haub, O. Sharma. India's Population Reality: Reconciling Change and Tradition. Population Bulletin, Vol. 61, No. 3, September, 2006: 14.

③ Population and Family Planning Policy. http://countrystudies.us/india/34.htm.

金农村发展和家庭计划协会的建议，印度政府将法定最低结婚年龄提高到女孩 18 岁、男孩 21 岁。印度的政治精英和政策制定者从残酷的经验教训中终于认识到，人们一般在育龄晚期才选择绝育，通过手术的方法根本无法达到削减人口增长态势之目的。到了 80 年代，中央政府层面的强制性行政干预减少，越来越多的计生项目通过中央政府的财政支持由各地方政府来自主开展执行。

1986 年，印度育龄夫妇数为 1.326 亿人，其中仅有 37.5% 采取有效的避孕措施。第七个五年计划（1985—1989）的目标是使育龄夫妇的有效避孕率达到 42%，要求每年增加 2%。为此，印度实施了四个特殊的家庭计划项目：①基于行政区和次级行政区的全印医院产后项目；②涉及城市贫民窟的初级卫生保健设施的重组；③保留指定数目的医院病床用于输卵管结扎手术；④呼吁在农村家庭福利中心并有初级卫生保健设施的地方，翻新和改造宫内节育室。特别是从 1969 年就开始实施的全印医院产后项目，被认为是一个很有吸引力的生育控制方案而被引入政府的生育控制计划体系加以推广。

（2）由"目标设定"走向"目标豁免"。尽管强制性绝育干预逐渐退出了政府的视线，然而生育控制的"目标设定"在这一时期仍时常出现在政府的文件中。目标导向的家庭计划管理严重阻碍了各地根据区域差异探索实施更有针对性的避孕措施。家庭计划的集中管理很大程度上过渡依赖于中央政府的财政拨款，其结果是许多目标及国家人口控制计划的设置与地方政府对生育控制的态度与预期严重脱节。由于家庭计划投入成本与预期的实际效果有很大的差距，强制性生育控制措施无法抑制人口的过快增长。加之 80 年代越来越多的社会组织强烈呼吁取消侵犯人权的强制性家庭计划控制措施[1]，导致印度政府开始反思 70 年代以来的国家家庭计划政策。印度政府对依靠自上而下设定目标和激励来实施绝育这一生育控制方法开始有了清醒的认识。绝育政策的失败导致印度政府将孕产妇和儿童健康首次纳入人口与家庭计划工作。印度卫生与家庭计划部被重新命名为卫生与家庭福利部，这实际上标志着印度国家家庭计划政策的战略转型。

1994 年，印度政府代表参加了开罗国际人口与发展大会。此后印度

---

[1] Ramachandran V, NGOs in the Time of Globalization, Seminar, No. 447, 1996: 54 – 59.

政府宣布在其国家人口政策中采纳一种"目标豁免"的方法。这一转变体现了开罗会议的精神：呼吁更全面地关注生殖健康，人口与发展综合战略应更少地关注具体人口统计学目标①。1996年4月，印度政府决定取消在全国各地采取特定方法的家庭计划目标②。印度学术机构的研究，妇女健康保护组织的努力，政府部门中赞成"目标豁免"方法官员的支持，外国家庭计划援助机构特别是世界银行的影响以及开罗会议，是实际推动印度政府从"目标设置"向"目标豁免"转变的五大助力③。1997年10月，印度重新定位了国家家庭计划政策，从根本上转向更广泛地关注健康和家庭的有限需要。新的计生方法，包括一套更全面的生殖和儿童保健服务，更重视人民的生育选择、服务质量、性别问题和传统计生服务没有覆盖的群体，如青少年、绝经后的妇女和绝育后的男子。

### 2000年：国家正式发布人口政策

随着社会经济的快速发展，印度社会各界普遍认识到，早期国家人口政策过分强调人口数量的控制，相关的政策措施即使是强迫性的方法并不能有效阻止印度人口的增长步伐。在反思过去人口政策的基础上，国家应该正式出台一个符合印度国情、既能切实有效控制人口增长又能提高人口质量的国家新人口政策，这对实现印度中长期发展目标非常重要。

在长达半个世纪的时间里，印度尽管一直致力于完善有关的政策来推动家庭计划工作，但是国家人口政策并未定型。1983年，印度计划委员会就曾提出具有国家人口政策雏形的国家卫生政策，强调家庭规模小型化，建议2000年应努力使印度人口的总和生育率稳定在替换水平。印度议会采纳了卫生政策，同时提出应该在对家庭计划进行总结的基础上，制定出一个清晰的国家人口政策。1991年，国家发展委员会任命了以卡鲁纳卡兰为主席的人口委员会。随后，该委员会起草了一个"卡

---

① Lori S. Ashford, 2001 New Population Policies: Advancing Women's Health and Rights. Population Bulletin 56, No.1; and Jain, ed., Do Population Policies Matter? 2002: 14.

② PJ Donaldson. The Elimination of Contraceptive Acceptor Targets and the Evolution of Population Policy in India. Population Studies, Vol. 56, 2002: 97 – 110.

③ Leela Visaria, Shireen Jejeebhoy and Tom Merrick. From Family Planning to Reproductive Health: Challenges Facing India. International Family Planning Perspectives, Vol. 25, Supplement, January, 1999: 544 – 549.

鲁纳卡兰报告"①，确立了印度制定人口政策的指导性原则及政策发布流程。1993年，旨在制定《国家人口政策草案》的专家组成立，由斯瓦米纳特博士担任起草专家组的组长。1994年，专家组制定的《国家人口政策草案》报告完成，随后提交至印度议会审阅和批准，并在中央和各邦地方政府机构中征求意见。1997年，印度在庆祝独立50周年的纪念会上，由时任政府总理的古吉拉尔宣布即将发布国家人口政策。同年11月，内阁批准了国家人口政策草案，并提交议会。然而，由于当时印度政局混乱，人民院被迫解散，已经箭在弦上的《国家人口政策草案》也随之搁浅。

1998年，经过进一步的咨询磋商，印度人口委员会完成了另一份《国家人口政策草案》，并于1999年3月提交给印度内阁。内阁对草案进行了详细的审查并批转给部长工作组。随后，部长工作组在广泛征求包括学术界的专业人员、公共卫生专业专家、人口统计学家、社会科学家以及妇女代表在内的不同人士的意见后，对草案做了进一步的修改，从而形成《印度国家人口政策2000》（下文简称NPP2000）最终文本②，使印度国家人口政策进入一个新的发展阶段。

2000年5月11日，印度中央政府成立了一个由总理亲自挂帅的国家人口委员会，负责指导监督所有家庭福利和生育健康计划的实施。各邦也将成立由首席部长负责的类似机构。③ NPP2000明确承诺政府将尊重人民的生育自愿和知情选择，从片面追求避孕节育转向重视生殖健康服务，这充分体现了"以人为本"的精神，因此是印度家庭计划政策的一个重大转向。

根据NPP2000，印度非常清晰地提出将按照三个循序渐进的阶段来实现国家控制人口增长的终极目标。近期目标是致力于医疗卫生基础设施的建设，大力培养医务人员，满足人民的避孕需求，提供综合的生殖与儿童

---

① "卡鲁纳卡兰报告"明确提出印度今后制定人口政策要充分考虑印度的经济发展、人口增长和环境保护，必须坚持长期性和整体性的观念，该报告还就各项家庭计划的制定及相关的监督机制提出了指导性的原则，特别强调人口政策应由政府制定，经议会批准后方可实施。详细内容见王晓丹《印度国家人口政策》，《当代亚太》2003年第3期。
② 王晓丹：《印度国家人口政策》，《当代亚太》2003年第3期，第56—57页。
③ 冯天丽：《印度人口政策的转变——由单一的节育目标向多功能服务转变》，《南亚研究季刊》2001年第2期。

医疗健康服务；中期目标是通过各部门的共同努力，使总和生育率到2010年降至2.1左右，总人口规模控制在12亿以内（表4-2）；长期目标则是争取2045年将总人口控制在14.5亿以下，以实现印度经济、社会持续发展和环境保护。①

表4-2　　《印度国家人口政策2000》中期目标期望的人口增长

（单位：百万）

| 年份 | 如果增长趋势继续 | | 如果TFR2010年能达到2.1 | |
|---|---|---|---|---|
| | 总人口规模 | 人口增长 | 总人口规模 | 人口增长 |
| 1991 | 846.3 | — | 846.3 | — |
| 1996 | 934.2 | 17.6 | 934.2 | 17.6 |
| 1997 | 949.9 | 15.7 | 949.9 | 14.8 |
| 2000 | 996.9 | 15.7 | 991.0 | 14.0 |
| 2002 | 1027.6 | 15.4 | 1013.0 | 11.0 |
| 2010 | 1162.3 | 16.8 | 1107.0 | 11.75 |

资料来源：National Commission of Population. National Population Policy 2000. http://populationcommission.nic.in/npp.htm.

NPP2000为印度在接下来的10年发展目标和优先战略提供了一个政策框架，以满足印度人民生殖和儿童健康服务的需要，到2010年将人口增长控制在生育更替水平。NPP2000同时关注解决儿童存活率、孕产妇健康和避孕等问题，提出由政府、企业和自愿性非政府组织携手拓展妇女生殖健康和儿童保健服务的覆盖面②。

经过长达半个世纪的家庭计划探索和政策实践，印度终于形成了符合自己国情的清晰的国家人口政策。NPP2000发布后，印度社会各界褒贬不一。正面评价主要涉及人权的进步和政策的人性化。批评者则认为新的人口政策重点不够突出，在政策安排的行动计划中，对诸如如何保证政策实

---

① 王晓丹：《印度国家人口政策的发展与实施》，《中国人口报》2005年11月23日。

② Ministry of Health & Family Welfare. The National Population Policy. http://mohfw.nic.in/NRHM/Documents/national_Population_Policy_2000；df. 2000：2.

施的严肃性、公正性，如何提高妇女地位，实现男女平等，如何建设服务人员队伍，如何实施政策的监督以及如何重视和发挥非政府组织在政策执行中的作用等系列具体操作性问题并没有做出清晰而明确的交代。① 批评者对 NPP2000 中再次提到的激励措施的有效性表示怀疑，认为这种激励机制可能会起到相反的作用。批评者的担心不是没有道理的。印度政府致力于通过 NPP2000 实现国家人口政策由单一的节育功能向多功能服务转型并未达到，实际为 2.65。2010 年年末只有 14 个邦完成了预定目标，有 6 个邦的总和生育率依然高达 3—4。印度健康部不得不将这一目标推迟实现，并提出在 2060 年将人口控制在 16.5 亿。② 令人欣慰的是，过去 10 年尽管印度人口增长率仍达到 17.64%，但是较 2001 年人口普查时的 21.15% 出现明显下降，该增长率也是印度开展人口普查以来取得的最大降幅。③ 普查结果还显示，印度目前 0—6 岁年龄组人数为 1.588 亿（表 4-3），比 2001 年人口普查结果少了 500 万人，增长率为 -3.08%，同时拥有自独立以来 1000∶914 的最低儿童性别比④。

表 4-3　　　　　印度 0—6 岁年龄组人口总数、结构及性别比

| 0—6 岁年龄组人口 | 绝对数 | | | 占总人口百分比（%） | | |
|---|---|---|---|---|---|---|
| | 总数 | 农村 | 城市 | 总数 | 农村 | 城市 |
| 人口数 | 158789287 | 117585514 | 41203773 | 13.12 | 14.11 | 10.93 |
| 男孩 | 82952135 | 61285192 | 21666943 | 13.30 | 14.32 | 11.07 |
| 女孩 | 75837152 | 56300322 | 19536830 | 12.93 | 13.90 | 10.78 |
| 性别比（女性/1000 男性） | 914 | 919 | 902 | — | — | — |

资料来源：印度人口普查总署。http：//www.censusindia.gov.in/2011-prov-results/paper2/datafilesindia/paper2ataglance.pdf.

---

① 冯天丽：《印度人口政策的转变——由单一的节育目标向多功能服务转变》，《南亚研究季刊》2001 年第 2 期。
② 《印度控制人口目标难实现 政府逐户派发避孕品》，新疆新闻网（http：//www.xj.chinanews.com.cn/html/v50/2011/01/12/787099.htm）。
③ 《普查结果显示印度人口已超 12 亿》，梅州网（http：//www.meizhou.cn/news/1103/31/11033100130.html）。
④ Census of India 2011：Census 2011 India increased by 181 million in 15th Census Data. http：//www.indiasummary.com/2011/03/31/census-of-india-2011-census-2011-india-increased-by-181-million-in-15th-census-data/.

总体来看，在多种因素的综合影响下，印度人口增速放缓，总和生育率与1969年水平相比有较大幅度的下降，2003年以来下降势头趋缓（表4-4）。

表4-4　　　　　印度总和生育率变化：2003—2011年

| 年份 | 总和生育率 | 百分比变化（%） |
| --- | --- | --- |
| 2003 | 2.91 | |
| 2004 | 2.78 | -4.47 |
| 2005 | 2.78 | 0 |
| 2006 | 2.73 | -1.8 |
| 2007 | 2.81 | 2.93 |
| 2008 | 2.76 | -1.78 |
| 2009 | 2.72 | -1.45 |
| 2010 | 2.65 | -2.57 |
| 2011 | 2.62 | -1.13 |

资料来源：Central Intelligence Agency. Total Fertility Rate. The world. https：//www. ciaFactbook. gov/library/publications/the-world-factbook/fields/2127. html.

作为联合国人口基金CP6[①]系列合作项目之一的NPP2000，实际上对印度人口发展起到了数字无法描述的社会和经济作用。有关调查结果也显示，部分受访者对家庭计划的了解正在不断加深。在那些主动提出限制家庭规模的群体中，家庭计划的观念甚至有了令人振奋的转变。但是不容乐观的是，大多数被调查者实际上并没有采用有效的避孕方法。尽管有意控制生育的人和实际进行节育的人存在较大比例的差别，但是家庭计划官员认为，大范围调查结果显示绝大多数的人对家庭计划还是持欢迎态度的。这一调查结果极大地鼓舞了印度政治家们的士气，并由此推动政府进一步追加家庭计划的财政与金融投入。

---

① CP6是The Sixth Country Programme的简称，联合国人口基金会与印度进行的CP6项目（2003—2007）合作范围包括"2000国家人口政策""2001国家妇女发展政策""2000国家艾滋病防控政策"以及"2003国家青年政策"等。

## 第四节　影响印度人口政策演进的因素分析

生产关系对人口过程具有直接和决定性的作用。① 马克思认为"人口即在一定生产关系中进行生产的人口"②，他明确指出人口是社会的、历史的范畴，是一个具有许多规定性和关系的总体。人口政策大都是国家企图用以调节人口状况，影响人口过程而制定的。所以人口政策不过是一种具有主观性的社会意识。人口政策能否达到制定者的预期目的，要依据许多客观因素而定。③ 印度人口政策的演进历史及各阶段人口控制的实际效果说明，印度的地理区域特性、宗教文化背景、社会制度环境等诸多社会经济因素，对印度人口政策的形成、贯彻和发展有着重要的影响。

### 一　殖民因素与马尔萨斯主义

印度是全球遭受殖民统治时间最长的发展中国家之一，也是遭受马尔萨斯主义影响较深的国家之一。从1757年普拉西战役到1947年英国议会通过《印度独立法》，英国对印度实施殖民统治长达190年。印度被美英垄断资本家用来转化为他们所需要的原料产地。帝国主义殖民统治者的这种政策严重破坏了印度的经济生活，使印度从一个粮食有余的国家变为粮食不足的国家。

马尔萨斯将粮食短缺归因于人口增长，这个观点对一些印度学者和官员产生了根深蒂固的影响，而且经常被视为印度饥荒的罪魁祸首，这对印度人口政策产生了长期性的影响。由于英国及资产阶级和地主的剥削，印度经常发生周期性的饥荒。1943年，印度爆发了历史上有名的孟加拉大饥荒。其实，当时印度的粮食储备完全可以避免这场饥荒。然而殖民统治者以及一些印度学者却将饥荒归结为粮食不足和人口过多，导致印度在此后长达半个多世纪的时间内，始终将庞大的人口数量视为该国社会经济发展的包袱。这种印度独立前就一直存在的马尔萨斯主义人口决定论思想，

---

① 梁中堂：《人口学》，山西人民出版社1983年版，第214页。
② 《马克思恩格斯全集》（第46卷上册），人民出版社1973年版，第38页。
③ 梁中堂：《人口学》，山西人民出版社1983年版，第242页。

即使在印度独立后长达半个世纪的时间里仍然是挥之不去，政府在出台有关人口政策和推进家庭计划时，经常将控制人口规模、降低生育水平作为单一的首要的人口调控目标来追求也就不足为奇了。即使到今天，仍有为数众多的印度社会精英将其庞大的国民数量视为影响印度发展和腾飞的罪魁祸首。从人口总量的表象来看，印度人民今天最重大的问题似乎仍然是粮食不足。在全国特别是在南方各邦，饥荒仍然非常普遍，营养不良严重困扰着这个国家。印度目前仍有2亿人营养不良，而国家粮食储备却高达3500万吨之多。① 特拉凡哥尔—可城、马拉巴及塔密那的若干地方，罗约西玛的安德拉区，孟加拉邦以及尼赫鲁总理的家乡北方邦的某些地方，仍然经常发生严重的自然灾害，特别是罗约西玛及特拉凡哥尔—可城，农民和工人甚至一年中有一段时间主要依靠树皮、草根和椰子叶为生。在这样的背景下，倾注过多的精力和组织数额庞大的资源用来追求人口数字的下降，而非改善和关注人口本质意义上的发展，显然违背人口过程自身发展的客观规律。

### 二 区域差异和城乡分割

印度国土广阔，其区域差异及城乡分割使其家庭计划比东南亚地区其他国家更难以开展，从中央层面下达的生育控制目标往往难以作为统一的要求在全国获得推广和应用。印度各地区人口密度差异较大②，境内有河流、峡谷、高原、平原、沙漠、漫长的海岸线、白雪覆盖的山区，各地地形地貌特征存在巨大差异，形成风格不同的地域生活方式和较大的人口地域分布差异。在比哈尔邦、中央邦、拉贾斯坦邦和北方邦号称四大贫困邦的北印地带，人口出生率一直居高不下，不仅家庭计划进展缓慢，这些地区的贫困和与发展相关的各方面进程也非常迟缓。从启动家庭计划的那一天开始直至目前，印度南部和北部对家庭计划的接受都存在较为显著的分歧③。由于各行政邦在社会经济发展阶段上呈现较大的差异，当北部地区还处于高出生率和高死亡率的人口发展的初级阶段时，克拉拉邦等一些相

---

① ［法］西尔雅·布吕内尔：《饥荒与政治》，社会科学文献出版社2010年版，第12页。

② 张庆辉：《印度人口地理特征及其对经济的影响》，《世界地理研究》2004年第9期，第104页。

③ Warren C. Robinson, John A. Ross. The Global Family Planning Revolution: Three Decades of Population Policies and Programs. The World Bank, 2007: 313.

对发达的地区却已完成向低生育率和低死亡率的人口转变，人口政策转而关注人口老龄化问题。这就使中央政府层面推动的具有同一性目标的家庭计划政策难以取得各地方政府的共识，这对印度人口政策的设计带来严峻挑战。

表4-5　　　　　印度城市与农村人口：1901—2001年

| 普查年份 | 人口数（千人） | | 人口增量（千人） | | 城市化率（%） |
|---|---|---|---|---|---|
| | 城市 | 农村 | 城市 | 农村 | |
| 1901 | 25855 | 212541 | — | — | 10.8 |
| 1911 | 25948 | 226145 | 93 | 13604 | 10.3 |
| 1921 | 28091 | 223230 | 2143 | -2915 | 11.2 |
| 1931 | 33463 | 245515 | 5371 | 22285 | 12.0 |
| 1941 | 44162 | 274498 | 10700 | 28984 | 13.9 |
| 1951 | 62444 | 298644 | 18282 | 24146 | 17.3 |
| 1961 | 78937 | 360298 | 16493 | 61654 | 18.0 |
| 1971 | 109114 | 439046 | 30177 | 78748 | 19.9 |
| 1981 | 159463 | 523867 | 50349 | 84821 | 23.3 |
| 1991 | 217611 | 628810 | 58148 | 104943 | 25.7 |
| 2001 | 286120 | 742618 | 68509 | 113808 | 27.8 |

资料来源：Registrar General and Cencus Commissioner, India, published census results. Carl Haub and O. P. Sharma. 2006. India's Population Reality：Reconciling Change and Tradition. Population Bulletin, Vol. 61, No. 3, September, 2006：9.

除了地域差异外，印度的城乡分割也较为严重。由于甘地主义不是文化学说，而是契合于印度社会实际的政治学说。甘地主义在印度农村有着广泛的影响，甘地主义将乡村与城市对立起来，认为乡村代表着印度的真理和尊严，而城市则是殖民主义的产物，是城市破坏了印度社会的基础。[①] 这种思想对印度城市化产生了重要影响。就像南亚其他国家一样，印度的城市人口增长缓慢，城市化水平较低（表4-5），1901年城市化

---

① 石海峻：《甘地主义、马克思主义和后殖民主义》，《南亚研究》2004年第6期，第74—79页。

率为11%，2001年上升至28%，在长达一个世纪的时间内仅增长17%。印度约72%的人口居住在广大的农村地区，1991—2001年，农村地区增加的人口要比城市人口的增量显著得多。

图4-5　印度家庭计划宣传中的"红三角"与"四张脸"

资料来源：Goolge图片集（http://www.google.com）。

在深受甘地主义影响的农村地区，高婴儿死亡率及孩子夭折率使生育率高居不下，给印度人口控制带来严重的挑战。在农村地区实施人口控制的政策有着难以逾越的障碍。正因为如此，自印度早期家庭计划开始以来，农村地区就一直是中央政府试图强化计划生育的重点区域。为鼓励农民节育，印度政府发动了包括"红三角"①和"四张脸"（图4-5）在内的一系列宣传运动，有关家庭计划的信息通过广播、电视、木偶戏甚至是民谣广为传播。印度演员和明星也加入其中，他们采用巡回演出的方式前往农村地区介绍家庭计划。但是印度农村妇女却不愿学城市人，多子女家庭在农村地区非常普遍。有些邦里农村妇女不管生了几个女孩，不生儿子绝不罢休。考虑到以后的嫁妆，生一个女儿看来还算合理，但如果只有一个儿子就是件很糟糕的事情，除了无法延续家庭种姓外，老年保障是很多家庭不得不考虑的因素。印度老年群体在经济上大都缺乏独立性（表4-6），60%—75%的老年人依靠子女生活，即使有退休金的群体，在他们退休后经济状况也显著下降。家庭没有足够的劳动力，以后养老就会缺乏经济保障。考虑到较高的婴儿死亡

---

① 红三角是一个道理的红色等边三角形，为印度政府家庭计划项目的标志。

率,尤其是在农村地区,两个孩子的小规模家庭看起来很荒谬,农民反对家庭计划也就不足为奇了。

表4-6　　　　　印度城乡老年人经济独立程度对比

| 经济独立程度 | 男性 | | 女性 | |
|---|---|---|---|---|
| | 农村 | 城市 | 农村 | 城市 |
| 没有独立性 | 51.06 | 45.71 | 8.78 | 4.84 |
| 部分独立性 | 16.20 | 16.90 | 13.71 | 9.13 |
| 完全独立 | 32.74 | 37.39 | 77.51 | 86.04 |

资料来源:Compiled from 42nd NSSO, 1986/87. Dr Indira Jai Prakash. Ageing in India. World Health Organization Geneva (WHO). April, 1999:9.

### 三　土地制度与土地关系

土地制度及其影响下的人地关系是人口发展诸多生产关系因子中极为重要的一个变量,尤其是像印度这样一个传统农业占优势的国家,土地资源的可获得性、交易效率及稳定的人地关系实际上与人口政策的目标取向和成效有着难以割裂的内在联系。

从印度土地制度改革的历史及现状来看,在这个12亿人口的国家实现"耕者有其田"[①]仍是一个梦想。不论殖民时期的"整理土地制度"改革还是独立后各邦实行的"废除柴明达制度"、"土地最高限额立法"、"合并土地持有单位"或诸如此类的改革计划,被评价为"失败的土地制度改革"[②]。不仅没有解决印度农村贫困问题,与农业和人口发展现实脱节,而且与其他倡导公平正义的社会发展公共政策脱节。印度土地占有存在严重的不平等,在全国许多地区,尤其是在1793年永久土地管理法所规定的东部地区,权力都集中在土地持有者尤其是法定柴明达和土地使用权持有者手中。75%以上的农民(无地雇农、分成农和小农)仅占有

---

① 罗纳德·J. 赫林:《耕者有其田:南亚土地制度改革的政治经济同题》,耶鲁大学出版社1983年版,第270页。

② [美] F. 托马森·詹努兹、施尧伯:《印度土地制度改革的失败》,《南亚研究》1988年第3期,第18页。

25%的耕地，而2%的大农户却占有全部耕地的20%①。作为"超级地主"的印度中央政府曾多次建议地方政府重视土地改革，鼓励各邦将因实施土地最高限额法而得来的"剩余土地"分配给"无地贫农"，以减少印度农村众多的贫困人口。

　　印度农村土地占有和经营的不平等以及日益严峻的人地关系，使越来越多的农民认识到，要获得发展权，必须先获得应有的生存权，土地政策比人口政策更为重要，农民特别是分成农和无地雇农更期望"耕者有其田"，而不是小家庭规模。传统的土地制度以及由于这种制度而产生的土地关系都不是不可改变的。政府实行的土地制度改革使传统的土地关系结构发生了直接和间接的变化，引起了土地争端，激化了土地权得到保障者和靠农业为生但其土地权得不到保障者之间的紧张关系。1967年大选后，印度发生了广泛的农村动乱，成群结队、到处流窜的无地农民到比哈尔邦普尔尼亚、巴加尔普尔和达尔班加等县强行收割地主田里的庄稼。到1968年时，全国多地发生多起农民侵占政府公用土地的事件，有些地方甚至还爆发了严重的农民暴乱事件。② 到1969年西孟加拉邦共发生了346起强占土地的事件。在阿萨姆、安得拉、古吉拉特、喀拉拉、奥里萨、旁遮普、拉贾斯坦、泰米尔纳德和北方邦等地，也发生了类似事件。③ 印度在制定土地制度改革立法的同时也有明显的证据表明，正如无地农户在整个印度农村人口中所占百分比在不断扩大一样，无地农户的户数也在不断增加。可以说，印度农村无地农户数目的增长在某种程度上是由于在全国范围内发生夺佃事件，即缺少有效土地权证的农民被享有"较大"土地权的土地持有者从自己历来耕种的土地上驱逐出去④。在如此紧张的土地关系之下，中央政府试图通过人口政策特别是强制性家庭计划措施来实现控制人口增长进而缓解人地关系之目的，显然与现实社会经济发展需求严

---

　　① 张庆辉：《印度人口地理特征及其对经济的影响》，《世界地理研究》2004年第9期，第106页。

　　② 毛悦：《印度土地改革的结果分析：利益集团的视角》，《当代世界社会主义问题》2012年第2期，第80页。见［美］F. 托马森·詹努兹、施尧伯《印度土地制度改革的失败》，《南亚研究》1988年第3期。

　　③ T. K. Oommen. Green Revolution and Agrarian Conflict. Economic and Political Weekly, Vol. 6, No. 26, 1971: 99–102.

　　④ ［美］F. 托马森·詹努兹、施尧伯：《印度土地制度改革的失败》，《南亚研究》1988年第3期，第28页。

重脱节。

印度土地制度与政策设计不仅无助于解决好农村的人口问题，而且导致严重的城市人口贫困问题。在城市化和夺佃事件等的影响下，越来越多的无地农户逐渐流落到城市里随意划地而居，成为贫民窟人口。根据国家人口委员会估算，1991—2001年间，印度贫民窟人口年增长率一般达5%—6%（表4-7）。印度贫民窟人居环境恶劣，无论是特大城市还是中小城市，都存在为数众多的贫民窟人口。2001年全印人口普查首次统计的贫民窟人口为5240万，其中有600万7岁以下的儿童。印度官方预测2011年年底城市贫民窟人口将超过9306万，占全印总人口的7.75%。[1] 2010年全球20座特大城市中，印度占有3席，分别为孟买（21255000人，排名第三）、德里（20995000人，排名第四）以及加尔各答（15535000人，排名第13位）[2]，2001年这三座特大城市的贫民窟人口总数达到990万人，其中孟买650万人，德里190万人，加尔各答150万人[3]。日益增长的城市贫民窟人口所折射出的人口发展和土地关系的矛盾，令越来越多的印度学者认识到，人口政策必须与社会经济发展相适应，国家应该将人口政策作为整个社会政策的一部分，以更全面地促进国民的自由发展和社会进步，而非采取单一的人口政策盯住人口数量不放。

表4-7　　　　　印度贫民窟人口年增长率（1991—2001）

| 各类人口 | 年增长率 |
| --- | --- |
| 总人口 | 1.93% |
| 城市人口 | 3% |
| 大城市 | 4% |
| 贫民窟人口 | 5%—6% |

资料来源：印度国家人口委员会网站（http://populationcommission.nic.in/ngo.htm）。

---

[1] India's slum population to be over 93 million in 2011. The report of the committee on slum statistics 2010. Ministry of Housing and Urban Poverty Alleviation, India. http://headlinesindia.mapsofindia.com/social-interest-news/social-awareness/indias-slum-population-to-be-over-93-million-in-2011-62307.html.

[2] 《联合国人口基金会世界人口白皮书》，联合国人口基金会网站，2010年10月20日。

[3] Carl Haub and O. Sharma. 2006. India's Population Reality: Reconciling Change and Tradition. Population Bulletin, Vol. 61, No. 3, September, 2006: 10.

## 四 宗教制度与传统文化

南亚次大陆是印度教的发源地,佛教、耆那教和锡克教等多种宗教也滥觞于此。目前,几乎全世界所有的宗教都能够在印度找到存在的痕迹,具有典型的"宗教大拼盘"① 特征。宗教制度作为一种社会意识形态,对于人口过程的影响是很直接的,尤其是对于印度这样一个宗教多元化的国家(表4-8)。印度各宗教之间一直存在错综复杂的矛盾与冲突,广泛而深刻地影响着印度社会政治生活。但是各宗教对印度政府采取国家行为干预家庭生育大都不能接受,宗教对人口政策的影响因地域社会经济发展差异而有所区别。在一些宗教性行政区,特别是在山区一些部落民族信仰原始宗教的地方,宗教制度依然对当地印度人的婚姻年龄、生育选择和家庭规模有非常大的影响。印度教是世界五大宗教之一,其信众在印度

表4-8　　　印度2001年全国人口普查宗教人口构成

| 宗教名称 | 普查人口数(人) | 占总人口比重(%) |
|---|---|---|
| 印度教 | 827587900 | 80.0 |
| 伊斯兰教 | 138188000 | 13.0 |
| 基督教 | 24080000 | 2.3 |
| 锡克教 | 19216000 | 1.8 |
| 佛教 | 7955000 | 0.7 |
| 耆那教 | 4225000 | 0.4 |
| 其他宗教 | 6640000 | 0.6 |

注:2013年4月30日,印度发布了2011年人口普查数据,然而在系列数据中,唯独没有发布宗教人口数据,引起社会各界的关注和猜测。见:PRIYADARSHI DUTTA. Why is Census 2011 silent on religious data? http://www.niticentral.com/2013/05/03/why-is-census-2011-silent-on-religious-data-73065.html. MAY, 03, 2013。

资料来源:印度人口普查署:《2001人口普查公报》。

---

① 张庆辉:《印度人口地理特征及其对经济的影响》,《世界地理研究》2004年第9期,第104页。

人数达 10 亿以上。尽管如此，在某些地方却是其他宗教信众占多数，这显然会影响选区的选票。由于担心本地区人口下降会削弱自己的政治势力，这些非印度教选区的政治领袖们对生育控制是持抵制甚至是反对态度的，他们甚至想利用家庭计划增强他们的政治地位。例如，查谟和克什米尔的前穆斯林首席部长 G. M. Shan 就曾公开宣扬每个克什米尔的穆斯林都应该有 4 个妻子，至少应生 12 个孩子①。印度宗教制度及相互之间的冲突对生育的影响由此可见一斑。但在社会发展水平和教育水平较高的地方，宗教的影响力相对要小一些。如南方地区的喀拉拉邦、果阿邦等地，穆斯林、基督徒的生育率与印度教并无显著差异。这是因为社会经济的发展很大程度上削弱了宗教势力对生育控制的影响。②

印度次大陆有着巨大的地域和文化差异，有 1652 种语言③和几千种地域方言④，其中使用较广的语言多达 350 种，印地语、英语、阿萨姆语、孟加拉语、博多语、多格拉语、古吉拉特语等 22 种被列为主要语言。在印度，地方行政区的划分根据民族和语言来进行，因此，22 种语言出于行政目的可以为不同邦的政府所采用，它们也可以作为不同邦政府之间进行交流的工具或是作为政府公务考核语言⑤。在这样一个语言如此丰富多样的国家，推行国家人口政策的行政成本非常高昂，地域特色的家庭计划宣传（多语言）就是一笔大开支。此外，印度传统文化观念根深蒂固，在其社会结构中至今犹存等级森严的种姓制度和重男轻女之传统思想。由于世袭的种姓界限影响，所以各种姓间都有不同的文化观念和道德法规。属于不同种姓的印度人各自生活在不同的社会圈子里，严格按照自古以来的生活准则处理自己的事情，家庭计划和控制人口之类的现代观念就难以

---

① G. M. Shah：《每个克什米尔穆斯林应该生一打小孩》，《印度图画周刊》1989 年 4 月 2 日。

② 孟向京：《印度的社会经济特征与生育控制》，《南亚研究季刊》2001 年第 2 期，第 30 页。

③ Government of India Ministry of Home Affairs. Primary Census Abstract. Census of India 2001. Census - 2001 Data Online. http：//censusindia. gov. in/2011 - comm. on/censusdataonline. html.

④ Dr Indira Jai Prakash. Ageing in India. World Health Organization Geneva（WHO）. April, 1999：1.

⑤ 《印度国家语言列表》，维基百科网站，http：//zh. wikipedia. org/wiki。

被其接受。① 2001年印度全国人口普查统计数据显示，印度教和非印度教的落后种姓占总人口的50%以上，落后种姓1.67亿人，占总人口的16.2%，低种姓部落人口7000万人，占总人口的7%。② 中间种姓担心他们自己人数的减少将导致政治权力的丧失，特别是当中间种姓的政治经济利益与落后种姓发生冲突时，问题变得尤为尖锐。③ 随着众多人口的落后阶级正在步入政治舞台甚而进入权力机构，中低种姓阶级对控制人口增长的目的心存疑虑，因此在中间种姓官员中，生四个以上孩子的相当普遍。不仅如此，生育性别偏好导致印度出现严重的性别比失衡。印度长期以来男女性别比失调，男多女少。据统计，目前每亿人口中，男性要多于女性500万人左右。有些城市和乡村的男女比例失调更为严重，达到令人难以置信的地步，每千人中男性比女性要多300余人。在德里、加尔各答这样的大城市，男女比例失调的情况也相当严重，德里为130∶100，加尔各答为145∶100④。这种势头直到2011年人口普查统计时才有所逆转。印度目前男孩死亡率为78‰，而女婴死亡率为79‰。人权活动家们认为，女婴死亡率略高可能归结为卫生保健落后、女性胎儿堕胎以及溺婴。他们估计，全印度每年至少有10000个女婴被溺死。⑤

### 五 识字率及受教育机会

印度作为一个人力资源大国，一方面高级人才济济，同时又是文盲率最高的国家之一。尽管独立以来的人口统计显示整个印度人口的总识字率在不断提高，但是经过长达半个世纪的教育发展，印度仍未能有效成功扫盲。2011年人口普查结果显示，印度人口识字率提高到74.04%，但仍有四分之一的文盲人口（表4-9）。而印度人口激增与弱势群体特别是妇女受教育机会的可获得性有很大的关系。

---

① 梁中堂：《中国与印度人口变动及其发生原因比较研究》，《人口研究》1992年第6期，第33页。
② Primary Census Abstract. Census of India 2001.
③ 孟向京：《印度的社会经济特征与生育控制》，《南亚研究季刊》2001年第2期，第30页。
④ 吴永年：《印度社会的性犯罪现象》，《社会》2004年第1期，第48页。
⑤ Population and Family Planning Policy. http：//countrystudies.us/india/34.htm.

表4-9　　　　印度总人口识字率变化：1901—2011年　　　　单位：%

| 普查年 | 总识字率 | 男性识字率 | 女性识字率 |
| --- | --- | --- | --- |
| 1901 | 5.53 | 9.83 | 0.69 |
| 1911 | 5.92 | 10.56 | 1.05 |
| 1921 | 7.16 | 12.21 | 1.81 |
| 1931 | 9.50 | 15.59 | 2.93 |
| 1951 | 18.33 | 27.16 | 8.86 |
| 1961 | 28.30 | 40.40 | 15.35 |
| 1971 | 34.45 | 45.96 | 21.98 |
| 1981 | 42.57 | 56.38 | 29.76 |
| 1991 | 52.21 | 64.13 | 39.29 |
| 2001 | 65.38 | 75.85 | 54.16 |
| 2011 | 74.04 | 82.14 | 65.46 |

资料来源：Census 2001 India, Census of India 2011. http://www.censusindia.gov.in.

印度早期推进家庭计划的几十年中，较少关注女童、低种姓和低种姓部落儿童、少数民族儿童和其他处境不利的儿童的受教育机会①《儿童免费义务教育权利法》直到2010年4月1日才正式颁布实施。由于贫困人口基数过大，人口发展速度也成正比例增长，加上缺医少药，许多人连基本的生活都得不到保障，教育成了贫困家庭孩子的奢望。由于没有强制性的义务教育法，这些弱势群体的孩子即使在入学后也经常中途辍学。印度政府2008年进行的一项调查显示，42%的女孩辍学的原因是"需要料理家务和照看弟弟妹妹"。印度有573个低种姓部落，其中6—14岁儿童有1600万，占全国该年龄组人口的8.3%。在2006—2007年度，低种姓部落儿童辍学率为33.2%，低种姓儿童辍学率为36%，高于全国平均水平。印度义务教育阶段学生学习成绩水平在生际间和区域间差异巨大，并在一

---

① 李建忠：《印度：关注弱势群体 促进区域均衡》，《中国教育报》2011年1月25日第A3版。

定程度上增加了学生辍学的风险。① 较低的入学率以及较高的辍学率，最终导致文盲率居高不下，这又会降低家庭计划政策的效果，如此陷入恶性循环，造就一代又一代的文盲。此外，印度农村地区初等教育设施简陋、教师资源短缺，导致教育质量不高。2009年的农村教育质量调查表明，有47.2%的五年级学生还达不到二年级的阅读水平，仅有38%的学生会做三位数除以一位数的数学题，仅有25.7%的学生能读简单的英语句子。② 这促使印度政府不得不花费更多的时间与精力来增加女童等弱势群体的教育机会、增强师资力量及提升教育质量。

教育在中等种姓的普及和在落后种姓的增加有助于减少人们对家庭计划的敌意。不幸的是，印度的几个人口大邦社会发展进程缓慢，识字率很低，这无形中影响了国家家庭计划项目的实施进程。例如，1971年诸如比哈尔、拉贾斯坦这样的邦，识字率仅为18%—20%。比较而言，西南部的克拉拉邦，识字率却达到60%以上。有关研究发现③，50年代以来，随着整体识字率的显著提高，印度人口增长中也出现了文盲人口的绝对增长现象。如1961—1971年这10年间，文盲的数量增加到16%，可能比总体识字水平更显著。实际上，包括印度东部和南部地区在内的很多省份，家庭计划难以有效落实的主要原因在于，妇女绝大多数是文盲，在经济和情感上又严重依赖她们的丈夫、父亲或者家庭成员中的年长男性。1974—1975年，像哈尔邦、拉贾斯坦邦、北方邦这样的北部地区，生育三个以上孩子的已婚夫妇采取生育控制方法的比例仅为5%~10%，而在识字率相对较高的古吉拉特邦和卡纳塔克邦，此比例可达到20%~49%。

印度经验明确证实了教育、识字等社会背景对人口过程的影响和作用。就已婚夫妇使用避孕药的比例来看，在具有较好社会背景的阶层执行强有力的家庭计划，通常会产生较好的效果（表4-10）。而在较差的社会背景下，脆弱的家庭计划尝试通常会带来令人失望的结果。而且，良好的社会背景有助于实现强有效的家庭计划，反过来也一样。

---

① 李建忠：《印度：关注弱势群体 促进区域均衡》，《中国教育报》2011年1月25日第A3版。
② 同上。
③ Visaria, Pravin, and Anrudh K. Jain. India. Country Profiles Series. New York: Population Council. 1976: 30-66.

表 4 – 10　　1972—1973 年印度社会背景与家庭计划执行力测度分析

| 家庭计划执行力 | 社会背景 | | | | | | 平均值范围 |
|---|---|---|---|---|---|---|---|
| | 良好 | | 中等 | | 较低 | | |
| 强 | 旁遮普邦 | 23 | 奥里萨邦 | 17.2 | — | | 17.5 |
| | 哈里亚纳邦 | | 安得拉邦 | 16.6 | | | 11.6—23 |
| | 克拉拉邦 | 19.2 | 曼尼普尔 | 11.6 | | | |
| | 平均值 | 21.1 | 平均值 | 15.1 | | | |
| 中等 | 马哈拉施特拉邦 | 23.4 | — | | 中央邦 | 13.5 | 16.1 |
| | 古吉拉特邦 | 17.9 | | | 比哈尔邦 | 7.8 | 7.8—23.4 |
| | 泰米尔纳德邦 | 17.7 | | | | | |
| | 平均值 | 19.7 | | | 平均值 | 10.7 | |
| 弱 | 西孟加拉邦 | 11.6 | 阿萨姆邦 | 8.1 | 北方邦 | 7.7 | 8.4 |
| | | | 查谟—克什米尔邦 | 7.6 | 拉贾斯坦邦 | 6.8 | 6.8—11.6 |
| | 平均值 | 11.6 | 平均值 | 7.9 | 平均值 | 7.3 | |
| 平均值 | 18.8 | | 12.2 | | 9 | | 14 |
| 范围 | 11.6—23.4 | | 7.6—17.2 | | 6.8—13.5 | | 6.8—23.4 |

资料来源：Freedman, Ronald, and Bernard Berelson. The Record of Family Planning Programs. Studies in Family Planning, Vol. 7, No. 1, 1976: 1 – 40.

## 六　人口构成特征的影响

人口自身的构成特征对人口过程有非常大的影响，正因为如此，一个国家在制定人口政策时，必须注意本国人口的年龄构成、性别构成等一些特定的人口状况和特点，使人口政策符合人口发展过程的客观规律而变得更具针对性。印度较高的生育率历史使印度人口呈现相对年轻的金字塔结构（图 4 – 6）。2005 年印度 0—14 岁人口大约占总人口的 36%，65 岁以上的人口仅占 4%，全国一半以上的人口年龄在 25 周岁以下，远比中国和美国的人口年轻。从年龄结构来看，印度有着巨大的劳动力后备军，但同时也意味着印度政府必须在教育、就业、医疗、住房等方面加大投入。

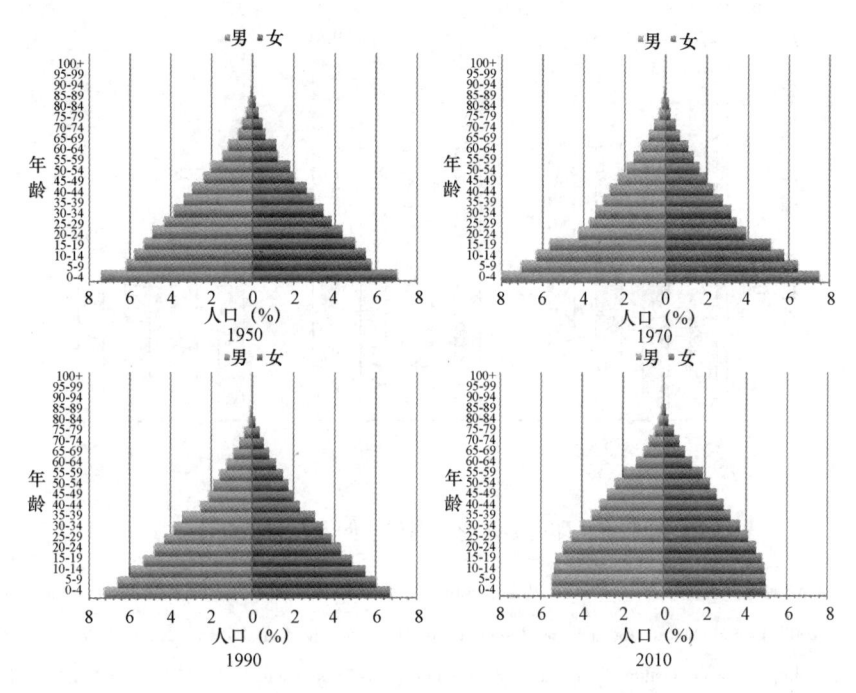

**图 4-6 印度人口年龄性别金字塔的变化：1950—2010 年**

资料来源：根据印度人口普查署公布的数据绘制而成（http://www.censusindia.gov.in）。

尽管印度正在经历从高生育率、高死亡率向低生育率、低死亡率的转变。但是印度目前的婴儿死亡率仍高达 56∶1000。在印度多个邦，尤其是北部落后邦，高婴儿死亡率通常集中于"四太"母亲群体（图 4-7），即"太年轻"（20 岁以下）、"太老"（超过 39 岁）、"太多"（已生育 3 个以上孩子）、"太短"（生育间隔不到 2 年）。1998—1999 年度全国第二次国民医疗服务调查显示，15—19 岁的女孩中有 34% 的已经结婚，20—24 岁的妇女中有 50% 在其尚未满 18 岁时就结婚了，且婚后很快就会生第一个孩子，接着在短短几年内连续生育二胎、三胎，到做绝育手术时大多不到 25 岁。这种"四太"型高风险生育模式，长期以来对印度人口政策的贯彻实施构成重大挑战。自 80 年代人口增长达到 2.4% 的高峰后，印度人口增长率一直呈现下降趋势，但 10 年后的实际总和生育率却仍高达 2.62，下降进程极为缓慢。

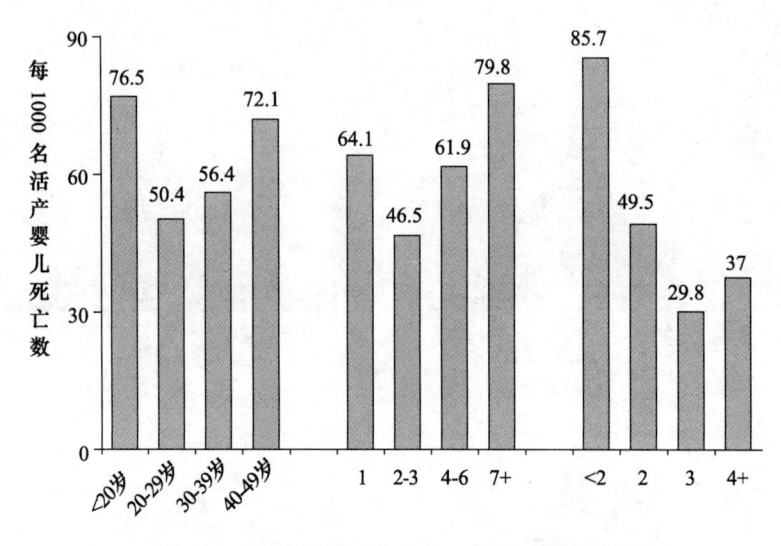

图 4-7 印度婴儿死亡率与"四太"母亲群体

资料来源：India: change is possible-investing in family planning to implove Health and Development. 2007 United States Agency for International Development and Indian Health Policy Initiative. pp1. http://www.healthpolicyinitiative.com/Publications/Documents/1169_1_India_RAPID_brief_FINAL_acc.pdf.

印度的经验充分说明，在人口增长方式尚未出现根本性转变之前，政府企图在年轻人占大多数的情况下短期内减少人口，以期迅速降低总和生育率水平，显然有违人口自身发展的客观规律。目前，印度政府已重新调整目标，计划 2020 年将总和生育率降低到 2.3。另外，由于印度各邦人口年龄特征呈现出较大的差异，实际上各省仍处于人口转变过程的不同阶段。当一些省份仍处于高出生率高死亡率的人口发展阶段时，克拉拉邦等一些邦却因人口增长跌落到更替水平以下而开始着手应对人口老龄化的挑战。在克拉拉邦，婴儿死亡率仅为 17∶1000，是全国最低水平，基本接近 OECD 成员国 15∶1000 的平均水平。① 目前印度已出现三种重要的人口现象：女性老龄化、农村老龄化和城市老龄化。以发展的视角来说，这三个问题都需要引起政府的高度关注，因为它们与贫困、健康风险和发展过程的边缘化密切相关。

---

① Pronab Sen. It's Time to Review Population Policy. Population Policy, India, 2009-9-30.

## 七 外国政府与国际组织援助的影响

外国尤其是美国的技术援助人员在塑造印度新兴的家庭计划模式中发挥了非常重要的作用。在担任总理后不久，尼赫鲁和他的计划委员会就认识到控制人口增长的迫切需要并考虑采用措施控制生育。尽管有过早期英国殖民统治的痛苦经历，印度政治领导人在寻求国际社会合作帮助推进家庭计划时仍毫不迟疑。在家庭计划初期，很多印度人对国际援助心怀戒备。他们认为家庭计划领域的国际技术援助是新的技术殖民主义，是对刚刚摆脱的政治殖民主义的替代。两种殖民主义方式都没有充分尊重影响绝大多数印度人的传统文化，特别是80%生活在农村的印度人。他们认为，这两种殖民主义方式也不愿意让印度处于与他们自己主权平等的位置。但是，在印度开展家庭计划之时，国际上尚无其他可供借鉴的国际经验、价值技术和资金短期，面对人口增长的巨大压力，印度政府最终还是选择接受了国际援助。因此，在印度独立至今，来自联合国人口基金会、世界银行、福特基金会、发达国家政府以及私人和国际非官方性组织的观念、技术、资金等系列援助，在印度国家人口政策的演进中发挥了重要的指导性作用。尽管印度民众观念中的国家人口政策根本谈不上成功，但印度家庭计划的历史演进过程中却实实在在地打下了鲜明的国际烙印。

来自国际社会的资金和技术援助通过印度政府和印度的非政府组织（图4-8）进行了很多家庭计划项目的实践。其中美国福特基金会、美国国际开发署、联合国人口基金会以及世界银行等官方和非官方的援助对印度家庭计划的演进起到了很大的推动作用。在印度卫生与家庭福利部的支持下，这些机构通过大规模援助在印度开展了一系列家庭计划项目。仅1980—1985年，来自六个国际援助机构的物质与金融支持总额达2.5亿—3亿美元之多[1]。1952—1968年，福特基金会提供了1亿美元直接用于解决印度人口问题，超过了同期任何其他官方和非官方的援助额[2]。1971—

---

[1] James E. Kocher. Population Policy in India: Recent Developments and Current Prospects. Population and Development Review, Vol. 6, No. 2, 1980: 302.

[2] Oscar Harkavy, Lyle Saunders and Anna L. Southam. An Overview of the Ford Foundation's Strategy for Population Work. Demography, Vol. 5, No. 2, Progress and Problems of Fertility Control around the World, 1968: 541.

1982年，福特基金会累计对全球计划生育的资金援助达到1.402亿美元（表4-11），是仅次于美国政府的最大国际资金援助提供组织，其中印度是其亚洲系列援助项目的一个主要国家。USAID在1968年发起了援助印度家庭计划项目的活动，为印度提供了770万美元援助家庭福利计划，其中一部分资金由USAID控制，专项用于缓解粮食危机，后来提供5000万美元用于印度政府购买车辆、避孕药具以及政府家庭计划项目的支持，从而帮助印度建立起初级保健中心，资助印度将辅助护士、助产士等家庭计划雇用人数增加了一倍。最终，USAID成为印度最大的家庭计划捐助机构。

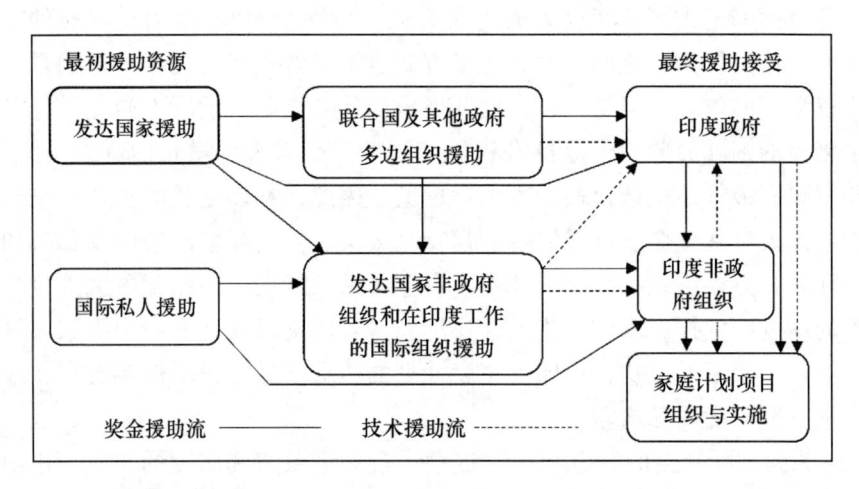

图4-8 国际资金和技术对印度家庭计划援助的渠道和方向

世界银行国际开发协会和瑞典国际开发合作署之间的协作机构成为印度1973年第二大援助组织。当时，协作机构在印度卡纳塔克邦和北方邦花费3200万美元开展了一项雄心勃勃的印度人口项目（IPP），目的是测试政府家庭计划可替代的方案，特别是"将家庭计划服务与增加营养项目连接起来"，通过关注分娩不久的产妇、发挥服务人员的机动性更好地提供激励和服务以及提供更好的培训和监督这三种途径来实现其目标。[①]

---

[①] Visaria, Pravin, and Anrudh K. Jain. India. Country Profiles Series. New York: Population Council. 1976: 34.

表4-11  1971—1982年福特基金会和美国对全球家庭计划资金援助

| 年份 | 国际援助总额（百万美元） | 福特基金会 援助金额（百万美元） | 占比（%） | 美国 援助金额（百万美元） | 占比（%） |
|---|---|---|---|---|---|
| 1971 | 164.8 | 21.3 | 12.9 | 109.6 | 66.5 |
| 1972 | 191.5 | 16.9 | 8.8 | 121.1 | 63.2 |
| 1973 | 201.4 | 15.2 | 7.6 | 115.1 | 57.1 |
| 1974 | 217.7 | 14.8 | 6.8 | 110.1 | 50.6 |
| 1975 | 243 | 10.6 | 4.4 | 106 | 43.6 |
| 1976 | 278.9 | 11.3 | 4.1 | 119 | 42.7 |
| 1977 | 312.1 | 10.4 | 3.3 | 145.4 | 46.6 |
| 1978 | 363.9 | 10 | 2.7 | 166.6 | 45.8 |
| 1979 | 439.2 | 8 | 1.8 | 184.9 | 42.1 |
| 1980 | 444.7 | 6.1 | 1.4 | 186.9 | 42 |
| 1981 | 427.9 | 11.9 | 2.8 | 185 | 43.2 |
| 1982 | 453.1 | 3.7 | 0.8 | 211 | 46.6 |

资料来源：根据Series J. Sources of Population and Family Planning Assistance. Population Reports. Family Planning Programs. No. 26，January-February，1983：623整理。

表4-12  联合国人口基金在印度的国家援助项目：1974—2012年

| CP项目 | 实施时间 | 援助经费（美元） | 重点关注领域 |
|---|---|---|---|
| CP1 | 1974—1979年 | 46000000 | 家庭计划服务 |
| CP2 | 1980—1985年 | 100000000 | 家庭计划服务 |
| CP3 | 1986—1990年 | 68300000 | 加强母子卫生与家庭计划服务提供；国产避孕产品的采购；增强管理信息系统，培训和信息，教育和交流项目 |
| CP4 | 1991—1996年 | 7500000 | 同CP3项目 |
| CP5 | 1997—2003年 | 60000000 | 支持由中央到地方的权力下放项目管理；促进综合性高质量生殖健康服务的普及，社团参与，社会性别主流化 |
| CP6 | 2003—2007年 | 75000000 | 巩固CP5项目目标，青春期生殖与性健康，性别暴力 |
| CP7 | 2008—2012年 | 65000000 | 国民生殖健康，儿童健康，青少年与艾滋病病毒干预 |

资料来源：根据联合国人口基金会网站历次CP项目整理（http://www.unfpa.org）。

多年来，联合国人口基金、丹麦、日本和挪威的援助机构也为印度各种家庭计划相关的各类活动进行小额捐款。这些捐助由于能较好地理解印度传统价值观与印度人口的文化特征，资助额度与涉及范围相称，因此效果也较好。如联合国人口基金自 1974 年以来，已连续 7 次与印度政府在家庭计划领域进行了"国家项目行动计划"合作（表 4-12），累计援助经费达 4.218 亿美元。

## 八　政府结构和政治斗争

印度是一个联邦制国家，其行政层级分为中央政府、邦政府及地方政府。权力的划分意味着中央只能提议，邦政府按照各自的自身利益、政治领导人的素质和管理水平去实施。中央政府行政职责涉及全国，履行职责所需费用较多，而各邦政府行政职责主要涉及其辖区，履行职责所需费用较少。这种政府结构实际上是推行国家人口政策的一个障碍。即使家庭计划项目完全由中央政府资助，项目的执行依然要完全依赖于邦政府和地方政府。这样，各邦在实际执行项目时差别非常显著。在民主政治方面，印度中央政府必须考虑各邦的态度和自身的存亡，因此国家在确立人口政策的导向和目标时不得不再三权衡。尽管 1976 年通过修改宪法确保了当中央政府和各邦政府发生冲突时中央政府具有绝对的主导权，但实际上印度政府没像中国计生委这样有直接执行家庭计划项目的职能部门，国家的家庭计划项目必须依靠各邦的机构来实施。政府调控的唯一手段是每五年的国家发展计划和此计划下的生育控制资源配置。对大多数邦来说，特别是那些人口增长最快的落后邦，家庭计划项目在政治上实际处于边缘化地位。大多数邦政府更倾向于将中央指定用于生育控制的经费挪用到他们认为更重要的其他公共项目上。这种政府结构实际上难以制定一个令各邦政府满意的国家人口政策，即使中央政府设定一个同一性的人口控制目标，邦政府在实施时通常也会权衡更多的目标。

人口问题是一个充满党派利益和阶级斗争的社会经济发展问题。印度全国性的政党主要有国大党、国大党社会主义者和人民党三大党派。尽管这三大政党一致认为应该控制生育以减轻人口增长对国家财政和自然资源的压力。但是在具体实施人口政策时，各政党生育控制的态度不一。即使在同一政党，因为领导作风和人口问题的认识不同，在不同阶段对人口控制的态度亦有差异。一些政党意识到人口增长对发展的危害，因而愿意推行家庭计划,但是在支持家庭计划时,他们不得不考虑广大选民的反应。因此,政党在竞选宣言中通常都会提到生育控制问题,这些政党中的国家领导人也很支持家庭计划工作,但在议会宣言和五年计划中,人口控制却从未被置于国家优先行动之列。尤其是在 1975—1977 年紧急状态期间的强制性人口干预引来民众激烈的反抗之后,各政党都将人口问题视为一个高度敏感的政治问题。① 印度在实施家庭计划近半个世纪后才正式颁布国家人口政策,政治斗争实际上成为一个很大的阻滞因素。目前,尽管国家已经颁布 NPP2000,但是在一些邦,仍在执行自己的人口政策。如马哈拉施特拉邦,从 2000 年 5 月 1 日起执行自己的人口控制惩罚性措施,对生育三孩的家庭剥夺食品补贴、住房和汽车贷款等一系列福利和权利②。

## 第五节　印度人口政策演进的国际启示

印度 60 年的国家人口政策演进历史是第二次世界大战后,广大亚、非、拉国家家庭计划与人口控制的缩影,是印度追求国富民强的一个心路历程。从来没有哪个国家像印度一样,在国家独立之初亟待经济发展之时就如此大规模、长时间、多样化地推动家庭计划。尽管印度政府在不同发展阶段所期望的人口控制目标大都未能实现,人口政策也根本谈不上成功,但是印度家庭计划为人类正确认识人口的生产和再生产规律做出了先驱性贡献。③

### 一　人口政策的制定应充分认识人口的社会性和历史性

人口过程具有不以人的意志为转移的客观规律,国家采取人口政策试图控制和解决人口过程中产生的人口发展问题,必须充分认识和尊重人口的社会性和历史性特征。马克思曾说:"从实在和具体开始,从现实的前提开始,因而,例如在经济学上从作为全部社会生产行为的基础和主体的

---

① 孟向京:《印度的社会经济特征与生育控制》,《南亚研究季刊》2001 年第 2 期,第 30—31 页。

② Dinesh C sharma. Indian state proposes third child population control policy. THE LANCET, Vol. 356, September. 30, 2000: 1178.

③ 彭伟斌:《印度国家人口政策的历史演进及影响因素研究》,《人口学刊》2014 年第 6 期,第 30 页。

人口开始，似乎是正确的。但是，更仔细地考察起来，这是错误的。如果我抛开构成人口的阶级，人口就是一个抽象。"① 人口问题本质上是一个发展问题，离开一国人口所具有的社会性和历史性特征，试图通过政府的强制干预来化解一个需要长时间才能解决的人口增长问题，只会使人口发展问题更为恶化。

在今天的印度，尽管贫困和人口增长仍是困扰印度的两大主要人口问题，但是出人意料的是，印度政府以及西方人口学家早期所努力追求的人口增长率目标已经显著下降。这并非印度人口控制的成效，而是民主的政治制度、稳定的经济增长和改进的卫生基础设施的积极成果。尽管今天主张印度应该实施严厉生育控制的声音仍然不绝于耳，有的甚至认为印度应该采纳中国的"一胎化"政策，然而，来自印度的实践者们早在20世纪70年代就已宣示"发展是最好的避孕药"。印度政府也意识到，人口政策的制定与实施必须充分考虑与结合印度本国国情。因此，印度的人口政策是作为一揽子促进社会经济发展综合性公共政策的一个有机组成部分，而不是作为一个独立的政策凌驾于其他社会经济发展政策之上。

这种集成式的人口政策尝试实际上在1951年的首个五年计划中就已有所体现，此后每个五年计划都能反映出家庭计划项目范围扩大至孕产妇、儿童和生殖保健服务。第四个五年计划中强制绝育政策带来的不利政治后果，令此后的各届政府转向关注自愿家庭计划与孕产妇和儿童保健方案的融合。第七个五年计划印度提出一个生育水平的2000年目标。第八个五年计划印度政府推出儿童生存和安全孕产方案，努力为妇女提供产前、产中、产后护理。1996年开展了旨在于2000年根除儿童脊髓灰质炎的项目。NPP2000强调更广泛地关注妇女和儿童的健康、消除贫困等人口发展问题。可以看出，印度尽管多次提出人口控制目标，但是在实施时目标却被弱化。人口控制目标更多地让位于社会经济发展目标和满足人民的发展需求。有证据表明，国家层面的人口政策（如1976年起草，1977年再次起草的国家人口政策方案）从未被印度议会讨论和采纳。1983年，在采纳国家卫生政策时，印度议会呼吁出台独立的人口政策，却从未实际

---

① 《马克思恩格斯全集》（第46卷上册），人民出版社1973年版，第37页。

上制定过①。2000年正式颁布的国家人口政策实际上是印度对半个世纪家庭计划工作的一个历史反思，明确强调关注更多服务的提供，而非目标的强化。印度政策制定者随时准备对时局做出判断，改变家庭计划进程，并在需要的时候寻求学者、非政府组织乃至国际援助机构的建议和帮助。尽管几十年来印度不同阶段的人口政策并没有充分考虑本国国情和社会背景等复杂因素，政策的制定和设计总是落后于人口现实的发展，也没有达到设定的预期目标，但是印度还是能够积极地根据社会经济发展阶段特征去设计、制定和调整前期的人口政策，这在一定程度上体现了印度人口发展过程的社会性和历史性特点。这种缺乏刚性的人口政策，与其说是政府主导，倒不如说是人口过程在主导，这在一定程度上是值得其他发展中国家好好学习和反思的。

## 二 人口政策的目标取向应更全面地关注人口发展

1958年，世界银行在印度进行的一项增长对经济的影响的研究②引起国际社会对20世纪60年代人口增长问题的空前关注。通过制定人口政策降低人口增长的动机可能就是由此而引发，此后发展中国家先后在本国推行大规模的家庭计划运动。这些国家出台的国家人口政策中，大都包括制定特定的人口目标和规定直接干预措施来改变国民的生育率。印度作为最早实施家庭计划的国家，其早期的人口政策目标单一而具体，即降低生育率。这个目标到后来发展到政府强制性干预，并落实为非常具体的绝育目标，即使在NPP2000文本中，生育控制的意图仍十分明显。

客观而言，人们倾向于有一个较大规模的家庭是出于某种经济上的原因。但这一事实往往被控制人口增长的迫切需要所掩盖，而人口政策也往往把减小家庭规模作为主要目标。③ 印度人口政策实践和演进的历史事实说明，这些政策往往达不到其预期的目的。因为人们还是希望有一个较大规模的家庭，这是特定社会经济发展阶段的人口生育选择问题。实际上，

---

① DrA. V. Ramana Kumar. 2003. India and a One-Child-Policy. South Asian Voice. July, 2003 E-dition. http：//india_resource. tripod. com/one-child-policy. html.

② Ansley J. Coale, Edgar M. Hoover. Population, Growth, and Economic Development In Low Income Countries. Princeton University Press. 1958.

③ ［丹］卡塔琳娜·托马瑟夫斯基：《人口政策中的人权问题——为瑞典国际发展合作署作的一项研究》，毕小青译，中国社会科学出版社1998年版，第22页。

任何人口问题的产生都有其生产方式方面的内在原因。生产方式的矛盾性质不同，人口问题的性质也不同。同时，人口问题的解决方法也不能从生产方式以外去寻找，出路在于生产方式的矛盾运动中。任何人口问题的解决，都伴同于当时其他社会问题的最终解决。①印度最初把控制人口增长定位为国家人口政策目标，其主要原因在于国家经济比较落后，人口增长过快，与社会经济发展不相适应，并由此带来一系列问题，影响社会经济发展和人民生活水平提高。因此，要真正解决好本国的人口问题，人口政策应随着社会经济发展阶段而与时俱进地进行相应的调整，其目标取向也应从单一的人口数量控制转向综合性的人口发展，降低生育率的公共政策，也必须同时考虑长期的社会目标。②

实际上，人口政策的目标由对降低生育率的关注转向关注改变生育环境的识字率、教育、就业、健康与福利等社会问题，这些因素都可以极大地改变和影响妇女的主体性。在统计学上，对生育率具有显著作用的变量只有妇女识字率和妇女劳动力参与率，与收入水平等经济发展有关的其他变量比较而言，妇女的主体性作用更大。这说明经济发展并非最好的避孕药，而社会发展——特别是妇女的教育和就业——可以是非常有效的。③在印度南部的那些人均收入相对较低，但是妇女识字率高且就业机会多的邦，妇女教育和经济的独立性与相对低的生育率相关性很强。因此，一个好的人口政策应该更为关注社会公平和国民的健康，尤其是妇女和儿童。人口政策设定的目标不应是一个具体的生育控制目标，而应是一个有助于促进社会发展的目标体系，正视人口发展过程中存在的性别不平等、婚姻的社会压力、生育孩子尤其是男孩的社会压力、妇女在家庭和社会地位低下等问题，充分保障小规模家庭的福利。一直以来，印度国家人口政策并没有正视和有效化解草根阶层的贫困，诸如加强最低工资和童工监管，要求他们缩小家庭规模相应的入学和就业保障，以及他们未来的养老、医疗和伤残保险，并未有效地纳入其人口政策目标体系。一个目标偏向的人口

---

① 梁中堂：《人口学》，山西人民出版社1983年版，第203—204页。

② [丹] 卡塔琳娜·托马瑟夫斯基：《人口政策中的人权问题——为瑞典国际发展合作署作的一项研究》，毕小青译，中国社会科学出版社1998年版，第100页。

③ Mamta Murthi, Anne-Catherine Guio, Jean Drèze. 1995. Mortality, Fertility, and Gender Bias in India: A District-Level Analysis. Population and Development Review, Vol. 21, No. 4, Dec., 1995: 770 – 771.

政策即使取得了成功，也是非常有限的成功。根据2006年《人类发展报告》，印度社会发展在全球排名第126位，印度人口政策要更有效地消除贫困和促进社会发展的路途仍漫漫。

人口政策的目标取向，时常会引导有限的公共资源投向实现目标的那些行政计划与组织实施。单一人口控制目标的投入和产出效应是值得怀疑的。越来越多的资料表明，那些试图强制实施官方设定的目标而不是改变大众观念的人口控制计划是失败的。印度早期以控制生育率为目的的人口政策，将宝贵的资源用于大规模的家庭计划宣传和避孕项目的推进，这在很多发展中国家似乎具有一定的共性。如何遵行人口过程的客观运行规律、进行预测，并根据社会经济发展环境的变迁适时调整和完善人口政策的目标，是值得深思的。优化资源的配置，前提是优化发展目标。将资源用于妇女扫盲、教育及生殖健康，在农村重视农业推广服务，城市则着力提高妇女谋生能力，使她们有能力提高自己的收入水平，从而获得足够的权利和能力同家庭男性谈判，主动控制家庭规模的大小和怀孕间隔，这些都是营造良好生育环境的基本要素，是人口政策优化并形成小家庭规模的先决条件。

### 三　人口政策的实施应充分尊重人民的生育意愿和权利

如何贯彻和实施人口政策，至今仍是一个具有高度争议性的话题。争论的焦点不仅在于政策的有效性，而且涉及家庭计划权的归属与保护。1965年，世界卫生大会提出"一个家庭中人口的多少应该由每个家庭自由决定"[1]。第一个关于家庭计划权的国际声明明确界定"父母具有自由而负责任地决定他们子女的数量和生育间隔的基本人权以及在这方面获得教育和信息的权利"[2]。在成熟的法制国家，生育权要求政府尊重人们繁衍后代的自由（不干涉），并且在必要时提供帮助（从人工辅助生育到领养子女的管理）[3]。然而，在执行家庭计划的发展中国家，强制性生育干

---

[1]《人类生育》，《世界卫生大会》，第18.49（1965）号决议。

[2] 联合国：计划生育的人权方面：第XVIII号决议，《国际人权会议最终文件》，德黑兰，1968.4.22—5.13，U. N. Doc. A/CONR. 32/41，1968：14。

[3]［丹］卡塔琳娜·托马瑟夫斯基：《人口政策中的人权问题——为瑞典国际发展合作署作的一项研究》，毕小青译，中国社会科学出版社1998年版，第73—80页。

预通常被视为一个快捷而直接①的有效降低生育率的方法。在自愿与强制之间，人们倾向于选择前者，而政府似乎更偏好后者。阿马蒂亚·森认为，强制的做法产生三个不同的问题：（1）强制在这个领域是否就是可接受的？（2）在不实行强制的条件下，人口增长是否就会快到不可接受？（3）强制是否会有效，而且是否在发挥作用时不会产生有害的副作用？②印度以60年家庭计划的历史，较好地回答了这三个问题，为我们深刻反思至今犹存的强制性生育干预提供了很好的教材。

尽管印度首开政府强制性生育干预之河（此后中国和印度尼西亚等国家也纷纷效仿），但是印度政府及时进行了反思和调整，使人口政策在经历短暂的政府强制后很快回到尊重人民生育意愿和权利的轨道上来。印度政府非常渴望能显著控制生育率，但是并没有专门对生育严厉监管和惩罚的政府职能部门，也没有就强制性生育干预及违反家庭计划条例实施惩罚而专门立法。从前文分析可以看出，印度人民不满政府的强制，用选票有效地捍卫了自己的生育权利。印度生育模式尽管一直为许多学者所批判，但是较好地考虑了人民的生育意愿。尽管人口净增长了3.3倍，但是印度解决了粮食自给，从而由一个严重依赖粮食进口的国家变为一个粮食盈余的国家。③ 2008—2009年作物年度，印度的粮食产量达到2.344亿吨，是世界第二大小麦和大米生产国，2010—2011年作物年度预计粮食产量达到2.358亿吨。④。尽管有关人口政策执行不力的批判仍不绝于耳，但是其生育率下降却是不争的事实。与中国强制性的人口政策比较而言，印度建立于自愿基础上的人口政策同样带来了令人惊喜的生育率下降趋势（图4-9）。在克拉拉邦、泰米尔纳德邦等一些与中国社会经济发展同等水平的邦，出生率水平实际上低于中国，而且这是在没有任何政府强制的情况下取得的。1979年中国开始实施"一胎化"政策时，克拉拉邦的生育率为3.0，高于同期中国的2.8。1991年人口普查统计显示，克拉拉邦的生育率降低到了1.8，低于中国的2.0。20世纪90年代中期，克拉拉邦的生育率

---

① Amartya Sen. Population Policy: Authoritarianism Versus Cooperation. Journal of Population Economics, Vol. 10, No. 1, 1995: 10.
② ［印］阿马蒂亚·森：《以自由看待发展》，中国人民大学出版社2002年版，第212页。
③ Shikha Jha, P. V. Srinivasan, and Maurice Landes. Indian Wheat and Rice Sector Policies and the Implications of Reform Economic Research Report. No. (ERR-41), 2007: 1.
④ 刘亚南：《印度粮食产量预计将创历史新高》，新华网，2011年4月6日。

进一步下降到 1.7,中国是 1.9。比较而言,中国生育率水平下降速度要慢于克拉拉邦。家庭计划的历史事实说明,采取强迫人口流产和强制性绝育等极端手段强行对人民进行生育控制的做法不仅违反人类尊严,而且也不能达到其预期的目的①。克拉拉邦的家庭计划实践为正确看待和实施国家人口政策提供了极好的示范。在今天的克拉拉邦,妇女具有较高水平的基础教育和医疗保障,妇女识字率甚至高于中国的任何一个省,男性和女性的出生时期望寿命也高于中国平均水平。通过那些有助于自愿减少出生率因素的进步,克拉拉邦包括出生率在内的各项人口指标似乎都比中国要更好。

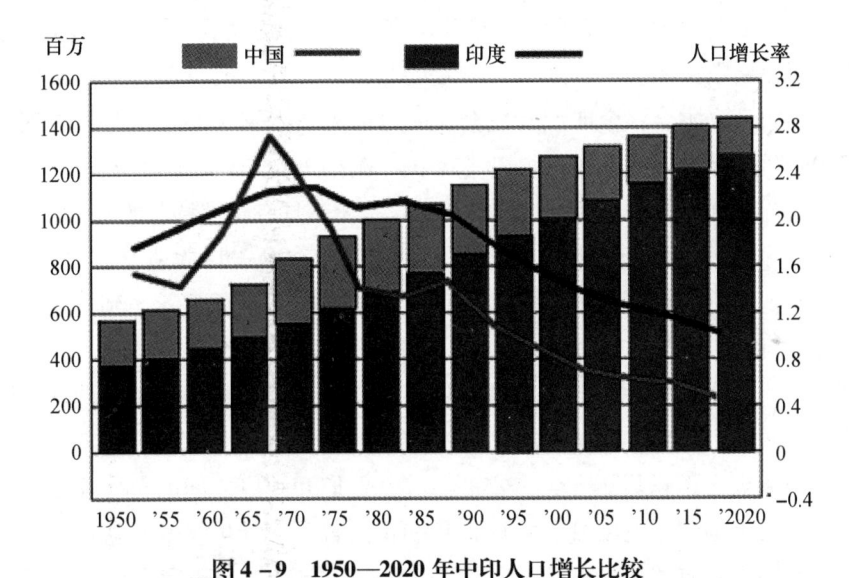

图 4-9  1950—2020 年中印人口增长比较

资料来源:U. S. Bureau of the Census, International Data Base. http://www.census.gov.

从总体来看,尽管印度人口政策并未取得显著的成效,但是有两点经验却是值得中国学习的:一是在长达 60 年的家庭计划历史进程中,人们的生育权得到了有尊严的维护。人们的生育模式尽管没有发生根本性的转变,却给人们的生育观念预留了自然的过渡时间,生育两个孩子的观念正在为越来越多的印度人所接受;二是维持了一个健康的人口年龄结构。印

---

① Laszlo, E., Baker, R. Jr., Eisenberg, E., Raman, V. The Objectives of the New International Economic Order-Published for UNITAR. Pergamon Policy Studies (USA) (United Kingdom), 1978:93.

度的人口年龄结构要显著优于中国,其年轻型的人口结构没有中国那样急剧增加的老龄化压力,这为印度未来社会经济的可持续发展创造了良好的人口条件。印度的实践说明,那些一味扩大家庭选择以及促进自由和责任的人口政策走向一个极端,而那些完全否认家庭自主生育选择的人口政策势必走向另外一个极端。不仅造成人口政策对人权的严重侵犯,还将导致未来出现严重的人口结构失衡危机。

**四 人口政策的制定与实施应充分发挥非政府组织的作用**

印度家庭计划项目领域,有诸如印度家庭计划协会(FPAI)、哈里亚纳邦农村发展农民协会、甘地金农村发展和家庭计划协会、印度社会健康协会、国家盲人协会,全印妇女公会、人口活动与发展中心、国际人口服务(PSI)等为数众多的非政府组织。其中许多组织在全国各地设有分支机构,在人口与计划生育领域活动非常活跃,这是比较具有印度特色的一方面。

在家庭计划早期,非政府组织主要提供避孕套、口服避孕药等服务,帮助人们建立现代生育观念以及协助政府将国际援助项目落实到基层,后来逐渐延伸至教育、水和卫生设施、综合儿童发展计划(ICDS)、部落社区、贫民窟人口福利、母子健康等一系列与人口发展密切相关的领域。因此,非政府组织在稳定人口增长、促进印度社会公平、扶贫、生殖健康、教育服务等方面积累了非常丰富的经验,他们和政府之间的合作在印度国家人口政策的制定与实施、家庭计划知识的普及、计生技术与管理技能提升中发挥了富有价值的作用。从图3-8亦可看出,在印度家庭计划项目实施进程中,非政府组织起到了桥梁作用,人们似乎更相信非政府组织而非政府,因此在印度家庭计划项目中不可或缺。地方和国家政府资助是许多卫生和人口领域非政府组织的重要资金来源。印度政府主要提供直接的财政支持,此外也包括税收减免和各类金融支持,非政府组织一般很少在同一时间获得政府几种类型的资助。从文献资料来看,政府资助途径主要包括实物捐赠、直接财政支持、税收补贴和其他豁免、卫生服务外包。[1]

---

[1] Denise DeRoeck, M;. H. Making Health Sector Non-Governmental Organizations More Sustainable: A Review of NGO and Donor Efforts. Partnerships for Health Reform. Development Associates and Harvard School of Public Health. Howard University International Affairs Center University Research Co., LC, 1998: 12.

在非政府组织的协助下，政府资源有序进入人口发展的相关领域。2000年5月11日，印度中央政府专门成立了一个由总理亲自挂帅的国家人口委员会，负责指导监督所有与家庭福利和生育健康计划密切相关的社会组织项目的实施。

有关研究发现，与印度那些较为发达的地区相比，在北方邦、比哈尔邦、中央邦、拉贾斯坦邦、恰蒂斯加尔邦、贾坎德邦和北安查尔邦等印度人口高增长地区，非政府组织的贡献具有一定的弱相关性。印度国家人口委员会的统计数据显示（表4-13），这七个邦各类非政府组织数为4397个，占全印12265个非政府组织的35.6%，而这七个邦的人口数约为全印总人口41%。在印度最落后的133个地区中，总和生育率超过3.5的大都在这七个邦中。此外，值得注意的是，大部分非政府组织集中于农村发展（M/O RD）和人力资源开发（M/O HRD）领域，而卫生与家庭福利（H&FW）、青少年运动与公共事务（YA&S）领域的非政府组织数量相对较少。比哈尔邦和北方邦占到这七个邦非政府组织的一半，而恰蒂斯加尔邦与北安查尔邦拥有的非政府组织非常少。可见，在这些行政邦，有针对性地加强有关非政府组织的建设，对更好地推进国家人口政策，稳定人口增长具有积极的促进作用。

表4-13　　　印度七个人口统计敏感邦的非政府组织数量

| 行政区 | M/O RD | M/O HRD | H&FW | YA&S | 其他 | 邦NGO总数（所有部门） | 占全印NGOs总数（%） |
|---|---|---|---|---|---|---|---|
| 比哈尔邦 | 663 | 111 | 98 | 53 | 219 | 1144 | 9.33 |
| 贾坎德邦 | 110 | 30 | 4 | 15 | 45 | 204 | 1.66 |
| 中央邦 | 193 | 164 | 52 | 50 | 92 | 551 | 4.49 |
| 恰蒂斯加尔邦 | 25 | 5 | 1 | 0 | 12 | 43 | 0.35 |
| 拉贾斯坦邦 | 206 | 60 | 9 | 16 | 62 | 353 | 2.88 |
| 北方邦 | 1115 | 218 | 143 | 125 | 342 | 1943 | 15.84 |
| 北安查尔邦 | 94 | 11 | 4 | 5 | 45 | 159 | 1.3 |
| 七邦NGOs总数（个） | 2406 | 599 | 311 | 264 | 817 | 4397 | |
| 全印NGOs数量（个） | 6470 | 2082 | 761 | 592 | 2360 | 12265 | 100 |

续表

| 行政区 | M/O RD | M/O HRD | H&FW | YA&S | 其他 | 邦 NGO 总数（所有部门） | 占全印 NGOs 总数（%） |
|---|---|---|---|---|---|---|---|
| 七邦 NGOs 占全印 NGOs 百分比（%） | 37.19 | 28.77 | 40.87 | 44.59 | 34.62 | 35.85 | |
| 统计时间 | 2000.7 | 2000.1 | 1998.9 | 2000.5 | | | |

资料来源：NGO database，Planning Commission of India.

2000年国家人口政策出台后，很多人批评印度政府没有充分发挥和重视印度非政府组织的作用，认为政府在与非政府组织的家庭计划深度合作方面建设不力，特别是在涉及人口发展的有效监测与信息反馈、组织学习和质量保证方面，政府应特别加强与非政府组织的合作。实际上，活跃于印度家庭计划项目中的非政府组织，比政府官员更了解印度基层民众的生存现状和计生需求。在妇女卫生需求和独立能力增强、妇女及两性平等、反对针对妇女的暴力行为、妇女的生殖和性健康权利等传统社会工作领域方面，印度政府往往鞭长莫及，但是非政府组织却可以发挥关键性作用。为了实现 NPP2000 的目标，印度政府也认识到需要努力促进与非政府组织的伙伴合作关系，鼓励影响力较强的非政府组织参与那些传统政府工作人员难以企及的领域。印度政府甚至认为非政府组织的参与是实施稳定人口增长项目的关键一步。通过或大或小的非政府组织，政府能更有效地实施国家人口政策。[①] 将非政府组织作为重要的资源和政策实施协助主体整合进入家庭计划项目，充分发挥非政府组织的社会功能和服务特色，对尚处于家庭计划探索的发展中国家而言，印度的做法具有极为现实的参考价值。

## 五 人口政策的制定和调整应充分借鉴家庭计划示范项目的经验成果

对于很多发展中国家来说，由于开展家庭计划没有成功的经验可以借鉴，因此只能是大胆地尝试。为了探索更为有效的生育控制措施，作为对

---

[①] Making Population Stabilization a Peoples' Programme. National Commission of Population in India. http：//populationcommission.nic.in/ngo.htm.

实施家庭计划持不同观点的人士的回应，包括印度和中国在内的发展中国家都设有家庭计划试验区，通过划定特定区域和设定与全国不一样的生育控制政策，这些试验区都先后开展了一些家庭计划示范项目。

在印度，家庭计划早期设定的许多目标及中央人口控制计划同地方政府对生育控制的态度不相适应，地方政府在实施家庭计划时不得不考虑选民的反应。为稳妥起见，在一些国际援助机构和国内非政府组织的协助下，印度在全国开展了一些小范围的家庭计划项目试点。这些富有地方特色的非强制性家庭计划项目的试点大都起到了令政府意想不到的效果。其中，较为典型的有两个。一个是在马哈拉施特拉邦实施的"贾姆凯德项目"。自20世纪70年代末以来该项目一直在执行，覆盖了约175个村庄。项目运作的实践表明，一对夫妇接受家庭计划，一般需要3—4年的直接接触和教育。这样的时间表显然无法与上级政府设定的目标一致。然而，从贾姆凯德项目中，可以获得很多有关政策和实践的经验。如通过成立妇女俱乐部，组织妇女参与全社区家庭计划活动，都能收到很好的节育效果。这一成功有效的方法给邦政府留下了深刻印象。以至于邦政府同意在全邦每个村庄设置和组织这种俱乐部。该项目还充当了将政府计划纳入项目的试验田。政府将医疗人员送到贾姆凯德培训，甚至委托该项目为地方政府选择和培训了250万卫生工作人员。另一个具有推广价值的实验项目是"家庭计划社区行动"。在该项目覆盖的卡纳塔克邦，超过154个项目村庄和255个控制村庄在实行这一行动。尽管距离地区初级保健中心很远，所有项目村都有宽敞的次级卫生中心。与贾姆凯德项目类似，这个项目由当地类似妇女俱乐部的志愿者团体提供大量协助。这些本地志愿团体通过构建派发库房来满足安全存放避孕套和生育控制药具的需要，也安排和协助绝育营实施结扎手术。由该项目提供的数据显示试点成效显著：20世纪80年代中期，项目执行地区43%的夫妇实施了家庭计划，整整高出全国14个百分点。[①] 项目的成功归因于妇女地位的有效促进和提升，志愿者吸引了试点区的许多育龄妇女参与其中，帮助她们积极改变自己，然后又由她们积极改变所在社区的地位。特别值得注意的是，项目设身处地帮助妇女消除根深蒂固的性别弱势观念，从而让政府看到了比强制性干预

---

① Warren C. Robinson, John A. Ross. The Global Family Planning Revolution: Three Decades of Population Policies and Programs. The World Bank, 2007: 318-320.

降低生育率更好的生育控制方法。从联合国2008年发布的国别总和生育率比较结果来看，自从印度70年代取消强制性家庭计划以来，家庭计划项目总体上推进是顺利的。与中国比较而言（表4-14），印度总和生育率尽管仍然较高，但是也呈现明显的下降趋势，而且目前位于替代水平之上。印度政府是明智的，在此后正式制定实施的《2000国家人口政策》文本中，可以非常清晰地看到这些试点项目的成果和经验得到了高度的肯定及充分的总结与借鉴。

表4-14　　　　　　中印妇女总和生育率比较：1950—2010年

| 比较时期 | 中国 | 印度 |
| --- | --- | --- |
| 1950—1955年 | 6.11 | 5.91 |
| 1955—1960年 | 5.48 | 5.90 |
| 1960—1965年 | 5.61 | 5.82 |
| 1965—1970年 | 5.94 | 5.64 |
| 1970—1975年 | 4.77 | 5.26 |
| 1975—1980年 | 2.93 | 4.89 |
| 1980—1985年 | 2.61 | 4.50 |
| 1985—1990年 | 2.63 | 4.15 |
| 1990—1995年 | 2.01 | 3.86 |
| 1995—2000年 | 1.80 | 3.46 |
| 2000—2005年 | 1.77 | 3.11 |
| 2005—2010年 | 1.77 | 2.76 |

资料来源：联合国人口数据库：《联合国世界人口展望（2008）》，见刘海燕、刘敬远《印度与中国的计划生育政策比较》，《南亚研究季刊》2010年第4期，第87页。

20世纪80年代中期，在中央领导人的批示下，中国政府批准在山西翼城、甘肃酒泉、河北承德、湖北恩施等地实行"一对夫妻可以生育两个孩子"的政策试点。有关调研结果显示，经过近30年的实践，这些试点地区在比较宽松的政策环境下，多年来人口保持低增长，总和生育率保持在两个孩子以下。进入21世纪后，尽管人口基数增大，人口增长却呈越来越低的趋势，出生率、自增率、生育率都低于或接近与它们条件相似但实行"一孩半"政策的地区，并没有因政策较宽松而引发出生反弹，没有出现①多孩生育增多的情况。如此宝贵的实践经验，理应在中国人口政策制定中得到充分借鉴和推广。然而，令人遗憾的是，原国家计生委虽认为"试点是成功的"，但"不宜推广"。

### 六 人口政策的制定应紧密契合社会经济的发展进程

印度 60 多年来的国家人口政策演进历史不仅是二战后广大亚、非、拉国家家庭计划与人口控制的一个缩影，也是发展中国家追求国富民强的一个历史写照。从来没有哪个国家像印度一样，自国家独立之初就如此大规模、长时间、多样化地推动家庭计划。尽管受到多种因素的影响，印度政府在不同历史时期所制定的人口控制目标大都没有实现，但是印度家庭计划的实践与探索为人类正确认识人口的生产和再生产规律做出了先驱性的贡献。尤为宝贵的是，印度已从强制性生育干预的历史中及时吸取了教训，将家庭计划的重心从人口数量和生育控制成功地转型到真正关注人口发展上来，从而有效避免了过度政策干预所带来的人口结构性失调与急剧老龄化问题。

印度 60 年来国家人口政策演进错综复杂的系列影响因素表明，人口政策的制定应紧密契合社会经济的发展进程。人口问题本质上是一个发展问题，离开一国人口所具有的社会性和历史性特征，试图通过政府的强制性干预来化解一个需要长时间才能解决的人口增长问题，只会使人口问题变得更为复杂和难以控制。客观而言，尽管印度国家人口政策尚需诸多完善，但是它在演进中得以及时调整和不断优化，特别是充分考虑民众的反应和动员了社会力量的参与，从而在印度社会经济发展中发挥了积极的作用。从长期来看，恰恰是这一建立于自愿原则基础上的尊重人民生育意愿的人口政策演进及相关的制度变迁，顺应了印度人口发展过程的客观规律。

他山之石，可以攻玉。印度国家人口政策的历史演进可以带给中国许多启示。人口问题是社会经济可持续发展的重要影响因素。中国"一胎化"政策主导的现行生育政策体系执行时间长达 30 年之久。今日中国之

---

① 顾宝昌、王丰：《八百万人的实践——来自二孩生育政策地区的调研报告》，社会科学文献出版社 2009 年版，第 11 页。

社会经济发展与人民的思想觉悟已完全不同于 30 年前。适时调整和进一步优化中国生育政策，构建以人为本的更为清晰的国家人口政策，是国家可持续发展的迫切需要。可喜的是，新一届中央领导集体已经意识到调整人口政策的重要性。党的十八届三中全会明确提出启动实施一方是独生子女的夫妇可生育两个孩子的政策。2013 年 12 月 30 日，中共中央、国务院印发了《关于调整完善生育政策的意见》，对调整完善生育政策的重要意义和实施的总体思路作了清晰的阐述，明确提出各地要按照中央决策部署，加强统筹协调，确保调整完善生育政策稳妥扎实有序实施。然而，客观而言，单独两孩政策仍然无法从根本上解决中国总和生育率过低以及人口加速老龄化的问题。推动中国人口实现长期均衡发展仍需人口政策尽快作进一步的调整和完善。[①] 单独两孩政策执行一年多以来，全国各地所出现的生育政策"遇冷"现象表明，一些人口学家和政府人士所担心的出生堆积现象并没有出现，生育政策若不进一步调整，陷入"低生育率陷阱"的风险将增大。尽管自 2016 年 1 月 1 日起中国终于迎来了全面二孩时代，然而在新的生育模式下，我国育龄妇女的总和生育率能否如期反弹仍是个未知数。根据联合国 2016 年的最新预测，如果依照中国 1.6 ~ 1.8 的妇女总和生育率，到 21 世纪末中国人口将降到 10 亿，如果按照真实的生育率 1.048%，到 21 世纪末中国人口将猛降到 6 亿。而印度人口在 2050 年前后峰值可以超过 17 亿。[②] 这种人口增长的巨大差距将显著地重塑世界能源、环境以及地缘政治的格局。针对中国人口发展中正在呈现的巨大负增长惯性，在新的历史时期，中国人口政策目标乃至整个人口政策体系和制度架构亟须进行彻底反思与改革。

---

① 彭伟斌：《印度国家人口政策的历史演进及影响因素研究》，《人口学刊》2014 年第 6 期，第 30—40 页。

② 潘家华：《从全球视野看中国环境治理》，深圳创新发展研究院微信公众号（http://mp.weixin.qq.com/s/ljlztu13kbef08Bpzcwe/A 2017 年 9 月 8 日）。

# 第 五 章
# 中国人口政策演进：过程、阶段与特征

## 第一节　从全球家庭计划运动看中国计划生育开端

历史是时间、空间与思维运动的集合。中国的计划生育作为全球家庭计划运动的一个重要组成部分，在研究中国人口政策演进的历史中，我们不妨先做一个时间、空间与思维的拓展性分析。也就是说，对于中国计划生育政策的产生、发展乃至其未来的政策终结，先不仅仅停留于一个有限的时间与空间框架内分析，不就中国的计划生育谈中国的人口政策，而是跳出中国，先从世界来看中国，将中国的计划生育运动置于全球家庭计划运动的大视野来进行理性的历史考察。因为，全球家庭计划运动是目前人类历史上影响最深远也是最成功的跨国发展合作案例之一。尽管存在文化上和政治上的冲突，但是家庭计划运动仍和绿色革命一样[①]，展现了集体政治意愿和强有力的国际合作结合所取得的成就。[②] 中国的计划生育不仅是全球家庭计划的一部分，其人口政策的萌芽、产生与发展的演进史也是全球家庭计划运动史的一部分，与其他发展中国家也具有共性的一面。

政策通常是指政府的决策，也就是说，政府对重大问题的立场，并有意影响到将来的事件。政府一般通过颁布法律、设立实施机构并动用公共

---

[①] 美国学者威廉·恩道尔认为家庭计划和绿色革命本质上都是美国获取世界霸权的战略阴谋，在林登·约翰逊宣布"粮食换和平"计划后，美国的粮食援助大幅转向发展中国家，但是受援国只有在同意一些前提条件之后才能得到援助，其中包括同意按照洛克菲勒的计划发展农业、加强人口控制，并向美国投资者敞开大门。见［美］威廉·恩道尔《粮食危机》，知识产权出版社2008年版，第102页。

[②] Warren C. Robinson, John A. Ross. The Global Family Planning Revolution: Three Decades of Population Policies and Programs. The World Bank, 2007: 10–11.

资源来实施政策。① 如果将人口政策视为二战后许多发展中国家通用的一个旨在解决其人口增长与发展问题的通用性的公共政策，那么，我们需要思考，谁是这项公共政策的始作俑者？谁又是这项公共政策的接受者？从市场的角度来看，即谁创造了这项公共政策的供给，谁又是这项公共政策的有效需求者，又是一种什么机制实现了这一公共政策供给与需求的有效对接？

## 一 新独立国家积极参与全球家庭计划运动

人口政策服务于特定的政治意图和社会经济目的，过去如此，现在和将来仍然如此。尽管古代很多国家也有过各种各样的人口政策，但是以控制人口和生育管制为目的的全球性大范围的家庭计划革命却是20世纪后半叶的人类现象。借助人口政策实施家庭计划是许多发展中国家的普遍选择，是二战后亚非拉许多殖民地国家纷纷走上民族独立和自主发展的道路后，新独立主权国家的一种国家理性表现。由于这些国家人口空前增长，借助家庭计划抑制人口过快增长，使之处于国家政策和计划控制之中，成为这些新兴独立主权国家政府的强烈愿望，甚至还被视为国家走向现代化进程中跨越人口障碍的最佳路径。基于这样的认识，一些国家把家庭计划看作解决人口爆炸的十万火急的事情。新独立国家的许多政治领导人和技术精英大多受过良好的西方教育，接触过古典经济学家马尔萨斯人口增长的观点。人口增长可能要求人们节制生育行为的观点使事情至少又回到了19世纪中期英国和其他地方的反马尔萨斯联盟，他们在当时发起了家庭计划（以生育控制为主要目的）运动。国际的非政府组织也已经在殖民地区开展了多年工作，并已经意识到战后人口增加问题。另一个因素是代表当时科技发展水平最著名的 Coale-Hoover 宏观经济模型②认为，快速的

---

① Demeny, Paul. Population Policy. In Encyclopedia of Population, Vol. II, ed. Paul Demeny and Geoffrey McNicoll, New York: Macmillan. 2003: 752 – 757; May, John F. Population Policy. In The Handbook of Population, ed. D. Poston and M. Micklin, New York: Kluwer. 2005: 827 – 852; Roberts, Geoffrey, ed. Population Policy. New York: Greenwood Press, 1990; UN (United Nations). The Determinants and Consequences of Population Trends. Population Studies 50. New York: United Nations. 1973.

② Coale, Ansley J., Edgar M. Hoover. Population Growth and Economic Development in Low-Income Countries: A Case Study of India's Prospects. Princeton, NJ: Princeton University Press. 1958.

人口增长是实现人力资本投资增加和提高人均收入的巨大障碍,大多数新独立国家的政府经济计划者也认为这个模型是正确的。[①] 这就为在全球推广家庭计划运动创造了国家采纳人口政策的积极条件,由此带来人类历史上第一次全球范围的大规模家庭计划运动,并直接导致发展中国家先后出台旨在抑制人口过快增长的人口政策。

墨西哥城会议后,尽管美国政府取消了对联合国人口基金的援助,然而许多发展中国家仍然对实施家庭计划兴趣浓厚,使得全球性节育运动获得快速推广与拓展。然而,到了20世纪80年代,各国政府对是否继续实施人口控制有了不同的主张。从当时的一份调查结果来看(表5-1),43.5%的国家认为本国人口增长率过高,其中37.4%的国家已实施控制生育的政策;有12.3%的国家认为本国生育率水平过低,正准备实施鼓励性人口政策;对本国生育率表示满意的国家占34%,其中9.5%的国家维持现有的人口政策;另有9.5%的国家对本国生育率水平不作评价。值得注意的是,有40%的国家对生育率采取不干预的政策。实际上,这些国家的政府对本国生育率水平有不同的评价,其中包括一些国家支持人口控制,但并没有明确制定人口政策,而是通过非政府组织来实施有关的家庭计划项目。[②]

表5-1　　　　　各国政府对本国生育率的态度及政策主张

| 态度和政策 | | 实际总和生育率 | 期望总和生育率 | 国家数(个) | 比例(%) |
| --- | --- | --- | --- | --- | --- |
| 态度 | 太低 | 2.1 | 3.0 | 19 | 12.3 |
| | 满意 | 3.8 | 4.0 | 50 | 34.0 |
| | 太高 | 6.0 | 5.6 | 64 | 43.5 |
| | 不表态 | 3.4 | 3.8 | 14 | 9.5 |
| 政策 | 提高 | 2.3 | 3.2 | 19 | 12.9 |
| | 维持 | 3.8 | 4.4 | 14 | 9.5 |
| | 降低 | 5.8 | 5.3 | 15 | 37.4 |
| | 不干预 | 4.6 | 4.4 | 59 | 40.2 |

资料来源:Jason L. Flinkle & C. Alison Mcintosh ed. The New Politics of Population. Population & Review, Oct. 20, 1994:44.

---

① Warren C. Robinson, John A. Ross. The Global Family Planning Revolution: Three Decades of Population Policies and Programs. The World Bank, 2007:423-424.
② 李新建:《中国人口控制中的政府行为》,中国人口出版社1999年版,第148—149页。

## 二 美国是全球家庭计划运动的始作俑者

开展家庭计划不仅需要一整套有序的组织与运作管理体系，而且也需要大量人力、物力和财力的投入。对那些期待早日步入类似西方国家工业化和现代化的新独立国家来说，借助家庭计划解决人口过快增长问题的条件并不具备。在20世纪50年代，全球能够提供所有这些要素的国家只有美国。"人口爆炸"说发表以后，发展中国家人口过快增长的问题确实开始引起西方国家的关注。尽管桑格和特普等人早已在发起旨在促进妇女本人的健康和幸福的生育控制运动①。然而，至少到1960年，美国都没有想到要发动全球家庭计划运动。

1959年，艾森豪威尔总统曾坚定地说："生育控制不关我们（美国）的事……如果（美国）政治和政府积极参与实施此类活动或是承担有关的职能，我觉得是不可思议的。"② 然而，仅仅在艾森豪威尔总统发表这份声明之后不到十年的时间里，美国就已成为全球家庭计划和人口控制项目的毫无争辩的发动者。③ 它不仅是后来广大发展中国家全球家庭计划运动最强有力的导演，也是最大的实施者。从它作为超级大国的角色来看，美国是全球建立家庭计划体系的首倡者和领路人，在全球家庭计划运动的起始阶段向发展中国家的政府极力宣传和推动实施人口控制项目。通过美国国际开发署、联合国人口基金会，诸如福特和洛克菲勒基金会之类的慈善组织以及关注人口学者和经济学家的公共团体，人口控制的理念被美国政府隐而不宣地加以传播。尽管早在1958年瑞典就已成为第一个资助发展中国家家庭计划的国家④，然而从20世纪60年代中期开始，美国一直在不遗余力地控制全球人口增长。为更好地在全球推动和实施家庭计划，1961年，肯尼迪当局创设了美国国际开发署。该组织从设立开始就成为

---

① Warren C. Robinson, John A. Ross. The Global Family Planning Revolution: Three Decades of Population Policies and Programs. The World Bank, 2007: 1.

② Green, Marshall. The Evolution of U. S. International Population Policy, 1965 – 92: A Chronological Account. Population and Development Review, Vol. 19, No. 2, 1993: 303.

③ Paige Whaley Eager. Global Population Policy: From Population Control to Reproductive Rights. Chippenham, Wiltshire: Antony Rowe Ltd, 2004: 37 – 38.

④ Singh, Jyoti Shankar, ed. World Population Policies. New York: Praegar Publishers. 1979: 206.

这一时期国际人口援助的主导机构。此外，诸如人口基金会之类组织的工作人员以及哥伦比亚大学的一些学者先后撰写了大量的文章，阐述第三世界政府为破解人口过快增长带来的发展障碍而采取家庭计划的必要性。1960年5月，生育控制药片获美国药监局批准。① 避孕技术的新发展使得在全球推广家庭计划更加具有理论和实践上的可行性。②

1974年之前，面向第三世界国家人口项目援助领域超过四分之三的政府资源以及一半以上的资金援助来自美国政府。③ 在1974年布加勒斯特联合国人口大会后，亨利·基辛格被授权起草《世界人口增长对美国国家安全和海外利益的影响》（简称为NSSM200）。据说这是一份高度机密的备忘录，直到1989年才解密。NSSM200的目的在于借助"世界人口行动计划"来大幅度降低世界人口数量。其中有关"粮食换和平与人口"这一部分中提到，人口增长对全球政治经济生活最基本的影响之一是人口增长与粮食的矛盾加剧。当这种人类最基本的需求出现短缺的时候，人口、国家资源、环境、生产力和经济政治稳定问题就会交织在一起。NSSM200还提出要最大限度地保持人口的稳定，将重点放在最大的及人口增长最快的国家，包括印度、巴基斯坦、孟加拉国、印度尼西亚、菲律宾、泰国、埃及、土耳其、尼日利亚、埃塞俄比亚、哥伦比亚、墨西哥和巴西……在这些重点对象中，有的政府对家庭计划毫无兴趣，有的则非常感兴趣，欢迎美国提供更多技术和资金援助。对于后者，美国国际开发署人口计划项目在进行资源分配时应予优先考虑，美国领导层也做出积极努力，鼓励个人和组织进行捐助。④

由此可见，美国在发展中国家的全球家庭计划革命浪潮中确实扮演了极为重要的始作俑者角色。1960—1980年，人口和家庭计划领域的国际援助一半以上来自美国，这些经费主要用于资助第三世界的家庭计

---

① Donaldson, Peter J. Nature Against US: The United States and the World Population Crisis: 1965–1980. Chapel Hill, North Carolina: The University of North Carolina Press, 1990: 34, 37.

② Paige Whaley Eager. Global Population Policy: From Population Control to Reproductive Rights. Chippenham, Wiltshire: Antony Rowe Ltd, 2004: 39.

③ Singh, Jyoti Shankar, ed. World Population Policies. New York: Praegar Publishers, 1979: 207.

④ Henry Kissinger. National Security Study Memorandum 200, April 24, 1974: Policy Recommendations. 见［美］威廉·恩道尔《粮食危机》，知识产权出版社2008年版，第62—67页。

划项目。① 在美国持续的努力下，包括中国在内的许多亚非拉发展中国家都实施了家庭计划并出台相应的人口政策。而且自 20 世纪 80 年代以来，家庭计划被包装成人口、资源与环境可持续发展，作为一种时尚绿色观念，不仅影响了许多国家的政府，也改变了普通民众的发展观念。

### 三　全球家庭计划运动背景下的中国计划生育

如果将毛泽东 1956 年 10 月 12 日接见南斯拉夫妇女代表团谈话时提出计划生育这一概念视为中国计划生育制度起源的话，那么与 1952 年印度作为第一个国家提出人口政策开展家庭计划比起来，中国计划生育的开端时间晚了好几年。若将 1978 年中共中央批转《关于国务院计划生育领导小组第一次会议的报告》69 号文件视为中国计划生育制度开端形成的话，中国更是全球家庭计划运动浪潮中姗姗来迟的一位。

梁中堂在研究 1956—1978 年中国计划生育制度起源与形成②的这段历史时，将计划生育制度与计划体制的形成历史对照起来，发现计划生育制度的建设步伐要缓慢得多。从 1952 年开始的"一化三改"只用了 3 年时间基本上就达到了高级社的水平；资本主义工商业的改造也只用了 2—3 年。但是以张春桥的"严桥公社模式"为样板的计划生育体制直到 1970 年才开始在全国推行。如果将计划生育视为社会主义计划经济的必由之路，从 1956 年建立社会主义公有制开始到 1970 年前后约有 15 年的准备，在经过 70 年代大约 10 年的时间才算完成了干预国民婚育行为的计划生育制度。③ 相对于其他发展中国家，中国的计划生育的开端时期确实是最长的。

相对经济制度，为什么生育制度在中国发展得如此缓慢？梁中堂从中国经济政治体制的内部原因进行了解答。笔者认为，如果从全球家庭计划运动的视角来审视，还有一个大的外部原因也是值得思考和重视的。那就是以美国为首的西方国家对新中国的封锁与遏制延迟了全球家庭计划运动在中国的大规模普及。这里面有两个时滞，一个是全球家庭计划革命本身

---

① Donaldson, Peter J. Nature Against US: The United States and the World Population Crisis: 1965-1980. Chapel Hill, North Carolina: The University of North Carolina Press, 1990: 1.

② 梁中堂：《1956—1978：计划生育制度的起源与形成——兼论上海在计划生育产生过程中的特别贡献》，见梁中堂《我国生育政策史论》，上海，2013 年 3 月，第 446—469 页。

③ 梁中堂：《"四人帮"与计划生育》，上海，2012 年 5 月，第 82—83 页。

的运动时滞，另一个则是全球家庭计划绕过政治封锁与遏制到达中国的时滞。

就第一个时滞而言，全球生育控制与人口控制运动结合自身的发展并非一帆风顺。1952年是家庭计划运动的起点。那些早期提出避孕和个人生育控制活动的人拒绝把降低国家人口快速增长的政策宣传纳入其中。因为他们担心这样会使政府容忍甚至提倡限制个人生育决策。国际家庭计划联合会也在1952年成立。此后一个时期是全球家庭计划服务和政策相关知识的缓慢增长时期。直到20世纪60年代中后期发达国家启动了面向发展中国家的人口项目资金和技术援助，才可看作家庭计划运动真正的开始。这一时期，以福特基金会为首的美国私人基金为这一新兴领域提供了大量费用。他们不但为在发展中国家从事研究和扩展家庭计划项目提供资金，而且也为培训发展中国家的第一代家庭计划领导人的项目和公共机构提供资金。1962年，在瑞典政府的国际资助下，锡兰（今斯里兰卡）、印度和巴基斯坦都实施了家庭计划工作。1952—1966年是国际社会就家庭计划达成共识①的一个重要时期，有关国家在开始阶段对执行家庭计划的顾虑实际上在一定程度上延迟了西方国家与国际组织大规模推进全球家庭计划。

就新中国而言，尽管没有进入首批执行全球家庭计划的国家行列，但是这一时期也是中国计划生育萌芽的重要时期。中国共产党和中央政府对是否允许节制生育这一问题的认识实际上发生了转变。1953年9月29日，周恩来总理在《第一个五年建设计划的基本任务》中提到中国人口增长的负担，1954年11月10日卫生部发布《关于改进避孕及人工流产问题的通报》，1954年12月27日刘少奇在一次关于节制生育的会议上宣布"现在我们要肯定一点，党是赞成节育的"。② 毛泽东还在1957年提出一个有别于节制生育的"计划生育"概念。1965年10月27日，卫生部长钱信忠向中共中央提交《有关计划生育的几个问题》后，中共中央随后还做出了《关于计划生育问题的指示》。上海在全国率先开展计划生育

---

① Warren C. Robinson, John A. Ross. The Global Family Planning Revolution: Three Decades of Population Policies and Programs. The World Bank, 2007: 3.

② 刘少奇：《提倡节育．刘少奇选集（下）》，人民出版社1985年版，第171—173页。

也始于这一时期。① 如果算上全球家庭计划在各有关国家达成基本共识的时滞，则中国计划生育制度得以确立和形成的延迟时间并没有那么长。也就是全球家庭计划运动影响中国的时间要更早一些。

就第二个时滞而言，以美国为首的西方国家对新中国的封锁与遏制在一定程度上显然是延迟全球家庭计划运动在中国大规模普及与推广的主要原因。女权主义批评家哈特曼恩曾提出一个国家实施人口控制的理路有赖于三个基本假定：首先，快速的人口增长是第三世界国家诸如饥饿、环境破坏、经济停滞和政治动荡等发展问题的初始原因；其次，人们可以被劝说甚至在必要时可以被强制少生孩子而不会恶化他们生存的贫困条件；最后，第三世界国家要能给予资金、人力、避孕技术以及配合西方管理技术实施生育控制服务等要素创造和整合的权利，以便于在基本卫生管理系统缺乏的第三世界妇女中能够通过自上而下的方式推进生育控制。② 从这三个条件来看，显然当时的中美关系的政治大气候决定了中国并不完全具备这三个条件。西方世界的封锁与遏制使大规模开展家庭计划运动所必需的资金、人力、技术以及西方先进的生育控制管理服务难以进入中国，因而不可能像印度、巴基斯坦、斯里兰卡等国家那样实施大规模的家庭计划运动。

然而，封锁与遏制并不表示不可以突破，国际家庭计划运动领域的新思想、新理念和新技术完全可以通过迂回的方式进入中国。就像今天的朝鲜，面临以美国为首的西方世界的严厉制裁与封锁，但是朝鲜并非要闭关自守，而是被迫自守，它还是会想方设法地走向国际社会，工业化、全球化、信息化和现代化还是可以影响到朝鲜，无非这个时间显得较为漫长。尽管面临朝鲜新领导人金正恩的高度集权独裁统治，但现代化的物质和精神理念仍然可以传导到朝鲜。比如在苹果公司最新款的手机发布后，相对中国与俄罗斯，朝鲜的特权阶层和有钱人能够买到最新款的时间可能相对较长，但是借助中国与俄罗斯，最新款苹果手机还是成功地进入了朝鲜。用经济学家萨伊的话说，这是"供给创造它自身的需求"。类似的，只要

---

① ［日］小滨正子：《计划生育的开端——1950—1960 年代的上海》，《台湾中研院近代史研究所集刊》2010 年第 68 期，第 97—142 页。

② Hartmann, Besty. Reproductive Rights and Wrongs: The Global Politics of Population Control. Boston: South End Press, 1995: xix.

人们有避孕需求，即使是面临国际制裁与封锁，国际避孕技术发展所带来的新的避孕方法和理念还是可以影响到中国。在中国推广节制生育的时期，由于节育是一项新的工作，节育技术在很多地方实际上是十分薄弱的。为了推广节育并尽可能提供更多的节育药具，当时中国海关甚至免收避孕药具和药品的关税，并大幅度增加避孕药具的生产。因而，市场上诸如避孕药、避孕套、避孕针、避孕环等当时国际上流行的避孕药具供应充足，为节育工作创造了良好的物质条件。①

新中国奉行独立自主不结盟的外交政策，尽管面临西方世界的制裁与封锁，但是借助不结盟与南南合作，新中国与广大的第三世界国家建立起紧密的国际关系。在双边来往中，全球家庭计划运动其实也影响到了中国。因为中国也面临同样的人口过快增长引发的系列发展问题，与这些不结盟的第三世界国家交往时，发展是一个双方备感兴趣的政治话题。如毛泽东在1956年10月12日接见南斯拉夫妇女代表团听取客人介绍南斯拉夫的情况时，曾提出"南斯拉夫是否实行计划生育"这样的问题。随后还说："过去有些人批评我们提倡节育，但是现在赞成的人多起来了。夫妇之间应该订出一个家庭计划，规定一辈子生多少孩子。这种计划应该同国家的五年计划配合起来……我们为什么不可以对人类本身的生产也实行计划化呢？我想是可以的。"②

从这段话可以推断，毛泽东不仅知道国际上有家庭计划，而且也思考过中国如何开展类似的家庭计划。这也说明，当时的中国并非不想参与国际家庭计划运动，而是在当时被制裁和封锁的情况下，无法获取开展家庭计划所需要的资金、技术和先进的管理与服务经验。对于这样一件可能诱发党和人民矛盾而又没有资源、信息和信心干好的事情，以毛泽东为首的党中央当然不会草率行事。而且，当时处于世界生育高峰，各国仍普遍倾向于增长人口，在传统生育观念难以短时间转变的背景下，中共领导人既出于政治战略考虑和劳动力需求而难以放弃对人口资源的重视，又受限于技术水平难以有效推广节育。他们的人口控制思想虽然有不成熟的地方，

---

① 查瑞传主编，胡伟略、翟振武副主编，北京市社会科学界联合会、北京市人口学会组织编写：《人口学百年》，北京出版社1999年版，第156—157页。

② 梁中堂：《毛泽东人口思想研究》，《兰州商学院学报》2008年第5期，第9页。见毛泽东《同南斯拉夫妇女代表团的谈话》，《毛泽东文集（第7卷）》，人民出版社1999年版，第152—153页。

但依然是新中国计划生育的滥觞。毛泽东、周恩来等中共领导人根据中国当时发展的实际情况,提出社会主义建设的计划性,要求人口发展也要有计划地创新的思想,解决了计划生育的理论依据问题。[1] 尽管毛泽东本人提出计划生育这个新概念,甚至说还要设立一个相关的政府部门。但是直至去世前他都未真正去实行。不仅如此,在毛泽东主政的时代,计划生育始终都是围绕自愿性节制生育来进行的。毛泽东在世的时候,他不仅不许强制推行节育,而且从中央到地方的计划生育连一个正式的常设机构都没有。[2] 这种计划生育的最初理念和具体做法与当时全球家庭计划的理念和做法也十分接近。

值得注意的是,不仅中央层面没有在这一时期推出全国性的控制人口增长的政策,就是地方有关计划生育的工作其实也是以节制生育为主的。上海是当时全国计划生育的先进地区。从20世纪50年代后半期至60年代,上海就先于全国出现了出生率下降的现象(见图5-1),这可以说是从50年代中期起政府断续地推动节制生育的结果。上海市的人口压力较全国其他地方尤为明显,因此当地卫生局更迅速而有力地推进节制生育。当时的节制生育情况与1979年推出的"一胎化"政策不同,妇女大多出于"自愿"。她们在工作与家务、养育子女的负担下,积极地接受了节制生育的宣传。50年代初,妇女因各自的条件和社会阶层的差异,生育观念不一。但在上海城市地区,到60年代中期,节制生育的观念已能渗透到过去从未接触过该观念的幼小失学的劳动阶层妇女。然而,当时的节制生育,还没有开发出安全、有效、简便的方法,加上积极对待节制生育的男性仍然较少,在这样的技术条件和社会性别结构的制约下,上海的大多数妇女只得选择以输卵管结扎以及人工流产为主要节育手段来实现生育的自我决定权。[3]

---

[1] 李琦:《二十世纪五十年代中共领导人的人口控制思想探析》,《中共党史研究》2009年第11期,第31页。

[2] 梁中堂:《计划生育是老百姓的磨难与灾难——写在〈中国计划生育政策史论〉出版之际》,梁中堂的网易博客,2014-11-03,http://liangzhongtang.blog.163.com/blog/static/10942650820141034465 4537/。

[3] [日]小滨正子:《计划生育的开端——1950—1960年代的上海》,《台湾中研院近代史研究所集刊》2010年第68期,第97页。

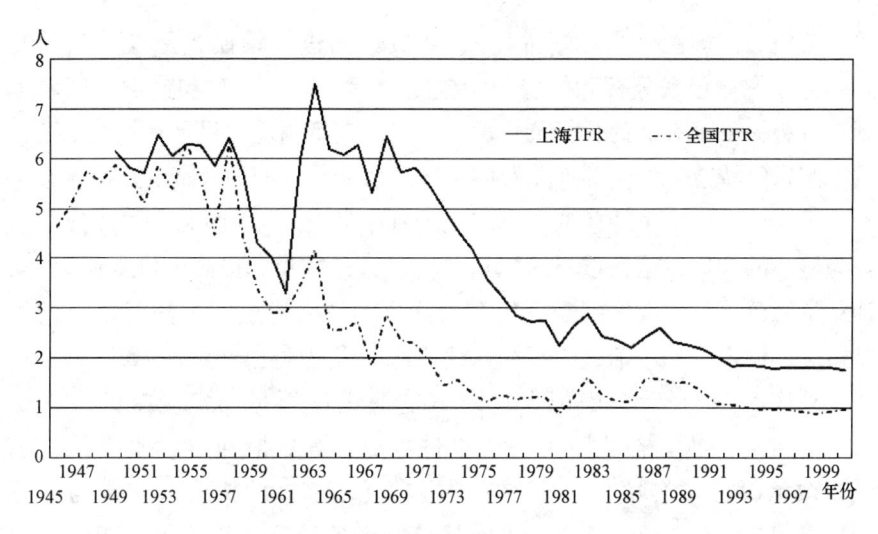

图 5-1　上海与全国总和生育率（TFR）比较

资料来源：彭珮云主编：《中国计划生育全书》，中国人口出版社 1997 年版，第 874 页；若林敬子：《中国の人口問題と社会的現実》，京都：ミネルヴァ書房 2005 年版，第 162 页；上海人口与计划生育年鉴编辑委员会编：《上海人口与计划生育年鉴（2003）》，上海科学技术文献出版社 2003 年版，第 302 页。见［日］小滨正子《计划生育的开端——1950—1960 年代的上海》，《台湾中研院近代史研究所集刊》2010 年第 68 期，第 104 页。

有国外学者认为，中国计划生育开端时期发展人口政策的兴趣主要在于中国的马克思主义意识形态、经济认识和人口实际以及中国共产主义政治和行政管理系统的特征和功能之间，中国能学到什么。就像中国大陆地区许多其他方面的政策一样，执行控制生育的人口政策主要是一种政治现象。也就是说，它基本上是出于政治因素的考虑，而非出于人们的真实避孕需求。这就已经决定或是限制了人口政策的制定。而当有关政策引发争论的时候，其实政策早已合法化了。[①]

## 第二节　中国人口政策的演进过程

从 20 世纪 70 年代开始，在美国政策科学界形成了两种政策制定过程

---

[①] John S. Aird. Population Policy in Mainland China. Population Studies，Vol. 16，No. 1，1962：38.

的分析模式：理性模式和渐进模式。① 其中渐进决策模式是以"政治互动"的动态途径来分析和解释政策制定过程。这对理解和分析中国政策制定过程提供了有益的分析范式。在中国，政策制定过程具有不同于西方政策制定的特点，中国共产党及中央人民政府在长期的政策实践中，逐步形成了一些具有中国特色的政策制定的基本经验。② 中国制定的以计划生育为核心的人口政策，核心思想是"控制人口数量，提高人口素质"。从计划生育政策开端发展到现行生育政策再到后来建成"一法三规"的规制系统，体现出一个渐进决策和连续调适的历史演进过程。

从表5－2来看，中国人口政策的演进过程是非常复杂的，它是由一系列有关人口与生育的历史事件构成，其中既包含学术争论，也包含政治决策。实际上，早在新中国成立之前，桑格夫人访华与节育西风东渐，③ 有关人口政策问题④就是一个备受争议的话题。新中国成立后一直到"一胎化"政策出台之前，尽管人口政策并没有进入中共中央最核心的决策议题，但是至少从1953年开始，中央政府就已经开始关注人们节制生育的问题。⑤ 新中国成立后人口过快增长的压力（实际上源于三年自然完善的补偿性生育）迫使中共中央、国务院在1962年12月13日发出正式文件《关于认真提倡计划生育的指示》（中发［62］698号），其中明确宣布："在城市和人口稠密的农村提倡节制生育，适当控制人口自然增长率，使生育问题由毫无计划的状态逐渐走向有计划的状态，这是我国社会主义建设既定的政策。"文件强调，"各地党委和政府要把这一工作列为议事日程之一，定期地进行讨论和检查"。由于这是最高层次的文件，而且是专门针对计划生育工作所作的指示，这个文件对以后实施人口控制实际上具有极为重要

---

① 赵语慧：《社会转型时期政策制定的模式选择》，《和田师范专科学校学报》2006年第2期，第18—19页。
② 陈振明：《政策科学》，中国人民大学出版社2003年版，第241页。
③ 杨发祥：《当代中国计划生育史研究》，博士学位论文，浙江大学，2003年，第36—37页。
④ 冉志、杨化：《抗战时期国民政府人口政策研究》，《重庆师范大学学报》（哲学社会科学版）2007年第1期，第33—39页。
⑤ Y. C. YuSource. The Population Policy of China. Population Studies, Vol. 33, No. 1, 1979：126 – 127.

的意义。它是中国政府要实际推动开展计划生育工作的一个动员令。① 毫无疑问，这份文件是计划生育工作的一个历史转折点和里程碑。一些省市此后陆续开始着手制定本省的人口出生率、增长率的近期和远期目标及具体规划。如河北省1963年制定了《计划生育十年规划》，要求1975年出生率降到13‰，自然增长率下降到15‰；上海提出争取1967年前使人口出生率下降到15‰，农村下降到20‰，为此要有20%—25%的育龄妇女做绝育手术，20%左右的育龄妇女上环等。② 然而，这些做法并未成为一种大气候，一直到"文化大革命"前夕，人口问题和人口政策仍然是一个不能忽视但游离于边缘位置的政治现象。③

1962—1966年，中国计划生育工作至少在四个方面取得了重要的进展：一是建立了专门的计划生育机构，国务院成立了计划生育委员会，各省市也设立了相应的机构，活跃和推动了计划生育工作的开展；二是开展了节育技术指导，国务院甚至在1964年下发《关于计划生育经费开支问题的规定》明文规定用于节育技术指导等各项经费由计划生育事业费开支；三是加强了避孕宣传，改善了避孕药具供应；四是提出了生育计划、生育胎次政策和生育规定的一些初步设想。④ 这些地方性的具有一定创新性的计划生育初步实践与一些地方经验性的做法实际上成为中国20世纪70年代"晚、稀、少"政策的萌芽和雏形。

"文化大革命"开始后，计划生育更不可能成为这一时期的中心工作。虽然政府并没有公开宣告要改变人口控制和实施计划生育政策的态度，但是连续实施计划生育所需要的社会政治环境已不复存在，各省市前期开展的计划生育工作尝试大多受到"文化大革命"的冲击而被迫陆续停止。然而，也有一些例外和独特之处。比如，上海市在"文化大革命"时期仍然没有放弃和停止有关计划生育的工作。实际上，从1966年"文化大革命"伊始，上海市就一直控制在"四人帮"手中。许多历史资料

---

① 翟振武：《"错批一人与误增三亿"质疑》，《纵横》2000年第7期。
② 查瑞传主编，胡伟略、翟振武副主编，北京市社会科学界联合会、北京市人口学会组织编写：《人口学百年》，北京出版社1999年版，第154、157页。
③ John S. Aird. Population Policy in Mainland China. Population Studies, Vol. 16, No. 1, 1962：38–57.
④ 查瑞传主编，胡伟略、翟振武副主编，北京市社会科学界联合会、北京市人口学会组织编写：《人口学百年》，北京出版社1999年版，第156—157页。

清楚地说明"四人帮"重视和积极领导计划生育工作,甚至有的还表明在"四人帮"领导下计划生育工作创造出好的成绩、好的经验,现行的计划生育制度有不少都是由此发展而来的。① 上海市在这一中国历史的特殊时期不仅没有中断计划生育,反而连续创造出供全国学习的一些制度性经验。"文革"期间上海的计划生育创新得到了中央的肯定。② 上海的做法及"文革"期间中国各地零星式的计划生育工作探索和尝试,实际上为后来中国强制性计划生育政策的出台埋下了历史的伏笔。

表5-2　　　　　　　　中国人口政策演进中主要事件一览表

| 时间 | 主要事件 |
| --- | --- |
| 1950.4.13 | 中央人民政府委员会第七次会议通过《中华人民共和国婚姻法》,同年5月1日颁布 |
| 1950.4.20 | 卫生部和军委卫生部联合发布《机关部队妇女干部打胎限制的办法》 |
| 1952.12.31 | 卫生部制定了《限制节育及人工流产暂行办法》 |
| 1953.1 | 卫生部通知海关禁止进口避孕药具 |
| 1953.8 | 邓小平副总理敦促卫生部抓紧下发《避孕及人工流产办法》 |
| 1953.9.2 | 周恩来总理在《第一个五年建设计划的基本任务》中提到人口增长的负担 |
| 1954.11.10 | 卫生部发布《关于改进避孕及人工流产问题的通报》 |
| 1954.12.27 | 刘少奇在一次关于节制生育会议上宣布"现在我们要肯定一点,党是赞成节育的" |
| 1955.2 | 卫生部提出关于节制生育的建议 |
| 1955.3.1 | 中共中央《对卫生部党组关于节制生育问题的报告的批示》中指出,节制生育是关系到广大人民生活的一项重大政策性问题,在当前的历史条件下,为了国家、家庭和新生一代的利益,我们党是赞成适当地节制生育的 |
| 1955.7 | 一届全国人大二次会议浙江小组会上,邵力子再提计划生育建议,得到马寅初、竺可桢等人的支持 |
| 1956.8 | 卫生部发出《关于避孕工作指示》,要求各级医疗保健机构均须负责避孕技术工作 |
| 1956.9.16 | 周恩来《关于发展国民经济的第二个五年计划的建议的报告》中两处提到计划生育 |

---

① 梁中堂:《"四人帮"与计划生育》(自印本),上海,2012年12月,第5—30页。
② 梁中堂:《中国计划生育政策史论》,中国发展出版社2014年版,第340页。

续表 5-2（一）

| 时间 | 主要事件 |
| --- | --- |
| 1956.10.12 | 毛泽东接见南斯拉夫妇女代表团时说："社会的生产已经计划化了，而人类本身的生产还是处在一种无政府和无计划的状态中。我们为什么不可以对人类本身的生产也实行计划化呢？我想是可以的" |
| 1957.2.27 | 最高国务会议第十一次（扩大）会议上提出"要提倡节育，要有计划地生育"，并表扬了邵力子。马寅初按照大会安排的发言，回应了毛泽东"讲话"中有关计划生育的思想，认为社会主义是计划经济，如果不把人口列入计划之内，不能控制人口，不能实行计划生育，那就不成其为计划经济 |
| 1957.3.5 | 《人民日报》发表首篇关于节制生育的社论《应当适当地节制生育》 |
| 1957.5 | 卫生部在此修改人口流产和绝育手术的具体办法 |
| 1957.7.5 | 《人民日报》发表马寅初署名的《新人口论》 |
| 1957.10.25 | 中共中央颁布《一九五六年到一九六七年全国农业发展纲要（修正草案）》，首次写入计划生育内容并在一些地区开始试点 |
| 1958.5.5 | 刘少奇在中国共产党中央委员会向第八届全国代表大会第二次会议的工作报告中批评了有关农业增长的速度赶不上人口增长速度的悲观论调，提出"人是生产者，人多就有可能生产得更多，积累得更多" |
| 1962.12.18 | 《中共中央、国务院关于认真提倡计划生育的指示》（中发［62］698号文件）提出"在城市和人口稠密的农村提倡节制生育，适当控制人口自然增长，使生育问题由毫无计划的状态逐渐走向有计划的状态，这是中国社会主义建设中既定的政策" |
| 1963.4.12 | 中央批转卫生部党组《关于一九六三年卫生厅局长会议的报告》，原报告中提到要认真开展计划生育工作，卫生部门必须作为一项中心工作来进行 |
| 1963.10.22 | 中共中央和国务院批准第二次城市工作会议纪要的指示（中发［63］699号文件），其中第六点提到"积极开展计划生育，降低人口的出生率，是一项极其重要的任务"及五个"有利于"，并提出城市降低人口出生率的目标 |
| 1965.6.23 | 中共中央、国务院《批转上海市委市人委关于计划生育工作的报告》（中发［65］385号文件），肯定了上海计划生育的成绩，要求各地参照上海的做法，结合本地区的实际情况，切实地总结自己的经验，更好地把计划生育工作开展起来 |

续表 5-2（二）

| 时间 | 主要事件 |
| --- | --- |
| 1965.10.27 | 卫生部长钱信忠向中共中央提交《有关计划生育的几个问题》 |
| 1966.1.28 | 中共中央批复卫生部《关于计划生育问题的批示》〔中发［66］70号文件〕，其中提到"实行计划生育，是一件极其重要的大事" |
| 1971.7.8 | 国务院转发卫生部、商业部、燃化部《关于做好计划生育工作的报告》（1971）51号文件，要求加强对计划生育工作的领导，并在"四五"计划中提出"一个不少，两个正好，三个多了" |
| 1971.11 | 卫生部在江苏如东县举办计划生育工作经验交流学习班，将学习班的经验推向全国 |
| 1972.1 | 河北省在乐亭县召开全省计划生育工作会议，17个省市区代表参加、学习和传播乐亭、固安等县经验 |
| 1972.9 | 卫生部在山东召开计划生育、节育技术会议，强调抓好晚婚晚育，推广思想教育、组织领导、人口计划、生育政策及节制措施的"五落实"经验 |
| 1973.7.16 | 国务院成立计划生育领导小组，华国锋兼任国务院计划生育领导小组组长 |
| 1973.12 | 国务院计划生育领导小组办公室在北京召开第一次全国计划生育工作汇报会，会上提出"晚（晚婚晚育）、稀（两胎之间需要有间隔）、少（少生）"的生育政策，开始全面推行计划生育 |
| 1974.12 | 毛泽东在《关于1975年国民经济计划的报告》上作了"人口非控制不可"的批示 |
| 1974.12.31 | 中共中央发布《关于转发〈上海市关于开展计划生育和提倡晚婚工作的情况报告〉和〈河北省关于召开全省计划生育工作会议的情况报告〉通知》（中发［1974］32号），指出"上海等先进地区的经验说明，搞好计划生育，关键在于各级党委要把这项工作列入议事日程，切实加强领导，经常抓，抓得紧" |
| 1978.10.26 | 中共中央批转《关于国务院计划生育领导小组第一次会议的报告》（［1978］69号文件），提出计划生育工作的战略意义，要求增强抓好这项工作的自觉性 |
| 1978.11 | 首届人口理论讨论会在北京召开。这是新中国成立以来第一次专门讨论人口科学的会议，标志着中国人口科学的正式恢复和发展进入一个新阶段 |
| 1979.1.27 | 《人民日报》发布社论提出，对只生一胎不再生二胎的育龄妇女给予表扬，对生三胎及三胎以上的，从经济上给予必要的限制 |
| 1979.3 | 山东阳台容城县农民鞠洪泽、鞠荣芬等136对夫妇，向全公社、全县倡议《为革命只生一个孩子》 |

续表 5-2（三）

| 时间 | 主要事件 |
|---|---|
| 1979.6 | 陈云给陈慕华副总理的信中指出：限制人口、计划生育问题同国民经济发展一样重要，并提出五条计划生育措施：大造舆论，制定法令，只准生一个，加强避孕药物工作，优待独生子女，实行社会保险 |
| 1979.8.5 | 《光明日报》发表《错批一人误增三亿》一文 |
| 1979.12 | 陈慕华副总理在成都召开的全国计划生育办公室主任会上正式提出："把计划生育工作的重点转移到一对夫妇最好生一个孩子上来" |
| 1979.12.7—13 | 全国第二次人口科学讨论会在四川省成都市召开，梁中堂在提交的论文中提出"晚婚晚育加间隔"的生育办法 |
| 1980.9.7 | 华国锋总理代表国务院在第五届全国人民代表大会第三次会议上的报告中指出，"提倡一对夫妻只生育一个孩子"，正式宣布国家试行独生子女政策。人口政策中心由提倡"晚、稀、少"，"最好生一个，最多两个"，转移到提倡"一胎化" |
| 1980.9.25 | 中共中央发表《关于控制中国人口增长问题致全体共产党员、共青团员的公开信》，要求所有共产党员，共青团员特别是各级干部，用实际行动带头响应国务院号召 |
| 1981 | 新《婚姻法》正式实施；第五届全国人民代表大会第四次会议上，国务院政府工作报告中明确提出"限制人口的数量，提高人口的素质，这就是我们的人口政策" |
| 1981.4.26—30 | 中国代表团参加在印度尼西亚雅加达召开的第二次计划生育国际会议 |
| 1981.11 | 全国人大五届四次会议《政府工作报告》中将中国的人口政策概括为"限制人口的数量，提高人口的素质" |
| 1982.2.9 | 中共中央、国务院发布《关于进一步做好计划生育工作的指示》，要求巩固和发展计划生育的成果，提出国家干部和职工、城镇居民一对夫妻只生育一个孩子，农村普遍提倡一对夫妻只生育一个孩子，对少数民族则实施相对宽松的政策 |
| 1982.2 | 第三次全国人口普查；中央出台 11 号文件，纠正和遏制极端"一胎化"政策，颁布了以"女儿户"为核心内容的生育政策 |
| 1982.9.1—11 | 中共十二大召开，计划生育被定为国家的基本国策 |
| 1982.12 | 《中华人民共和国主席宪法修正案》颁布，其中明文规定"国家推行计划生育，使人口的增长同经济和社会发展计划相适应" |

续表 5-2（四）

| 时间 | 主要事件 |
|---|---|
| 1984.4.13 | 中共中央批转国家计划生育委员会党组《关于计划生育工作情况汇报》（中发［1984］7号文件），再提12亿人口控制目标，继续有控制地"开小口"，但坚决制止"开大口" |
| 1984.5 | 中共中央办公厅发出《关于关心三十岁以上未婚青年婚姻问题的通知》 |
| 1984.7.30 | 国家计生委所属的中国人口情报中心的马瀛通与国家计生委政研处张晓彤上报国务院《关于人口控制与人口政策中的若干问题》的研究报告，该文与赵紫阳的批示一并作为"中央书记处会议参阅文件［1984］21号"，胡耀邦参阅批示 |
| 1985年初春 | 国家计划生育委员会及山西省委、省政府批准山西省翼城县试行晚婚晚育加间隔的生育办法 |
| 1985.10—11 | 国家计生委分别召开南片、北片会议，确定45个"二孩政策"试点县，实际仅有山西省翼城县、广东省南海县和广西壮族自治区龙胜各族自治县3个县实行"晚婚晚育加间隔"普遍允许农民生育两个孩子 |
| 1986.6 | 广东省人大常委会通过《计划生育条例》，在全省普遍实行二孩政策 |
| 1986.12.2 | 中央领导充分肯定山西翼城试点成效，高度评价晚婚晚育加间隔生育方法并将之概括为中国现行生育政策之一 |
| 1987 | 翼城县实行"晚婚晚育加间隔"终于得到国家计划生育委员会的肯定。王伟在翼城主持召开"全国部分农村全面贯彻计划生育政策研讨会"，"二孩政策"试点县增加到48个，实际只有山西翼城县、内蒙古自治区林西县、黑龙江黑河市、广东开平县和南海县、广西壮族自治区龙胜各族自治县、甘肃徽县、青海湟中县7县开展了试点 |
| 1988.1.25 | 彭珮云接替王伟担任国家计划生育委员会主任 |
| 1988.3.31 | 赵紫阳主持召开了第18次中央政治局常委会，听取国家计划生育委员会关于计划生育工作的汇报，澄清事实和重申现行生育政策。国家计生委决定在全国贯彻以"女儿户"为核心的生育政策 |
| 1988.5.9—12 | 国家计划生育委员会召开全国计划生育主任会议，传达中央政治局常委会会议精神 |
| 1988.5.30 | 国家计划生育委员会下发"计生委［1988］厅字31号"文件，将原48个试点县调整为13个。其中只有山西翼城县和大同新荣区、黑龙江黑河市、山东长岛县、广东南海县、广西壮族自治区龙胜各族自治县、甘肃酒泉地区和徽县8个区县"二孩政策"试验，辽宁黑山县、浙江武义县、山东荣成县、湖北黄冈县、陕西勉县其他5县都非二孩试点 |

续表 5-2（五）

| 时间 | 主要事件 |
|---|---|
| 1988.7.21 | 国家计划生育委员会在北戴河召开第一届人口专家委员会 |
| 1990 | 各省人大常委会陆续重新审定本省的《计划生育条例》，绝大多数省份真正落实以"女儿户"为核心内容的现行计划生育政策 |
| 1990.5.28 | 江泽民、李鹏给中国计划生育协会写信，强调"计划生育工作一刻也不能放松" |
| 1991.5.14 | 中共中央、国务院根据实际生育控制能力与政策间的差距，做出《关于加强计划生育工作严格控制人口增长的决定》，将 1991—2000 年人口计划控制目标定在年均自然增长率为 12.5‰ 以内，即总人口 2000 年年末控制在 13 亿以内 |
| 1991.12.26 | 经国务院批准，国家计划生育委员会以主任令颁布《流动人口计划生育管理办法》 |
| 1992.7.30 | 国家计划生育委员会、中共中央统战部、外交部、国务院港澳办公室、国务院台湾事务办公室发布《关于大陆公民与港澳台、外国公民依法结婚后有关生育政策问题的意见的通知》（国计生政字〔1992〕260号） |
| 1998.9.22 | 经国务院批准，国家计划生育委员会主任张维庆发布中华人民共和国国家计划生育委员会第1号令，《流动人口计划生育管理办法》更名为《流动人口计划生育工作管理办法》，自 1999 年 1 月 1 日起施行。原《流动人口计划生育管理办法》同时废止 |
| 1999.11.29 | 国家计划生育委员会发布《流动人口婚育证明管理规定》（国计生委〔1999〕100号） |
| 2000.3.2 | 中共中央、国务院发布《关于加强人口与计划生育工作稳定低生育水平的决定》，强调人口与计划生育工作的主要任务转向稳定低生育水平，提高出生人口素质，到 2010 年年末，中国大陆总人口数控制在 14 亿以内，年均人口出生率不超过 15‰ |
| 2001.3 | 国家计生委发布《关于开展人口与计划生育综合改革试点工作的指导意见》，全国 12 省 16 市开展计划生育综合改革试点 |
| 2001.12.29 | 江泽民签署主席令颁布《中华人民共和国人口与计划生育法》，以国家立法形式进一步明确了"实行计划生育是国家的基本国策"以及"国家稳定现行生育政策" |
| 2002.8.10 | 朱镕基签发中华人民共和国国务院令（第357号），颁布《社会抚养费征收管理办法》，自 2002 年 9 月 1 日起实施，使对超生的经济惩罚更加有章可循 |

续表 5-2（六）

| 时间 | 主要事件 |
| --- | --- |
| 2006.1 | 国家人口计生委下发《关于全面深化综合改革建立和完善新工作机制的指导意见》，将计划生育综合改革推向全国31个省份，试点城市增至42个 |
| 2006.12.17 | 《中共中央、国务院关于全面加强人口和计划生育工作统筹解决人口问题的决定》（中发〔2006〕22号）发布，再次强调"必须坚持计划生育基本国策和稳定现行生育政策不动摇" |
| 2006.12 | 国家人口计生委下发关于认真贯彻落实《中共中央、国务院关于全面加强人口和计划生育工作统筹解决人口问题的决定》的意见（国人口发〔2006〕151号） |
| 2006.12.22 | 国家人口计生委下发关于印发《〈中共中央、国务院关于全面加强人口和计划生育工作统筹解决人口问题的决定〉学习宣传提纲》的通知（国人口厅发〔2006〕153号），提出20条宣传《决定》的标准口号 |
| 2006.12.29 | 国务院办公厅发布《关于印发人口发展"十一五"和2020年规划的通知》（国办发〔2006〕107号），阐明国家人口发展战略思路与目标，明确"十一五"时期人口发展的主要任务，促进人口资源的优化配置，为全面建设小康社会和构建社会主义和谐社会创造良好的人口环境，为经济社会全面协调可持续发展提供持久动力和增长源泉 |
| 2007.7.9 | 人口计生委、教育部与公安部联合发布《关于高等学校在校学生计划生育问题的意见》，将在校学生的计划生育管理和服务列为高校人口和计划生育工作的重点内容 |
| 2009.5.11 | 温家宝总理签发中华人民共和国国务院第555号令，颁布《流动人口计划生育工作条例》，2009年10月1日起施行，原《流动人口计划生育工作管理办法》同时废止 |
| 2009.4 | 国家人口计生委下发《关于进一步深化综合改革创新体制机制的指导意见》，重新启动计划生育综合改革 |
| 2009.7 | 深圳市卫生局与深圳市人口和计划生育局合并成立卫生和人口计划生育委员会 |
| 2010.1 | 国家人口计生委下发《国家人口发展"十二五"规划思路（征求意见稿）》，提出要稳妥开展实行"夫妻一方为独生子女的家庭可以生育第二个孩子"的政策试点工作 |

续表 5-2（七）

| 时间 | 主要事件 |
|---|---|
| 2010.5 | 国家人口计生委在江西井冈山召开会议，研究总结计划生育综合改革的经验与问题 |
| 2013.11.15 | 十八届三中全会上通过《中共中央关于全面深化改革若干重大问题的决定》，提出"启动实施一方是独生子女的夫妇可生育两个孩子的政策" |
| 2013.3.10 | 国务院机构改革和职能转变方案提出将卫生部的职责、人口计生委的计划生育管理和服务职责整合，组建国家卫生和计划生育委员会 |
| 2013.12.30 | 中共中央、国务院印发《关于调整完善生育政策的意见》，对调整完善生育政策的重要意义和实施的总体思路作了清晰阐述 |
| 2014.1.17 | 浙江实施"单独两孩"政策，成为全国首个"单独两孩"政策落地的省份。此后各省陆续实施"单独两孩"政策并出台具体执行细节 |
| 2015.10.29 | 中共十八大五中全会公报宣布将"全面实施一对夫妇可生育两个孩子政策" |
| 2015.12.27 | 第十二届全国人大常委会第十八次会议审议通过全国人大常委会关于修改《人口与计划生育法》的决定提出：国家提倡一对夫妻生育两个子女，符合法律、法规规定条件的，可以申请再生子女。其中独生子女父母仍有奖励，但晚婚假被取消 |
| 2016.1.1 | 修改后的《人口与计划生育法》正式实施，中国进入"全面二孩"时代 |

资料来源：根据刘少奇：《提倡节育.刘少奇选集（下）》，人民出版社 1985 年版；中国共产党新闻网：《毛泽东思想年编（1921—1975）》；刘长发：《对马寅初的〈新人口论〉的批判是毛泽东的错误吗?》，人民网，2002.13，http://www.people.com.cn/GB/shizheng/252/8434/8437/20020613/751973.html。曹前发：《建国后毛泽东人口思想论述》，中央文献研究室，载《新中国60年研究文集二》，中央文献出版社 2009 年版，http://www.wxyjs.org.cn/GB/186517/11365038.html；王健：《陈云经济发展观探析》，《毛泽东思想研究》2001 年第 5 期；梁中堂：《记一次流产的试点研讨会》，http://liangzhongtang.blog.163.com/blog/static/109426508201351892529647；梁中堂：《中国人口问题的"热点"——人口理论、发展战略和生育政策》，中国城市经济社会出版社 1988 年版；中国发展研究基金会：《人口形势的变化和人口政策的调整（中国人口发展报告 2011/12）》，中国发展出版社 2012 年版；梁中堂：《"一胎化"政策形成的时代背景》，《二十一世纪》2009 年，（112）；陈剑：《胡耀邦关于调整生育政策的一项重要批示》，胡耀邦史料信息网，2014-4-29，http://www.hybsl.cn/ybsxyj/shengpingyusixiang/2014-04-29/45981.html；中国人口情报资料中心：《世界人口会议资料》，1981.9；彭珮云主编：《中国计划生育全书》，中国人口出版社 1997 年版；国家人口和计划生育委员会编：《新时期人口和计划生育工作重要文献》，中国人口出版社 2007 年版以及孙沭寒：《中国计划生育史》，北方妇女儿童出版社 1990 年版；查瑞传主编，胡伟略、翟振武副主编，北京市社会科学界联合会、北京市人口学会组织编写：《人口学百年》，北京出版社 1999 年版等有关资料整理而成。

随着权力交接和领导层变更，中国的人口问题以某种让人难以察觉的方式成为后毛泽东时代政治和权力的中心议题。毛泽东逝世和"四人帮"倒台后，人口目标不仅更加明确，而且更加雄心勃勃。在1979年第五次全国人民代表大会上，华国锋宣布，人口增长的大幅度下降是实现"四个现代化"的重要条件之一。① 到了邓小平时代，控制人口增长成为一个非常重要的考虑因素。邓小平在1981年1月强调"计划生育工作是一项战略性任务，一定要抓紧，要大造舆论，报纸要发社论，表扬好的典型。"② 有关计划生育的这些转变使中国在邓小平时代成为一个日渐活跃而自信的成员参与到国际人口事务中来。③

中国建立起计划经济制度以后，随着经济资源和生产纳入发展计划，也逐步将老百姓的生育演变为国家的一种基本制度。④ 1978年中央69号文件提出"最好一个最多两个"。1979年国务院副总理陈慕华进一步提出"一胎化"，这个政策促使所有父母自己将生育限制于1979年公告的鼓励一对夫妻只生育"一个孩子"。再到1980年党中央采取反常的措施发布《公开信》，呼吁共青团成员以只生一个孩子来响应党中央的号召，中国发动了世界上最雄心勃勃的计划生育运动。⑤ 实际上，中国在20世纪70年代正式提出晚、稀、少的计划生育政策，或者称为"一个不少，两个正好"的口号，其实是一种类似许多发展中国家开展家庭计划时所提出的降低人口增长速度的指导性政策。这个政策后来演变成强制性的政策，将生育孩子的数量进行严格的指标控制，对生育二孩的间隔进行严格的时间限制。在极端的"一胎化"推行后，后来的中央7文件尽管"开小口"。但是，多年以

---

① ［意］马西姆·利维巴茨：《繁衍——世界人口简史（第三版）》，郭峰、庄瑾译，北京大学出版社2005年版，第192页。

② 史成礼：《中国计划生育活动史》，新疆人民出版社1988年版，第20页。见汤兆云《中国现行人口政策的形成与稳定——新中国人口政策的演变》，《中共党史资料》2008年第2期，第134页。

③ Susan Greenhalgh. Governing China's Population: From Leninist to Neoliberal Biopolitics. Stanford University Press. 2005：97.

④ 梁中堂：《计划生育是老百姓的磨难与灾难——写在〈中国计划生育政策史论〉出版之际》，梁中堂的网易博客，2014-11-03，http://liangzhongtang.blog.163.com/blog/static/10942650820141034465437/。

⑤ Susan Greenhalgh. Socialism and Fertility in China. Annals of the American Academy of Political and Social Science, Vol. 510, World Population: Approaching the Year 2000. Jul., 1990：73-86.

来,这个以控制人口过快增长为主调的人口发展战略并没有改变。①

与现代化主题所期望的相反,中国家庭的变化在很大程度上应归功于工业化和城市化的影响,它们恰是政府直接干预的结果。生育政策的突然改变和反转、结婚年龄变化和政府政策的公共意图,使中国政府在影响家庭革命中具有引领者特征。② 对当时中央倡导的在20世纪末争取将人口自然增长率降到零,不仅国外学者认为不可思议,国内亦有学者提出了不同看法,认为人口政策的反复变化,将对社会政治生活带来很大的影响。人口基本政策对于社会的稳定,往往要较之政治经济政策更为重要。一个国家或一个民族在一个较长的时期内,首先应该有一个基本的人口政策,然后辅之以临时性的措施来调节或影响人口发展规模。如果一个国家或者一个民族的人口政策在短时期内反复变化,势必造成人民群众基本生活方式的混乱。由二胎到一胎,由一胎到二胎,又由二胎到多胎,使人民群众在自身再生产问题上完全无习惯可循。③

1982年2月,中央出台的第11号文件纠正和遏制了极端"一胎化"政策的做法,同时颁布了以"女儿户"为核心内容的生育政策。1982年9月召开的中共十二大会议将计划生育定为国家的基本国策。1984年4月,中共中央发布《中共中央批转国家计划生育委员会党组〈关于计划生育工作情况的汇报〉》(中发［1984］7号文件),要求各地在继续提倡一对夫妻生育一个孩子的同时,根据当地情况对生育政策做出若干修订,允许一部分夫妻生育两个孩子,坚决杜绝三孩及以上的多孩生育,这就是中国人口政策演进历史上有名的"开小口,堵大口"。中央决定在农村实行以"女儿户"为核心内容的政策,其出发点是,既要坚定不移地把计划生育工作抓紧,又要从实际出发,使计划生育政策能够为多数农民所接受,得到他们的支持。只有这样,计划生育工作才有更坚实的基础,才能长期、稳定地坚持下去。④

---

① 翟振武:《20世纪50年代中国人口政策的回顾与再评价》,《中国人口科学》2000年第1期,第17—26页。

② Arthur P. Wolf. The Preeminent Role of Government Intervention in China's Family Revolution. Population and Development Review, Vol. 12, No. 1, 1986: 101.

③ 梁中堂:《论我国人口发展战略》,山西人民出版社1985年版,第7页。

④ 彭珮云:《彭珮云同志在全国计生委主任会议闭幕时的讲话》1988年5月12日,见中国人口情报中心《中国人口资料手册》,北京,1988年12月,第15页。

1985年春，国家计划生育委员会批准山西省翼城县试行晚婚晚育加间隔的生育办法，同年10—11月还召开南片、北片会议，确定45个"二孩政策"试点县。然而坚持至今的仅有山西翼城、甘肃酒泉、湖北恩施和河北承德四个市（县）。1986年12月2日，中央领导其实已经肯定了山西翼城县的试点成效，并高度评价晚婚晚育加间隔生育方法，将之概括为现行生育政策之一。1988年3月31日，赵紫阳在第18次中央政治局常委会上明确地说："这一次是重申现行生育政策，不开新口子。"同年7月22日，赵紫阳在一份材料上批示："问题不在提十二亿左右，也不在开小口子。但目前出现的人口出生率回升要认真重视，按照目前的政策认真抓紧贯彻，解决多胎问题和早婚、早育问题。目前有些地方确实有放松与自流现象，应坚决纠正。"① 可见，在中央7号文件发布后的80年代，中央一直在反复强调要贯彻落实现行生育政策。

自20世纪90年代以来，中国的人口政策基本上步入了维护现行生育政策的一个相对稳定的时期。一直到2006年12月17日，中共中央、国务院还在发布的《关于全面加强人口和计划生育工作统筹解决人口问题的决定》（中发［2006］22号）文件中，再次强调"必须坚持计划生育基本国策和稳定现行生育政策不动摇"。如果将毛泽东1957年提出明确提出"计划生育"这一概念视为中国计划生育制度的萌芽，一直到2014年各省市区实施单独两孩政策前，新中国人口政策演进整整走过了60多年的历程，最终形成了以现行生育政策为主的一个多元化人口政策。

由于经济社会发展不平衡，这个现行生育政策在地区之间、城乡之间、汉族和少数民族之间都有所区别，大致可细分为四种类型。现行生育政策的多样性从区域差别来看（见表5-3），北京、天津、上海、江苏和四川等省市执行的是一孩政策，覆盖人口约占总人口比重的35.9%；云南、青海、海南、宁夏、新疆五个省区，实行的是农村普遍生两个孩子的政策，这部分人口占总人口的9.6%；对总人口在1000万以下的部分少数民族地区，也提倡计划生育，但是允许农牧民最多生育3个孩子，新疆维吾尔自治区的牧区则是"二三四"的政策，西藏自治区的城镇居民可

---

① 彭珮云：《彭珮云同志在全国计生委主任会议闭幕时的讲话》1988年5月12日，见中国人口情报中心《中国人口资料手册》，北京，1988年12月，第3、14页。

以生育2个孩子,藏族及人口稀少的少数农牧民则不限制生育数量,这部分人口约占总人口的1.6%;其他19省市的农村地区,实行的"一孩半"政策,即第一个孩子是女孩的话可以再生一个,覆盖人口占总人口比重的

表5-3　　　中国现行生育政策体系及覆盖区域分布

| 生育政策 | 具体政策规定 | 覆盖区域及规制对象 | 覆盖人口占全国总人口比重 |
| --- | --- | --- | --- |
| 一孩政策 | 一对夫妻只允许生育一个孩子 | 全国城镇居民,北京、天津、上海、江苏、四川、重庆6省(市)的农村居民 | 35.90% |
| 一孩半政策 | 农村夫妇生育第一个孩子为女孩可再生育一个孩子 | 河北、山西、辽宁、吉林、黑龙江、浙江、安徽、福建、江西、山东、河南、湖北、湖南、广东、广西、贵州、陕西、甘肃等19省(区)的农村居民 | 52.90% |
| 二孩政策 | 农村居民普遍可以生育两个孩子 | 海南、云南、青海、宁夏、新疆5省(区)的农村居民 | 9.60% |
| 三孩政策 | 一对夫妻可以生育三个孩子 | 青海、宁夏、新疆等部分地区的少数民族农牧民;海南、内蒙古等地前两个孩子均为女孩的少数民族农牧民;云南边境地区和人口稀少的少数民族农村居民;黑龙江人口稀少的少数民族居民 | 1.60% |
| 自由生育政策 | 不限制生育数量 | 西藏自治区及人口稀少的少数民族地区的农牧民 | |
| "双独"政策 | 夫妻都是独生子女的可生育两个孩子 | 全国30个省、自治区、直辖市的"双独"户家庭 | 覆盖人口占比具体数据不详 |
| "单独"政策 | 农民夫妇一方为独生子女可生育两孩 | 天津、辽宁、吉林、上海、江苏、福建、安徽7省(市)的"单独"户家庭 | 覆盖人口占比具体数据不详 |

资料来源:根据各省市区计划生育条例及中国发展研究基金会:《人口形势的变化和人口政策的调整(中国人口发展报告2011/12)》,中国发展出版社2012年版,第50—51页。有关资料整理而成。

52.9%。目前,在一些省市区的城市地区,如果夫妇双方均是独生子女,则有权生育2个孩子。① 北京和广东的计生条例还规定,独生子女之间结婚不论城乡都可以生育二胎。总体来说,在现行生育政策框架下,生育限制农村要宽于城市,西部要宽于东部和中部,少数民族要宽于汉族,全国总体政策生育率为1.47左右,实际执行一孩生育政策的人口大约为60%。② 应该承认,中国的生育政策实际上具有典型的二元性。③ 当然,这个现行生育政策是一个阶段性的政策,不是一成不变的。至于什么时候调整,要根据形势的变化,由中央来决策。④

实际上中国人口政策其实一直处于大的强制性政策变动和小的政策微调之中。早在20世纪80年代,人口政策就曾出现过一些重要且值得注意的微调。⑤ 各地在保持现行生育政策稳定的同时,对本地生育政策也进行了微调。全国所有省、自治区和直辖市都先后实行过允许双方为独生子女的夫妇生育两个孩子(下文简称为"双独"政策);天津、辽宁、吉林、上海、江苏、安徽、福建7省(市)的农村居民实行了夫妻一方为独生子女的可生育两个孩子的政策(下文简称为"单独"政策);上海、浙江、广东、湖南、湖北、吉林、海南、甘肃、新疆、内蒙古、山西、江西等省(区、市)取消或放开了生育间隔规定;广东、辽宁、吉林、河北及新疆等省(区)还放宽了再婚夫妻生育政策。⑥

总体来看,最终形成的现行生育政策既考虑了中国区域之间经济与社会发展的不平衡,又存在地区之间、城乡之间以及汉族与少数民族之间的生育权区别对待。当时各地对现行生育政策的微调主要集中于农村地区,

---

① 张维庆:《中国实行计划生育绝不是简单的"一孩化"政策》,《张维庆主任中央电视台新闻会客厅〈决策者说〉栏目中的采访发言》2010年1月23日,江苏省卫生与计划生育委员会网站(http://www.jsfpc.gov.cn/xxgk/zcfg/zcjd/2010/11/24164940094.html)。

② 中国发展研究基金会:《人口形势的变化和人口政策的调整(中国人口发展报告2011/12)》,中国发展出版社2012年版,第51页。

③ 于学军:《不能完全通过调整人口政策解决人口老龄化问题》,《中国政府网在线访谈》2007-7-10。

④ 张维庆:《以人的全面发展统筹解决我国人口问题——关于人口热点问题的问与答》2006年第9期,第13页。

⑤ Susan Greenhalgh. Shifts in China's Population Policy, 1984-86: Views from the Central, Provincial, and Local Levels. Population and Development Review, Vol. 12, No. 3, 1986: 491-515.

⑥ 中国发展研究基金会:《人口形势的变化和人口政策的调整(中国人口发展报告2011/12)》,中国发展出版社2012年版,第51—52页。

更多的是对可以生育二孩人群的过程调整,而全国广大城镇地区的生育政策基本没有变化。尽管2014年全国29个省(区、市)已经在现行生育政策框架的基础上先后启动了单独两孩的生育政策(表5-4),但是《人口与计划生育法》以及计划生育的基本国策并没有发生改变,国家仍提倡一对夫妇只生一个孩子,鼓励公民晚婚晚育。同时,中央政府授权各省、直辖市和自治区具体制定本省的人口与计划生育条例。即使2016年进一步放松限制,推行全面二孩政策,然而现行生育政策总的框架体系和基本导向并没有发生大的实质性改变。

表5-4  2014年中国29省(直辖市或自治区)单独两孩政策开放时间

| 省(直辖市) | 单独两孩新政实施时间 | 省(自治区) | 单独两孩新政实施时间 |
| --- | --- | --- | --- |
| 浙江 | 1月17日 | 云南 | 3月28日 |
| 江西 | 1月18日 | 江苏 | 3月28日 |
| 安徽 | 1月22日 | 湖南 | 3月28日 |
| 天津 | 2月14日 | 吉林 | 3月28日 |
| 北京 | 2月21日 | 福建 | 3月31日 |
| 广西 | 3月1日 | 内蒙古 | 3月31日 |
| 上海 | 3月1日 | 黑龙江 | 4月22日 |
| 陕西 | 3月1日 | 贵州 | 5月18日 |
| 四川 | 3月20日 | 宁夏 | 5月28日 |
| 甘肃 | 3月26日 | 山西 | 5月29日 |
| 重庆 | 3月26日 | 河南 | 5月29日 |
| 广东 | 3月27日 | 河北 | 5月30日 |
| 辽宁 | 3月27日 | 山东 | 5月30日 |
| 青海 | 3月27日 | 海南 | 6月1日 |
| 湖北 | 3月27日 | — | — |

资料来源:根据各省(直辖市或自治区)卫生与计划生育委员会网站公告整理。

## 第三节 中国人口政策演进的阶段划分

在中国，政府计划生育行动的历史与印度有相当大的差别。[①] 从新中国成立之初到 20 世纪 80 年代后期最终形成现行生育政策，与印度等其他发展中国家比起来，中国人口政策演进的渐进调适过程所经历的时间要长得多。虽然避孕和节制生育是工业革命带给人类的一种新的生活方式，在二战后借助全球家庭计划在许多国家发动了一场无声的革命，并逐渐地融入和改变着类似印度这样古老而传统的发展中国家。但是在中国，全球家庭计划运动所引发的这场生育革命斗争更为激烈，时间也更为漫长。

尽管中国政府从 1973 年 7 月 16 日开始成立计划生育领导小组，将计划生育正式列入政府的工作范围并逐渐建立起一个自上而下的在全世界独一无二的计划生育组织和执行体系，但是它开始作为人口政策这样一个国家的正式制度安排，在 1982 年以中共中央第 11 号文件的形式，从制定颁布到基本贯彻执行先后却经历了将近长达 10 年的时间。如果将毛泽东 1957 年提出计划生育作为中国计划生育制度的起源算起，到 20 世纪 90 年代初期现行生育政策在全国得到贯彻和落实，中国人口政策作为一种正式制度安排，这个制度发展和演化的过程确实是缓慢的。这期间经历了几次大的政治周期和社会经济运动，人口政策也经历了从旧的社会主义计划经济体制向新的社会主义市场经济体制痛苦转型的历史过程。相对政治和经济领域的其他重大公共政策，人口政策尽管并未作为重点置于政府决策和公共政策的核心位置，但是它还是以人口控制为目标贯穿于新中国不同的历史时期，在发展演化过程保持着一定的动态性和连续性。对于新中国人口政策演进的这 67 年时间如何进行阶段性划分，目前学术界仍存在较大的分歧。归纳而言，目前有几种较有代表性的划分方法。

第一种是哈佛学者苏珊·格林哈尔什基于政治周期的划分方法，将新中国成立后至今以生育和人口控制为导向的人口政策演进的历史过程划分为四个重要阶段。第一个阶段：毛泽东时代（从 20 世纪 50 年代中期至

---

[①] M. Aglietti. La politica di pianificatzione familiar in Cina dalla fondazione della Pepublica aoggi. Political Science Faculty, University of Florence, 1986 – 1987. 见［意］马西姆·利维巴茨《繁衍——世界人口简史（第三版）》，郭峰、庄瑾译，北京大学出版社 2005 年版，第 191 页。

70年代中期），以赞成个人"生育控制"（节制生育）为主线，启动于相对软约束的夫妇节制生育实践，结束于日渐硬约束的国家"生育计划"（计划生育）；第二个阶段：邓小平时代（从20世纪70年代后期一直到90年代早期），始于"一胎化"政策，结束于国家不断加强计划生育工作，制定十分严格的生育控制法规以不断加强强制性；第三个阶段：江泽民时代（从20世纪90年代中期到新世纪初期），最终着手启动和逐渐深化强制性计划生育的改革；第四个阶段：胡锦涛时代（从21世纪初期至今），面向人口与计划生育的国家人口政策进入一个新的时期，传统国家治理型的计划生育将逐渐淡出，而与人口相关的社会项目和社会治理将逐渐登上历史舞台。①

第二种是《人口研究》编辑部在2000年依据"生育政策的取向""实施环境的变迁"以及"国家最高决策者对生育问题的态度"这三个要素，将新中国成立以来的生育政策演变历史大体上划分为三大阶段九个时期②。这三大阶段分别为鼓励生育阶段、生育政策酝酿转变（含反复）阶段以及推行限制生育政策阶段，九个时期则分属于相关不同的阶段（见表5-5）。钱信忠早期提出的四阶段划分与这一划分方法在依据上也有些类似之处，但是在具体的时期划分上则有所不同。钱信忠的阶段划分在时期上显得相对较为粗略，他把新中国成立后的整个20世纪50年代视为第一阶段，是人口控制概念的萌芽；第二阶段是60年代，是具体计划生育政策的形成阶段；第三阶段为70年代，是有计划人口增长的政策阶段，1970—1979年，为推行计划生育政策，建立了严密而高效的计划生育工作组织和团队以及庞大的节育系统；第四阶段是1978年十一届三中全会至1982年的人口政策新阶段。③

---

① Susan Greenhalgh. Governing China's Population：From Leninist to Neoliberal Biopolitics. Stanford California：Stanford University Press. 2005：47-201.

② 这一划分方法实际上源自1999年有关学者对50年中国生育政策演变之历史轨迹研究，在具体时期划分和截止年份上完全相同，阐述稍有差别。详见：查瑞传主编，胡伟略、翟振武副主编，北京市社会科学界联合会、北京市人口学会组织编写《人口学百年》，北京出版社1999年版，第247—267页。—笔者注

③ Qian Xinzhong. China's Population Policy：Theory and Methods. Studies in Family Planning, Vol. 14, No. 12, 1983：296-297.

表 5-5　　　　　　　　　中国生育政策演变的历史

| 阶段 | 时期 |
|---|---|
| 一、鼓励生育政策阶段 | 1. 1949—1953 年：鼓励生育政策 |
| 二、政策转变酝酿阶段 | 2. 1954—1957 年：政策转变酝酿 |
|  | 3. 1958—1959 年：上层思想反复 |
| 三、推行限制生育政策阶段 | 4. 1960—1966 年：确定限制生育政策并开展工作 |
|  | 5. 1966—1969 年：丧失政策实施环境 |
|  | 6. 1970—1980 年初秋：全面推行限制生育政策，"晚、稀、少" |
|  | 7. 1980 年秋—1984 年春："晚、稀、少"调整为晚一孩政策 |
|  | 8. 1984 年春—1991 年：完善生育政策，形成地方计划生育条例 |
|  | 9. 1991 年至今　现行计划生育政策的稳定 |

资料来源：《人口研究》编辑部：《中国人口政策的过去、现在与未来》，《人口研究》2000 年第 4 期，第 23—34 页。

　　第三种是原新教授依据不同历史时期所呈现出来的人口问题及相应的生育政策应对调整将中国走过的生育政策道路划分为五个阶段：20 世纪 50—60 年代为人口自发阶段，部分地区试行计划生育；20 世纪 70—80 年代，为独生子女和"一孩半"政策的严格控制人口增长阶段；1990—2006 年是执行"一孩半"、部分地区"两孩"与"双独二孩"的稳定低生育率水平阶段；2007—2013 年是统筹解决人口问题的阶段；2014 年启动单独两孩生育政策，计划生育进入一个新的阶段，未来生育政策还将持续调整和完善。①

　　第四种划分方法则是梁中堂主张依据计划生育这一概念所固有的两种含义，以 1979 年为界，将新中国 60 年的人口政策演进划分为前 30 年和后 30 年两个时期。第一阶段：1949—1979 年，是新中国谋求建立和加强计划经济时期，国家实行人民群众自愿的节制生育的制度，是避孕和节制生育的 30 年；第二阶段：1979—2009 年，是党和政府开始反思计划体制，寻求改革和改变计划经济的时期，明确国家由计划经济向市场经济体制转变的情况下，开始建立和实行的极为严格的由政府决定人民群众生育

---

① 原新：《"中国重大战略性人口科学与政策问题学术研讨会"上的发言》，浙江大学，2014 年 9 月 9 日。

行为的现行的计划生育制度。① 计划生育委员会正式成为政府的一个职能部门，建立复杂的计划生育组织与管理体系，中央以及地方层面的计划生育的法治化等多种促进人口政策成型的历史事件大多密集分布于这一时期。显然，这种划分方法遵循历史和逻辑一致的原则，严格规范了计划生育和节制生育各自应有的含义，不仅是研究中国计划生育历史的基本前提，也是理解中国人口政策阶段性演进的一把钥匙。

本书采用梁中堂的两时期划分方法，将从新中国成立60多年来中国人口政策动态而连续的演进过程划分为两个历史时期。在此基础上，根据不同时期人口政策的目标以及具体的政策重点作了事件性标识与区分（图5-2）。然而，具体的阶段划分笔者认为难以清晰界定。如果本着尊重历史真实的原则，有些看来在后一阶段发生的一些政策调整可能在前一阶段已经有试点，比如山西翼城的试点就横跨了许多不同的时期，不论城乡两孩的政策一直执行至今。有的政策改革与政策交替横跨了不同的阶段，定要按照年份划分为不同的阶段并不可取。

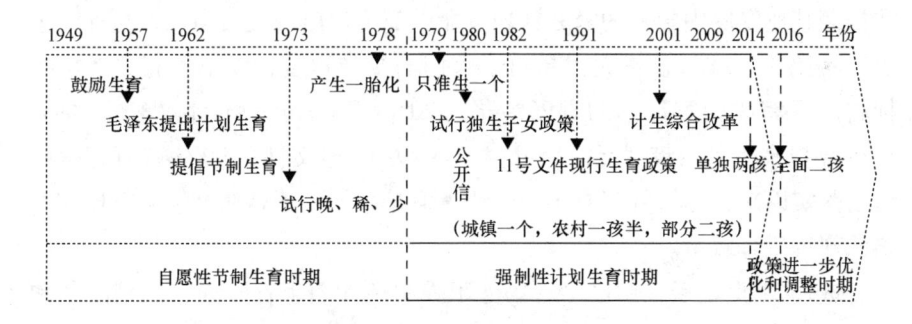

**图5-2 新中国人口政策历史演进的路线**

当然，单从控制人口数量增长这个维度而言，1966—1976年这十年是成果显著阶段。② 尤其是上海，即使在经历"文化大革命"这样的特殊时期，仍一直在坚持实施节制生育的工作。1977年以后，上海的经验具有示范性的意义。由于1966—1970年的中国国民经济已处于崩溃的边缘，

---

① 梁中堂：《中国计划生育政策史论》，中国发展出版社2014年版，第19页。
② 张翼：《中国人口控制政策的历史变化与改革趋势》，《广州大学学报》（社会科学版）2006年第8期，第15页。

但人口数量却扶摇直上,其后果不能不令人忧虑。① 对于经历十年浩劫,社会经济濒临崩溃边缘的中国来说,从国家层面以在全国大范围推进计划生育来化解人口过多过快增长与经济落后之间的矛盾,在当时的决策认知层面来说,可能也是系列公共政策工具中适用性比较强的方法。上海的经验加上当时极左思想的影响,成就了在一个国家大范围实施家庭计划运动的前两个条件。再加上1980年联合国人口基金开始为中国11所新成立的人口研究机构提供以西方图书资料、微型计算机、研究用车以及其他设备援助,使得这一时期来自联合国人口基金的技术和物质援助也成为中国计划生育工作快速发展的一个重要推动因素。② 这些因素都表明,1980年后中国的计划生育领域也开始向国外开放,无论是避孕技术、设备和管理经验都开始借鉴国际经验,这就具备了大规模实施全国性计划生育的第三个条件。然而,限于当时的经济与政治体制并未转型,全球家庭计划领域的一些先进理念并未有效植入中国的决策层和计划生育的计划经济管理体系,全球家庭计划在中国的生育革命产生了极端的"一胎化"方法,这在任何其他发展中国家的家庭计划革命中都不曾出现过。当然,这种激进的"一胎化"政策显然大大超出了人们的接受程度,以至于有关考核指标增加了完成国家计划的难度,导致20世纪80年代生育政策的波动,1988年以来生育政策多元而稳定。③ 自中央11号文件在90年代真正得以贯彻落实以来,尽管其间有小的微调,但是总体上还是在继续实行比较严格的现行生育政策。

　　进入21世纪后,中国尽管仍处于强制性计划生育时期,但是改革和调整旧的强制性人口政策的压力增大了,停止实施强制性政策体现出一定的趋势性和必要性:首先,低生育率的目标已经深深根植于夫妇的行为之中;其次,极低的生育率正在改变年龄结构,削弱老龄人口的保障体系。④ 原国家人口计生委对人口和计划生育工作实际上也一直试图在两个

---

① 侯文若:《各国人口政策比较》,中国人口出版社1991年版,第86页。

② Susan Greenhalgh. Population Studies in China: Privileged Past, Anxious Future. The Australian Journal of Chinese Affairs, No. 24, July, 1990: 362.

③ 张翼:《中国人口控制政策的历史变化与改革趋势》,《广州大学学报》(社会科学版) 2006年第8期,第15页。

④ [意]马西姆·利维巴茨:《繁衍——世界人口简史(第三版)》,郭峰、庄瑾译,北京大学出版社2005年版,第194页。

方面进行必要的改革：一是计划生育工作思路与方法的调整与转变，行政性直接干预手段开始淡出历史舞台，而利益导向的间接调控在逐渐发挥作用，生育辅助政策从以"罚"为主到以"奖"为主[①]，并尝试进行人口综合治理；二是计划生育的工作内容不断得以拓宽，开始由计生管理向计生服务转型。[②] 从表4-2可以看出，近十多年以来，人口政策领域出台了许多具体的政策性文件。特别是从2001年3月原国家人口计生委发布《关于开展人口与计划生育综合改革试点工作的指导意见》以来，国家人口计生委对综合改革进行系列部署，旨在统筹解决人口问题的综合改革从最初12省16市扩展到全国31省42市。原国家卫生局与国家人口和计划生育委员会也进行了合并，成立了新的国家卫生和计划生育委员会。2013年年底国家宣布启动实施单独两孩生育政策2016年开始进一步推行全面二孩政策。这些变化说明，中国人口政策的演进正在进入一个调整与优化的历史转折时期。

## 第四节　中国人口政策演进的基本特征

在全球家庭计划运动的30多年时间里，不同国家的人口政策演进既有共性的一面，也有各具特色的一面。相对其他推行家庭计划的国家而言，中国的人口政策经历了由自愿节制生育到强制性计划生育的过程，尽管并非近60多年来唯一一个执行强制性人口政策的国家，却是目前为止唯一一个仍在坚定地执行强制性人口政策的国家。归纳起来，中国人口政策的演进具有如下几个特征。

### 一　中国人口政策的选择具有鲜明的政治博弈特征

全球家庭计划的历史与实践经验表明，一个强大的政府和执行力强的

---

① 宋健、[韩] 金益基：《人口政策与国情——中韩比较研究》，光明日报出版社2009年版，第8页。
② 陈友华、徐愫：《计划生育综合改革与统筹解决人口问题》，《南京人口管理干部学院学报》2010年第2期，见陈友华《中国人口与发展：问题与反思》，中国社会科学出版社2012年版，第313页。

政治领导人往往是决定家庭计划项目成功实施的关键。① 相对一些国家因为政党与政府更替而导致计划生育中断或发生较大起伏的情况而言，中国尽管在全球家庭计划运动期间也出现了"文化大革命"这样的大型政治运动，但是国家的政权与执政党都是非常稳固的，这就使中国的计划生育比其他国家的家庭计划执行得更为有力和持续，也使中国后来出现了在其他国家几乎不可能推行下去的强制性计划生育政策。60年人口政策的演进历史过程，从前30年自愿节制生育阶段转向后30年强制计划生育阶段，后毛泽东时代中国领导人关于计划生育态度对中国人口政策的选择产生了很大影响，体现出一种鲜明的政治博弈特征。尤其是在"一胎化"政策问题上，1980年春，中央领导人内部形成了两种不同的观点：以陈云为代表的一方，包括李先念、姚依林和王震等领导人主张执行严格的"一胎化"政策；另一方则是刚加入邓小平领导集体不久的年轻领导人胡耀邦与赵紫阳，他们在人口与经济发展问题的认识上"与邓小平、陈云并没有原则上的分歧"②，但是担心过于严厉的"一胎化"政策会引发劳动力、征兵、教育等系列社会与政治后果，不赞成实施如此激进的生育政策。邓小平顺利入主中央后，对"一胎化"政策仍然持谨慎态度：让其他人先行，以免为可能产生的问题担责。③ 在当时的情况下，按国务院副总理陈慕华的说法，"仍未说服赵紫阳，但是他的立场只是少数派"。④ 中央领导层就"一胎化"政策展开的政治博弈，显然影响了"一胎化"政策的走向，由此形成的政治妥协导致了新旧政策并行的现象，以至于现行生育政策到20世纪90年代才真正得到贯彻落实。这是第一个层面的政治博弈。

节制生育是工业现代化创造的一种更符合人性的生活方式。在毛泽东的领导下，党和政府把节育当作人民群众的民主权利，在中国工业化建设

---

① Warren C. Robinson, John A. Ross. The Global Family Planning Revolution: Three Decades of Population Policies and Programs. The World Bank, 2007: 426.

② 梁中堂：《试论"公开信"在"一胎化"向现行生育政策转变过程中的作用和地位》，见梁中堂《我国生育政策史论》，上海，2013年3月，第359页。

③ Susan Greenhalgh. Just One Child: Science and policy in Deng's China. Los Angeles: University of California Press, 2008: 272-276.

④ Susan Greenhalgh. Just One Child: Science and policy in Deng's China. Los Angeles: University of California Press, 2008: 245, 274. 见梁中堂《我国生育政策史论》，上海，2013年3月，第359页。

的初期阶段就及时地改变和改革国家机关的有关制度，积极支持人民群众的避孕和节育要求。但是到了后毛泽东时代，尤其是1979年之后，提倡节制生育变成了强制性计划生育，节育成了一种强迫性的义务，人们必须适应政府提出的人口政策。然而，全国不分城乡大力推进的"一胎化"政策在农村招致了人们的强烈抵制，各类恶性计生事件时有发生。针对极端性计划生育引发的党和人民群众之间的新矛盾，中央出台了11号文件，纠正和遏制极端"一胎化"政策，颁布了以"女儿户"为核心内容的生育政策。可见，从节制生育到计划生育，有关权利和义务的转换，体现了人民与政府之间的政治博弈。这种博弈可从人们计划生育外生育行为可见一斑。仅以1987年统计的全国计划生育外生育数据来看（表5-6），全国的计划生育外生育率竟然高达17.35%，江苏和浙江两省的计划外生育率都在12%左右，而且计划外二孩人数占计划外生育总数的比重都在80%以上。在计划生育严控下，人们生育二孩成了奢望，"偷着生""躲着生""逃着生"一直到最后"生了罚"，这些都生动地展现了第二个层面的政治博弈。

表5-6　　　　　　1987年江浙两省计划外生育情况比较

| 区域 | | 全国 | 江苏 | 浙江 |
|---|---|---|---|---|
| 计划外生育情况 | 出生总数（人） | 16500175 | 972749 | 639318 |
| | 合计人数（人） | 2862272 | 116729 | 79788 |
| | 计划外生育率（%） | 17.35 | 12.00 | 12.48 |
| | 一孩人数（人） | 131931 | 1493 | 5500 |
| | 占计划外人数（%） | 4.61 | 1.28 | 6.89 |
| | 二孩人数（人） | 1833263 | 93921 | 64859 |
| | 占计划外人数（%） | 64.05 | 80.46 | 81.29 |
| | 多孩人数（人） | 897078 | 21315 | 9429 |
| | 占计划外人数（%） | 31.34 | 18.26 | 11.82 |

资料来源：根据中国人口情报中心：《中国人口资料手册》，北京，1988年12月，第310页。有关数据整理。

自1982年9月中共十二大将计划生育确定为国家的基本国策以来，几十年来，我们一直被灌输这样一个观点：人口政策属于国家重大公共政策或基本国策,是由党的总书记和国务院直接决定的。在自愿节制生育的阶段情况确实如此。然而具体分析70年代末至90年代初的生育政策变动情况不难发现,历史恰恰相反。具体生育政策几乎都是由国家计生委提出并坚持,再由中央确认或者支持的。其间中共中央、国务院仅制定了以1982年中共中央11号文件形式发布的被称为现行的计划生育政策,反而一直得不到贯彻,最后仍然是在国家计生委的坚持下而不是通过中央的坚持得以实施的。① 令出不行,以至于政策调整表现出极大的政策刚性,这表明中央政府与职能部门之间存在一种复杂的政治博弈。在印度,这两种博弈导致英迪拉·甘地政府垮台并迫使新政府放弃强制性家庭计划。在中国,则使过于激进的"一胎化"政策实际作用时间延长了将近10年。这是第三个层面的政治博弈。

在毛泽东时代,每次运动的模式都是由毛泽东发出指示,各级政府积极响应。这种由中央到地方、自上而下的运动主要是地方党委和毛泽东、党中央的一种体制内的上下互动。毛泽东把自己领导下的党和政府对他的回应当作具有客观必然性的信号,再进一步发出加快步伐的指令。下级再次依照毛泽东以加速度的方式前进。② 由于毛泽东个人的绝对权威性,令出必行,所以政策执行部门极少出现令出不行的情况。然而,在后毛泽东时代,计划生育部门成立后尽管仍在中央政府的统一领导下,但是在人口决策过程中显示出一定的自组织性,即计划生育部门自己要求要实行什么样的政策,在不影响中央政府的工作和权威的情况下,中央政府都会同意他们的意见,然后将这项工作交给计划生育部门自己去完成,中央则将更多的精力用来应对和处理政府运行过程中涌现的经济、社会、政治和文化等各类重大问题。③ 计划生育部门通过政治博弈实际上赢得了地方性人口政策决策权。以至计划生育部门在"公开信"发布后,将其当作中央认可的一份重要文件,而把"一胎化"作为完全合理合法的政策在全国加以强制推行。

---

① 梁中堂:《"中国重大战略性人口科学与政策问题学术研讨会"上的发言》,浙江大学,2014年9月9日。
② 梁中堂:《"四人帮"与计划生育》,上海,2012年5月,第83页。
③ 梁中堂:《"中国重大战略性人口科学与政策问题学术研讨会"上的发言》,浙江大学,2014年9月9日。

## 二 中国人口政策的实施具有显著的国家控制特征

政府控制是人口控制的最高形式,当政府作为人口控制的主体,行使人口控制职能时,就具有了其他控制主体所不能比拟的优点和特点。[①] 与其他发展中国家的家庭计划比较而言,中国的计划生育具有显著的国家控制特征,迄今为止仍缺乏社会治理。国内相关的纯民间性的非政府组织极少,而且能作为社会治理主体实际发挥作用的就更少。人口政策是国家决策层面上的事情。虽然民主决策是我们的目标,但是,它本质上还是一个国家的现代化发展水平问题。[②] 在中国目前发展阶段上,无论是学术专家、研究团体还是民间人士,是不可能直接参与国家大政决策的。中国共产党及其领导下的政府是计划生育政策的真正决策者,知识分子无非是"二传手"的角色。[③] 其他类似个人和学术团体更是缺乏机制和机会参与到国家的人口政策决策程序中来。因而,中国人口政策所强调的计划生育实际上是一种国家计划生育,而非在其他国家广泛开展的家庭计划生育。

表5-7    中国计划生育顶层组织的设立时间与名称变更

| 成立年份 | 机构名称 |
| --- | --- |
| 1962 | 卫生部妇幼卫生司计划生育处 |
| 1964 | 国务院计划生育委员会 |
| 1964 | 国家科委计划生育专业组 |
| 1973 | 国务院计划生育领导小组 |
| 1981 | 国家计划生育委员会 |
| 2003 | 国家人口和计划生育委员会 |
| 2013 | 国家卫生和计划生育委员会 |

中国人口政策的实施具有显著国家控制特征的另一个表现是,为更好地推行强制性计划生育,国家自上而下建立了实施计划生育的组织体系。而且,相对于国家人口政策调整,实施人口政策的国家顶层组织设置要及

---

① 李新建:《中国人口控制中的政府行为》,中国人口出版社1999年版,第47页。
② 梁中堂:《论"公开信"》,上海,2010年9月,第115页。
③ 梁中堂:《马寅初事件始末》,上海,2011年9月,第90—91页。

时得多，调整也灵活得多（表5－7）。作为一种正式的制度安排，相对于目前世界上任何一个国家，中国人口政策国家控制的组织体系是最庞大的。1978年10月26日中央批转的《关于国务院计划生育领导小组第一次会议的报告》（中发［1978］69号）文件明确规定："县以上革命委员会要建立和健全计划生育办公室，配备精干得力的工作班子，人员列入行政编制。在党委、革委会的直接领导下开展工作。农村公社、城市街道和大的厂矿企、事业单位，要设一名计划生育专职人员。县以上机关、城市街道和大的厂矿企、事业单位的计划生育专职人员，从享有编制内的人员中调剂解决；公社所设的计划生育专职人员，相应增加编制，除已配备的以外，由省、市、自治区选配，并将增加的人数，报国务院计划生育办公室和国家劳动总局备案，城市街道和农村公社的计划生育人员的工资从计划生育事业费中开支。农村公社的计划生育人员缺额主要在城镇待业知识青年和上山下乡知识青年中选招。军队也要设相应的计划生育工作办事机构。"①

为了获得准确的人口统计信息，便于制订人口生育计划、目标和政策，从20世纪80年代初开始国家逐步建立了六个层次的较为健全的统计机构和队伍。② 可见，当时中央对基层如何设置机构和配备人员做出了具体而细致的指示。1981年成立国家计划生育委员会后，中国自上而下建立和健全了计划生育的组织管理体系和工作队伍。对于这支工作队伍，李鹏总理曾给予高度评价说："如果我们不坚决实行计划生育政策，没有依靠这样一支好的队伍，我们现在的人口就不是十一亿，可能已经达到十二亿或者十三亿……要相信有党的领导，有群众的支持，我们能够把工作做得更好。"③

此外，国家投入也是中国推行计划生育的显著特点之一。1965年，全国用于计划生育事业的经费只有2763万元，但是到了1982年这一数字已经上升到了44676万元。有关投入比例不断加大，表明国家对计划生育

---

① 中央批转《关于国务院计划生育领导小组第一次会议的报告》的通知（中发［1978］69号），见彭珮云《中国计划生育全书》，中国人口出版社1997年版，第14页。

② 孙沐寒：《中国计划生育史》，北方妇女儿童出版社1990年版，第228—229页。

③ 李鹏：《计划生育政策要稳定》1989年2月27日，见彭珮云《中国计划生育全书》，中国人口出版社1997年版，第173页。

事业越来越重视。① 根据国家统计局发布的全国公共财政支出决算数据，2011 年全国各级财政投入人口和计划生育事业费为 694.38 亿元，超过预算的 625.4 亿元。2013 年，仅广西一省各级财政投入人口计生事业费就高达 33.26 亿元，2008—2013 年年均递增 15.23%。②

### 三　中国人口政策的内容具有突出的计划性特征

由计划经济产生计划生育，是毛泽东的发明。③ 中国现行的计划生育制度是在一种特殊的历史条件下形成的，是中国政府在特殊时期获得的一种认识，希望通过限制公民的生育来减轻经济社会发展过程中的一些困难。④ 由于当时中国沿袭了苏联的高度集权的计划经济体制，实际上当时党和中央政府所出台的每一项公共政策，都不可避免地带有强烈的计划性色彩，人口政策同样如此。从中国人口政策的内容来看，不仅具体到一个家庭可以生育几个孩子，而且具体到生育孩子的时间间隔，这种领证生育的具体规定使个人的生育紧紧服从于国家的计划调控，从而使人口政策演进呈现突出的计划性特征。

早在 1956 年 9 月 16 日，周恩来就在《关于发展国民经济的第二个五年计划的建议的报告》中两处提及计划生育。1957 年 2 月 27 日，最高国务会议第十一次（扩大）会议上提出"要提倡节育，要有计划地生育"，毛泽东在讲话中认为："社会主义是计划经济，如果不把人口列入计划之内，不能控制人口，不能实行计划生育，那就不成其为计划经济。"后来在 1962 年 12 月 18 日中共中央、国务院《关于认真提倡计划生育的指示》（中发〔62〕698 号）文件中提出，"在城市和人口稠密的农村提倡节制生育，适当控制人口自然增长，使生育问题由毫无计划的状态逐渐走向有计划的状态，这是中国社会主义建设中既定的政策"。这些都说明，在毛泽东主政的自愿性节制生育时期，人口政策就被深深打上了计划体制的烙印。

---

① 孙沐寒：《中国计划生育史》，北方妇女儿童出版社 1990 年版，第 176—177 页。
② 吴良家：《广西 2013 年财政投入人口计生事业费突破 30 亿元》，《广西壮族自治区人口和计划生育委员会》2014 年 2 月 25 日（http://ww.gxnews.com.cn/）。
③ 梁中堂：《毛泽东人口思想研究》，见梁中堂《我国生育政策史论》，上海，2013 年，第 67 页。
④ 梁中堂：《论"公开信"》，上海，2010 年 9 月，第 117 页。

到了后毛泽东时代，这种计划性特征更加明显。如 1978 年 10 月 26 日中央批转的《关于国务院计划生育领导小组第一次会议的报告》（中发 [1978] 69 号）文件中就提到："中国国民经济有计划按比例发展，决定了中国人口增长一定要做到有计划，像调节物质生产一样调节人类自身的生产。"1982 年 10 月 20 日，中共中央办公厅、国务院办公厅转发《全国计划生育工作会议纪要》中写道："会议指出，实行计划生育是我们国家的一项基本国策。在中国经济和社会发展中，人口问题始终是极为重要的问题，是关系到中国社会主义现代化建设成败的大事。各级领导统治和计划生育战线的广大干部在这个问题上，一定要清醒、坚定，要做'明白人'。"

早在 1980 年 6 月 15 日，党中央副主席陈云就给国务院副总理兼国家计划生育委员会主任陈慕华写信指出："限制人口、计划生育问题，要列入国家长期规划、五年计划、年度计划。这个问题与国民经济计划一样重要。"① 人口与计划生育问题从此列入了中国国民经济和社会发展五年计划。1982 年 11 月 30 日第五届全国人民代表大会第五次会议提出："第六个五年计划期间，要严格控制人口增长……必须采取切实可行的措施，普遍提倡晚婚，提倡一对夫妇只生一个孩子，严格控制第二胎，坚决杜绝多胎生育，控制人口增长，否则就将影响国民经济计划的实现和人民生活的改善。"1991 年 3 月 25 日，国务院总理李鹏在《关于国民经济和社会发展十年规划和第八个五年计划纲要的报告》中强调："坚定不移地实行计划生育和环境保护的基本国策。各级政府务必把计划生育工作摆在突出地位，切实抓紧抓好，万万不可疏忽大意。"② 自 80 年代至今历年的五年计划中，都有关于人口与计划生育的专门章节，反复强调要坚持计划生育的基本国策，全面做好人口工作。

诺贝尔经济学奖获得者刘易斯曾强调政府在不发达国家经济发展过程中的重要作用，认为制订经济发展计划是政府指导经济发展的最好方法，他甚至把发展计划看作经济政策的本质。刘易斯认为，人口压力的存在使

---

① 陈云：《陈云文选（1956—1985）》，人民出版社 1986 年版，第 352 页，见梁中堂《毛泽东人口思想研究》，见梁中堂《我国生育政策史论》，上海，2013 年，第 67 页。

② 李鹏：《关于国民经济和社会发展十年规划和第八个五年计划纲要的报告》，1991 年 3 月 25 日，http：//www.ndrc.gov.cn/fzgh/ghwb/gjjh/P020070912638549139165.pdf。

得大规模失业成为可能,并延迟达到就业均衡的时间。人口增长率很高与人口密度高具有同样的不利效果,因为它迫使现代部门扩展缓慢,难以赶上劳动力供给的增长。因而可知,人口控制政策是任何就业政策的一个必不可少的部分。即使没有失业,从经济视角看,控制人口亦是有益的。因此,鼓励计划生育的方法就应该在每一个发展计划中享有最高的优先权。① 而成功的发展计划的奥秘就在于切实可行的发展政策和良好的公共管理。由于人口政策也是发展政策的重要组成部分,发展计划中自然少不了人口计划与目标。刘易斯这种既强调政府作用又重视计划生育的思想,正是中国人口政策演进中一个突出性特点。从这一点来看,在计划经济时代,政府实施计划生育不仅显得是"必要的",而且似乎"必须的"。正因为如此,即使改革开放后中国由计划经济转向商品经济,并在后来提出建立社会主义市场经济体制,但是中国的经济体制仍然具有非常强烈的政府主导和计划调节色彩,人口政策中有关内容和规定凸显出中国共产党和中央政府仍在发挥重要的计划指引作用。

### 四 中国人口政策的规制具有严格的强制性特征

人口政策的规制不仅是对过快人口增长的节制,还包括对人口结构的调整以及对人们生育行为的规范。中国政府在实行计划生育和控制人口增长的政策时,虽然一贯强调群众的自愿原则,但在以往实施的过程中,由于育龄群众在计划生育中的主体地位常常未受到应有的尊重,许多地方限制了育龄群众生育抉择的自主权,因此自愿原则往往流于纸上空谈,甚至强迫命令的现象屡禁不止。② 1982年中央出台11号文件后,"一胎化"政策的强制性干预并没有停止。到1983年,由于大规模地实施强制性手段,政策压力加大了。然而,因此而产生的抗议和不满致使政策的实施在一个时期内充满了不确定性。③ 在整个20世纪80年代,许多省(区、市)出台的计划生育条例中,以"限制与处罚"这样的明文加具体条款对人们的计划外生育行为实施严厉的行政与经济处罚。

---

① [美]威廉·刘易斯:《发展计划——经济计划的本质》,何宝玉译,北京经济学院出版社1988年版,第1—2、72—73页。
② 转引自李新建《中国人口控制中的政府行为》,中国人口出版社1999年版,第2页。
③ [意]马西姆·利维巴茨:《繁衍——世界人口简史(第三版)》,郭峰、庄瑾译,北京大学出版社2005年版,第193页。

1986年3月1日，万里委员长在全国计划生育先进集体、先进个人表彰大会上，提出把计划生育工作纳入精神文明建设轨道。他在总结中说："近一两年，计划生育工作有了新的进展。主要表现在认真纠正了一些地方曾经出现的强迫命令现象……计划生育政策、避孕节育措施和工作方法都不搞'一刀切'，努力做到实事求是，在合情合理上下功夫。"① 可见，至少在1985年，中国计划生育存在严重的简单和粗暴作风。这一现象引起了当时国际社会的关注。美国国内的批评声音指责国际人口项目援助纵容了中国等一些实行强制性家庭计划的国家侵犯人权。美国政府被迫在1984年出台《墨西哥城政策》，规定有关非政府组织不得在美国境外从事或推动和堕胎有关的事务，亦不提倡将堕胎作为家庭计划方法。②《墨西哥城政策》显然也受到了中国的关注。1985年11月6日，李鹏在会见联合国人口活动基金执行主任萨拉斯时声明中国政府的立场："中国的人口政策是从中国的实际情况出发制定的。它是中国的一项基本国策，并写入中国的宪法。我们绝不会因为某一个超级大国的干扰而改变我们的国策。"③

一直以来，原国家人口计生委强调要认真借鉴国际成功经验，履行对国际公约和国际文件的承诺。但是依据《开罗宣言》，中国并没有很好地履行公约，也没有借鉴国际社会家庭计划的成功经验。所以，实际上中国仍处于以人口控制和生育控制为目的的计划生育阶段。尽管生育政策有所微调，但是从根本上并没有动摇强制性计划生育政策的基础。不仅如此，人口政策有关规制实际上在不断强化。如1989年2月27日李鹏总理在全国计划生育工作会议"计划生育政策要稳定"的总结发言再次重申现行生育政策的有关具体规定："关于独女户要求生两胎，有两个思想问题要解决。第一，这并不是说独女户都要生两胎。要讲清楚，这是对独女户的一种照顾。因此，应该是确有这个需要，而且必须申请，经过批准。第

---

① 万里：《把计划生育工作纳入精神文明建设轨道——万里在全国计划生育先进集体、先进个人表彰大会上的讲话》1986.3.1，见彭珮云《中国计划生育全书》，中国人口出版社1997年版，第168页。

② Policy Statement of the United States of America at the United Nations International Conference on Population. Reprinted in Population and Development Review, Vol. 10, No. 3, 1984: 574–579.

③ 李鹏：《李鹏在会见联合国人口活动基金执行主任萨拉斯时的谈话（节录）》，1985.11.6，见彭珮云《中国计划生育全书》，中国人口出版社1997年版，第168页。

二,这里很重要的一条,是要有时间间隔。"①

自 1991 年 5 月 12 日中共中央、国务院发布《关于加强计划生育工作严格控制人口增长的决定》(中发〔1991〕9 号)文件以来,贯彻落实现行生育政策,依法管理计划生育的力度实际上在不断加大。各地逐渐形成了党政一把手亲自抓、负总责的责任制度。实际发展则已超出了最初的目标责任制,有关计生考核实际上更严格,不仅涉及超生数量的限制,还考核基层计生部门所征收的社会抚养费。对超生不仅施加行政惩罚,而且实施严厉的经济惩罚。相应的,有关计划生育管理工作则更加细化,对基层的考核目标也更加具体和严格。为了规范社会抚养费的征收管理,2002 年制定了《社会抚养费征收管理办法》;为了加强流动人口的计划生育工作,原国家人口与计划生育委员会先后修订《流动人口计划生育管理办法》并在 2009 年进一步细化出台《流动人口计划生育工作条例》;2007 年 7 月 9 日,原国家人口与计划生育委员会、教育部与公安部还联合发布《关于高等学校在校学生计划生育问题的意见》。这一系列新的条例和规则表明中国人口政策的生育规制控制得更细微,更为具体和更为严格。

如果说 1980 年的《公开信》象征着人口政策是粗线条的指导性号召,到目前则是非常的具体,更加有法可依,也更加奖罚分明,并有增大经济惩罚的倾向,以至于征收的社会抚养费数额十分庞大。在一些地区,社会抚养费这张"大网"甚至还在越收越紧。比如,安徽、贵州等省将社会抚养费的征收从生育后提前到怀孕阶段来"预征",违法怀孕后逾期未终止妊娠的,预征社会抚养费。而上海规定,生育第一个子女不符合规定的,也要按上年人均可支配收入的一半征收社会抚养费。②中国人口政策的规制具有严格的强制性还表现在人口和计划生育管理服务的体系仍在不断强化。《中共中央国务院关于全面加强人口和计划生育工作统筹解决人口问题的决定》在第八部分"切实加大人口和计划生育事业保障力度"中提出:"人口和计划生育事业是政府履行社会管理和公共服务职能的重要组成部分。要从财政、基础设施、人力、科技等方面加大投入,确保人

---

① 李鹏:《计划生育政策要稳定》1989 年 2 月 27 日,见彭珮云《中国计划生育全书》,中国人口出版社 1997 年版,第 172 页。

② 姚冬琴:《超生罚款被指是国家秘密 每年 200 亿去向成谜》,《中国经济周刊》2012 年 5 月 15 日。

口和计划生育事业持续健康发展。"《决定》还强调"形成特色鲜明的服务机构、行政部门、自治组织、群众团体目标一致、信息共享、上下互动、运转高效的科学管理格局"。[①] 法律上的保障、经费上的投入、人员上的配置、惩罚力度的加大以及其他规章上的建设与完善使中国人口政策的规制更加严格。

此外，值得一提的是，中国人口政策在演进的过程中，不仅从内部渐近调适，也从外部开放交流，在尝试对接国际社会的过程中修正和完善政策。中国恢复在联合国的合法权益以后，人口基金组织曾多次主动与中方接触，表示愿同中国发展合作关系。但是一直到1974年中国政府才决定接受联合国多边援助，并于同年4月签署了《谅解备忘录》。此后中国多次参与全球家庭计划领域的国际活动，官方和民间组织的互访活动也不断增加。[②] 自邓小平时代以来，总体趋势是与国外的"对话"增加，"对抗"减少。围绕着人权与人口问题、人口发展政策和外交政策，中国人口学界在阐述中国特色的计划生育特征的同时，也学习全球家庭计划的优秀管理经验和人口分析技术。1981—1984年、1985—1989年、1990—1994年、1995—1999年联合国人口基金向中国提供了1—4期项目援助，中国政府也拨出专项配套资金进行建设。人口基金第一、二期项目分别向中国政府提供了5000万美元的技术援助，用于开展人口普查，人口学培训和研究，人类生殖和避孕药具研究生产，计划生育宣传、统计和情报资料等活动。[③] 这些合作无疑在一定程度上拓宽了中国人口政策的视野，使新时期的中国人口政策从过于关注计划生育问题逐渐转向关注家庭计划问题。

根据国家统计局公布的数据，2014年的出生人口总量为1687万人，只比2013年增加了47万人，随后的2015年出生人数是1655万，反而比上年减少了32万。不论是申请生育的人数还是实际出生人口数都大大低于预期。从近年来生育政策放松后各省市出现的普遍性"政策遇冷"现象以及人口出生率未能出现预期的有效反弹来看，即使目前推行的"全

---

[①] 人口计生委办公厅:《〈决定〉解读:强化人口和计划生育服务体系建设》，江苏省卫生与计划生育委员会，2010-11-24（http://www.jsfpc.gov.cn/xxgk/zcfg/zcjd/2010/11/24165155969.html）。

[②] 孙沐寒:《中国计划生育史》，北方妇女儿童出版社1990年版，第301—306页。

[③] 黄润龙:《改革开放30年来中国人口领域的九大剧变》，见孙燕丽《改革开放30年与江苏人口发展》，河海大学出版社2009年版，第348页。

面二孩"也并非中国生育政策调整的终点。国家需要尽快建立和完善"家庭友好"政策体系,① 包括创建专门的家庭政策机构,明确将家庭整体作为基本的福利对象,并将不同类型家庭的福利需求考虑在内,在扩大对家庭直接经济援助的基础上,以促进家庭能力为目标进行家庭投资,② 诸如此类的家庭发展政策构建将是未来中国人口政策演进中的新举措和新特征。

---

① 杨舸:《"全面二孩"后的人口预期与政策展望》,《北京工业大学学报》,《北京工业大学学报》(社会科学版) 2016 年第 4 期, 第 25—26 页。
② 石智雷:《普遍二孩政策的社会影响与未来政策完善》,《人口与计划生育》2016 年第 3 期, 第 22 页。

# 第 六 章
# 江浙两省人口政策的形成、发展与比较

## 第一节 江浙两省地理区位及人口概况

### 一 江苏省地理区位与人口概况

江苏省位于中国大陆东部沿海的中心,长江下游,东濒黄海,东南与上海毗邻,西连安徽,北接山东。省际陆地边界线达3383公里,海岸线长954公里。1949—1952年年末的耕地面积、人口等,均由苏南行署、苏北行署和南京市人民政府有关部门分别上报政务院。1953年恢复江苏省建制。之后行政区划进行过几次重大调整:1955年原属安徽省的泗洪县、盱眙县改属江苏省;同年,原属江苏省的砀山县、萧山县改属安徽省。1957年原属江苏省的上海县、嘉定县、宝山县划归上海市;1958年原属于江苏省的川沙县、南汇县、奉贤县、松江县、金山县、青浦县、崇明县划归上海市。① 至2015年年末,江苏省辖13个区市(图6-1),100个县(市、区),其中21个县、23个县级市、56个市辖区;876个乡镇(其中乡79个、镇797个)、389个街道办事处。省域面积10.26万平方公里,占全国总面积的1.06%。② 作为中国近代工业的一个发源地,新中国成立以来江苏省经济飞速发展,持续稳步增长。2016年年末全年实现地区生产总值76086.2亿元,比上年增长7.8%。其中,第一产业增加值4078.5亿元,增长0.7%;第二产业增加值33855.7亿元,增长7.1%;第三产业增加值38152亿元,增长9.2%。全省人均生产总值95259元,比上年增长7.5%。产业结构不断优化,三次产业增加值比例调整为5.4∶44.5∶50.1。新型城镇化扎实推进。年末城镇化率为67.7%,比上

---

① 顾纪瑞:《人口、消费和可持续发展》,凤凰出版传媒集团、凤凰出版社2011年版,第103页。

② 《走进江苏——自然地理》,江苏省人民政府网站(http://www.jiangsu.gov.cn/)。

年提高 1.2 个百分点。根据城乡一体化住户抽样调查，全年全省居民人均可支配收入 32070 元，比上年增长 9.6%。按常住地分，城镇居民人均可支配收入 40152 元，增长 8.0%；农村居民人均可支配收入 17606 元，增长 8.3%。全省居民人均可支配收入中位数 27436 元，比上年增长 9.3%。全省居民人均消费支出 22130 元，比上年增长 7.7%[①]，是中国社会经济综合发展水平较高的东部沿海省份之一。

图 6-1 江苏省行政区划

资料来源：江苏省行政区划图，百度图库。

---

① 江苏省统计局、国家统计局江苏调查总队：《2016 年江苏省国民经济和社会发展统计公报》，2017-2-27（http://www.jssb.gov.cn/tjxxgk/xwyfb/tjgbfb/sjgb/201702/t20170227_299535.html）。

根据江苏省统计局2017年发布的《2016年江苏省国民经济和社会发展统计公报》,江苏省目前人口总量增长缓慢,2016年年末全省常住人口7998.6万人,比上年年末增加22.3万人,增长0.3%。在常住人口中,男性人口4025.66万人,女性人口3972.94万人;0—14岁人口1080.58万人,15—64岁人口5896.39万人,65岁及以上人口1021.63万人。全年人口出生率9.76‰,比上年提高0.71个千分点;人口死亡率为7.03‰,与上年持平;人口自然增长率2.73‰,比上年提高0.71‰。① 江苏省已经进入一个历史性的拐点时期。从第六次全国人口普查公报数据来看,江苏省人口在地区分布上呈现出较大的差异性,苏南地区常住人口仍在持续增加,苏北地区常住人口已出现下降态势(表6-1)。

表6-1　　江苏省常住人口地区分布比较:2000年,2010年

| 地区 | 人口数(人) | 常住人口占全省常住人口比重(%) 2000年 | 常住人口占全省常住人口比重(%) 2010年 | 人口占比变动趋势 |
|---|---|---|---|---|
| 江苏省 | 78659903 | 100 | 100 | — |
| 南京市 | 8004680 | 8.39 | 10.18 | ↑ |
| 苏州市 | 10465994 | 9.30 | 13.30 | ↑ |
| 无锡市 | 6372624 | 6.96 | 8.10 | ↑ |
| 常州市 | 4591972 | 5.17 | 5.84 | ↑ |
| 徐州市 | 8580500 | 12.20 | 10.91 | ↓ |
| 南通市 | 7282835 | 10.29 | 9.26 | ↓ |
| 连云港市 | 4393914 | 6.26 | 5.59 | ↓ |
| 淮安市 | 4799889 | 6.90 | 6.10 | ↓ |
| 盐城市 | 7260240 | 10.88 | 9.23 | ↓ |
| 扬州市 | 4459760 | 6.28 | 5.67 | ↓ |
| 镇江市 | 3113384 | 3.89 | 3.96 | ↑ |
| 泰州市 | 4618558 | 6.55 | 5.87 | ↓ |
| 宿迁市 | 4715553 | 6.93 | 5.99 | ↓ |

资料来源:根据江苏省人口普查办公室:《江苏省2010年第六次全国人口普查公报整理》。

---

① 江苏省统计局、国家统计局江苏调查总队:《2016年江苏省国民经济和社会发展统计公报》,2017-2-27(http://www.jssb.gov.cn/tjxxgk/xwyfb/gjgbfb/sjgb/201702/t20170227_299535.html)。

## 二 浙江省地理区位与人口概况

浙江省地处中国东南沿海长江三角洲南翼，东临东海，南接福建，西与江西、安徽相连，北与上海、江苏接壤。浙江省东西和南北的直线距离均为450公里左右，陆域面积10.18万平方公里，为全国的1.06%，是中国面积最小的省份之一。至2013年年底，全省辖11个地市（图6-2），34个市辖区，21个县级市，35个县，639个镇，421个街道，264个乡。浙江地形复杂，山地和丘陵占70.4%，平原和盆地占23.2%，河流和湖泊占6.4%，耕地面积仅有208.17万公顷，故有"七山一水两分田"之说。[①]历史以来，浙江省地少人多的矛盾十分突出。尽管如此，改革开放36年以来浙江省年均经济增长率约11.3%，是改革开放以来全国各省市区中人均GDP增长最快的地区之一。来自浙江省统计局的有关数据显示，2016年年末浙江省地区生产总值达到46485亿元，比2015年增长7.5%。其中第一产业增加值为1966亿元，第二产业增加值为20518亿元，第三产业增加值24001亿元，分别增长2.7%、5.8%和9.4%，全省人均GDP达到83157.39元。若按年平均汇率折算人均GDP为12519.37美元，同比增长6.8%。同时产业结构进一步优化，浙江省三次产业增加值的结构由2013年的4.7∶47.8∶47.5调整为2016年的4.2∶44.2∶51.6，第三产业占GDP比重在2014年首次超过第二产业。根据城乡一体化住户调查，浙江省全年全体居民人均可支配收入38529元，比2015年增长8.4%，扣除价格因素增长6.4%。其中，城镇常住居民和农村常住居民人均可支配收入分别为47237元和22866元，增长8.1%和8.2%，扣除价格因素分别增长6.0%和6.3%。全年全体居民人均可支配收入中位数34192元，比上年增加2693元，增长8.6%。其中，城镇常住居民人均可支配收入47237元，增长8.1%；农村常住居民人均纯收入中位数22866元，增长8.2%。[②]

---

[①]《浙江省地理概况》，浙江省人民政府网站（http://www.zj.gov.cn/col/col922/index.html）。

[②] 浙江省统计局：《国家统计局浙江调查总队2016年浙江省国民经济和社会发展统计公报》，浙江统计信息网 2017-2-24（http://www.zj.stats.gov.cn/tjgb/gmjjshfzgb/201702/t20170224_192062）。

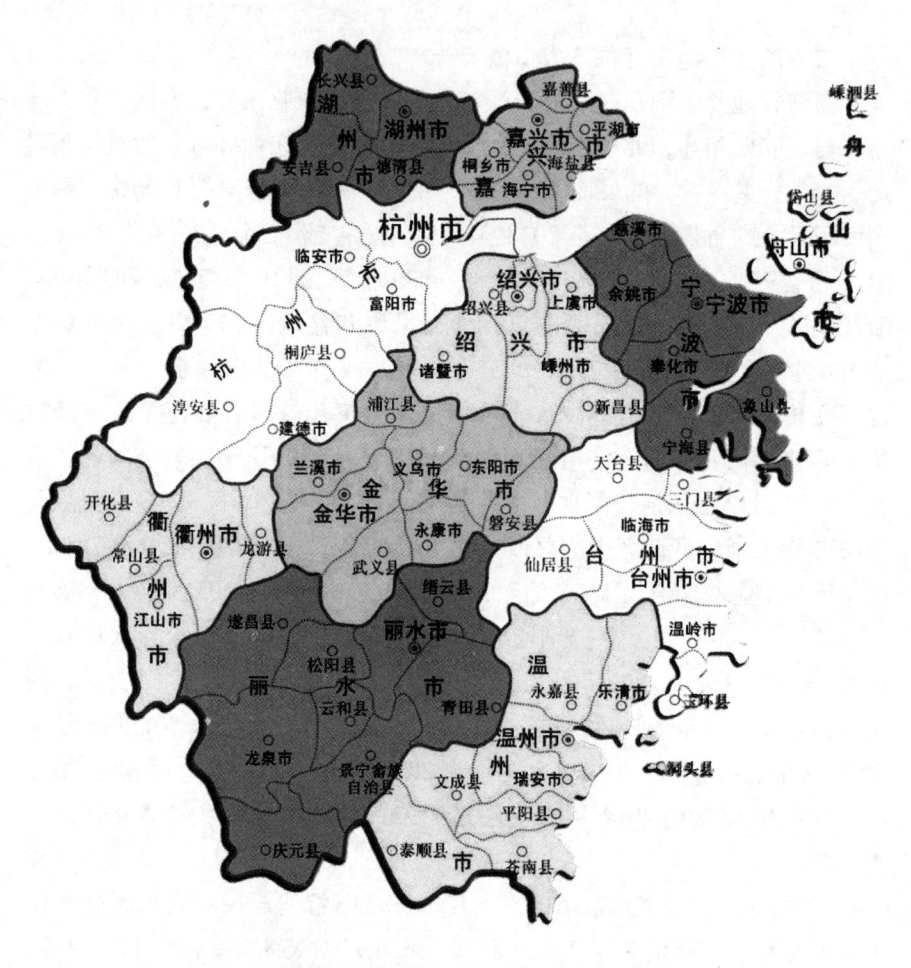

图 6-2 浙江省行政区划图

资料来源：浙江省行政区划图，百度百科。

从第六次全国人口普查公报数据来看，浙江省常住人口的地区分布也呈现出不平衡性，除杭州、宁波、温州和嘉兴地区常住人口仍在持续增加外，其他 7 个地区常住人口都已呈现不同程度的下降态势（表 6-2）。

表6-2　　　浙江省常住人口地区分布比较：2000年，2010年

| 地区 | 常住人口数（万人） | 常住人口占全省常住人口比重（%） | | 人口占比变动趋势 |
| --- | --- | --- | --- | --- |
| | | 2000年 | 2010年 | |
| 浙江省 | 5442.69 | 100 | 100 | — |
| 杭州市 | 870.04 | 14.98 | 15.99 | ↑ |
| 宁波市 | 760.57 | 12.98 | 13.97 | ↑ |
| 温州市 | 912.21 | 16.45 | 16.76 | ↑ |
| 嘉兴市 | 450.17 | 7.80 | 8.27 | ↑ |
| 湖州市 | 289.35 | 5.72 | 5.32 | ↓ |
| 绍兴市 | 491.22 | 9.37 | 9.03 | ↓ |
| 金华市 | 536.16 | 9.95 | 9.85 | ↓ |
| 衢州市 | 212.27 | 4.64 | 3.90 | ↓ |
| 舟山市 | 112.13 | 2.18 | 2.06 | ↓ |
| 台州市 | 596.88 | 11.22 | 10.97 | ↓ |
| 丽水市 | 211.70 | 4.71 | 3.89 | ↓ |

资料来源：根据浙江省统计局：《浙江省2000年第五次全国人口普查主要数据公报》；《2010年第六次全国人口普查主要数据公报》，2011年5月6日。

根据浙江2016年5‰人口抽样调查结果，2016年末全省常住人口为5590万人，与2015年年末常住人口5539万人相比，增加51万人，增长0.9‰。全省年末常住人口中，男性2867.7万人，占总人口51.3%；女性为2722.3万人，占总人口的48.7%。性别比（以女性为100，男性对女性的比例）为105.0。全省出生人口62.4万人，出生率为11.22‰，死亡人口30.7万人，死亡率为5.52‰，自然增长率为5.7‰。[①] 而在之前的2014年浙江省人口变动抽样调查结果显示，浙江全省2014年年末常住人口为5508万人，比上年增长0.18%，常住人口快速增长的势头大大衰减。从人口的自然增长情况来看，浙江全年出生人口57.8万人，出生率为10.51‰；死亡人口30.3万人，死亡率为5.51‰；全年自然增长人口

---

① 浙江省统计局：《2016年浙江省人口变动抽样调查主要数据公报》，2014年2月24日，浙江省统计局网站：http：//tjj.zj.cn/tjgb/gmjjshfzgb/20170224_192062.html。

27.5万人,自然增长率为5.00‰。城镇化率为64.87%,比2013年提高0.87%。① 到2016年末,城镇化率进一步提高至67.0%,比2015年上升了1.2个百分点。②

## 第二节 地方性人口政策的形成

法国人口学家索维曾说:"任何一个具有一定发展程度的社会,都有一套税收制度和一套法典。正如一切法律一样,这些制度和法典,也有某些人口现象作为它的一项副产品,如果说不是作为一项目标的话。"③ 新中国成立后生产力滞后与人口过快增长之间的矛盾客观上促进了中国限制人口增长的政策形成。这一政策也是新中国系列社会经济制度与法典的一项副产品。人口政策的制定和法规形成虽然总体上体现了统治阶级的意志,但一个根本的要求是要符合国情,符合现实的社会经济发展水平和制度文化,同时要考虑人民的可接受程度。④ 也就是说,并不是我们国家如何规定,人们就会如何生育。法只能把人们已有的行为固定下来,在一定的范围内起到调节作用。⑤ 中国作为一个发展中大国,有两个非常重要的特征:一是国内社会经济发展呈现较大的区域性和不平衡性;二是民族和文化呈现十分显著的多样性特征。这两大特征使得各省市区在人口政策的选择和制定中呈现出一定的差异性。

从中国人口政策演进的60多年历史来看,国家领导人和中央政府在人口政策的选择中实际上一直发挥着主导性的指导与调控作用。比如,1957年10月,毛泽东在党扩大的八届三中全会上指出:"计划生育,也

---

① 浙江省统计局:《国家统计局浙江调查总队2014年浙江省国民经济和社会发展统计公报》,浙江统计信息网(http://www.zj.stats.gov.cn/tjgb/gmjjshfzgb/201502/t20150227_153394.html)。

② 浙江省统计局:《2016年浙江省人口变动抽样调查主要数据公报》,2014年2月24日,浙江省统计局网站:http://tjj.zj.cn/tjgb/gmjjshfzgb/20170224_192062.html。

③ [法]阿尔弗雷·索维:《人口通论》,查瑞传、邬沧萍、戴世光、侯文若译,商务印书馆1983年版,第403页。

④ 宋健、[韩]金益基:《人口政策与国情——中韩比较研究》,光明日报出版社2009年版,第46页。

⑤ 梁中堂:《有关计划生育法规的几个问题》,1989年8月。见梁中堂《人口论疏》,上海,2004年,第289页。

来个十年规划。少数民族地区不要去推广，人少的地方也不要去推广。就是在人口多的地方，也要进行试点，逐步推广，逐步达到普遍计划生育。"① 毛泽东的这一设想显然在一定程度上对中国后来的计划生育政策产生了影响。国家领导人以及中共中央从顶层设计并逐步确立起中国人口政策大的目标、方针与路线，然后自上而下地贯彻落实，有关人口控制的具体行为和实施细则交给国家计生委和各省、自治区和直辖市地方政府来完成。

实际上，在国家没有颁布统一的人口政策法规之前，各省、自治区和直辖市早在20世纪80年代初就已根据本省实际情况启动了地方立法工作。在多年积累的计划生育实践经验基础上将有关的计划生育政策和具体做法变成地方性的正式制度，并以地方法规形式确定了本省公民的生育行为、计划生育部门行为及相关工作人员行为。故而，地方政府在中国人口政策的演进中是重要的决策参考者和政策执行主体，在人口和计划生育地方性条例的制定与修改中发挥着重要的规制者作用。在《中华人民共和国人口与计划生育法》颁布前后，有关计划生育的地方性法规条例实际上成为具有一定差异性的地方性生育政策。这些地方性的生育政策及其他相关政策不仅发挥着生育行为的规范作用，还发挥着引导、推动和保障的作用。②

自1973年12月国务院计划生育领导小组办公室召开的全国第一次计划生育工作汇报会提出"晚、稀、少"的生育政策并开始全面推行计划生育，一直到2001年12月29日颁布《中华人民共和国人口与计划生育法》，在长达近30年的时间里，从国家层面来看，全国各地如火如荼开展的计划生育运动实际上处于一种无法可依的状态。然而，从地方层面来看，中国各省、自治区和直辖市通过地方立法或政策规制发布的有关计划生育管理的条例和政策事实上在作为一个地方性的人口政策得到实施。运用改进的公共政策形成系统模型③，可在一定程度上较好地解释中国地方性人口政策形成的路径模式（图6-3）。

---

① 浙江省人口志编纂委员会：《浙江省人口志》，中华书局2007年版，第842页。

② 同上书，第854页。

③ ［美］詹姆斯·P. 莱斯特、小约瑟夫·斯图尔特：《公共政策导论》，中国人民大学出版社2003年版，第95页。

```
决策环境                              政策环境
 人口决策   指令   政治与政府   决定    人口政策
 信息输入  ──→   运行系统    ──→    结果输出
          支撑              或政策
```

**图 6-3　地方性人口政策形成路径：改进的系统模型**

1980年9月发布的《公开信》体现了中共中央执行计划生育的一种倡议和意图，但是它并不是正式的公共政策，更不是全国人民代表大会讨论通过并正式颁布的国家法律。然而，很显然，它成了地方政府推进计划生育工作的指向灯，事实上成为一个体现中共中央决定的隐性人口政策，被地方政府贯彻落实，各地先后出台各自的计划生育管理条例响应中共中央号召。在执行计划生育过程中形成的各种经验与问题，作为人口政策决策的重要信息，又通过类似全国计划生育工作会议这样的渠道反馈到政策的顶层设计者，最终推动计划生育从地方性条例演变成为国家的一个基本国策。

1980年中国颁布的《婚姻法》规定"夫妻双方都有实行计划生育的义务"。1982年9月召开的中共十二大会议将计划生育确定为国家的基本国策。同年12月又颁布《中华人民共和国主席宪法修正案》，其中明文规定"国家推行计划生育，使人口的增长同经济和社会发展计划相适应"，并再次强调"夫妻双方都有实行计划生育的义务"。此后国家层面相应的立法支持工作并没有紧随跟进。在纠正极其严格的"一胎化"并实行"开小口、堵大口"的政策松动后，计划生育政策在发展过程中逐渐成熟，政策内容也相对稳定下来。[①] 一直到2001年12月29日颁布《中华人民共和国人口与计划生育法》，自2002年9月1日起正式实施。这标志着国家以具体的法律形式正式确立了计划生育基本国策的法律地位，结束了人口与计划生育法工作长期以来主要依靠地方性法规和政策来执行的局面，使计划生育获得了更权威、更广泛的国家正式法律制度支持。

《中华人民共和国人口与计划生育法》不仅清晰地阐述了国家的人口

---

[①]　宋健、[韩]金益基：《人口政策与国情——中韩比较研究》，光明日报出版社2009年版，第6页。

政策，而且对于执行人口政策的具体职责在《总则》中进行了划分。第二条"国家采取综合措施，控制人口数量，提高人口素质；国家依靠宣传教育、科学技术进步、综合服务、建立健全奖励和社会保障制度，开展人口与计划生育工作。"第五条"国务院领导全国的人口与计划生育工作，地方各级人民政府领导本行政区域内的人口与计划生育工作。"第六条"国务院计划生育行政部门负责全国计划生育工作和与计划生育有关的人口工作；县级以上地方各级人民政府计划生育行政部门负责本行政区域内的计划生育工作和与计划生育有关的人口工作；县级以上各级人民政府其他有关部门在各自的职责范围内，负责有关的人口与计划生育工作。"第二十九条"本章规定的奖励措施，省、自治区、直辖市和较大的市的人民代表大会及其常务委员会或者人民政府可以依据本法和有关法律、行政法规的规定，结合当地实际情况，制定具体实施办法。"[①]

从这些法规条文可见，《中华人民共和国人口与计划生育法》实际上赋予了地方各级人民政府行使人口与计划生育工作的权限。自《中华人民共和国人口与计划生育法》颁布以来，在过去的近二十年时间里，全国各省区市结合本地区计划生育工作实际，先后对地方性计划生育立法进行了相应的配套和完善，从而形成了各地地方性计划生育法规体系，使中国人口政策演进成为现行生育政策后，在地域分布上呈现出极为复杂的多样性特征。各省、自治区、直辖市计划生育地方性法规虽然体例不尽一致，但内容有共同点，可细分为总则、生育政策、节育政策、优待与奖励、限制与处罚、附则等部分。[②] 不仅如此，各省市区还根据本地区人口发展过程出现的新情况和新问题，先后制定了有关流动人口计划生育管理、综合治理、统筹改革以及社会经济政策等方面的规范性文件。同时，绝大多数省市区都规范了行政执法程序和执法文书，而且绝大多数省市区计划生育委员会还设立了政策法规机构，以加强对计划生育行政执法人员的培训和开展计划生育的法制宣传。[③]

---

① 《中华人民共和国人口与计划生育法》，http://www.lawtime.cn/info/hunyin/hunyinfagui/20110705137305.html。
② 张玉芹：《计划生育法制》，中国人口出版社1998年版，第46页。
③ 杨魁孚：《认真总结经验 坚持依法行政 把计划生育政策法规工作提高到一个新水平——国家计划生育委员会副主任杨魁孚在全国计划生育政策法规工作会议上的讲话（节录）》1993年7月14日，见彭珮云主编《中国计划生育全书》，中国人口出版社1997年版，第736页。

总体来看，一般在国家性计划生育法规或有关管理条例出台后不久，各省市区会依照国家性计划生育法规或有关管理条例的有关人口政策规定对地方性计划生育管理条例作相应的修订和调整，然后再紧紧围绕修订后的地方性计划生育管理条例完善有关的配套性的政策和法规，这样就形成了一个地方性的计划生育法规政策体系，发展成具有法律效力的地方性人口政策。然而，各省市区对地方性计划生育条例具体的调整内容、时间和频率还是有很大不同。有的省份实际上在《中华人民共和国人口与计划生育法》颁布以前，就已经对本省的计划生育条例进行过多次修订与调整，而有的省份对计划生育条例进行修订的次数则相对较少（表6-3）。从各省市区计划生育条例修订或调整的内容来看，修订重点还是集中于对生育数量、生育时间及生育条件等方面进行生育规制。在单独两孩政策推出以前，中国各省市区地方性生育政策的修订或调整实际上采取了比较保守的微调的方法，比如绝大多数采取了取消间隔审批和"双独"可生育二孩的制度。①

表6-3　　　　　　中国部分省区计划生育条例通过及修订时间

| 省份 | 广东 | 福建 | 广西 | 安徽 | 江西 |
| --- | --- | --- | --- | --- | --- |
| 通过时间 | 1980.02.02 | 1988.04.29 | 1988.09.17 | 1988.10.31 | 1990.06.16 |
| 第一次修订时间 | 1986.05.17 | 1991.06.28 | 1991.08.17 | 1992.08.30 | 1995.06.30 |
| 第二次修订时间 | 1992.11.28 | 1997.10.25 | 1994.11.26 | 1995.04.24 | 1997.06.20 |
| 第三次修订时间 | 1997.12.01 | 2000.11.08 | 2002.07.27 | 2002.07.28 | 2002.07.29 |
| 第四次修订时间 | 1998.09.18 | 2002.07.26 | 2004.06.03 | 2004.06.26 | 2009.03.27 |
| 第五次修订时间 | 1999.05.21 | 2012.12.14 | 2012.03.23 | 2011.02.24 | 2014.01.16 |
| 第六次修订时间 | 2002.07.25 | 2014.03.29 | 2014.01.13 | 2014.01.22 | 2016.01.20 |
| 第七次修订时间 | 2008.11.28 | 2016.02.19 | 2016.01.15 | 2016.01.15 | — |
| 第八次修订时间 | 2014.03.27 | — | — | — | — |
| 第九次修订时间 | 2015.12.30 | | | | |

资料来源：根据五省区计划生育条例编制而成。

---

① 王广州、胡耀岭、张丽萍：《中国生育政策调整》，社会科学文献出版社2013年版，第199页。

公共政策与法规是一定阶段、国家和政党为完成一定历史时期的任务和调整特定的社会经济关系而制定的行动准则和行动方针。作为政策转化为立法必须具备三个基本条件：一是现有通行的政策必须证明是成功的和成熟的；二是这个政策必须具有长期稳定性，即不能朝令夕改；三是这个政策国家的社会经济生活及未来发展具有全局性的重要影响力。① 中国的法律法规，一般是根据党的政策制定而又为党的政策服务的，通过全国人民代表大会立法程序颁布再由国家政权强制推行的。人口政策同样如此。在1982年12月颁布《中华人民共和国主席宪法修正案》之前，中国各省市区实际发挥作用的人口政策并不具有国家法律层面的强制性和普遍的约束力。各地计划生育部门依据地方性的计划生育政策要求育龄妇女实行晚婚晚育以拉开人口世代间隔，而婚姻登记部门则根据1981年国家颁布的新《婚姻法》规定的婚龄准予适龄妇女办理登记手续。一方强调执行政策，一方坚持维护法律尊严，在控制人口这一共同目标上，"国策"与"国法"之间的不协调十分明显。这就导致在控制人口增长的计划生育推进中，地方性的计划生育政策、规定与政府部门的其他若干政策或规范性文件的制定存在时间和空间上的错位。② 实际上，在《中华人民共和国主席宪法修正案》颁布后，由于并没有顶层设计的具体计划生育法规，这种现象仍然维持了将近10年的时间，直到2001年12月29日颁布《中华人民共和国人口与计划生育法》才最终消除地方性人口政策与国家法规之间的不协调与错位问题。

从毛泽东提出"计划生育"这一概念开始，经过多年的实践与探索形成地方的计划生育条例，到最终国家正式颁布实施《中华人民共和国人口与计划生育法》，各省市区在原有地方性政策条例基础上再根据国家立法进行修订完善并加以贯彻执行，最终形成了定型化、条文化和规范化的地方性人口政策法规，从而具备了法理基础和法规的约束力。其中，生育政策是整个计划生育政策法规的核心。关于生育孩子的数量，各地在计划生育条例中根据国家总的生育政策，并结合当地的实际情况，制定了不尽相同的规定。各地计划生育条例对此规定的主要内容可概括为"非农

---

① 叶海平、李冬妮：《社会政策与法规》，华东理工大学出版社2000年版，第11—13页。

② 夏海勇：《关于进一步完善人口与计划生育政策的几个问题》，见江苏省人口普查办公室《江苏省人口学会. 改革开放的江苏人口》，中国统计出版社1992年版，第608页。

业人口的生育政策""农业人口的生育政策""少数民族的生育政策"以及"再婚夫妇的生育政策"四大部分。① 地方性人口政策法规将辖区家庭和个人的生育行为纳入法制轨道,不仅是国家人口政策与法规的缩影,也体现国家人口政策与法规的总体导向和基本精神。

1979年3月,"一胎化"政策的积极倡导者陈云在江苏、浙江视察时曾说:"一要大造舆论;二要立法,要求一对夫妻生一个孩子;三要实行奖励,照顾生一个孩子的。"② 江苏省和浙江省(下文简称"江浙两省")计划生育经过多年的推进和发展,陈云当年所提的这三点目前都已成现实。实际上,江浙两省人口政策的形成与中国人口政策的历史演进是密不可分的,两省地方性人口与计划生育条例既体现国家人口政策的原则、目标与方向,又根据两省各自的省域情况在具体政策实施细则上做出有所区别的制度设计,两省依据《中华人民共和国人口与计划生育法》新修订的人口与计划生育条例,成为两省各自具有法律依据和执行效力的地方性人口政策。

## 第三节 江苏人口政策的发展过程

江苏省是全国较早探索实施以计划生育来调控人口过快增长与经济发展之间矛盾的省份。作为全国计划生育工作起步早、发展快的地区,自20世纪70年代以来,江苏已成为中国大陆地区执行计划生育最严格的省份之一。正如江苏省人口和计划生育委员会工作报告所言:"江苏的人口与计划生育发展史,是一部充满光荣与坎坷、辉煌与艰辛的历史。"③ 江苏省人口政策的发展经历了一系列的重要事件和政策法规调整(表6-4),这一过程大致可划分为如下几个阶段。

### 1949—1954年:放任人口生育阶段

新中国成立后,经统计部门的调查和估算,江苏省1949年总人口数

---

① 张玉芹:《计划生育法制》,中国人口出版社1998年版,第46—48页。
② 孙沐寒:《中国计划生育史》,北方妇女儿童出版社1990年版,第191页。
③ 张肖敏:《新人口礼赞——人口和计划生育工作回顾与展望(江苏卷)》,中国人口出版社2007年版,第6页。

为 3512 万人。① 新中国成立后几年是国民经济恢复期，卫生部在 1950 年和 1952 年先后出台两个文件对限制生育和人工流产进行规定。这一时期，江苏省也执行国家有关部门限制避孕和堕胎的政策，实际上对人们的生育行为采取的是一种"放任人口生育"② 的态度。1950 年《中华人民共和国婚姻法》颁布后，江苏开始了大规模的宣传和贯彻工作。③ 1953 年 8 月，政务院副总理邓小平指示卫生部改正限制节育的做法，帮助群众节育。国家领导人和中央层面关于限制避孕和堕胎的政策开始改变，预示着一系列节制活动即将展开。④ 江苏省在 1954 年随之尝试自上而下地建立人口统计制度。⑤

表 6 – 4　江苏省人口政策发展过程中重要事件及政策法规调整一览表

| 时间 | 人口政策发展中的主要事件及政策法规调整 |
| --- | --- |
| 1956 | 省卫生厅下发《关于开展避孕工作的意见》 |
| 1957 | 拟定《关于开展节育工作初步方案》 |
| 1958 | 经江苏省委批准，江苏省在全国第一个成立节育工作委员会 |
| 1963.1 | 省委、省人委发出《关于贯彻执行中共中央国务院〈关于认真提倡计划生育的指示〉的通知》 |
| 1963.7 | 成立全国第一个省级计划生育委员会 |
| 1972 | 完成"四五"人口规划目标 |
| 1973.9 | 省革委会成立计划生育领导小组 |
| 1973.12 | 省革委会计划生育领导小组提出按照"结婚迟一些、生得稀一些、培养得好一些"的精神，制订晚婚和生育计划 |

---

　① 顾纪瑞：《人口、消费和可持续发展》，凤凰出版传媒集团、凤凰出版社 2011 年版，第 102 页。
　② 孙沐寒：《中国计划生育史》，北方妇女儿童出版社 1990 年版，第 60 页。
　③ 彭珮云主编：《中国计划生育全书》，中国人口出版社 1997 年版，第 1303 页。
　④ 孙沐寒：《中国计划生育史》，北方妇女儿童出版社 1990 年版，第 72、75 页。
　⑤ 顾纪瑞：《人口、消费和可持续发展》，凤凰出版传媒集团、凤凰出版社 2011 年版，第 103 页。

续表

| 时间 | 人口政策发展中的主要事件及政策法规调整 |
| --- | --- |
| 1974.6 | 出台《有关计划生育工作若干问题的规定》，提出"在群众自愿基础上提倡每对夫妇生两个孩子，两胎间隔四五年左右"，并对晚婚年龄及奖惩、技术政策等作具体规定 |
| 1979.4 | 省委给党中央、国务院有关报告中提出江苏鼓励只生一胎，限制多胎生育的政策措施 |
| 1979.7 | 省革委会在《关于计划生育若干问题的暂行规定》中，明确规定了一对夫妻终生只生一个孩子的优待条件和对多孩生育的经济限制措施 |
| 1980 | 《关于计划生育若干问题的暂行规定》中增加三条照顾生育二孩的规定 |
| 1980 | 省政府改省计划生育办公室为省计划生育委员会 |
| 1982 | 《关于计划生育若干问题的暂行规定》中照顾二孩生育的规定增加到5条 |
| 1984 | 《关于计划生育若干问题的暂行规定》中照顾二孩生育的规定增加到11条 |
| 1985 | 《关于计划生育若干问题的暂行规定》中照顾二孩生育的规定增加到14条 |
| 1985 | 成立江苏省计划生育协会 |
| 1986 | 成立江苏省人口学会 |
| 1987.2 | 江苏省人民政府《关于贯彻全国计划生育工作会议情况的报告》（苏政发［1987］28号），强调全省不再开"新口子"，确定现行生育政策不变 |
| 1987.4 | 省委、省政府发布《关于进一步加强计划生育工作的通知》，将江苏省的具体生育政策规定概括为：继续提倡晚婚晚育、少生优生和一对夫妇只生一个孩子；有计划按政策照顾确有实际困难的群众再生一个孩子（即14条规定） |
| 1988.8 | 省委、省政府提出要稳定和执行本省现行生育政策 |
| 1990.6 | 省委、省政府发出《关于加强计划生育工作的决定》，全省实行人口指标管理 |
| 1990.10 | 省第七届人民代表大会常务委员会第十七次会议通过《江苏省计划生育条例》 |
| 1991.9 | 省委、省政府发出《关于贯彻〈中共中央、国务院关于加强计划生育工作严格控制人口增长的决定〉的通知》，在实行指标管理的基础上，制定实施考核奖惩办法，明确把人口计划完成情况及计划生育工作实绩列为党委和政府主要领导政绩考核的一项重要内容 |
| 1991.11 | 省计划生育条例《实施细则》颁布执行 |
| 1993.4 | 省计划生育委员会下发《关于流动人口计划生育管理证明的发放管理的通知》；再次修订《江苏省计划外生育管理办法》 |

续表

| 时间 | 人口政策发展中的主要事件及政策法规调整 |
|---|---|
| 1995.6 | 省第八届人民代表大会常务委员会第十五次会议通过关于修改《江苏省人口与计划生育条例》的决定《江苏省人口与计划生育条例》第一次修订 |
| 1997.7 | 省第八届人民代表大会常务委员会第二十九次会议通过关于修改《江苏省人口与计划生育条例》的决定。《江苏省人口与计划生育条例》第二次修订 |
| 1999.12 | 省计划生育委员会发布关于贯彻实施《国家计划生育委员会流动人口婚育证明管理规定》的意见，强化对流动人口计划生育工作的管理与服务 |
| 2002.10 | 省第九届人民代表大会常务委员会第三十二次会议通过关于修改《江苏省人口与计划生育条例》的决定。《江苏省人口与计划生育条例》第三次修订 |
| 2003 | 结合《中华人民共和国行政许可法》，对《江苏省人口与计划生育条例》中照顾再生育的行政许可条款内容进行了修订，实现人口与计划生育法规的统一 |
| 2004.6 | 省第十届人民代表大会常务委员会第十次会议通过关于修改《江苏省人口与计划生育条例》的决定。《江苏省人口与计划生育条例》第四次修订 |
| 2005.7 | 省第十届人民代表大会常务委员会第十七次会议通过《关于禁止非医学需要胎儿性别鉴定和选择性别人口终止妊娠的规定》的决定 |
| 2007.4 | 省委办厅、省人民政府办公厅印发《江苏省人口和计划生育事业"十一五"发展规划》的通知（苏办发［200］17号），提出到2010年将人口自然增长率控制在4‰左右，计划生育率保持在95%以上，并提出"两个率先" |
| 2007.8 | 江苏省委、省政府出台贯彻中共中央、国务院《关于全面加强人口和计划生育工作统筹解决人口问题的决定》的《意见》（正苏发［2007］10号） |
| 2012.5 | 李学勇省长签发江苏省人民政府第83号令《江苏省实施〈流动人口计划生育工作条例〉办法》，加强和规范江苏省行政区域内流动人口的计划生育服务和管理工作 |
| 2014.3 | 省第十二届人民代表大会常务委员会第九次会议审议通过了《关于修改〈江苏省人口与计划生育条例〉的决定》，《江苏省人口与计划生育条例》第五次修订 |

资料来源：根据彭珮云主编：《中国计划生育全书》，中国人口出版社1997年版；孙燕丽：《改革开放30年与江苏人口发展》，河海大学出版社2009年版；张肖敏：《新人口礼赞——人口和计划生育工作回顾与展望（江苏卷）》，中国人口出版社2007年版；《中国计划生育年鉴》编辑委员会编：《中国计划生育年鉴1991》，科学普及出版社1992年版以及江苏省卫生和计划生育委员会网站有关资料等整理。

## 1955—1961 年：节制生育起步阶段

1955 年 1—2 月，国务院节育问题研究小组先后召开四次会议听取有关部门的汇报对今后节制生育的措施。卫生部在检讨盲目不赞成节育的同时也对避孕药具的生产和供给进行了部署，提出 1955 年国家要准备供应 1000 万人的药具。① 江苏省在这一年里也开始生产外用避孕药，并于 1956 年开始介绍避孕节育知识，宣传节制生育，开设避孕指导门诊，并将工作重点放在城市。1956 年，如东县在全国率先倡导开展计划生育工作。② 省卫生厅下发《关于开展避孕工作的意见》，采用多种多样的形式在全省大规模地普及推广节育宣传活动。仅 1956—1957 年，全省就有近 80 万人次参观了各种类型的展览。1957 年年初，江苏省拟定了《关于开展节育工作初步方案》，县以上医疗机构先后建立避孕门诊，开展避孕指导和节育手术，并代售避孕工具。全省还设立了 227 个节育技术指导处。③ 1958 年 1 月 26 日，经省委批准，江苏省在全国率先成立节育工作委员会，各市县也普遍建立起节育组织。在短短的一年多时间内，江苏省就形成了早期人口政策及其实施组织的最初萌芽。然而，随着 1959—1961 年三年重大自然灾害降临，江苏省经济发展也陷于严重困难时期，人口出生与增长都出现了较大幅度的下降（表 6 - 5），总人口平均每年减少 4.95 万人，年均增长率 - 0.12%，节制生育工作也随之停顿。

表 6 - 5　　　　　1959—1961 年自然灾害时期江苏省总人口变化

| 年份 | 总人口（万人） | 较上年增加量（万人） | 自然增长人口（万人） | 净迁移人口（万人） |
| --- | --- | --- | --- | --- |
| 1959 | 4289.53 | 31.29 | 27.20 | 4.8 |
| 1960 | 4245.64 | -43.89 | 0.64 | -44.64 |
| 1961 | 4243.40 | -2.24 | 23.27 | -26.27 |

资料来源：江苏省统计局：《江苏统计年鉴（1991）》，中国统计出版社 1991 年版。

---

① 孙沐寒：《中国计划生育史》，北方妇女儿童出版社 1990 年版，第 76—77 页。
② 孙燕丽：《改革开放 30 年与江苏人口发展》，河海大学出版社 2009 年版，第 3 页。
③ 彭珮云主编：《中国计划生育全书》，中国人口出版社 1997 年版，第 1303 页。

#### 1962—1970 年：计划生育试点阶段

自 1962 年起，国民经济进入调整时期，经济得到恢复和发展，补偿性生育导致江苏省人口猛增，自然增长率高达 24.88‰。① 1962 年 12 月 13 日中共中央、国务院发出了《关于认真提倡计划生育的指示》，重申了节制生育和计划生育的重要性。1963 年 1 月，江苏省委、省人委发出《关于贯彻执行中共中央国务院〈关于认真提倡计划生育的指示〉的通知》，从而诞生了该省历史上第一个正式的计划生育文件。同年 7 月，江苏省在全国率先成立计划生育委员会。此后，计划生育工作由点到面迅速展开。1964 年 6 月和 1965 年 1 月，江苏分别召开全省工厂企业计划生育现场会议和全省农村计划生育工作经验交流现场会。江苏省委、省人委还多次发出文件强调加强计划生育的组织领导、宣传教育和试点推广。到 1965 年 6 月，计划生育大约覆盖了全省 3/5 的地区（约 2600 万人口），全省已有 870 个医疗单位开展计划生育手术，其中县级及以下医疗单位多达 740 多个。②"文化大革命"爆发后，江苏省计划生育试点工作受到较大影响。但是"文革"时期江苏省的计划生育工作并未完全停滞，1969 年江苏省革委会还曾在东台县召开了一次计划生育工作现场会，推广严家公社的经验。然而，这一时期江苏省的人口生育总体上仍处于一种无政府状态，形成了第二个人口出生高峰。

#### 1971—1978 年：推行计划生育时期

20 世纪 70 年代初期国家计划生育工作主要是恢复机构，国家更多地采用推广典型经验的办法，以先进带动一般。1971 年国务院提出"四五"人口规划目标。同年 11 月，卫生部在江苏如东县举办了计划生育工作经验交流学习班，并把学习班的经验推向全国。③ 江苏省在恢复城乡计划生育工作的基础上，成功将全省的人口自然增长率从 1970 年的 23.83‰ 降到 1972 年的 15.09‰。在 1973 年全国提前完成"四五"人口规划目标的五个省份中，江苏是首个达此目标的省份。

这一时期国家人口生育计划、政策和措施的形成，都处于开始阶段。

---

① 顾纪瑞：《人口、消费和可持续发展》，凤凰出版传媒集团、凤凰出版社 2011 年版，第 108 页。

② 彭珮云主编：《中国计划生育全书》，中国人口出版社 1997 年版，第 1303 页。

③ 孙沐寒：《中国计划生育史》，北方妇女儿童出版社 1990 年版，第 161 页。

江苏省也将计划生育工作摆上重要议事日程，先后制定出台了系列计划生育政策和规定。1971年12月，江苏省革委会计划生育领导小组提出全省要按照"结婚迟一些、生得稀一些、培养得好一些"的精神，制订晚婚和生育计划。1974年6月江苏省出台《有关计划生育工作若干问题的规定》，提出"在群众自愿的基础上提倡每对夫妇生两个孩子，两胎间隔四五年左右"，并对晚婚年龄及奖惩、技术政策等作了具体规定。同时，江苏省还大力充实计划生育机构。1973年9月江苏革委会成立省革委会计划生育领导小组。到1973年11月，全省有39个地区、县市成立了计划生育领导小组。1978年4月省革委会调整、充实了省计划生育领导小组，要求县以上革委会建立健全计划生育办公室，按一定的行政编制配备人员。此外，这一时期还非常重视节育技术和科研工作。

### 1979—1989年：计划生育深入发展时期

1978年12月22日举行的中国共产党第十一届三中全会是中国公共政策和法律法规体系演进中的一个重要里程碑。新的中央领导集体对社会主义制度下的人口问题有不同于毛泽东的看法与认识。在中国的政治体制环境下，高层领导的看法和认识作为一种指示和精神无疑也会对地方计划生育工作产生很大的影响。江苏省的计划生育在这一时期进入一个深入发展的阶段。主要表现为各级党政领导进一步加强了对计划生育工作的领导，计划生育政策不断完善，严格"一胎化"政策也是始于这一时期。

1979年4月，江苏省委在给党中央、国务院的有关报告中提出江苏省鼓励只生一胎，限制多胎的政策措施。同年7月，当时的江苏省革委会在《关于计划生育若干问题的暂行规定》中，明确规定了一对夫妻终生只生一个孩子的优待条件和对多孩生育的经济限制措施。在1980年《公开信》发表之前，江苏省实际上已经在实行"一胎化"的生育政策。在《公开信》发表后不到一年的时间里，中共中央就已经着手制定新的政策纠正"一胎化"政策。因此，《公开信》作为一种过渡性的安排是通向现行生育政策的拐点和转向路标。①

从江苏人口政策的修改和完善历史来看，1982年中央发布的11号文

---

① 梁中堂：《试论"公开信"在"一胎化"向现行生育政策转变过程中的作用和地位》，见：梁中堂：《我国生育政策史论》，上海，2013年3月，第340、347、356页。

件显然促进了江苏从极端"一胎化"政策逐渐转向现行生育政策。在全国第三次人口普查结果出来后,江苏省虽然感到人口增长的压力仍然很大。但是计划生育工作做得比较好,加之少数民族所占比例小,所以当时省里的预测是,如果1983年和1984年江苏省的总和生育率为1.5,1985年为1.4,1986年以后保持在1.3的水平,则在世纪末江苏全省人口有望控制在7000万以内。① 这种雄心壮志在现实面前还是不得不打折扣。过于严格的"一胎化"政策招致人们的强烈抵制。1982年,江苏省不得不将照顾生育二孩的规定由1980年的3条调整到5条。1984年又进一步放宽到11条。1985年则增加到14条。14条中照顾"一女户"的有5条。当时江苏的认识是,如果全省再开"新口子",势必产生生育政策多变的影响,不利于计划生育工作的开展。特别是如果在工作基础较差的苏北地区开"新口子",不仅要冲击已经比较稳定的思想基础和工作基础,而且要影响到全省大部分地区的计划生育工作。为此,当时的省委、省政府反复研究,权衡利弊,确定维持现行生育政策不变。② 1987年4月,江苏省委、省政府发布的《关于进一步加强计划生育工作的通知》,将该省具体生育政策规定概括为"继续提倡晚婚晚育、少生优生和一对夫妇只生育一个孩子;有计划按政策照顾确有实际困难的群众再生一个孩子",即新的14条规定。为了强化计划生育政策的落实,1987年12月底,江苏省政府还在如东县召开了徐、淮、盐、连4市计划生育工作座谈会,提出正确认识人口与经济关系、建立目标管理责任制、加强对新情况、新问题研究,加强后进转化工作的4条意见。同年8月,江苏省委、省政府提出要稳定和执行本省现行生育政策。③

### 1990—2005年:指标管理与法制建设时期

这一时期是国家计划生育进一步加强并实现法治化的时期。1990年5月28日,江泽民、李鹏给中国计划生育协会写信,强调"计划生育工作一刻也不能放松"。④ 中央还准备发一个中共中央、国务院关于进一步加

---

① 江苏省人口学会:《总结第三次人口普查经验 探索江苏人口的发展趋势:我省第二次人口科学讨论会在南京胜利召开》,《江苏社联通讯》1984年第6期,第53页。
② 中国人口情报中心:《中国人口资料手册》,北京,1988年12月,第41页。
③ 彭珮云主编:《中国计划生育全书》,中国人口出版社1997年版,第1304、1305页。
④ 江泽民、李鹏:《计划生育工作一刻也不能放松》,《人民日报》1990年5月30日,见彭珮云主编《中国计划生育全书》,中国人口出版社1997年版,第186页。

强计划生育工作的决定（实际上到 2000 年 3 月 2 日才正式成文发布），以全面阐述有关计划生育的基本方针、制度建设、组织建设和有关的措施、工作方法等，甚至还准备发第二封公开信。① 各省人大常委会开始陆续重新审定本省的《计划生育条例》。绝大多数省份开始真正落实以"女儿户"为核心内容的现行计划生育政策。

1990 年 6 月 16 日，江苏省委、省政府发出《关于加强计划生育工作的决定》，其中第一条就是继续稳定现行生育政策。这个现行政策是："继续提倡晚婚晚育少生优生和一对夫妻只生育一个孩子；按政策、有计划照顾有实际困难的夫妇再生一个孩子；严禁计划外生育二孩和多孩，严禁未到法定婚龄的婚育。"② 即后来江苏省常用的"两提倡、一照顾、两严禁"③ 这一人口政策提法。同年 10 月 28 日，江苏省七届人大常委会第 17 次会议审定通过《江苏省计划生育条例》。该条例中突出地强调了"贯彻国家的计划生育方针政策，继续稳定本省的现行生育政策"以及"要求计划生育工作人员依法办事，广大群众依法规范自己的生育行为。"为促进依法管理生育秩序，江苏省随后还在计生系统举办"行政诉讼法"骨干培训班。④ 1991 年 9 月，江苏省委、省政府发出《关于贯彻〈中共中央、国务院关于加强计划生育工作严格控制人口增长的决定〉的通知》，在实行指标管理的基础上，制定了非常严格的考核奖惩办法，明确把人口计划完成情况及计划生育工作实绩列为党委和政府主要领导政绩考核的一项重要内容。

1991 年 11 月 1 日江苏省计划生育条例《实施细则》颁布执行。1992 年江苏省计划生育委员会成立普法领导小组，将《江苏省计划生育条例》及《实施细则》列入全省的普法重点予以推行。1992 年李铁映在一次全

---

① 李铁映：《进一步贯彻中央关于计划生育的方针——李铁映与全国计生双先表彰暨基层工作经验交流会、中国计划生育协会第三次全国代表大会部分代表座谈时的讲话（节录）》1990 年 11 月 24 日，见彭珮云主编《中国计划生育全书》，中国人口出版社 1997 年版，第 186 页。

② 《中国计划生育年鉴》编辑委员会编：《中国计划生育年鉴1991》，科学普及出版社 1992 年版，第 347 页。

③ 张肖敏：《新人口礼赞——人口和计划生育工作回顾与展望（江苏卷）》，中国人口出版社 2007 年版，第 7 页。

④ 《中国计划生育年鉴》编辑委员会编：《中国计划生育年鉴1991》，科学普及出版社 1992 年版，第 348 页。

国计划生育工作电话会议上提出中央坚持"三个不变的原则"① 后，江苏省强调要层层落实人口与计划生育管理目标管制责任制，实行人口指标管理，严格考核制度，一级抓一级。1992年江苏省制定了《计划外生育管理办法》，在全省范围内实行了乡收县管、财政监督体制。1993年再次修订《江苏省计划外生育管理办法》，对计划外生育行为施加严格的惩罚措施。这一系列严格的政策法规似乎起到了作用。1991—1993年江苏省每年都能较好地完成人口与计划生育目标管理的各项考核指标和任务。从1993年年度指标来看，苏北和苏南地区的计划生育水平差距明显缩小。②

2000年3月，江苏省根据党中央、国务院出台的《关于加强人口与计划生育工作稳定低生育水平的决定》，在稳定低生育水平的基础上，人口政策的目标开始突破单一化的人口控制，转向提高出生人口素质，优化人口结构，积极开展计划生育优质服务以及关注育龄妇女的生殖健康水平。2001年12月《中华人民共和国人口与计划生育法》颁布后，2002年10月江苏省第九届人民代表大会常务委员会第三十二次会议审议通过了《江苏省人口与计划生育条例》。为了有效降低江苏过高的出生人口性别比，江苏省还在2005年7月颁布了《关于禁止非医学需要胎儿性别鉴定和选择性别人口终止妊娠的决定》。此外，还在农村逐步建立起以部分计划生育家庭奖励扶助制度为主的利益导向机制。

总体来看，1990—2005年是江苏省计划生育工作主要以行政控制为主向综合运用法律法规、经济、行政、教育、科技等手段转变的一个时期，③ 也是江苏省地方性人口政策稳定成型的重要时期。在贯彻落实国家和省级相关法律法规、指导基层行政执法、规范人口计划生育行政管理和服务等方面，江苏省陆续出台了许多文件规定（表6-4）来指导基层修订实施办法，并建立起省、市、县三级人口计划生育部门规范性文件定期清理和备案审查制度。到"九五"期末，江苏省妇女总和生育率降到1.3的水平，只生一个孩子的妇女占已婚育龄妇女的

---

① "三个不变的原则"是指"现行计划生育政策，人口计划指标不变，党政两个一把手负责任不变。"李铁映在全国计划生育工作电话会议上的讲话（节录），1992年9月14日，见彭珮云主编《中国计划生育全书》，中国人口出版社1997年版，第198页。

② 彭珮云主编：《中国计划生育全书》，中国人口出版社1997年版，第1306—1307页。

③ 孙燕丽：《改革开放30年与江苏人口发展》，河海大学出版社2009年版，第4页。

60%以上。① 全省生育率水平大幅下降，人口出生率从 1990 年的 20.54‰ 下降到 2005 年的‰，人口自然增长率由 1990 年的 14.01‰下降到 2005 年的 2.21‰。②

## 2006—2014 年：计划生育综合改革与政策微调时期

这一时期，中国人口问题复杂而又多元，③ 各地人口和计划生育工作进入稳定低生育水平、统筹解决人口问题、促进人的全面发展的新阶段。2007 年，江苏省委、省政府出台贯彻中共中央、国务院《关于全面加强人口和计划生育工作统筹解决人口问题的决定》的《意见》，将人口和计划生育的目标转向稳定低生育水平，改善人口结构，引导人口合理分布。④ 作为全国最早进入并保持低生育水平的省份，江苏省在这一时期执行人口政策时面临很多现实挑战，比如计划生育的目标管理责任制缺乏效率，社会抚养费征收到位率低，生育政策调整的压力大等。在 2009 年 4 月国家人口和计划生育委员会发布《关于进一步深化综合改革创新体制机制的指导意见》后，江苏尤其强调统筹解决人口问题与计划生育综合改革，关注人口长期均衡发展，积极推动生育政策完善和城乡一体化，探索人口综合治理，通过继续强化江苏特色的"世代服务"品牌等来试图完善多层次互补的计划生育服务体系。⑤ 由于江苏地处经济发达地带，外来流动人口数量多，为此江苏修改完善《流动人口计划生育工作条例》以加强和规范流动人口的计划生育服务和管理。为防止流动人口超生，江苏省建立起省、市、县三级流动人口管理工作领导机构，在各级综治委下设立流动人口服务管理工作领导小组及办公室，负责协调流动人口的服务管理工作。同时，各级政府设立了农民工工作领导小组，还根据常住人口数量多少分别设立乡镇（街道）外来人口服务管理中心或村（居）流动人口管理服务站，对流动人口计划生育实施严格管理。据统计，2005—

---

① 张肖敏：《新人口礼赞——人口和计划生育工作回顾与展望（江苏卷）》，中国人口出版社 2007 年版，第 7、25 页。

② 江苏省统计局：《1991 年江苏省统计年鉴；2006 年江苏省统计年鉴》，见顾纪瑞《人口、消费和可持续发展》，凤凰出版传媒集团、凤凰出版社 2011 年版。

③ 陈友华：《中国人口与发展：问题与反思》，中国社会科学出版社 2012 年版，第 314 页。

④ 孙燕丽：《改革开放 30 年与江苏人口发展》，河海大学出版社 2009 年版，第 4 页。

⑤ 周长洪、刘保华、曹芳：《江苏人口与计划生育工作综合改革研究》，见孙燕丽、张肖敏《2009 年江苏人口发展研究报告》，河海大学出版社 2010 年版，第 294—297 页。

2007 年，江苏省对流动人口征收社会抚养费分别为 3555 万元、3376 万元和 3486 万元。①

由于严格执行以一孩为主的生育政策，江苏在全国率先进入低生育率水平状态，近 20 多年来生育率一直保持在较低水平。调查数据显示，"十一五"时期江苏省育龄妇女总和生育率稳定在 1.3 左右，计划生育率保持在 95% 以上，家庭只有一个孩子的妇女占已婚育龄妇女总数的 74%，全省独生子女超过 1200 万人。根据江苏省原人口和计划生育委员会的测算，江苏省自实施计划生育政策以来，全省少生 4000 万人，较早实现了人口再生产类型的历史性转变。然而，人口结构性矛盾也更为突出，调整和完善生育政策的压力也更大。2014 年 3 月 28 日，江苏省第十二届人民代表大会常务委员会第九次会议审议通过了《关于修改〈江苏省人口与计划生育条例〉的决定》，正式启动单独两孩生育政策。

## 第四节 浙江人口政策的发展过程

浙江省与全国其他省、自治区和直辖市一样，以计划生育为核心的人口政策的形成与发展，是随着人们对社会主义初级阶段人口发展规律和经济发展规律的认识日益深化而提出和不断完善的，其目的在于"控制人口数量，提高人口素质"，努力把人们的生育行为纳入国家经济社会发展的轨道，使人口的发展和经济相适应，与环境保护、资源利用相协调。浙江人口政策 60 多年的发展进程。由一系列重要事件与政策法规调整穿梭而成（表 6-6），大致可分几个阶段。

**表 6-6 浙江省人口政策发展过程中重要事件及政策法规调整一览表**

| 时间 | 人口政策发展中的主要事件及政策法规调整 |
| --- | --- |
| 1954.9 | 浙江省卫生厅转发卫生部《关于改进避孕及人工流产问题的通报》，并做出具体规定："已婚男女避孕节育一律不加限制，但也不得公开宣传。一切避孕用具和药品可以在市场销售，不加限制。" |

---

① 何小鹏、林朝镇：《流动人口计划生育服务管理模式研究——以江苏省为例》，见孙燕丽《改革开放 30 年与江苏人口发展》，河海大学出版社 2009 年版，第 217、218、220 页。

续表 6—6（一）

| 时间 | 人口政策发展中的主要事件及政策法规调整 |
| --- | --- |
| 1956.1 | 全国人大委员会委员邵力子在第一届浙江省人民代表大会的发言中阐明计划生育的重要性和科学避孕的必要性，主张避孕要求不必限制。 |
| 1956.9 | 浙江省卫生厅转发卫生部《关于避孕工作的指示》，要求各地卫生部门根据中央和省有关指示精神，订出切实可行的计划。 |
| 1956.10 | 浙江省卫生厅转发卫生部《人工流产及绝育手术问题的通知》，确定杭州、宁波、温州、嘉兴和萧山五市、县开展避孕工作的重点。 |
| 1956.12 | 在诸暨召开全省妇幼卫生工作会议，总结和交流避孕节育工作，并强调县及县以上医院、妇幼保健院（所）都要设立避孕指导门诊，医务卫生人员要带头避孕节育。 |
| 1957.7 | 浙江省人民委员会批转省卫生厅、省妇联、团省委《关于开展节育工作的意见》。 |
| 1958.5 | 浙江省卫生厅下达《关于开展计划生育工作的指示》，明确提出"计划生育的积极意义是使已婚夫妇能按照自己意愿，有计划地生育儿女，避孕节育是计划生育的一部分。" |
| 1963.4 | 浙江省卫生厅党组书记李兰炎在省四届党代会上提出"三五""四五""五五"期内要把浙江人口自然增长率分别控制在2%、1.5%、1%以下。 |
| 1963.9 | 成立浙江省计划生育委员会，下设办公室，77个市（地、县）在卫生部门设置了计划生育办公室。 |
| 1963.11 | 浙江省成立了省节育技术指导委员会。 |
| 1964.2 | 浙江省人民委员会颁布《关于计划生育若干问题的暂行规定》，提倡男子30岁、女子25岁结婚，并做出在校学生一律不许结婚、限制生育第三胎等许多具体规定。 |
| 1965.12 | 浙江省人民委员会下达《关于计划生育工作若干问题》的通知。 |
| 1971.9 | 浙江省革命委员会转发国务院〔1971〕51号文件，提出"四五"期间城镇人口自然增长率降到10‰以下，农村低于15‰。省委把人口规划纳入国民经济与社会发展规划，统一制定下达。 |
| 1973.3 | 浙江省革命委员会颁发《关于计划生育工作若干问题的规定（试行）草案》，动员男女青年25岁后结婚，已婚的要试行计划生育，不要超过两个孩子以及其他具体规定。 |

续表6—6（二）

| 时间 | 人口政策发展中的主要事件及政策法规调整 |
|---|---|
| 1978 | 建立浙江省计划生育技术指导站和避孕药研究所。 |
| 1979.9 | 浙江省革命委员会第三次全会扩大会，通过并下达《关于计划生育若干问题的规定》。 |
| 1979.12 | 浙江省高级人民法院、省民政局、省卫生局、省计划生育领导小组、省总工会、共青团浙江省委、省妇女联合会发出《关于开展用社会主义思想处理婚姻家庭关系宣传活动的联合通知》。 |
| 1980.9 | 浙江省人口学会成立。 |
| 1981.9 | 浙江省计划生育委员会单独建制，成为省政府的一个职能部门。 |
| 1982.3 | 浙江省第五届人民代表大会常务委员会第三次会议讨论通过了《浙江省计划生育条例（试行草案）》，对生育限制、技术政策、奖励措施、人口管理和政府的职能作了具体规定。 |
| 1984 | 制定《独生子女病残儿童鉴定审批的暂行规定》 |
| 1984 | 浙江省人民政府做出《关于二胎生育政策的暂行规定》，凡是独生子女和独生女结婚的，男到独生女家结婚落户的，夫妻一方为少数民族的，从事海洋捕捞以及偏僻山区等只生一个女孩的农民等13类对象，均可有计划生育第二个孩子。 |
| 1984.9 | 浙江省计划生育协会成立。 |
| 1985.2 | 浙江省人民代表大会正式颁布《浙江省计划生育条例》。 |
| 1986.3 | 省政府下达《关于多胎和超计划二胎得到有效控制的市、县农村完善具体生育政策通知。》 |
| 1986.7 | 省委召开书记办公会议，明确指出"要实行双轨的人口控制，既要通过人口包干指标控制，又必须严格执行现行的具体政策。" |
| 1987 | 浙江省政府颁发《浙江省外出人口和外来人口计划生育管理暂行规定》（浙政［1987］37号）；省纪律检查委员会颁发《关于共产党员违反计划生育管理暂行规定》。 |
| 1989.12 | 浙江省第七届人民代表大会常务委员会第十三次会议通过修订的《浙江省计划生育条例》。 |
| 1990.3 | 浙江召开了全省计划生育工作会议，贯彻全国主任会议精神和江泽民、李鹏的指示。在会上省政府与11个市（地）政府（行署）分管领导签订了《1990年计划生育目标管理任务书》。 |

续表 6—6（三）

| 时间 | 人口政策发展中的主要事件及政策法规调整 |
| --- | --- |
| 1990.9 | 浙江省第七届人民代表大会常务委员会第十八次会议通过《浙江省少数民族计划生育的规定》。 |
| 1991.11 | 浙江省第七届人民代表大会常务委员会第二十五次会议通过《浙江省优生保健条例》。 |
| 1994.9 | 浙江省马寅初人口福利基金会创立。 |
| 1995.9 | 浙江省第八届人民代表大会常务委员会第 次会议通过《关于修改〈浙江省人口与计划生育条例〉的决定》。 |
| 1999.12 | 浙江省人民政府颁布《浙江省流动人口计划生育管理办法》，2000年1月1日施行。 |
| 2000 | 出台《关于小城镇户籍改革中有关生育政策的规定》。 |
| 2000 | 省委、省政府出台《关于贯彻实施〈中共中央、国务院关于加强人口与计划生育工作稳定低生育水平的决定〉的意见》（浙委［2000］19号）。 |
| 2001.1 | 省计生委制定下发《关于特殊情况生育审批的试行意见》（浙计生委［2001］2号）。 |
| 2001 | 出台《关于进一步做好涉侨工作的意见》和《关于加强"外来女"婚育管理工作的意见》。 |
| 2001.12 | 省发展计划委员会、省计生委联合制定下发《关于印发浙江省人口与计划生育事业发展"十五"计划的通知》（浙计规划［2001］194号）。 |
| 2002.9 | 浙江省第九届人民代表大会常务委员会第三十六次会议通过《关于修改〈浙江省人口与计划生育条例〉的决定》修正，取消了生育第一个子女间隔限制以及28周岁以上已婚育龄妇女二孩生育间隔限制，计划外生育费改为社会抚养费。 |
| 2004.2 | 浙江省计划生育委员会更名为浙江省人口和计划生育委员会。 |
| 2004.8 | 省高级人民法院、省人民检察院、省公安厅联合下发《关于非医学需要鉴定胎儿性别行为适用法律的若干意见》，对非医学需要鉴定胎儿性别行为的司法认定作了统一规定。 |
| 2004 | 省卫生厅下发《关于重申严禁非医学需要的胎儿性别鉴定和选择性别人工终止妊娠的通知》。 |
| 2004.10 | 省人口计生委关于重新印发《浙江省计划生育特殊情况生育审批办法》（浙人口计生委［2004］42号）。 |
| 2005.3 | 省政府办公厅转发《省人口计生委、省财政厅关于开展农村部分计划生育家庭奖励扶助制度试点工作的意见》。 |

续表6—6（四）

| 时间 | 人口政策发展中的主要事件及政策法规调整 |
|---|---|
| 2007.6 | 省人口计生委发布《关于增加计划生育特殊情况生育审批范围的通知》（浙人口计生委［2007］45号），三种情况增列为浙江省计划生育特殊情况的生育审批范围。 |
| 2007.9 | 浙江省第十届人民代表大会常务委员会第三十四次会议通过《关于修改〈浙江省人口与计划生育条例〉的决定》。 |
| 2008.12 | 省人口计生委发布《关于增加计划生育特殊情况生育审批条款的通知》（浙人口计生委［2008］92号），将"再婚前双方曾生育子女合计为两个，现家庭只有一个子女的夫妻"增列为计划生育特殊情况生育审批范围。 |
| 2012.9 | 省人口计生委印发《关于人口计划生育行政机关实施再生育审批的规定》（浙人口计生委〔2012〕34号）。 |
| 2013.11 | 舟山市以特殊情况生育审批方式试点单独两孩政策。 |
| 2014.1 | 浙江省第十二届人民代表大会常务委员会第八次会议通过《关于修改〈浙江省人口与计划生育条例〉第十九条的决定》修正）。 |
| 2014.9 | 省委、省政府印发《关于调整完善生育政策的事实意见》（浙委发［2014］25号）。 |

资料来源：根据彭珮云主编：《中国计划生育全书》，中国人口出版社1997年版；《中国计划生育年鉴》编辑委员会编：《中国计划生育年鉴1991》，科学普及出版社1992年版；浙江省人口志编纂委员会：《浙江省人口志》，中华书局2007年版；以及王嗣均主编：《中国人口（浙江分册)》，中国财政经济出版社1988年版；章文彪主编：《新人口礼赞：人口和计划生育工作回顾与展望》，中国人口出版社2007年版等。

## 1949—1953年：限制节育时期

新中国成立后，浙江在1950—1951年进行了土地改革、没收官僚资本和镇压反革命的社会变革，国民经济开始恢复。安定的社会环境与经济条件，加之从解放初到1953年年末是新中国历经四年限制节育的时期，这使浙江完全处于一种自由生育的状态。这一时期，也有一些法令客观上有利于节育和提高人口质量。如1950年颁布的《中华人民共和国婚姻法》中关于结婚年龄的规定以及患有医学上认为不应该结婚之疾病者禁止结婚的规定，在一定程度上起到了限制早婚早育、改善人口素质的作用。这一时期，浙江人口迅速增长。1949年年末，浙江总人口为2083.07

万人,1950—1951年人口出生率高达33‰。① 1953年第一次人口普查,浙江总人口上升到2241.57万人。1949—1953年平均每年出生75.37万人,年平均出生率为35.09‰,年平均自然增长率为20.86‰。人口生育处于自然状态,浙江开始进入第一次人口出生高峰期。②

### 1954—1961年：提倡节制生育时期

这是浙江省计划生育工作刚刚起步的时期。在卫生部发布《关于改进避孕及人口流产问题的通报》后,1954年9月,浙江省卫生厅进行了转发,并规定"已婚男女避孕节育一律不加限制"。1954—1955年间,马寅初三次到浙江农村调研人口增长情况并在全国人大浙江小组会上作了《控制人口与科学研究》的书面发言。1956年9月和10月,浙江省相继转发卫生部《关于避孕工作的指示》和《人工流产及绝育手术问题的通知》两个文件,将杭州、宁波、温州、嘉兴和萧山五市、县确定为开展避孕工作的重点地区。随后,浙江在全省范围内大规模开展避孕节育知识宣传、技术指导以及药具供应等计划生育服务工作,重点推广以避孕套为主的男用避孕方法。③ 这一时期的计划生育工作的试点范围仅限于城市、工厂、机关和人口稠密地区以及农村（尤其是山区、少数民族等地区）一般不开展计划生育宣传。④然而,后来几年使刚刚起步的计划生育遭受挫折：一是1957年下半年"反右"斗争扩大化,人口领域的学术讨论变成了政治问题,1958年又开始"大跃进",人口问题上的指导思想出现了反复,导致人口理论研究和节制生育的宣传活动被迫停顿。到1959—1961年三年困难时期,浙江省人口出生及自然增长出现较大回调（表6-7）,温州专区的乐清县、泰顺县、龙泉县,金华专区的永康县、遂昌县,嘉兴专区的嘉兴县以及宁波专区的奉化县都出现了人口负增长。⑤ 在这种情况下,节制生育难以为继。1957年7月浙江省人民委员会批转省《关于开展节育工作的意见》。

---

① 浙江省人口普查办公室编：《世纪之交的中国人口（浙江卷）》,中国统计出版社2004年版,第9—10页。
② 浙江省人口志编纂委员会：《浙江省人口志》,中华书局2007年版,第839—840页。
③ 彭珮云主编：《中国计划生育全书》,中国人口出版社1997年版,第1308—1309页。
④ 王嗣均主编：《中国人口（浙江分册）》,中国财政经济出版社1988年版,第375页。
⑤ 浙江省人口志编纂委员会：《浙江省人口志》,中华书局2007年版,第842页。

表 6-7　　　　1959—1961 年自然灾害时期江苏省总人口变化

| 年份 | 总人口（万人） | 出生 | | 自然增长 | |
|---|---|---|---|---|---|
| | | 人数（万人） | 出生率（‰） | 人数（万人） | 增长率（‰） |
| 1959 | 2598 | 67.82 | 26.28 | 39.91 | 15.47 |
| 1960 | 2620 | 61.36 | 23.52 | 30.37 | 11.64 |
| 1961 | 2633 | 46.18 | 17.58 | 20.33 | 7.71 |

资料来源：姚兴武、尹华编：《中国常用人口数据集》，中国人口出版社 1994 年版，第 32 页。

## 1962—1970 年：试行计划生育时期

　　1962 年，随着国家经济因实行"调整、巩固、充实、提高"而恢复，浙江人口出生率也出现显著性补偿回升，1963 年全省出生人口 112.1 万，出生率高达 40.71‰。人口压力之下，浙江省委提出"加强领导、积极开展、保证质量、稳步前进"的指导思想，采取从城市到农村，先试点后推广的方法试行计划生育。1963 年 4 月，浙江省卫生厅党组书记李兰炎在省四届党代会上提出"三五""四五""五五"期内把浙江人口自然增长率分别控制在 2%、1.5%、1% 以下。① 9 月，浙江省人民委员会成立浙江省计划生育委员会。随后 77 个市、地、县都在卫生部门设置了计划生育办公室并配备了干部，并建立了计划生育医疗队和举办了节育手术师资培训班。1965 年，全省有 100 个医疗保健单位，约 2000 名医务人员能做节育手术。全省还培训了 10 万多名骨干，开展节育宣传，发放避孕药具，帮助群众进行避孕。② 同时，浙江开始尝试制定法规。省人委会在 1964 年 2 月颁布《关于计划生育若干问题的暂行规定》，提倡男子 30 岁、女子 25 岁结婚，并做出在校学生一律不许结婚、限制生育第三胎等许多具体规定。这些尝试显然产生了一定的效果。到 1967 年，全省人口自然增长率在 1963 年 32.88‰的基础上降低到了 23.64‰。几个试点城市年平均人口出生率都出现了较大程度的下降，尤其是嘉兴从 32.8‰迅速下降至 15.55‰。③

---

① 浙江省人口志编纂委员会：《浙江省人口志》，中华书局 2007 年版，第 843 页。
② 孙沐寒：《中国计划生育史》，北方妇女儿童出版社 1990 年版，第 141、144 页。
③ 王嗣均主编：《中国人口（浙江分册）》，中国财政经济出版社 1988 年版，第 376 页。

文化大革命开始后的几年里，浙江基本上处于口头上"要注意计划生育"，但实际上计划生育陷于停顿的状态，①尽管出台了有关计划生育的政策性规定，修改了一些不利于执行计划生育工作的规定，形成了地方性人口政策的一个基本雏形，然而由于再次受到政治运动的冲击，许多规定并没有真正得到贯彻落实，影响力甚微。"文革"开始后，刚建立起来的机构被撤销，专业人员被解散，计划生育工作陷于停顿。②浙江省出生人口也出现了1962—1970年的高峰期，出生人口年均97.06万，人口出生率年增32.5‰，年均自然增长率为25.371‰。③

### 1971—1978年：全面开展计划生育时期

70年代是浙江推行"晚、稀、少"人口政策的阶段，也是全面开展计划生育工作的时期。④ 1971年7月8日国务院发出《关于做好计划生育工作的报告》（[1971] 51号）文件，要求各省加强计划生育工作，并在"四五"计划中提出"一个不少，两个正好，三个多了"。浙江省党政部门对此非常重视，加强了省计划生育的组织与领导。浙江省革命委员会在9月4日发出文件，要求各市（地）认真贯彻毛泽东主席关于计划生育的指示。不仅及时地将人口规划纳入浙江国民经济和社会发展规划，而且还在总结前期试点计划生育城市地区经验的基础上，以点带面地在全省广泛开展计划生育。1973年3月，浙江省革命委员会颁发《关于计划生育工作若干问题的规定（试行草案）》，全面推行"晚、稀、少"人口政策，动员男女青年25周岁后结婚，已婚的要实行计划生育，不要超过两个孩子，而且还对遵守晚婚和计划生育者做出诸如住房、就业等方面的配套性规定。经过8年时间的坚持推进，到1978年，浙江省全省人口自然增长率由1970年的20.2‰降低到12.34‰。⑤

### 1979—1989年：计划生育法制化时期

这是浙江省人口政策正式进入法制化的历史时期，也是中央发布7号文件后浙江贯彻落实"独女户"政策的时期，因而也是浙江以"一孩半"

---

① 杨发祥：《当代中国计划生育史研究》，博士学位论文，浙江大学，2003年，第70—71页。
② 浙江省人口志编纂委员会：《浙江省人口志》，中华书局2007年版，第843页。
③ 彭珮云主编：《中国计划生育全书》，中国人口出版社1997年版，第1310页。
④ 王嗣均主编：《中国人口（浙江分册）》，中国财政经济出版社1988年版，第377页。
⑤ 彭珮云主编：《中国计划生育全书》，中国人口出版社1997年版，第1310页。

政策为核心的现行生育政策成型的重要时期。1979年9月，浙江省革命委员会第三次全体扩大会，对1973年颁发的《关于计划生育工作若干问题的规定（试行草案）》进行了修订，通过并下达《关于计划生育若干问题的决定》，将晚婚年龄的规定调整为农村女子23周岁，男子晚婚年龄不变，城镇略高于农村。一对夫妻最好生育一个子女，不得超过两个，两胎间隔4年以上。①

1982年3月4日，浙江省人大常委会颁发《浙江省计划生育条例（试行草案）》，规定了具体生育政策，内容涵盖生育限制、技术政策、奖惩措施、人口管理和政府职能等几大方面。这一《条例》将浙江十多年来实践中创造的并已证明行之有效的计划生育政策和具体做法用法规形式固定下来，将公民的生育行为和各种计划生育行政机关及其工作人员的行为都纳入法制化轨道，使计划生育有法可依，依法办事，是全国继广东省后颁布的第二部计划生育地方性法规。② 1985年3月，浙江省人民代表大会正式颁发《浙江省计划生育条例》。1983—1985年，浙江建立起省级宣教中心、计生药具管理站、科技所、干部培训中心以及众多下属事业单位，完成了省级计划生育组织与管理这一庞大体系的构建。

1981年9月，浙江省计划生育委员会成为浙江省政府的一个职能部门单独建制后，将工作重点放在多孩出生率高及早婚严重的浙南地区。1986年3月，浙江省政府根据新颁布的《条例》规定，下达《关于多胎和超计划二胎得到有效控制的市、县农村完善具体生育政策的通知》，在全国率先提出实行人口计划指标和生育政策的"双轨控制"③，强调抓好三个重要环节：坚决制止"大口子"；严禁生育计划外的二孩和多孩；积极慎重地开好"小口子"，规定安排农村生育二孩的具体条件；全面落实一孩妇女上环、二孩妇女绝育的综合性节育措施，并提出将人口自然增长率控制在10‰以下。经过近2年的实践后，1988年浙江在全省推行计划生育目标管理责任制，省政府给11个地市下达人口与计划生育工作指标

---

① 王嗣均主编：《中国人口（浙江分册）》，中国财政经济出版社1988年版，第377页。
② 浙江省人口志编纂委员会：《浙江省人口志》，中华书局2007年版，第844—845页。
③ "双轨控制"是指既要通过人口包干指标控制，保证指标不突破，又必须严格执行现行的具体政策，是两者统一又制约，以便形成一种有效控制人口增长的机制，这一提法刚提出时曾引起一些学术探讨，代表性的如梁中堂《有关计划生育法规的几个问题》1989年8月，见梁中堂《人口论疏》，上海，2004年，第295—298页。

和要求，实行百分考核。①

1989年12月29日，浙江省第七届人民代表大会常务委员会第十三次会议再次修改并通过《浙江省计划生育条例》，对生育政策作了非常细微的调整，即夫妻双方都是农业户口的农民和渔民，可有计划安排生育第二个子女条件只保留两条：一方两代以上均为独生子女；女方父母只生育一个或两个女儿，男方到女方家落户，并赡养女方父母的。此外，浙江省同时还出台了一系列贯彻这一《条例》的配套措施文件。这一时期，浙江省流动人口数量不断增长，为了做好外出人口和外来人口的计划生育管理工作，浙江省政府还在1987年6月13日颁发了《浙江省外出人口和外来人口计划生育管理暂行规定》（浙政［1987］37号），重点关注外出、已婚育龄妇女。②

### 1990—2005年：计划生育强化时期

从20世纪90年代初到2005年，是浙江生育政策的稳定时期，也是强化现行生育政策时期。1992年5月，浙江省委省政府颁发《关于进一步加强计划生育工作的决定》，强调坚持党政一把手亲自抓、负总责，把计划生育工作作为各级政府任期目标和领导干部职责考核的内容。在具体分配计划生育经费时，也与计生目标任务挂钩，以促进各级党委和政府部门更加重视计划生育工作。为了达到强化现行生育政策的目的，浙江省增加了人、财、物的投入。"七五"期间计划生育事业费投入比"六五"期间提高了1.36倍，人均经费从1985年的0.66元增加到1993年的2.35元。③ 在中共中央、国务院发布《关于加强人口与计划生育工作稳定低生育水平的决定》（中发［2000］8号文件）后，浙江省发展计划委员会印发《浙江省人口与计划生育事业发展"十五"计划》，确定到2005年年末，县以上财政投入计划生育事业费年人均超过10元的投入目标，对人均投入不达标的实行计划生育"一票否决"。④ 2000—2006年，浙江省各级财政计划生育投入不断增长（表6-8），7年累计投入达388086万元，

---

① 彭珮云主编：《中国计划生育全书》，中国人口出版社1997年版，第1310—1311页。

② 浙江省人民政府：《浙江省外出人口和外来人口计划生育管理暂行规定》（浙政［1987］37号），1987年6月13日。

③ 彭珮云主编：《中国计划生育全书》，中国人口出版社1997年版，第1310—1311页。

④ 章文彪主编：《新人口礼赞：人口和计划生育工作回顾与展望》，中国人口出版社2007年版，第96—97页。

若加上社会抚养费等非财政性投入，累计投入高达 586592 万元。

表6-8　　浙江省2000—2006年人口与计划生育投入来源

| 年份 | 财政投入（万元） | | | | 非财政投入（万元） | | | | 合计 |
|---|---|---|---|---|---|---|---|---|---|
| | 中央 | 省级 | 市县乡 | 小计 | 计生统筹 | 社会抚养费 | 服务站收入 | 小计 | |
| 2000 | 1363 | 2300 | 21124 | 24787 | 216 | 4004 | 7912 | 12132 | 36919 |
| 2001 | 1717 | 2600 | 27544 | 31861 | 300 | 3258 | 9186 | 12744 | 44605 |
| 2002 | 1892 | 4573 | 37370 | 43835 | 0 | 2502 | 10729 | 13231 | 57066 |
| 2003 | 2035 | 5019 | 47364 | 54418 | 0 | 13213 | 12527 | 25740 | 80158 |
| 2004 | 2251 | 5423 | 56138 | 63812 | 0 | 17112 | 13564 | 30676 | 94488 |
| 2005 | 2457 | 5985 | 67542 | 75984 | 0 | 27847 | 13975 | 41822 | 117806 |
| 2006 | 2690 | 6470 | 84229 | 93389 | 0 | 43139 | 19022 | 62161 | 155550 |
| 总计 | 14405 | 32370 | 341311 | 388086 | 516 | 111075 | 86915 | 198506 | 586592 |

资料来源：浙江省计生委计财处提供，见：浙江省人口发展战略研究协调会议办公室、浙江省人口和计划生育委员会《浙江省人口发展战略研究课题报告集（2006—2007）》，2009年，第114页。

这一时期，浙江省对地方性计划生育法规的进一步调整和完善也使现行生育政策得到加强。随着《行政诉讼法》正式实施，浙江省也统一制发了违反计划生育处罚决定书等四种法律文书格式，为基层按法定程序办事提供规范性文本。县以上计划生育委员会建立行政复议小组，使计划生育逐步走上依法管理。①

针对浙江少数民族情况，浙江省人大常委会于1990年9月通过《浙江省少数民族计划生育规定》，补充并完善了浙江少数民族的生育政策。在《浙江省计划生育条例》修改后，浙江省计划生育委员会根据《条例》实施中出现的新问题，下发《关于〈条例〉具体应用中有关问题的解释（一）、（二）》，将各地因个别实际困难需要照顾生育第二个子女的生育指

---

① 彭珮云主编：《中国计划生育全书》，中国人口出版社1997年版，第1310—1312页。

标规定在不超过本市（地）当年总出生数的2‰①，此外还解释了具体的其他生育限制细则。

1995年9月，省人大再次修改了《浙江省计划生育条例》，为保证现行生育政策的稳定性，这次修改并未对生育限制的有关条款进行调整。进入21世纪后，浙江省根据国家《人口与计划生育法》进一步修订了地方性法规。浙江省人大常委会于2002年9月3日通过并正式颁布实施新的《浙江省人口与计划生育条例》，主要作了六大方面的内容修改，总体基调仍是稳定现行生育政策。在这一前提下，对特殊情况生育审批和户籍制度改革等"农转非"人员适用农村生育政策出台具体细则，取消了生育第一个子女的审批制度以及28周岁及以上已婚育龄妇女二孩生育间隔的限制，还取消了照顾生育社会抚养费，计划外生育费改为社会抚养费。②2004年浙江省计划生育委员会也更名为浙江省人口计划生育委员会。

## 2006—2014年：综合改革与政策微调时期

随着地方性计划生育法规条例的不断完善以及各级党政一把手亲自抓、负总责，加上社会经济的快速发展，人民的生育观念发生了很大变化，生育意愿与生育政策趋向接近，从"抢着生、逃着生"发展到部分人主动放弃生育指标不愿生。③ 随着流动人口规模不断增加，这一时期浙江也加大了对流动人口管理方面的政策制定与计划生育管理。由于流动人口多且杂，暂住证式的流动人口管理方法已经不符合现实，浙江省政府在2009年向省人大提交《浙江省流动人口居住登记条例（草案）》进行讨论，继北京、上海、天津等地之后，浙江以居住证取代了暂住证。此后，浙江再次启动计划生育的综合改革。

在进入一个低出生、低死亡和低增长的人口再生产"三低"模式后，浙江人口出生率和自然增长率都显著下降（图6-4）。"十一五"时期，浙江人口出生率基本维持在10.5‰以内，人口死亡率维持在5‰—6‰，人口自然增长率保持在5‰以内。自1997年以来，全省人口自然增长率

---

① 《中国计划生育年鉴》编辑委员会编：《中国计划生育年鉴1991》，科学普及出版社1992年版，第354页。

② 章文彪主编：《新人口礼赞：人口和计划生育工作回顾与展望》，中国人口出版社2007年版，第25—26页。

③ 浙江省人口普查办公室编：《世纪之交的中国人口（浙江卷）》，中国统计出版社2004年版，第12页。

已经连续15年基本控制在5‰以内。① 人口数量的压力已经让位于人口结构性的矛盾，迫切需要根据人口发展的新形势来统筹解决人口问题和进行相应的政策调整。2007年9月28日，浙江省第十届人民代表大会常务委员会第34次会议通过《关于修改〈浙江省人口与计划生育条例〉的决定》，对有关生育的条款作了修订。第17条鼓励公民晚婚、晚育，将男女双方按法定婚龄推迟三年以上依法登记结婚界定为晚婚，已婚妇女24周岁以上生育第一个孩子为晚育；第18条提倡一对夫妻生育一个子女，对符合《条例》规定的经批准允许生育第二个孩子，但是仍然严禁不符合法定条件者生育；第19条中对再生一个孩子的基本条件具体到11条。早在2005年，浙江就开始研究生育政策的调整完善问题，先后开展系列课题研究实施单独两孩政策问题。党的十八届三中全会《决定》颁布后，浙江省在2013年11月19日率先在舟山市以特殊情况生育审批方式试点单独两孩政策，为全省全面实施政策作探索。在国家做出决定启动实施一方是独生子女夫妇可以生育两个孩子政策后，浙江省省委、省政府先后审议了《全省单独两孩政策实施方案》，并以省政府名义向国家卫生计生委

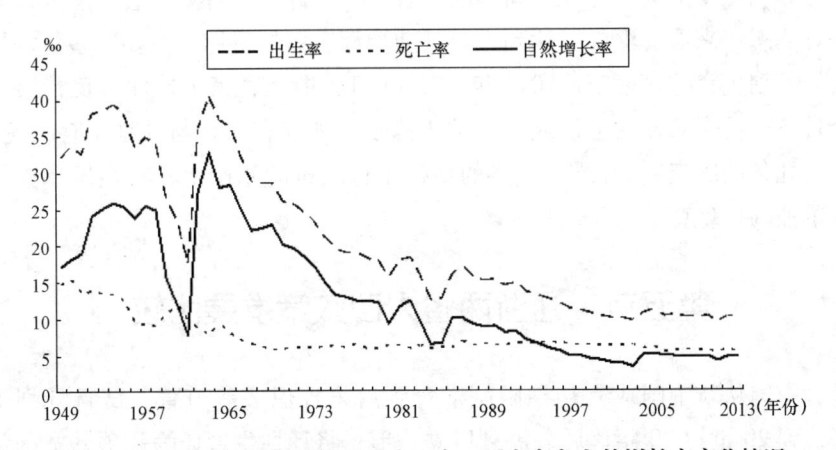

图6-4　1949—2013年浙江人口出生率、死亡率和自然增长率变化情况

资料来源：林锦屏、章剑卫：《人口和就业协调发展——新中国65年浙江经济社会发展成就之十四》，浙江省统计局，2014年9月9日。

---

① 浙江省统计局：《人口与就业协调发展——浙江省第十二次党代会以来经济社会发展成就之十三》，浙江省统计信息网，2012-06-21（http://www.zj.stats.gov.cn/tjfx_1475/tjfx_sjfx/201206/t201206_21_138419.html）。

备案审核后，浙江省人民代表大会常委会于 2014 年 1 月 17 日公布实施《关于修改〈浙江省人口与计划生育条例〉第十九条的决定》，将单独两孩政策纳入地方性法规。① 2016 年 1 月 1 日开始，浙江开始启动实施"全面二孩"政策，人口政策调整进入一个新的时代。

目前，浙江省人均期望寿命从新中国成立前的 38 岁提高到 77.8 岁，基本达到中等发达国家水平；人口自然增长率由 1949 年的 17.2‰下降到 2013 年的 4.56‰，计划生育率达到 91.9%。② 而长达近 20 年的低生育率水平表明浙江控制人口过快增长的历史性任务也已完成，人口控制的任务不再像 1971—1989 年时那么紧迫。然而，低人口增长惯性下浙江人口老龄化速度与出生性别比失调等问题日渐凸显，这个时间距离人口负增长的时期将为期不远，人口发展趋势的显著变化客观上要求浙江省在新时期对人口政策进行调整。而解决新的人口问题的思路也不能用套用传统的那种生育控制方法。

2009 年，国家再次提出实行计划生育综合改革后，浙江省人口政策的发展正在进入一个新调整和优化时期。2013 年，浙江省卫生局与人口和计划生育委员会合并成立新的浙江省卫生和计划生育委员会。从人口发展总体态势来看，浙江要达到人口长期均衡发展的目标，需要更多更深层次的计划生育综合改革。2014 年 1 月 13 日，浙江省第十二届人民代表大会常务委员会第八次会议通过《关于修改〈浙江省人口与计划生育条例〉第十九条的决定》，在维持多年的现行生育政策的基础上，在全国率先放开单独两孩生育政策。

## 第五节  江浙两省人口政策发展比较

中国从新中国成立初期限制节育到后来提倡节制节育，试行计划生育，到 20 世纪 80 年代后发展到以立法形式将计划生育作为一项基本国策固定下来，不断使其制度化、法制化和刚性化并加以贯彻实施至今。在这

---

① 浙江省卫生计生委计划生育基层指导处：《浙江省单独两孩政策实施情况报告》，浙江省卫生和计划生育委员会，2014-8-1（http：//www.zjjsw.gov.cn/）。

② 浙江省统计局：《建设美丽浙江 创造美好生活——新中国 65 年浙江经济社会发展成就总报告》，浙江统计信息网，2014-09-15（http：//www.zj.stats.gov.cn/tjfx_1475/tjfx_sjfx_201409/t20140915_144955.html）。

一政策演进的历史过程中,江浙两省都是执行计划生育的"先进"地区,两省过快的人口增长在地方性计划生育条例的形成与发展过程中都已经发生了显著的变化,人口自然增长率由高到低逐渐下降,都在相对较短的时间内完成了人口再生产转变并在全国率先进入低生育率时期。两省人口政策的形成与发展既有类似于全国其他省(直辖)市、自治区人口政策形成与发展的许多共性之处,也呈现出一定的区域差别性,特别是在有关二孩生育的具体细节性政策规定以及不符合计划生育条例的生育行为的行政处罚及社会抚养费征收办法上,两省人口政策还表现出较大的差异性。

## 江浙两省人口政策形成与调整时间比较

从人口政策形成发展的历史过程来看,江浙两省在计划生育组织部门建设、计划生育条例的形成时间、计划生育条例调整的时间与修订次数等方面呈现出一定的差异性。尽管江苏早在1963年7月就成立了全国第一个省计划生育委员会,然而浙江在领悟中央有关计划生育的指示精神以及根据国家有关规定试点和推行计划生育的行动反馈上似乎比江苏更为迅速,有关计划生育地方性法规的建设与探索启动得比江苏要更早一些。比如,早在1964年2月,浙江省人民委员会就颁布了《关于计划生育若干问题的暂行规定》。尽管当时尚处于计划生育的试点推行阶段,当时浙江就已经对晚婚晚育做出了比较具体的规定,如提倡男子30岁、女子25岁结婚,还提出在校学生一律不许结婚、限制生育第三胎等许多具体规定。仅仅过了一年,浙江省人民委员会就下达了《关于计划生育工作若干问题》的通知贯彻落实。而江苏省直到1971年12月,才按照"结婚迟一些、生得稀一些、培养得好一些"的精神制订晚婚和生育计划。1973年3月,当时的浙江省革委会就已颁发《关于计划生育工作若干问题的规定(试行)草案》,全面推行"晚、稀、少"的人口政策,而江苏省"晚、稀、少"的具体细节性规定直到1974年6月出台的《有关计划生育工作若干问题的规定》中才提出来。浙江在1982年3月就启动了计划生育立法工作并经省人大会议通过《浙江省计划生育条例(试行草案)》,并在1985年2月经浙江省人民代表大会正式颁布《浙江省计划生育条例》,在全国计划生育地方性立法的进度上仅比广东省迟一些。而江苏省第一个计划生育的地方性法规直到1990年10月才经立法程序通过,比浙江晚了将近9年的时间。不仅如此,从地方性计划生育条例的修订与调整时间来看,浙江省在国家《人口与计划生育法》颁布后对地方性计划生育条例的及时修订和计划生育政策的调整反应速度也要快于江苏省（表6－9）。

表6－9　　　20世纪80年代以来江浙两省计划生育条例修订次数与时间比较

| 省份 | 计生条例通过时间 | 计划生育条例修订次数及具体修订时间 | | | | | |
|---|---|---|---|---|---|---|---|
| | | 第一次 | 第二次 | 第三次 | 第四次 | 第五次 | 第六次 |
| 江苏 | 1990.10.28 | 1995.06.16 | 1997.07.31 | 2002.10.23 | 2004.06.17 | 2014.03.28 | — |
| 浙江 | 1982.03.04 | 1989.12.29 | 1995.09.28 | 1997.07.31 | 2002.09.03 | 2007.09.28 | 2014.01.13 |

资料来源：根据江浙两省人口与计划生育条例整理。

相对而言，江苏省在贯彻执行计划生育的力度和范围上要大于浙江省。比如，在1962—1970年计划生育的试点推行时期，在中共中央、国务院发布《关于认真提倡计划生育的指示》通知后，江苏省计划生育试点工作就开始了从点到面的大范围推广。1964年6月和1965年1月，分别召开了全省工厂企业计划生育现场会议和全省农村计划生育工作经验交流现场会。1964年后，江苏省委、省人委更是大力开展宣传教育和推广试点经验。到1965年6月，计划生育差不多覆盖了全省约2600万人口。[1]而浙江仅在当时的萧山县瓜沥镇进行很小范围的农村计划生育工作试点，在取得一定经验后才在杭州、宁波和温州三个地区试点，[2]并没有在全省进行大范围的推广。在1979年"一胎化"政策推行时期，江苏省委在给党中央、国务院的报告主动提出江苏省"鼓励只生一胎，限制多胎生育"的政策措施，随后江苏省委发文要求坚持书记挂帅，全党动手，统一思想，发挥各有关部门的积极作用，充实并加强计划生育部门力量，并在农村提出"五增两降"[3]，在全省实行农业生产与计划生育一起抓。一直到在现行生育政策时期，江苏省长期坚持严格执行"一孩"政策，要比浙江的"一孩半"政策严厉。

### 江浙两省现行生育政策内容比较

从现行生育政策有关具体生育规制的内容来看，江浙两省人口政策还

---

[1] 彭珮云主编：《中国计划生育全书》，中国人口出版社1997年版，第1303、1304页。
[2] 王嗣均主编：《中国人口（浙江分册）》，中国财政经济出版社1988年版，第377页。
[3] 五增即"增产、增收、增贡献、增积累、增社员收入"；两降即"降低人口增长速度、降低成本"。

是具有较大的差异性。尽管《江苏省人口与计划生育条例》上"提倡和鼓励一对夫妻只生育一个孩子,鼓励公民晚婚、晚育",但实际上江苏长期执行的是"一孩"生育政策。从两省有关二孩生育的政策规定条款来看(表6-10),江苏省对生育二孩的控制规定实际上自20世纪80年代以来严于浙江。1984年4月13日中央出台7号文件公布后,全国有7个省份对本省的生育二孩的有关规定适时进行了调整。各省所开的"小口子"不一样。有的省份,比如辽宁省再生育一个孩子的规定从8条增加到16条。江苏省尽管也开了"小口子",但是这个"小口子"开的力度很小,计划生育工作在思想、措施以及工作风格等方面仍然保持严控强制的风格。即使是到了2004年6月17日通过颁布的《江苏省人口与计划生育条例》,其中第22条可申请再生育一个孩子的规定也只有8条。而且这些条件十分苛刻,大部分仅针对较少发生的诸如子女死亡、残疾、烈士等特殊或意外情况,真正能够适用此政策的人群非常有限。在第8款针对农村的例外中,第一条"一方为独生子女,只有一个孩子的"可以生育第二孩。由于独生子女政策从20世纪80年代初期才开始实施,加之有些人尽管是独生子女,但并没有领取独生子女证,故而真正适用这一条的人群在2005年之前其实是比较少的。

表6-10　　江浙两省现行生育政策有关具体规制内容比较

| 省份 | 江苏省 | 浙江省 |
| --- | --- | --- |
| 生育政策规定 | 男女双方经依法登记结婚且均未生育过的,即可生育一个孩子。提倡和鼓励一对夫妻只生育一个孩子,鼓励公民晚婚、晚育。符合条例第22条规定条件之一的夫妻,可以申请再生育一个孩子。 | 男女双方均未生育,经依法登记结婚后,可以自愿安排生育第一个子女的时间。鼓励公民晚婚、晚育。符合条例规定的条件,经批准,可以生育第二个子女。提倡一对夫妻生育一个子女。严禁不符合法定条件者生育。 |
| 晚婚认定 | 男子年满25周岁或者女子年满23周岁初婚为晚婚。 | 男女双方按法定婚龄推迟三年以上依法登记结婚的为晚婚。 |
| 晚育认定 | 女年满24周岁初次生育的,或者年满23周岁结婚后怀孕的初次生育,为晚育。 | 已婚妇女24周岁以上生育第一个子女的为晚育。 |

续表

| 省份 | 江苏省 | 浙江省 |
|---|---|---|
| 二孩生育政策规定 | 符合下列条件之一的夫妻，可申请再生育一个孩子：<br>1. 只有一个孩子，经病残儿医学鉴定机构鉴定为非严重遗传性残疾，目前无法治疗或者经系统治疗仍不能成长为正常劳动力或者将严重影响婚配的；<br>2. 一方为二等乙级以上因公致残军人、武装警察、公安民警、见义勇为人员，或一方为烈士的独生子女，只有一个孩子的；<br>3. 一方系丧偶者，另一方未生育的；<br>4. 一方系离婚者且只有一个孩子或者依法生育过两个孩子，另一方未生育的；<br>5. 双方均未生育，依法收养后又怀孕的；<br>6. 一方为两代独生子女或者夫妻均为独生子女，只有一个孩子的；<br>7. 一方从事井下作业连续五年以上，现仍从事井下作业，只有一个女孩的。<br>8. 女方为农村居民的夫妻，符合下列条件之一的，可以申请再生育一个孩子：<br>（1）一方为独生子女，只有一个孩子的；（2）只生育一个孩子，男方的其他兄弟均无生育条件的；（3）男方到无兄弟的女方落户并赡养女方父母，只有一个女孩的（本项规定只适用于女方姐妹中一人）；（4）男方无兄弟且只有一个姐姐或者妹妹，只有一个女孩的；（5）双方定居在人均土地五亩以上（以村计算）的沿海垦区，只有一个女孩的；（6）一方以海洋捕捞为业超五年现仍从事海洋捕捞业只有一个女孩的。 | 符合下列条件之一的夫妻，经批准可再生育一个子女：<br>1. 双方均为独生子女，已生育一个子女的；<br>2. 双方均为农村居民（农业人口，下同），已生育一个女孩的，但一方为机关、团体、事业单位和其他组织职工或一方从事工商业一年以上以及双方与企业建立劳动关系一年以上的除外；<br>3. 双方均为农村居民，一方两代以上均为独生子女，已生育一个子女的；<br>4. 双方均为农村居民，女方父母只生育一个或两个女儿，男到女家落户并赡养女方父母已生育一个子女的（只适用姐妹中一人）；<br>5. 双方均为少数民族，已生育一个子女的；<br>6. 双方均为农村居民，一方是少数民族并具有本省两代以上户籍，已生育一个子女的；<br>7. 一方为烈士的独生子女已生育一个子女的；<br>8. 一方未生育过，另一方再婚前已生育一个子女的；<br>9. 一方未生育过，另一方再婚前丧偶并已生育两个子女的；<br>10. 已生育一个子女，经设区的市以上病残儿童鉴定机构确诊为非遗传性残疾，不能成长为正常劳动力的；<br>11. 一方连续从事矿井井下作业五年以上，已生育一个女孩并继续从事井下作业的。 |

续表

| 省份 | 江苏省 | 浙江省 |
| --- | --- | --- |
| 特殊情况生育规定 | 夫妻为主要从事种植业或者养殖业的农村居民，一方经县级以上医学、劳动鉴定机构确认为非遗传性一级或者二级肢体残疾，只有一个女孩的，可以申请再生育一个孩子；农村居民转为城镇居民但仍在农村居住生活的，以及在小城镇户籍制度改革中成建制由农村居民转为城镇居民的，自转为城镇居民之日起五年内适用前两款规定；符合条例再生育一个孩子后，其中一个孩子死亡，夫妻仍符合条例规定的，可以申请再生育一个孩子；条例规定情形外，其他申请再生育一个孩子的特殊情形，由设区的市人民政府规定，并报省人民政府批准；夫妻双方均为归侨或者香港特别行政区、澳门特别行政区、台湾地区居民，回内地定居不满六年且只有一个孩子，或者夫妻双方所生育的孩子均不在内地定居的，可以申请再生育一个孩子；夫妻一方为本省居民，一方为香港特别行政区、澳门特别行政区、台湾地区居民或者外国人，本省居民的配偶一方婚前已有的孩子以及双方婚后生育的孩子均不在内地定居的，不计入生育孩子数。 | 其他特殊情况的生育，在不突破人口与计划生育指标的前提下，由省计划生育行政部门制定具体办法，报省人民政府批准后执行；<br><br>在户籍制度改革和城市建设用地中农村居民转为城镇居民的，在转为城镇居民之日起五年内，可继续享受本条例规定的适用于农村居民的生育政策；<br><br>夫妻一方为外国人、香港、澳门、台湾同胞的生育以及华侨、归国华侨、出国留学人员的生育，按国家有关规定执行。因特殊情况要求再生育一个子女，并符合条例规定条件的已绝育夫妻，由乡（镇）人民政府、街道办事处或所在单位证明，经县（市、区）计划生育行政部门批准后，可以施行复通手术。 |
| 二孩生育流程规定 | 符合条例规定再生育一个孩子条件的应按条例规定，在女方达到24周岁后可向女方户籍所在地的乡（镇）人民政府或者城市街道办事处提出生育申请，经县（市、区）计划生育行政部门批准并领取生育证后方可生育，但属于上述3、4规定情形的，婚后即可提出申请。 | 双方均为独生子女，再生育一个子女可向双方所在单位或村（居）民委员会领取《申请再生育表》，经审核后报县（市、区）计划生育行政部门批准。批准的，发给二孩生育证明，不批准的，书面说明理由。 |

续表

| 省份 | 江苏省 | 浙江省 |
|---|---|---|
| 违反条例处罚规定 | 不符合条例规定生育孩子的，男女双方应当分别依照国务院《社会抚养费征收管理办法》和条例规定缴纳社会抚养费，且不享受条例规定晚婚及晚育有关奖励待遇。育龄夫妻不应当生育而妊娠且医学上允许终止妊娠的，应当及时终止妊娠。 | 不符合法定条件生育的，除按条例规定缴纳社会抚养费外，产假期间不发工资，妊娠、分娩等一切费用自理，取消其他生育福利待遇，男女双方各处以降级以上的行政处分，直至开除公职。县（市、区）人民政府可以在其职权范围内规定其他限制措施。 |
| 征收社会抚养费的具体标准 | 城镇居民以孩子出生前一年设区的市或者县（市）城镇居民年人均可支配收入为计征的基本标准；<br>农村居民以孩子出生前一年乡（镇）农村居民年人均纯收入为计征的基本标准。<br>实际收入是城镇居民年人均可支配收入或者农村居民年人均纯收入2倍以上的，除按照本条第3款规定缴纳社会抚养费外，对其超出人均收入部分还应当缴纳1—2倍的社会抚养费。<br>应当缴纳社会抚养费的具体标准是：<br>1. 不符合条例规定超生1孩的，按基本标准的4倍缴纳社会抚养费；<br>2. 不符合条例规定超生2孩及以上的，按照基本标准的5—8倍缴纳社会抚养费；<br>3. 非婚生育1孩，按基本标准的0.5—2倍缴纳社会抚养费；<br>4. 非婚生育2孩及以上的，按基本标准的5—8倍缴纳社会抚养费；<br>5. 重婚生育的，按照基本标准的6—9倍缴纳社会抚养费。<br>符合条例规定再生育一个孩子条件，但未按照条例规定领取生育证怀孕的，应当补领生育证；生育时仍未领取生育证的，按照条例规定基本标准的20%缴纳社会抚养费。 | 对违反条例规定生育的男女双方，以统计部门公布的当地县（市、区）上一年城镇居民人均可支配收入或农村居民人均纯收入为基本标准，分别按下列倍数征收社会抚养费：<br>1. 多生1胎的，按基本标准的2—4倍征收；<br>2. 多生2胎以上的，按照前1胎的征收标准加倍征收；<br>3. 符合再生育条件但未经批准生育的，按基本标准的0.5—1倍征收；<br>4. 已满法定婚龄未办理结婚登记而生育第1胎满6个月，仍未办理结婚登记的，按照基本标准的0.5—1倍征收；<br>5. 未满法定婚龄生育的，按照基本标准的1.5—2.5倍征收；<br>6. 有配偶的一方与他人非婚生育的，按照第1项、第2项规定的标准加倍征收；<br>7. 不符合收养法规定收养子女且在5个月内经劝告未加改正的按照第1项、第2项规定的标准征收。<br>个人年实际收入高于当地城镇居民人均可支配收入或农村居民人均纯收入的，还应当按照其超过部分的1—2倍加收社会抚养费；欠缴社会抚养费按2‰收取滞纳金。 |

资料来源：《江苏省人口与计划生育条例》，2004年6月17日，江苏省卫生和计划生育委员会网站；《浙江省人口与计划生育条例》，2007年9月28日，浙江省卫生和计划生育委员会网站。

质言之，江苏省的现行生育政策实际上实施的城乡基本一致且十分严格的"一孩"政策，对中央7号文件精神的贯彻并没有浙江省那样落实到位。而浙江省在中央7号文件发布后，对确有困难需要再生育一个孩子的有关规定放宽到11条。特别是针对农村居民而言，浙江的"女儿户"政策要宽松得多，农村居民适用的条款要比江苏多得多。另外，浙江在对待少数民族生育二孩的政策上有更人性化的规定，没有搞一刀切。虽然少数民族不到浙江人口的1%，但由于他们往往集中在个别县市，民族优惠政策对这些地方的生育率也可能有一定的影响。[①] 江苏显然对少数民族生育问题处理过于极端，对女方为农村居民的夫妻申请再生育一个孩子的条件实际上非常苛刻，而且在二孩生育流程的申请与审批上的规定十分严格。

实际上，江苏省早在1979年《关于计划生育若干问题的暂行规定》中，就明确规定了一对夫妻终生只生一个孩子的具体条件以及对多孩生育的经济限制措施。在当时的时代背景下，这样严格的"一胎化"政策实际上不能很好地适应人民的实际生育状况，以至于在后来的几年，江苏省多次在《关于计划生育若干问题的暂行规定》中，将照顾二孩生育的规定不断增加：1980年增加3条；1982年增加到5条；1984年进一步将照顾二孩生育的规定增加到11条；1985年再次调整，将照顾二孩生育的规定增加到14条。尽管如此，自政策颁布以来，苏北地区的超生问题一直较为突出，许多家庭哪怕是罚款也要生育二孩。在2004年6月17日，江苏省第十届人民代表大会常务委员会第十次会议通过的《关于修改〈江苏省人口与计划生育条例〉的决定》修正条例中，规定女方为农村居民的夫妻，如果符合"一方为独生子女，只有一个孩子的"的条件，则可申请再生育一个孩子（即"单独"的政策）。而同期浙江省并未就具体的照顾二孩生育的规定进行调整。

一般来说，各省（区、市）生育政策的调整，主要涉及生育指标频繁调整。江苏生育政策的调整一方面说明生育政策的具体设定考虑

---

① 蔡泳：《社会经济发展对生育率下降的作用——国际的经验和江浙的比较》，见曾毅、顾宝昌、郭志刚等《低生育水平下的中国人口与经济发展》，北京大学出版社2010年版，第19页。

不够周详，脱离江苏的实际情况太远。尤其是江苏存在苏北与苏南的巨大区域差异性，以一个统一的生育政策来限制这两大区域人民的生育行为，在政策推行过程中不可避免地碰到各种巨大的阻力。即使是当初的生育规制内容条款考虑和设计得十分细致，然而社会经济飞速发展使人们的婚育行为变得更为复杂，以先前设定的生育规定条款未必能再适用于规制后一时期人们的生育行为，这就使得条例中的有关条款变得不合时宜而被迫调整。另一方面，江苏的频繁调整也体现出中央 7 号文件在起着完善政策的作用。7 号文件在再次继续提倡一对夫妇只生育一个孩子的同时，要求在农村把口子开得稍大一些，尤其是女儿户经过批准是可以生育二胎的，这个就是"开小口堵大口"。江苏尽管也开了口子，但是这个口子实际上开得很小。1985 年，江苏省将照顾再生育一个孩子的规定放宽到 14 条，其中有 5 条是照顾"一女户"。江苏省人民政府 1987 年 2 月 26 日发布《关于贯彻全国计划生育工作会议情况的报告》（苏政发［1987］28 号），强调全省不再开"新口子"，因而一直维持较为严格的生育政策。[①]

浙江则较好地贯彻了中央 7 号文件的精神，适时采取了在农村允许"独女户"间隔几年再生育第二个孩子的政策，因而没有像江苏在 1980—1985 年进行如此频繁的调整。江苏没有像浙江有适用于大范围农村居民生育的"独女户"政策，在实际中农村居民却有着各种现实的再生一个的需求。针对这一情况，《江苏省人口与计划生育条例》中不得不就农村居民再生育一个孩子设定更为细致而又复杂的规制条款。浙江由于实行农村女儿户的政策，是粗线条的大框架规定，避免了将政府的计划生育管理工作限于与农村女儿户为争取再生一个权利的各种现实博弈中。相对而言，浙江女儿户的政策设定显得更为人性化，更加符合中国农村的社会经济发展实际情况。

人口政策应该努力向制度和鼓励体系发展，通过向个人发出信息，引导他们向与集体利益协调的方向发展。[②] 江浙两省通过计划生育立法并规定具体的适用条款确实迈向了制度化的发展之路，然而这

---

① 中国人口情报中心：《中国人口资料手册》，北京，1988 年 12 月，第 40—41 页。
② 曾毅主编：《生命支持系统大百科全书（人口学分卷）》，中国人口出版社 2010 年版，第 621 页。

个制度化更多的不是建立在鼓励体系之上，而是建立在严格的违规惩罚体系之上的。通过严厉的行政处罚和高额的经济惩罚约束人们将自身的生育行为纳入这个生育规制体系的监管之中。从违反条例规定而设置的社会抚养费的具体征收标准来看，《江苏省人口与计划生育条例》对违反条例设定的基本标准惩罚倍数大多数情况下要高于浙江省。然而在具体的标准设置和经济惩罚力度上，浙江省实际上也非常严厉。浙江是按照违规生育的男女双方来征收的，江苏则只按设定的基本标准倍数来执行，以超生个数来确定而非以夫妻双方来确定。不仅如此，浙江省甚至还设置了欠缴社会抚养费按2‰收取滞纳金的规定。

### 江浙两省单独两孩政策实施细则比较

2014年，浙江和江苏两省都贯彻落实了中共中央、国务院印发《关于调整完善生育政策的意见》的文件精神，先后对本省的人口与计划生育条例进行了修订和调整。浙江省最新公布的单独二胎政策实施细则对《浙江省人口与计划生育条例》主要作了两个方面的修改：一是将原条例第19条第1款第1项修改为"双方或一方为独生子女，已生育一个子女的"；二是删去了原条例第19条第1款第3项"双方均为农村居民，一方两代以上均为独生子女，已生育一个子女的"以及第7项"一方为烈士的独生子女，已生育一个子女的"。调整后新的《浙江省人口与计划生育条例》有关二孩生育的条款尽管由11条减少到9条，但是新政策的受益面更大了。江苏省新修订的《江苏省人口与计划生育条例》有关修改也涉及两个方面：一是将原条例中的第22条第2项"一方为二等乙级以上因公致残的军人、武装警察、公安民警、见义勇为人员，或者一方为烈士的独生子女，只有一个孩子的"修改为第3项"一方为二等乙级以上因公致残的军人、武装警察、公安民警、见义勇为人员，只有一个孩子的"；将第6项"一方为两代独生子女或者夫妻均为独生子女，只有一个孩子的"改为第1项"一方为独生子女，只有一个孩子的"，同时删去了原条例第23条第1款第1项"一方为独生子女，只有一个孩子的"。调整后新的《江苏省人口与计划生育条例》有关二孩生育的条款与现行生育政策下的条款比较而言，仅作了较小的调整。

从江浙两省根据国家单独两孩政策精神对各自《人口与计划生育条

例》的修订出台的细则内容比较来看（表6-11），仅就单独两孩政策可能的受益人口范围而言，由于江苏在国家政策调整之前已经向农村居民放开了夫妻一方为独生子女的可生育两个孩子的单独政策，因而本次条例修订后新政策所带来的受益人口主要集中于城镇"双方或一方为独生子女，已生育一个子女的"夫妇。相对而言，浙江先前因为实行的实际上是"一孩半"＋"双独两孩"政策，因而新修订的条例受益面可能会更大一些，由"双独两孩"变成了"单独两孩"，而且不论城乡地区，只要"双方或一方为独生子女，已生育一个子女的"夫妇都具备了经批准可再生育一个子女的资格和条件。因而，仅就"单独两孩"政策而言，浙江省的适用范围体现出一定的城乡一体性。

表6-11 江浙两省单独两孩政策具体生育规制比较

| | 江苏省人口与计划生育条例（新修正） | 浙江省人口与计划生育条例（新修正） |
|---|---|---|
| 二孩生育政策规定具体条款修改内容 | （1）将第22条第2项修改为第3项：即由"一方为二等乙级以上因公致残的军人、武装警察、公安民警、见义勇为人员，或者一方为烈士的独生子女，只有一个孩子的"修改为"一方为二等乙级以上因公致残的军人、武装警察、公安民警、见义勇为人员，只有一个孩子的"；<br>（2）将第6项改为第1项：即"一方为两代独生子女或者夫妻均为独生子女，只有一个孩子的；"修改为第1项"一方为独生子女，只有一个孩子的"。 | 修改原条例第19条第一款第一项：由原来的"双方均为独生子女，已生育一个子女的"修改为"双方或一方为独生子女，已生育一个子女的"。 |
| 二孩生育政策规定具体条款删除内容 | 删去原条例第23条第1款第1项。<br>第1项 一方为独生子女，只有一个孩子的。 | 删去原条例第19条第1款第3项、第7项。<br>第3项：双方均为农村居民，一方两代以上均为独生子女，已育一个子女的；<br>第7项：一方为烈士的独生子女，已生育一个子女的。 |

续表

| | 江苏省人口与计划生育条例（新修正） | 浙江省人口与计划生育条例（新修正） |
|---|---|---|
| 人口与计划生育条例新修正后的再生育一个孩子的具体政策规定 | 1. 一方为独生子女，只有一个孩子的；<br>2. 只有一个孩子，经病残儿医学鉴定机构鉴定为非严重遗传性残疾，目前无法治疗或者经系统治疗仍不能成长为正常劳动力或者将严重影响婚配的；<br>3. 一方为二等乙级以上因公致残的军人、武装警察、公安民警、见义勇为人员，只有一个孩子的；<br>4. 一方系丧偶者，另一方未生育的；<br>5. 一方系离婚者且只有一个孩子或者依法生育过两个孩子，另一方未生育的；<br>6. 双方均未生育，依法收养后又怀孕的；<br>7. 一方从事井下作业连续五年以上，现仍从事井下作业，只有一个女孩的。<br>除上述规定外，女方为农村居民的夫妻，符合下列条件之一的，可以申请再生育一个孩子：（1）只生育一个孩子，男方的其他兄弟均无生育条件的；（2）男方到无兄弟的女方落户并赡养女方父母，只有一个女孩的（本项规定只适用于女方姐妹中一人）；（3）男方无兄弟且只有一个姐姐或者妹妹，只有一个女孩的；（4）双方定居在人均土地五亩以上（以村计算）的沿海垦区，只有一个女孩的；（5）一方以海洋捕捞为业五年以上，现仍从事海洋捕捞业，只有一个女孩。夫妻为主要从事种植业或者养殖业的农村居民，一方经县级以上医学、劳动鉴定机构确认为非遗传性一级或者二级肢体残疾，只有一个女孩的，可以申请再生育一个孩子。农村居民转为城镇居民但仍在农村居住生活的，以及在小城镇户籍制度改革中成建制由农村居民转为城镇居民的，自转为城镇居民之日起五年内适用前两款规定。符合上述规定再生育一个孩子后，其中一个孩子死亡，夫妻仍符合条例第22条、第23条规定的，可申请再生育一个孩子。 | 1. 双方或一方为独生子女，已生育一个子女的；<br>2. 双方均为农村居民（农业人口，下同），已生育一个女孩的，但一方为机关、团体、事业单位和其他组织职工或一方从事工商业一年以上以及双方与企业建立劳动关系一年以上的除外；<br>3. 双方均为农村居民，女方父母只生育一个或两个女儿，男到女家落户，并赡养女方父母，已生育一个子女的（只适用于姐妹中一人）；<br>4. 双方均为少数民族，已生育一个子女的；<br>5. 双方均为农村居民，一方是少数民族并具有本省两代以上户籍，已生育一个子女的；<br>6. 一方未生育过，另一方再婚前已生育一个子女的；<br>7. 一方未生育过，另一方再婚前丧偶并已生育两个子女的；<br>8. 已生育一个子女，经设区的市以上病残儿童鉴定机构确诊为非遗传性残疾，不能成长为正常劳动力的；<br>9. 一方连续从事矿井井下作业五年以上，已生育一个女孩，并继续从事井下作业的。<br>其他特殊情况生育在不突破人口与计划生育指标前提下，由省计生部门制定具体办法报省人民政府批准后执行。在户籍制度改革和城市建设用地中农村居民转为城镇居民的，在转为城镇居民之日起五年内可继续原条例规定的有关生育政策。 |

资料来源：《江苏省人口与计划生育条例》，2014年3月28日，江苏省卫生和计划生育委员会网站；《浙江省人口与计划生育条例》，2014年1月17日，浙江省卫生和计划生育委员会网站。

从江浙两省最新修正和调整后的地方性《人口与计划生育条例》来看，两省启动单独两孩政策其实仍然是现行生育政策的微调与完善，有关晚婚、晚育以及社会抚养费的征收等政策性规定并没有进行调整，严格控制生育的主基调没有发生根本性的转变。实际上，这种调整方式自20世纪80年代中央颁布7号文件以来，各省份就一直采取类似的方法对各省出台的计划生育条例进行局部的微调。

这次之所以通过国家层面来推动全面实施单独两孩政策，一方面是面临严峻的人口形势，另一方面主要是这个政策已经在江苏、天津、上海等7省（市）实施过几年。由于并没有出现较大的出生堆积，所以这个政策实际上进一步完善了80年代以来形成的现行生育政策，在允许"一对夫妇再生育一个孩子"的政策方面又前进了一小步。然而，这个政策仍不能掩盖现行生育政策所存在的一些城乡分离、民族区分及规制过严的问题，特别是难以体现公正、公平的原则。① 从江浙两省单独两孩政策的具体实施细则来看，其中的一些规定过于复杂，基层计划生育工作人员在实际操作中较难，出现法外规制甚至有法可依而违法难究的情况。

政策是由决策系统本身之外的各种力量形成的。② 某项公共政策的产生、维持和改变，往往是包括政府在内的各种利益群体，通过竞争、博弈与合作，达到利益相对均衡的结果。③ 江浙两省在人口政策的形成与发展中为什么会有较大差异？在中国，政策的制定在国家层面并不直接表现为统一的方式。相反，各省市区的区域性公共政策预计既要体现中央层面的政策导向与意图，同时也要符合当地社会、经济、政治和文化条件的省情规定。省市区在制定公共政策时实际上有较重的政治分量。④ 一言以蔽之，地方性人口政策选择要服从于地方性社会经济政策的目标与导向。地方公共政策供给作为地方政府职能的组成部分，属于上层建筑。从历史唯

---

① 陈友华：《中国生育政策调整问题研究》，《人口研究》1999年第6期，第22页。
② ［美］查尔斯·林德布洛姆：《决策过程》，竺乾威、胡君芳译，上海译文出版社1988年版，第6页。
③ 陈庆云：《论"利益政策学"研究中的几个基本概念》，载《复旦公共行政评论（第二辑），公共政策与政府治理》，上海人民出版社2006年版，第6页。
④ Susan Greenhagh. Shifts in China's Population Policy, 1984–86: Views from the Central Provincial, and Local Levels. Population and Development Review, Vol. 12, No. 3, 1986: 494–495.

物主义的角度，地方政府公共政策供给的变迁①受制于下列客观依据：生产力发展的水平是决定地方公共政策的根本依据；中央政府和地方政府在公共事务上分工与合作的变动，是地方公共政策供给变迁的基本依据。

在中国特色的社会主义市场经济体制转型确立的时期，中央与地方的系列关系中，中央和地方专有权、共有权的划分既保持相对的稳定，又随着生产力的发展、政治统治需要、提高公共服务效率的需要等做出相应、及时而适度的调整。生产关系，包括经济体制中生产关系因素的变动，也是地方公共政策供给变迁，尤其是地方政府人口政策供给变迁的基本依据。②改革开放后，国家从"以阶级斗争为纲"转向"以经济建设为中心"，地方政府之首要任务变成了发展经济，中央政府考核地方政府的唯GDP倾向助长了省域之间的GDP竞争。至少在2009年前，江苏对本省人均GDP一直低于浙江耿耿于怀。而在当浙江被江苏超越之后，浙江也一直在寻找原因并试图追上。人口政策也无形中也被当成系统公共政策体系中的一种竞争工具，因为在GDP上升的同时降低人口出生率是有助于提高人均GDP水平的。以至于现在上级政府对基层职能部门的系列考核中，计划生育领域诸如超生比例、社会抚养费征收数量也成了一种量化的考核指标，促使基层工作人员在开展计划生育工作中不断地与人们进行生育权利与经济利益的博弈。这恐怕是全球家庭计划运动中在其他国家中极少出现的现象。

---

① 陈晓原：《我国地方公共政策供给重点转变与地方政府治理效益目标的重塑》，载《复旦公共行政评论（第二辑），公共政策与政府治理》，上海人民出版社2006年版，第17页。

② 陈晓原：《中国地方公共政策供给重点转变与地方政府治理效益目标的重塑》，载《复旦公共行政评论（第二辑），公共政策与政府治理》，上海人民出版社2006年版，第17—19页。

# 第七章
# 江浙两省人口发展现状及历史变动比较

## 第一节 江浙两省人口规模及历史变动比较

人口再生产过程作为人类社会一个生命繁衍的自然现象，与一个国家或地区不同时期的社会制度、经济增长、文化教育、社会发展、人口政策以及生育观念等因素的发展演变是密切相关的。新中国成立后，这些因素都直接或间接地影响了江浙两省人口再生产方式的发展和变化，导致两省人口规模的变动都经历了一个反复而曲折的过程。

### 江浙两省人口总量与历史变动比较

江浙两省濒临海洋的自然环境为两省人口繁衍生息创造了不可多得的条件，历史以来两省就是中国各省份中土地少、人口多、密度大的较典型省份。江苏的人口总量和密度都高于浙江。2010年国家统计局发布的第六次全国人口普查主要数据公报显示，江苏省常住总人口数为78659903人，仅次于广东、山东、河南和四川，位列全国第五位。浙江常住总人口数为54426891人，[①] 在全国31个省（市、区）中排名第10位。

新中国成立后，江浙两省人口与解放前比较，无论在人口规模上还是增加速度上都发生了剧烈的变化。从两省1949—2013年人口规模的历史变动来看（图7-1），人口总量一直维持增长态势。2013年年末，江苏省常住人口总数达到7939.49万人，浙江常住人口5498万人，相对1949年，江苏总人口数增加4427.49万人，浙江总人口数增加3414.93万人，分别增长126.07%和163.94%。新中国成立60多年来，江苏年均增加68.12万人，年均增速为1.94%，浙江年均增加52.54万人，年均增速2.52%。江苏尽管总人口数和年

---

[①] 国家统计局：《2010年第六次全国人口普查主要数据公报（第2号）》，2011年4月29日，国家统计局网站（http://www.stats.gov.cn/tjsj/tjgb/rkpcgb/qgrkpcgb/201104/t20110429_30328.html）。

均增量都要高于浙江，但是浙江人口年均增速更快一些。如果将中国人口政策演变粗略地划分为节制生育时期与计划生育时期两个阶段，从表7-1可以明显看出，江浙两省在前一阶段人口增量与增速都要高于后一阶段。比较而言，新中国成立后的前30年江苏人口增量高于后35年人口增量，而浙江却是后35年的人口增量高于前30年的人口增量。总体来看，在两个不同历史阶段，浙江总人口的增长速度都要高于江苏省。

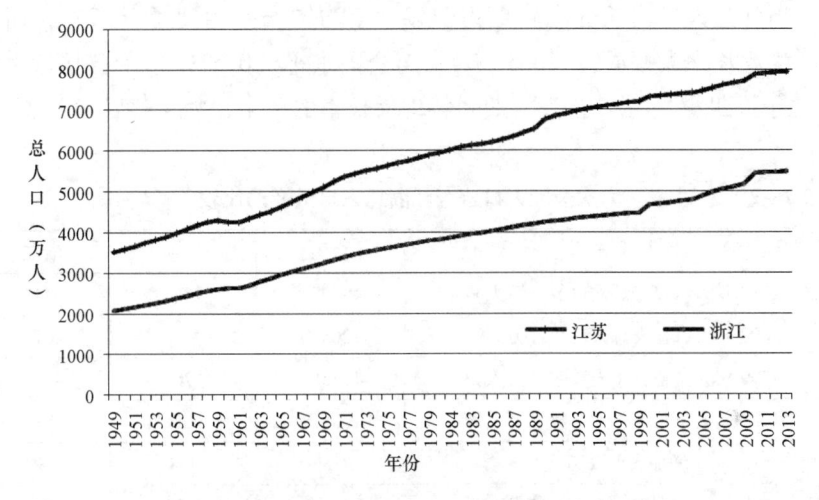

**图7-1　江浙两省人口总量变动比较：1949—2013年**

注：1949—1989年为户籍人口数，1990—2013年为常住人口数。《新中国六十年统计资料汇编》EXCEL版中浙江省1971年总人口原始数据2289.89万人经查有误，实为3389.89万人。

资料来源：1949—2008年数据来自国家统计局国民经济综合统计司编《新中国六十年统计资料汇编》，中国统计出版社2010年版；2009—2013年数据根据江苏省和浙江省2009—2013年历年国民经济与社会发展统计公报整理。

**表7-1　1949—1978年与1979—2013年两时期江浙两人口增量与增速比较**

| 时期 | 江苏 | | | 浙江 | | |
| --- | --- | --- | --- | --- | --- | --- |
| | 人口增量 | 人口增速 | 年均递增 | 人口增量 | 人口增速 | 年均递增 |
| 1949—1978年 | 2251.33万 | 64.1% | 2.14% | 1629.51万 | 78.23% | 2.61% |
| 1979—2013年 | 2176.16万 | 36.93% | 1.06% | 1785.42万 | 47.08% | 1.35% |

资料来源：1949—2008年数据来自国家统计局国民经济综合统计司编：《新中国六十年统计资料汇编》，中国统计出版社2010年版；2009—2013年数据根据江苏省和浙江省2009—2013年历年国民经济与社会发展统计公报整理。

从 1982 年、1990 年、2000 年及 2010 年四次全国人口普查间隔期人口规模的增长速度比较来看（见表 7-2），江浙两省表现出一定的差异。"三普"与"四普"期间，江浙两省总人口年均增长率都低于全国水平，江苏为 1.29%，浙江只有 0.8%，大大落后于全国水平。"四普"与"五普"期间，江浙两省人口年均增长率接近与全国水平十分接近，浙江超过全国水平（1.07%），也高于江苏（1.01%）。"五普"与"六普"期间，浙江总人口增长的态势更为明显，年均增长率达到了 1.53%，而江苏年均增长率大幅放缓（0.56%），与全国水平（0.57%）十分接近，大约只有"四普"与"五普"期间年均增长率的一半，大大落后于浙江。

表 7-2　　　　六次全国人口普查江浙总人口数变动比较

| 总人口 | | 全国 | 江苏 | 浙江 |
| --- | --- | --- | --- | --- |
| 2010 年人口普查总人口数（万人） | | 133972 | 7866 | 5443 |
| 2000 年人口普查总人口数（万人） | | 126583 | 7438 | 4677 |
| 1990 年人口普查总人口数（万人） | | 113368 | 6706 | 4145 |
| 1982 年人口普查总人口数（万人） | | 100818 | 6052 | 3888 |
| 2000—2010 年 | 增加人数（万人） | 7389 | 428 | 766 |
| | 增长率（%） | 5.84 | 5.75 | 16.37 |
| | 年均增长率（%） | 0.57 | 0.56 | 1.53 |
| 1990—2000 年 | 增加人数（万人） | 13215 | 732 | 532 |
| | 增长率（%） | 11.66 | 10.92 | 12.85 |
| | 年均增长率（%） | 1.07 | 1.01 | 1.18 |
| 1982—1990 年 | 增加人数（万人） | 12550 | 654 | 256 |
| | 增长率（%） | 12.45 | 10.8 | 6.59 |
| | 年均增长率（%） | 1.48 | 1.29 | 0.8 |

资料来源：根据国务院人口普查办公室、国家统计局人口和就业统计司《中国 2010 年人口普查资料》（中国统计出版社 2012 年版）有关数据整理。

## 江浙两省人口自然变动比较

人口规模的变动历来受到人口自然变动和人口迁移变动两种因素的影响。人口自然增长率由人口出生率和死亡率两大因素决定，它们是决定人口再生产的两个核心要素。在死亡率水平相对稳定的情况下，如果要控制人口，关键在于是否能有效地控制出生率。从图7-2可以明显看出，新中国成立以来，江浙两省人口出生率都经历了巨大的变化，经过60多年的发展，两省人口出生率都已经出现大幅度的下降，总的趋势是由高出生率向低出生率发展。与全国同期人口增长相比，江浙两省人口出生率的这种变动使两省人口增长呈现出较强的阶段性和差异性。1952—1958年，两省都出现了新中国成立以后的第一个生育高峰时期，这个生育高峰还成为此后20世纪80年代初期人口出生率回升的一个重要因素。1959—1962年则为两省生育低谷时期，出生率都出现大幅下降。但从1962年开始一直到1971年，两省进入新中国成立后的第二个生育高峰时期。随着计划生育工作的加强和强制性计划生育政策的稳步推进，江浙两省在1972—1984年都进入一个人口出生率稳步下降的时期。1985年开始出现一个很小的生育反弹，这说明1984年中央颁发7号文件"开小口，堵大口"，纠正过于极端的"一胎化"政策发挥了实质性的作用。随着江浙两省社会经济的发展，从90年代以来，两省人口发展实际上都已经进入了一个低生育率水平阶段。

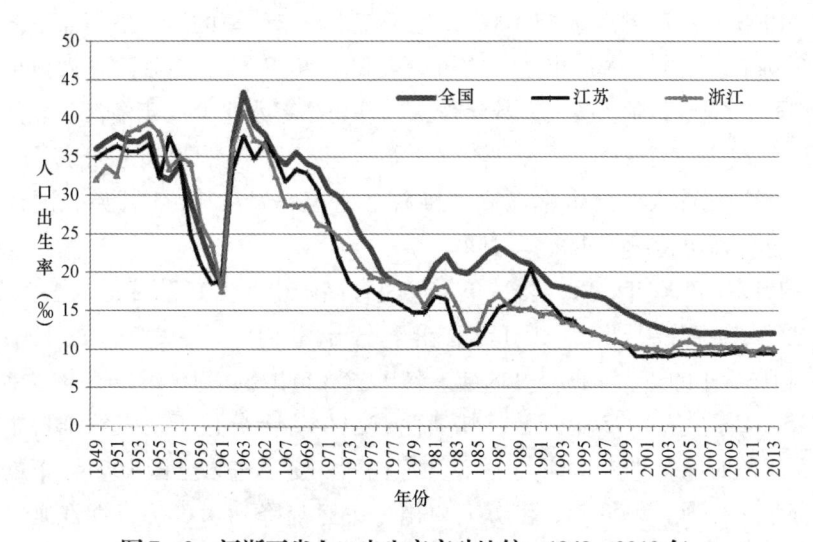

**图7-2　江浙两省人口出生率变动比较：1949—2013年**

资料来源：1949—2008年数据来自国家统计局国民经济综合统计司编《新中国六十年统计资料汇编》，中国统计出版社2010年版；2009—2013年数据根据江苏省和浙江省2009—2013年历年国民经济与社会发展统计公报整理。

值得注意的是，实际上，从1962年江浙两省人口出生率都开始低于全国平均水平。这说明当时国家提倡的节制生育运动在一定程度上影响到了人口出生率。而且，江浙两省与全国人口出生率水平的这种差距一直持续至今。这在一定程度上说明江浙两省在计划生育工作和控制人口增长方面超过了全国平均水平，这也是中国计划生育"先进"地区人口变动方面的一个重要特征。

在不同的历史时期，由于自然灾害、区域社会经济发展以及地方性人口政策等多种因素作用，江浙两省人口出生率都出现过较大的波动。1949—1951 年，江苏的人口出生率要高于浙江省，但是 1952—1955 年，浙江人口出生率超过了江苏，并显著高于全国水平。1956 年，两省人口出生率都开始下降，这可能与当时政府提倡的节制生育运动有关。1959—1961 年三年自然灾害时期，两省人口出生率都大幅降低。江苏省从 1957 年的 34.38‰下降到了 1961 年的 18.84‰，降幅高达 45.2%。同期，浙江全省人口也出现了大幅度下降，人口出生率由 34.94‰降至 17.58‰。从 1962 年开始，两省人口重拾升势，补偿性生育导致人口出生率大幅度反弹。1963 年江苏省高达 37.68‰，达到其人口出生率的历史最高点。浙江也在同年达到本省人口出生率的历史最高点 40.71‰。随后两省人口出生率都开始缓慢下降。在大多数年份，江苏出生率水平要高于浙江省。然而 1971 年成为一个新的拐点，江苏人口出生率下降的速度快于浙江省，1971 年，江苏人口出生率还高于浙江省，但是从 1972 年开始，浙江反超，这种情况持续了十多年时间。

1985—1990 年，20 世纪 60 年代生育高峰出生人口陆续进入婚育期，加之计划生育"开小口"，江苏省出生率出现反弹，从 1985 年的 10‰上升到 1990 年的 20.54‰。1988 年，江苏省人口出生率 16.03‰，超过浙江的 15.54‰。从 1995 年开始，江浙两省出生率十分接近，大约维持了将近 5 年的时间。进入 21 世纪后，江苏比浙江更早进入全国 10‰以下的低生育水平行列。2000 年，江苏人口出生率已经降到 9.08‰，浙江则晚了两年。2002 年，浙江人口出生率为 9.98‰，首次低于 10‰，此后浙江人口出生率再次高于江苏并持续至今。2000—2013 年江苏省年均出生率为 9.345‰，而浙江为 10.195‰。

从江浙两省人口死亡率的变动来看（见图 7-3），新中国成立后由于政局稳定和社会经济发展，江浙两省人口死亡率在 1949—1957 年都出现了十分显著的下降。1958 年兴起的"总路线""大跃进"和"人民公社"

"三面红旗"经济政治运动以及随后出现的三年严重经济困难时期导致两省死亡率出现异常升高。从 1962 年开始，死亡率又恢复到正常水平，随后出现缓慢下降。进入 70 年代，江浙两省和全国的死亡率水平都维持在较为稳定的水平。总体来看，在绝大多数年份，江浙两省的死亡率都低于全国水平。相对而言，在 1980 年以前，浙江人口死亡率水平一直低于江苏省。1981 年，浙江死亡率开始超过江苏省并持续到 1989 年。1990 年，江苏死亡率再次反超浙江省，并且差距有逐渐扩大的趋势，而与同期全国死亡率趋近。1990—2013 年浙江的年均死亡率水平为 6.08‰，江苏为 6.85‰。

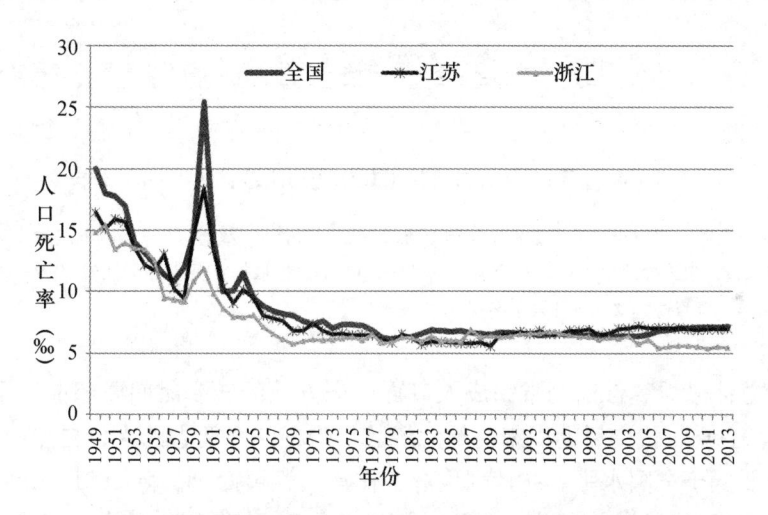

图 7-3　江浙两省人口死亡率变动比较：1949—2013 年

资料来源：1949—2008 年数据来自国家统计局国民经济综合统计司编《新中国六十年统计资料汇编》，中国统计出版社 2010 年版；2009—2013 年数据根据江苏省和浙江省 2009—2013 年历年国民经济与社会发展统计公报整理。

新中国成立 65 年来，江浙两省人口自然增长率都出现了较大幅度的变动（见图 7-4），总体趋势是计划生育政策推行以前人口增长速度快，实施计划生育政策后，尤其是 20 世纪 80 年代以来随着改革开放社会经济快速发展，人口自然增长率呈逐渐下降发展的态势。新中国成立后，两省总人口在一个相当长的时期内都表现为高出生率—低死亡率—高自然增长率。然而，经过多年的发展，江浙两省都已先后完成人口增长方式的转变，人口再生产先后过渡到低出生率—低死亡率—低自然增长率的人口发展阶段。

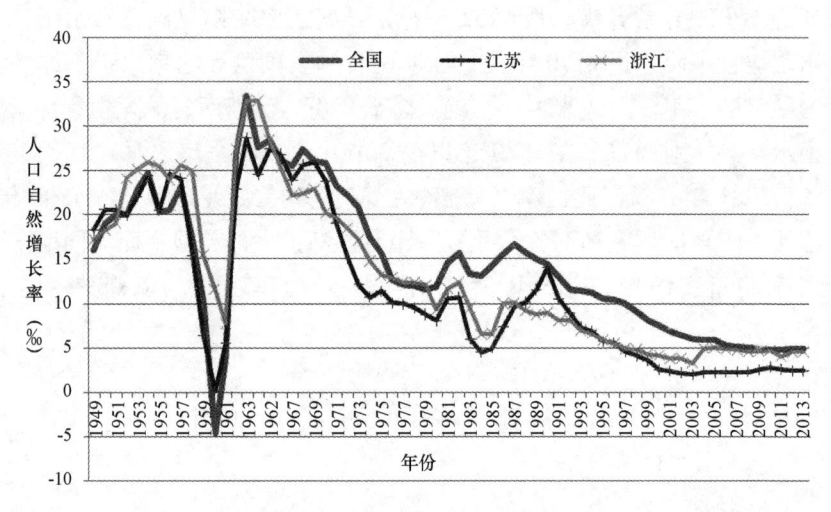

**图 7-4　江浙两省人口自然增长率变动比较：1949—2013 年**

资料来源：1949—2008 年数据来自国家统计局国民经济综合统计司编《新中国六十年统计资料汇编》，中国统计出版社 2010 年版；2009—2013 年数据根据江苏省和浙江省 2009—2013 年历年国民经济与社会发展统计公报整理。

总体来看，江浙两省完成人口再生产方式的转变时间要超前于全国。20 世纪 60 年代中后期以来的绝大多数年份，江浙两省的人口自然增长水平都要低于全国水平。在计划生育工作深入开展时期，除 1981 年和 1982 年略有反弹外，江苏省人口出生率基本上逐年稳步下降，从 1971 年的 21.3‰ 下降到 1984 年的 10.42‰。而这一时期江苏的死亡率在稳定的基础上又进一步下降，从 6.84‰ 降低到 6‰ 以下。由于人口出生率大幅度下降，人口自然增长率也随之从 1971 年的 18.99‰ 大幅下降到 1984 年的 4.52‰。考虑到江苏省人口出生率从 1973 年起就稳定地降到 20‰ 以下，死亡率一直较为稳定，自然增长率自 1977 年降到 10‰ 以下之后，到 2013 年共 37 年的时间里，除 1981—1982 年、1988—1991 年略有反弹（源于第二个出生高峰期出生人口陆续进入婚育期所致）外，其余年份皆低于 10‰。因此可以认定：江苏省人口再生产类型，从 1977 年开始转变为现代型人口再生产。而浙江人口出生率至 1975 年才下降到 19.49‰，人口自然增长率 1980 年才降至 10‰ 以下。不仅如此，1971—1984 年，浙江年均人口自然增长率比江苏要高 2.54‰。若以人口出生率低于 20‰、死亡率低于10‰、自然增长率低于10‰为标准进行对照,① 则江苏比浙江要早三年进入低出生率—低死亡率—低自然增长率的人口再生产时期。到2000年,江苏人口出生率进一步下降到9.08‰,死亡率因老年人口增多略有上升,基本上维持在6.53‰—6.94‰,人口自然增长率也随之下降,由14.01‰下降到3.56‰,现代型人口再生产特征显著。到20世纪末,浙江人口自然增长率开始位居江苏之上,基本维持在接近全国平均自然增长率的水平,而同期江苏人口自然增长率却出现了下降。到2013年年末,江苏省人口自然增长率水平仅为2.43‰,不仅显著低于浙江省的4.56‰的水平,而且也大大低于全国4.92‰的平均水平。

### 江浙两省人口机械变动比较

人口的迁移和流动是影响人口数量及分布的一个十分重要的因素。一个国家或地区的人口迁移,深受社会经济发展状况的影响。② 自新中国成立以来,江浙两省由于受到国内政治运动、经济发展、社会转型等多种因素的综合性影响,人口迁移都发生了十分剧烈的波动。两省既在人口迁移发生的内在机理和时期上呈现出一定的相似性,又在人口迁移的区域、规模以及强度上又表现出一定的差异性。从国家公安部户政司统计的1954—2000年人口省际迁移情况来看,江苏(见图7-5)和浙江(见图7-6)人口机械变动在省际迁移在时期上具有较为明显的相似性,可粗略划分为四个时期。

第一个时期发生在1954—1960年,是两省人口可以自由迁移的时期,也是两省人口高迁移的时期,迁入和迁出规模都很大。江苏省平均每年的省际迁入和迁出总迁移人口数平均都在300万人以上,省际迁入、迁出率占总人口的30‰以上,而且以人口净迁出为主,平均每年总迁移率达到73‰。而同期浙江总迁移人口数年均在165万人左右,平均每年总迁移率在66‰左右,省际迁入、迁出率占总人口的千分比尽管也在30‰左右,但是要显著小于江苏省。相对而言,江苏在这一时期无论是人口迁移规模还是强度都大于浙江省。

---

① 江苏省人口普查办公室编:《世纪之交的江苏人口》,中国统计出版社2004年版,第13页。
② 查瑞传、曾毅、郭志刚:《中国第四次全国人口普查资料分析》,高等教育出版社1996年版,第18页。

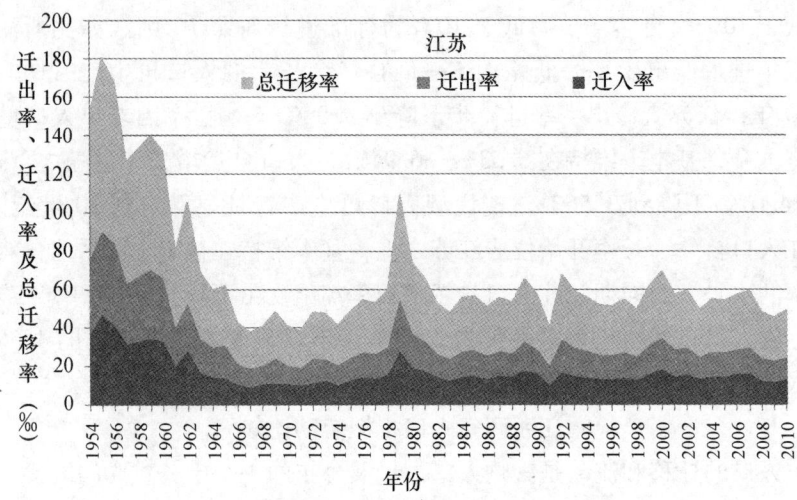

图7-5 江苏省人口迁移变动情况：1954—2010年

资料来源：根据江苏省人口普查办公室编《世纪之交的江苏人口》（中国统计出版社2004年版，第272—275页）有关数据制作；1954—1987年原始数据取自庄亚儿《中国人口迁移数据集（五）》，中国人口出版社1995年版，第15页；1988—1999年数据来自国家公安部历年《全国分县市人口统计资料》，中国人民公安大学出版社；2000—2010年数据取自庄亚儿、韩枫《2000—2010年中国常用人口数据集》，中国人口出版社2012年版。本数据包含省内迁入和迁出。

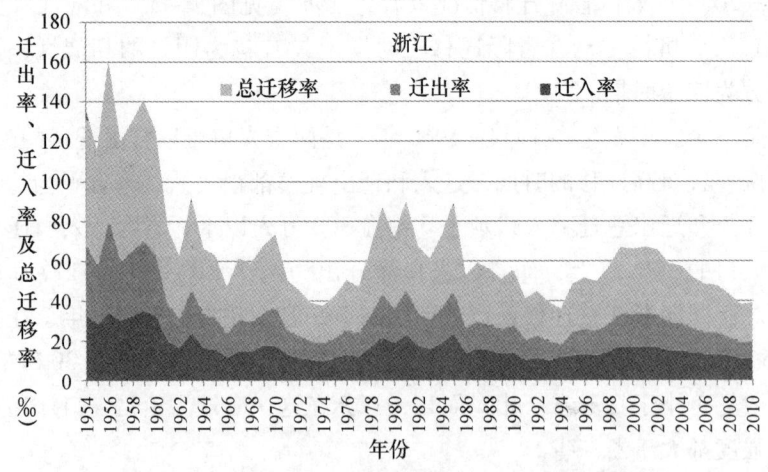

图7-6 浙江省人口迁移变动情况：1954—2010年

资料来源：1954—1987年原始数据取自庄亚儿《中国人口迁移数据集（五）》，中国人口出版社1995年版，第16页；1988年后数据来自国家公安部历年《全国分县市人口统计资料》，中国人民公安大学出版社；2000—2010年数据取自庄亚儿、韩枫《2000—2010年中国常用人口数据集》，中国人口出版社2012年版。本数据包含省内迁入和迁出。

第二个时期为 1961—1972 年。相对第一时期，两省人口迁移总体上处于一个降低的时期，但是在迁移规模和强度上表现出较大的差别性。江苏省在这一时期人口迁移率显著下降，其间平均省际迁入人口降到 66 万人左右，年均总迁移率在 14‰左右。1967 年户口冻结，使江苏省迁入率处于历史最低位。最低迁出率出现在 1970—1971 年，那时期是国家备战备荒的非常时期，也是人口迁移严格控制时期。① 而浙江在这一时期年均总迁移率尽管较前一时期也出现了大幅下降，但仍然保持在 32‰左右，大大高于江苏同期的总迁移水平。

第三个时期是 1973—1990 年。从图 7-7 可以看出，1973 年开始江浙两省人口净迁移率都位于水平轴之上，人口净迁入的特征十分明显。1978 年以后，两省人口净迁移的速度都开始加速。浙江省持续到 1985 年最高点后开始下降，1990 年人口净迁移率甚至回到 - 0.07‰。江苏 1973—1982 年人口迁移量也有显著增大的趋势，1983 年开始有小幅回落，1987 年开始再次上升，到 1990 年达到历史最高点 4.12‰。有关资料表明，1985 年 7 月 1 日至 1990 年 7 月 1 日的 5 年间，江苏省省际间人口的总迁移量达 142.82 万人，仅次于四川省，居全国第二位。其中迁入人口为 83.97 万人，仅次于广东省，位居全国第二位；迁出人口 58.85 万人，次于四川、河北、浙江、黑龙江，处于全国第五位；同期净迁入人口 25.12 万人，低于广东、北京、上海，为全国第四位。从这一时期开始，江苏省省际间人口迁移走在全国前列。②

第四个时期是 1991 年以来的净迁移总体提升阶段。其间，1990—1992 年是一个较短的转折性时期。国家从 1990 年开始努力推动技术进步并进行深层次的结构调整显然影响到了人口迁移率。江苏省人口净迁移出现了较大程度的下降并维持在一种不活跃的状态，净迁移率从 1990 年的 4.12‰骤降至 1992 年的 - 0.1‰。1993 年，净迁移率再次开始转正并一路上升，到 2006 年上升到 3.32‰，随后又开始下降。浙江省净迁移率从 1991 年开始显著回升，1994 年达到 5.89‰。在整个 20 世纪 90 年代，浙

---

① 江苏省人口普查办公室编：《世纪之交的江苏人口》，中国统计出版社 2004 年版，第 271 页。

② 单干银：《江苏省人口迁移探讨》，见江苏省人口普查办公室《90 年代的江苏人口》，江苏省第四次人口普查资料第二次分析研讨会论文选编，中国统计出版社 1993 年版，第 489 页。

江迁移人口的波动较大。进入 21 世纪后，浙江省人口净迁移率一直处于上升态势。其中，1993—1996 年更是显著攀升。1997 年金融危机后，浙江省人口净迁移率稳步攀升，2010 年达到 3.07‰。从图 7-7 两省人口净迁移率的变动趋势来看，进入 21 世纪后，江苏省的人口净迁移率波动幅度要明显大于浙江省。浙江省人口净迁入增长态势更加显著一些。江苏省 2010 年第六次全国人口普查人口净迁移率比浙江要低 0.91‰。

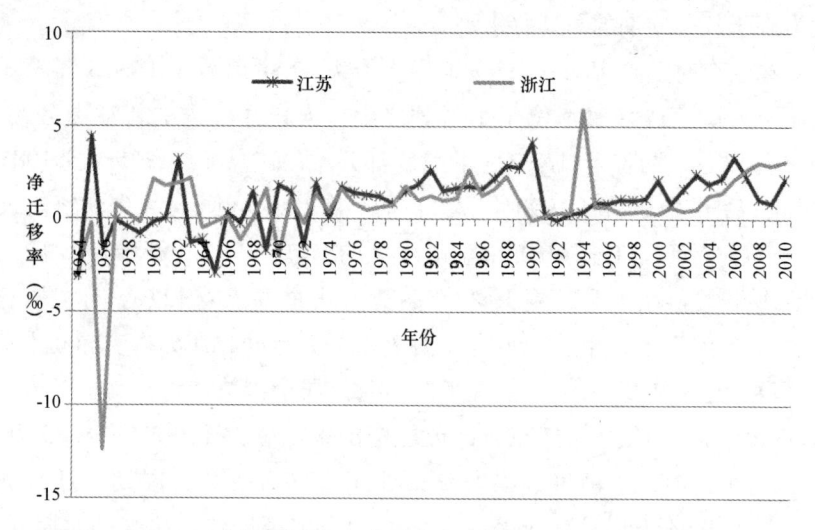

图 7-7　江浙两省人口净迁移率比较：1954—2010 年

资料来源：同图 7-5 和图 7-6。

人口迁移作为人口地理或空间移动的一种形式，包含着常住地在不同地理单元间的变动。但是，有些住所的变动是暂时性的，并不是常住地的变动，故不属于迁移；而有些常住地的变动尽管是永久性的，却是短距离的变动，也不属于迁移。正因为如此，在构成人口变动的三大要素中，人口迁移是最难定义、最难度量的一个。[①] 改革开放以来，城市化快速发展使得国家逐渐放宽了对人口迁移的限制，无论是对于迁入地还是迁出地，迁移人口已成为中国经济社会发展的重要动力。地区之间、省际以及省域

---

① 王嗣均、吴汉良：《中国人口迁移与城市化研究（浙江卷）》，华中理工大学出版社 1995 年版，第 11 页。

内部之间的人口迁移存在巨大的差异。这主要是各地区社会经济发展不平衡所致。① 1990 年全国人口普查首次设立人口迁移调查项。从统计数据来看，浙江是全国人口迁出率较高的六大省区之一，迁出率在 1.5% 以上，江苏则是全国人口迁入率较高的省区之一。

实际上，自 20 世纪 80 年代国家实行市场经济以来，户口的重要性相对弱化，存在很多未转移户口的迁移现象，这些人口迁移的数据不能很好地从人口迁移的统计数据中体现出来。在 80 年代后期，江浙两省人口净迁移率的回落与异常波动现象，可能存在实际人口迁移有关统计数据的低估问题。由于人口迁移往往有明确的目的与动因，是具有长久性倾向的跨越空间范围的常住地改变，包括改变、不改变户籍登记地两种类型。② 90 年代许多人口迁移实际上并不涉及户籍地的变更。这种不改变户籍登记地而离开户籍所在地半年以上的跨空间运动的人口实际上就是流动人口。进入 21 世纪后，在经济迅速发展的背景下，江浙两省人口迁移和流动异常活跃，显著地影响着两省人口总量的增长与变动。若以 2000 年为一个划分年份，从前后两个时期几个年份以江浙两省为流入地的流动人口占全国流动人口的百分比来看（见表 7-3），在 2000 年前，江苏流动人口规模占全国流动人口的百分比一直高于浙江省，但是从 2000 年开始，浙江流动人口规模占全国流动人口的百分比超过江苏省，在保持领先的同时仍在继续扩大差距。

表 7-3　部分年份江浙作为流入地的流动人口占全国流动人口的百分比比较

| 区域 | 1982 年 | 1987 年 | 1990 年 | 2000 年 | 2005 年 | 2010 年 |
| --- | --- | --- | --- | --- | --- | --- |
| 江苏 | 5.06% | 4.71% | 4.97% | 6.36% | 7.60% | 8.60% |
| 浙江 | 3.14% | 3.16% | 4.01% | 6.37% | 8.53% | 13.77% |

资料来源：2010 年资料根据国务院人口普查办公室、国家统计局人口和就业统计司《中国 2010 年人口普查资料》（中国统计出版社 2012 年版）有关数据计算；其余年份数据来自中国人口普查和 1% 抽样调查，见：国家人口和计划生育委员会流动人口服务管理司编《中国流动人口发展报告.2010》，中国人口出版社 2010 年版，第 217 页。

---

① 查瑞传、曾毅、郭志刚：《中国第四次全国人口普查资料分析》，高等教育出版社 1996 年版，第 19 页。

② 浙江省人口普查办公室编：《世纪之交的中国人口（浙江卷）》，中国统计出版社 2004 年版，第 263 页。

2010年，中国流动人口规模高达26093.8万人（含市辖区内人户分离人口3990.7万人），比2000年"五普"时的14439.1万人大幅增加11654.7万人，所占全国总人口的比重也由2000年的11.6%猛增至19.6%，这意味着中国已经现实地进入一个人口大规模机械变动的历史新时期。从流动人口的增长速度看，浙江和江苏等9省市流动人口增速都超过了100%。江浙两省都是人口净流入（流入人口与流出人口的差额）位列前5位的省份。浙江净流入人口997万人，大大超过江苏省的432万人。从两省流动人口规模现状与所占比重来看（表7-4），省外流入人口占全省流动流动人口总数的比重都大大超过了全国平均水平。浙江流动人口规模占全国流动人口的百分比为7.63%，江苏为6.99%。浙江仍然存在流动人口"大进大出"的特有"浙江现象"①，省外流入人口占全省流动人口总数的比重高达59.41%。2010年，浙江省外流入人口为1182.4万人，占常住人口总数的21.7%，较2000年增加813.5万人，约相当于新流入了一个海南省（867.1万）的人口，增幅高达220.5%，年均增长12.4%。与此同时，10年之间全省户籍人口仅增加246.7万人，只占省外流入人口的20.9%。②

表7-4　2010年第六次全国人口普查江浙两省流动人口现状与比重比较

| 区域 | 流动人口数（万人） | 省内流入人口数（万人） | 省外流入人口数（万人） | 省外流入人口占流动人口总数比重（%） |
| --- | --- | --- | --- | --- |
| 全国 | 26093.8 | 17506.2 | 8587.6 | 32.91 |
| 江苏 | 1822.7 | 1084.8 | 737.9 | 40.48 |
| 浙江 | 1990.1 | 807.7 | 1182.4 | 59.41 |

资料来源：国务院人口普查办公室、国家统计局人口和就业统计司：《中国2010年人口普查资料》，中国统计出版社2012年版。

---

① 浙江省人口普查办公室编：《世纪之交的中国人口（浙江卷）》，中国统计出版社2004年版，第263页。

② 浙江省统计局：《浙江省外来人口的研究与分析》（http://www.zj.stats.gov.cn/art/2011/11/22/art_281_48045.html）。见彭伟斌、陈晓慧《论人口下降区农村城镇化发展的困境与趋势——以浙江省为例》，《杭州师范大学学报》（人文社科版）2013年第12期，第113页。

相对而言，江苏省流动人口具有省内流动规模大于省际流动规模的特征，省外流入人口占流动人口总数的比重为 40.48%，而浙江接近 60%，省际流动的特征十分明显。尽管浙江流动人口的增量和增速都要快于江苏省，但是流动人口的受教育程度却不及江苏省高。2010 年，浙江流动人口中初中以下受教育程度人口的比重高达 72.8%，在全国仅比西藏低 (76.3%)，这说明浙江虽然民营经济发达，但产业层次不高，流动人口中文化程度较低人口所占比重仍然较高。江苏（7.0%）则属于全国高素质流动人口分布的五大省份之一，受过研究生教育的高素质劳动力高度集中，与北京（19.4%）、上海（12.6%）、广东（7.4%）以及山东（5.4%）等省市集中了中国具有研究生学历的流动人口总数的 51.8%。①

## 第二节 江浙两省人口结构及历史变动比较

### 江浙两省性别结构及其历史变动比较

性别结构与生育、死亡以及迁移这三个重要的人口过程紧密相关，因而是人口组成中最重要和最为相关的特征。② 一个社会的性别结构对于社会经济和人口发展③以及劳动参与和性别关系有着重要的影响④。性别平衡是一个国家或地区的人口中男性与女性之间的数量平衡，可细分为各个年龄组人口中男性与女性之间的数量平衡，一般用性别比来表示（女性为 100）。

性别结构均衡与否对人口安全、婚姻就业、社会秩序、社会和谐、经济布局等许多方面都有着深刻影响。性别比是人类进化的结果，体现出人口再生产自然性的一面。大量而持续的人口统计数据经验表明，在没有人为干预的情况下，总人口性别比的平衡一般处于 92—105，正常出生性别

---

① 陈丙欣、叶裕民：《中国流动人口的主要特征及对中国城市化的影响》，《区域与城市经济》2013 年第 8 期。

② Dudley Poston, B. S. DeSalvo, H. T. Kincannon., 刘鸿雁译，陈友华校《性别及其结构》，载曾毅主编《生命支持系统大百科全书（人口学分卷）》，中国人口出版社 2010 年版，第 206 页。

③ Keyfitz, N. Age Distribution as a Challenge to Development. American Journal of Sociology 70, 1965: 659.

④ South, S. J. and K. Trent. Sex Ratios and Women's Roles: A Cross-National Analysis. American Journal of Sociology 93, 1988: 1096.

比的范围一般为102—107。在男婴死亡率高于女婴，男性青少年死亡率大于女性这两个因素综合影响下，到婚龄段男女两性人口就基本处于均衡状态，不会引起婚姻挤压等社会问题。随着年龄增长，各年龄组人口男女性别比会经历由高到低的变化。学术界一般将之划分为正常性别比（102—107）、高性别比（108—120）、较高性别比（120—140）以及超高性别比（140以上）四个层次。

从江浙两省总人口性别比的历史变动来看（图7-8），浙江的总人口性别比自新中国成立以来到2001年一直高于全国水平，也大大高于江苏的水平。1949—2000年浙江总人口性别比的变化大致可分为五个阶段。第一阶段为1949—1964年，总人口性别比超过109，到1958年达到历史最高纪录111.35；第二阶段是1965—1978年，浙江总人口性别比为108—109，最高年份1965年为108.63；第三阶段是1979—1995年，总人口性别比开始低于108，1986年的107.87为该阶段最高值；[①] 第四阶段是1996—2008年，总人口性别比为102—106；第五阶段是2009年至今，总

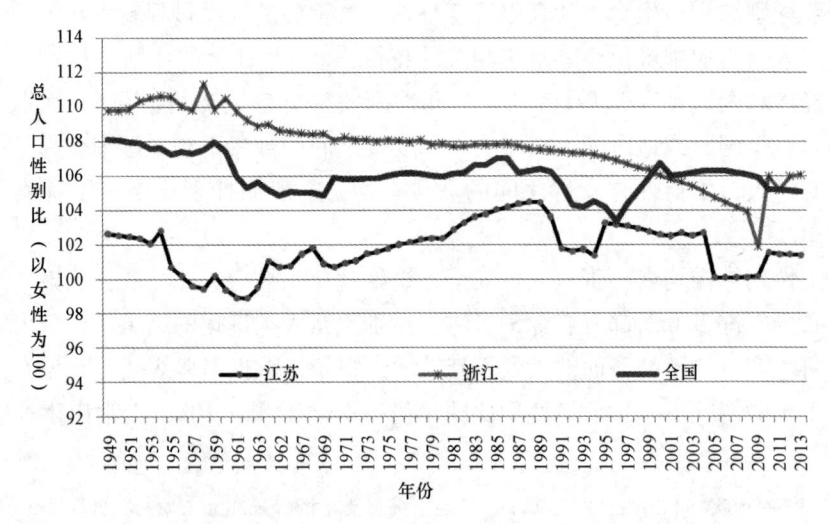

**图7-8　江浙两省总人口性别比历史变动比较：1949—2013年**

资料来源：1949—2008年数据来自《新中国六十年统计资料汇编》；2009—2013年数据根据江苏省和浙江省2009—2013年历年国民经济与社会发展统计公报整理。

---

① 浙江省人口志编纂委员会：《浙江省人口志》，中华书局2007年版，第533页。

人口性别比在2009年达到历史最低点101.85后开始反弹，又回到正常区间。从图7-8可以明显看出，自20世纪60年代以来，浙江省总人口性别比呈现缓慢下降的发展趋势，尤其是80年代中期以来，总人口性别比一直处于递减状态，已经回到正常性别比的范围。

相对而言，江苏省的总人口性别比变化起伏和波动要大一些，在历史上各年份不仅要低于全国总人口性别比，更是大大低于浙江总人口性别比。1953年江苏省总人口性别比为100.6。受三年自然灾害的影响，江苏男性人口死亡率较女性高，以至于1960—1962年总人口性别比降为99.4—98.9。1964年上升略快，为101.5，这主要是受第二次人口出生高峰的影响。从60年代后期开始，江苏省总人口性别比呈缓慢上升的发展态势，1990年为103.61，在全国各省、区中位列第二（由低到高排列），基本保持平衡。[①] 1969—1996年，江苏省与全国总人口性别比的差距在逐渐缩小，到1996年基本接近，江苏为103.2，同期全国平均水平为103.3。之后江苏省总人口性别比与全国的差距呈扩大发展的趋势，近十几年来一直低于全国水平。

从历次全国人口普查总人口性别比的历史变动比较来看（见表7-5），江苏总人口性别比经历了一个由上升到下降的过程，2010年第六次全国人口普查江苏省常住人口中，男性人口39630233人，占50.38%；女性人口39029670人，占49.62%，总人口性别比由2000年第五次全国人口普查的102.58下降为101.54，低于全国105.2的水平。浙江省总

表7-5　江浙两省六次全国人口普查总人口性别比与全国水平比较

| 普查年份 | 1953 | 1964 | 1982 | 1990 | 2000 | 2010 |
| --- | --- | --- | --- | --- | --- | --- |
| 全国 | 107.56 | 105.46 | 106.30 | 106.60 | 106.74 | 105.20 |
| 江苏 | 100.60 | 101.50 | 103.40 | 103.61 | 102.58 | 101.54 |
| 浙江 | 110.83 | 109.33 | 107.74 | 106.39 | 105.57 | 105.69 |

资料来源：根据国务院人口普查办公室、国家统计局人口和就业统计司《中国2010年人口普查资料》（中国统计出版社2012年版）；浙江省人口普查办公室《2010年浙江省人口普查资料》；江苏省人口普查办公室《2010年江苏省人口普查资料》整理。

---

① 跨世界的中国人口（江苏卷）编纂委员会：《跨世界的中国人口（江苏卷）》，中国统计出版社1994年版，第47页。

表7-6　江浙两省1990年、2000年、2010年分孩次出生性别比变动比较

| 普查年份 | 江苏 | | | | 浙江 | | | |
|---|---|---|---|---|---|---|---|---|
| | 合计 | 一孩 | 二孩 | 三孩+ | 合计 | 一孩 | 二孩 | 三孩+ |
| 2010 | 121.38 | 114.77 | 135.01 | 151.22 | 118.36 | 109.70 | 131.95 | 192.15 |
| 2000 | 116.51 | 112.20 | 196.94 | 277.96 | 113.86 | 107.31 | 132.41 | 288.44 |
| 1990 | 114.4 | 107.13 | 141.88 | 150.69 | 117.64 | 108.48 | 153.75 | 192.47 |

资料来源：根据江苏和浙江1990年、2000年及2010年人口普查资料有关数据整理。

人口性别比则经历了一个渐次下降的过程，到2010年第六次全国人口普查开始回升，男性人口2796.57万人，占51.38%；女性人口2646.12万人，占48.62%，总人口性别比为105.69，与2000年第五次全国人口普查时的105.57基本持平。

一直以来，特别是计划生育开展以来，中国存在着较为明显的出生性别比偏高问题。目前尽管总人口性别比逐渐回落到正常的区间，然而"六普"结果显示出生性别比仍在继续上升，而且区域之间还存在相当大的差异性。[①] 江浙两省也属于中国出生性别比高企的省份。在实施计划生育使生育率急速下降的同时，出生性别比特别是二孩性别比开始攀升。[②] 从1990年、2000年及2010年三次全国人口普查结果来看（见表7-6），江浙两省出生性别比不仅一直高于正常范围，而且仍有继续提高的趋势。从城乡比较来看（表7-7），乡村的出生性别比要高于城镇水平。到2010年两省二孩出生性别比尽管有所回落，但仍处于较高水平。

近30年来，浙江省出生性别比的变动轨迹呈现出"升高—回落—反弹"的变动特征。1982年，第三次人口普查时出生性别比为108.83，在全国排第8位。然而，到了1987年全国1%人口抽样时，浙江省出生性别比猛增至118.51，跃居全国首位。1990年第四次人口普查显示浙江出生性别比为117.64。尽管普查结果显示出轻微回落的迹象，仍高居全

---

[①] Susan Greenhalgh. Governing China's Population: From Leninist to Neoliberal Biopolitics. Stanford University Press. 2005：265.

[②] 王新华：《探索全面建设小康社会进程中的现代生育文明之路》，见孙燕丽《改革开放30年与江苏人口发展》，河海大学出版社2009年版，第95页。

表7-7 江浙两省1990年、2000年、2010年城乡出生婴儿性别比变动与全国水平比较

| 性别比 | 1990年 | | | 2000年 | | | 2010年 | | |
|---|---|---|---|---|---|---|---|---|---|
| | 城市 | 镇 | 乡村 | 城市 | 镇 | 乡村 | 城市 | 镇 | 乡村 |
| 全国 | 108.9 | 112.1 | 111.7 | 112.81 | 116.51 | 118.08 | 114.06 | 118.64 | 119.09 |
| 江苏 | 112.0 | 107.3 | 114.5 | 111.81 | 116.86 | 118.52 | 113.91 | 115.86 | 117.84 |
| 浙江 | 107.5 | 119.2 | 118.2 | 110.88 | 115.67 | 114.57 | 116.05 | 119.66 | 120.28 |

资料来源：根据1990、2000、2010年中国人口普查资料有关数据整理。

国榜首。一直到2000年第五次人口普查时出生性别比才表现出明显的回落迹象，为113.86，在全国排序降至第15位。2010年第六次人口普查结果显示，浙江省出生性别比再次出现反弹，达到118.36，排序回升至第11位。[1]

比较而言，江苏省尽管在1990年出生性别比较浙江低，但是在2000年已经超过了浙江省，高达116.51，到2010年第六次全国人口普查时，江苏的出生性别比已经上升至121.38，大大高于浙江，二孩性别比也显著大于浙江。这说明江苏省的出生性别比偏高问题十分突出。实际上，在20世纪80年代前，江苏出生性别比处于正常状态。1953年、1964年和1982年人口普查，全省0岁人口性别比分别为107.02、104.23和107.67。然而，到了80年代以后，江苏出生性别比大幅度上升。1990年、2000年人口普查全省0岁人口性别比分别为114.88和116.73，同期普查得到的出生性别比分别为114.86和116.51。[2]

从分孩次性别比来看，江苏二孩、三孩及以上性别比远高于一孩出生性别比。2000年"五普"，二孩出生性别比196.94，三孩及以上出生性别比277.96，一孩出生性别比112.2。从地区看，苏北五个市的出生婴儿性别比全部偏高。"五普"资料显示，徐州127.15，淮安113.44，盐城116.27，连云港143.66，宿迁124.08。苏北地区为经

---

[1] 浙江省统计局：《从普查数据看浙江人口性别均衡》，2012年12月11日，浙江省统计局网站，http://www.zj.stats.gov.cn/tjfx_1475/tjfx_sjfx/201212/t20121211_138458.html.

[2] 朱步荣、吴锦友：《综合治理出生人口性别比偏高问题对策研究——以江苏省为例》，见孙燕丽、张肖敏《2009江苏人口发展研究报告》，河海大学出版社2010年版，第276页。

济欠发达地区，农村家族关注实力和重体力农活对男性的客观需求，更强化了农村妇女要生男孩的愿望。在现行生育政策的限制下，为使生男孩的愿望得以实现，人们想方设法对胎儿进行性别鉴定，人为地将女婴流产，导致出生性别比失衡。① 有学者利用第五次人口普查分孩次的出生性别比资料，计算出出生孩次与出生性别比的相关系数为0.66。这充分反映出二孩及多孩性别比过高的情况对总出生性别比的影响是非常显著的。② 2010年江苏省二孩出生性别比大幅下降到135.01，三孩出生性别比也激降到151.22，但仍大大超过正常范围，这说明二孩及多孩生育过程中确实存在严重的胎儿性别鉴定和性别选择行为。出生性别比之所以大幅度回落，可能与2005年江苏省人大常委会出台《关于禁止非医学需要胎儿性别鉴定和选择性别人口终止妊娠的规定》有关。

实际上，在国家计划生育立法和江浙两省修订计划生育条例后，都先后出台禁止非医学需要胎儿性别鉴定和选择性别人口终止妊娠的有关条例规定，对出生婴儿性别选择行为进行严厉打击。江浙两省胎儿性别鉴定和性别选择性流产之所以如此盛行，根本原因在于性别不平等导致的男孩偏好。而严格的生育政策恰恰强化了男孩偏好，激化了出生性别比的严重失衡。③ 2000年及2005年有关人口数据显示，"一孩半"生育政策地区不仅出生性别比最高，且5年间增幅最大。在"一孩"生育政策地区存在"一孩"出生性别比偏高的现象，其他地区则在正常范围之内。同时，"一孩半"地区的女婴死亡率偏高现象也最严重。④ 有学者运用2005年1%人口抽样调查微观数据与地市级生育政策数据匹配后发现，即使在控制了妇女年龄、居住地、民族、职业、收入和生育孩次的条件下，"一孩

---

① 刘保华：《科学发展中的江苏人口问题》，见孙燕丽《改革开放30年与江苏人口发展》，河海大学出版社2009年版，第339页。

② 蒋雄：《计划生育对出生性别比影响分析》，见浙江省人口和计划生育委员会《人口科学发展新论——低生育率水平下的人口计划生育研究》，浙江大学出版社2010年版，第376页。

③ 中国发展研究基金会：《人口形势的变化和人口政策的调整（中国人口发展报告2011/12）》，中国发展出版社2012年版，第130页。

④ 张二力：《从"五普"地市数据看生育政策对出生性别比和婴幼儿死亡率性别比的影响》，《人口研究》2005年第1期，第11—18页。

半"地区的出生性别比仍显著高于其他政策地区。①

## 江浙两省人口年龄构成及历史变动比较

一个国家或地区人口年龄构成变动的基础是各个年龄人口数量的变化。2010年第六次全国人口普查数据显示，江苏省人口年龄结构"中间高，两头低"，0—14岁为1023.02万人，占13.01%；15—64岁人口为5986.19万人，占76.10%；65岁及以上人口为856.78万人，占10.89%。与2000年第五次全国人口普查结果相比，0—14岁人口大幅减少411.18万人，占比下降6.64%，正以年均0.66%的速度递减，每年减少41.12万人，比1982—1990年、1990—2000年的年均减少量分别多20.95万人和25.30万人，是江苏0—14岁人口数量降幅最大的时期。江苏0—14岁人口占比较全国平均水平低3.59%，近10年降幅比全国平均水平高出0.35%，在全国31个省（自治区、直辖市）中，江苏0—14岁人口占比仅高于北京（8.60%）、天津（9.80%）、上海（8.63%）以及辽宁（11.42%）、黑龙江（11.96%）、吉林（11.99%），②低于浙江省。与此同时，老年人口规模和比重都出现了较快速度的增加，65岁及以上人口为857万人，占总人口比重为10.89%，十年间增加206万人，比重上升2.13%，老年抚养比提高1.94%。③"六普"数据显示，浙江省0—14岁人口为718.92万人，占13.21%，比江苏高0.2%；15—59岁人口为3967.91万人，占72.9%，比江苏低3.2%；60岁及以上人口为755.86万人，占13.89%，比江苏省高3%。其中，65岁及以上人口为508.17万人，占9.34%。与2000年第五次全国人口普查相比，浙江省0—14岁人口的比重下降了4.86%，15—59岁人口的比重上升3.31%，60岁及以上人口的比重上升1.54%，65岁及以上人口的比重上升0.5%。④

---

① 中国发展研究基金会：《人口形势的变化和人口政策的调整（中国人口发展报告2011/12）》，中国发展出版社2012年版，第130—131页。

② 江苏省统计局：《江苏人口年龄中位数升至38.73岁》，江苏省统计局网站（http://www.jssb.gov.cn/tjxxgk/tjfx/tjxx/201203/t20120315_111125.html）。

③ 江苏省统计局：《我省人口负担系数持续下降》，江苏省统计局网站（http://www.jssb.gov.cn/tjxxgk/tjfx/tjxx/201112/t20111201_21150.html）。

④ 浙江省统计局：《浙江省2010年第六次全国人口普查主要数据公报》，浙江统计信息网，2011年5月6日。

从历次人口普查各年龄组人口所占比重的变化来看，江浙两省0—14岁年龄组人口占比都已经出现了显著下降，而同时65岁及以上年龄组人口所占比重却在显著提高。若按国际上0—14岁少年儿童比重在30%以下、65岁以上老年人口比重在7%以上、年龄中位数超过30岁、老少比在30%以上的人口类型划分标准，江浙两省的人口年龄结构都已经是十分典型的老年型结构。

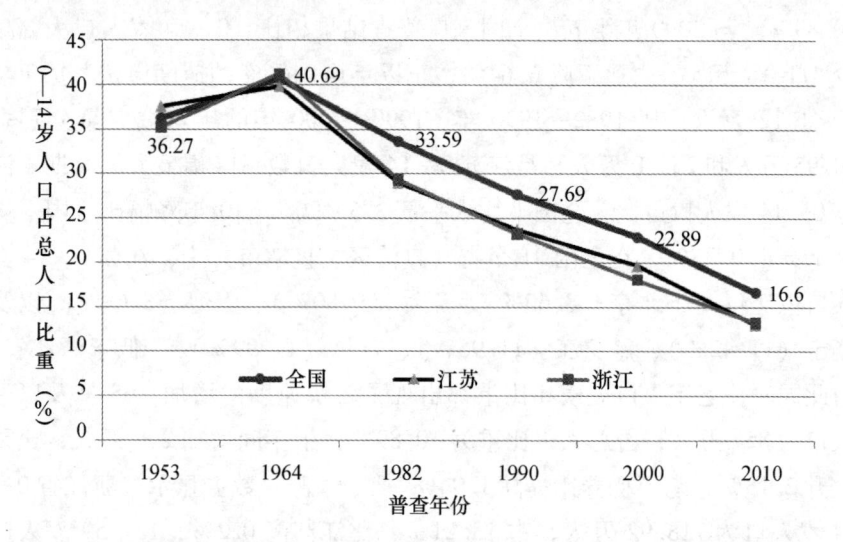

**图7-9 江浙两省历次人口普查0—14岁年龄组人口占总人口比重变动比较**

资料来源：根据江苏和浙江六次人口普查资料有关数据整理绘制。

从根本上来说，江浙两省这种人口年龄构成的巨大变化取决于社会经济发展水平，直接原因在于人口出生、死亡和迁移状况的变化。江浙两省都是全国计划生育起步早，执行力度大，人口控制成效显著的"先进"地区。严格的计划生育政策，改革开放后两省经济社会的快速发展所引起的收入水平上升，医疗卫生条件不断改善使人口死亡率特别是婴幼儿死亡率不断下降，平均预期寿命延长，诸如此类的多种因素，促使江浙两省0—14岁少年儿童人口在总人口的占比中大幅下降（图7-9），并显著低于全国水平；而总人口中65岁及以上年龄组人口所占比重在持续上升（见图7-10），并显著高于全国水平。在低生育水平催化作用下，江浙两省向少子老龄化迈进的特征已经十分明显。

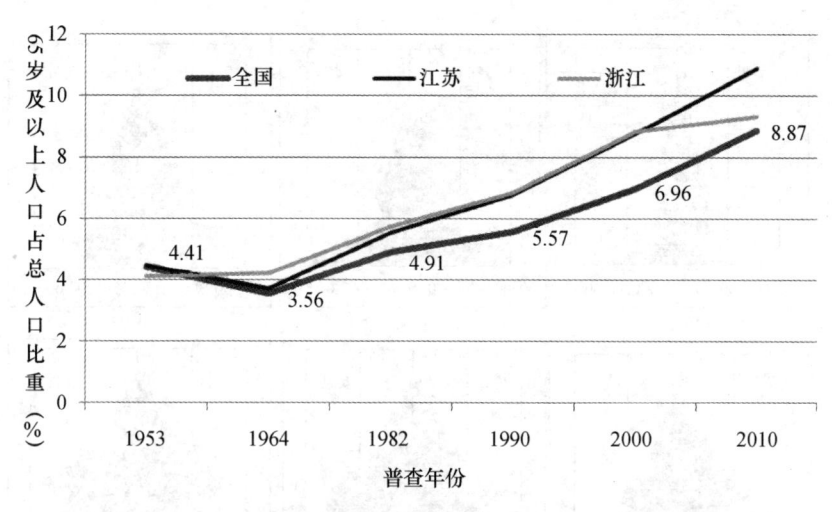

图 7-10　江浙两省历次人口普查 65 岁及以上年龄组
人口占总人口比重变动比较

资料来源：同图 7-9。

在一个国家或地区总人口的各种构成中，人口的年龄性别结构是最根本的结构，借助人口金字塔可以生动而直观地表现出该国或地区的人口年龄性别结构。作为生育率迅速下降、持续的低生育水平以及寿命延长的结果，少子化和老龄化的加速发展已经使江浙两省人口金字塔的形状发生了重要转变。从图 7-11 可以看出，1953 年浙江省的人口年龄性别金字塔呈现标准的底部宽顶部尖的塔形，反映了高出生率、高死亡率、低自然增长率的人口再生产特点，塔身中下部的凹陷是 10—14 岁年龄组人口规模异常造成的，所反映的是抗日战争对浙江人口再生产的影响。1964 年的人口年龄性别金字塔仍然保持了年轻型人口结构的特点，底部较 1953 年更为宽大，表明出生人口在大量增加，中下部多增的一处凹陷是 2—5 岁人口规模减少造成的，所代表的是 1959—1961 年三年经济困难时期对浙江人口再生产的冲击。到 1982 年，浙江人口金字塔底部逐渐收缩，变成了中间大、两头小的形状，中部最突出的部分说明 1963 年出现的补偿性生育。随着计划生育逐渐推行，浙江控制人口的力度逐渐加大，年新增出生人口也逐渐减少，人口金字塔底部逐渐收缩。1990 年的金字塔上一部分与 1982 年相似，下半部由于计

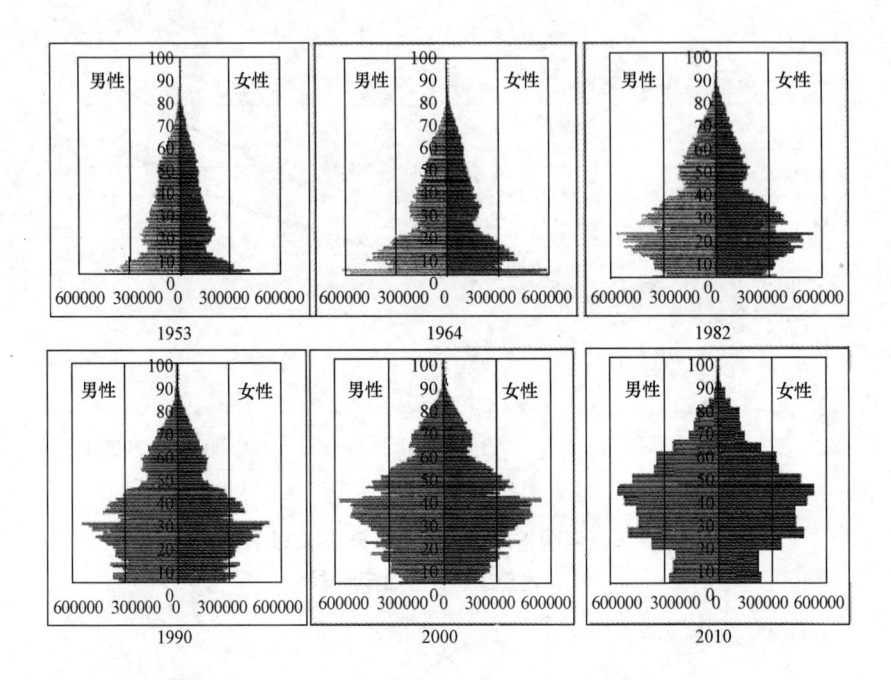

**图 7-11　浙江省历次人口普查人口年龄性别金字塔**

资料来源：1953年、1964年、1982年、1990年、2000年人口金字塔取自浙江省计划生育编纂委员会编《浙江省计划生育志》，中华书局2004年版，第186页；2010年人口金字塔根据第六次全国人口普查浙江省分性别、年龄资料绘制。

划生育的影响呈收缩状态，开始变成上大下小的草垛形。[①] 2000年的金字塔底部在1990年的基础上进一步收缩，呈现中间大两头小的形状，标志着浙江人口发展全面进入老年型年龄结构阶段。到2010年，浙江人口金字塔中间大两头小的橄榄形特征更加突出，这预示着浙江省将面临巨大的老龄化浪潮冲击。

江苏省历次全国人口普查人口年龄性别金字塔的变动呈现出与浙江省类似的发展特点与趋势（见图7-12）。1953年江苏省的人口年龄性别金字塔也是一种上窄下宽、均匀平缓的标准塔形结构，到1964年，塔顶开始变得略稀，老年人口所占比重有所下降，塔基底部有一凹陷收缩后迅速突出，显著增宽，说明有一个动能很大的补偿性生育，凸显三年困难时期

---

① 浙江省人口志编纂委员会编：《浙江省人口志》，中华书局2007年版，第548页。

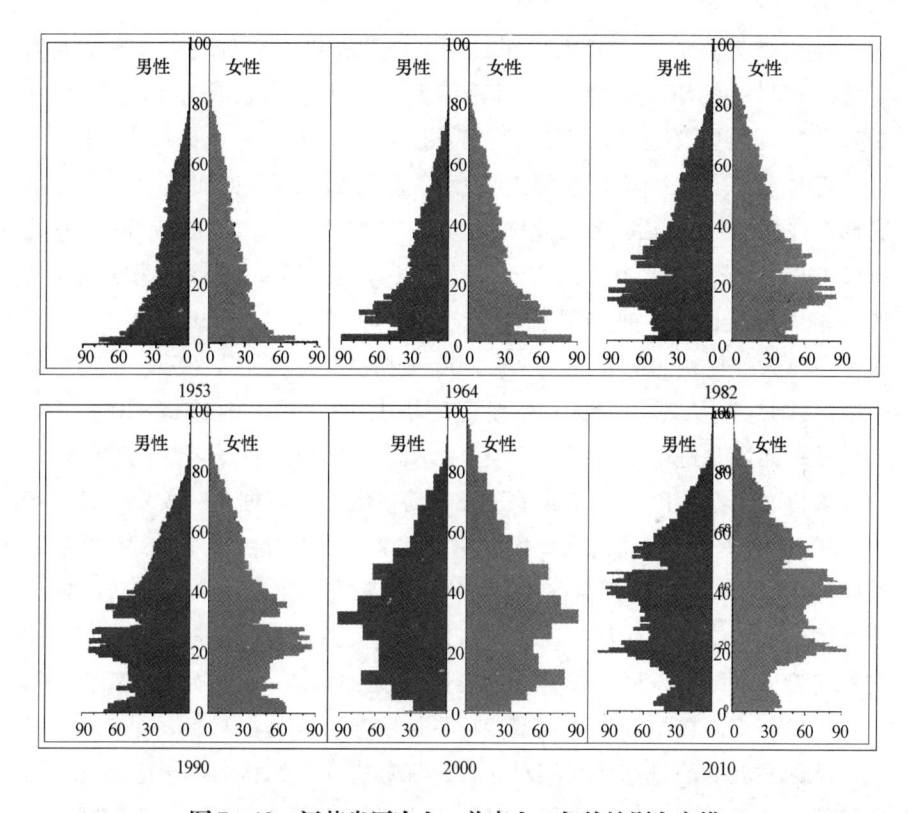

**图 7 – 12　江苏省历次人口普查人口年龄性别金字塔**

资料来源：1953 年、1964 年、1982 年、1990 四年的人口年龄金字塔取自跨世纪的中国人口（江苏卷）编纂委员会《跨世纪的中国人口（江苏卷）》，中国统计出版社 1994 年版，第 36 页；2000 年人口金字塔取自江苏省人口普查办公室编《世纪之交的中国人口（江苏卷）》，中国统计出版社 2004 年版，第 42 页；2010 年人口年龄金字塔为笔者根据江苏省 2010 年第六次全国人口普查资料中的分年龄、性别数据绘制。

经济因素对江苏人口结构的重要影响。从 1982 年开始，江苏人口年龄结构发生了显著的变化，并于 1986 年在全国率先进入老年型社会，这从 1982 年的人口年龄性别金字塔亦可看出。因为老年人口比重在不断增加，金字塔顶部钝厚，而塔基底部则明显收缩，呈倒梯状，这表明 1979 年以来推行的独生子女政策推动了人口再生产模式的转变。1990 年的人口年龄性别金字塔包含前三个金字塔的基本特征，又具有这一时期的人口再生产特点。塔形上半部匀称部分变小，顶部更加钝厚，塔基底部继 1982 年收缩后又开始加宽，显示出江苏省第三次人口出生高峰时期（1986—

1992年）的来临。1990年人口年龄金字塔存在峰谷交替现象，表明人口年龄构成明显的不规则性，即相邻年龄之间占总人口比重差异较大。①2000年全国人口普查时，江苏65岁及以上人口占8.84%，比1990年人口普查时上升了2.05%，这使人口年龄金字塔的顶部更加钝厚，而塔基底部在1990年加宽后再次萎缩，出生人口明显减少。2000年0—6岁儿童较1990年减少324万人。进入21世纪，江苏省人口老龄化速度明显加快。2005年全国1%抽样调查显示，全省65岁及以上人口为810.97万人，占总人口比重为10.85%，与2000年相比，上升了2个%，已完全进入老龄社会。② 从2010年人口年龄金字塔上可以看出，塔顶较2000年更为钝厚，而塔基进一步收缩，已经显示出十分明显的少子老龄化特征。

  人口学家桑德巴从人口数量发展的动量出发，依据0—14岁、15—49岁、50岁及以上人口占总人口的比重，将人口的年龄结构划分为增强型、稳定型和减少型。③ 江浙两省在第一次人口普查和第二次人口普查时皆为增加型的人口结构，而从第三次人口普查到第四次人口普查，两省都开始向稳定型人口结构发展；作为一个较长的过渡时期，第五次人口普查和第六次人口普查人口结构的稳定型特征更加明显，但是都开始表现向减少型人口结构发展的演进态势。相对而言，江苏省人口结构向少子老龄化发展的特征和速度都比浙江省更加明显。第六次人口普查显示，江苏省0—14岁人口占比为13.01%，低于浙江省的13.21%，而65岁及以上人口占10.89%，高于浙江省的9.34%。江苏省老年学学会2006年年底的调研结果也显示，江苏省80岁以上的高龄老人已达160万人，占老龄人口的14%，且以年均3.8%的速度继续增长。④

---

  ① 跨世纪的中国人口（江苏卷）编纂委员会：《跨世纪的中国人口（江苏卷）》，中国统计出版社1994年版，第37页。

  ② 杨春：《对推进江苏健康老龄化和积极老龄化的思考》，见：孙燕丽《改革开放30年与江苏人口发展》，河海大学出版社2009年版，第179页。

  ③ 注：若0—14岁人口占比40%，15—49岁占比50%，50岁及以上占比达到10%，为增加型人口结构；0—14岁人口占比26.5%，15—49岁占比50.5%，50岁及以上占比上升到23%，为稳定型人口结构；0—14岁人口占比下降到20%，15—49岁占比为50%，50岁及以上占比上升到30%，为减少型人口结构。《人口统计学》，中国人民大学出版社，第32页，见：跨世纪的中国人口（江苏卷）编纂委员会《跨世纪的中国人口（江苏卷）》，中国统计出版社1994年版，第38页。

  ④ 杨春：《对推进江苏健康老龄化和积极老龄化的思考》，见孙燕丽《改革开放30年与江苏人口发展》，河海大学出版社2009年版，第179页。

在经过多年不遗余力地推行独生子女政策后,江浙两省独生子女的队伍日益壮大。根据2005年浙江省1%人口抽样调查资料,浙江省自20世纪70年代实行计划生育政策以来形成的独生子女群体,即0—30岁的独生子女人数约696.04万,占同龄人口的37.27%。[1] 而2005年江苏省独生子女的总人数已经超过1200万,到2010年这一人数可能上升到1700万左右。许多学者从人口安全的视角,提出了独生子女家庭的风险问题。[2] 目前,"四二一"已成为江苏省主要的家庭模式,随之而来是老年人口抚养比的显著提高,苏南、苏中和苏北地区分别达到12.6%、19.6%和14.3%,比2000年分别提高1.1%、4.8%和3.4%,家庭供养能力下降。[3] 目前,江苏是全国老龄化进程最快的省份之一,无论是少儿抚养比、老年抚养比还是总抚养比,江苏都要显著高于浙江(见表7-8)。江苏省15—59岁年龄段的劳动人口每百人所抚养的老人数在五年以前就已经超过23人,也就是说平均4个以上的劳动人口需抚养一名老人。如果再考虑到劳动人口中还有一部分人并不具有劳动能力,则老年抚养比会更高。[4]

表7-8　江浙两省2010年第六次全国人口普查人口年龄构成和抚养比比较

| 地区 | 各年龄组人口占总人口比重(%) | | | | 抚养比(%) | | |
|---|---|---|---|---|---|---|---|
| | 0—14岁 | 15—59岁 | 60岁+ | 65岁+ | 少儿抚养比 | 老年抚养比 | 总抚养比 |
| 全国 | 16.61 | 70.07 | 13.32 | 8.87 | 23.70 | 19.02 | 42.72 |
| 江苏 | 13.01 | 71.00 | 15.99 | 10.89 | 18.32 | 22.51 | 40.84 |
| 浙江 | 13.21 | 72.90 | 13.89 | 9.34 | 18.12 | 19.05 | 37.17 |

资料来源:根据2010年第六次全国人口普查资料有关数据整理。

江苏省有关部门所作的人口老龄化预测结果显示,未来50年,江苏

---

[1] 浙江省人口发展战略研究协调会议办公室、浙江省人口和计划生育委员会:《浙江省人口发展战略研究课题报告集(2006—2007)》2009年,第117页。

[2] 徐国强:《江苏农村人口发展与新农村建设》,见孙燕丽《改革开放30年与江苏人口发展》,河海大学出版社2009年版,第55页。

[3] 李相虎:《应对"人口红利"衰减加快推进宽裕型小康社会建设》,见孙燕丽《改革开放30年与江苏人口发展》,河海大学出版社2009年版,第84页。

[4] 同上书,第80页。

省的老年人口规模将以年均1.9%的速度递增。到2050年，江苏全省老年人口将达到1702万人。① 若预测结果科学准确，则江苏省比浙江省在人口结构上面临的压力可能更大一些，江苏更需要实行人口政策的软着陆。浙江省由于大量外来人口流入，在很大程度上缓冲了人口老龄化的巨大冲击。然而，浙江省人口结构性的矛盾和问题也在变得日益尖锐，2011年全省15—64岁劳动年龄人口数量已达其峰值水平（4221.3万人）。目前，浙江劳动年龄人口正呈逐年下降之发展态势。基于第六次全国人口普查数据的有关预测结果显示，未来30年浙江省15—64岁劳动年龄人口比重将以年均0.6%的速度快速下降，预计2040年将下降到60%左右，回落到新中国成立之初的水平。② 从历次全国人口普查人口年龄性别金字塔的变动趋势来看，江浙两省人口结构都已发生重大转折，未来老龄化的挑战将异常严峻。

### 江浙两省人口教育构成及历史变动比较

人口受教育程度是反映一国或地区人口发展的一项重要内容，人口素质特别是文化素质是决定经济发展模式和可持续发展的一项核心要素。相对新中国成立之初，改革开放以来的江浙两省人口受教育水平整体上都得到了较大程度的提升。2010年第六次全国人口普查数据显示，江苏省常住人口中具有大专以上文化程度的人口为8506817人，高中文化和中专文化程度人口为12697799人，初中文化程度人口为30417500人，与2000年第五次全国人口普查时比较，每10万人口中这三种不同程度的人口都有所上升，而每10万人口中小学文化程度的人口由32881人下降为24176人。浙江省具有大专以上文化程度的人口为507.78万人，高中和中专文化程度人口738.12万人，初中程度人口1996.41万人，较2000年第五次全国人口普查每10万人中相应受教育程度人口分别上升为9330人、13562人和36681人，具有小学程度的人口则由十年前的33622人下降为28819人。从普查期间不同受教育程度的人口数变动来看（见表7-9），2000—2010年，浙江省大专及以上、高中（含中专）以及初中文化程度

---

① 徐国强：《江苏农村人口发展与新农村建设》，见孙燕丽《改革开放30年与江苏人口发展》，河海大学出版社2009年版，第54页。

② 《浙江省统计局浙江人口发展进入新常态的思考》，2014-08-12（http://www.zj.stats.gov.cn/tjfx_1475/tjfx_sjfx/201408/t20140819_143113.html）。

人口的提升速度以及小学文化程度的降低速度都要显著快于江苏省。

表7-9  江浙两省每十万人拥有的各种受教育程度人口数及普查期间变动比较

| 区域 | 受教育程度 | 大专及以上 | 高中和中专 | 初中 | 小学 |
|---|---|---|---|---|---|
| 全国 | 2010年（每十万人） | 8930 | 14032 | 38788 | 26779 |
| | 2000—2010年十年变化率（%） | 147.30 | 25.89 | 14.21 | -24.99 |
| | 1990—2000年十年变化率（%） | 153.94 | 38.65 | 45.48 | -3.66 |
| 江苏 | 2010年（每十万人） | 10815 | 16143 | 38670 | 24176 |
| | 2000—2010年十年变化率（%） | 176.10 | 23.81 | 6.32 | -26.47 |
| | 1990—2000年十年变化率（%） | 165.74 | 50.39 | 37.64 | -5.49 |
| 浙江 | 2010年（每十万人） | 9330 | 13562 | 36681 | 28819 |
| | 2000—2010年十年变化率（%） | 192.57 | 26.06 | 10.03 | -21.31 |
| | 1990—2000年十年变化率（%） | 172.56 | 53.55 | 40.42 | -7.67 |

资料来源：根据国务院人口普查办公室、国家统计局人口和就业统计司编《中国2010年人口普查资料》（中国统计出版社2012年版），中国统计年鉴数据库以及江苏省、浙江省2010年第六次全国人口普查公报数据整理。

表7-10  1990年、2000年及2010年江浙两省文盲人口与文盲率普查结果比较

| 地区 | 文盲人口（人/万人） | | | 文盲率（%） | | |
|---|---|---|---|---|---|---|
| | 2010年 | 2000年 | 1990年 | 2010年 | 2000年 | 1990年 |
| 全国 | 5466 | 8507 | 18003 | 4.08 | 6.72 | 15.88 |
| 江苏 | 300 | 469 | 1156 | 3.81 | 6.31 | 17.23 |
| 浙江 | 306 | 330 | 724 | 5.62 | 7.06 | 17.46 |

资料来源：国务院人口普查办公室、国家统计局人口和就业统计司编：《中国2010年人口普查资料》，中国统计出版社2012年版，中国统计年鉴数据库。

从两省文盲人口的变化及文盲率的比较来看（见表7-10），2010年江苏省15岁及以上不识字的文盲人口有299.5万人，较2000年第五次全国人口普查减少17万人，文盲率由6.31%下降为3.81%，下降2.5%；而同期浙江省的文盲人口是306.10万人，比2000年第五次全国人口普查减少了24.18万人，文盲率降至5.62%，十年降低1.44%。浙江的文盲率比江苏省要高3.18个百分点，扫盲的速度不及江苏省快。从两省文盲率的历史变动来看，1990年、2000年及2010年三次人口普查结果都显示，浙江省的文盲率一直超过江苏省。早在2000年，江苏省的文盲率就已经低于全国水平，

而浙江省的文盲率到 2010 年仍然显著高于全国平均水平。这说明，两省在通过大力发展各级各类教育在整体上推动人口教育结构优化和人口文化素质提高的同时，省际之间人口的受教育程度还是存在较大的差距。

  一般来说，劳动者质量及劳动生产率与人口的平均受教育程度呈正相关关系，一国或地区人口的受教育年数越高，劳动者的质量越高，劳动生产率也就越高。需要说明的是借助人口普查中每 10 万人受教育程度这一统计指标尽管简易直观，但是缺点是显而易见的，即它忽略了教育中诸如留级、辍学、复读、结业、肄业以及弹性学制等特殊情况。为更准确地比较江浙两省人口平均受教育水平的差异，应用巴罗（Barro）和李（Lee）1993 年提出[①]的人口平均受教育年数方法测算发现（见表 7-11），1982 年以来历次全国人口普查，江苏省不仅人口平均受教育年数都超过浙江省，而且也超过全国平均水平，2000 年以来在全国排名一直稳居第 9 位。浙江人口平均受教育年数一直低于全国平均水平，而且差距有进一步扩大的趋势，在全国 31 个省（直辖市、自治区）的排名中也较为靠后。不仅如此，从人口平均受教育水平的历史变动来看，浙江历次普查期间人口受教育水平的环比增幅也低于江苏省。1982—1990 年，江苏人口受教育水平环比提高 23.2%，而浙江的环比增长 17.7%；1990—2000 年江苏环比增长 22.4%，浙江环比增长 22.37%，增幅大大缩小；2000—2010 年，江苏环比增长了 16.2%，而浙江环比增长 15.5%，一直落后于江苏省。[②]

表 7-11    1982—2010 年江浙两省人口受教育水平普查结果比较

| 地区 | 江苏 | | | | 浙江 | | | |
|---|---|---|---|---|---|---|---|---|
| 全国人口普查年份 | 1982 | 1990 | 2000 | 2010 | 1982 | 1990 | 2000 | 2010 |
| 人口受教育水平（年） | 5.21 | 6.42 | 7.85 | 9.13 | 5.18 | 6.1 | 7.46 | 8.62 |
| 与全国水平距离（年） | 0.01 | 0.16 | 0.23 | 0.32 | -0.02 | -0.16 | -0.16 | -0.19 |
| 在全国省市区的排名 | 16 | 12 | 9 | 9 | 17 | 20 | 22 | 20 |

资料来源：黄淮海、袁连生：《1982—2010 年人口受教育水平增长与 GIS 空间分布特征》，《人口学刊》2014 年第 5 期，第 8 页。

---

[①] Robert Barro, Jong-Wha Lee. A New Data Set of Educational Attainment in World 1950-2010. Journal of Development Economics, 2013, (4): 184-198.

[②] 黄淮海、袁连生：《1982—2010 年人口受教育水平增长与 GIS 空间分布特征》，《人口学刊》2014 年第 5 期，第 8—9 页。

从劳动年龄人口中拥有的大专及以上的高学历人口在16—64岁劳动年龄段人口中所占比重来看（见表7-12），相比北京与上海，江浙两省均有不小的差距。江苏省超过全国平均水平2.2个百分点，但是浙江省仅相当于全国水平，而且目前呈下降发展的态势。高学历人口占比过低导致浙江技能人才资源比江苏更为短缺，这一差距不仅体现在总量上，在行业、职业等方面的结构性矛盾也更为突出。相对江苏等部分发达省市，浙江高学历人口主要聚集在金融、公共管理、教育卫生等行业，而制造业、生活型服务业及农业所占的比重偏低。无论是技术密集型先进制造业还是劳动密集型传统制造业，浙江高学历就业人口的比重皆低于全国平均水平，不仅均低于江苏省，而且排在东部沿海发达地区六个省市的最末位。浙江省先进制造业中，高学历人口占比仅有9.8%，比全国平均水平要低6.8个百分点，仅仅相当于江苏省60%的水平。而在传统制造业中，浙江甚至低至4.3%，比全国平均水平要低2.4个百分点，比江苏低1.9个百分点。

表7-12　2010年江浙两省劳动年龄段高学历人口数量和占比与部分发达省市比较

| 区域 | 劳动年龄人口（万人） | 高学历人口（万人） | 占劳动年龄段人口比重（%） |
| --- | --- | --- | --- |
| 全国 | 97453.6 | 11442.1 | 11.7 |
| 北京 | 1610.1 | 585.1 | 36.3 |
| 上海 | 1858.3 | 473.4 | 25.5 |
| 江苏 | 5896.9 | 820.3 | 13.9 |
| 浙江 | 4155.5 | 495 | 11.9 |
| 山东 | 7031.4 | 812.4 | 11.6 |
| 广东 | 7795.6 | 867.3 | 11.1 |

资料来源：赵静：《劳动年龄人口负增长下的变化与挑战》，浙江省统计信息网，2014年11月3日（http://www.zj.stats.gov.cn/tjfx_1475/tjfx_sjfx/201411/t20141106_14 9074.html）。

从劳动年龄人口的职业分布来看，浙江省也存在类似的结构性矛盾。大专及以上学历人口主要集中于专业技术人员和办事人员这两大职业，而在单位负责人、商业服务人员及生产操作人员中这个比重皆落后于江苏，在东部沿海发达地区六个省市中排在最末位。[1]这种低受教育水平与高经

---

[1] 《浙江省统计局浙江人口发展进入新常态的思考》，2014-08-12（http://www.zj.stats.gov.cn/tjfx_1475/tjfx_sjfx/201408/t20140819_143113.html）。

济发展水平的"浙江现象"①，在近10年并没有取得显著改善。这与浙江省长期以来教育投入偏低，综合教育水平尤其是高等教育滞后于江苏等东部教育发达省份，以及大规模流入人口受教育程度偏低有着密切的关系。2010年，浙江1182.4万外来人口中拥有大专及以上学历的人口占常住总人口比重仅为4.0%，只相当于全国平均水平的三分之一，排在江苏等6省市的最后一位，也是全国31个省（自治区、直辖市）的最末位。② 而且，浙江高学历人口占比还大大低于浙江流出省外人口的水平。2010年，浙江流出省外人口中，高学历人口占比为14.1%，比浙江外来人口占比高10.1个百分点，成为全国唯一一个人口"大进大出"省份，这种文化素质严重不对称的人口大对流现象，拉低了浙江高学历人口的发展速度。③

### 江浙两省人口城乡构成及历史变动比较

江浙两省都是中国改革和对外开放的前沿阵地。改革开放以来，以"苏南模式"和"温州模式"为代表的经济发展和体制改革探索，释放出极大的生产力，将大量农村人口从土地中释放出来并向非农产业迁移。大规模的行政区划调整、不断扩大的城市建设和工业规模以及户籍制度的改革，正在稳步推动江浙两省农村人口加速向城镇集聚。两省在发展成为中国制造业大省的同时，也已经成为中国城镇化水平相对较高的地区。国家统计局发布的《中国统计年鉴》数据显示，到2013年年末，中国城镇人口占总人口的比重已经达到52.57%，而江浙等经济发达省份的城镇化水平已经达到60%以上，年度增幅达1.5%。④ 2013年11月1日零时进行的5‰人口抽样调查结果显示，浙江城镇人口为3518.7万人，占常住总人口的64.0%；乡村人口为1979.3万人，占36.0%。与2012年年末相

---

① 浙江省人口普查办公室编：《世纪之交的中国人口（浙江卷）》，中国统计出版社2004年版，第187页。

② 赵静：《劳动年龄人口负增长下的变化与挑战》，浙江省统计信息网，2014-11-03（http：//www.zj.stats.gov.cn/tjfx_1475/tjfx_sjfx/201411/t20141106_149074.html）。

③ 浙江省统计局：《浙江高学历人口发展与省际比较研究》，浙江省统计信息网，2014-7-8（http：//www.zj.stats.gov.cn/tjfx_1475/tjfx_sjfx/201407/t20140709_140910.html）。

④ 张春梅、张小林、吴启焰、李红波：《发达地区城镇化质量的测度及其提升对策——以江苏省为例》，《经济地理》2012年第7期。

比，城镇人口占总人口的比重上升了0.8%①，而江苏城镇人口占常住人口比重达到64.1%，②两省城镇化发展水平超过全国平均水平。

从江浙两省城镇人口占总人口比重的历史变动来看（见图7-13），两省在新中国成立以后相当长的一个时期都经历了一个城镇数量不断增加、城镇人口不断壮大以及所占比重不断提升的发展过程。这一过程可粗略地划分为四个时期。

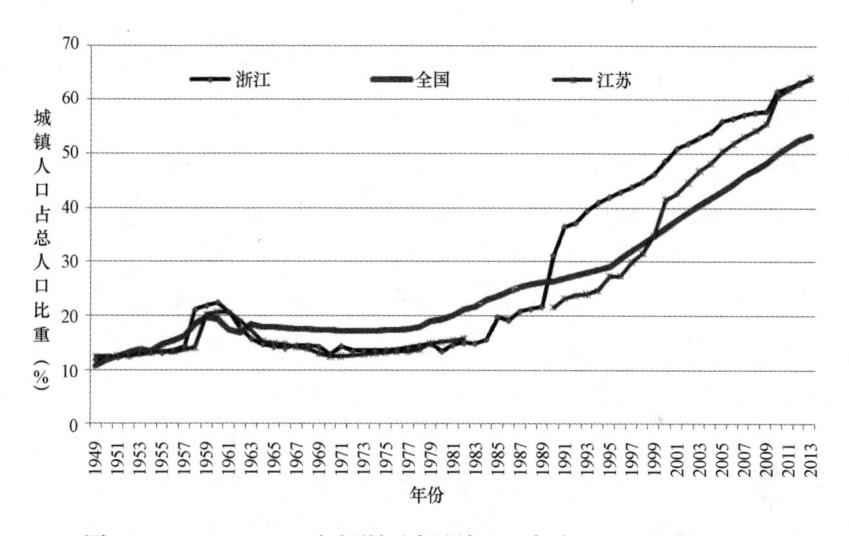

**图7-13　1949—2013年江浙两省城镇人口占总人口比重变动比较**

注：1982年江苏省城镇化率为15.82%，但是到1983年突然升高至20.03%，1989年更是高达53.46%，1983—1989年数据大幅异常升高可能源于行政区划调整导致的统计数据合成有误，与全国和浙江不具有可比性，故本图忽略了江苏省这一时期城镇化数据。

资料来源：1949—2008年数据来自国家统计局国民经济综合统计司编《新中国六十年统计资料汇编》，中国统计出版社2010年版；2009—2013年数据根据国家、江苏省和浙江省2009—2013年历年国民经济与社会发展统计公报整理。

第一个时期是1949—1957年，这8年是国民经济逐渐恢复以及国家第一个五年计划时期，两省城镇人口都逐年增加。浙江在这一时期城镇人

---

① 浙江省统计局：《2013年浙江省人口变动抽样调查主要数据公报》，浙江省统计信息网，2014年2月20日。

② 江苏省统计局：《2013年江苏全省城镇化率达64.1%》，证券时报网，2014-01-24（http：//www.chinastock.com.cn/yhwz_about.do? methodCall = getDetailInfo&docId = 3964551）。

口平均每年增加约 14 万人，① 江苏市镇人口年均增长 3.6%，② 都要显著快于全省总人口增速。

第二个时期为1958—1979年，这是一个城镇化水平先升后降的剧烈波动阶段。由于国民经济的大起大落，城镇化表现为城镇人口大进大出和城镇化水平的激增剧降，其中1958—1960年是以"超前城镇化"为基本特征的非正常的大发展时期。浙江在这三年中每年净增城镇人口76.5万人，城镇化水平骤升至21.1%；③ 江苏市镇人口达到新中国成立后的最高875万人，占比重达20.6%。④ 1961年后，在"调整、巩固、充实、提高"八字方针的指导下，国家停建和缓建了一大批项目，精减城市人口充实农业，同时提高设镇标准，开始实施严格的户籍管理制度，限制农村人口向城镇流动，从而形成了城乡分割的"二元结构"制度，使得人口城镇化水平停滞，甚至出现连续五年倒退。江苏省城镇化率从1960年的20.62%骤降至1965年的14.88%，浙江省市镇人口占比也从1960年的22.44%骤降至1965年的14.29%。经过这一次历史性的大调整，江浙两省的城镇化水平差不多又回落到1957年的水平。随后，两省城镇化水平处于历史低谷的一个低水平徘徊时期，城镇人口占比时升时降，"文革"时期大批知青经历上山下乡支边到后来又陆续返回城镇，两省城镇化水平基本在13%—14%的水平上下摆动。1979年江苏城镇化水平还只有14.84%，相当于1965年的水平；浙江为14.87%，相当于1964年的水平。两省城镇化水平都显著低于全国18.96%的平均水平。在长达十多年的时间里城镇化发展几乎是停滞不前的。

第三个时期是1980—1989年，为两省城镇化稳定发展的阶段。国家启动经济体制改革，以小城镇为突破口实施了一系列重大组织制度创新，两省设市城市和建制镇迅速增多，城乡藩篱开始松动，国家允许务工经商

---

① 浙江省人口普查办公室编：《世纪之交的中国人口（浙江卷）》，中国统计出版社2004年版，第304页。

② 江苏省人口普查办公室编：《世纪之交的江苏人口（江苏卷）》，中国统计出版社2004年版，第329页。

③ 浙江省人口普查办公室编：《世纪之交的中国人口（浙江卷）》，中国统计出版社2004年版，第304页。

④ 江苏省人口普查办公室编：《世纪之交的江苏人口（江苏卷）》，中国统计出版社2004年版，第329页。

的农民自理口粮到集镇落户，这一系列变革极大地推动了两省城镇化进入一个稳定发展时期。在此期间，江苏省建制镇由1979年的115个增加到1989年的392个，城镇人口由874万人增加到1366万人，增长了56.1%，年均增长4.55%，城镇人口平均每年上升0.61%，[①] 浙江平均年增长0.82%。

第四个时期是从1990年至今，两省步入一个城市化加速发展的阶段。浙江省在这一时期城镇化水平翻了1.05倍，平均每年递增1.37%。江苏省同期城镇化水平则激增了将近2倍，以每年平均1.77%的速度稳步递增。尤其是在1998—2008年，江苏省城镇化以前所未有的速度发展，城镇化人口由2262.47万人增加到4168.48万人，年均增加190.60万人，增长84.24%，年均增长6.30%，城镇人口比重由1998年的31.5%上升到2008年的54.3%，上升22.8%，平均每年上升2.28%。[②] 而这一时期全国城镇化水平只增长了1.03倍，每年递增1.14%。江浙两省在此期间的不同时段，城镇化发展速度都要显著快于全国。浙江省在1990年就超越了全国水平，江苏则在1999年以34.94%的城镇化水平超过全国34.78%的平均水平，比浙江晚了将近10年时间。

从图7-13还可看出，在20世纪80年代以前，江浙两省城镇化变动曲线有高度的相似性，在波动、节奏和趋势上具有一定的同步性。进入20世纪90年代后，江浙两省城镇化率都有一个加速提升的过程。相对而言，浙江城镇化加速启动的时间要比江苏来得更早。这从表7-13亦可得到印证。1990—2001年浙江城镇化速度是前期快后期慢，江苏则是前期慢后期快，故而在图7-13中表现为两省在1990—2001年城镇化差距先逐渐扩大，后逐步缩小的动态变化过程。进入21世纪后，两省城镇化差距进一步缩小。1990—2011年，江苏省城镇化水平从21.58%提高至61.9%，年均增幅达到5.04%。[③] 2012年，江苏省城镇化率仅比浙江低0.2个百分点，2013年江苏城镇化超过浙江0.1个百分点。

---

① 严健：《城市化进程加速发展——江苏60年经济社会发展系列分析之二十二》，江苏省统计局，2010年6月24日。

② 同上。

③ 陈江龙、高金龙、卫云龙：《工业化、城镇化和农业现代化"三化融合"的内涵与机制——以江苏省为例》，《农业现代化研究》2013年第3期。

表7-13　　　　江浙两省历次人口普查城镇化率比较

| 普查年 | 1953年 | 1964年 | 1982年 | 1990年 | 2000年 | 2010年 |
| --- | --- | --- | --- | --- | --- | --- |
| 全国（%） | 13.26 | 18.3 | 20.91 | 26.44 | 36.22 | 49.68 |
| 江苏（%） | 14.78 | 14.83 | 15.82 | 21.58 | 42.25 | 60.22 |
| 浙江（%） | 13.06 | 10.84 | 25.71 | 36.59 | 48.67 | 61.63 |

资料来源：根据国务院人口普查办公室、国家统计局人口和就业统计司编《中国2010年人口普查资料》（中国统计出版社2012年版），中国统计年鉴数据库以及江苏省、浙江省2010年第六次全国人口普查公报数据整理。

从新中国成立65周年来江浙两省城镇化水平时间路径曲线形状及其发展趋势来看，浙江城镇化的演进路径更加趋于一条标准的"S"形曲线。而江苏则走过了一个较为特殊的"S"形变化轨迹。早在1960年江苏城市化水平就已达20%，但此后城市化却并未加速增长，而是经历了一个曲折和停滞的较长历史过程，直至1990年前后城市化水平才又回升至20%以上。而在进入城市化加速发展阶段有，江苏省的城市化速度明显加快，到1998年已经超过30%，随后再由30%上升到50%仅用了8年时间，曲线非常陡峭。这样的速度不仅是中国城市化水平提高最快的之一，也大大快于美、德、日等发达国家城市化高速增长期的速度。[①]

长期以来，由于受经济基础、历史地理条件、政策观念等因素的作用和影响，[②]从城镇化发展的质量来看，江浙两省城镇化有较大的区域差异性，都存在严重发展不平衡现象。有关综合评价结果显示，江苏省的城镇化水平和协调发展度总体水平较高，尽管也存在区域分异明显的特点[③]，但是内部城镇化的差异性有缩小的趋势。从三大区域看（见表7-14），苏南地区城镇化水平最高（70.3%），苏中地区次之（56.0%），苏北地区最低（51.5%）。而在1990—2000年，苏北、苏中地区与苏南地区城镇化率差距分别由17.9%、21.2%扩大到28.4%、21.9%。[④] 尽管如此，

---

① 严健：《城市化进程加速发展——江苏60年经济社会发展系列分析之二十二》，江苏省统计局，2010年6月24日。
② 王志强：《江苏省城市化发展现状及动力研究》，《城市规划》2005年第9期。
③ 曹文莉、张小林、潘义勇、张春梅：《发达地区人口、土地与经济城镇化协调发展度研究》，《中国人口资源与环境》2012年第2期。
④ 江苏省统计局：《江苏城市化发展状况研究》，江苏省统计局网站，2011年11月21日。

随着近年来苏北、苏中地区经济发展和工业化快速推进，城市化进程也不断提速，与苏南地区间的城镇化率差距正在缩小，从而逆转了过去江苏区域间城镇化水平扩大的趋势。2000—2010年尽管苏南地区城镇人口仍保持较快增长，但由于苏北、苏中地区城镇化起点相对较低，城市化率增幅反而相对较大，分别提高20.3%与18.3%，比苏南地区城镇化率增幅分别高9.6%和7.6%，与苏南地区城镇化率差距分别由28.4%、21.9%缩小到18.8%、14.3%，而且苏北与苏中地区间的差距也正在缩小。

表7-14　　　　　江苏省不同地区城镇人口及其构成比较

| 地区 | 城镇人口（万人）及两次全国人口普查期增长率（%） | | | 城镇人口占比及两次全国人口普查期间增长率（%） | | |
| --- | --- | --- | --- | --- | --- | --- |
| | 2000年 | 2010年 | 年均增长率 | 2000年 | 2010年 | 增长率 |
| 苏南地区 | 1467 | 2288 | 4.54 | 59.6 | 70.3 | 10.7 |
| 苏中地区 | 636 | 917 | 3.73 | 37.7 | 56.0 | 18.3 |
| 苏北地区 | 983 | 1533 | 4.54 | 31.2 | 51.5 | 20.3 |

注：苏南地区包括南京、苏州、无锡、常州和镇江5个市及所辖县区；苏中地区则包括南通、扬州和泰州3个市及所辖县区；苏北地区包括徐州、连云港、淮安、盐城及宿迁5地市及所辖县区。

资料来源：江苏省第五、六次全国人口普查资料，见：江苏省统计局《江苏城市化发展状况研究》，江苏省统计局网站，2011年11月21日。

浙江区域间的城镇化率则未能呈现与江苏类似的趋同方向。根据经济发展质量、社会发展质量、空间发展质量与人口发展质量这四大子系统构建的城镇化资料指数评价体系测度结果显示，浙江省城镇化质量呈现出极化特征，各地市普遍存在空间发展质量偏低的问题。[1]

## 第三节　江浙两省生育水平及历史变动比较

通过比较生育率水平的高低，可以大致反映江浙两省新中国成立以来

---

[1] 夏南凯、程上：《城镇化质量的指数型评价体系研究——基于浙江省的实证》，《城市规划学刊》2014年第1期。

育龄妇女的生育状况及历史变动趋势。依据国际上15—49岁育龄妇女生育率水平的度量指标，目前学界主要用一般生育率、年龄别生育率、总和生育率、终身生育率和累积生育率五种生育率强度指标来度量一个国家或地区人口的总体生育水平。本书根据获取数据的完整程度主要选择一般生育率、年龄别生育率及总和生育这三个指标来对江浙两省生育水平进行比较。

### 江浙两省育龄妇女一般生育率比较

1949年新中国成立以来，与全国一样，江浙两省人口的生育水平发生了很大的变化。依据历次全国人口普查资料推算的两省一般生育率结果显示（见表7-15），20世纪50年代和60年代江浙两省的生育水平在较高的水平上波动，两省妇女的一般生育率水平在第二次全国人口普查开始至今一直低于全国平均水平。相比较而言，浙江一般生育率显著高于江苏。由于新中国成立后国家实行的是鼓励生育的人口政策，所以两省在新中国成立后都经历了一个生育高峰期，一般生育率都很高。三年困难时期，一般生育率水平则较低，但是随后出现的补偿性生育引发两省进入第二个生育高峰期。据测算，浙江省在1963年达到其一般生育率的最高点196.23‰。[①]

表7-15　江浙两省历次全国人口普查一般生育率变动比较

| 普查年份 | 1953 | 1964 | 1982 | 1990 | 2000 | 2010 |
|---|---|---|---|---|---|---|
| 全国（‰） | 142.57 | 187.88 | 83.74 | 75.80 | 39.71 | 36.30 |
| 江苏（‰） | 141.11 | 153.37 | 63.25 | 72.07 | 26.10 | 30.06 |
| 浙江（‰） | 167.56 | 180.01 | 71.56 | 55.52 | 30.82 | 33.30 |

资料来源：浙江1953年、1964年、1982年、1990年和2000年一般生育率数据取自浙江省人口志编纂委员会编《浙江省人口志》，中华书局2007年版，第431页；全国及江苏省1953年、1964年、1982年、1990年一般生育率数据根据范菁菁《中国人口年龄性别结构》，中国人口出版社1995年版有关数据推算而得；浙江省2010年、全国及江苏省2000年、2010年一般生育率数据根据张为民《中国2000年全国人口普查资料（光盘版）》，中国统计年鉴数据库：中国2000年人口普查资料以及国务院人口普查办公室、国家统计局人口与就业统计司《中国2010年人口普查资料（光盘版）》，中国统计出版社2012年版。见：中国统计年鉴数据库：中国2010年人口普查资料等有关数据推算而得。

---

[①] 浙江省人口志编纂委员会编：《浙江省人口志》，中华书局2007年版，第431页。

从 1964 年第二次全国普查与 1982 年第三次全国人口普查推算的一般生育率结果比较显示，江浙两省的生育水平在第三次全国人口普查时都呈现大幅度的下降，浙江剧减 108.45‰，降幅要高于全国 104.14‰ 的水平；江苏省也大幅下降 90.12 个百分点，稍低于全国水平。尽管妇女生育率可能会现实地受到一个国家或地区社会、政治、经济、宗教、文化等诸多因素的影响和制约，但是江浙两省和全国在两次普查期间一般生育率下降的幅度如此之大，显然与 70 年代开始两省推行"晚、稀、少"的生育政策和全面开展计划生育工作有着密切的联系。1990 年第四次全国人口普查时，江浙两省妇女生育率显示出不一样的变动趋势。江苏省的一般生育率水平从 1982 年的 63.25‰ 上升至 1990 年的 72.07‰，反弹了 8.82‰。而浙江则仍然保持下降态势，到 1990 年降到 55.52‰，大幅下降 16.04‰。第四次人口普查结果表明，江苏省 1989 年出生人口总数为 136.5 万人，比 1984 年的 64.1 万新增人口上升了 112.95%，增加了一倍多，大大超过了全国同期口径出生人口增长 34.66% 的水平，由此江苏省出生率由 1984 年全国最低水平很快接近全国平均水平。短短五年时间，增加如此迅速，这一方面可能与数据漏报有关，另一方面也可能与出生高峰带来的冲击有关。同时江苏早婚早育现象十分严重，这一时期的初婚年龄普遍提前，比浙江省初婚年龄要低，加上苏北地区育龄妇女的生育反弹过快，这些因素综合作用下造成了从 1982 年到 1990 年江苏人口出生率急剧回升。[①]

20 世纪 90 年代以来，江浙两省人口生育水平一直处于较低水平，但还是呈现出缓慢下降的态势。2000 年第五次全国人口普查浙江的一般生育率水平下降到 30.82‰，第四次全国人口普查时的一般生育率水平下降了 24.7‰，但是低于全国一般生育率水平，但是降幅要小于全国平均水平；江苏的降幅则相对较大，为 45.97‰，显著高于全国 36.09‰ 的降幅。这说明江苏省生育水平的下降速度要更快。总体上来看，两省在这两次人口普查期间的一般生育率差异反映出生育水平下降的趋势，也说明两省都已经进入了低生育率时期。到 2010 年第六次全国人口普查时，全国一般生育率仍在持续下降，江浙两省开始十分轻微的反弹。江苏一般出生率回

---

① 单干银：《近年来江苏人口出生率何以急剧回升》，江苏省人口普查办公室、江苏省人口学会：《改革开放中的江苏人口：江苏省第四次人口普查分析研讨会，江苏省人口学会第六次人口科学讨论会论文选编》，中国统计出版社 1992 年版，第 390—395 页。

升至30.06‰，浙江回升到33.3‰的水平，但是两省的一般生育率水平仍显著低于1990年第四次全国人口普查时的一般生育率水平，这种低生育率水平趋于稳定的态势至今维持了20多年的时间。

### 江浙两省育龄妇女总和生育率变动比较

总和生育率作为反映一个国家或地区生育水平的综合性指标，其高低将直接决定这个国家或地区人口增长的速度和规模。随着计划生育从早期的强制推行到后来上升为一项国家的基本国策贯彻以来，中国各地育龄妇女的总和生育率都已经出现了显著下降。作为全国计划生育的"先进"地区，江苏省早在1977年（总和生育率为1.99）、浙江省在1980年（总和生育率为1.78）育龄妇女的总和生育率都先后降至更替水平以下，相对全国（1991年）而言，提前了十年以上。

2010年第六次全国人口普查数据显示，江浙两省育龄妇女的总和生育率都显著低于全国平均水平，且城乡之间存在较大的差异，乡村普遍高于城镇（见表7-16）。相对而言，浙江省总和生育率水平比江苏更低，尽管浙江农村实行的是比江苏要宽松的女儿户政策，但是2010年浙江乡村育龄妇女的总和生育率水平（1.176）却低于江苏省的水平（1.270），也大大低于全国乡村的平均水平（1.438）。

表7-16　2010年第六次全国人口普查江浙两省育龄妇女总和生育率比较

| 地区 | 总体 | 城市 | 镇 | 乡村 |
| --- | --- | --- | --- | --- |
| 全国（‰） | 1181.1 | 882.1 | 1153.4 | 1437.55 |
| 江苏（‰） | 1053.85 | 850.7 | 1120.1 | 1270.2 |
| 浙江（‰） | 1017.05 | 919.35 | 1039.25 | 1175.85 |

资料来源：根据国务院人口普查办公室、国家统计局人口和就业统计司编《中国2010年人口普查资料》，中国统计出版社2012年版，中国统计年鉴数据库。

比较新中国成立以来江浙两省育龄妇女的总和生育率的历史变动（见图7-14），可以发现在不同的历史时期，两省育龄妇女的总和生育率水平有不同的差异。在1990年以前，两省总和生育率水平差距较大。分阶段来比较，浙江省在新中国成立后总和生育率维持在较高的水平，且在节制生育运动开展之前不断走高。到20世纪60年代，浙江育龄妇女的总和生育率为5.81，比全国5.68的平均水平还高出0.13，尤其是1963年人口处于补偿性生育时期，浙江总和生育率为 7.8，达到最高峰，比全国 7.5 的平均水平高出 0.3。相对而言，江苏尽管在这一时期总和生育率水平也很高，但是比浙江则要低。即使是 1963 年补偿性生育时期，江苏省的总和生育率峰值也只有 6.66，不仅比全国平均水平低 0.84，比浙江更是低 1.14，相差很大。到 70 年代，江浙两省总和生育率差距迅速缩小至 0.5 的范围之内，并且都开始出现较大幅度的下降。

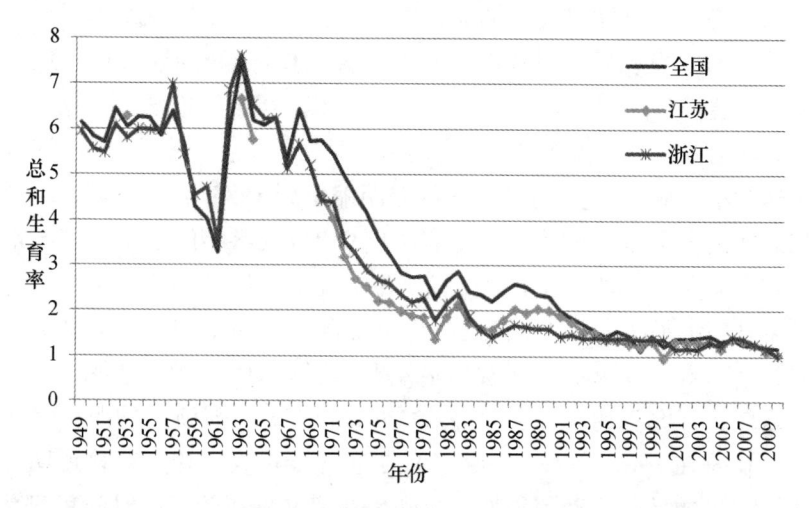

**图 7-14　1949—2010 年江浙两省育龄妇女总和生育率历史变动比较**

资料来源：全国 1949—1992 年数据来自姚兴武、尹华《中国常用人口数据集》，中国人口出版社 1994 年版，第 144 页；1993—2001 年数据来自国家统计局人口和社会统计司编《中国人口统计年鉴（2002）》，中国统计出版社 2002 年版，第 203 页，2002—2010 年数据来自浙江省 1949—2000 年数据来自浙江省计划生育委员会编《浙江省人口与计划生育统计资料汇编 1949—1994》，1995 年；1990 年以后数据由浙江省计划生育委员会提供，见浙江省人口普查办公室编《世纪之交的中国人口（浙江卷）》，中国统计出版社 2004 年版，第 64 页，2005 年、2006 年及 2010 年数据分别来自浙江省 1% 人口抽样调查资料、2006 年浙江省生育力调查数据以及 2010 年浙江省第六次全国普查数据；江苏省 1966 年数据取自江苏省人口普查办公室编《世纪之交的江苏人口（江苏卷）》，中国统计出版社 2004 年版，第 84 页，1970—1990 年数据来自尹华、林晓红编《中国分省人口社会经济数据集》，中国人口出版社 1996 年版，第 20—100 页；1990—2004 年数据根据江苏省各市、县计划生育统计年报数据汇总，见刘保华《科学发展中的江苏人口问题》，见孙燕丽《改革开放 30 年与江苏人口发展》，河海大学出版社 2009 年版，第 337—338 页；2000 年以后根据历年江苏省人口变动情况抽样调查样本数据计算。其中 2005 年及 2010 年数据分别来自 2005 年江苏省 1% 人口抽样调查资料以及 2010 年江苏省第六次全国普查数据。

1971—1983 年，江苏省的总和生育率一直低于浙江省，两省的总和生育率差距在 1983 年达到新中国成立以来的最低水平。这一时期两省生育率之所以出现趋同性下降，显然与 1971 年国务院发出［1971］51 号文件后，两省贯彻毛泽东主席关于计划生育的指示有关。国务院在批转的《关于做好计划生育工作的报告》中重申了计划生育政策，要求各地安排经费，建立机构，认真抓好这件大事。① 江浙两省都在这一时期将人口纳入国民经济和社会发展规划，全面推行"晚、稀、少"人口政策。特别是《公开信》发表后，两省都把计划生育工作的重点从"晚、稀、少"转移到普遍提倡一对夫妇只生一个孩子上来。在推行极端"一胎化"的几年，江浙两省都积极地参与，计划生育异常严格，两省的总和生育率差距迅速缩小，从 1973 年将近 0.6 的差距缩小到 1983 年的 0.15，1984 年两省总和生育率差距更是进一步缩小到 0.03。1984 年也成为一个拐点，江苏省的总和生育率超过了浙江省，并一直维持到 1994 年。其间江苏省总和生育率水平超过浙江最高的年份出现在 1991 年，江苏（1.89）比浙江（1.43）高出 0.46，但两省都显著低于全国 2.01 的平均水平。

显然，江苏省的总和生育率在 1971—1983 年与浙江的距离在不断缩小，但是在 1984—1994 年距离又在进一步扩大。这个变化说明江苏省更为严格的计划生育使得妇女总和生育率水平在较短的时间里显著降低，1984 年开始江苏省总和生育率之所以反弹并超过浙江省，与 1984 年中央出台 7 号文件"开小口"不无关系。江苏省根据中央文件精神在纠正极端"一胎化"时轻微放宽了生育条件。1985 年江苏省在《关于计划生育若干问题的暂行规定》中将照顾二孩生育的规定增加到 14 条。1986 年之后符合政策生育人数相对增多，总和生育率从 1985 年的 1.58 反弹到 1986 年的 1.8，1987 年达到 2.04，反弹的动量一直维持到 1990 年。浙江尽管也有所反弹，但是由于生育政策相对江苏要宽松，反弹的力度并没有江苏那么大，从 1985 年的 1.4 回升到 1986 年的 1.55，1987 年提高到 1.69，随后逐渐走低，1987 年成为"开小口"以来至今的一个最高位。

1990 年以后，江浙两省总和生育率水平差距逐渐缩小，并且呈现与全国大致相同的走势：维持在 1.0—1.4 的低总和生育率水平振动，随着

---

① 彭珮云主编：《中国计划生育全书》，中国人口出版社 1997 年版，第 1314 页。

时间推移，生育水平的下降速度逐渐放慢，总和生育率趋于低水平稳定的态势。浙江省育龄妇女的总和生育率由1989年的1.61下降到2000年普查时的1.37、2010年普查时的1.02。江苏省育龄妇女的总和生育率由1989年的2.05下降到2000年普查时的0.97、2010年普查时的1.05。两省育龄妇女的总和生育率水平都趋近于全国平均水平。这说明，现行生育政策体系下，尽管各省执行了宽松不一的生育政策，但是随着快速的经济发展与社会转型，生育政策对总和生育率的影响和作用已经显著下降。

从两省计划生育不同阶段总和生育率下降的速度比较来看（见表7-17），在江浙两省全面推行"晚、稀、少"的阶段，两省育龄妇女的总和生育率下降速度最快。到"提倡一对夫妻生育一个孩子"的阶段，总和生育率下降的速度反而变得缓慢。相对而言，江苏总和生育率的起伏更大。浙江省无论是在计划生育起始阶段还是在全面推行"晚、稀、少"阶段，总和生育率的年均下降率相差不大。到了"提倡一对夫妻生育一个孩子"的阶段，浙江育龄妇女的总和生育率年均下降速度比江苏快。总体而言，两省总和生育率已属于典型的低生育水平，甚至比同期韩国（1.19）和日本（1.34）还要低。①

表7-17　江浙两省计划生育不同阶段总和生育率转变的速度比较

| 历史时期 | 1963—1970年 | | 1971—1979年 | | 1981—2000年 | |
| --- | --- | --- | --- | --- | --- | --- |
| | 江苏 | 浙江 | 江苏 | 浙江 | 江苏 | 浙江 |
| 总和生育率 | 6.66—4.61 | 7.62—4.42 | 4.05—1.82 | 4.39—2.28 | 2.05—1.40 | 2.15—1.37 |
| 年均下降率 | 5.12 | 5.25 | 9.51 | 5.34 | 0.65 | 3.8 |

资料来源：江苏省数据来自江苏省人口普查办公室编《世纪之交的江苏人口（江苏卷）》，中国统计出版社2004年版，第84页；浙江省数据来源同图7-14。注：年均下降率以百分比计算。

### 江浙两省育龄妇女年龄别生育率变动比较

由于不同年龄的育龄妇女生育情况很不一样，因而，为更全面地考察

---

① 《东三省每年净流出200万人 经济发展减速明显》，《第一财经日报》2014年12月14日。

江浙两省妇女的生育状况，除比较总和生育率外，还有必要比较两省育龄妇女的年龄别生育率，分析育龄妇女内部的年龄构成对总体生育水平的影响。

将2010年第六次全国人口普查江浙两省育龄妇女的年龄别生育率与全国水平比较来看（见表7-18），两省育龄妇女各年龄组生育率的差异较大，主要集中于20—24岁、25—29岁以及30—34岁这三个年龄组，尤以25—29岁年龄组的生育率最高。若从更长的时间跨度来对江浙两省育龄妇女的年龄别生育率的历史变动进行纵向考察与横向比较（见图7-15），则可以看出两省在计划生育时期阶段生育模式已经发生了十分显著的变化，既表现出具有一定共性的趋势特征，又显示一定程度的区域差别。

表7-18　2010年第六次全国人口普查江浙两省育龄妇女年龄别生育率比较

| 年龄别（岁） | 15—19 | 20—24 | 25—29 | 30—34 | 35—39 | 40—44 | 45—49 |
| --- | --- | --- | --- | --- | --- | --- | --- |
| 全国（‰） | 5.93 | 69.47 | 84.08 | 45.84 | 18.71 | 7.51 | 4.68 |
| 江苏（‰） | 5.86 | 67.03 | 76.93 | 34.57 | 15.99 | 6.68 | 3.71 |
| 浙江（‰） | 5.64 | 57.77 | 79.92 | 40.28 | 15.14 | 3.62 | 1.04 |

资料来源：国务院人口普查办公室、国家统计局人口与就业统计司：《中国2010年人口普查资料（光盘版）》，中国统计出版社2012年版，中国统计年鉴数据库。

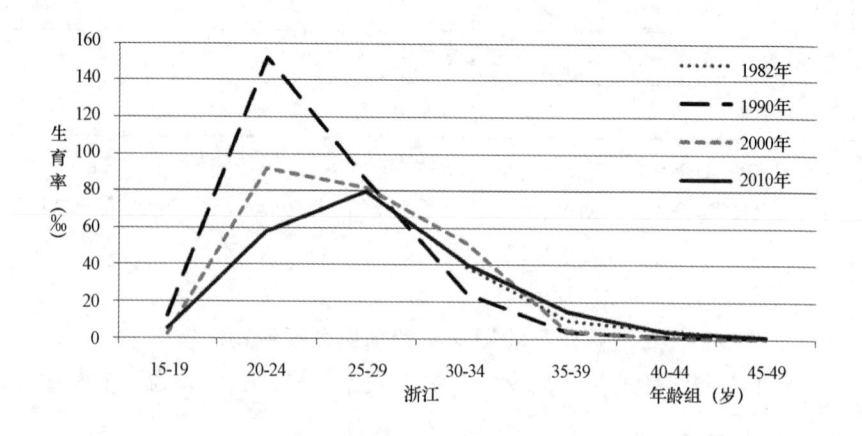

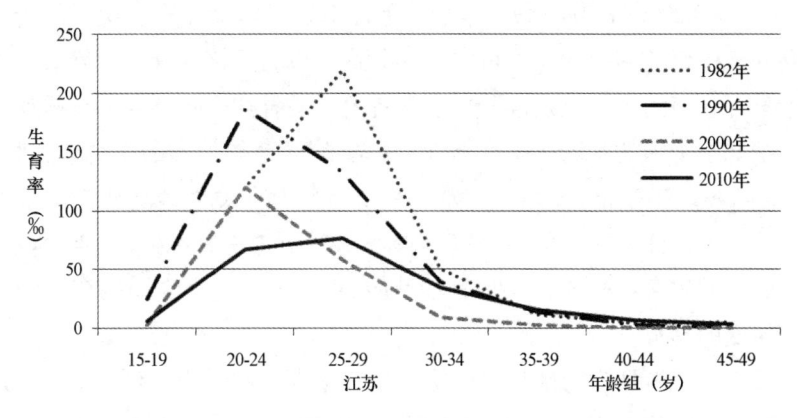

**图 7-15 江浙两省育龄妇女年龄别生育率历史变动比较**

资料来源：江苏省 1982 年和 1990 年数据取自跨世纪的中国人口（江苏卷）编纂委员会《跨世纪的中国人口（江苏卷）》，中国统计出版社 1994 年版，第 157、174 页；2000 年数据取自江苏省人口普查办公室编《世纪之交的中国人口（江苏卷）》，中国统计出版社 2004 年版，第 73 页；浙江省 1982 年数据取自王嗣均主编《中国人口（浙江分册）》，中国财政经济出版社 1988 年版，第 97 页；1990 年和 2000 年浙江省人口志编纂委员会编《浙江省人口志》，中华书局 2007 年版，第 431 页。两省 2010 年数据来自国务院人口普查办公室、国家统计局人口与就业统计司《中国 2010 年人口普查资料（光盘版）》，中国统计出版社 2012 年版，中国统计年鉴数据库。

首先，江浙两省育龄妇女的峰值年龄别生育率都已经出现了十分显著的下降，1982 年江苏省 25—29 岁年龄组妇女的生育率最高，高达 219.38‰，浙江则要低得多，为 157.68‰。但是到了 2010 年，两省生育高峰年龄别尽管仍处于 25—29 岁年龄组，但是这一年龄组的生育率却出现了显著下降。从图 7-15 中可以看出两省育龄妇女年龄别生育率的峰顶已经大幅度降低，江苏省的降幅高达 142.45‰，浙江省的降幅则要低得多，为 77.76‰。相对而言，江苏省在 1982 年育龄妇女的生育率更加集中，主要分布于 25—29 岁年龄组，在图 7-15 中表现出年龄别生育率的峰顶更尖。而浙江尽管也较为集中，但是可以明显看出生育峰顶较为平缓，主要集中在 20—24 岁和 25—29 岁两个年龄组。[①] 浙江 20—24 岁年龄组的生育率为 156.28‰，与 25—29 岁年龄组千分之 157.68 的生育率水平十分接近，差距仅为 1.4‰。而江苏省这两个年龄组之间的生育率差距高

---

① 王嗣均主编：《中国人口（浙江分册）》，中国财政经济出版社 1988 年版，第 98 页。

达99.88‰。江苏省育龄妇女年龄组生育率如此集中，除了这个年龄组的妇女处于生育旺盛时期外，可能与江苏执行更为严格的计划生育政策控制早婚早育、高龄生育以及高胎次生育有关。两省这个年龄组的育龄妇女生育率都低于全国的平均水平。浙江这一年龄组育龄妇女的生育能力稍强，为79.92‰，江苏为76.93‰。如果按照国际上有关生育高峰期出现的迟早划分标准，江浙两省的生育高峰期都出现于25—29岁这个年龄段，为典型的中期生育型模式，但是有逐渐向30—35岁这个晚期生育型的生育模式转变的趋势。

其次，江浙两省育龄妇女的峰值生育率年龄和平均生育年龄在经过一个短暂的下降后，近20年来有逐渐后移并逐步提高的趋势。1990年第四次全国人口普查与1982年第三次全国人口普查比较，江浙两省育龄妇女的峰值生育率年龄都有所前移，早婚早育现象有所反弹。江苏省生育率峰值年龄1981年为25岁，到1989年为23岁，生育峰值年龄1990年第四次人口普查比1982年第三次人口普查提前2岁。峰值年龄逐年前移，与江苏省女性平均初婚年龄普遍提早有关。由1982年的22.7岁提前至1989年的21.1岁，女性平均初婚年龄提早了1.6岁。另外，15—19岁妇女生育率值也逐年上升，由1981年的2.77‰上升到1989年的24.91‰，早育率也由1981年的0.94%上升到1989年的5.97%。早育率的上升速度快于全国同期平均上升速度，比全国同期早育平均水平高0.33%。[①] 妇女平均初婚年龄提早以及15—19岁妇女生育率普遍升高，使江苏省妇女生育率曲线的波峰前移，峰值年龄提早。浙江也经历了类似的变动，生育年龄出现前移而且更加集中。峰值生育年龄从1981年的25岁前移到1989年的23岁，平均生育年龄也从1981年的26.4岁前移到1989年的25.01岁。15—19岁妇女生育率由1981年的28.54‰提高到62.08‰[②]。相对而言，江苏早婚与早育现象比浙江更为突出。

到2000年第四次全国人口普查时，江浙两省育龄妇女的峰值生育率年龄都出现了逆转。浙江育龄妇女的峰值生育率年龄和平均生育年龄从

---

① 跨世纪的中国人口（江苏卷）编纂委员会：《跨世纪的中国人口（江苏卷）》，中国统计出版社1994年版，第169页。

② 跨世纪的中国人口（浙江卷）编纂委员会：《跨世纪的中国人口（浙江卷）》，中国统计出版社1994年版，第170页。

1989 年的 23 岁后移至 2000 年的 24 岁。平均生育年龄则从 1989 年的 25.02 岁提高到 2000 年的 26.09 岁。同时，早婚现象也显著减少。2000 年浙江育龄妇女 15—19 岁年龄组的累积生育率为 12.24‰，与 1989 年的 62.08‰ 相比，2000 年法定婚龄前生育减少了 49.84‰，降幅高达 80.28%。[①]江苏省进入 20 世纪 90 年代以后，妇女的平均生育年龄从 1990 年普查时的 23.2 岁提高到 2000 年普查时的 24.6 岁，且育龄妇女的生育年龄集中态势得到进一步强化。80 年代初江苏育龄妇女生育密集在 23—28 岁年龄组的旺盛期，0.1 生育率年龄跨度有 6 个年龄组。到了 90 年代末，江苏妇女生育年龄密集在 22—25 岁年龄组，0.1 生育年龄跨度缩小到 4 个年龄组。[②]另外，江苏女性的平均初婚年龄也重新出现持续上升的趋势。到 2000 年，女性平均初婚年龄已经达到 23.47 岁，超过了 1980 年时曾经达到的水平。[③]到 2010 年第六次全国人口普查时，江浙两省育龄妇女的峰值年龄别生育率进一步下降，而且生育高峰年龄区间显著缩短，峰值生育率年龄和平均生育年龄提高以及早育减少的趋势更加明显，而且生育率曲线不再是过于密集的尖峰型，而是集中于三个年龄组，生育率曲线的峰顶要平缓得多。这说明经过 20 多年社会经济的发展，特别是晚婚晚育少生优生政策的实施，江浙两省已经形成了一种晚婚晚育、生育年龄相对密集的现代型低生育率模式。

## 第四节　江浙两省人口分布及人口负增长区域比较

### 江浙两省人口密度与分布比较

一直以来，人口过剩是中国主张计划生育的学者们立论的一个重要基础。然而，著名地理学家胡焕庸先生早就指出，中国的人口密度较之西欧诸国，尚不及远甚。过去研究中国人口问题者，大多偏重于纯粹数字之推求，绝少注意地理背景，研究其分布之稀密。人口稀、密不同之原因，绝

---

[①]　浙江省人口普查办公室编：《世纪之交的中国人口（浙江卷）》，中国统计出版社 2004 年版，第 71 页。

[②]　江苏省人口普查办公室编：《世纪之交的江苏人口（江苏卷）》，中国统计出版社 2004 年版，第 76 页。

[③]　同上书，第 156 页。

非由于偶然分布之不平均，盖完全由于各地生产力之不同。[①] 从人口密度来看，江浙两省在解放以前就一直高于全国其他省份，解放后仍然是大大高于全国平均水平，且呈不断上升之态势（见表7-19）。到2016年，江浙两省都已发展成为全国人口分布最为集中、密度最高的省份之一。

表7-19　　　　　　　　　江浙两省部分年份人口密度比较

| 年份 | 全国（人/km²） | 江苏（人/km²） | 浙江（人/km²） |
| --- | --- | --- | --- |
| 1933 | 48.27 | 302 | 201 |
| 1949 | 56 | 342 | 205 |
| 1953 | 61 | 399 | 225 |
| 1964 | 73 | 440 | 282 |
| 1982 | 107 | 590 | 382 |
| 1990 | 118 | 660 | 416 |
| 2000 | 131 | 714 | 460 |
| 2010 | 138 | 766 | 535 |
| 2012 | 140 | 772 | 538 |
| 2016 | 144 | 746 | 537 |

资料来源：1933年数据取自胡焕庸《论中国人口之分布》，华东师范大学出版社1983年版，第52页；2010年数据根据第六次全国人口普查公报数据计算；其余数据根据《新中国六十年统计资料汇编》、江苏和浙江相应年份国民经济与社会发展统计公报数据整理计算而得。

2010年第六次全国人口普查统计数据显示，中国东部地带人口集聚态势明显，流动人口数量合计占全国流动人口总量的58.86%。从跨省流动的情况来看，东部地带省外流入人口数占全国省外流入人口总数的比重高达82.41%[②]，辽东半岛、京津唐、胶东半岛、长江三角洲、闽东南、珠江三角洲等传统人口净输入区仍是承接迁移人口最多的区域，并且增长

---

[①] 胡焕庸：《论中国人口之分布》，华东师范大学出版社1983年版，第52页。
[②] 国务院人口普查办公室：《2010年第六次全国人口普查汇总数据》，中国统计出版社2012年版。

速度快，就业结构高级化，空间分布比较集中。① 人口加速集聚进一步推动东部地带经济密度加深，从而在人均 GDP、城镇化率等诸多经济、社会发展指标方面大大超过西部和中部地带。按常住人口统计，江苏和浙江 2010 年人口占全国总人口比重分别为 5.87% 和 3.89%，但是地方生产总值占全国 GDP 的总值比重却分别高达 9.34% 和 6.81%，② 两省的人口和经济密度大大超过全国平均水平。根据国家统计局初步核算的 2016 年度全国 31 省区人均 GDP，东部地带有 8 个省市排名进入前十位，且人均 GDP 都超过一万美元，为经济相对较发达的省份。在这 8 个省市中，江苏和浙江都位列其中，且排名靠前。客观而言，江浙两省产业空间结构的发展演化与人口和经济要素在空间上的集疏过程密切相关，③ 随着流动人口持续流入，两省人口在省域空间分布上都呈现出较大的非均衡性。

浙江省在特定的地理环境、开发历史、经济社会条件以及人口发展历史等多种因素综合影响下，逐渐形成了杭嘉湖人口分布密集区、杭州湾南岸人口分布密集带、浙东南沿海人口分布密集带三个人口分布密集区域以及浙中丘陵盆地人口分布次密集区域，另外还有浙西中山丘陵区、浙东盆地低山丘陵区和浙南中山三个人口分布相对稀疏的区域。④

从 2016 年人口变动抽样调查有关数据来看（见表 7-20），浙江省各行政区人口数量及在全省常住总人口中占比各异。杭州、温州、宁波及台州占全省常住人口比重都在 10% 以上，这四个市尤其是杭州市在近 10 年来的极化效应十分显著。衢州、丽水和舟山三市占全省常住人口比重都非常低，且衢州和丽水两市城镇化率也低于其他地市。与 2000 年比较而言，16 年来浙江省人口地域空间分布与人口密度的变化非常大，全省除衢州和丽水人口密度下降外，其他地市人口密度都有不同程度的提高。其中，杭州、宁波、温州和嘉兴人口密度显著提高，较 2000 年每平方公里分别增加了 179 人、224 人、153 人和 333 人，尤其嘉兴人口密度提高最快，

---

① 李红锦、李胜会：《人口迁移承接与珠三角城市经济社会结构演变的耦合》，《经济地理》2013 年第 8 期，第 46—51 页。

② 国家人口和计划生育委员会流动人口服务管理司编：《中国流动人口发展报告.2010》，中国人口出版社 2010 年版，第 131 页。

③ 蒋子龙、樊杰、陈东：《2001—2010 年中国人口与经济的空间集聚与均衡特征分析》，《经济地理》2014 年第 5 期，第 9—13 页。

④ 浙江省人口志编纂委员会编：《浙江省人口志》，中华书局 2007 年版，第 250 页。

也成为浙江人口密度最高的地级市。

表7-20　　浙江省人口分布与密度变化：2000年与2016年　（单位：万人、%）

| 地区 | 常住总人口（万人） | | 占全省常住人口比重（%） | | 城镇人口所占比重（%） | | 人口密度（人/km²） | |
|---|---|---|---|---|---|---|---|---|
| | 2000年 | 2016年 | 2000年 | 2016年 | 2000年 | 2016年 | 2000年 | 2016年 |
| 浙江省 | 4501.22 | 5590 | 100.00 | 100.00 | 48.67 | 67 | 460 | 537 |
| 杭州市 | 621.58 | 901.8 | 13.81 | 16.44 | 58.64 | 76.2 | 375 | 554 |
| 宁波市 | 540.94 | 782.5 | 12.02 | 14.08 | 55.74 | 71.9 | 578 | 802 |
| 温州市 | 736.32 | 911.7 | 16.36 | 16.41 | 51.49 | 69 | 625 | 778 |
| 嘉兴市 | 331.25 | 461.4 | 7.36 | 8.25 | 37.98 | 62.9 | 846 | 1179 |
| 湖州市 | 255.79 | 297.5 | 5.68 | 5.32 | 38.72 | 60.5 | 440 | 511 |
| 绍兴市 | 432.69 | 498.8 | 9.61 | 8.92 | 62.62 | 64.3 | 548 | 602 |
| 金华市 | 446.42 | 552 | 9.92 | 9.87 | 45.35 | 65.7 | 409 | 504 |
| 衢州市 | 242.6 | 216.2 | 5.39 | 3.86 | 29.58 | 53.7 | 275 | 244 |
| 舟山市 | 98.41 | 115.8 | 2.19 | 2.07 | 56.03 | 67.5 | 718 | 827 |
| 台州市 | 546.62 | 608 | 12.14 | 10.88 | 51.53 | 61.3 | 581 | 645 |
| 丽水市 | 248.58 | 216.5 | 5.52 | 3.87 | 33.09 | 58 | 144 | 125 |

资料来源：2000年资料来自浙江省公安厅编印：浙江省2000年人口统计资料。见：浙江省人口志编纂委员会编《浙江省人口志》，中华书局2007年版，第263、407页；2016年资料来自浙江省统计局《2016年浙江省人口变动抽样调查报告公报》，浙江省统计局网站（http://www.zj.stats.gov.cn/tjgb/rkcydcgb/201702/t20170208_191340.html）。

江苏省人口分布也呈现出较大的地区差异（见表7-21）。其中，苏南地区的人口密度显著高于苏北地区，尽管土地面积只占江苏全省总面积的27.76%，但是2012年的人口规模却占全省总人口的41.69%；苏中地区土地面积占比最少（20.29%），人口规模占比也最小，为20.7%；苏北地区土地面积占全省总面积的51.95%，但是人口规模却不到全省总人口的一半，为37.61%。另外，江苏人口密度地域分布上，东部地区要高于西部地区，由苏东南向西北地区递减，平原地区的人口密度高于山地丘陵地区，尤其是长江三角洲地区人口高度密集。① 从人口城乡分布来看，2012年江苏省城镇人口占总人口比重已经达到63%，城镇化进程在进一步加快。

表7-21　　　2011年与2012年江苏省人口分布比较　　　（单位：万人、%）

| 地区 | | 2011年 | | | 2012年 | | |
|---|---|---|---|---|---|---|---|
| | | 总人口 | 城镇人口 | 城镇人口比重 | 总人口 | 城镇人口 | 城镇人口比重 |
| 江苏省 | | 7898.8 | 4889.36 | 61.90 | 7919.98 | 4990 | 63.00 |
| 按省辖市划分 | 南京市 | 810.91 | 646.54 | 79.73 | 816.10 | 655 | 80.20 |
| | 无锡市 | 643.22 | 464.60 | 72.23 | 646.55 | 471 | 72.90 |
| | 徐州市 | 857.26 | 475.18 | 55.43 | 856.41 | 486 | 56.70 |
| | 常州市 | 464.97 | 303.16 | 65.2 | 468.68 | 310 | 66.20 |
| | 苏州市 | 1051.87 | 750.09 | 71.31 | 1054.91 | 763 | 72.30 |
| | 南通市 | 728.91 | 419.85 | 57.60 | 729.73 | 428 | 58.70 |
| | 连云港市 | 438.61 | 233.12 | 53.15 | 440.69 | 240 | 54.40 |
| | 淮安市 | 480.34 | 249.97 | 52.04 | 480.3 | 257 | 53.50 |
| | 盐城市 | 723.74 | 390.82 | 54.00 | 721.63 | 403 | 55.80 |
| | 扬州市 | 446.3 | 258.41 | 57.90 | 446.72 | 263 | 58.80 |
| | 镇江市 | 313.43 | 197.53 | 63.02 | 315.48 | 203 | 64.20 |
| | 泰州市 | 462.6 | 262.81 | 56.81 | 462.98 | 268 | 57.90 |
| | 宿迁市 | 476.64 | 237.28 | 49.78 | 479.8 | 245 | 51.00 |
| 按区域划分 | 苏南地区 | 3284.4 | 2361.92 | 71.91 | 3301.72 | 2402 | 72.70 |
| | 苏中地区 | 1637.81 | 941.07 | 57.46 | 1639.43 | 959 | 58.50 |
| | 苏北地区 | 2976.59 | 1586.37 | 53.29 | 2978.83 | 1629 | 54.70 |

资料来源：江苏省统计局、国家统计局江苏调查总队：《江苏统计年鉴》，中国统计出版社2013年版，江苏省统计局网站。

## 江浙两省常住人口负增长区域分布与比较

目前，学术界在探讨新型城镇化时期人口区域与空间分布时，大多隐

---

① 江苏省人口普查办公室编：《世纪之交的中国人口（江苏卷）》，中国统计出版社2004年版，第312、314页。

含两个基本前提：现行生育政策维持不变；区域人口持续正增长。在论述如何破解江浙等东部较发达省市大城市地区尤其是特大城市地区人口过快增长的巨大压力时，研究目光大多聚焦于区域人口的正增长惯性上，而对区域内部已经形成并正在不断增强的人口负增长惯性，以及省域范围内部分人口过疏化地区的人口发展问题尚未引起重视。实际上，在新型城镇化阶段，这两个前提都已发生调整和变化。如前所述，随着经济快速发展，在计划生育等多种因素综合影响下，江浙两省总和生育率都早已跌至更替水平以下，步入了超低生育率行列。生育率水平过低实际上大大强化了人口的"负增长惯性"①，使江浙两省已经出现常住人口负增长的地市（见表7－22）。随着单独两孩新政策逐渐得以贯彻落实，在预期人口数量和结构变动的影响下，江浙两省人口再分布必将逐渐发生深刻变化。

表7－22　　江浙两省常住人口负增长地市人口规模变动比较

| 地区 | | 2000年普查常住人口规模（人） | 2010年普查常住人口规模（人） | 10年常住人口增量（人） | 10年常住人口增长率（%） |
| --- | --- | --- | --- | --- | --- |
| 江苏 | 徐州市 | 8913965 | 8577225 | －336740 | －3.78 |
| | 南通市 | 7512919 | 7283622 | －229297 | －3.05 |
| | 连云港市 | 4569913 | 4393482 | －176431 | －3.86 |
| | 淮安市 | 5038231 | 4801662 | －236569 | －4.70 |
| | 盐城市 | 7946544 | 7262200 | －684344 | －8.61 |
| | 扬州市 | 4588554 | 4460066 | －128488 | －2.80 |
| | 泰州市 | 4785759 | 4618937 | －166822 | －3.49 |
| | 宿迁市 | 5061576 | 4719178 | －342398 | －6.76 |
| 浙江 | 衢州市 | 2128856 | 2122661 | －6195 | －0.29 |
| | 丽水市 | 2162113 | 2116957 | －45156 | －2.09 |

资料来源：根据江苏和浙江两省2000年人口普查资料和2010年人口普查资料整理，中国统计年鉴数据库。

省域范围出现大量人口下降区是中国进入21世纪后人口发展所呈现

---

① 王丰、郭志刚、茅倬彦：《21世纪中国人口负增长惯性初探》，《人口研究》2008年第6期，第7页。

的新现象。比照 2000 年第五次全国人口普查和 2010 年第六次全国人口普查分县数据，中国已有 6 个省、107 个地级市（区）、1022 个县（区/市/旗）常住人口出现了负增长，约占全国县（区、县级市或旗）总数的 35.4%。而 1982 年第三次全国人口普查和 1990 年第四次全国人口普查期间仅有 60 个。[①] 中国人口集聚重心在进一步东移的同时，人口负增长的区域也在加速扩散。

从统计数据来看，尽管江浙两省作为中国人口的净输入区，常住人口总量仍在保持增长态势，但是已经有一些地市出现了常住人口负增长。相对 2000 年第五次全国人口普查时的常住总人口数，江苏省 13 个区市中已经有 8 个地市出现了人口负增长；在全省 100 个县（市、区）中，有 47 个县（市、区）常住人口负增长。而浙江只有衢州和丽水两个地级市、19 个县（市）常住人口出现了下降。相对江苏而言，浙江省域范围内人口下降区要少很多。不仅如此，从两省已经出现常住人口负增长的地市来看，江苏省的这些常住人口负增长区域无论是人口下降的幅度还是速度都远远超过浙江省，8 个地市在两次普查间隔期常住人口下降的幅度都在 10 万人以上，而浙江省的两个地市人口降幅则相对小得多。从表 7－23 列出的两省部分人口下降县（市或区）的第六次全国人口普查结果比较来看，江苏许多人口下降县（市或区）10 年人口自然增长率都超过了 1‰，浙江人口下降县（市或区）中 10 年人口自然增长率超过 1‰的并不多。江苏在省内流入人口大增的同时省域范围内正在涌现越来越多的人口下降区，这说明江苏省正在经历十分显著的人口再分布过程。苏南地区地理空间上的人口过密化在加剧的同时，也在推进苏北和苏中地区地理空间上出现人口过疏化进程，省域内部人口空间分布的非均衡性正在显著扩大。如果生育政策调整后，不能出现预期的人口增量和人口结构优化，随着三大经济地带产业梯度转移进一步加速，以及全国性人口总量增长拐点的到来，一旦省外流入人口放缓或是下降，江浙两省辖区范围内人口下降区的县（市）还会相应增多，人口空间分布的非均衡性还将会进一步扩大。

---

[①] 彭伟斌、陈晓慧：《论人口下降区农村城镇化发展的困境与趋势——以浙江省为例》，《杭州师范大学学报》（社会科学版）2013 年第 6 期，第 111—119 页。

表7-23　　　江浙部分人口下降县（市或区）及10年人口自然增长率"六普"结果比较

| 省份 | 省域部分人口下降县（市或区）及其人口10年自然增长率（‰） |
|---|---|
| 江苏 | 丹徒（-0.11），溧阳（-0.21），江阴（-0.25），崇安（-0.41），南长（-0.43），金坛（-0.56），大丰（-0.7），靖江（-0.75），泰兴（-0.87），邗江（-0.93），仪征（-0.94），金湖（-0.98），常熟（-1.09），太仓（-1.09），宜兴（-1.38），宝应（-1.45），高港（-1.58），如皋（-1.61），港闸（-1.64），江都（-1.9），东台（-2.43），高邮（-2.53），通州（-3.12），海门（-3.14），姜堰（-3.16），启东（-3.58），海安（-3.63），如东（-5.85） |
| 浙江 | 遂昌（-0.03），慈溪（-0.19），龙游（-0.2），诸暨（-0.27），余姚（-0.3），建德（-0.33），兰溪（-0.34），临安（-0.45），天台（-0.58），松阳（-0.74），新昌（-1.31），淳安（-1.52），上虞（-1.79），嵊州（-2.59），岱山（-3.25） |

资料来源：根据"六普"数据整理而成，国务院第六次全国人口普查办公室、国家统计局人口和就业统计司：《第六次全国人口普查主要数据》，2014年中国统计年鉴数据库。

由于江浙两省目前总和生育率已经降至极低水平，人口自然增长一直在低位徘徊，一旦外来人口回流，人口的自然变动和机械变动朝负反馈的方向演进，将对两省经济与社会发展造成严重冲击。近年来，在浙江义乌，已经连续几年出现外来人口回流现象。浙江在前几年经济持续低迷，与"人口红利"消失不无关系。这种正在形成并将继续强化的人口负增长惯性值得警惕和重视。

## 第五节　江浙两省人口发展综合水平比较

### 江浙两省人口平均预期寿命比较

人口预期寿命是衡量一个国家或一个地区经济发展水平及医疗卫生服务水平的综合性指标。[①] 改革开放后，随着社会经济的快速发展，人们的物质生活水平和健康都在不断提高，江浙两省人口的平均预期寿命都在不断提高。从1990年、2000年及2010年连续三次人口普查数据计算而得

---

① 浙江省人口普查办公室编：《世纪之交的中国人口（浙江卷）》，中国统计出版社2004年版，第114页。

的人口平均预期寿命比较来看（见表 7-24），江浙两省人口平均预期寿命的变动具有一定的共性特征。主要表现为人口预期寿命都在显著延长，在全国都处于较高位置，且女性人口的平均预期寿命要高于男性，城市人口的平均预期寿命要高于乡村人口。

相对而言，浙江人口的平均预期寿命，无论是女性还是男性，在相当长的历史时期都高于江苏。1990 年第四次全国人口普查各省市自治区资料分析表明，1990 年江苏人口出生时平均预期寿命为 71.37 岁，在全国排在前六位，但是低于浙江省（71.78）。到 2010 年第六次全国人口普查时，江苏人口出生时平均预期寿命提高到了 76.63 岁，而浙江提高至 77.73 岁。20 年时间里江苏人口的平均预期寿命提高了 5.26 岁，浙江则提高了 5.95 岁。

表 7-24　　1990 年、2000 年与 2010 年江浙两省人口平均预期寿命比较

| 地区 | 1990 年 | | | 2000 年 | | | 2010 年 | | |
| --- | --- | --- | --- | --- | --- | --- | --- | --- | --- |
| | 总体 | 男 | 女 | 总体 | 男 | 女 | 总体 | 男 | 女 |
| 全国 | 68.55 | 66.84 | 70.47 | 71.4 | 69.63 | 73.33 | 74.83 | 72.38 | 77.37 |
| 江苏 | 71.37 | 69.26 | 73.57 | 73.91 | 71.69 | 76.23 | 76.63 | 74.6 | 78.81 |
| 浙江 | 71.78 | 69.66 | 74.24 | 74.7 | 72.5 | 77.21 | 77.73 | 75.58 | 80.21 |

资料来源：根据人口普查数据计算：《国家统计局．中国统计年鉴（2013）》，中国统计出版社 2013 年版。

### 江浙两省人口发展综合评价指数比较

经济发展过程是一个渐进的、连续的过程[①]，人口无疑是这个发展过程中的一个"内在因素"。一个国家或地区欲使这一过程变得和谐且可持续，就不能不关注人口自身的再生产与发展问题。因为人口的规模、结构、变化的速度会对社会的性质产生深远的影响。[②] 如果人口发展缺乏可持续性，则没有理由认为经济发展的前景就一定是乐观的。认为历史发展过程的关键在于人口的变化虽然是片面的看法，但比起任何其他处于偏见

---

[①] 谭崇台：《发展经济学》，上海人民出版社 2000 年版，第 113 页。

[②] ［美］戴维·波谱诺：《社会学（第十一版）》，李强等译，中国人民大学出版社 2007 年版，第 600 页。

的历史理论，亦即相信总会有一个推动社会或经济前进的单一的、主要的因素——例如技术、宗教、种族、阶级斗争、资本形成等——至少是同样有道理的。① 因此，人口发展问题在一个国家或地区的经济发展分析中一开始就应该受到关注与重视。

实际上，人口发展是一个动态的过程，是一个国家或地区人口数量、质量和结构及其与外部的关系，随着社会生产方式的进步以及社会经济条件的变化，不断由低级向高级运动的过程。② 江浙两省从节制生育到计划生育，响应国家号召贯彻落实严格的人口控制政策以来，原有的人口增速过快问题在一定程度上得到了缓解，人口数量、人口素质、人口结构等有关人口发展的系列指标已经发生了显著的变化，但是也同步累积起新的人口发展问题。随着两省人口政策演进，在关注人口日益尖锐的结构性矛盾和问题时，我们不仅要关注两省人口再生产过程的代际可持续性，还要关注两省当期人口的发展质量。这就在客观上要求从以往计划生育时期过于强调以人口数量控制为主的人口发展观转向以人的全面发展为中心的可持续发展观。

若从人口数量、人口素质、人口结构、人口分布等人口自身再生产循环系统以及生活质量、劳动就业、社会公平、科学教育、卫生医疗、生活信息化、生存环境等人口发展条件综合来对江浙两省人口发展的总体水平与质量进行比较，有关测算分析结果发现（见表7-25），两省在2003年时人口发展水平都已经达到世界中等水平。浙江人口发展总体水平得分91.8，在长三角地区低于上海市（106），但是高于江苏省（83.7），在中国东部11省（市）中排名第四。③ 江苏人口因为受教育程度以及人均受教育水平较高，因而在人口素质中等水平指数得分（102.9）高于浙江（101.5）。然而，江苏由于在计划生育时期执行比浙江更为严格的生育政策，少子老龄化比浙江更为突出，在人口结构中等水平指数上得分（67.6）要远远落后于浙江（89.2），江苏省域人口分布的非均衡性也高于浙江省，因而人口分布中等水平指数也低于浙江省。

---

① ［美］约瑟夫·熊彼特：《经济分析史（第一卷）》，商务印书馆1996年版，第378—379页。
② 尹文耀等：《浙江省人口发展指标体系研究专题报告》，见浙江省人口发展战略协调会议办公室《浙江省人口发展战略研究课题报告集》2006年第49期。
③ 同上书，第65—78页。

表7-25　　　　江浙两省人口发展综合评价指数比较

| 地区 | 上海 | 江苏 | 浙江 |
|---|---|---|---|
| 人口数量中等水平指数 | 200.0 | 200.0 | 200.0 |
| 人口素质中等水平指数 | 146.1 | 102.9 | 101.5 |
| 人口结构中等水平指数 | 89.0 | 67.6 | 89.2 |
| 人口分布中等水平指数 | 154.9 | 72.8 | 85.4 |
| 人口自身系统中等水平指数 | 141.7 | 100.3 | 111.5 |
| 生活质量指数 | 133.2 | 87.6 | 98.0 |
| 劳动就业指数 | 181.6 | 200.0 | 200.0 |
| 社会公平指数 | 89.6 | 87.1 | 85.9 |
| 科学教育指数 | 50.9 | 28.5 | 41.8 |
| 卫生医疗指数 | 58.9 | 38.2 | 43.3 |
| 生活信息化指数 | 200.0 | 193.1 | 200.0 |
| 生存环境指数 | 36.2 | 43.4 | 41.6 |
| 人口发展条件综合指数 | 89.8 | 75.4 | 82.2 |
| 人口发展总体水平指数 | 106.0 | 83.7 | 91.8 |

资料来源：尹文耀等：《浙江省人口发展指标体系研究专题报告》，见浙江省人口发展战略协调会议办公室《浙江省人口发展战略研究课题报告集》2006年，第75、77页。

注：指数测度单位为百分比。

## 江浙两省人类发展指数比较

美国和西欧等国家在前现代时期的人口通过在较高水平浮动的死亡率与高出生率之间的平衡来保持数量的稳定。在步入现代化的初期阶段，这些国家的国民营养及健康水平的提高使人口死亡率下降，人口出生率却仍维持在较高水平，因而引发人口快速增长。随着工业化不断推进，市场条件不断成熟，以及随之而来的城市化推进和其他社会变革所产生的压力，使人们倾向于选择小型家庭规模。① 农业社会中物质再生产和人口再生产在家庭中的完美结合，被现代社会的社会化大生产和社会分工所割裂肢

---

① Wrong, Dennis H., Population and Society. New York: Random House. 1964: 18-19.

解，以个人主义为核心的现代思潮更为生育率的下降提供了文化基础。[①]现代化进程中多重因素作用之下，人口出生率就随之下降，最终人口出生率和死亡率在一个存在波动的较低水平区间重新达到平衡。

江浙两省在短短半个多世纪的时间里，在经济快速发展的过程中，经历了美国和西欧等国家长达一个多世纪才完成的人口转型过程，并在20世纪90年代以来维持在一个相对稳定的低生育率水平。这种人口再生产方式类型的现代化以及与之密切相关的人口素质现代化，被学者称为"人口现代化"[②]。江苏省1995年提出苏南现代化进程中的人口现代化问题。作为现代化重要组成部分的人口现代化，这个问题一经提出就很快得到了当时的国务委员、国家计生委主任彭珮云的肯定。[③]

实际上，在人口转型的现代化过程中，诸多现代化侧面的变革不仅影响着人口素质的演化，同时也对人口素质提出了新的要求。这样，人口素质之于现代化，也就不是一种线性的并行关系，而是结构演变中相互耦合、相互作用的共体关系。也就是说，应当将人口素质等综合性的人口发展问题视为现代化这个系统工程的一个有机组成部分，而不是孤立的异体。[④] 基于此，借用国际上通用的人类发展指数可以从人口现代化视角对江浙两省人口发展的综合水平进行比较（见表7-26）。

2010年，有关中国31省（自治区和直辖市）人类发展指数的测度结果表明，江浙两省得分都较高，皆高于全国平均水平，在全国31个省（自治区和直辖市）中处于前列。江苏省人类发展指数相对较为稳定，2008年和2010年都位居全国第五位。相对而言，浙江省的人类发展指数不够稳定。2008年，浙江省人类发展指数排在全国第四位，到了2010年，浙江省人类发展指数为0.867，低于江苏省0.872的水平，在全国31

---

① 蔡泳：《社会经济发展对生育率下降的作用——国际的经验和江浙的比较》，见曾毅、顾宝昌、郭志刚等著《低生育水平下的中国人口与经济发展》，北京大学出版社2010年版，第15页。

② 刘铮：《人口现代化和优先发展教育》，《人口研究》1992年第2期，第1页。

③ 陈惠仁、杜闻贞、顾纪瑞、赵德滋：《苏南人口现代化问题》，江苏人民出版社1998年版，第1页。

④ 潘纪一、马淑鸾、王瑞梓：《人口素质与中国的现代化》，南京大学出版社1992年版，第14页。

省（自治区、直辖市）的排名中下滑两个位置。① 江苏省人类发展指数得分之所以更高，主要得益于江苏省的 GDP 指数和教育指数。江浙两省在这两个指数方面的差距确实与现实有关情况的发展情况相符。

表 7-26　　　　　江浙两省 2010 年人类发展指数比较

| 地区 | 2010 年 HDI 指数 | 2010 年 GDP 指数 | 2010 年 预期寿命指数 | 2010 年 教育指数 | 2010 年 HDI 排序 | 2008 年 HDI 排序 | 2008—2010 年 HDI 排序变化 |
|---|---|---|---|---|---|---|---|
| 全国 | 0.818 | 0.775 | 0.82 | 0.858 | — | — | — |
| 江苏 | 0.872 | 0.87 | 0.856 | 0.889 | 5 | 5 | 0 |
| 浙江 | 0.867 | 0.866 | 0.866 | 0.869 | 6 | 4 | -2 |

资料来源：中国发展研究基金会：《人口形势的变化和人口政策的调整（中国人口发展报告 2011/12）》，中国发展出版社 2012 年版，第 169 页。

---

① 中国发展研究基金会：《人口形势的变化和人口政策的调整（中国人口发展报告 2011/12）》，中国发展出版社 2012 年版，第 169 页。

# 第八章
# 江浙人口政策效果的实证分析与比较

## 第一节 理论分析

人口政策可以直接或间接地影响人口变化。① 在影响人口发展的诸多因素中，人口政策对人口变化的影响可能最强烈也最直接，因为人口政策政府制定的有关生育规制，尤其是像中国这样带有鲜明强制色彩的计划生育控制政策，主要就是通过影响生育率来达到最终控制人口过快增长的目的。因而，人口政策能够在一定的历史时期影响和改变生育率。西方国家从高出生率到低生育率最终完成人口转变经历了较长的历史时期。例如，法国的人口变迁始于18世纪末，持续了一个半世纪以上的时间。② 中国显然是个例外，因为这个人口变迁过程所经历的时间可能比任何国家都要短暂。自1973年12月国务院计划生育领导小组办公室在北京召开的第一次全国计划生育工作汇报会上提出"晚、稀、少"的生育政策，开始全面推行计划生育，到80年代执行严格的生育控制，总和生育率一路下滑，至1991年低于2.1的替代水平。这个生育率从高位到低位的转变过程，前后所经历的时间还不到30年。如此剧烈而短暂的人口转变过程恐怕是人类历史上绝无仅有的。

对于中国人口政策所产生的社会与政治后果③如何评估，是一个颇有争议的难题。有关文献应用不同方法推测计划生育政策对中国人口总量的影响，皆认为政策在降低人口出生总量上是有效的，但是至于少生了多少

---

① Paul Demeny：《人口政策》，见曾毅主编《生命支持系统大百科全书（人口学分卷）》，中国人口出版社2010年版，第621页。

② ［意］马西姆·利维巴茨：《繁衍——世界人口简史（第三版）》，郭峰、庄瑾译，北京大学出版社2005年版，第119页。

③ Susan Greenhalgh. Governing China's Population：From Leninist to Neoliberal Biopolitics. Stanford University Press，2005：205–211.

人，预测结果不一，差异较大（表8—1）。有学者应用邦戈茨低生育率模型对于中国实际低生育水平的影响因素进行了分析，结果发现，初育年龄推迟、受教育水平提高以及工作压力等都对妇女的实际生育水平产生了显著的抑制作用。[1] 其他有关研究也表明，中国的低生育率主要是由经济发展决定的，计划生育政策的作用在不断消退，甚至有学者认为已经基本不起作用了。[2] 客观而言，影响生育率的因素是复杂而多样的，要准确度量计划生育政策的效果实非易事。应当注意到，在人口运行内部条件发生变化的同时，人口发展的外部环境也在发生着变化。从总体上看，市场经济的蓬勃发展，人民生活水平的普遍提高，妇女就业状况的改善，都有利于人们生育观和价值观的转变，有利生育现代化和人口现代化。[3] 但同时，这些改善与转变过程又是与计划生育的政策作用过程交织在一起的。在研究中国低生育率的形成及历史变动时，如何解析出计划生育政策在不同历史时期所起的作用，仍然是一项充满挑战而值得深究的工作。

21世纪以来，中国的生育率水平一直在低位徘徊，人口发展呈现出越来越突出的结构性矛盾，计划生育政策的作用和去留充满了争议。笔者认为，今天中国人口发展呈现出来的问题看起来是新的，好像是结构性问题，但本质上还是人口数量性问题。因为如果将人口过程视为一个历史的连续的动态过程，那么，过去的人口数量问题无非是一个因，而经过30多年的运动发展的历史过程，到今天呈现出来的新的人口结构问题其实是一个果，但是并非一因一果，而是多因一果，多因多果。不能简单地将今天的人口结构性矛盾说成计划生育政策所结的一个恶果。也就是说，不能简单地、片面地将计划生育政策与人口结构之间的关系视为一因一果的关系。引起人口结构问题的原因是复杂的，在经济发展、收入提高、生育意愿、生育文化、第二次人口转变等许多因素综合作用下，生育率才可能出现下降并长期徘徊在低位水平，人口政策只是其中一个原因。

---

[1] 李建新、彭云亮：《我国实际低生育水平的影响因素分析——邦戈茨低生育率模型应用》，《人口与经济》2012年第4期，第13页。

[2] 陈卫、杨胜慧：《中国2010年总和生育率的再估计》，《人口研究》2014年第6期，第23页。

[3] 叶明德：《关于浙江人口发展前景的几点思考》，《浙江社会科学》1995年第3期，第46页。

表 8—1　　　　　计划生育对我国人口总量影响的研究概况

| 预测者 | 预测方法 | 预测区间（年） | 结论 |
| --- | --- | --- | --- |
| 蒋正华 | 有效避孕人年法和趋势分析法 | 1971～1986 | 少生 1.2 亿人 |
| 赵旋 | 以年龄别生育率降低的数量乘以年龄别育龄妇女人数 | 1971～1990 | 少生 3.86 亿人 |
| 张二力等 | 以 1973 年的总和生育率为基准进行预测 | 1974～1994 | 少生 3.28 亿人 |
| 吴忠观 | 加权几何移动平均法 | 1971～1991 | 少生 2.21 亿人 |
| 国家计生委"计划生育效益与投入研究课题组" | 趋势分析法 | 1971～1998 | 少生 3.38 亿人 |
| 陈卫，庄亚儿 | 时间序列分析，ARMA 模型 | 1971～1998 | 少生 4.05 亿多人 |
| 《国家人口发展战略研究报告》子课题报告"生育政策评估研究" | 与类似国家比较 | 1970～2000 | 少生 3 亿多人 |
| 魏津生，王胜今，解振明 | 有效避孕人年法 | 1980～1989 | 少生 2.25 亿人 |
| 王丰，蔡泳 | 人口预测法 | 1979～2009 | 少生 2 亿人 |

数据来源：表中有关结论数据转引自陶涛，杨凡：《计划生育政策的人口效应》，《人口研究》2011 年第 3 卷第 1 期，第 15 页；陈卫，庄亚儿：《社会政策对人口趋势影响的检验与评估》，《市场与人口分析》，2004 年；国家人口发展战略课题组：《国家人口发展战略研究报告》，中国人口出版社 2007 年版，第 909—910 页；http://blog.sina.com.cn/s/blog4c8e56e201000jx8p.html；其余资料来源于杨魁孚，陈胜利，魏津生：《中国计划生育效益与投入》，人民出版社 2000 年版，第 32—33 页。

在中国社会经济尚不发达的情况下，主要是依靠生育政策和行政制约的力量使生育率得到明显下降。但是，计划生育工作强度并不是一种超经济、超社会的强制力量，它的存在离不开中国这片土壤，它的力量也来源于中国的社会经济的基础。人口控制的强度和计划生育的力度本身也受到社会经济发展的综合强度的制约。① 事实上，从全球范围和家庭计划运动的历史来看，家庭计划项目并非单纯的卫生项目，而是综合性的社会项目，成功的家庭计划项目不可能独立于社会经济文化环境而存在。对多个国家的研究发现，家庭计划政策只有在与提高妇女受教育程度、降低婴儿死亡率共同作用时，才能有效降低生育率。而社会经济发展对生育率的影响不是直接的，也需要通过一系列中间变量作用于生育率，如何影响则是需要加以研究的。如图 8-1 所示，表面看中间变量似乎是一些生理因素，但必须看到同时它又受社会因素制约的一面，并会对社会控制因素发出极为敏感的反馈信息。而且不同历史时代，不同国家和地区，各种因素作用也可能不同。目前全球降低生育率主要借助三种模式：第一种模式是以发展推进"自发型"生育率降低；第二种模式是依赖各种控制机制推进的"约束型"生育率降低；第三种模式是综合发展与各种控制机制共同推进的"混合型"生育率降低。② 在计划生育初期，中国生育率降低模式属于第二种类型，在经济尚不发达的 20 世纪 50—70 年代政策有效地降低了婴儿死亡率和孕产妇死亡率，但同时妇女普遍参与经济活动，妇女地位和受教育水平都在提高，这些变化都为 70 年代的生育率快速下降做了充足的准备。③ 改革开放后，中国经济快速发展，人们生活方式转变，生育意愿低、生育推迟、选择性流产、患不孕症和人口流动等因素对降低生育率的影响不可低估。④ 与政策因素综合作用下，中国的低生育率从 20 世纪 90 年代至今仍有进一步下降的可能。因而，这一时期的生育率降低模式则是属于第三种生育率降低模式。既然影响生育率下降的原因是多方面的，本书倒果为因，基于江浙两省 196 个区县市 2010 年第六次全国人口普查数据来客观评估政策性因素对生育率降低的作用和效果。

---

① 查瑞传、曾毅、郭志刚：《中国第四次全国人口普查资料分析（上）》，高等教育出版社 1996 年版，第 265 页。

② 肖黎春：《世界低生育率国家生育率下降模式分析》，见上海社会科学院人口与发展研究所编《转变中的中国与世界人口问题研究——上海社会科学院人口与发展研究所论文精选》，上海社会科学出版社 2008 年版，第 336—344 页。

③ 郑真真：《全球家庭计划（序）》，见《全球家庭计划革命 30 年》，社会科学文献出版社 2015 年版。

④ 郭志刚：《警惕"人口控制"矫枉过正》，《中国改革》2010 年第 5 期，第 9 页。

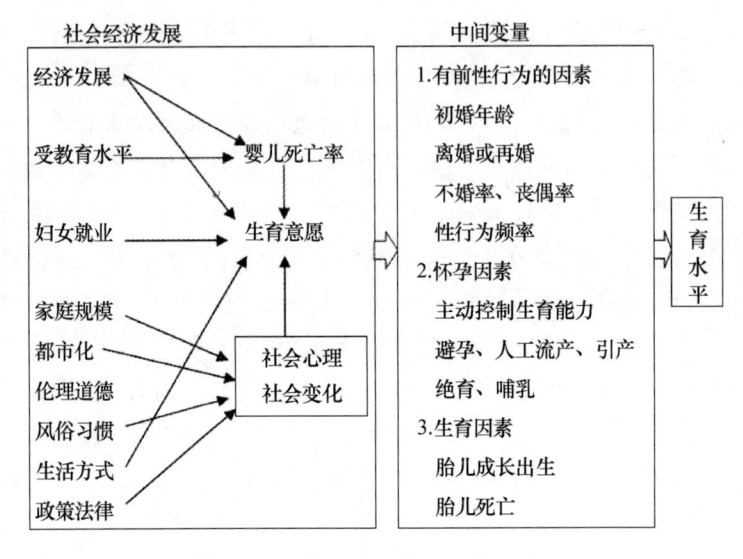

图 8-1　综合研究生育率的理论结构模式

资料来源：肖黎春：《世界低生育率国家生育率下降模式分析》，见上海社会科学院人口与发展研究所编《转变中的中国与世界人口问题研究——上海社会科学院人口与发展研究所论文精选》，上海社会科学院出版社 2008 年版，第 336 页。

## 第二节　模型构建

### 模型描述

本章将总和生育率视为判断江浙两省目前和未来育龄妇女生育率水平的一个重要指标，并将其作为被解释变量。所关心的问题是，在江苏和浙江两省当前经济与社会发展水平都已经较高，女性受教育年限增长，人均收入等均已处于较高水平的情况下，计划生育政策是否仍然还对两省家庭的生育决策有重要影响？江浙计划生育政策的细微调整，能否对两省妇女的总和生育率产生显著影响？

自 20 世纪 70 年代以来，江浙两省实际执行着有所差异的计划生育政策：江苏为城乡基本一致、相对严格的"一孩"政策；浙江则考虑和照顾了农村"独女户"的实际生育需要，对农村家庭实施相对宽松的"一孩半"政策，即针对农村家庭，如果第一个孩子是女孩，则还可以再生育一个孩子。这种计划生育政策上的差异，给本书比较研究政策变量对生育率的影响提供了一个较好的观测机会。2000年第五次全国人口普查结果发现，江浙两省的总和生育率十分接近，浙江省稍高于江苏省，为1.04，江苏仅为0.97，显示出超低的生育率水平。2010年第六次全国人口普查结果却发现，江浙两省的总和生育率仍然稳定在1.0左右的超低生育率水平，浙江为1.02，江苏为1.05，略高于浙江。可见，江浙两省虽然执行了不一样的生育政策，但是并没有形成生育水平的巨大差异。即使假设江苏的超低生育率水平是执行过于严格的"一孩"政策所形成的结果，却难以解释生育政策相对较为宽松的浙江省为什么也存在如此低的生育率水平。

江浙两省都是中国改革开放受益十分显著的地区，且目前两省都已成为中国经济最发达的地区之一。国家统计局发布的2016年地区生产总值数据显示，江苏省地区生产总值为76086.2亿元①，较2015年增长7.8%；浙江省是46485亿元②，较2015年增长7.5%，在全国分别排名第二位和第四位。再考虑到江浙两省在历史、文化等背景因素上的相似性，有理由认为，江浙两省计划生育政策执行力度上的差异对生育率的影响是外生的。

显然，如果计划生育政策对生育决策的影响是显著的，那我们就能观察到因政策执行力度差异导致的江浙两省总和生育率水平的差异。相反，如果政策执行力度差异并未带来两省总和生育率水平的显著差异，或者只造成了较为细微的差异，那人口政策对生育率作用的效果就需要重新考虑和评估；如果计划生育政策对地区总和生育率水平影响甚微，那它就不是当前中国极低的总和生育率水平的主要原因。进而，计划生育政策的放松，也就无法起到政策预期中提高总和生育率、改善人口结构以有效促进人口长期均衡发展的作用。

基于上述分析，本书构建计量模型对江浙两省总和生育率进行实证分析。在对两省共196个区县（市）的有关样本数据进行具体的回归当中，考虑省际差异可能导致残差在省内分布非随机，因而我们报告的结果，实际上是以省为分组进行Cluster Regression的结果。

---

① 江苏省统计局、国家统计局江苏调查总队：《2016年江苏省国民经济和社会发展统计公报》，中国统计信息网（http://www.tjcn.org/tigb/10js/34836.html）。

② 浙江省统计局、国家统计局浙江调查总队：《2016年浙江省国民经济和社会发展统计公报》，浙江经济信息网（http://tjj.zj.gov.cn/tigb/gmjjshfzgb/201702/t20170224_192062.html）。

此外，样本中不同区县（市）的人口规模差异极大，人口最多的江苏省昆山市拥有超过160万的总人口，而最少的浙江省嵊泗县仅有不到8万人。人口规模的差异也使不同地区在育龄妇女数上存在极大差异。而计划生育政策执行力度上的差异虽然是表现在地区层面上的，但无论"一孩"政策还是"一孩半"政策，具体的政策落实和体现，却都是由家庭，更具体来说是由育龄妇女个人做出的，本书所用的被解释变量总和生育率，也是个育龄妇女平均数。因而，如果在回归中对这些规模截然不同的地区赋予完全相同的权重是不合理的，因而我们在回归中采用了加权回归的方法，权重为育龄妇女数。在此基础上，本书以虚拟变量Pro来代表江浙两省。除此之外，根据以往研究经验，本书纳入回归中的控制变量包含人均GDP对数值、农村人口占总人口比重、女性人口平均受教育年限以及当年FDI占GDP比重。

### 有关指标和数据

人均GDP。人均GDP是衡量社会经济发展水平的重要指标，也是影响妇女生育意愿和生育决策的重要参数。根据Easterlin假说，一定地域内人们所处的经济水平位置会影响到其生育子女的决策，如果经济水平相对越高，则人们越有可能选择拥有更多的子女数量。[1] 从联合国2008年公布的社会经济发展和生育率的经验关系来看，正常情况下，社会经济发展和生育率之间显示出一定的紧密线性关系，即人均国民生产总值每提高1%，总和生育率下降约0.013。[2]

本书亦运用这一指标来检验江浙经济水平与生育率之间所存在的关系是否也处于这个经验分析的置信区间。由于所选取样本的人均国民生产总值存在较大的差距，本书首先对江浙两省2010年各区县（市）的人均GDP取自然对数以进行指标的标准化处理。通过单变量回归分析，发现两省人均GDP自然对数与总和生育率之间确实存在较为显著的负相关关系（见图8-2），浙江人均GDP自然对数每上升1%，总和生育率下降0.003319，江苏则下降0.003139。

---

[1] Michael R. Olneck and Barbara L. Wolfe. A Note on Some Evidence on the Easterlin Hypothesis. The Journal of Political Economy, Vol. 86, No. 5, 1978: 953–958.

[2] United Nations. United Nations Common Database, UNCDB, http://unstats.un.org/unsd/cdb. 见顾宝昌、郭志刚《低生育水平下的中国人口与经济发展》，北京大学出版社2010年版，第16页。

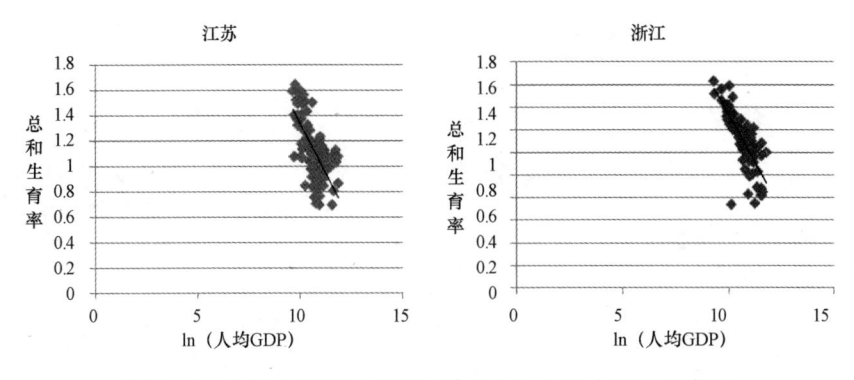

**图 8-2　2010 年江浙两省各区县市人均 GDP 与总和生育率**

资料来源：2011 年浙江省统计年鉴，2011 年江苏省统计年鉴。

农村人口占比。虽然江浙两省都执行了针对少数民族人口相对宽松的生育政策，但是宽松政策的覆盖人口非常少，江苏省少数民族人口占全省常住总人口比重仅为 0.49%，浙江省也只有 2.23%。因而，两省在计划生育政策上最大的不同在于对农业户口的人口做出了不一样的规定。根据《浙江省人口与计划生育条例》，如果夫妻双方都是农业户口，第一个孩子是女孩，则可以再生育一个孩子。江苏则对农业户口人口生育二孩控制非常严格。因而，浙江的"一孩半"政策实际上可以令更多的农业户口人群受益。由于这种政策上的差异性，可以假设各区县（市）的户口构成与总和生育率之间存在一定的正相关关系，即如果农业户口人口占比越高，则总和生育率也会越高。从图 8-3 江浙两省 2010 年各区县（市）人口的户口构成与总和生育率的回归分析可以看出，这两个因素之间确实存在较强的正相关关系，而且浙江的正相关性更为显著一些，显然，浙江考虑到了城乡巨大差异的实际情况。中国大多数省份在制定地方性计划生育条例时，在执行政策上对户口和民族作了不同的制度安排，由于一些省份少数民族人口占比较少，户口实际上就成为制定计划生育政策的基础。江浙两省少数民族人口占比极少，2010 年第六次全国人口普查数据显示，浙江省回归线的斜率要更大一些。从散点图来看，两省农业户口占比越高的区县（市），总和生育率确实也越高，而且浙江的散点表现似乎更为集中一些。

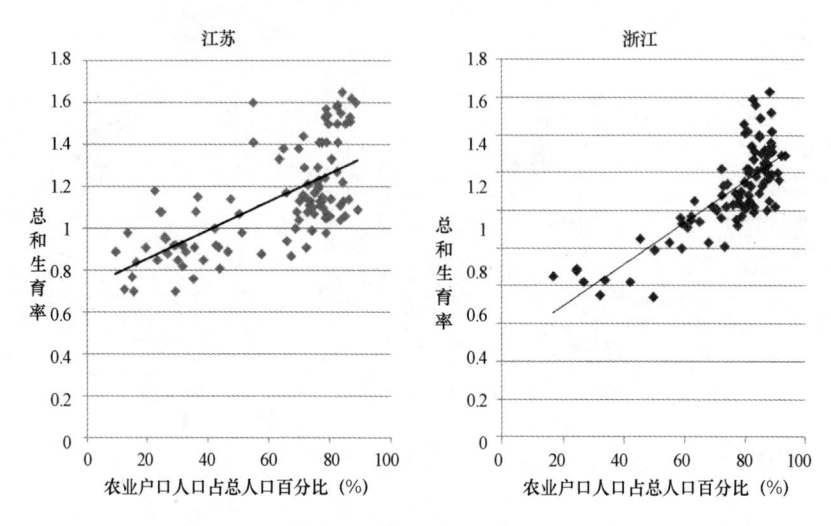

**图 8-3　2010 年江浙两省各区县市人口的户口构成与总和生育率**

资料来源：国务院第六次全国人口普查办公室、国家统计局人口和就业统计司：《第六次全国人口普查主要数据》，2014 年中国统计年鉴数据库。

女性人口平均受教育年限。妇女接受教育的程度对其生育水平有着重要而深刻的影响，也是反映一个国家或地区社会发展程度的重要指标。从国际经验来看，随着妇女受教育水平的提高，一般生育率会逐渐下降。受教育程度对生育水平的影响主要是通过影响初婚初育年龄以及期望拥有的孩子数量和对孩子的性别偏好这两个途径来实现的。有关研究发现，中等教育女性人口毛入学率与生育率的相关系数高达 -0.848，因而妇女受教育水平是用来"诊断"生育率的最佳指标之一。[①] 如果女性人口平均受教育年限越长，意味着初婚和初育的年龄也往后延迟。受教育程度越高的妇女通常也更注重养育孩子的质量，更容易接受现代化的观念和生活方式，更可能接受计划生育政策。

另外，女性受教育水平的提高还可能塑造不同的生育意愿结构。教育水平提高将使父母养育子女付出更高的机会成本，也更有可能倾向于无性别偏好。李建新等学者基于江苏 6 县（市）所作的有关生育意愿研究发现，大专及以上受教育程度的人口生育二孩的意愿更高，

---

① 易富贤：《大国空巢：反思中国计划生育政策》，中国发展出版社 2012 年版，第 148、153 页。

生育二孩与一孩意愿的发生比是小学及以下受教育程度人口的 1.4 倍，选择"儿女双全"的发生比是小学及以下受教育程度人口的 2.3 倍，这说明性别偏好在不同受教育程度群体中存在较大差异。① 对江浙两省各区县市女性人口平均受教育水年限的单要素回归（见图 8-4）确实表明，在分析两省育龄妇女的总和生育率时，女性人口平均受教育年限显然是一个值得注意的控制变量。

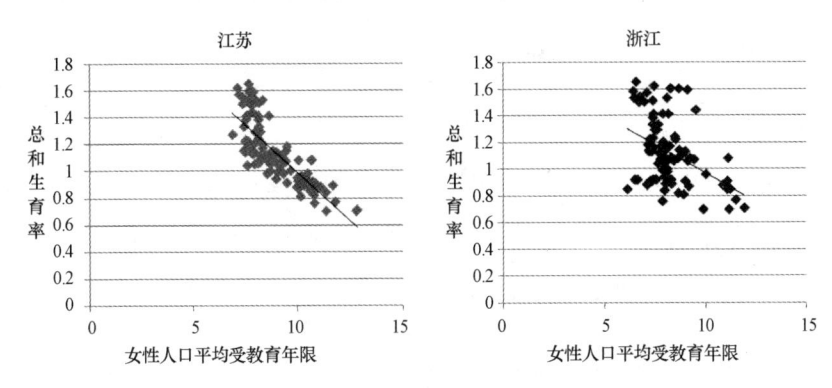

**图 8-4　2010 年江浙女性人口平均受教育年限与总和生育率**

资料来源：同图 8-3。

当年 FDI 占 GDP 比重。一个国家或地区的社会经济开放程度对生育率也会产生影响。区域开放度越高，越容易接受现代化的观念和思想，对于工业革命带来的避孕、节育等方法的接受和采用程度更高，不仅有利于避孕节育工作的推广和计划生育政策的贯彻和落实，而且可能影响人们的生育观念和生育模式。由于外来投资带来的不仅是经济的投资和就业，它同时也带来生活方式及文化发展方面的变化，对生育率下降有着显著的促进作用。② 因而，本书也选取这一指标用来衡量江浙两省社会经济的开放程度。由于江浙两省都是中国沿海的经济发达省份，也是中国承接外商直接投资的重点省份，以外来投资为

---

① 李建新、苏文勇、张月云：《中国当代育龄妇女生育意愿分析——以江苏 6 县市调查为例》，《南京人口管理干部学院学报》2011 年第 2 期，第 23—25 页。

② 蔡泳：《社会经济发展对生育率下降的作用——国际的经验和江浙的比较》，见曾毅、顾宝昌、郭志刚等《低生育率水平下的中国人口与经济发展》，北京大学出版社 2010 年版，第 22 页。

考察两省生育率的一个控制变量，具有必要性和可行性。由于江浙两省 196 个区县（市）外来投资的绝对值具有较大的差异性，本书进行了标准化处理，以 2010 年各区县市实际利用外资占 GDP 的比重来作为解释总和生育率的一个控制变量。

表 8-2　　　　　　　　变量描述性统计（n=196）

| 变量名称 | 变量描述 | 江苏 均值 | 江苏 标准差 | 浙江 均值 | 浙江 标准差 |
| --- | --- | --- | --- | --- | --- |
| BirthRate | 总和生育率 | 1.14 | 0.24 | 1.30 | 0.24 |
| LogGDPpC | 人均 GDP 对数 | 10.65 | 0.52 | 10.69 | 0.55 |
| RuralRate | 农村人口占比 | 61.37 | 23.5 | 74.70 | 16.97 |
| FeEdu | 女性人均受教育年限 | 8.96 | 1.34 | 8.18 | 1.22 |
| FeUnRa | 女性文盲率 | 3.37 | 1.69 | 5.32 | 2.71 |
| NaGrow | 人口自然增长率 | 2.43 | 3.58 | 2.21 | 2.42 |
| FDIRate | 当年 FDI 占 GDP 比重 | 0.05 | 0.05 | 0.02 | 0.03 |
| FeRate | 女性人口比率 | 0.49 | 0.02 | 0.49 | 0.01 |

本书分析所用数据主要来自于国务院第六次全国人口普查办公室、国家统计局人口和就业统计司出版的《第六次全国人口普查主要数据》、《江苏统计年鉴》（2011 年）以及《浙江统计年鉴》（2011 年）。综合各变量数据的可获得性与可信度，最终得到江浙两省 196 个区县市 2010 年的数据，后续实证研究所采用的各变量描述性统计如表 8-2 所示。其中，BirthRate 表示总和生育率，LogGDPpC 代表人均 GDP 的对数，RuralRate 表示农村人口占所在区县市总人口的比重，FeEdu 表示女性人口人均受教育年限，FeUnRa 为各区县市女性文盲率，FDIRate 代表所在区县市 2010 年 FDI 占 GDP 的比重，NaGrow 为人口自然增长率，FeRate 用来表示女性人口比率。

## 第三节 实证分析

### 回归结果及讨论

表 8-3 是以总和生育率指标为被解释变量的回归结果。其中 Pro 是省份虚拟变量。对江苏省所属区县（市），Pro = 1，反之，Pro = 0。回归结果验证了各控制变量与总和生育率之间是否相关以及相关程度。实证分析结果显示，农业户口与总和生育率之间确实存在一定的正相关关系，从多种模型设定中都可以看到，这一控制变量与被解释变量之间的相关系数均为正数，而且数值稳定，但是显著性检验并不明显，仅在回归（1）中

表 8-3 模型实证分析结果

|  | BirthRate (1) | BirthRate (2) | BirthRate (3) | BirthRate (4) |
| --- | --- | --- | --- | --- |
| Pro | -0.07 (0.01) |  | -0.08* (0.01) |  |
| RuralRate | 0.0007* (0.0001) | 0.002 (0.0006) | 0.00007 (0.0002) | 0.0008 (0.0002) |
| Pro * RuralRate |  | -0.001* (0.0001) |  | -0.001** (0.00007) |
| FeEdu | -0.10** (0.006) | -0.10** (0.005) | -0.11** (0.008) | -0.11* (0.009) |
| LogGDPpC | -0.19** (0.01) | -0.18 (0.01) | -0.19* (0.02) | -0.19* (0.02) |
| FDIRate | -0.35 (0.37) | -0.37 (0.39) | -0.23 (0.30) | -0.24 (0.33) |
| 加权 | 否 | 否 | 是 | 是 |
| Adjust-R-Squared | 0.84 | 0.84 | 0.88 | 0.89 |
| Obs | 196 | 196 | 196 | 196 |

注：（）中是标准差 *** 代表在1%程度上显著，** 代表在5%程度上显著，* 代表在10%程度上显著。表格中报告的均是异方差稳健统计量。

通过了1%的显著性检验，在其他模型中相关系数也较小而且较为稳定，这说明政策性因素对农业户口人口的生育影响已经变得非常微弱，相对单变量回归结果而言，政策因素的相关系数大大降低了。从控制变量的相关系数来看，女性人口平均受教育年限、当年FDI占GDP比重以及人均GDP对数值等与社会经济发展密切相关的指标表现出更强的显著性。

总体来看，控制变量的表现基本都符合研究预期。农村人口占比的增加会轻微提高总和生育率，这不难理解。而人均GDP的增加和女性平均受教育年限的提高都会导致总和生育率的降低，这与以往有关研究的结论是一致的。FDIRate变量衡量的是一地区的开放程度。理论上来说，更开放的地区，女性的选择会更多一些，因开放可能会导致总和生育率的下降。不过，本书结果并没有找到这一效应的确切证据，这可能是因为开放对生育率的影响并不显著，也可能是因为FDI占GDP比重这一变量，并不是衡量开放的良好指标。

而在本书最关心的省区差异上，从表8-3中的回归结果看，在控制其他变量的情况下，江苏的总和生育率要低于浙江。不过这一差异并不明显，Pro变量仅在加权回归（3）中显著为负。即使显著，变量的系数也很小，根据回归（3）的结果，未被其他变量解释的两省总和生育率差异仅为0.08。这一差异并非必然是由两省计划生育政策差异导致的。江浙两省虽然在地理上接近，在文化上相似，但仍然不免有回归未能控制的差异存在。而Pro变量的系数，就包含了所有可能会影响两省总和生育率因素的影响力之和。

不过，通过更深入的分析，可将政策影响进一步剥离出来。既然两省在计划生育执行政策上的差异仅存在于农村户籍人口当中，那有理由认为，在农村户籍人口占比较高的地区，政策的影响会相对更大，反之，政策的影响力就会被削弱。对这一现象的观测可以用在回归中加入省份虚拟变量和农村户籍人口占比变量的交叉项实现。如果农村户籍人口占比的上升会扩大政策对总和生育率的影响，那交叉项系数在回归中就应当显著为负。而且交叉项系数的符号很难用两省之间的其他差异解释：至少在本书作者的所知范围内，找不到其他因素解释为什么在江浙之间存在显著差异，而又会通过农村户籍人口比重来影响总和生育率的因素。添加了交叉项的回归结果被报告在表8-3

的第 2 列和第 4 列中。显然，交叉项的表现符合我们的预期。本书认为，这足以说明计划生育政策执行力度上的差异，造成了江浙两省之间总和生育率水平的显著差异。

政策的影响是存在的，然而政策的作用又是微乎其微的。根据回归（4）的结果，即使是对农业人口占比高达 93.42% 的浙江省衢州市衢江区而言，将计划生育政策的执行力度从浙江调整到江苏水平，也只能使总和生育率下降 0.093。作为一个对比，如果它们将女性人均受教育年限从目前的 6.55 上升到样本平均的 8.6，却能使总和生育率下降超过 0.23。考虑到女性受教育水平的提高几乎是经济发展中的必然，计划生育政策执行力度的调整对总和生育率的影响虽然具有一定的显著性，却可能缺乏实际政策意义。

### 稳健性检验及其他问题

表 8-4 给出了稳健性检验结果，报告的是异方差稳健统计量。在上文的回归模型中，多重共线性本身对估计量的影响并不严重，不会导致估计量的有偏。如果存在多重共线性，则会使回归标准差被高估，从而降低系数的显著程度。但如果系数是显著的，那这必然不会是多重共线性带来的错误结果。

作为稳健性检验，在回归（5）中，本书报告了以女性文盲率代替女性人均受教育年限回归结果，发现女性文盲率与总和生育率之间也存在较为显著的正相关关系。尽管如此，女性人均受教育年限指标在多种模型设定下系数基本稳定维持在 -0.1 左右，而且均通过了 10% 水平的显著性检验，相对文盲率而言更能解释江浙两省总和生育率水平的差异；而人均 GDP 对数值指标在不同回归分析中也表现得十分稳定，相关系数基本维持在 -0.19 的水平，且都通过了 10% 水平的显著性检验，在回归（5）中甚至通过了 1% 水平的显著性检验，与回归（1）、回归（3）和回归（4）中的估计结果具有高度的吻合性。在回归（6）和回归（7）中，分别报告了以总人口和总女性人口而非育龄妇女数的回归分析结果，发现无论是在哪个回归模型中，分析结果变化都不大。可见，回归分析结果是稳健的。

表8－4　　　　　　　　稳健性检验（n=196）

| | BirthRate (5) | BirthRate (6) | BirthRate (7) |
|---|---|---|---|
| RuralRate | 0.005* | 0.0009 | 0.0009 |
| | (0.0004) | (0.0002) | (0.0003) |
| Pro∗RuralRate | －0.0009* | －0.001** | －0.001** |
| | (0.0001) | (0.00008) | (0.00008) |
| FeEdu | | －0.10* | －0.11* |
| | | (0.008) | (0.009) |
| FeUnRa | 0.02** | | |
| | (0.001) | | |
| LogGDPpC | －0.20*** | －0.19* | －0.19* |
| | (0.0002) | (0.03) | (0.03) |
| FDIRate | －0.15 | －0.27 | －0.27 |
| | (0.42) | (0.35) | (0.35) |
| 加权 | 是 | 是 | 是 |
| Adjust-R-Squared | 0.85 | 0.88 | 0.88 |
| Obs | 196 | 196 | 196 |

## 第四节　结论和启示

本章实证研究结果发现，在江浙两省稳定在低生育率水平的阶段，计划生育政策安排上的差异，仍然在对江浙两省育龄妇女的总和生育率水平产生影响。然而，政策性因素对总和生育率的作用已经越来越微弱。而女性人口平均受教育年限、人均GDP对数值等指标对总和生育率的影响十分显著。这说明，在生育率已经显著降低的情况下，继续维持和执行计划生育政策的效果已经显著下降，而经济水平与社会发展等其他控制变量已成为决定和影响总和生育率的主要因素。

本章使用2010年第六次全国人口普查分区县市的面板数据以及江浙两省2011年统计年鉴中的有关统计数据，证明了计划生育政策性因素、女性人口平均受教育年限以及人均GDP对数值等与总和生育率之间具有较为紧密的相关关系，政策性因素的作用已经日渐式微，而女性人口平均受教育年限和人均GDP对数值则具有显著的负面影响。即使控制影响总和生育率的其他因素，该结论仍然能够稳健成立。这说明，继续执行计划生育政策值得三思。尽管其作用已经不大，但是其所带来的社会经济后果如果与其他两大显著性因素叠加在一起，可能助推江浙两省长期陷入"低生育率陷阱"。基于上述实证分析结果，本书的政策含义可具体表述如下。

首先，尽快实现全民一体化的更为宽松的生育政策。为了实现控制人口的目的，国家执行了严格的计划生育政策，江苏等几个省份甚至多年来一直执行更为苛刻的"一孩"政策。经过国家对现行生育政策进行了调整，多个省份在2014年启动和执行了单独两孩生育政策，2016年又进一步启动和执行了"全面二孩"政策。然而，新政策在各地"遇冷"的现象恰恰佐证了社会经济因素影响已成为决定当前已婚育龄妇女生育率的主要因素。相对现行生育政策，单独两孩生育政策尽管放宽了部分人口的生育权利，但是仍然是基于控制人口的计划生育政策，仍然未能突破传统的计划经济思维。全面二孩政策同样如此。在低生育率水平下，既然非政策性因素和市场力量可以发挥更大的生育抑制作用，那么，国家已无必要将人民的生育主导权握在手中，应该尽快进一步调整和优化全面二孩政策，交还人民的生育自主权，尽快实现不论城乡、区域和民族的全民一体化的生育政策。

其次，充分让非政策性因素发挥调节生育的作用。由于经济发展水平、受教育程度对生育率的影响越来越显著，"十三五"乃至更长时期，若江浙继续维持目前的社会经济发展速度，则政策性因素的作用更趋弱化。随着江浙经济社会发展趋近现代化和国际化，即使放宽政策，晚婚晚育和延长间隔生育仍然是社会的一种趋势，少子老龄化的问题将会在江浙等沿海发达省份更为突出。面对新的人口问题，将政策的焦点仍然放在生育孩子的数量上已显得不合时宜，人民迫切需要政府提供与少子老龄化时期相应的，诸如西方发达国家所拥有的完善的家庭计划公共服务，也需要政府实施有关的社会管理创新。这就要求政府必须尽快转变职能，调整原有政府管理型架构，在进一步优化和放宽生育政策以尽可能地延缓即将到来的巨大人口负增长惯性，同时应激励各类社会组织为育龄妇女提供产前、产中及产后的多样化、市场化的生殖健康服务。与之相适应，未来人口政策的重点，不应再执着于生育政策，而应会归于关注教育、卫生、医疗等与人口发展密切相关的广义人口政策。计生委和卫生局合并后的卫生和计划生育委员会系统应尽快统合公共卫生与计划生育的公共服务，大力实施社会治理创新，尽快构建起政府、社会组织和家庭共同参与的人口政策领域的社会治理长效机制。

# 第九章
# 生育政策调整与江浙人口展望

科学分析和把握一个国家或地区人口发展的客观过程,不仅需要理性回顾与审视人口政策的实际作用,还有必要根据当前人口的数量与结构性特征来尽可能准确地判断这个国家或地区未来人口发展的大致趋势。人口发展趋势是在某些因素作用下将要显示出来的一种人口演进的态势。有关人口发展趋势的说明,实质上是对以某些因素为前提条件所设计的人口发展方案的各个方面进行的预测。历史上从来没有过哪一种人口方案能够完全如政策制定者所意愿的那样完全地实现,但这并不说明人口预测不重要,而只说明人口发展过程的复杂性。① 如前文源自印度的经验一样,人口发展会受到政治、文化、宗教、生活习惯等多重因素的影响,实际表现出来的总体趋势与预测值可能有一定出入,但是仍然可以为我们呈现在某种条件下将要出现的人口状况的大致情况。在政府仍然对生育施加控制和干预的情景下,对各种可能的生育政策方案进行模拟或仿真是必要的,它可以告诉我们在不同的生育政策条件下未来人口发展变化的可能结果。②

江浙两省作为中国东部经济发达省份和全国计划生育的"先进"地区,尽管执行了不一样的人口政策,但是在社会经济等多种复杂因素的综合影响下,两省人口已经连续多年维持在一个低生育率水平,人口形势已经发生了重要变化。同时,两省也已连续多年成为中国流动人口的净输入区,人口的结构与分布正在成为影响经济两省社会发展的重要因素,从而使两省目前的人口发展呈现出不同于以往历史时期的许多新现象、新特征和新问题。如果两省育龄妇女的总和生育率继续下降,总人口在不久的将来达到峰值后将会快速减少,从而影响两省人口的长期均衡发展。因此,在对生育政策进行调整的情况下,依据当前人口发展的现状,科学判断江

---

① 梁中堂:《论我国人口发展战略》,山西人民出版社1985年版,第17页。
② 陈友华:《中国生育政策调整问题研究》,《人口研究》1999年第6期,第23页。

浙两省未来人口发展趋势，显得十分重要。

为进一步调整和完善生育政策，逐步实现城乡、区域、民族间生育政策的基本统一积累经验，[①] 党的十八届三中全会通过的《中共中央关于全面深化改革若干重大问题的决定》提出"启动实施一方是独生子女的夫妇可生育两个孩子的政策"。按照该《决定》精神，浙江和江苏两省结合本省的实际情况拟定了本省启动实施单独两孩政策的实施方案，分别于2014年1月17日和3月28日在两省全面实施单独两孩政策。由于未来生育状况是生育政策、生育意愿和生育潜力综合作用的结果，生育政策的直接效果是对生育进行人为干预[②]。生育政策调整后，作为一种新的生育行为的干预方式，单独两孩政策能否有效阻止江浙两省总和生育率的下降，缓解两省日益严峻的人口结构性矛盾，预期的政策效果尚不清楚。基于此，本章借鉴南京大学陈友华教授的单独两孩生育预测数学模型[③]，运用所获得的有关预测数据，对江浙两省实施单独两孩生育政策后的人口再生产的有关指标进行测算和比较，以展望两省未来人口发展之前景。

## 第一节 单独两孩生育预测模型

### 基本假设与数学模型

设 $A$、$B$ 分别为独生子与独生女事件，$P(A)$、$P(B)$ 分别为独生子和独生女出现的概率。那么，夫妇双方都是独生子女可生育第二个孩子的概率为：

$$P(AB) \qquad (1)$$

夫妇一方为独生子女可生育第二个孩子的概率为：

$$P(A+B) \qquad (2)$$

在实际估算过程中，需要做如下具体假设：

假设条件1：男女婚配皆为独立随机事件，即婚配不受是否为独生子女的影响。依此假设，当夫妇双方均为独生子女可以生育两个孩子（下

---

[①] 胡浩、吕诺、李斌：《"单独两孩"为"普遍两孩"探路》，新华社，2013年12月23日。

[②] 王广州、胡耀岭、张丽萍：《中国生育政策调整》，社会科学文献出版社2013年版，第117页。

[③] 陈友华：《城乡统筹发展中的人口政策研究》，《研究报告》2009年，第1—61页。

文简称"双独")的政策调整为夫妇一方为独生子女就可以生育两个孩子(下文简称"单独")后,政策生育率的提高幅度为:

$$P(A+B) - P(AB) = P(A) + P(B) - 2P(A)P(B) \quad (3)$$

令生育第一个孩子中女孩所占的比例为 r,则生育的第一个孩子中男孩所占的比例为 1 - r。在中国农村地区,由于现行生育政策由"双独"调整为"单独"后,仅对第一孩生育男孩家庭起政策微调作用。因此有:

"单独"+"一女"可生育第二个孩子的概率为:

$$r + (1-r)P(A+B) \quad (4)$$

"双独"+"一女"可生育第二个孩子的概率为:

$$r + (1-r)P(AB) \quad (5)$$

农村政策生育率因此而上升的幅度为:

$$\begin{aligned} &r + (1-r)P(A+B) - [r + (1-r)P(AB)] \\ &= (1-r)[P(A+B) - P(AB)] \end{aligned} \quad (6)$$

假设条件 2:

男女双方结婚年龄差模式稳定不变。依此假设,夫妇双方均为独生子女可生育第二个孩子的概率为(女方在 i 年出生):

$$P[(\sum_{j-i} \lambda_{j-i} \cdot A_j) \cdot B_i] \quad (7)$$

夫妇一方为独生子女,就可以生育第二个孩子的概率为(女方在 i 年出生):

$$P(\sum_{j-i} \lambda_{j-i} \cdot A_j + B_i) \quad (8)$$

则因生育政策调整而使 i 年出生妇女政策生育率提高幅度为:

$$\begin{aligned} P_i &= P(\sum_{j-i} \lambda_{j-i} \cdot A_j + B_i) - P[(\sum_{j-i} \lambda_{j-i} \cdot A_j) \cdot B_i] \\ &= \sum_{j-i} \lambda_{j-i} \cdot [P(A_j) + P(B_i) - 2P(A_j) \cdot P(B_i)] \end{aligned} \quad (9)$$

$\lambda_{j-i}$ 为 i 年出生女性与 j 年出生男性婚配的比例,且 $\sum \lambda_{j-i} = 1$。

假设条件 3:男女的婚配严格限定在"城市 – 城市""镇 – 镇""农村 – 农村"这三种同一性质的区域内部进行,各不同区域间不发生交叉婚配的现象。并设市双独条件下允许生育两个孩子的比例为 $U_{双独}$,镇双独条件下允许生育两个孩子的比例为 $T_{双独}$,市单独条件下允许生育两个孩子的比例为 $U_{单独}$,农村单独条件下允许生育两个孩子的比例为 $R_{单独}$,

市、镇、农村人口比例分别为 UP、TP 和 RP，当生育政策由双独调整为单独，政策生育率上升的幅度为：

$$(U_{单独} \times UP + T_{单独} \times TP + R_{单独} \times RP) - (U_{双独} \times UP + T_{双独} \times TP + R_{单独} \times RP) \tag{10}$$

假设条件4：本书为便于研究与分析，进一步假定江浙两省不同区域的婚姻市场是男女平衡的，不存在明显的单性别婚姻挤压现象，进一步假定男女双方最终都将结婚，意愿性非婚现象暂时忽略不计。

假设条件5：假设江浙两省的乡村人口与城镇人口都是封闭性人口，即不发生由农村地区到城镇地区与由城镇地区到农村地区的人口迁移。

在人口预测模型中纳入迁移时间是比较复杂的。由于现有人口不是迁入的历险人口，不同于死亡和生育事件，把迁入人口按年龄和性别与现有人口相联系没有现实意义。[①] 目前江浙两省都在处于人口城镇化的加速阶段，尽管人口城镇化因素对城乡居民的政策生育率有一定影响，但由于城乡生育政策也具有二元性，城镇居民所适用的生育政策要严于农村居民，人口城镇化因素对由农村进入城镇的这部分人而言，实际上意味着生育政策是收紧的。因此，在假设5下会高估因生育政策调整而导致的生育率的回升幅度。

尽管生育受到多重人口因素的影响，但大多数生育的度量是以年龄为基础的。生育随年龄变化是因为生殖力随年龄而变化，同时还因为社会、行为及动机等影响因素也随年龄而变化。[②] 15—49岁妇女占总人口的比例相对稳定，但是15—49岁妇女内部的年龄结构则在不同人口变化较大，还需要计算江浙两省育龄妇女的时期生育率。本书在式（1）到式（10）的基础上，假定两省某一出生队列妇女的终身生育率按下式转换为时期生育率：

$$TFR_t = (1 - \alpha) \times [1 + \sum_{i=15}^{49} f(t-i) \cdot g(i)] \tag{11}$$

式（11）中，$TFR_t$、$f(t)$、$g(i)$、$\alpha$ 分别为 $t$ 年政策生育率、$t$ 年出生妇女二孩政策生育率、二孩生育模式与妇女不孕率。表9-1给出了江苏

---

① [美]塞缪尔·普雷斯顿、[美]帕特里克·霍伊维兰、[美]米歇尔·古略特：《人口统计学：人口过程的测量与建模》，郑真真译，社会科学文献出版社2012年版，第112页。

② 同上书，第85页。

省 2010 年第六次全国人口普查时妇女的生育模式；表 9-2 则相应给出了浙江省 2010 年第六次全国人口普查时妇女的生育模式。

表 9-1　　　　　　2010 年江苏省育龄妇女的生育模式　　　　（单位：岁、‰）

| 年龄 | 生育率 | | | | 生育模式 | | | |
|---|---|---|---|---|---|---|---|---|
| | 合计 | 一孩 | 二孩 | 三孩及以上 | 合计 | 一孩 | 二孩 | 三孩及以上 |
| 15 | 0.07 | 0.07 | 0.00 | 0.00 | 0.05 | 0.07 | 0.00 | 0.00 |
| 16 | 0.54 | 0.52 | 0.02 | 0.00 | 0.41 | 0.58 | 0.06 | 0.00 |
| 17 | 2.66 | 2.57 | 0.09 | 0.00 | 2.22 | 3.14 | 0.29 | 0.00 |
| 18 | 7.31 | 6.82 | 0.47 | 0.02 | 6.66 | 9.12 | 1.54 | 0.37 |
| 19 | 13.93 | 13.15 | 0.74 | 0.04 | 15.93 | 22.04 | 3.09 | 1.12 |
| 20 | 32.50 | 30.22 | 2.13 | 0.15 | 41.50 | 56.56 | 9.89 | 4.46 |
| 21 | 53.74 | 49.43 | 4.09 | 0.22 | 61.86 | 83.40 | 17.09 | 5.95 |
| 22 | 68.45 | 61.68 | 6.28 | 0.49 | 74.77 | 98.75 | 24.92 | 12.65 |
| 23 | 93.87 | 82.88 | 10.41 | 0.58 | 96.86 | 125.35 | 38.98 | 14.14 |
| 24 | 101.49 | 85.94 | 14.56 | 0.99 | 88.69 | 110.08 | 46.19 | 20.46 |
| 25 | 89.54 | 71.1 | 17.17 | 1.27 | 71.27 | 82.96 | 49.62 | 23.81 |
| 26 | 84.36 | 63.25 | 19.6 | 1.51 | 67.01 | 73.64 | 56.53 | 28.27 |
| 27 | 73.42 | 51.17 | 20.22 | 2.03 | 64.95 | 66.35 | 64.94 | 42.41 |
| 28 | 75.33 | 50.83 | 21.86 | 2.64 | 69.51 | 68.75 | 73.23 | 57.66 |
| 29 | 63.13 | 38.18 | 22.19 | 2.76 | 51.86 | 45.97 | 66.19 | 53.57 |
| 30 | 44.06 | 22.96 | 18.73 | 2.37 | 36.23 | 27.67 | 55.90 | 46.13 |
| 31 | 38.51 | 17.93 | 18.19 | 2.39 | 33.20 | 22.66 | 56.93 | 48.74 |
| 32 | 36.01 | 14.03 | 19.28 | 2.7 | 29.82 | 17.03 | 57.96 | 52.83 |
| 33 | 28.49 | 9.55 | 16.42 | 2.52 | 23.99 | 11.79 | 50.19 | 50.22 |
| 34 | 26.18 | 8.09 | 15.56 | 2.53 | 22.78 | 10.32 | 49.16 | 52.08 |
| 35 | 22.02 | 6.06 | 13.74 | 2.22 | 19.40 | 7.82 | 43.96 | 46.13 |
| 36 | 19.57 | 5.07 | 12.27 | 2.23 | 17.93 | 6.81 | 40.81 | 48.36 |
| 37 | 16.31 | 4.23 | 10.04 | 2.04 | 15.96 | 6.07 | 35.67 | 47.25 |
| 38 | 13.79 | 3.32 | 8.5 | 1.97 | 15.11 | 5.33 | 33.84 | 50.97 |
| 39 | 10.79 | 2.68 | 6.35 | 1.76 | 13.45 | 4.89 | 28.75 | 51.71 |
| 40 | 10.23 | 3.07 | 5.47 | 1.69 | 13.23 | 5.82 | 25.67 | 51.71 |
| 41 | 6.77 | 2.16 | 3.53 | 1.08 | 8.79 | 4.11 | 16.63 | 33.11 |

续表

| 年龄 | 生育率 | | | | 生育模式 | | | |
|---|---|---|---|---|---|---|---|---|
| | 合计 | 一孩 | 二孩 | 三孩及以上 | 合计 | 一孩 | 二孩 | 三孩及以上 |
| 42 | 6.54 | 2.14 | 3.16 | 1.24 | 7.79 | 3.74 | 13.66 | 34.97 |
| 43 | 5.09 | 1.72 | 2.25 | 1.12 | 5.78 | 2.86 | 9.26 | 30.13 |
| 44 | 4.38 | 1.95 | 1.64 | 0.79 | 5.26 | 3.44 | 7.15 | 22.32 |
| 45 | 4.02 | 1.92 | 1.45 | 0.65 | 4.58 | 3.21 | 6.00 | 17.49 |
| 46 | 3.30 | 1.65 | 1.07 | 0.58 | 3.87 | 2.84 | 4.57 | 16.00 |
| 47 | 3.57 | 1.84 | 1.22 | 0.51 | 3.97 | 3.00 | 4.92 | 13.39 |
| 48 | 4.33 | 2.09 | 1.39 | 0.85 | 3.29 | 2.33 | 3.83 | 15.25 |
| 49 | 3.44 | 1.77 | 1.21 | 0.46 | 2.02 | 1.52 | 2.57 | 6.32 |
| TFR | 1067.74 | 722.04 | 301.30 | 44.40 | | | | |

资料来源：根据江苏省2010年人口普查长表数据有关资料整理和计算，江苏省人口普查领导小组办公室编：《江苏省2010年人口普查资料》，中国统计出版社2012年版。

表9-2　　　　　　2010年浙江省育龄妇女的生育模式　　　　（单位：岁、‰）

| 年龄 | 生育率 | | | | 生育模式 | | | |
|---|---|---|---|---|---|---|---|---|
| | 合计 | 一孩 | 二孩 | 三孩及以上 | 合计 | 一孩 | 二孩 | 三孩及以上 |
| 15 | 0.07 | 0.07 | 0.00 | 0.00 | 0.04 | 0.07 | 0.00 | 0.00 |
| 16 | 0.55 | 0.49 | 0.03 | 0.03 | 0.42 | 0.57 | 0.64 | 0.07 |
| 17 | 3.10 | 2.93 | 0.17 | 0.00 | 2.46 | 3.57 | 0.42 | 0.00 |
| 18 | 8.14 | 7.55 | 0.53 | 0.06 | 6.46 | 9.19 | 1.34 | 1.28 |
| 19 | 13.80 | 12.72 | 1.06 | 0.02 | 12.88 | 18.18 | 3.17 | 0.64 |
| 20 | 29.24 | 26.59 | 2.57 | 0.08 | 30.54 | 42.51 | 8.59 | 2.56 |
| 21 | 44.82 | 40.26 | 4.34 | 0.22 | 45.45 | 62.5 | 14.08 | 6.40 |
| 22 | 56.04 | 49.74 | 5.74 | 0.56 | 59.25 | 80.51 | 19.42 | 17.27 |
| 23 | 78.35 | 68.34 | 9.30 | 0.71 | 82.65 | 110.36 | 31.39 | 21.75 |
| 24 | 82.90 | 69.49 | 12.55 | 0.86 | 76.09 | 97.64 | 36.88 | 23.03 |
| 25 | 80.89 | 63.69 | 16.07 | 1.13 | 70.62 | 85.12 | 44.90 | 28.79 |
| 26 | 81.30 | 61.92 | 17.90 | 1.48 | 74.91 | 87.34 | 52.78 | 39.67 |
| 27 | 77.82 | 57.46 | 18.73 | 1.63 | 80.01 | 90.44 | 61.65 | 48.62 |
| 28 | 87.50 | 58.88 | 26.49 | 2.13 | 89.4 | 92.09 | 86.64 | 63.34 |

续表

| 年龄 | 生育率 | | | | 生育模式 | | | |
|---|---|---|---|---|---|---|---|---|
| | 合计 | 一孩 | 二孩 | 三孩及以上 | 合计 | 一孩 | 二孩 | 三孩及以上 |
| 29 | 71.27 | 41.59 | 27.36 | 2.32 | 63.45 | 56.68 | 77.98 | 60.14 |
| 30 | 51.42 | 26.07 | 23.08 | 2.27 | 46.79 | 36.32 | 67.21 | 60.14 |
| 31 | 47.47 | 20.53 | 24.88 | 2.06 | 46.02 | 30.46 | 77.20 | 58.22 |
| 32 | 41.32 | 15.04 | 23.79 | 2.49 | 39.38 | 21.94 | 72.56 | 69.10 |
| 33 | 34.06 | 10.91 | 20.44 | 2.71 | 33.16 | 16.26 | 63.69 | 76.78 |
| 34 | 28.25 | 8.21 | 17.59 | 2.45 | 28.36 | 12.62 | 56.51 | 71.66 |
| 35 | 24.26 | 6.67 | 15.40 | 2.19 | 24.87 | 10.47 | 50.53 | 65.26 |
| 36 | 17.83 | 4.34 | 11.80 | 1.69 | 19.5 | 7.27 | 41.31 | 53.74 |
| 37 | 15.39 | 3.73 | 10.02 | 1.64 | 17.52 | 6.50 | 36.53 | 54.38 |
| 38 | 11.64 | 2.60 | 7.96 | 1.08 | 13.57 | 4.64 | 29.70 | 36.47 |
| 39 | 8.21 | 2.17 | 5.16 | 0.88 | 10.07 | 4.07 | 20.27 | 31.35 |
| 40 | 6.31 | 1.72 | 3.77 | 0.82 | 7.81 | 3.26 | 14.92 | 29.43 |
| 41 | 4.14 | 1.19 | 2.44 | 0.51 | 5.03 | 2.22 | 9.50 | 17.91 |
| 42 | 3.60 | 1.27 | 1.80 | 0.53 | 4.05 | 2.19 | 6.47 | 17.27 |
| 43 | 2.18 | 0.76 | 1.12 | 0.30 | 2.40 | 1.28 | 3.94 | 9.60 |
| 44 | 1.62 | 0.49 | 0.85 | 0.28 | 1.89 | 0.88 | 3.17 | 9.60 |
| 45 | 1.31 | 0.58 | 0.54 | 0.19 | 1.50 | 1.01 | 1.97 | 6.4 |
| 46 | 1.09 | 0.37 | 0.61 | 0.11 | 1.30 | 0.67 | 2.32 | 3.84 |
| 47 | 0.84 | 0.42 | 0.34 | 0.08 | 0.92 | 0.71 | 1.20 | 2.56 |
| 48 | 1.17 | 0.26 | 0.53 | 0.38 | 0.88 | 0.30 | 1.27 | 8.32 |
| 49 | 0.62 | 0.18 | 0.22 | 0.22 | 0.37 | 0.17 | 0.42 | 3.84 |
| TFR | 1018.52 | 669.23 | 315.18 | 34.11 | | | | |

资料来源：根据浙江省2010年人口普查长表数据有关资料整理和计算，浙江省人口普查办公室编：《浙江省2010年人口普查资料》，中国统计出版社2012年版。

执行单独两孩生育政策之后，考虑到江浙两省包括农村独女户、符合"单独"生育条件等放弃生育两孩的人群，以及少部分在"双独"政策下的超生者，本模型预测假设有20%的夫妇主动放弃因生育政策调整而获得的生育第二个孩子的权利①，则有：

$$TFR_t^2 = TFR_t^1 + (1 - 20\%) \cdot TFR_t^{单独-双独} \quad (12)$$

式（12）中，$TFR_t^1$、$TFR_t^2$、$TFR_t^{单独-双独}$ 分别为生育政策未作调整下的 $t$ 年度生育率、生育政策调整下的 $t$ 年度生育率以及生育政策由"双独"调整为"单独"情形下政策生育率提高的幅度。

假设生育政策调整后引致的政策性补偿生育的妇女从 30 岁开始，历时五年完成，则生育政策调整后的生育率 $TFR_t^3$ 由下式估算：

$$TFR_t^3 = TFR_t^2 + TFR_t^{政策性补偿}$$
$$TFR_t^1 + (1 - 20\%) \cdot TFR_t^{单独-双独} + TFR_t^{政策性补偿} \quad (13)$$

**预测所用基础数据**

本章预测所用的基础数据主要来自三个方面：（1）江苏省 2000 年第五次全国人口普查资料，浙江省 2000 年第五次全国人口普查资料；（2）江苏省 2010 年第六全国人口普查资料，浙江省 2010 年第六全国人口普查资料；（3）2005 年全国 1% 人口抽样调查资料。

## 第二节　生育政策调整对江浙两省人口发展的影响预测

### 生育政策调整后江浙两省出生人口预测

生育政策调整所带来的直接影响是妇女的生育率和出生人口将会发生变化。也就是说，与生育政策变动关系最直接的人口指标之一是出生人口，这也使关于生育政策调整的讨论避不开出生人口这一话题。② 执行单

---

① 实际放弃生育的比例可能更高，以浙江为例，根据浙江省卫计生统计，20 世纪 90 年代以来浙江自愿放弃政策生育的累计人数已超过同期计划外违法生育的累计人数，超过人数累计约 20 万人。其中，杭州、宁波、嘉兴、湖州、绍兴和舟山浙北 6 市合计放弃生育人数占 80% 左右，2010—2012 年，上述浙北 6 市放弃生育人数占全省同期放弃生育总数的 70% 以上，以湖州为例，全市历年累计放弃生育人数约 10 万人，而计划外生育人数累计仅 1.5 万人左右，说明浙北地区放弃政策内生育的情况更为严重，实际生育率长期低于政策生育率。见叶菊英《完善生育政策促进我省人口长期均衡发展》，《浙江省社科联第二届学术年会会议论文集》，2014 年 11 月 15 日，第 569 页。

② 翟振武、张现苓、靳永爱：《立即全面放开二胎政策的人口学后果分析》，《人口研究》2014 年第 3 期，第 4 页。

独两孩生育政策后,假定江浙两省符合政策要求且有生育能力的已婚育龄妇女以政策内生育率足额生育,两省在 2014—2018 年将出现一个生育小高峰,五年累计出生人口江苏省为 5048640 人(其中一孩生育 2759538 人,二孩生育 1560662 人);浙江省五年累计出生人口 2893102 人(其中一孩生育 1468856 人,二孩生育 997815 人)。两省生育峰值都出现在 2015 年,江苏将新增出生人口 1142426 人,浙江新增出生人口 661068 人。江苏省由于人口基数大,加之政策调整前执行的生育政策过于严格,政策放松后释放了较大的生育动能,2014—2018 年江苏省政策性补偿出生人口数将大大超过浙江。单独两孩政策下,两省二孩生育人数较现行生育政策下的二孩生育人数有所增加,到 2020 年前,两种不同生育政策下二孩生育人数之差江苏省维持在每年 7.5 万—8.5 万人,浙江省每年为 6 万—7 万人。

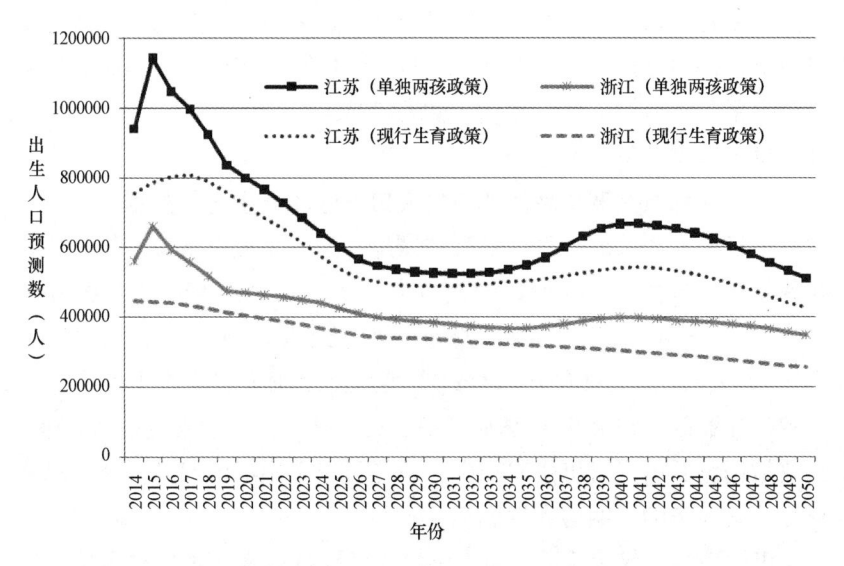

**图 9-1　生育政策调整后江浙两省出生人口预测:2014—2050 年**

从图 9-1 可以看出,在生育政策调整后的前五年,江浙两省在短时期内因为实施单独两孩政策确实释放了一定的生育动能,由于政策性生育补偿在较短的时期里会出现一定的生育堆积现象,但是比较现行生育政策下的新增二孩人数,出生堆积现象远没有想象得那么严重,而且政策性补偿不会持续多久,在 2015 年达到生育峰值后随即逐年下降,补偿性生育反弹的势能越来越小，到2019年生育性补偿基本消失。从长期来看，江苏省出生人口的波动要大于浙江省，执行单独两孩政策后，两省每年新增的出生人口都将超过执行现行生育政策的出生人口。在开始10年，这种差距较大，但是，随着时间的推进，新老政策之间出生人口数的差距会逐渐缩小。江苏省在2026年开始年出生人口将少于60万人，浙江从2028年开始年出生人口将低于40万人。2032年前后，随着2014年开始的出生婴儿潮陆续进入婚育期，两省将会出现一个新的生育高峰，但是生育反弹的力度大大减弱。江苏省出生人口从2037年开始将再次超过60万人，到2041年达到一个阶段的顶点后将再次下降，并于2047年开始再次少于60万人，此后将快速下降。相对江苏而言，浙江省2032年开始的生育反弹动能非常微弱，出生人口在2040年前后再次超过40万人后再次掉头向下。

总体来看，执行单独两孩政策只能在较短的时期里起到缓冲两省出生人口下降过快的作用。从长期来看，自20世纪90年代以来形成的长期低生育率水平无法得到逆转，出生人口在2032—2041年经过一个小幅度的反弹后将再次进入下降通道。

### 生育政策调整后江浙两省人口出生率与生育率预测

由于长期以来采取一系列政策和措施从严控制人口增长，加之社会经济快速发展，多种因素促成江浙两省人口出生率和生育率稳定在较低水平，自20世纪90年代以来继续平稳下降。到2010年江苏省人口出生率仅为9.73‰，浙江也只有10.27‰。[①] 第六次全国人口普查中长表生育数据显示，江浙两省总和生育率水平都已低于1.1，属于极低生育率水平。生育政策调整后，人口出生率和生育率能否出现预期的回升幅度，对两省人口与社会经济的长期均衡发展至关重要。

从出生率预测结果来看（图9-2），江浙两省在实施单独两孩生育政策后，相对维持现行生育政策而言，出生率都会在短期内显著反弹。江苏省出生率会回升到10‰以上，并将一直持续到2021年，2022年开始生育率将再次回落到10‰以下，短期最高值出现在2015年，为15.25‰。浙江省尽管出生率也会反弹，但是反弹持续的时间比江苏省要短，到2018

---

① 根据第六次全国人口普查数据推算，见庄亚儿、韩枫编著《2000—2010年中国常用人口数据集》，中国人口出版社2012年版，第10—11页。

年又会回落到稍高于2010年的出生率水平,从2019年开始出生率将持续低于10‰。单独两孩政策对江浙两省出生率带来的显著影响主要表现为新政推出后的开始几年,江苏从生育政策调整中获益更为明显。

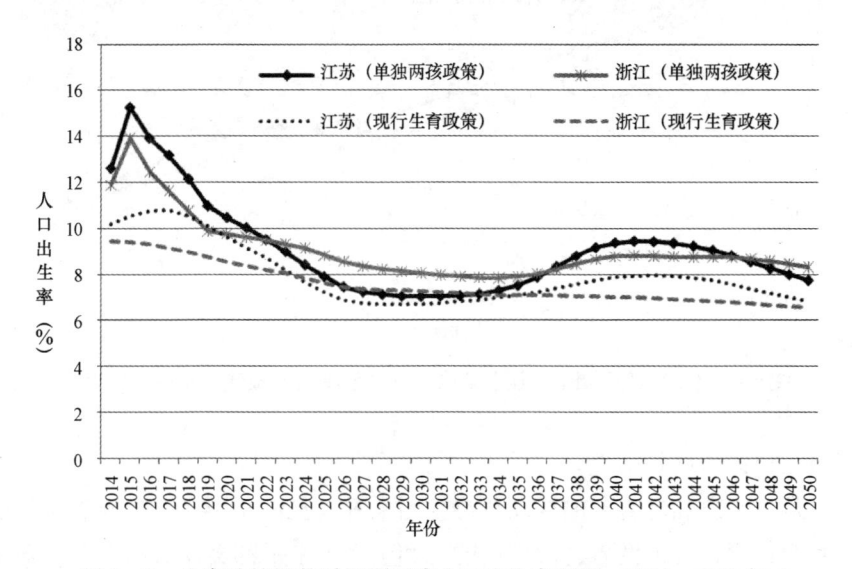

**图9-2 生育政策调整后江浙两省人口出生率预测:2014—2050年**

由于江浙两省人口死亡率在短期内仍将维持在一个相对稳定的惯性水平上,单独两孩生育政策实施后出生率的提高推动两省人口自然增长率相应出现一波反弹(见图9-3)。从2023年开始,江苏省的出生率(8.98‰)将低于死亡率(9.51‰),自然增长率将转为负数,此后随着死亡率加速上升,出生率在8‰和9‰之间摆动,江苏人口负增长的惯性将十分显著。相对而言,浙江要比江苏迟2年左右的时间进入人口负增长时代,从2027年开始,浙江死亡率将会提高至10.01%,此后死亡率也将不断上升,但是上升的幅度要小于江苏省。

预测结果表明,随着时间推移,单独两孩政策下确实能在短期内起到改善和提高出生率的作用,但是由于两省已经严重老龄化,政策调整对两省历史存量人口的死亡率几乎起不到什么作用。两省出生率都将维持在较低水平,而死亡率将不断上升,因而人口负增长的惯性都十分明显。相对现行生育政策的预测结果而言,单独两孩生育政策尽管在短期内能在一定程度上起到延缓两省人口自然增长率为负的时间的到来,但是从长期来看,单独两孩生育政策根本无法阻止两省人口结构的内在性矛盾正在加速

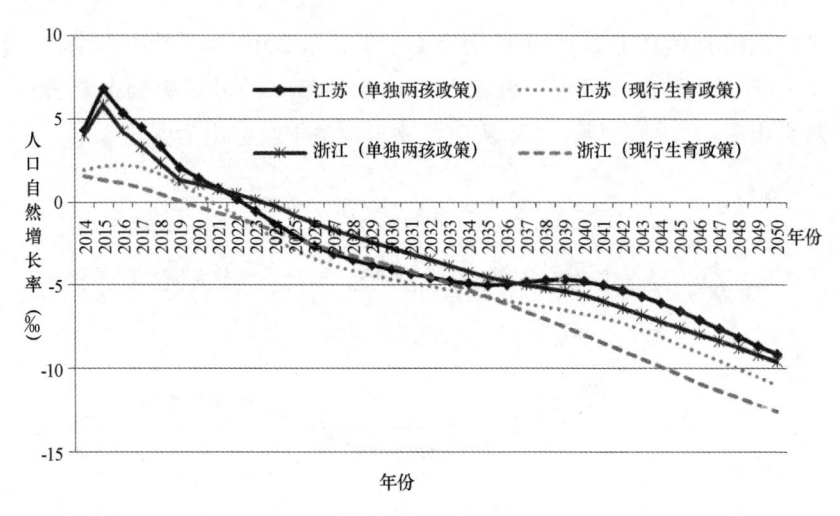

**图 9-3 生育政策调整后江浙两省人口自然增长率预测：2014—2050 年**

形成人口的负增长惯性。

从未来总和生育率的变动趋势预测来看（见图9-4），执行单独两孩生育政策后，江浙两省育龄妇女的总和生育率水平都会在短期内出现迅速回升，但是回升的幅度并不大，江苏最高值出现在 2015 年，约为 1.96 孩，浙江也在同年出现最高值，约为 1.91 孩。相对维持现行生育政策不变的总和生育率水平，两省总和生育率尽管仍低于替代水平，但是都有积极的回升态势，说明调整生育政策确实可以起到改善两省总和生育率过低的作用。从长期来看，两省总和生育率在短期内出现政策性反弹后又会迅速下降，到 2020 年两省总和生育率又会缓慢回升，随着时间推移总和生育率将变得非常稳定，最终都将维持在约 1.7 孩的水平。相对而言，未来浙江育龄妇女的总和生育率更早趋于稳定水平，江苏则大约推迟 10 年总和生育率水平达到稳定状态。生育政策调整所带来的总和生育率变化江苏明显大于浙江。在单独政策执行后的几年里，江苏新旧政策总和生育率差异最大可达 0.59，但是随着时间推进，江苏新旧生育政策相对应的总和生育率预测差距逐渐缩小，2032 年前后开始长期维持在只有 0.1 的差距水平；生育政策调整所致的总和生育率的波动幅度，从长期来看浙江要小于江苏，最大总和生育率水平差距出现在 2015 年，为 0.55。从 2029 年开始，浙江生育政策调整导致的总和生育率差距长期来看将维持在 0.2 左右。这也说明，江浙两省长期以来形成的低生育模式将大大削减生育政策调整所带来的积极影响,未来试图通过更为宽松甚至是激励性的生育政策来提升总和生育率的做法,将不得不面对低生育率模式持续稳定所产生的消解作用。

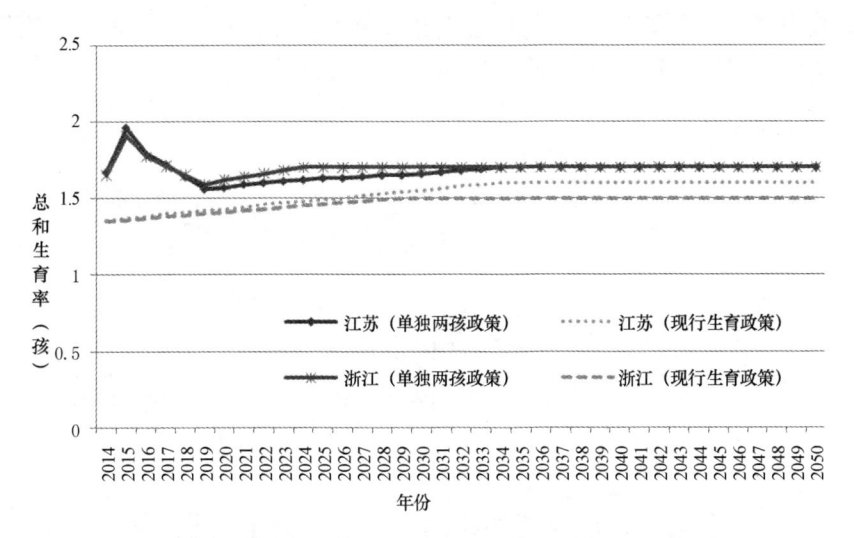

**图 9-4 生育政策调整后江浙两省人口自然增长率预测:2014—2050 年**

## 生育政策调整后江浙两省人口抚养比预测

执行现行生育政策以来,随着社会经济快速发展,江浙两省都经历了人口老龄化的动态发展过程,老年人口在总人口中的占比一直在持续增加。如前文所述,两省人口发展已经呈现出非常明显的少子老龄化特征。在此情况下,生育政策调整是否有效,不仅要看生育率能否有效回升,还要看能否有效改进现有人口年龄结构过于老化的问题。

目前,反映人口老龄化的统计指标可大致划分为反映人口老龄化程度的指标、反映人口老龄化速度的指标以及抚养比指标三大类。这里我们选用抚养比这一指标来对两省政策调整进行比较。若以 60 岁为老年人口起点,执行单独两孩政策后,两省人口的抚养比都会出现一定程度的动态调整与变化。单独两孩政策实施后,短时间内对江浙两省未成年人口的数量增加及在总人口中所占比重提升确实有一定的促进作用(见图 9-5)。与现行生育政策少儿抚养比预测结果比较,两省单独两孩政策预测结果都显示少儿抚养比有一个逐渐提高的过程。江苏省少儿抚养比 2024 年将达到其峰值 25.53%,随后 6 年少儿抚养比有所降低,但仍将维持在 25% 以上，从 2031 年开始少儿抚养比将显著下降，2038 年才会再回升。浙江单独两孩生育政策下的少儿抚养比较现行生育政策下的少儿抚养比也有一个不断提高的过程，但是相对江苏而言，浙江少儿抚养比高峰值出现的时间要晚一些，约在 2031 年才达到其峰值（24.95%），随后也出现一个短期的小幅度下降，到 2046 年前后将有望回升到 25% 以上。

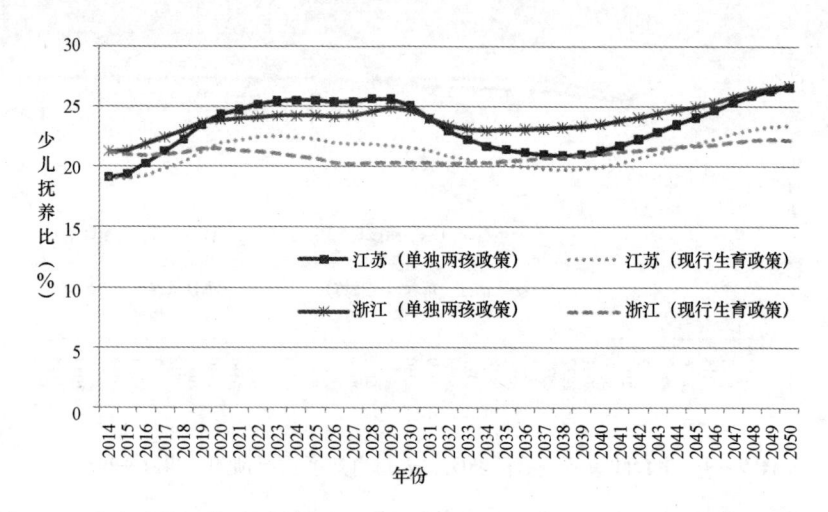

**图 9-5　生育政策调整对江浙两省少儿抚养比的影响预测（60＋）：2014—2050 年**

预测结果表明，江浙两省实施单独两孩生育政策后，随着符合政策的育龄妇女按龄生育，政策内生育率有所提高，单独少儿抚养比也相应地有所上升。值得注意的是，生育率能否有效回升会受到多种复杂因素的影响。然而由于受到前期现行生育政策下育龄妇女生育模式的惯性作用，尽管单独两孩政策放开，两省已婚育龄妇女的实际生育率仍然可能低于政策生育率，表现在图 9-5 中则是单独两孩政策下的少儿抚养比并未大幅度偏离现行生育政策下的少儿抚养比。生育新政的中期影响是能对改善两省成年人口的数量及占比有一定的积极意义，但是如果老年人口的比例不能显著下降，其他年龄组人口的比例又不能出现较大幅度的上升，两省几乎不可能重返人口年轻化的动态发展过程。

生育政策调整前后江浙两省老年抚养比的比较预测结果显示（见图 9-6），实施单独两孩生育政策对江浙两省老年抚养比的短期影响并不大，表现为单独两孩政策老年抚养比与现行政策老年抚养比这两条曲线高度吻合，在 2029 年前，新政策对老年抚养比的积极影响十分有限。但是从长期来看，新政策对老年抚养比的积极影响还是较为明显的。随着更多成年人口陆续进入老年组，2030年，老政策下的老龄化指数开始显著上升，新旧政策的老年抚养比开始逐渐拉开距离，随着时间推移，两者的差距不断扩大。单独两孩政策对改善老年抚养比的积极作用在2030年之后才开始凸显。无论是新政策还是旧政策，在近期江苏的老年抚养比要高于浙江，2029年开始两省老年抚养比曲线有一个趋同的过程，从2037年开始，浙江的老年抚养比会超过江苏，随着时间推移其差距还将扩大。

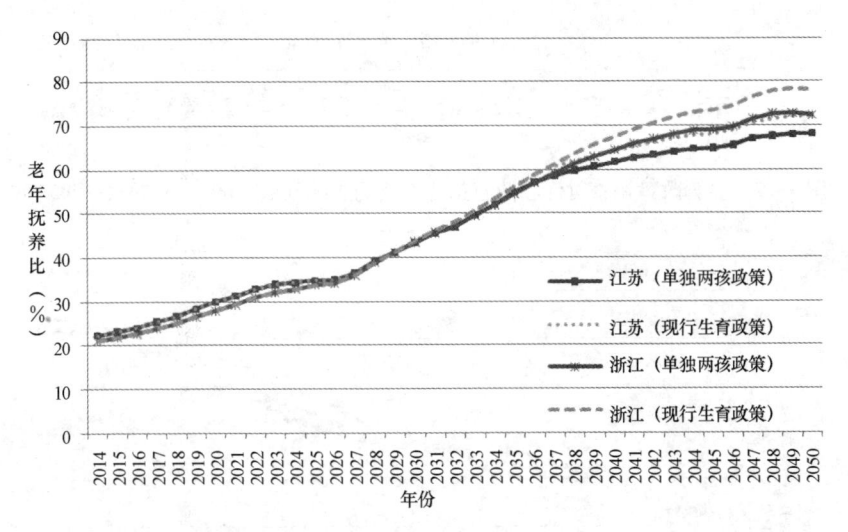

图9-6 生育政策调整对江浙两省老年抚养比的影响预测（60+）：2014—2050年

从长期效果来看，执行单独两孩政策对江苏省老年抚养比的改善作用要大于浙江省，这实际上还是由于在现行生育政策下两省执行了不一样的生育规制，一旦政策放松，江苏获得的政策红利相对更大，出生人口反弹在长期对老年抚养比的积极改善作用也超过浙江省。

从总抚养比的预测结果来看（见图9-7），执行单独两孩政策后，江浙两省的总抚养比在短期内相对现行生育政策都会出现上升，但是上升的幅度都不是很大，这一方面是因为两省短期内老年抚养比都相对较为稳定，而少儿抚养比在执行新政策后并未发生大幅度提高。从长期来看，单独两孩政策对改善江浙两省总抚养比的效果更不显著。2033年后，对应新老政策的总抚养比曲线非常接近。

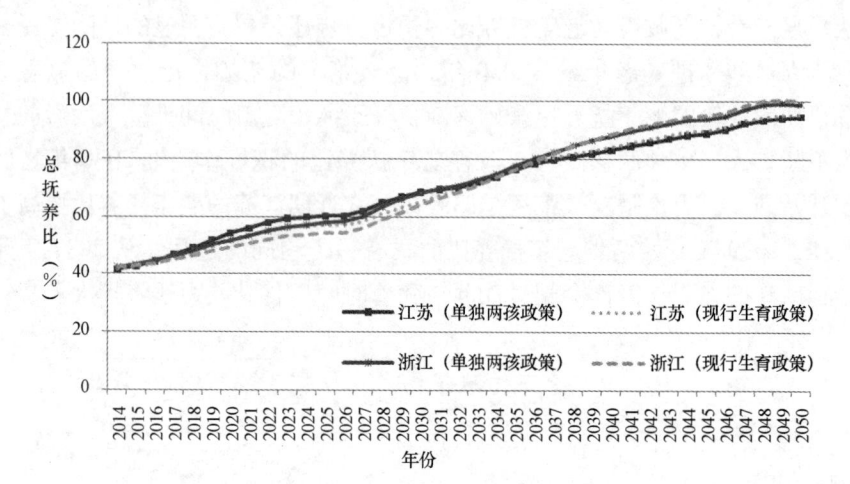

**图 9-7　生育政策调整对江浙两省总抚养比的影响预测（60+）：2014—2050 年**

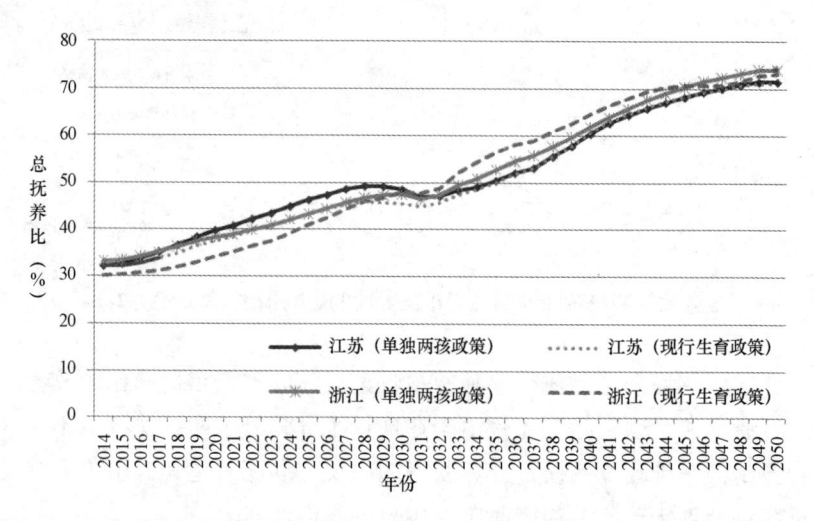

**图 9-8　生育政策调整对江浙两省老年抚养比的影响预测（65+）：2014—2050 年**

两省比较而言，政策放开后短期内江苏的总抚养比会逐渐高于浙江省。2030 年，江苏省的总抚养比约为 68.45%，高于浙江（68.16%）。2031 年将是一个拐点，浙江的总抚养比（69.62%）开始反超江苏（69.49%），随着时间的推移，两省的总抚养比差距还有轻微的扩大，但是总体上维持在一个较为稳定的水平。从长期来看，浙江的总抚养比要持续高于江苏。

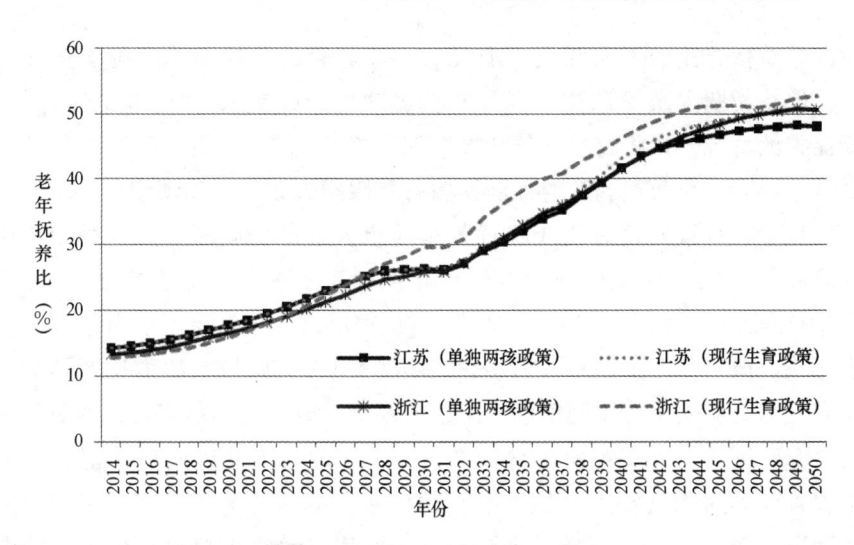

**图 9-9　生育政策调整对江浙两省总抚养比的影响预测（65+）：2014—2050 年**

考虑未来江浙两省人口健康水平以及人口平均预期寿命仍有进一步提高的可能，在比较分析政策调整前后两省未来老年人口问题时，我们不妨将老年人口的起点年龄向国际标准靠拢。若以 65 岁为老年人口的起点年龄来预测，与以 60 岁为老年人口的起点两年预测结果比较而言，两省对应政策调整的少儿抚养比曲线变化不大，但是老年抚养比和总抚养比还是发生了一定程度的变化。从图 9-8 可以看出，执行单独两孩政策后，江浙两省老年抚养比相对现行生育政策下的老年抚养比低。如果维持现行生育政策不变，则浙江的老年抚养比要明显高于江苏省。而执行新政策后，江浙两省的老年抚养比曲线更多时候是非常接近的，没有出现如图 8-6 那样过早呈现喇叭口形显著的差异，而是往后延迟到 2042 年两省老年抚养比才逐渐拉开差距，即执行单独两孩政策后，从长期来看，浙江的老年抚养比仍然是要显著高于江苏的。另外，从图中明显可以看出，新旧政策调整对浙江老年抚养比的影响比对江苏老年抚养比的影响似乎更大一些。浙江对应新旧政策的老年抚养比曲线在中长期差距是非常明显的，而江苏则没那么明显的差距。

对照图 8-7 与图 9-9，则可明显看出，以 65 岁为老年人口的起点年龄来预测，新旧政策调整对总抚养比的影响较大，短期内两省的总抚养比都有一个明显的提高，但是长期来看，实施单独两孩新政策后，两省的总抚养比都低于现行生育政策下的总抚养比。相对而言，短期内政策调整对江苏总抚养比的影响要大于浙江省,江苏省的总抚养比也位于浙江之上,但是长期内政策调整对浙江总抚养比的影响更大,从2032年开始,浙江省的总抚养比将超过并长期高于江苏省。

**生育政策调整对江浙两省各年龄组人口的影响预测**

从生育政策调整对江浙两省各年龄组人口的影响来看(见图9–10和见图9–11),实施单独两孩生育政策后,短期内主要是增加了0—14岁年龄组人口,而15—59岁年龄组、60岁及以上年龄组短期内基本上没有影响。但是,政策调整对15—59岁年龄组人口所带来的中长期影响还是存在的。从图9–12则可以看出,单独两孩政策贯彻落实后,相对于现行生育政策下的0—14岁年龄组人口,江浙两省少儿组人口数都有所增加,且江苏的增量要大大超过浙江的增量,但是持续的时间并不长。从2024年开始,不同政策情景下江苏0—14岁年龄组人口增加数下降,浙江该年龄组人口增加持续的时间比江苏要更长一些,比江苏晚5年左右才开始下降。就15—59岁成年组人口而言,两种不同政策的预测结果之差,江苏要比浙江提前5年增加,浙江则在2029年开始增加。

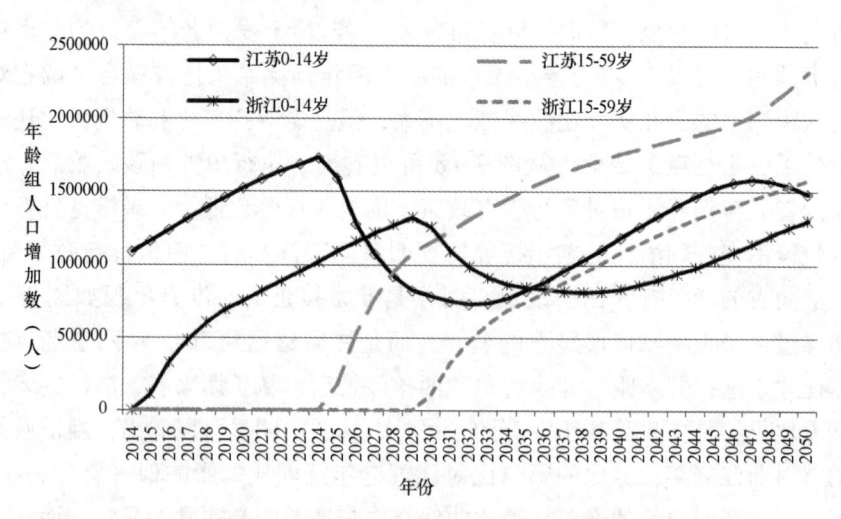

**图9–10 生育政策调整对浙江各年龄组人口的影响预测:2014—2050年**

值得注意的是,相对现行生育政策预测结果,尽管两省实施单独两孩政策后短期内都可有效增加0—14岁年龄组人口数,长期可增加15—59岁年龄组人口数,但是这种增加仍然无法有效阻止江浙两省劳动年龄人口

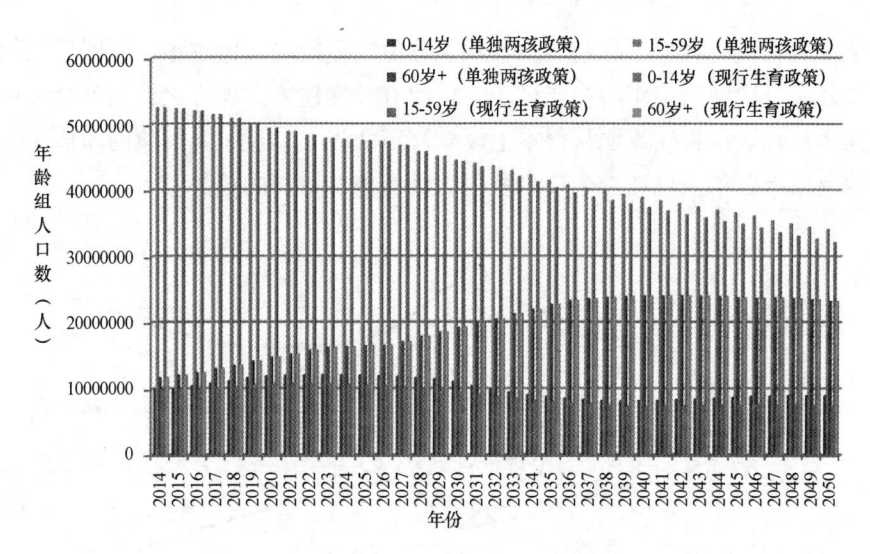

**图 9-11　江浙两省少儿组和成年组因政策调整而增加的
人口数预测比较：2014—2050 年**

的下降趋势。无论是图 9-10 还是图 9-11，都可明显看出 15—59 岁年龄组人口长期将不断下降的趋势。这也说明，单独两孩政策尽管长期内能在一定程度上起到增加两省劳动年龄人口的作用，但是无法逆转两省劳动年龄人口长期下降的趋势。

若从政策调整对各年龄组人口所占总人口的比例影响来预测，则可以大致看出未来两省人口年龄构成上的发展与变化。以单独两孩政策情景下的不同年龄组人口占总人口比例预测结果减去现行生育政策情景下的不同年龄组人口占总人口比例的预测结果，可得到 2014—2050 年各年江浙两省不同年龄组人口在总人口中所占比例因政策调整而动态变化的情况。如图 9-13 所示，江浙两省执行单独两孩政策后 0—14 岁年龄组人口在总人口中所占比例都会有显著的上升，相应的，15—59 岁、60 岁及以上这两个年龄组人口在总人口中所占比例则趋于下降。三个年龄组发展变动的趋势很不一样。0—14 岁年龄组人口在总人口中所占比例在两种政策情景下的预测结果之差是先上升的，到 2029 年转向下降，2037 年前后又开始上升；15—59 岁年龄组人口在总人口中所占比例在两种政策情景下的预测结果之差则是先下降，到 2029 年转而上升，2037 年前后又开始缓慢地下降；60 岁及以上老年人口在总人口中所占比例在两种政策情景下的预测结果之差则一直呈下降趋势，长期预测值之差的绝对值越小，说明单独两孩政策对缓解人口年龄构成过于老化的有效性越差。换言之，也就是说单独两孩政策在长期无法从根本上改变江浙两省人口过于老龄化的矛盾，60岁及以上老年人口在总人口中所占比例有绝对增加的趋势。

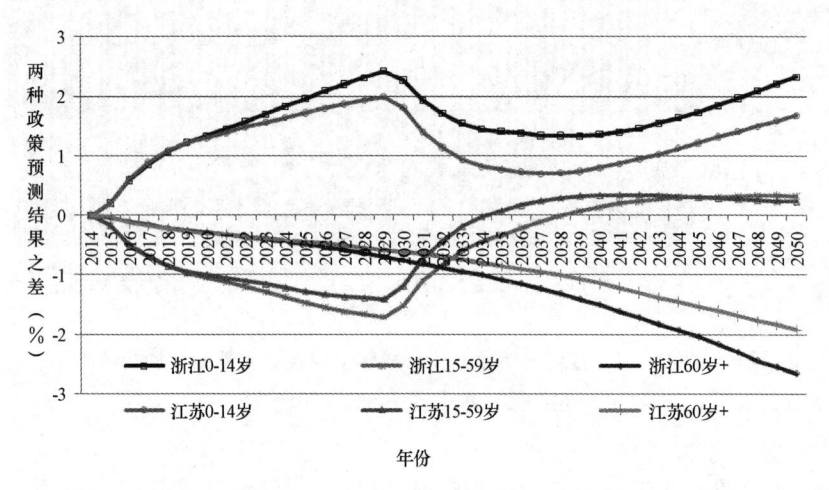

**图 9-12　两种政策情景下江浙两省不同年龄组人口占比预测结果之差比较：2014—2050 年**

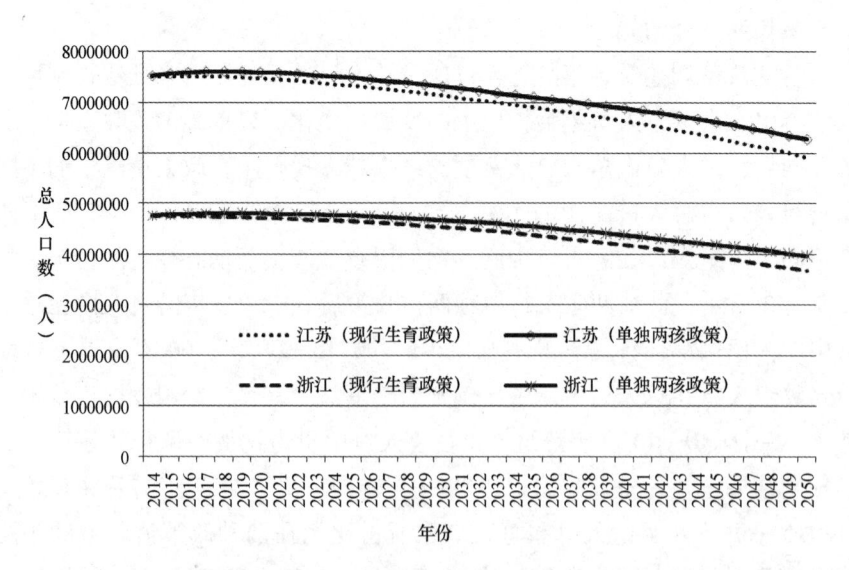

**图 9-13　两种政策情景下江浙两省总人口预测结果比较：2014—2050 年**

**生育政策调整对江浙两省各年龄组人口的影响预测**

生育政策调整不仅会在当年通过改变出生人口数量直接影响到政策放开当年的人口规模，而且还会通过改变妇女的时期生育率水平和长期总和生育率影响到未来人口总量的大小。有关研究表明，在维持现行生育政策不变的情况下，中国人口规模在未来十几年时间内仍将保持持续增加的势头，但是增加的速度和幅度都较为缓和，人口规模在2026年达到峰值，随后总人口将进入负增长时代，人口规模不断缩减。[①] 本书的预测结果则显示，在不考虑跨省迁移人口影响的情况下，江浙将先于全国进入人口负增长时期，其中，浙江比江苏的步伐更快一些。在维持现行生育政策不变的条件下，江苏省总人口峰值约出现在2016年，人口规模为7511.39万人，随后开始下降，到2020年将下降到7469.93万人。2020年后下降的速度进一步加快，2030年江苏总人口将下降到7128.05万人，2033年开始低于7000万人，2050年将迅速减少到6000万人以下。在不考虑外省大规模人口净输入的条件下，浙江省的人口规模实际上已经开始负增长，到2020年，浙江省总人口数为4716.9万人，2030年将减少到4533.8万人，2043年开始将低于4000万人。

实施单独两孩政策后，可以在一定程度上改变江浙两省未来人口的发展轨迹，也可在一定程度上延缓两省总人口在未来的锐减态势，但是仍然无法改变两省总人口长期出现负增长的趋势。从江浙两省在两种不同政策情景下的总人口预测曲线来看（图9-13），政策调整所带来前后人口规模预测有一定差异，但是差异并不显著，这说明执行单独两孩政策对改变江浙两省总人口规模的影响十分有限。从图9-13中还可以看出，在短期，两种政策情景下的总人口预测线是十分接近的，但是长期差距有所扩大。其实，长期来看两种政策情景下总人口差异扩大的原因并非源于单独两孩政策催生了大量出生人口从而壮大了单独两孩政策下的总人口规模，而是在现行生育政策下，江浙两省总人口都在加速萎缩造成的。

---

① 翟振武、张现苓、靳永爱：《立即全面放开二胎政策的人口学后果分析》，《人口研究》2014年第3期，第12页。

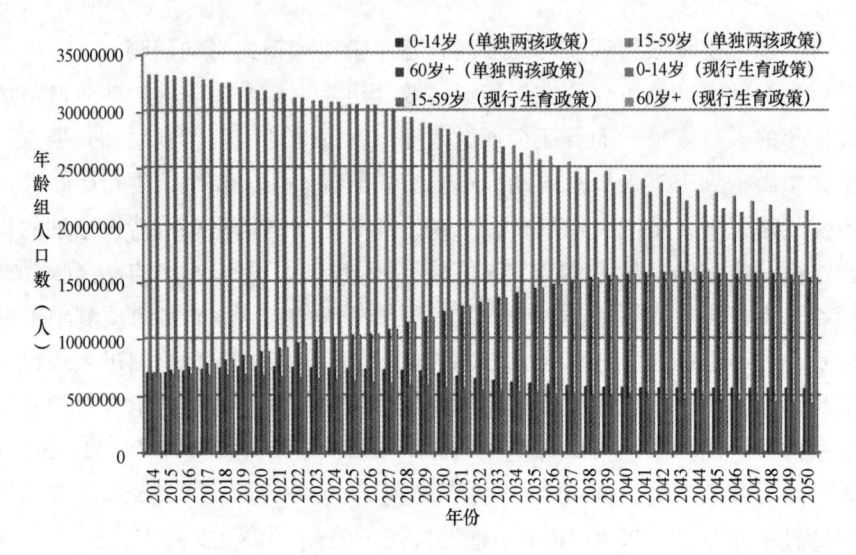

图 9-14　生育政策调整对江苏各年龄组人口的影响预测：2014—2050 年

## 第三节　结论与讨论

### 基本结论

中国的计划生育政策作为一项有关生育规制和约束的制度安排，自从 1979 年强制推行以来，无疑已经成为影响中国人口发展的一个重要因素。可以说，生育政策的任何松动，势必会对出生人口、生育率、抚养比等这些影响未来人口总量与结构的人口指标带来一定程度的改变和调整。而这种改变和调整如何以及能否达到政策调整的预期，这也正是"政策微调"与"一步到位"等不同生育政策调整方案争论的焦点所在。党的十八届三中全会通过的《中共中央关于全面深化改革若干重大问题的决定》明确提出"坚持计划生育的基本国策，启动实施一方是独生子女的夫妇可以生育两个孩子的政策，逐步调整生育政策，促进人口长期均衡发展。"这是近 30 多年来中国生育政策领域的第一个全国性的重大调整与完善，必将对中国各省份人口发展产生一定的短期效应和长期效应。本书运用数学模型对江浙两省实施单独两孩政策后的人口效应进行了粗略估算与分析，并对两省未来人口发展之愿景进行了初步展望，形成如下几点基本结论。

（1）江浙两省实施单独两孩生育政策后，出生人口反弹的动能将会在五年时间里逐渐得以释放，两省的生育峰值都将出现在2015年，政策放松后江苏省释放的生育动能相对浙江要大一些。两省在短时间内都会出现一个补偿性生育的小高潮，但是由于受政策内生育率、前期生育模式、生育意愿等多种因素的影响，两省不会涌现大量的出生堆积现象。

（2）实施单独两孩生育政策后，江浙两省出生率都会在短期内反弹并维持在10‰以上，从而推动两省人口自然增长率也出现反弹。但是持续的时间不会很长，随着两省人口负增长的惯性逐渐形成，从长期来看，单独两孩生育政策无法从根本上扭转两省人口向负增长的时代迈进的态势。两省育龄妇女的总和生育率尽管因政策调整而迅速回升，但回升幅度较小，最高值都在1.9左右，仍显著低于替代水平。长期来看，两省总和生育率将基本维持在1.7的水平。

（3）适当放松生育政策，有利于江浙两省人口年龄结构趋于合理。生育政策调整后，短时间内对增加江浙两省未成年人口的数量及提高该年龄组人口在总人口中所占比重确实有一定的促进作用，两省少儿抚养比在政策调整后都有一个逐渐提高的过程。但是，新政策对江浙两省老年抚养比的短期效应十分有限。从长期效应来看，政策调整对老年抚养比所带来的改善作用江苏要强于浙江。两省在政策调整后的一个较短时期里总抚养比会上升，但升幅有限，对两省总抚养比的改善的长期效果更不显著。

（4）实施单独两孩政策后，短期内江浙两省0—14岁年龄组人口都将增加，而对15—59岁、60岁及以上年龄组人口短期内基本上没有影响。但是，政策调整长期内能在一定程度上起到增加两省劳动年龄人口的作用。从各年龄组人口占总人口比重的变动趋势来看，政策调整后短期内0—14岁年龄组人口占比会有显著上升，对延缓江浙两省人口老龄化进程有一定的积极作用，但是在长期新政策无法从根本上改变两省人口已经过于老化的结构性顽症，60岁及以上老年人口在总人口中的占比仍将持续增加。

（5）在维持现行生育政策不变的条件下，若不考虑跨省迁移人口影响，江浙要先于全国进入人口负增长时期。单独两孩政策可在一定程度上改变江浙两省未来人口的发展轨迹，延缓两省尤其是江苏省总人口接近负增长的时代步伐以及有效缓解未来人口的锐减态势。但是，单独两孩政策的受益面过窄，目标人群过小，如果再考虑到生育意愿以及低生育模式的作用，作为一种过渡式的政策调整方案，单独两孩政策改变不了江浙两省总人口长期将持续负增长的发展趋势。

综上所述，本书认为，江浙两省实施单独两孩政策后，存在人口短期效应和长期效应，相对维持现行生育不变的假设，新政策对改善两省人口的结构性矛盾以及促进未来人口长期均衡发展具有一定的积极意义。但是由于江浙两省都是计划生育的先进省份，长期的强制性计划生育管制以及经济社会的高速发展，人们的生育观念和生育模式发生了重大转变，两省人口都已经是老年型的人口结构，少子老龄化特征明显，随着15—59岁年龄组人口陆续大量进入60岁及以上年龄组，江浙两省人口重度老龄化社会的到来将是必然的人口过程，单凭一个效果有限的单独两孩政策根本无法改变两省未来人口老龄化的趋势，充其量只能起到一定的缓解作用。为应对未来严峻的老龄化冲击，江浙两省迫切需要包括进一步科学调整生育政策在内的更多一揽子重大公共政策调整和制度创新。

## 相关讨论

客观而言，作为人口预测，有关的参数应该尽可能齐全，假定也要更符合实际。然而，由于受到数据的限制以及考虑到逻辑推导上的方便，本书预测模型有一些简单化的假定。比如假定乡村人口与城镇人口是封闭性人口，不发生由乡村到城镇与由城镇到乡村的人口迁移，这与江浙两省作为流动人口大省的实际情况有不一致的地方。迁移人口的预测在传统分要素预测法、随机人口预测法等人口预测模型中是十分难以处理的一个参数，但是对江浙两省未来人口进行预测时，应该做出尝试进行量化分析与预测，这是模型以后值得改进之处。尽管如此，本书的粗略预计表明，在单独两孩生育政策及随时可能到来的全面二孩生育政策条件下，江浙两省的出生人口、生育率以及年龄结构等都会经历一些波动，但是与全国一样，低生育率的总体趋势将不会改变。[①]

目前，无论是实施单独两孩生育政策还是全面放开两孩生育政策，学术界争论的焦点还是在出生人口数量。而出生人口数量和时期生育率的大小主要取决于几个具体参数：一是育有独生子女的已婚育龄妇女的规模大

---

[①] 陈卫、杨胜慧：《中国2010年总和生育率的再估计》，《人口研究》2014年第6期，第23页。

小；二是目标人群生育二孩的意愿高低；三是政策放开后目标人群的二孩生育分布；四是目标人群的年龄结构；① 五是政策进一步调整和优化的时间点。在实际进行预测时，不同的学者由于对参数设定和假设条件的区别，最终呈现出来的预测结果往往大相径庭。比如，人口学界有不少学者认为全面放开二胎后将出现难以承受的补偿性出生高峰。中国社会科学院蔡昉研究员等完成的《中国人口发展报告 2011/12》认为，如果全面放开二胎，峰值生育率将超过 4.4，每年出生 4700 万，即使只是实施单独两孩，生育率也会反弹到 2.4；国家卫计委和中国人民大学翟振武教授的课题组预测结果是累计要多生 9700 万人，每年出生人口峰值将达到 4995 万人，生育率峰值将达到 4.5 左右，哪怕是仅执行单独两孩政策，生育率也会反弹到 1.8 以上，累计将多生 1000 万人；北京大学人口研究所乔晓春教授预测实施单独两孩政策后首年将新增出生人口 326.2 万—437.5 万，第二年将增加 154.3 万—207.0 万人，第三年增加 82.8 万—111.1 万人；易富贤则根据 2010 年人口普查的各省总人口数和实行单独两孩政策的天数进行加权平均，以 75% 的出生/申请比计算，预测全国执行单独两孩政策第一年只会多生 66.8 万个孩子，假设补偿性出生在 1—4 年内分别以 40%、30%、20%、10% 的比例释放，那么第 2、3、4 年的申请分别出生 50.1 万人、33.4 万人、16.7 万人，4 年合计多生 167 万人，远低于国家卫计委所预测的 1000 万。②

在诸多有关生育政策调整的人口预测中，生育意愿这一参数的设定具有非常大的差异和争议。郑真真认为，理想子女数、期望生育子女数、生育意向和生育计划之间相互关联，但概念不同，作用也是不同的。③ 国家卫计委单独两孩预测用的 60.8% 是国务院研究发展中心在全国 7 万户的调查得出的。严格来说，这并非生育意愿，城市和农村的平均生育意愿为 1.8—1.9，称"理想子女数"可能更为合适。而单独一孩的夫妇在最近几年要生两孩的为 60.8%，最终出生多少要看实际情况。最近湖北的一个调查结果显示，生育二孩的意愿可能只有 20% 左右，明确不要二孩的

---

① 翟振武、张现苓、靳永爱：《立即全面放开二胎政策的人口学后果分析》，《人口研究》2014 年第 3 期，第 15 页。
② 易富贤：《从单独两孩实践看补偿性生育》，《财经》2014 年第 29 期。
③ 郑真真：《生育意愿的测量与应用》，《中国人口科学》2014 年第 6 期，第 15 页。

约占50%。① 生育意愿有这么大的差异，预测结果差异更大自然也不足为奇。然而，真实的生育意愿到底有多高，单独两孩政策贯彻执行后效果到底如何，有待于实际的观察和实践的检验。毫无疑问，接下来进一步调整和优化生育政策时，有关的人口预测参数设定要尽量采用来自全面二孩政策实施后的一手实践数据，要尽量符合实际情况，使人口预测模拟结果变成真正可用重要的决策参考。

    本书根据预测与比较分析的需要，也对模型的有关参数进行了假定，并得出了江浙两省执行单独两孩政策后可能出现的出生人口数。以浙江为例，前五年可能分别为6.5万人、16.4万人、9.8万人、6.5万人和3.3万人，因政策调整五年累计多增出生人口42.5万人。而浙江卫计委此前预测的前五年分别约8万人、10万人、11万人、11万人、10万人，累计50万人，此后近十年基本稳定在8万人左右。综合考虑部分夫妇年龄较大无法生育和目前浙江30%群众自愿放弃生育二孩等因素，浙江省卫计委预测实施单独两孩政策后的前五年，浙江省出生数增量约为35万人。② 本书因为假设有20%的夫妇自愿放弃因生育政策调整而获得的生育第二个孩子的权利，如果将自愿放弃的比例也按照30%来预测，则五年累计出生人口增量接近30万，低于浙江省卫计委的预测水平。尽管如此，本书的预测结果也可能存在高估问题，来自浙江省人口与健康协会的一项最新调查数据显示，浙江已婚育龄妇女不孕不育的比例高达8%。综合考虑影响生育率的其他因素，单独两孩政策实施后浙江育龄妇女的实际生育率水平可能还要低。从浙江省卫计委2014年发布的有关统计数据来看，自2014年1月17日正式启动单独两孩生育政策以来，群众选择再生育行为较为理性，至2014年7月31日，全省单独夫妇再生育申请受理6.20万例，已审批58920例，已批对象中怀孕数2.60万人。其中，30—34岁的审批对象占总数的46.03%，25—29岁的审批对象占总数的34.67%，80后以高达80.7%的比重，成为主要再生育意愿群体；③ 全省单独夫妇已再生育5054人，已孕且预产期在年底的有2.01万人。报告预计的2014年

---

① 尹文耀：《"中国重大战略性人口科学与政策问题"研讨会综述》，《中国人口科学》2014年第6期，第123页。

② 易富贤：《从单独两孩实践看补偿性生育》，《财经》2014年第29期。

③ 童桦、林莉：《生二胎，意愿多于行动》，《浙江日报》2014年8月21日。

浙江全省单独夫妇再生育申请受理数在 9.5 万例左右，实际出生为 2.5 万多人，比浙江省卫计委此前预测的要少许多，预计 2014 年浙江单独夫妇再生育的出生人数为 2 万左右。① 而来自浙江省卫计委最新的统计数据则显示，2014 年 1—12 月，浙江全省共受理单独夫妇再生育申请 88056 例，批准再生育 85648 例。② 可以看出，全年实际申请的数量要低于政府的预期规模。不仅如此，由于许多家庭需要时间考虑是否再生育，需要为再生育做好思想、心理、看护以及物质等多方面的准备，加上已申请家庭实际受孕还存在诸多的不可控性。综合多种因素，2014 年浙江全省单独夫妇再生育的数量仅为 26974 人，低于政策设计的前五年年均多增 8 万—10 万出生人口的预期。③

有学者认为，未来中国人口政策调整将面临四个方面的主要问题：一是政策衔接与转换问题；二是出生堆积问题；三是城乡生育差异问题；四是低生育率陷阱问题。④ 从本书预测结果及浙江卫计委所发布的执行单独两孩政策后的有关数据及出生反弹低于预期的情况来看，前三个问题都不是主要问题，随着政策的进一步完善和优化会自然得到解决。然而，第四个问题是真正值得警惕和重视的问题。因为江浙两省人口负增长的惯性正在加速形成。这种负增长惯性对社会经济发展所带来的影响和冲击将比人口正增长惯性更为严重。而一旦生育水平不能如政策调整前所期待的那样如期反弹，即使在单独两孩政策基础上进一步放开全面二孩政策，甚至是未来出台激励性的生育政策也可能无济于事。

有关江苏和浙江人口发展趋势的判断虽然不能代表全国，中国大陆地区其他一些省区，尤其是中西部的一些省区，与江浙两省在社会经济发展方面存在相当大的距离，但江浙人口发展的现状及其未来走势实际上在很大程度上昭示了这些内陆省区人口的未来。单独两孩政策不仅对江浙两省日益失衡的人口结构性矛盾缺乏长期性的矫正效应，对中国内陆其他省份

---

① 浙江省卫生计生委计划生育基层指导处：《浙江省单独两孩政策实施情况报告》，浙江省卫生和计划生育委员会，2014-8-1（http://www.zjjsw.gov.cn/）。
② 浙江省人口和健康学会：《2014 年浙江省实施单独两孩政策有关情况》2015 年 3 月 5 日，第 1 页。
③ 同上书，第 3 页。
④ 王广州、胡耀岭、张丽萍：《中国生育政策调整》，社会科学文献出版社 2013 年版，第 264 页。

同样如此。例如，广西实施单独两孩政策后，实际申请和新增出生人口的数量大大低于预期，柳州市的申请比例不到两成，桂林市近万个单独家庭中，只有三成提出了二孩生育申请；安徽省在新政策实施之前的有关人口调查显示，全省城镇户籍人口中符合"单独"条件且有意愿生育二孩的育龄夫妇约有19万对，但是自1月23日安徽省正式启动实施单独两孩政策至2014年10月31日，安徽仅发放了2.3万余张"单独两孩"准生证。在实施新政策后，各省都存在"单独两孩"申请数量大大低于预期的现象。《中国青年报》社会调查中心进行的一项调查显示，符合新政策生育申请条件的受访者中，仅有24.9%的人提出了申请。没提出"单独两孩"申请的主要原因是觉得抚养孩子的经济和时间成本太高，一个孩子就够了。显然，目前中国妇女的生育意愿和生育模式已经发生了重大改变。照料子女和家务劳动负担对妇女就业和职业发展有较大负面影响，是妇女和家庭的生育意愿降低的主要原因。①

从执行单独两孩生育政策在多个省份"遇冷"的教训来看，面对日益严峻的人口结构性矛盾，实现不论城乡的普遍生育二胎更有利于人口数量的重点管理，这是一个比执行单独两孩政策更能实现人口长期均衡发展目标的政策。显然，中国政府要想制定出合理的政策方案，并使它取得预期效果，首要的和根本的一条，就是要从国家或地区人口发展的实际情况尤其是社会经济发展的现实出发。任何超越或落后于社会经济发展水平的政策最终注定是要失败的。② 生育政策的调整，不可避免地要涉及政策开放的具体时间窗口以及特定的政策目标人群问题。尽管2016年1月1日已开始实施全面二孩政策，但是对于绝大多数20世纪70年代出生的妇女而言，政策调整已经为时过晚，她们已经错过了生命中最宝贵的生育时期。显然，我国已经错过了生育政策调整的最佳时期，已经现实地导致规模庞大的生育二孩的潜在目标群体不得不带着"生育遗憾"度过她们的育龄期。根据国家卫计委发布的数据，全面二孩政策实施一年，2016年全国出生人口将超1750万，大致相当于2000年前后的人口出生规模。虽

---

① 李新玲：《各地"单独两孩"申请量低于预期 因抚养成本高》，中青在线—中国青年报，2015年1月12日，http：//zqb.cyol.com/html/2015-01/12/nw.D110000zgqnb_20150112_6-01.htm。

② 陈振明：《政策科学》，中国人民大学出版社2003年版，第60页。

然如此，相比单独两孩政策，出生政策激励的效果并不显著。2014年单独两孩政策实施后，出生人口总数为1687万人，相比2013年增加了47万人。如果与2014年的1687万相比，2016年的1750万实际上只增加了63万人而已。显然，被寄予厚望的"全面二孩"政策在刺激新增出生人口上的效果，事实上并没有比"单独两孩政策强太多"①。育龄妇女和家庭"不愿生"、"不敢生"以及"生不起，养不起"的生育困局使得中国妇女的生育水平将会长期徘徊在低生育率水平并将最终掉入低生育陷阱。韩国、日本、俄罗斯以及一些欧洲国家刺激生育的鼓励性政策难以奏效就是前车之鉴。这足以值得我们借鉴和反思。

**实践检验**

浙江省是全国率先启动实施单独两孩政策的省份。浙江省各级卫计部门严格贯彻落实中共中央、国务院《关于调整完善生育政策的意见》的文件精神，"稳妥、扎实、有序"地推进单独两孩政策。新政策实施后，浙江省并没有出现大量扎堆申请和生育的情况，人们的反应较为理性。总体上来说，受社会经济的快速发展以及计划生育政策的长期影响，人们的生育观念已发生显著改变，再生育意愿和行为明显低于预期，单独两孩政策的申请数和审批数逐月呈现波动下降。这在一定程度上表明，借助单独两孩政策来适度提高生育水平的愿望难以实现。

截至2015年5月底，单独两孩政策在浙江省实施已满16个月。单独两孩政策推进总体上平稳有序，再生育审批符合率达到96.31%。从月申请数量和审批数量来看（见图9-15），政策执行之初的目标人群申请再生育数量较多，主要集中在2014年2月至4月，月申请人数高于10000例，3月申请数和审批数更达到14997和14677例，为历史最高，这主要是符合政策且有生育意愿的育龄妇女立即办理了再生育审批造成的，其中年龄较大的目标人群更是抓住最后生育机会进行再生育。此后，随着时间的推移，有迫切再生育需求的单独夫妇人数日益减少，办理申请和审批的数量不断下降，2014年8月至今呈现稳步波动状态，受理和审批的数量每月在5000例左右。可以说，单独两孩政策的实施对人口变动的影响较小，并未对全省教育、卫生、就业等基本公共服务造成冲击。从单独两孩

---

① 张贵峰：《"全面二孩"实施二孩效果并不如预期乐观》，北京青年报，2016年11月28日。

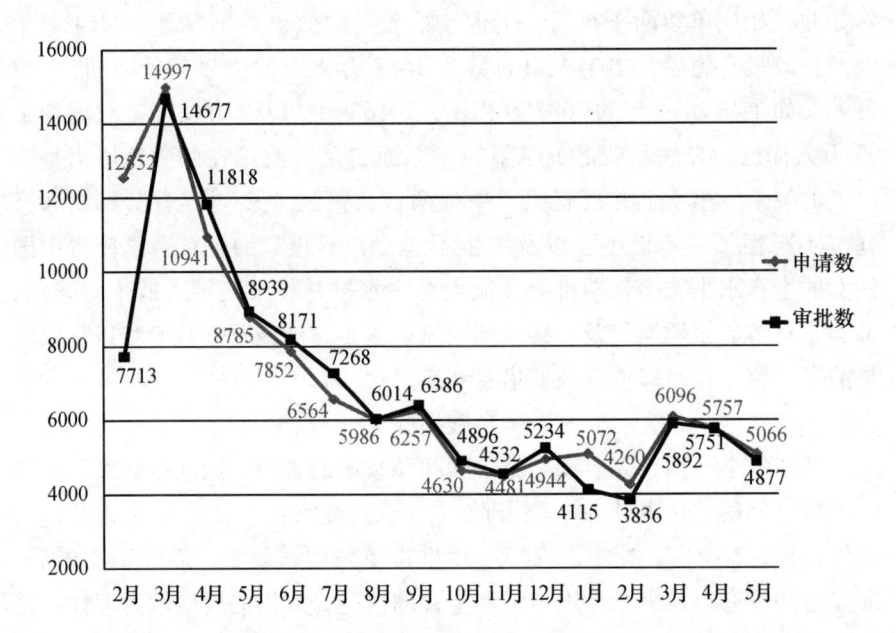

**图9-15 浙江月度申请受理和审批情况：2014年2月—2015年5月**

资料来源：浙江省计划生育基层指导处：《浙江省实施单独两孩政策的统计监测情况报告》，2015年9月25日。

政策实际运行情况来看，2014年2月至2015年2月为期一年的时间内，单独两孩申请实际审批数累计为93599例。实际上，审批数只能粗略地表达生育意愿，并非实际生育人数。一项来自杭州、金华、温州和嘉兴四个地市单独两孩政策实施效果的1300份问卷调查结果表明[①]，政策内人群约有25%选择放弃了再生育一孩的权利。若按这个比例来测算，则浙江年审批通过人群最终生育人数约为7万人，低于浙江省卫计委先前估计的8万新增出生人口数，稍高于本书预测的6.5万人。若进一步剔除8%的不孕不育率，则实际新增出生人数约为6.3万人，与本书预测的单独两孩政策实施一年后的新增出生人数非常接近。尽管模型无法准确预测到全省最终出生人口数，但是较好地反映了单独两孩政策实施后出生人口增加的总体情况和趋势。从浙江省卫计委的有关审批人数中实际孕育的统计情况

---

① 彭伟斌、徐文平等：《浙江省单独两孩政策实施效果第三方评估报告》，2015年11月30日。

来看，也在一定程度上验证了本书模型的大致预测情况。在全省已批准对象中，已经生育的有5.79万人，占批准对象的45.71%；已孕到2015年年底前待出生2.19万人，占批准对象的17.26%。这说明至2015年年底，在所有已批准对象中会有六成以上生育。① 就是说，预计到2015年年底全省实施单独两孩政策后新增出生人口约为5.4万人。如果这个数据反映的是实际情况，考虑到这是单独两孩政策实施22个月后的最终新增出生人口数，则说明本书预测的最终新增人口数还是偏乐观了。

无论是数学模型推导还是问卷调查结果分析都显示，在单独两孩政策实施后，浙江不同年龄段的育龄妇女应对新生育政策的敏感度和反应度上有较大的差距。对新政策的总体反应可简要归纳为"60后很绝望""70后很纠结""80后无所谓"。总体上来看，单独两孩政策敏感人群的年龄偏大。实际上，生育意愿越强，政策的敏感性就越高。从浙江省已审批对象的年龄构成来看（见表9-3），育龄妇女年龄为25—34岁的占83.28%，成为单独夫妇意愿再生育的主要群体；35周岁以上占11.45%，申请和审批数量占比高但实际生育意愿较低的女性年龄大多在40周岁以上。这些对象尽管已过了最佳生育期但希望通过及时的申请获得再生育的机会。② 这一年龄组中，有关政策内人群出于自身健康体质等原因，部分实际上已基本丧失生育能力，故此年龄段申请比例最低，仅4%左右的家庭提出了再生育申请。笔者参与问卷调查的一组统计数据则显示了不一样的结果③，两个相对较高年龄组的政策内育龄妇女申请审批的比例比月度监测数据要高，24岁及以下人群获得审批的比例反而较低，这说明高龄组的政策内育龄妇女对新政策的敏感度实际上是比较高的。这部分人生育意愿最强，但是生育顾虑最大，因为政策来得太晚，这部分原本愿意生育且能生育的政策内育龄妇女因为对高龄生育的担心而变得"不敢生"，另外有一些原本不符合政策的育龄妇女，由于先前的意外怀孕而变得"不孕不育"，即使在政策放开后获得了政策内再生育的合法权利，却存在"生不出"的现象。由于女性的最佳生育年龄是在23—27岁，30岁以后生育孩子是一种高危行为，40岁以后优生率更是大幅下降，因而35—40岁的育龄妇女实

---

① 浙江省计划生育基层指导处：《浙江省实施单独两孩政策的统计监测情况报告》，2015年9月25日，第3页。

② 浙江省计划生育基层指导处：《浙江省实施单独两孩政策的统计监测情况报告》，2015年9月25日，第2页。

③ 彭伟斌、徐文平等：《浙江省单独两孩政策实施效果第三方评估报告》，2015年11月30日。

际再生育率会低于审批率。对政策最敏感人群因为错过了最佳的生育年龄，新政策无法对他们产生最优的激励效应。因此，从趋势上来判断，笔者认为随着时间的推移，随着部分育龄妇女选择退出生育行为，育龄妇女的生育意愿会逐渐下降，单独两孩政策的实际作用空间将进一步降低。

实证调研结果同样显示出在影响生育的多重因素综合影响下，单独两孩政策的效果显得后劲不足。实际上，进入超低生育率时期，随着社会经济的进一步发展，影响浙江育龄妇女生育的因素实际上非常复杂（见图 9-16）。

表 9-3 　 单独两孩政策实施后浙江分年龄段家庭再生育审批情况

| | | 合计 | 女方年龄分布占比 | | | | |
|---|---|---|---|---|---|---|---|
| | | | 24 周岁及以下 | 25—29 周岁 | 30—34 周岁 | 35—39 周岁 | 40 周岁及以上 |
| 政策内目标人群数 | 全部 | 691574 | 83844 | 286304 | 218899 | 71635 | 30892 |
| | 已育一孩 | 553344 | 41306 | 211045 | 202390 | 68795 | 29808 |
| 已审批人数 | | 126701 | 5749 | 48551 | 55434 | 15781 | 1187 |
| 所占比例 | 全部 | 18.32 | 6.86 | 16.96 | 25.32 | 22.03 | 3.84 |
| | 已育一孩 | 22.90 | 13.92 | 23.01 | 27.39 | 22.94 | 3.98 |

资料来源：浙江省计划生育基层指导处：《浙江省实施单独两孩政策的统计监测情况报告》，2015 年 9 月 25 日。

对受调查的样本人群再生育一孩的分析结果显示，生育政策性因素的影响实际上很小。与有男孩、孩子反对等媒体上大肆宣传的结果完全不同，担心生活质量下降、收入因素、无人照料等因素实际上对生育行为的选择影响是最主要的。除了因年龄"不敢生""生不出"的影响外，城市化、受教育程度以及生活成本水平的提高等多种因素的作用，从而造成政策内人群"生不起""不敢生""不想生"。对问卷调查的分析结果显示，在选择放弃生育的政策内人群中，农业人口只占到 32.3%，而非农业人口却占到 67.7%。对于城镇非农业人口来说，单独两孩政策的实施本来意味着重大利好，但是由于城市住房和教育等成本较高，再生育将会显著影响生活质量，故而，许多非农业人口选择了放弃再生育，这使新政策难以有效促进城镇人口生育率提升。

再生育影响因素

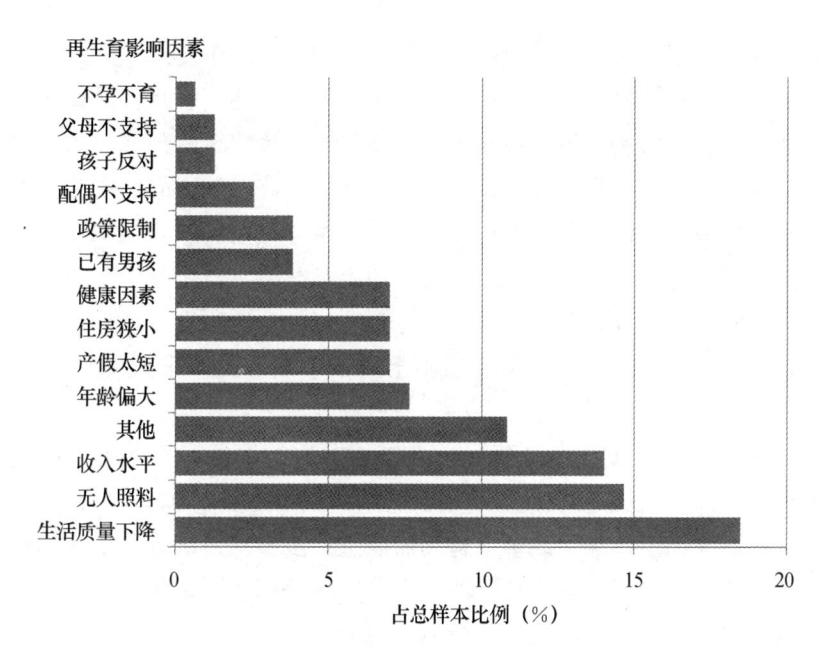

- 不孕不育
- 父母不支持
- 孩子反对
- 配偶不支持
- 政策限制
- 已有男孩
- 健康因素
- 住房狭小
- 产假太短
- 年龄偏大
- 其他
- 收入水平
- 无人照料
- 生活质量下降

占总样本比例（%）

**图9-16 影响家庭再生育一孩的因素比较**

资料来源：彭伟斌、徐文平等：《浙江省单独两孩政策实施效果第三方评估报告》，2015年11月30日。

受教育程度也深刻地影响政策内人群的生育意愿和生育行为。问卷统计显示，在提交再生育申请的样本人群中，大专/本科的比例最高，达到了60%，高中/大专的占申请比例的18%，小学、初中和研究生分别占1%、8%和6%。其实，申请者受教育程度较高主要是因为这部分人大多为体制内人群或是城镇人口，先前再生育受制于政策约束，单独两孩政策实施后，这部分人"抢生"的动机非常强烈。而从工作单位的性质来看，机关、事业单位以及国有、集体企业的单独家庭申请比较较高，达到44.68%。这其实也是单独两孩政策实施后的短期效应，这部分人群大多属于体制内人口，在现行生育政策时期属于非政策内人口，政策放开后也存在"抢生"现象，但是随着时间推移，新政策能够释放的再生育人口会逐渐下降。

上述分析表明，单独两孩政策在有效促进育龄妇女生育率回升的效果上并不如预期的那样明显。人们选择再生育变得越来越理性，浙江全省未出现也不会出现大量扎堆申请、生育情况。所谓受生肖影响再生育人口会显著反弹的说法是缺乏科学依据和实证基础的。在多重复杂因素的综合作用下，随着时间推移，单独两孩政策的实施效果会逐渐衰减。尽管各地都在积极认真贯彻落实单独两孩政策，但显然对政策执行的预期效果过于乐观，对浙江过低生育率的危害认识不足。目前，许多地方的基层计划生育干部的思维和观念仍停留在人口红利时代的生育控制，没有认识到生育政策调整时期的计划生育工作实际上比以前更难开展，也更重要。基层计生干部对人们实际生育率偏低的政策反应迟缓，在一定程度上也导致各地政府在思想、理念、方法、政策和措施上对于单独两孩政策的"遇冷"反应不及时和不重视，以至于在立法、考核和政策配套上存在严重的滞后现象。[①]"十三五"时期，浙江要促进人口长期均衡发展，必须大力促进生育率有效回升，这就迫切需要有效提升全面二孩政策的实施效果，卫生与计划生育系统也亟须深化改革，迫切需要进一步破除传统计划生育的僵化思想。江苏省由于无法获得单独两孩政策实施后的实际审批人数和实际孕育人数，故未做进一步的比较、分析与检验。

　　基于实践的检验，本书有关江浙人口发展前景的预测可在一定程度上为我国 2016 年启动的全面二孩生育政策提供一定的借鉴与反思，大致表现在两个方面：一是可前瞻性地预测生育率能否有效回升的问题，本书有关江浙两省实施单独两孩政策的人口发展前景展望，可在一定程度上反映出单独两孩政策作为一个过渡性政策以及 2016 年启动实施一对夫妻可以生育两个孩子的政策后，浙江人民的生育意愿、生育观念以及生育选择行为；二是可警示性提醒不可高估全面二孩政策的实施效果，本书研究所反映出来的部分政策内人群选择放弃再生育机会的现象，表明至少是在我国东部沿海省市，育龄妇女的生育模式已发生重大变化，各省市不应高估全面二孩政策的生育激励效果，要警惕生育观念的代际传导所形成的政策阻滞效应并提前做好防范，政府一定要把有效提升和激励生育率回升的计划生育工作提前部署到位。

---

① 彭伟斌、徐文平等：《浙江省单独两孩政策实施效果第三方评估报告》，2015 年 11 月 30 日。

# 第十章
# 新时期中国人口政策的完善和优化

启动实施一方是独生子女的夫妇可以生育两个孩子的政策，是中国现行生育政策在持续运转30多年后迎来的一次历史性的"重大调整与完善，开启了中国人口发展与计划生育事业的新时代"。① 在中国全面深化改革的历史新时期，调整与改革将是历史的主旋律，无疑也是未来中国生育政策进一步完善和优化的方向。单独两孩生育政策作为一个生育政策调整的过渡性制度安排，尽管有其特定的积极意义和历史作用。然而，本书的研究表明，从目前严重的人口结构性矛盾及随之而来的人口过程来看，这个政策有着其内在的历史局限性，根本无法承载起"促进人口长期均衡发展"这一重要的历史使命。本书认为，未来中国生育政策的走向，要契合历史发展的主旋律，已经不是调整或不调整，不是单独两孩政策或全面二孩政策的问题，而是需要超越当前的一些人口表象，从一系列意识、思想乃至制度层面实施根本的、深层的改革。

## 第一节 从人口表象回归人口真实

人口现象是一种复杂的社会经济现象，一个国家或地区在制定和执行人口政策时，首先应该透过人口现象，把握人口发展过程的客观规律性。很多人口现象是以人口问题的方式呈现出来的人口表象，而造成这种表象的内在原因和机制可能是非常复杂的，只有透过这个人口表象，从人口真实的深层找到政策作用的逻辑和途径，方可避免在处理人口问题时头痛医头脚痛医脚。当前中国人口政策的完善和优化，实际上面临多种人口表象的干扰。比如，中国总人口仍在惯性正增长，育龄妇女的目标群体很大，

---

① 陆杰华、张韵：《在全面深化改革背景下促进社会与人口均衡发展》，《中国社会科学报》2014年12月26日第A8版。

人们的生育意愿仍然很好，立即全面放开二孩生育政策会产生剧烈的人口冲击等。本书通过江浙人口政策的比较分析，发现其实很多这样的人口表象都是伪问题。如果政策制定者被诸如此类的人口表象所蒙蔽，那么即使政策调整可能也无法从根本上解决有关的人口问题。基于此，本书认为，未来中国人口政策的完善和优化，对有关人口问题的认识首先应该回归人口的两个真实上来。

　　首先，要重视回归人口的历史真实。所谓回归人口的历史真实，就是指要站在历史的视角理性审视人口增长到底是压力还是动力，在近现代世界经济发展与变迁的历史中，人口扮演的到底是助跑者还是拖累者的角色？从20世纪60年代全球家庭计划运动的历史来看，正是因为许多发展中国家将人口作为一个压力来认识，尤其是将人口作为"人均收入"滞后的一个主要原因，从而导致了其中一些国家出台了强制性的人口政策。

　　显然，决定人均收入的不仅仅是人口规模，还有国民收入的高低。但是在人口研究中，最受关注的是人口规模的变化。而在人口政策决策中，也将人口规模视为一个可以操控的变量。人口规模变化之所以重要，主要因为它影响可供人们利用的资源，而且具有代际性的影响。人口增长导致的人口规模增加以及与有限的资源之间的矛盾，导致马尔萨斯人口论者和反马尔萨斯人口论者之间长达两个多世纪的持续争议。显然，对人口增长的忧虑，大多基于资源压力和对贫困的恐惧。很多人认为，如果资源有限且不可再生，那么从长期来看，即使技术革新和创造发明也难以改变收益递减和贫穷的发生。但是，历史上的长期观测资料对这一观点提出了有力的质疑，即经济发展往往伴随着人口的增长。① 人类历史上很多经济繁荣时期，也是人口大规模增长的时期。实际上，早在20世纪70年代，库兹涅茨通过历史数据的实证分析就已经很好地理清了人口增长与经济发展之间的关系。他反问道："如果人类过去就是经济增长和社会增长的建设者，对知识和技术以及社会力量做出了巨大贡献，为什么更多的人类数量会导致更低的人均增产比率呢？无论对于既定生产模式下的商品还是对于新知识和新发明来说，更多的人口都意味着

---

① ［意］马西姆·利维巴茨：《繁衍——世界人口简史（第三版）》，郭峰、庄瑾译，北京大学出版社2005年版，第83页。

更多的创造者和生产者。为什么更多的人口不应该达到过去较少数量的人口所能达到的水平——增加总体产出，不仅为当前的人口增长而且为迅速增长的人均供给提供产品？"[1] 中国其实是这一论断的最好佐证者：改革开放后中国人口不断增长，产出也在不断增加，人口增长与经济发展相得益彰，创造了人类经济发展史上的新奇迹。这不能不说是一个极有说服力的现实证据。

"人均收入"在现实经济生活中确实是一个重要的经济变量，但是如果从人口的历史真实来认识，它其实就是一种人口表象。因为单单"人均收入"并非一个国家生育政策的令人满意的标准。因为它本身意味着完全违反许多国家意愿的政策。更明确地说，能够使短期内人均收入增长得到最大限度的出生率，并不能使长期的人均收入也增长到最大限度；而且即使从短期看，"人均收入"标准也显然违反大多数人的抉择。[2] 从 2014 年的人均收入水平来看，中国是美国的十分之一，但是美国的人口出生率要高于中国。在中国人口如此老龄化的情况下，如果我们还抱着幻想希望通过继续控制人口增长，显著降低中国人口数量从而缩小中美人均收入差距，那是一种值得提防的发展幻觉。因此，中国未来人口政策的完善和优化，应该彻底从对人口规模的恐惧中走出来，从对人均收入的迷信中走出来，扎扎实实树立以人为本的思想，切切实实地将人视为一种宝贵的资源，一种经济增长的动力。计划生育是"人口问题"阴影的制度安排[3]，如果人口政策的调整和优化不能从这种阴影中完全走出来，中国的人口政策就谈不上有根本性的转变与进步。

其次，要重视回归人口的科学真实。所谓回归人口的科学真实，就是将人视为一个独立的合法的个体，在人口统计学上以真实的数据反映和体现出来，不漏报，不瞒报，不多报，也不少报，是多少人就是多少人。统计学证实了历史事实遵从不变的规律，而历史事实是原因的不变结果，用

---

[1] S. Kuznets. Population, Capital and Growth. Norton, New York, 1973: 3.
[2] [美] 朱利安·L. 西蒙：《人口增长经济学》，彭松建、周维、邱沛玲、蔡文眉、胡键颖、李运宽、王德中、南钟万译，北京大学出版社 1984 年版，第 512—513 页。
[3] 梁中堂：《计划生育是"人口问题"阴影的制度安排——〈现行生育政策的决策体制与机制研究〉的结束语》，梁中堂的网易博客，2014 - 12 - 08，http://liangzhongtang.blog.163.com/blog/static/1094 2650820141181 01251262/。

来如此突出地强化该学说证据的考虑，同样能把它从各种各样的误解中清理出来。① 比如，中国的生育率到底有多高，一直以来在官方和学术界有很大的争议。2000 年后，国家人口计生委已不再着力查清出生漏报情况，而是转向依赖于对出生漏报和生育率进行间接估计。然而，无论采取何种途径，中国实际上已陷入"见到低生育率统计结果→归因于漏报并调高生育率估计→继续严格的生育控制→再次见到低生育率统计结果"的人口统计的怪圈。② 如果尊重统计事实，那么全国人口普查数据无疑最为可信。2010 年第六次全国人口普查数据，印证了 2000 年第五次人口普查的生育率是可靠的，平息了长达 20 多年有关中国生育率的争论，这是第六次全国人口普查最大的历史贡献。当然，也应该承认 1982 年、1990 年两次人口普查所反映的历史真实和权威性，有学者认为今后数十年都应该以这两次普查为坐标。③ 从人口的科学真实来看，人口普查尽管并非完美无缺，也存在一定的数据失真问题。但是，如果有关的学术修正偏离了学术真实的道路，将 1.22 的生育率修改为 1.8，将 1.18 的生育率修改为 1.6，那一定不是人口的科学真实。"专家推算的参考价值"在逻辑上有问题，捡了芝麻，丢了西瓜，降低了普查质量。④ 一个国家花费了巨额的投入来进行全国性的人口普查，如果人口普查的最终数据得不到认可，甚至随意篡改普查数据来证明和强调维持计划生育的必要性，那么，经过这样修正和处理过的人口普查数据将误导国家许多决策，那真是国家的悲哀和不幸！中国未来人口政策的完善和优化，只有真正回归人口的科学真实，充分尊重认可全国人口普查结果，才能在破除各种各样的人口数据迷雾中把握正确的航向。

人口政策作为公共政策，其目标的确定和策略的推进应该建立在科学的人口数据基础之上。但是恰恰是这一点在中国无法做到。目前，有关中国的生育数据仍然存在巨大争议，除了数据本身的质量外，与中国记录生育数据的机构也存在关系。中国公安系统、计生系统和统计系统各自有一套生育数据，但三种数据之间存在差异，有时

---

① ［英］约翰·斯图尔特·密尔：《精神科学的逻辑》，李涤非译，浙江大学出版社 2009 年版，第 119—123 页。
② 郭志刚：《警惕"人口控制"矫枉过正》，《中国改革》2010 年第 5 期，第 8 页。
③ 易富贤：《大国空巢：反思中国计划生育政策》，中国发展出版社 2012 年版，第 143 页。
④ 同上书，第 142、143 页。

候这种差异甚至还相当大。① 长期以来，中国人口统计数据不仅存在多部门数字"打架"现象，即使是在同一部门也有同一时期人口统计数据前后自相矛盾的地方，甚至还出现了人口数据多年不变的奇怪现象。其中，最有代表性的总和生育率数据，从20世纪90年代一直到2006年，原国家计生委一直坚持总和生育率是"1.8左右"。专家认为，这样一个宽泛的数据，无形中使总和生育率从"变数"变成了一个"常量"，失去了它作为观察生育趋势风向标的效用。② 这种无视人口数据的真实性以及数据分析的可靠性，甚至将数据改动为粉饰门面或是证实政策必要性的工具，不仅严重影响人口政策决策的科学化进程，而且还干扰了人口学作为社会科学研究的质量和水平。更糟糕的是，一些其他的公共政策或许就是建立在这样的人口数据或者人口分析之上，也有一些公共决策甚至压根就没有考虑人口因素。在地方政府各类规划中，人口规划时常被边缘化，与产业、经济和社会发展规划严重脱节。加之一些人口学者严重脱离实际，将客观的人口变动过程和结果主观化和臆断化，30多年来，一个又一个事关国家社会经济发展的重大人口测算或预测产生了严重的误导。比如，有人在2006年用1990年的人口普查推算出未来几十年中国人口发展的态势，完成了国家人口发展战略。③ 第六次全国人口普查结果表明，中国以往人口估计和预测存在严重失误，总人口的增长远低于以往人口预测和规划的水平。④ 2007年1月发布的《国家人口发展战略研究报告》曾认为，中国总人口将于2010年、2020年分别达到13.6亿人和14.5亿人。但是，国家统计局的公报却显示，截至2010年年底，中国总人口为13.41亿人，比报告预测少了1900万人；2012年年底也只有13.54亿人，还是低于预测的13.6亿人。作为国家级的预测报告，距离实际值有如此大的偏差，说明预测很不科学。暂不论政府职能部门与理论研究工作者之间的相互误

---

① 李通屏：《扩大内需的人口经济学——人口转变、人口政策影响经济增长可持续性研究》，商务印书馆2012年版，第19页。

② 文晔：《13亿：难解的方程式》，《中国新闻周刊》2007年3月19日，第31页。

③ 梁中堂：《我国可能出现的补偿性生育究竟有多少？——政府部门说话不可以信口开河》，梁中堂的新浪博客（http: //liangzhongtang. blog. 163. com/blog/static/10942650820146200293957/2014 – 07 – 19）。

④ 郭志刚：《六普结果表明以往人口估计和预测严重失误》，《中国人口科学》2011年第6期，第2—13页。

导对国家长期社会经济发展带来的不利影响,从现实来看,这种相互误导已经在不少中国人头脑中形成了根深蒂固的负面影响,即被误导者为误导者摇旗呐喊:应警惕中国人口反弹,基于中国人口多、资源少等多方面的考虑,中国应该长期坚持计划生育政策不变。更糟糕的是,这种误导已经产生了代际传导和路径锁定效应,已经形成为中国调整和完善生育政策的政治噪音。

　　实际上,由于人口与制度上各种因素相互影响的复杂性,要非常准确地对发展问题进行描述,比用计算机建立人口经济模式更困难。同样,当人们对发展作以上理解时,要对人口迅速增长的不利影响提出严密的科学证明,也是非常困难的。① 尤其是对于刚刚从"文革"中走出的中国而言,无论是经济学还是人口学抑或是自然科学领域的研究,要大大落后于西方,在当时的发展条件下要采用所谓的控制论方法对中国未来人口发展做出准确的百年预测是不可能的。但这件事情还是有人这么去干了,以至于正直的人口学家本着科学精神将他们斥为"江湖骗子"②。

　　在不同历史时期内,随着时间的推移,人口处于不断运动和发展之中。在不同地域范围内,由于生产力发展水平不同,社会经济文化条件不同,作为社会群体的人口,不论数量还是质量都会不同。③ 从现代中国人口发展的历史进程来看,毛泽东时代生产和积累了巨大的人口能量,邓小平、江泽民、胡锦涛时代让这个人口能量彻底释放并创造了举世瞩目的成就。但是,邓小平、江泽民、胡锦涛主政的三个时期并未保持住这种强大的人口势能,相反以强行计划生育遏止人口发展。因此,到了习近平、李克强主政的时代迎来了一个少子老龄化的时代,迎来了一个后生短缺的"荒"时代,不可避免地进入衰退。④ 实际上,任何人口都是历史发展的产物,同时也是未来历史发展的起点。目前,中国社会的生产条件与20世纪70年代相比,已有显著的差异,用同一个政策来解决不同历史条件下的人口问题,这本身就是马尔萨斯主义的机械套路。

---

① [美]托马斯·梅里克等:《世界人口转变》,何晓勤、步金玲、严春松译,上海图书情报中心1987年版,第40页。
② 梁中堂:《人口研究与江湖术士》,自印本,上海,2014年8月19日,第10页。
③ 刘铮:《人口理论教程》,中国人民大学出版社1984年版,第12页。
④ 李建新:《微言集——言必计划生育(42)》,李建新的搜狐博客(http://lijianxinpku.blog.sohu.com/257126129.html/2013-03-11)。

社会规律的客观性不在于它与任何人的意识或意志无关,在于它不以任何个别人的意志为转移。社会现象是千百万有意识的人活动的结果,个别人的意志不可能与千百万人活动的结果相对抗。但社会现象必定会由于千百万人意识的改变而变化。① 今日中国在觉醒,中国人民的自主意识也在觉醒。这给传统的生产关系和上层建筑带来新的挑战,作为公共政策的重要组成部分,人口政策调整和优化不仅要更好地满足人民的需求,为人的发展谋取更大的福利,而且必须顺应社会发展的客观规律。

中国在很短的时间内取得了人口控制的"成就",在20世纪90年代初生育率就已经降到了更替水平以下。尽管现在就中国是否完成了人口转变学术界还存在一些争论,但中国人口低生育率、低死亡率和人们生育意愿的下降已是不争的现实。如果说强制性的计划生育政策启动了中国人口生育率的下降,那么,低生育水平的实现则主要是社会经济发展、现代生育文化传播的结果。20世纪70年代生育率的大幅度下降、80年代生育率的波动和90年代生育率降到更低水平反映了生育政策等外部动力影响的局限性和社会经济发展、现代生育观念确立等内在动力的决定性意义。② 正因为如此,用一个30多年前的生育政策来继续维持和调控未来的中国人口,这显然是对马克思主义的教条化。今日持续失衡的人口态势必将为中国未来社会经济发展埋下巨大的隐患。

显然,在当前中国社会经济持续发展的背景下,继续视人口为社会经济和国家发展的包袱,既不符合中国的真实国情,也与马克思主义经典著作的理论精神和科学方法相违背。以控制人口增长为目的的强制性计划生育政策执行过程中所产生的一些教条主义、形式主义的提法及做法,正在损害马克思主义的声誉,粗暴地践踏了人民的自由生育权,也破坏了人口再生产的健康运行机制,不利于"中国梦"的实现。因而,国家人口政策的制定和执行,亟须回到人口的历史真实和学术真实上来,回到人口生物属性和社会属性发挥作用的统一过程中来。面对紧迫的现实生育需求以及随着中国城乡居民在离婚、婚前性关系、婚外恋、同居、同性恋、晚育

---

① 张旭昆:《思想市场论——分析知识产品演化的一个模式:以经济学为例》,浙江大学出版社2000年版,第186页。

② 蒋来文:《"欧洲第二次人口转变"理论及其思考》,《人口研究》2002年第3期,第49页。

或不育以及两性关系等方面的态度和行为正在呈现出来的令人吃惊的变化，中国一些地方，尤其是东部经济较发达地区正在出现的类似欧洲的"第二次人口转变"，人口政策的调整和转型已显得刻不容缓。国家应该尊重中国国情和现实"世情"，遵行人口再生产的客观规律，争取在社会转型的关键时期，完成人口理论形态、思想认知、实际政策上的相应转型和提升。

## 第二节 从短时段回归长时段

事实上，大多数人和所有社会总是为关心尚未出生的人而努力的。政府总是把公共工程看成百年大计，显然也是为未来的后代人考虑的。所以，把未出生婴儿放在考虑之列是人们生活中的基本事实，而且因此也无疑需要同时考虑人口增长率对经济增长的长期和短期的影响。[①] 然而，关于人口增长对经济发展的长期影响，严格来说，人类仍缺乏深入的认知，更多的是被人口增长所带来的短期效应表象所牵引，而且对这种短期效应的关注与反应显然已经影响到许多发展中国家人口政策的制定和演进。人口学家西蒙在批评科尔——胡佛有关人口增长和经济发展的研究结果[②]时曾提出要关注长期人口效应：一个国家对于个别年份或个别20年期间，在其他条件不变的情况下，它将有多大规模的人口是无法选定的。确切地说，现在的人口较多，只是可能意味着50年后的人口规模会更大。因此，在一个孤立的短时期内去观察一个模式，是很难有什么重要意义的。而且，长期显然不是将一连串短期模式首尾相接地连成一串，至少在评论人口增长的经济学时如此。虽然最初人口增长对经济福利有负作用，但几十年之后，这种作用可能变成正的。这个结果使得库兹涅茨对作为知识创造者的人在现代经济增长中的作用这一理论进行数量分析[③]向前迈出的重要一步。因此，如果采用人口控制并成功地防止生育，即使事后证明是有效

---

[①] [美]朱利安·L.西蒙：《人口增长经济学》，彭松建、周维、邱沛玲、蔡文眉、胡键颖、李运宽、王德中、南钟万译，北京大学出版社1984年版，第613—614页。

[②] [美]A.J.科尔、E.M.胡佛：《低收入国家的人口增长和经济发展》，1958年。

[③] [美]西蒙·库兹涅茨：《现代经济增长中的人口问题》，1965年；西蒙·库兹涅茨：《各国的经济增长》，哈佛大学出版社1971年版；西蒙·库兹涅茨：《人口与经济增长》，《美国哲学学会的预测》1967年第3期，第170—193页。

的，但如果人们相信新增加的人类生命具有价值，那么有些生命由于不必要的防止而不出生，那就是一种明显的损失。①

　　许多发展中国家或地区的人口政策都是由于担忧和害怕本国或地区人口过快增长而出台的，也就是基于一个人口增长的短期效应而做出的一个制度安排。然而，人口过程是一个动态而具有连续性的历史过程。在历史的进程中，唯一不变的只有变化本身。②科学研究的物质世界的结构和行为并不随时间而变化，而时间将极大地改变物质世界中人口的每一个重要特征。③中国以控制人口为目的的强制性计划生育已经并正在成为历史。对于这一历史问题，我们必须基于历史的视角来加以分析。在任何时候，如果我们面临一架马力强劲的政府机器，我们都不应该从统治者的特殊地位里寻找原因，而应该从他们所统治的社会性质里去寻找原因。④美国著名经济史学家安格斯·麦迪森一直坚持强调"有必要采用一种长期的、比较的方法来理解当代中国"⑤。对于现当代中国人口政策的调整和变化，如何跳出历史事件的短时段，从长时段的大历史观来理性看待，对于未来中国人口、社会和经济的可持续发展至关重要。作为公共政策的决策者来说，政府应该对中国人口发展变动的长期趋势以及其具有客观规律性的社会经济影响拥有正确的认知，并基于这一认知制定长期性和普适性的人口政策。

　　二战后，世界粮食供应与疾病控制都有了明显改善。经济发达国家先行拥有的技术传播至世界各地。那些生活在传统世界的人们，对饥荒和流行疾病有了初步认识，并且不甘继续忍受其折磨。其结果是在死亡率和预

---

① ［美］朱利安·L.西蒙：《人口增长经济学》，彭松建、周维、邱沛玲、蔡文眉、胡键颖、李运宽、王德中、南钟万译，北京大学出版社1984年版，第167、293、615页。

② ［美］杰克·戈德斯通：《为什么是欧洲？世界史视角下的西方崛起（1500—1850）》，关永强译，浙江大学出版社2010年版，第 i 页。

③ ［英］特伦斯·W.哈奇森：《经济学的革命与发展》，北京大学出版社1992年版，第393页。引自张旭昆《思想市场论——分析知识产品演化的一个模式：以经济学为例》，浙江大学出版社2000年版，第186页。

④ ［法］埃米尔·涂尔干：《社会分工论》，渠东译，生活·读书·新知三联书店2000年版，第155页。

⑤ ［英］安格斯·麦迪森：《中国经济的长期表现——公元960—2030年》，伍晓鹰、马德斌译，王小鲁校，上海人民出版社2008年版，第1页。

期寿命方面引发了一场名副其实的革命。① 实际上，20世纪50—70年代发展中国家普遍发生的人口剧增，并不是发生在真空里，它总是整个政治、经济、社会变化的一部分。回溯更远一点的历史，我们不难发现，欧洲的人口剧增是伴随着工业革命出现的。人口增长并不单纯是多了些人，而且意味着更多的人要享受同样的生活水平问题。发展中国家的人口剧增开始之时，正是欧洲政治、经济殖民地在争得独立，努力提高自己生活水平，以求达到发达国家的水平之时。② 对于这段人口剧增以及由此引发的人口政策演进史，值得从长时段的视角来加以考察。欧洲历史学家布罗代尔曾一再坚持说，我们应该认识到，研究历史的主要途径就是将它视为一个长时段。这当然不是唯一的途径，但借助它，可以揭示出无论过去的还是现在的所有重大的社会结构问题。它是唯一一种能将历史与现实结合成一个密不可分整体的预言。③ 因为相对于缓慢的、层积的历史而言，整体的历史可以重新思考，正如要从底层结构开始一样。无数的层面和无数次历史时间的剧变都能根据这些深层结构、这种半停滞的基础得到解释。所有事物都围绕这个基础转。④

实际上，大多数社会已经做出控制生育过程的安排，而且对出生率和一般的人口增长的社会控制机制在一定程度上反映了符合整个社会制度职能的基本习俗安排。⑤ 尽管并非存在就是合理，然而，这些安排亦有其存在的理由。人口政策的演变及其在各个有关国家掀起的运动，伴随着全球化进程中文化的冲突与融合以及技术的进步，在形成符合特定国家社会制度职能的同时也组成了全球家庭计划运动的历史。对于这段历史的剖析和解读，如果执着于短时段考察，有可能会陷入认知的误区。对国家家庭计划运动以及中国计划生育的历史认知，既不能偏重于西方学术界的理解，也不能强调中国的特殊性，有必要超越民族、国家、文化以及意识形态来

---

① [美] 吉利斯、波金斯、罗默、斯诺德格拉斯：《发展经济学（第四版）》，中国人民大学出版社1998年版，第184页。
② [美] 托马斯·梅里克等：《世界人口转变》，何晓勤、步金玲、严春松译，上海图书情报中心1987年版，第20页。
③ [法] 费尔南·布罗代尔：《论历史》，刘北成、周立红译，北京大学出版社2008年版，第viii页。
④ 同上书，第36页。
⑤ [美] R. 莱斯太格：《论人类生育的社会控制》，《人口与发展评论》1981年第1期。引自北京大学经济人口研究室编《控制人口与经济发展》，北京大学出版社1982年版，第1页。

看待。历史没有假设，从大历史和长时段来看，中国强制性计划生育主导的人口政策无疑是全球家庭计划运动史的一个组成部分，解读这段历史以及判断人口政策的走向应该体现历史的超越性，而不应该被人口政策政治化的事件所诱惑。

由于人口政策的范畴要远远大于生育政策，对人口政策的理解和诠释应放在更为宽广的社会和经济大背景下去考察。事实上，我们就生活在历史中，这并不是说我们现在的经历将成为历史，而是指我们身边的每一件能够被言说、被体悟的事情，如果不能够获得历史解释，它就无法进入理性的思索之中[1]，这必将影响我们未来的历史进程。在数千年的历史长河中，20世纪的国际家庭计划史仅仅是世界生命的一个瞬间。假使不将这一瞬间嵌入支配着一般运动的方向和速度的流逝着的时间里，那么这一瞬间是不可能被完全理解的。[2]

中国的人口政策从不清晰到目标明确，从严厉控制生育到仍有管制的调整，没有理由否认这几十年人口的快速增长及由此引发的人口政策安排与中国历史的中长期发展无关。中国的计划生育运动作为发展中国家在第二次世界大战后获得主权和民族独立后在国际上追求富裕和平等的过程中所开展的家庭计划运动的一部分，实际上体现了中国政府期待国家富强和民族复兴的强烈愿望。这种运动从人类生育的社会控制来看，在一种近似"人口自动平衡规律"[3]的过程中体现出特定社会制度背景下的资源占有和社会控制模式。显然，中国近代长达一个多世纪的苦难历史以及"人均收入"极低的现状，对新中国政府形成了强大的压力，并直接导致了现代中国历史开端时期的"大跃进"运动。从"文化大革命"社会经济崩溃的边缘到改革开放，新政府期待"人均收入"提高的意愿更强，加之"大跃进"极"左"思想未从根本上加以清除，以及新旧政府交替之际的权力斗争无暇顾及，导致严厉的"一胎化"政策这个历史小角登上舞台也就不奇怪了。尽管它演绎了一个时期，但是，如果从历史发展的长

---

[1] 张文杰、陈新：《历史的观念译丛》总序二，见［法］费尔南·布罗代尔著《论历史》，刘北成、周立红译，北京大学出版社2008年版，第iv页。

[2] ［法］费尔南·布罗代尔：《论历史》，刘北成、周立红译，北京大学出版社2008年版，第164页。

[3] ［美］R. 莱斯太格：《论人类生育的社会控制》，《人口与发展评论》1981年第1期。引自北京大学经济人口研究室编《控制人口与经济发展》，北京大学出版社1982年版，第10页。

时段来看，它绝非历史发展的主流。

在过去的十多年中，一批两栖经济史学者与社会史学者围绕世界历史展开了一些新的、令人惊异的争论。其中有一部分人①认为，西方崛起可能只是一个短期的暂时性现象，因为类似中国这样的国家在经济领域正在赶上甚至超过西方国家。近代以来，衰落的中国确实是一直在探索一条适合自己走的路。如果将探索民族独立和国家繁荣富强作为伟大的复兴之路的话，庞大的人口规模无疑奠定了现代经济增长的基础。从长时段来看，人口政策的探索和其他公共政策一起成为中国复兴大历史的一个组成部分。中华文明传承从未中断，尽管在历史进程中面临多个困境，但是它一直屹立不倒。历史学家汤因比曾说，一个文明只有当它面临无论是自然的还是历史的，但必须加以克服的困难时才会有活力。②

从人口史来看，也许这段历史真实地记载了中国正在从长时间的"人口过剩"中解脱出来。一些发达国家经历同样的解脱过程花费了1个世纪甚至是更多的时间，但是在中国，它却是极速而短暂的。从大历史来看，也不应该认为这很特殊，因为在全球化的进程及世界融合要比以往快得多。因此，对中国人口政策的解读不仅要从人口经济学、人口统计学、人口政策学等诸多角度综合理解，还应该从历史人口学以及更多其他人文社会科学来理解。质言之，人口学需要其他人文社会科学作为辅助学科，同时也是其他人文社科科学的辅助学科。在五千年历史文化时期中，生育的决策权一直为家庭所拥有并衍生出多样化的生育文化，为什么在20世纪中国向现代化和更高文明迈进的一个短小时期内，传统的生育文化受到如此大的冲击和影响，以至于被纳入一个国家的公共政策进行严格的管制，甚至上升为基本国策的层面来约束家庭的生育决策。这需要准确地理解国家的生育文化及其人口政策抉择，需要开展人文科学之间的对话。正如布罗代尔所倡导的那样，要准确认识"文化的"整个范围，需要进行"磋商"，要使所有的人文科学都聚在一起，无论是传统的还是新

---

① 这些历史学家包括彭慕兰、王国斌、杰克·戈德斯通、李中清、丹尼斯·弗莱恩、马立博、已故的贡德·弗兰克和詹姆斯·布劳特、约翰·霍布森、杰克·古迪等，因为他们大多都在加州大学任教，有时就被称为"加州学派"。引自［美］杰克·戈德斯通《为什么是欧洲？世界史视角下的西方崛起（1500—1850）》，关永强译，浙江大学出版社2010年版，第 ii 页。

② ［法］费尔南·布罗代尔：《论历史》，刘北成、周立红译，北京大学出版社2008年版，第217页。

兴的，无论是哲学家还是人口学家或统计学家。① 因此本书的论述显得不够宽广和完备，但也为更成熟的认知指明了一个清晰的方向。

从某种程度上来说，中国以强制性计划生育严控生育的人口政策对国家和民族所造成的影响，可能比"文化大革命"还要深远，因为人口政策作用的时间更长，深入最微观的家庭层面，甚至产生了代际性的难以逆转的影响。制度经济学家张五常讲历史是最终的裁判。笔者则认为，对于人口政策演进的历史诠释要避免陷入历史决定论。对于人口政策学的研究，也有必要基于长时段的视角对人口学研究的材料和基本取向进行考察。正如海潮开始上涨是因为先前的退潮为它作了准备并使它成为必要，如果将人口政策的出现与调整视为历史长河中的浪潮的话，那么，中国强制性计划生育政策的浪潮在它逐渐淡出历史舞台将要衰退之际，且不去评论它的功过是非，我们没有理由不相信一个完全自愿性的甚至是激励性的人口政策浪潮不会到来。笔者所期待的是，我们的政策不要从一个极端走到另一个极端，对于国民的生育行为，笔者认为最好的方式就是政府尽可能不要去干扰。生儿育女对于家庭来说，本来是件自然而简单的事情，但是在中国，却搞得很复杂。这充分说明，我们的国家和民族亟须理智和文明的进步。在历史长河中，人类的理智性要素，包括其中表现出的信念的本质、知识量以及他们智力的发展，在决定他们的进步方面是占主导作用的条件。密尔曾说，理智上的变化在历史上才是最引人注目的原动力。②

## 第三节　从政府决策回归家庭决策

约翰·穆勒曾说，让人类按照他们自己认为好的方式生活，比强迫他们按别人认为好的方式生活，对人类更有益。③ 在讨论人口的全面增长时，如果我们忽视了人类的自由和幸福，那么我们为增加人口而采取的措施就会变得软弱无力，毫无作用。如果我们忽视了实质性的东西，它们只能使我们浮于表面，追逐幻影。在日益衰亡的状态中，它们只能使我们糊

---

① ［法］费尔南·布罗代尔：《论历史》，刘北成、周立红译，北京大学出版社2008年版，第230页。

② ［英］约翰·斯图尔特·密尔：《精神科学的逻辑》，李涤非译，浙江大学出版社2009年版，第125页。

③ 耿兆锐：《文明的悖论：约翰·密尔与印度》，浙江大学出版社2014年版，第1页。

弄出一些缓和物，而罪恶的根源却得以保存了下来。①

显然，在正常情况下，一个民主政府和文明社会，应该通过经济手段（如税收和财政补贴等）、思想文化、社会治理等多个层面来引导性地影响家庭的生育行为，而不是通过指令性的政府治理来对生育行为进行直接的干预。在"人口均衡型社会"的背后，国家有关职能部门不应将非常态的政策常态化。因为良好的公共政策不仅不会损害公共利益，反而会增加公共利益。在人口政策领域，政府的政策出发点不应为人民作主，规定人们生育几个或者不生育几个孩子，而是应该适应人们新的生育需求和愿望。实际上，在任何国家，人们的生育需求是多样化的，有的愿意多生，也有的不愿意多生甚至不愿意生，这就要求作为公共服务的供给上更为多元化、更有针对性和更有效率，这就要求作为公共政策的人口政策，更加要多元化，适应面要更加广。

实际上，任何控制生育的人口政策都有可能侵犯宪法所赋予公民的基本自由。② 一个家庭应该生育几个孩子，纯粹是一个私人决策的问题。就传统而言，这向来也是应当留给与之相关的夫妇们去选择的。这无论从历史的纵向比较来看，还是从国别的横向比较来看，无论是发展中国家还是发达国家，尊重生育的私人决策是作为家庭权利的基本规则。人口增长必然导致对衣食的更大需求，一些主张限制人口的论证，也的确很有说服力，但毕竟尚未达成普遍的共识，仍有一些重要的社会、政治和道德问题需要权衡。③ 正因为这样，作为一个文明和民主的国家，在探讨人口政策问题和进行公共政策决策时都显得格外谨慎，其基本的出发点必须是维护公民最基本的权利。

为了一个国家的经济发展，家庭和公民是否应该牺牲自己的基本权利，特别是在家庭强烈要求拥有生育自主权而政府采取强制性人口政策予以剥夺时，这不仅仅是一个深层的道德问题，也是一个严重的法律问题。权利的基本内容，是有权去做什么事情。一项权利并不是去享有一项权利

---

① ［英］亚当·弗格森：《文明社会史论》，林本椿、王绍详译，浙江大学出版社2014年版，第158页。

② B. P. Singh Sehgal. Population Policy and the Law. New Delhi：DEEP & DEEP PUBLICATIONS, 1992：x.

③ ［美］吉利斯、波金斯、罗默、斯诺德格拉斯：《发展经济学（第四版）》，中国人民大学出版社1998年版，第181页。

的权利,而是去享有某种别的事情,比如说食物或者自由的权利。基本权利是每一个人对自己的人性的最低限度的合乎情理的要求。它们是获得辩护的要求的合理基础,对它们的否定将导致人们不能够合乎情理地期待受到自我尊重。如果被牺牲的权利确实是基本的,那么在基本权利缺失的情况下,其他的权利是不可能真正被享有的。这种牺牲,只能是自我挫败。①

强调家庭生育自主权的回归,不仅仅是还家庭的基本权利,而且是中国应对老龄化冲击的迫切需求。刘骥博士提出,"把'家庭'找回来"②,笔者则认为,还应该让家庭大起来。必须认识到,家庭是一个往复替代的代际循环过程。如果家庭规模过小,家庭成员将不断缩量化,这将影响中国家庭的延续和发展。在传统文化体系下,家庭成员间有强固的家庭凝聚力。长期以来,家庭养老特别是子女养老是维系中国养老体系的基石。在大家庭内部,各代人之间的利益紧密关联,经常产生为了家庭成员不惜自己利益受损的"利他"行为。③ 家庭小型化和微型化发展的结果,必然是动摇中国这个传统的基石,所撼动的是中国传统以来牢固的养老体系,这对尚未建立完善现代养老体系的中国而言,其负面冲击不言而喻。有关农村养老情况的调查研究显示④,计划生育家庭对于养老的担心程度明显高于非计划生育家庭。其中,表示"养老生活来源难以保障"的计划生育家庭比例为79.5%,而非计划生育家庭是61.5%;85%的计划生育家庭"担心老来没钱治病",而非计划生育家庭的这一比例只有44%;75.6%的计划生育家庭"害怕老来无人照料",只有45.1%的非计划生育家庭对此表示忧虑。显然,对于江浙这样的全国计划生育"先进"地区,随着老年型社会的加速到来,计划生育家庭尤其是"失独家庭"的养老问题可能比其他"落后"地区更为严重,在家庭规模越来越小型化的趋势下,

---

① Henry Shue. Basic Rights: Subsitstence, Affluence, and U. S. Foreign Policy. Princeton: Princeton University Press, 1980. 转引自徐向东《全球正义》,浙江大学出版社2011年版,第93—97页。

② 刘骥:《阶级分化与代际分裂——欧洲福利国家养老金政治的比较分析》,北京大学出版社2008年版,第10页。

③ 孙鹃娟:《家庭利益最大化:认识农村留守老人的根本》,《中国社会科学报》2014年7月25日第A8版。

④ 葛守昆、李慧:《江苏计划生育家庭养老问题及政策建议》,《人口与经济》2013年第1期。

解决好计划生育家庭尤其是"失独家庭"的养老问题迫切需要提上议事日程。

在低生育水平影响下，未来中国人口难以再度年轻化，从应对人口老龄化角度，国家更需要从经济、社会和制度设计上实施重大调整和改变。不同于年轻型社会和增长型社会，老龄化社会除了需要延长退休年龄、放开二孩生育政策外，国家还应该改变思路，具体制定一些特定的家庭政策。家庭是社会发展的基本细胞，对社会影响很大，比如留守儿童、流动家庭、留守老人还有"失独家庭"等，包括养儿、育儿、生育成本太高的问题等都与家庭密切相关。如果鼓励家庭维持在一定的规模，对中国的经济社会则大有裨益。因而，制定有利于家庭发展的政策，也是应对老龄化的重要政策内容。[①] 过去，国家的人口政策重点在于控制生育率，对养老问题关注不够，在家庭小型化和人口加速老龄化的背景下，目前国家的养老供给服务离老年人的养老现实需求仍有相当大的差距。现在的居家养老确实有了很大的变化，很多老人一个人躺在床上无人照料的情况也并不少见。因而，迫切需要国家在制度设计上考虑到老龄化发展的需要。在经过多年的计划生育之后，现在中国的劳动力参与率在下降，一方面小孩受教育年限延长，推迟了进入工作的时间，另一方面又有大量人口陆续进入退休年龄。延长退休年龄以及推行十二年义务教育，加大对人力资本的投资等，这些都是不得不面对和需要考虑的问题。因此，未来政策的调整，国家需要一个顶层设计来完善并引导人口政策现实地解决人口老龄化问题，人口政策需要考虑到家庭的现实需要，解决人口变化所带来的教育、医疗、养护等更多涉及社会经济可持续发展的深层问题。实际上，养老是贯穿人生的事情，日本人从40岁就开始考虑养老问题。中国也应该有一个国家层面的递进式的养老保障体系，从人生阶段来设计养老保险，既要满足人们基本的养老需要，又能解决更深层次的养老需要。这实际上需要一整套针对家庭的制度设计和政策安排。

尽管马尔萨斯主义的人口控制确实降低了家庭的生育率，但它的效用是有限的。实际上，决定性的人口控制是自愿的控制。来自世界银行的调查报告显示，即使是在许多贫困国家，导致妇女平均生育数量从传统水平

---

① 尹文耀：《"中国重大战略性人口科学与政策问题"研讨会综述》，《中国人口科学》2014年第6期，第122页。

降到更替水平的婚龄、哺乳期、避孕药具的普及、中止妊娠的次数等因素是多元的。① 强制性的计划生育干预措施尽管简单或显得更具有抑制力，但是它并非最优的政策工具，1974 年在布加勒斯特联合国世界人口会议上，印度官方就曾明确提出"发展是最好的避孕药"。在发达国家，法国是第一个自愿节育的国家，早在 18 世纪，自愿节育首先影响到法国上层阶级，然后影响到整个民族。② 尽管没有采取强制性的计划生育，但是法国即使在发达国家中也是较早完成转型的国家。

在追求工业化、经济力量和现代化的过程中，国家应该注意公民的意愿和要求。人民是一种资源。需要开发他们的生产力，如同需要开发土地和资本设备的生产力一样。人民需要吃得好、接受训练、受到激励，甚至使他们感到自豪。因此，决策必须注意他们。③ 公民的意愿在决策中至关重要，我们没有理由相信由少数政治领导人和"人口学家"能够比家庭做出更好的生育决策，因为公民的能力往往超出决策者的想象。家庭作为人口再生产的最重要的组织，不仅充分体现公民能力，而且也能够做出最优化的生育决策。

实际上，一个普遍化和结晶化的生育模式形成，并非一朝一夕的事情。而一旦它形成了，就会形成一种固化效应，要想再改变它也不是一朝一夕的事情。长期和持续的超低生育率将危及一个民族作为一个物种的延续。"不孝有三，无后为大"的儒家信条，对于一个家庭来说可作为封建思想来加以批判，但对于一个民族整体来说，却是千真万确的真理。④ 从传统经济学意义上看，家庭是一个国家或地区的三大宏观经济主体之一，家庭的规模、人口再生产能力、物质再生产能力以及消费再生产能力对宏观经济的发展至关重要。一旦通过计划生育改变了家庭的一些重要的传统功能，而有关的社会配套功能又无法跟上，难免会造成许多的社会危机与问题。目前，中国的家庭规模变得越来越小，在计划生育以及经济与社会

---

① ［意］马西姆·利维巴茨：《世界人口简史（第三版）》，郭峰、庄瑾译，北京大学出版社 2005 年版，第 176—182 页。
② ［法］费尔南·布罗代尔：《论历史》，北京大学出版社 2008 年版，第 162 页。
③ ［美］查尔斯·林德布洛姆：《决策过程》，竺乾威、胡君芳译，上海译文出版社 1988 年版，第 72 页。引自 R. T. 霍尔特和 J. E. 特纳编《苏联：矛盾与变化》，霍尔特、莱因哈特和温斯顿公司 1962 年版，第 220 页。
④ 左学金：《人口增长对经济发展的影响》，《国际经济评论》2010 年第 6 期，第 133 页。

环境变化之后，中国家庭原有的功能在不断退化。在人口老龄化的冲击下，如何增强家庭的社会经济功能，是未来人口政策体系中应予以重视的问题。

总体而言，公共政策的与时俱进是促进国家文明进步和生存发展的不二法门，我们有必要根据当前中国人口发展的趋势理性审视国家的人口政策，在未来人口政策的完善和优化过程中，除了赋予家庭生育的自主权利外，还应该制定有利于家庭发展的更为多样化的应对老龄化的家庭政策，有效促进人口政策由单一的人口控制转向关注人口与家庭的全面发展。中国以往的人口政策中，家庭政策严格来说是缺位的，新形势下应该让其回归，将之作为中国人口政策的重要补充。因此，进一步调整和完善生育政策，必须基于家庭的需求与发展做出更为人性化的制度安排。未来的政策设计一定要从家庭整体利益出发，以家庭为单位来设计而非基于条块化的区域设计，应该完善一系列强化家庭功能的政策体系。

## 第四节　从计划生育回归家庭计划

相对公共政策体系中的其他政策而言，尽管以计划生育为主的人口政策一直以来并未真正进入公共政策的核心，然而，它对一个国家或地区（尤其是中国）成千上万个家庭的生育行为会产生现实的影响。19 世纪的社会科学家奥古斯特·孔德曾抛出"人口即命运"的论题，尽管显得有些言过其实，但是我们确实可以从人口学、技术走势以及历史中看到很多东西。① 作为一个从半殖民地半封建社会走出来的发展中国家，在追求现代化进程中，有关公共政策选择及政治与经济体制的改革其实并没有多少独特性，以"一胎化"为特征的强制性计划生育尽管在全世界找不到第二个样本。但是，从公共政策的价值取向和目标诉求来看，人口政策的内容和实现途径还是要回归到国际家庭计划的共性一面来。中国学术界有一个很普遍的观点，认为中国高度集中的政治体制是其经济高速增长的重要推动力之一，强制性计划生育之所以能大行其道也是因为高度集中的政治体制。实际上，这种分析过于简化。客观来说，政治制度和经济发展之间的关系是一个非常复杂的问题。朝鲜等一些甚至更为集权的国家并未制定

---

① ［美］哈瑞·丹特：《人口峭壁》，中信出版社 2014 年版，第Ⅺ—Ⅻ页。

实施类似中国这样强制性的人口政策，而印度这样拥有民主制度的国家却也在同时期很短暂地实施过强制性的人口政策。因此，所谓的"中国模式"并不存在。中国未来发展的大方向和原则与西方体制并没有根本上的区别。中国现阶段政治体制改革的方向是减少政府对经济和社会的干预①，以习近平为核心的新一届中共领导集体目前正在大刀阔斧地进行的简政放权、深化改革等系列措施标示着这一深层次的改革动向。

为控制人口增长，让人们普遍接受政府强加的"一胎化"意识，中国成立了人口和计划生育委员会，在生育领域形成一种抽象规则，任何谋取生育自由权的行为都将以"非法超生"或"未按政策执行"等课以严厉的经济甚至是行政党纪惩罚。生育行为本来是家庭行为，当时由于这样的制度设计变得社会化了，甚至是与家庭"超生"行为本来无关的单位领导也被捆绑进来了，这就形成了对公民生育行为的一种严密监控。这种纯粹的机械原因使个人人格被迫吸纳进了集体人格。在社会控制非常严密、共同意识得以维持的情况下，社会一定会分割成许多非常小的部分，从而使它们完全遮蔽个人存在②，个人意识为集体意识所覆盖。然而，全球化、信息化和网络化的推进，正在复苏长期被压制的个体意识，人们获得了前所未有的信息筛选和国际比较的机会。在此背景下，中国计划生育领域30多年来形成的社会控制和共同意识正在迅速瓦解。家庭生育权利在愈发强调民主民生和社会治理的社会重构进程中，亟须得到全面的解放。是否以及何时生育孩子是决定妇女是否健康必不可少的一种权利，也是决定妇女能否在社会上平等地发挥作用的极为重要的一种能力。这种能力和权利缺失所带来的不平等问题对妇女、孩子乃至整个社会带来深刻的短期和长期性后果。③

文明正在逐步朝着理性化和逻辑化方向发展的趋势已经成了非常明显的事实。中国不断发展的生产力正在倒逼生产关系领域的改革，政治文明正在朝理性方向演进。迈入21世纪的中国，经过30多年改革动能的积累，

---

① 黄亚生：《"中国模式"到底有多独特？》，中信出版社2011年版，第Ⅷ—Ⅹ页。

② [法] 埃米尔·涂尔干：《社会分工论》，渠东译，生活·读书·新知三联书店2000年版，第258页。

③ Christine Dehlendorf, MD, MAS; Maria Isabel Rodriguez, MD; Kira Levy, BA; Sonya Borrero, MD, MS. Disparities in Family Planning. American Journal of Obstetrics & Gynecology, 2010, (3): 214.

社会结构已经发生了巨变，社会容量和社会密度较以前大大增加。既然集体意识朝着更理性的方向发展，它的强制性色彩也就会越来越少，也不再阻碍个人的自由变化和自由发展了。① 当前中国正在发生的包含生育政策调整和优化在内的系列制度创新，为家庭生育权的回归开辟了政策想象空间。

目前，人口政策领域正在经历的改革可以说是开启了国家政治体制改革的一个序幕，不仅生育的决策权最终回归家庭，如同很多现在许多发展中国家和发达国家一样，人口政策的导向也将由计划生育回归家庭计划。不仅如此，人口政策领域亟须社会治理。如同印度等广大发展中国家一样，应该创造适合非政府组织等社会性力量诞生和生存的良好土壤，让各种社会组织健康成长并积极参与人口领域的社会治理创新，使人口政策从政府治理走向社会治理。需要注意的是，社会治理中的关键点在于"社会"，它实际上包含三个方面：一是公民，二是政府机构，三是企业。在中国传统的计划生育领域，起主导作用的是政府机构（人口与计划生育委员会），公民是被统治的对象，企业实际上极少参与。从人口领域社会治理创新的理念来看，公民和企业应该发挥积极的甚至是主导性的作用。

无论如何，在经过长达35年的严格计划生育控制后，中国的人口政策正在面临新的人口问题挑战。显然，未来人口政策的选择无法逆趋势而动，如何让生育更多地回归为一个家庭的决策，如同世界上其他国家以及中国自古以来历朝历代的政府一样，这不仅彰显社会公平和政治文明，亦能令想自主决定生育的千家万户心愿得偿。如果一个国家的人口政策只关注家庭生育几个孩子，而忽视婚姻状况、家庭结构和家庭成员的就业状况、健康状况，不着力从公共政策上来努力解决家庭的住房、教育、医疗、保险等方面的支出所带来的系列问题，这样的人口政策，即使愿景描述得再美好，也称不上一个负责任的人口政策，更谈不上一个好的人口政策。正因为这样，人口政策应回归到家庭的人本主义关怀上来②。将人口政策执行中强调计划生育和控制人口的观念彻底清除，从以计划生育为主导的狭义性人口政策转向以家庭计划为主导的广义性人口政策，即人口政

---

① ［法］埃米尔·涂尔干：《社会分工论》，渠东译，生活·读书·新知三联书店2000年版，第246—247页。

② 胡湛、彭希哲：《家庭变迁背景下的中国家庭政策》，《人口研究》2012年第2期，第3—10页；张秀兰、徐月宾：《建构中国的发展型家庭政策》，《中国社会科学》2003年第6期，第84—96页。

策更多地关注家庭福利的增长和家庭成员的健康与发展。这不仅是中国进一步优化人口政策的必要途径，也是世界家庭政策领域的经验总结。当一国进入超低生育率的阶段，采取必要措施修复妇女正常的生育意愿，让妇女敢生育、生育好，已成为一些发达国家家庭政策的核心。如日本的松下等大公司与工会达成协议，大幅度提高员工特殊津贴支付水平，以鼓励工人生育子女。德国家庭事务部提议，德国的保育室或3岁以下儿童看护场所应当增加3倍，还要采取其他奖励措施，以鼓励妇女多生孩子。① 为提高俄罗斯的出生率，2017年11月28日，俄罗斯总统普京宣布重调俄罗斯人口政策。鼓励生育，预计拨款24亿美元奖励俄罗斯妇女养育下一代。普京总统还提议自2018年起为生育第二或第三个孩子的家庭推出特别抵押贷款计划②。在激励性生育措施没有取得预期效果的情况下，为了应对日益严峻的人口老龄化冲击，许多国家的政府已经开始提高退休年龄或领取养老金的年龄，并且男女一视同仁。可是，单靠提高退休年龄或领取养老金年龄，几乎肯定无法达到希望的结果。为了有效地应对老龄化问题，必须实施一系列更广泛的劳动力市场政策，比如激励雇主招募中老年工人，或者依据有关法律处罚雇主等。③

## 第五节 从新马尔萨斯主义回归马克思主义

人口问题是与世界人口爆炸性增长、粮食的匮乏和人们希望减少人口以至最后能消除人口同资源不相适应的各种措施有关的问题。虽然生存斗争一直是人类最基本的活动，但对人口问题深入的理论探讨，则是因资产阶级产业革命所带来的相对人口过剩和其他社会问题的大量涌现而开始的。在马尔萨斯之后，宣扬和发展马尔萨斯的人口理论者主要是新马尔萨斯主义和现代马尔萨斯主义。这两种思潮提倡的人口思想尽管与马尔萨斯的人口理论有很多不同之处，但他们都自称继承了马尔萨斯的人口理论④，都主张采取节制生育控制人口数量。在19世纪的人口论争中，与

---

① Financial Times. Japan Pay Deals Offer Workers Baby Bonus. March 22, 2007.
② 《俄罗斯发津贴鼓励生育女性生头胎每月可领近1200元》，中国日报网，2017年11月29日。
③ ［英］乔治·马格纳斯：《人口老龄化时代：人口正在如何改变全球经济和我们的世界》，余方译，经济科学出版社2012年版，第83—87页。
④ ［英］马尔萨斯：《人口论》，郭大力译，北京大学出版社2008年版，第9页。

马克思主义相对立的,与其说是马尔萨斯主义本身,不如说是新马尔萨斯主义。① 作为一种思想运动,新马尔萨斯主义的影响进入20世纪后,尤其是第二次世界大战后,在发展中国家影响深远,它在强调马尔萨斯人口原理的同时,也批判道德抑制的非现实性,主张婚后节育,企图借助抑制人口数量来提高工人阶级生活水平,从而成为许多发展中国家开展家庭计划运动的理论基础。

无论是新中国成立之前还是之后,新马尔萨斯主义实际上对中国大陆和台湾都有较大的影响。从国内学术界来看,无论是过去还是现在,新马尔萨斯主义有很大市场,对一些人口学者甚至是经济学者的影响可以说根深蒂固。现在有一个不正常的倾向,即对探讨放开生育政策非常敏感,不仅政府,包括高校很多学者,认为中国人口太多,怎么能放开人口政策呢?有些人甚至认为放开人口政策是对30多年来中国计划生育政策的否定。因此,在目前,仍有不少人士极力主张严格控制生育。从历史来看,新中国成立后,面对来自全国的质疑,马寅初提到他的人口论与马尔萨斯学派完全不同:"他们主张以瘟疫、疾病、战争等残酷的手段把人口削减,而中国的马尔萨斯者竟主张把中国人口削减至2亿左右。我不但不主张削减,而且要提高劳动人民的劳动生产率,借以提高他们的物质和文化生活水平。我只主张把还没有生出来的人口,用避孕的方法控制起来而已。"② 由此看来,早在1957年,马寅初就批判了中国的马尔萨斯主义者将人口减至2亿的荒谬主张。无独有偶,2010年,中国社会科学院的一位十足的新马尔萨斯主义"经济学家"竟然提出中国人口过多,应该减少到5亿人。③

现阶段,中国正处于工业化和城市化深入推进和发展的时期,失业和老龄化问题交织,相对过剩和贫困人口增加,每年很多的劳动大军参与工

---

① [日]大渊宽:《人口思想和人口政策》,《国外社会科学》1979年第3期,第58页,原载日本《国际问题》杂志1978年第6期。
② 马寅初:《关于〈新人口论〉的说明》,原载《我的经济理论、哲学思想和政治立场》,财政出版社1958年版,见马寅初《新人口论》,北京出版社1979年版,第53页。
③ 2010年3月3日,中国社会科学院学部委员程恩富在接受记者采访时说:"我们假定6亿是适合现有的可利用的生产资料,那就是说,人类资源和自然资源、可利用生产资料是最优配置,产出是最佳产出的话,那么如果你是13亿人,你不要以为你后面的6亿人是什么人口红利,我想用个概念,恰恰是人口负利,是负作用大于正作用。"《人大代表称中国劳动力过剩 有6亿人口是负作用大于正作用》( http://finance.ifeng.com/news/special/lianghui2010/20100311/1913533.shtml)。

业化生产，但同时又出现劳动报酬偏低，整体性贫富差距拉大的趋势，人口呈现与社会经济发展不相适应的一面。显然，如何正视中国当前人口发展的现状和格局，人口政策是否应该适度调整，到底如何调整，这一系列关系到中华民族未来前途和命运的重大问题，在中国学界犹存巨大分歧。在未来人口决策过程中必须十分留意新时代的马尔萨斯主义侵入中国人口政策决策过程。在当前环境下，应该就这一问题展开学术争鸣般的讨论。正如马寅初所言，对人口问题的探讨不是一个政治问题，而是一个纯粹的学术问题。学术问题贵乎争辩，愈辩愈明。①

人口政策历来具有鲜明的阶级性，充满了意识形态的特征，体现了国家的政治意向和根本利益。尽管对人口问题的探讨应该基于学术立场，但是在中国特定的政治环境下，当掺入政治立场时，人口问题的探讨远远游离了学术的立场和科学的视野。正因为如此，出现马寅初"被批判"②的历史纠葛亦不足为奇。实际上，"文革"结束后政府通过宣传强调马寅初由于《新人口论》受到批判，尤其是通过"错批一人，误增三亿"来打造有利于推进计划生育的舆论环境，更容易获得公众对推进计划生育的认可与接受。可能正是由于此原因，在当时有意无意地把马寅初被批判的事件放大，人为创造出一个神话，以打造有利于推进计划生育的舆论环境。③

中国明确提出自己走中国特色的社会主义道路，在四项基本原则中旗帜鲜明地提出必须坚持马列主义、毛泽东思想。但是，有学者却认为中国走的其实是"中国特色的资本主义"④道路。在人口政策领域，确实存在这种非马克思主义倾向。马克思在他的《资本论》里讲到人口相对过剩，这是资本积累中必然会出现的现象，但马克思从未提生育控制问题。他批判马尔萨斯，还将这些相对过剩人口视为产业后备军，认为他们的存在是

---

① 马寅初：《附带声明·新建设》1959 年第 11 期，转引自 [英] 马尔萨斯《人口论》，郭大力译，北京大学出版社 2008 年版，第 202 页。

② 梁中堂教授认为，中国共产党和政府没有批判马寅初，康生、陈伯达也没有插手过批判活动。马寅初事件在一定程度上反映了共产党领导下的民主党派和无党派民主人士之间的一些微妙关系及其恩恩怨怨，有关历史的真实详见梁中堂《中国计划生育政策史论》，中国发展出版社 2014 年版，第 71—125 页。

③ 刘社建：《还历史本原面目——评梁中堂研究员著〈马寅初考〉》，《文汇报》2015 年 3 月 20 日。

④ Yasheng Huang. Capitalism with Chinese Characteristics: Entrepreneurship and the State. New York: Cambridge University Press, 2008.

维持资本主义社会化大生产的重要条件和基础。国外一直有一种说法，即发达国家及其主导的国际性组织大力援助发展中国家开展家庭计划带有明显的政治阴谋①。索维在其著作中谈到第三世界人口增长问题时也曾指出，当世界性的觉醒开始出现，富国就害怕那些正在取得权利的人增殖得太快。在关于解决第三世界各国人口急剧增长是采取马克思主义的方法还是马尔萨斯主义的方法辩论中，索维认为马克思主义的解决方法具有明显的优点，他甚至用了一个有趣的对话②来概括马克思主义者和马尔萨斯主义者的思想对阵。无独有偶，西方一些现代学者也关注到国际计划生育领域的政治经济学问题，认为第三世界开展的计划生育运动是西方发达国家借助所谓的优生优育科学观念来控制非盎格鲁—撒克逊人种。③

作为一个以马克思主义政党执政的社会主义国家，现行生育政策时期执行的强制性的计划生育政策显然走的是非马克思主义路线。尽管中国官方和学者一再批判马尔萨斯和马尔萨斯主义，但是很显然，中国的人口政策最终还是采用了新马尔萨斯主义的实用方法和路线，通过推行节制生育来抑制人口的过快增长。实际上，指导中国计划生育的重大理论基础就是马尔萨斯理论。④ 因为中国的人口政策实际上一直无法摆脱对人口的数量的恐惧和忧虑，而这恰恰是马尔萨斯人口理论的特征，并曾为马克思所批判。不仅如此，经过35年的推行，这个政策还产生了严重的后遗症，在当今中

---

① 易富贤：《大国空巢：反思中国计划生育政策》，中国发展出版社2012年版，第64—79页。

② 马尔萨斯主义者："如果你追随马尔萨斯，那末，马克思主义就不需要了，只要限制人口，收入不均就会减少，从而使这个制度得到巩固。"

马克思主义者："应该首先运用马克思主义，然后再来看马尔萨斯主义，通过合理分配就能一直旧制度固有的人口过剩现象，至于说绝对人口过剩嘛，我们根本不知道有这回事，当我们成为土地的主人时，我们会知道的。"

马尔萨斯主义者："正是出于对不发达国家的友谊和关心，才使我提倡节制生育。"（意思是说：感谢节制生育，我才不至于把我的财富分出去或让出去。）

马克思主义者："贫困只是私有财产和殖民主义的结果。"（意思是说：让贫困蔓延，而不要进行任何改良，这就会摧毁资本主义。）

引自［法］阿尔弗雷·索维《人口通论》（上册），查瑞传、邹沧萍、戴世光、侯文若译，商务印书馆1983年版，第320页。

③ ［美］威廉·恩道尔：《粮食危机》，知识产权出版社2008年版。

④ 尹文耀研究员在浙江大学西部发展研究院主办的"中国重大战略性人口科学与政策问题学术研讨会"上的发言，2014年9月9日。

国，无论是官方还是民众中，新马尔萨斯主义者在中国大行其道。这对中国未来的经济发展其实是很危险的。对于一个人民民主专政的国家，其公共政策决策的价值取向应该是为人民谋取更多的福利和更大的发展空间，然而这一政策直到今天还在剥夺人民私权领域生育自由的基本权力，甚至还出台了《中华人民共和国计划生育法》这样"一部有违于中国宪法的法"①。这印证了西蒙教授早期对发展中国家人口政策的一句评价："政策的推荐者们正在推荐许多他们自己都不知所以然而且也许同他们的政策价值不一样的政策"②。显然，有必要重新考量制定人口政策的福利经济学和理论基础。自由生育权是中国必须尽快解决的大事。③ 现行的计划生育制度是一面镜子，它的存在，表明我们还处在一个十分落后的社会发展阶段，要解决现行生育制度和其他领域的诸多不合理问题，并不是一朝一夕的事情，而是有待于政治经济制度的改革，有待于社会整体的进步和发展。④

马克思主义人口理论的意义在于他是从资本的作用中去寻求过剩人口的根源，因而他是把人口问题看作劳动力就业与失业的问题。实际上，人口是一种宝贵的资源，人口增长可以带来红利，这已为许多现代学者所证实，也为现代世界历史所证实。回归马克思主义人口理论的传统，从人口规律来看待不同历史时期的人口问题，我们才能在人口政策问题上少犯历史性的错误。

计划生育是否具有马克思主义的传统？马克思主义人口理论提出并论证了一系列的科学原理，主要有关于人类自身生产和物质资料生产两种生产的原理。马克思认为"各发展阶段有各自的人口规律"⑤。"事实上，历史上每种特殊的生产方式，都有自己的特殊的具有历史局限性的人口规律。"⑥ 社会

---

① 梁中堂：《一部有违于我国宪法的法——三论计划生育法是恶法》，梁中堂的网易博客，2014 - 08 - 10（http：//liangzhongtang. blog. 163. com/blog/static/109426508201471024818）。

② ［美］朱利安·L. 西蒙：《人口增长经济学》，彭松建、周维、邱沛玲、蔡文眉、胡键颖、李运宽、王德中、南钟万译，北京大学出版社1984年版，第12—13页。

③ 梁中堂：《自由生育权是中国必须尽快解决的大事——梁中堂接受社会科学报的访谈》，梁中堂的新浪博客，2012 - 2 - 19。

④ 梁中堂：《计划生育制度是一面镜子》，梁中堂的新浪博客，2013 - 2 - 10（http：//liangzhongtang. blog. 163. com/blog/static/109426508201311034525355/）。

⑤ 《马克思恩格斯全集》（第1卷），人民出版社1956年版，第16页。

⑥ 马克思：《资本论》（第1卷），人民出版社1957年版，第796页，见［俄］斯姆列维奇：《资产阶级人口论和人口政策批判》，生活·读书·新知三联书店1960年版，第7页。

生产条件制约着人口的一定数量,这种由一定形式的生产条件的扩展能力所设定的人口限制,应该"随生产条件而变化,收缩或扩大"①。因此,"人口的绝对增长率,从而过剩人口率和人口率也会随生产条件发生变化"②。过剩人口和人口加在一起,就是一定的生产基础可能产生的人口。马尔萨斯的错误在于他将经济发展的不同历史阶段上的人口过剩看成一样的,不懂得它们之间的差别,并把一定数量的人口同一定数量的生活资料机械地联系在一起。过剩人口"同并不存在的生存资料绝对量根本没有关系,而是同再生产的条件,同这些生存资料的生产条件有关,而这种生产条件同样也包括人的再生产条件,包括整个人口的再生产条件,包括相对过剩人口的再生产条件"。③

作为坚持马克思主义路线的一个社会主义国家,人口政策的出发点也应该遵行马克思主义的路线,在制定人口政策和调控人口的时候,应该从理念上认识到人类自身生产和物质资料生产之间的相互关系及其运动规律,即社会生产方式决定人口,而不是相反。在这方面,日本的经验教训是值得中国借鉴的。1980年,日本60岁及以上老年人口比重为9.1%,1990年上升至12.0%,0—14岁人口比重下降至18.3%,随后日本房地产业泡沫破灭,经济进入全面衰退期,至今长达20年之久。中国2010年人口老龄化程度(8.9%)与日本1980年相当。联合国预测显示,中国2020年老龄人口比重为12.3%,0—14岁下降到14.8%,少子老龄化胜过了日本,因而衰退已开始且不可遏止。④ 无论是历史的日本还是现实的中国,经济衰退表明两大部类存在结构性失衡,而这实际上根源于物质资料的再生产与人口再生产正在发生越来越大的偏离与失衡。新中国成立以来,中国政府一直认识不到人口红利的巨大好处,将人口视为社会发展的巨大包袱,最终导致极端的计划生育,特别是当社会经济发展亟须对人口政策进行及时调整以实现人口再平衡之时,中国政府一直拒绝调整,这实际上有违马克思主义的基本原理。

尽管人口的本质属性是社会属性,但是马克思从来也没有否认过人口的自然属性。人类社会的正常繁衍,社会经济的可持续发展,必然有赖于

---

① 马克思:《资本论》(第1卷),人民出版社1957年版,第796页,见[俄]斯姆列维奇:《资产阶级人口论和人口政策批判》,生活·读书·新知三联书店1960年版,第7页。
② 同上。
③ 《马克思恩格斯全集(第46卷下册)》,人民出版社1973年版,第108页。
④ 李建新:《微言集——言必计划生育(42)》,李建新的搜狐博客(http://lijianxinpku.blog.sohu.com/257126129.html/2013-03-11)。

人类的增殖活动，而人类的增殖活动恰恰是人口生物属性和社会属性发挥作用的统一过程。割裂两者之间的相互联系，特别是当生育率持续低增长导致人口结构的失衡从而对社会经济发展产生冲击之时，一个负责任的政府应该科学看待和把握人口的生物属性，为社会物质生产的可持续发展创造相协调的人口再生产。

## 第六节　从政策刚性回归政策理性

改革开放以来，中国大多数公共政策的价值变化、决策机制的变化、实施手段的变化、政府行为的法治化、政务信息的公开化、政府权力的多中心化乃至政策语境的变化以及政府决策的科学化、民主化，诸如此类的一系列政府系统性的变化都驶入了快车道，① 各类公共政策变得更有弹性，也变得更为理性。借鉴西方的经济文明和政治文明，中国的经济体制和政治体制的改革正在开启新的篇章，使得中国社会经济的发展摆脱了种种政策性和治理结构性的束缚。然而，唯有人口政策显示出"独树一帜"的公共政策刚性，尽管2014年开始进行微调，但是相对其他各类经济与社会性公共政策，人口政策仍呈现十分显著的刚性。

美国公共政策专家戴维·伊斯顿认为，公共政策是对全社会价值所进行的权威性分配，即通过政策实施让一部分人享用一些资源而排斥另外一些人对该资源的享用。② 单独两孩政策实施使一部分人享用了生育第二个孩子的权利，但同时仍在剥夺另一部分人生育第二个孩子以及绝大多数人自主抉择生育的权利。"我们往往感情用事，而忘了人口问题是一门有凭有据的科学。"③ 中国人口政策的刚性突出地表现在人口政策决策上缺乏科学性和民主性，在政策实施过程中带有显著的强制性，而在政策调整上具有严重的滞后性，以至于在政策绩效上显示出一定的非效率性。中国在20世纪最后25年最令人印象深刻的成就之一就是将人口纳入国家管理的轨道。尽管在控制生育率方面发挥了一定的作用，但是从整体来看，几十

---

① 毛寿龙：《公共政策与政府治理研究的新成果》，见：复旦公共行政评论（第二辑），《公共政策与政府治理》，上海人民出版社2006年版，第1页。
② ［美］戴维·伊斯顿：《政治生活的系统分析》，王浦劬译，华夏出版社1999年版。
③ 文晔：《13亿：难解的方程式》，《中国新闻周刊》2007年3月19日，第28页。

年刚性的人口政策并非缓解了人口问题,而是恶化了人口问题,从而带来种种社会经济后遗症。过去的政策后遗症现在已经有非常明显的表现。同样令人印象深刻但是较少引人关注的是,进入21世纪的中国社会已经开始考虑对其生育进行理性化的治理。① 大凡任何一种法令,无论当初制订时,考虑如何周详,行之既久,总难免发现其中有疏漏缺失或扞格难行之处;何况这些有关人口政策的法令,当初制定公布时,已因种种现实因素限制,作了相当程度的保留,自当随时把握时机,作适当的修正。② 如果人口政策不能更为灵活地调整,不能从学术型"江湖术士"影响下的拍脑袋式的决策中走出来,则当前的政策后遗症必将通过代际效应更为强烈地呈现出来。因此,要突破中国人口政策的刚性,必须由主观感性的认知上升到客观理性的决策。

说到底,人口政策也是一种意识形态,是一种构筑于特定经济基础的上层建筑产物,属于主观意识。而判断一种主观意识是否对客观过程有影响,关键要看这种主观意识在多大程度上反映和适应客观存在。因而,无论是广义的人口政策还是狭义的人口政策,都只有在充分反映经济规律的要求和体现人口运动状态的实际状况时,方能实现政策制定之初衷。③ 很明显,对人口发展的综合分析研究是形成正确的人口政策的必不可少的基础。④ 在中国,许多公共政策和政府治理的研究并没有在改革实践出台之前就给予有力的指导,反而是改革者摸着石头过河。⑤ 唯有人口政策例外。其实,自中国计划生育开始至今,学术界一直存在理性的声音⑥和科

---

① Susan Greenhalgh. Governing China's Population: From Leninist to Neoliberal Biopolitics. Stanford University Press. 2005:19.
② 镇天锡、尹建中:《人口政策的形成与检讨》,联经出版事业公司1983年版,第56页。
③ 梁中堂:《论改变和改革计划生育制度》[自印],上海,2007年,第32页。原载梁中堂《人口过程:不依人的意志为转移的客观运动》,《人口研究》2005年第1期。
④ [捷克]米拉恩·库塞拉、贾罗斯拉·哈夫克:《人口发展和人口政策》,载《捷克斯洛伐克人口政策》,引自北京大学经济人口研究室编《控制人口与经济发展》,北京大学出版社1982年版,第155页。
⑤ 毛寿龙:《公共政策与政府治理研究的新成果》,复旦公共行政评论(第二辑),《公共政策与政府治理》,上海人民出版社2006年版,第1页。
⑥ 代表性的如梁中堂早在20世纪80年代初期就分析了中国人口老龄化的趋势和对劳动资源问题作了理性的分析,提出要把计划生育工作建立在人口发展规律的基础上,有关论述见梁中堂《论我国人口发展战略》,山西人民出版社1985年版。

学的实践①。遗憾的是，这些决策必不可少的理性因素却并没有进入决策视野，也未能对人口政策的形成机制发挥重大的影响作用。在人口政策的决策程序上，中国政府不仅没有预选方案的研讨论证，也没有尊重和重视人口专家的理性建议，自然也就谈不上人口政策的科学决策。

　　公共政策往往存在惊人的连续性，大量的公共政策在某种程度上是对以往的政策和实践的延续。② 即使政府进行了调整，有时候原有政策仍然得以保留并在继续发挥作用。人口政策领域的这种刚性一方面与中国的政治体制及其影响下的公共决策机制有关系，另一方面也与人口学界自身的学风问题有关，这种学风问题说到底是一种对人口问题和人口规律的非理性认知。这个问题30多年前就存在，到现在仍然没有解决。过去人口学界在给国家汇报自己的研究成果的时候，存在一种不讲实话、投其所好、有意隐瞒的现象。现在客观上要求我们改善和优化计划生育政策，应为人口发展的实践要求改变它。既然如此，我们就应讨论怎么改善。为了吸取教训，回顾和批判错误的理论基础和指导思想都是必要的。然而，有些学者不是这样，他们同你辩论控制人口问题的必要性，辩论实行计划生育的成绩，似乎你是反对控制人口，反对实行计划生育和否定计划生育。③ 存在这样的学风问题就会违背人口学的学术真实，也会无形中为人口政策的及时调整设置了观念上的障碍。面对目前异常严峻的少子老龄化形势，优化人口结构已经刻不容缓。在这样的情况下，如果还以怕否定计划生育、担心生育政策放宽引发人口反弹为理由拖延，既不合时宜，也不符国情。中国的人口政策要从刚性回归理性，人口学家首先要还原人口研究之学术真实，回归理性。作为人口学者，从事人口研究一个最基本的出发点应该是"对人口的客观规律性要抱有敬畏感"④，要本着为人民做学问、对历史负责任的态度来为政府建言献策。尤其是在进行人口规划时，要对生育

---

　　① 如甘肃酒泉、山西翼城、河北承德以及湖北恩施等地实施二孩生育政策的试点，有关科学实践的调研总结见顾宝昌、王丰《八百万人的实践——来自二孩生育政策地区的调研报告》，社会科学文献出版社2009年版。
　　② 陈振明：《政策科学》，中国人民大学出版社2003年版，第414页。
　　③ 梁中堂：《有关学风的两个问题》，载梁中堂《中国人口问题的"热点"——人口理论、发展战略和生育政策》，中国城市经济社会出版社1988年版，第168—171页。
　　④ 顾宝昌：《对人口的客观规律性要抱有敬畏感——读"中国未来生育政策的选择"》，《市场与人口分析》2006年第3期，第71页。

决策的现代理论给予高度重视。①

在中国，一直以来有一种很奇怪的现象，包括一些人口学家在内的很多人前赴后继地批判马尔萨斯。如果说中国的人口政策要从刚性回归理性，中国的人口研究要回归学术真实，那么，在对人口政策进行反思时，首先要反思我们在批判马尔萨斯的同时，是不是真正理解了马尔萨斯的真实想法。客观而言，马尔萨斯的理论有很大的缺陷，但是并非毫无参考价值。尽管他在《人口论》初版中断言："两性间的情欲是必然的，而且会照它现在的状态继续保持下去"，但是他后来主张将晚婚作为对人口增长的一种抑制。作为英国国教的一位教区牧师，他谴责避孕和独生两者为"罪恶"。因此，把19世纪晚期节制生育运动同马尔萨斯的名字联系起来，乃是人类历史上最大的考据错误之一。② 如果在马寅初发表《新人口论》的时代，本着学术真实和科学真实的态度，吸取马尔萨斯理论中的合理成分，在70年代就开始试点晚婚晚育，那么中国的计划生育政策就不会走到如此强制和极端的程度。

十八届四中全会强调要全面推进依法治国，建设社会主义法治国家，全会公报提出推行政府权力清单制。这就必然涉及在公共政策领域，政府从传统的"无限政府"转变为现代化的"有限制的政府"。从人口政策领域来看，推行政府权力清单制真正有助于从政策刚性回归政策理性。可以这样说，近30多年来，为了强制推行计划生育，中国的人口政策相对于其他公共政策，更赤裸地体现出国家治理"无限政府"的一面。实际上，从渊源于自然哲学和自然法的现代国家法律认为，婚姻和生育是属于公民个人领域的事情，在公法和私法分明的国家里，任何一届开明的政府都不愿意染指家庭生育这类极为隐私的问题。唯有中国，也只有在结束"文化大革命"浩劫下的中国能够制定出一套具体到每一个人能生和不能生几个孩子的所谓人口生育政策。③ 一直以来，计划生育搞一票否决制，特别是强制性计划生育运动早期，政府的权力太大，没有边界。现在人口与

---

① ［美］吉利斯、波金斯、罗默、斯诺德格拉斯：《发展经济学（第四版）》，中国人民大学出版社1998年版，第203页。

② ［英］约翰·伊特韦尔、默里·米尔盖特、彼得·纽曼：《新帕尔格雷夫经济学大辞典（第三卷）》，经济科学出版社1996年版，第315页。

③ 梁中堂：《论改变和改革计划生育制度》［自印本］，上海，2007年，第31页，原文引自梁中堂《人口过程：不依人的意志为转移的客观运动》，《人口研究》2005年第1期。

计划生育委员会与卫生部门合并变成了卫生与计划生育委员会，传统的计生观念和思路必须彻底转变，首先要确定权力清单，让卫生与计划生育委员会集中精力做好相应的公共管理和公共服务。这就对人口政策领域的责任追求、考核、奖励等配套措施制定明确具体的细则。另外，无论是卫生与计划生育委员会还是国家统计局，都应该依法实现人口数据的透明化公示与共享。缺少大量跟踪调查的数据影响决策的有效性。实际上，国家的社会科学研究需要更好地授权，只有这样才能激活各个社会研究团体的调查积极性，并且能够有更多的跨学科的支持和合作，从而得出更多长期追踪的调查数据，① 这对国家的生育决策的决策来说非常重要。从法治中国的视角来看，这才有助于人口政策真正回归理性，与国际社会接轨，不仅体现中国政治文明的进步，也只有这样才能真正彰显出制度文明上的进步。

  一个国家的人口数量是否会成为问题，要视其资源多寡、经济成长、人力供需、国防需要、民族质与量的均衡发展、社会态度、大众所信仰的价值体系，以及观察事务的立场与角度而定。② 经过改革开放以来长达30多年的持续经济增长，中国已从以传统农业为主的社会逐渐步入以工业为主的社会。由于这一转变，不仅使中国固有的社会经济结构发生了重大变化，而且仍在对国民的生活规范、价值标准、道德观念、家庭结构等有关社会发展的诸多层面产生巨大的冲击，有待于我们对包括人口政策在内的一系列公共政策做进一步的调整、引导和优化。只有理性的政策选择才能赋予中华文化新的发展动力。究竟而言，人口转变是经济和社会发展的结果。从国际经验来看，迄今为止，完成了人口转变的国家和地区，恰恰都没有实施过计划生育政策。从中国的发展趋势看，人口老龄化和人口红利的消失，不以是否调整生育政策为转移。③ 既然如此，尽快停止和终结计划生育政策，才能真正彰显中国人口政策的理性与进步。从政策连续性来说，停止计划生育是一种撤退，但是这种撤退的历史意义远远超过敦刻尔克大撤退。④

---

① 左学金：《缺少大量跟踪调查的数据影响决策》，《财经》2013年第17期。
② 镇天锡、尹建中：《人口政策的形成与检讨》，联经出版事业公司1983年版，第1页。
③ 蔡昉：《人口红利消失与生育政策无必然联系》，《中国证券报》2010年10月8日。
④ 易富贤：《大国空巢：反思中国计划生育政策》，中国发展出版社2012年版，第293页。

# 结　语

本书从全球家庭计划革命的历史视角和印度人口政策演进的国际经验的视角切入分析和理性反思中国人口政策的调整和优化，以江苏和浙江两省为研究个案，详细论述和分析了中国区域性人口政策的形成和演化过程，并综合运用新中国成立以来的六次全国人口普查数据及江浙两省有关年份的统计年鉴数据等对江浙两省人口发展与历史变动进行了梳理和比较，对两省实施不同人口政策所产生的效果进行了实证分析。

实证研究发现，旨在控制生育和人口增长的人口政策，无论是一孩政策还是一孩半政策，对育龄妇女的总和生育率仍然具有影响。然而，对于地处我国东部经济发达地区和长江三角洲地区的江苏和浙江两省来说，其社会经济发展水平、开放度以及现代化等方面领先于全国，并正在不断接近中等发达国家水平，非政策性因素对总和生育率的影响已经远远超过了政策性因素的作用。由于江浙两省总和生育率已经处于很低的水平，少子老龄化特征已经十分显著。从人口发展的趋势来看，全面二孩政策仍然是一个过渡性的政策，若不进一步放开生育政策，尽快调整和优化人口结构，则在计划生育政策性因素和非政策性因素的综合作用下，江浙两省将有可能落入"超低生育率"陷阱，从而诱发一系列深刻的社会经济问题。有关江浙两省单独两孩政策后的人口发展预测结果和政策执行以来的实际统计数据表明，生育政策放宽后并未形成预期中的大规模出生堆积人口，政策"遇冷"现象和较低的实际补偿性生育数据令人担忧。由于江浙两省人口负增长惯性正在加速形成中，总人口规模也正在迈进历史性的拐点。江浙的今天，就是中国中西部诸多省份的明天。中国执行不论城乡、不分民族、不划区域的统一性的更为宽松的人口政策乃是大势所趋。

基于此，本书认为，"十三五"时期中国生育政策亟须进一步放宽，进一步完善和优化人口政策的关键在于实现"六个回归"，将改革原来以计划生育为核心的生育政策作为新时期中国改革深化与放权让利的一个重要组成部分。中国人口政策的完善不仅仅涉及原有人口与计划生育组织与管理体系的改革和调整，还应该努力实现如下三个重要的"转换"。

第一个转换，是"从计划经济指令型的人口政策向市场经济引导型的人口政策转换"。近30多年来，中国以计划生育为核心的狭义人口政策，强烈地体现出国家传统的计划经济思维，作为在计划经济体制之下建构起来的这么一个公共政策，它不可避免地带有计划经济时代的特色并为计划经济时代的社会经济目标服务。毛泽东在1956—1957年提出计划生育的时候，就是将它与政府的生产计划相联系的、与计划经济相并列的。周恩来在20世纪六七十年代反复说的就是"计划生育不是卫生问题，是国家计划的范畴"。那个时代，计划和计划经济是社会主义的本质，是与其他所有的国家有原则的区别的。1978年至1980年，在"国民经济有计划按比例发展，要求人口增长也要有计划"的背景下，发展起现行的计划生育制度，有了世界上独一无二的、作为政府机关的国家计划生育委员会。① 客观地看，在中国由计划经济体制向市场经济体制转型的历史过程中，人口政策作为具有鲜明意识形态特征的公共政策，未能够及时调整源于转型期的政策刚性，然而它必将完成转换并走向广义的人口政策。因为在市场化的改革深化大背景下，迫切需要建立市场化为导向的公共政策体系，以更好地服务于社会主义市场经济体制。科斯曾指出，"没有恰当的制度，任何有意义的市场经济都是不可能的"。② 人口政策作为一个公共政策的制度组成部分，尽管它的改革调整是滞后的，但它也一定符合市场化改革的取向而需要重塑整个政策体系。通过这样一种转换，在新的历史时期建立起符合国家经济与社会可持续发展需要的广义人口政策。这个人口政策包含更多的政策内容，生育仅仅是其中的内容之一。质言之，新时期的人口政策也得尊重市场那只"看不见的手"之作用，以市场规律和经济规律引导中国人口从结构与数量的失衡走向两者的平衡。

---

① 梁中堂：《关于"family planning"的翻译——梁中堂教授与顾宝昌教授、郑真真教授和笔者的通信》，2014年2月19日。

② [美]道格拉斯·C. 诺斯：《经济史中的结构与变迁》，陈郁、罗华平等译，上海三联书店、上海人民出版社1999年版，第225—226页。

第二个转换，是"从显性的人口政策向隐性的人口政策转换"。人口与技术、物质环境、非物质文化、文化进程、经济发展和促进变迁的有目的努力等一起，是引起社会变迁的七个主要原因。一个社会的人口数量和人口结构的变迁会产生巨大的影响，人口的规模、结构、变化的速度会对社会的性质产生深远影响。[①] 当前人口的基本结构和发展态势正在显著重塑中国社会的基本结构，在社会治理需求日益凸显之背景下，公共政策领域正在发生深刻的调整与变化。十八届三中全会审议通过的《中共中央关于全面深化改革若干重大问题的决定》中，旗帜鲜明地提出要创新社会治理体制，推进国家治理体系和治理能力现代化。如何根据当前中国人口的变迁与发展实施有效的社会治理，显然是新时期中国公共管理领域的热点和难点问题。目前，中国人口和计划生育领域的社会性组织严重缺失，几乎没有推广和维权的非政府组织。计划生育政策推行 30 多年来，中国人口与计划生育领域的政府管理不断强化，家庭的重要作用却在不断弱化，在多种因素的综合影响下形成人口结构畸形的老年型社会结构。新的历史时期，人口、计划生育和卫生领域的诸多服务的运行机制迫切需要从政府管理转型为社会治理。客观上要求由以往计划管理型的显性人口政策向市场服务型的隐性人口政策转换。人口政策领域有关政府管理的机理、权力和行为模式都需要展开相应之社会化调整。由于"人"的问题是社会治理最关键也是最重要的问题，而当前人口问题不再是人口增长过多和过快的生育问题，人口政策关注的视角和重点也要转向人口正在发生的第二次转变及其带来的社会治理创新与公共服务需求。

第三个转换，是"从直接干预型的人口政策向间接参与型的人口政策转换"。目前为止，中国的人口政策仍然是具有强烈政府主导特征的直接干预型的人口政策，党是指导者，政府是人口政策的执行主体，家庭在生育多少、如何生等方面缺乏自主权，因而是人口政策的作用客体。主体和客体是政策科学的两个基本概念，它们反映着现实的社会构成及其相互关系，具有广泛而丰富的内容。从近代开始，人们日益运用这对哲学范畴来刻画人类的认识活动和实践活动。[②] 与计划生育政策执行之初比较，随

---

① [美] 戴维·波普诺：《社会学（第十一版）》，李强等译，中国人民大学出版社 2011 年版，第 600、672 页。

② 陈振明：《政策科学》，中国人民大学出版社 2003 年版，第 56 页。

着经济社会的发展转型，目前中国妇女的生育模式和生育行为实际上已经发生了深刻变化，以政府为人口政策的单一性政策主体，以及通过政策主体的直接干预来推行人口政策已不合时宜，若不转变和调整政策及政策实施的方式必将招致政策客体的强烈抵制。在此情况下，政府可能需要间接参与人口政策的制定、执行、评估和调整。代表合法权威去制定人口政策的政策主体也需要多元化，既包括官方公职人员，也包括非官方的社会组织和作为个人的公民。政策主体的强制性在淡化，政策客体的自主性则在强化。政府作为政策主体，由直接干预到间接参与，有助于作为狭义人口政策的生育政策真正迈向广义的人口政策。

在上述"三个转换"的理念统领之下，笔者认为，"十三五"时期，要使全面二孩政策充分发挥作用，以下三个方面的工作值得我国卫生与计划生育部门重视。

一是要以"生好生足"的理念来指导生育新政策的宣导工作。新时期人口存在结构性危机和少子老龄化加速的背景下，我国基层计划生育的宣导工作迫切需要注入新的理念和工作方式。考虑到西方发达国家一直无法有效提升过低生育率的经验教训，生育政策调整时期的计生宣导工作变得更加重要而不应被弱化。客观而言，卫生和计生两大部门合并后，现有卫计部门的行政体系框架中，有关计划生育的处室设置相对有关卫生的处室设置显得非常单薄，原有计划生育的宣导工作实际上弱化了。国家启动实施全面二孩政策后，有关计划生育工作的重点一定要放在政策内人群再生育二孩的动员和宣导上，尤其要加强对那些符合新政策却放弃再生育的人群宣传。在宣传上应进行积极引导，倡导"生好生足"的新生育观念。对于符合政策但不孕不育的政策内目标人群，应在人工辅助生育上加大科普与宣传的力度，采取更多有效措施在政策内家庭"生好生足"上下足功夫。

二是以"三个导向"来改革和优化原计划生育工作考核指标。生育政策调整后，各省卫计委对有关地市及基层的考核方式也应随之做出相应的调整与改革。由于原有计划生育工作指标体系与考核标准是现行生育政策时期的产物，若不尽快进行改革和调整，不仅会恶化干群关系，还会浪费大量的计生资源。与目前全面二孩政策倡导相对应，各省出台新的计划生育工作指标与考核标准一定要紧紧围绕促进人口长期均衡发展，淡化生育数量控制，促进政策内人群尤其是高龄育妇的生殖健康与母子关爱，具体可以"三个导向"为指导，即"生好生足的导向"，"按政策生育的导向"，"有效提升生育率的导向"。实际上，无论是单独两孩政策还是全面二孩政策，生育政策进一步调整和优化的目的，本质上是通过允许政策内人群"生好生足"来达到生育率适当、有效回升之目的。基于此，全面二孩政策时期，有关计划生育考核的重点不应该再放在超生指标的考核上，而应该关注政策内生育率以及总和生育率。尽管各地仍然会有政策外人群的超生现象，甚至还会出现政策内人群的超生现象，但涉及的人群比例极低，考虑到大量的政策内人群放弃生育指标，综合下来超生的比例就很低。因此，传统的计划生育率的考核尽快取消，转向以奖代罚，代之以政策内生育率或是总和生育率来进行反向考核，从而有序引导计划生育工作的重点和资源配置转向当前最突出和最严重的人口问题，引导全省计划生育工作投入到更好地为育龄妇女提供产前、产中和产后的一条龙的服务上去。严格来说，实施全面二孩政策后，人口健康与计划生育工作可做应做的事情应该更多。与之相对应，"十三五"时期的人口与计划生育工作应该得以加强。在新的政策背景和实施工作体系下，合并后的各地卫生与计划生育部门在工作理念、工作机制和工作载体上都应该实现积极的转型，要从中国式的计划生育转向全球性的家庭计划。

三是采取更多与全面二孩政策相配套的人性化政策和措施。在经过一年多的单独两孩政策实施经验和教训的基础上，各省市在推行全面二孩政策中既要出台统一性和规范性的与相配套的措施，也要鼓励各地市出台适合地方特色和情况的人性化配套措施。从政策层面来看，对于很多人来说，生育的制约性因素解决了，但是影响二孩生育的社会经济因素并未随之得以消除。政府应帮助人民群众尽可能消除生育上的顾虑，出台人性化措施重点解决好人民群众"不敢生""不愿生""生不出""生不起"等现实而又迫切的系列问题。客观而言，受传统"一胎化"计生思维固化的影响，一些地方和一些人谈到"鼓励"或"激励"色变。实际上，在当前生育率极低的背景下，采取激励性和鼓励性的生育政策不仅是必要的，而且是紧迫的。从全球经验来看，鼓励生育的难度远超控制生育，这已是不争的事实。可喜的是，目前辽宁、湖北等地已开始倡导鼓励生育。但总体而言，实际的鼓励措施和力度并不大。各地可根据地方财力对政策内家庭生育二孩的行为进行资助，比如对于生育二孩的家庭，可以适当减免个人所得税，适当增加产假或是延长哺乳假，甚至可以对生育二孩实行奶粉补贴，也可以加大生育报销额度，将不孕不育的人工辅助生育费用纳入医保报销范围，以多种务实手段来加大对政策内人群的生育激励。① 新政策背景下，各地政府还可以尝试采取更到位的服务管理措施来帮助政策内再生育人群，全面二孩政策的实施使许多育龄妇女尤其是"70后"错过了最佳生育时期，考虑到高龄孕产妇死亡率提高，应加强再育孕产妇的孕前检查，相关的行政管理和服务工作要努力做到产前、产中和产后的一条龙全覆盖。在这方面，浙江的工作做得主动而到位，不仅专门进行了有关的工作部署，人口与健康协会还协助卫计部门积极开展了多项政策评估，还进行了未来我国生育政策进一步调整后的前瞻性研究，甚至出版发行了专门服务二孩生育的科普性读物，医院还专门开设了二胎生育门诊，这些其实都是非常积极而有为的举措。全面二孩政策实施后，卫生与计划生育部门实际上要开展大量的主动性的家庭计划式的公共服务。当然，仅仅依靠政府推动还是远远不够的，还必须充分发挥社会组织和社会治理在促进生育率有效回升中的作用。政府还应积极动员社会力量参与政策内人群的政策咨询、科普宣传、心理干预、经济赞助、孕产培训以及再就业帮助，通过政府采购社会服务等多种方式，调动社会力量参与帮助那些想生而不敢生、想生而不能生的育龄妇女。

---

① 彭伟斌、徐文平等：《浙江省单独两孩政策实施效果第三方评估报告》，2015年11月30日。

# 参考文献

[1] [美] A. J. 科尔、E. M. 胡佛：《低收入国家的人口增长和经济发展》，1958年。

[2] [法] 阿尔弗雷·索维：《人口通论》，查瑞传、邬沧萍、戴世光、侯文若译，商务印书馆1983年版。

[3] [印] 阿马蒂亚·森：《以自由看待发展》，任赜、于真译，中国人民大学出版社2002年版。

[4] [印] 阿马蒂亚·森：《贫困与饥荒》，商务印书馆2009年版。

[5] [法] 埃米尔·涂尔干：《社会分工论》，渠东译，生活·读书·新知三联书店2000年版。

[6] 安蓓、赵超、王优玲：《中国批复应对气候变化首个国家专项规划》，新华网（http://news.xinhuanet.com/politics/2014 - 09/19/c_1112552582.htm）。

[7] [英] 安格斯·麦迪森：《中国经济的长期表现——公元960—2030年》，伍晓鹰、马德斌译，王小鲁校，上海人民出版社2008年版。

[8] [英] 安格斯·麦迪森：《世界经济千年史》，伍晓鹰、许宪春、施发启译，北京大学出版社2003年版。

[9] 奥利维尔·布兰查德、戴维·罗默、迈克尔·斯宾塞、约瑟夫·斯蒂格利茨：《金融危机的教训——反思当代政策》，浙江大学出版社2013年版。

[10] 包雷萍：《中国独生子女生命历程：家国视野下的一种制度化选择》，《社会科学》2012年第5期。

[11] 鲍思顿、顾宝昌、罗华：《生育与死亡转变对人口老龄化和老年抚养的影响》，《中国人口科学》2005年第1期。

[12] 北京大学经济人口研究室编：《控制人口与经济发展》，北京大学出版社1982年版。

［13］［英］贝弗里奇：《贝弗里奇报告——社会保险和相关服务》，社会保险研究所译，中国劳动社会保障出版社 2008 年版。

［14］［美］布赖恩·费根：《洪水、饥荒与帝王——厄尔尼诺与文明兴衰》，董更生译，浙江大学出版社 2009 年版。

［15］蔡昉：《人口与劳动绿皮书（2013）：中国人口与劳动问题报告 No. 14——从人口红利到制度红利》，社会科学文献出版社 2013 年版。

［16］蔡昉：《人口红利消失与生育政策无必然联系》，《中国证券报》2010 年 10 月 8 日。

［17］蔡泳：《社会经济发展对生育率下降的作用——国际的经验和江浙的比较》，见曾毅、顾宝昌、郭志刚等《低生育率水平下的中国人口与经济发展》，北京大学出版社 2010 年版。

［18］曹文莉、张小林、潘义勇、张春梅：《发达地区人口、土地与经济城镇化协调发展度研究》，《中国人口资源与环境》2012 年第 2 期。

［19］［美］查尔斯·林德布洛姆：《决策过程》，竺乾威、胡君芳译，上海译文出版社 1988 年版。

［20］查瑞传主编，胡伟略、翟振武副主编，北京市社会科学界联合会、北京市人口学会组织编写：《人口学百年》，北京出版社 1999 年版。

［21］查瑞传、曾毅、郭志刚：《中国第四次全国人口普查资料分析》，高等教育出版社 1996 年版。

［22］陈长衡：《三民主义与人口政策》，《中国经济学社》1930 年。

［23］长子中：《从可持续发展的角度看中国的人口政策》，《新西部》（理论版）2008 年第 11 期。

［24］程恩富：《激辩新人口策论》，中国社会科学出版社 2010 年版。

［25］程恩富、王新建：《先控后减的"新人口策论"——与六个不同观点商榷》，《人口研究》2010 年第 6 期。

［26］程恩富：《我们现在是人口负利》，《经济观察报》2010 年 3 月 11 日。

［27］陈惠仁、杜闻贞、顾纪瑞、赵德滋：《苏南人口现代化问题》，江苏人民出版社 1998 年版。

［28］陈剑：《中国人口变动正进入重要时期》，《中国经济时报》2006 年 4 月 7 日。

[29] 陈剑：《胡耀邦关于调整生育政策的一项重要批示》，胡耀邦史料信息网，2014-4-29（http：//www.hybsl.cn/ybsxyj/shengpingyusixiang/2014-04-29/45981.html）。

[30] 陈江龙、高金龙、卫云龙：《工业化、城镇化和农业现代化"三化融合"的内涵与机制——以江苏省为例》，《农业现代化研究》2013年第3期。

[31] 《从单独二孩实践看停止计划生育》，江汤290的博客（http：//blog.sina.com.cn/s/blog_13125ec400102v5e7.html），见卫计委2014年7月10日新闻发布会。

[32] 陈卫、杨胜慧：《中国2010年总和生育率的再估计》，《人口研究》2014年第6期。

[33] 陈彦光：《中国城市化水平统计数据的问题分析》，《现代城市研究》2012年第7期。

[34] 陈一平：《中国人口政策的评价性分析与选择：可持续发展的框架》，《南京社会科学》2001年第3期。

[35] 陈友华：《关于进一步完善生育政策的若干认识问题》，《市场与人口分析》2007年第1期。

[36] 陈友华：《关于生育政策调整的若干问题》，《人口与发展》2008年第1期。

[37] 陈友华：《关于生育政策调整的若干认识问题》，天涯社区（http：//bbs.tianya.cn/post-worldlook-188464-1.shtml）。

[38] 陈友华：《城乡统筹发展中的人口政策研究》，《研究报告》2009年。

[39] 陈友华：《中国人口与发展：问题与反思》，中国社会科学出版社2012年版。

[40] 陈振明：《政策科学》，中国人民大学出版社2003年版。

[41] ［日］大渊宽：《人口思想和人口政策》，《国外社会科学》1979年第3期，原载日本《国际问题》杂志1978年第6期。

[42] 戴世光：《评美国人口政策》，《人口研究》1978年第1期。

[43] ［美］戴维·波谱诺：《社会学（第十一版）》，李强等译，中国人民大学出版社2007年版。

[44] 戴维·伊斯顿：《政治生活的系统分析》，王浦劬译，华夏出版社

1999年版。

[45] [美] 道格拉斯·C. 诺斯：《经济史中的结构与变迁》，陈郁、罗华平等译，上海三联书店、上海人民出版社1999年版。

[46] 耿兆锐：《文明的悖论：约翰·密尔与印度》，浙江大学出版社2014年版。

[47] 丁仁船、张薇：《开放人口分要素预测法细节处理技术》，《西北人口》2005年第6期。

[48] 董尚荣：《人口发展与应对气候变化》，《中国人口报》2010年2月22日第A3版。

[49] 董立俊：《二十一世纪生育政策决策选择——应尽快实行"1 + 1 = 1 + 1"的计划生育人口政策》，《第六届全国优生科学大会论文汇编》2006年第12期。

[50] 杜本峰、李碧清：《农村计划生育家庭生计状况与发展能力分析》，《人口研究》2014年第4期。

[51] [美] F. 托马森·詹努兹、施尧伯：《印度土地制度改革的失败》，《南亚研究》1988年第3期。

[52] 樊明等：《生育行为与生育政策》，社会科学文献出版社2010年版。

[53] 范菁菁：《中国人口年龄性别结构》，中国人口出版社1995年版。

[54] 范锡兵：《渐进选择：非理性主义？》，《政治学研究》1996年第9期。

[55] 冯立天、马瀛通、李建新等：《中国人口政策的过去、现在与未来》，《人口研究》2000年第4期。

[56] 冯天丽：《印度人口政策的转变——由单一的节育目标向多功能服务转变》，《南亚研究季刊》2001年第2期。

[57] [法] 费尔南·布罗代尔：《论历史》，刘北成、周立红译，北京大学出版社2008年版。

[58] 费孝通：《生育制度》，中国出版集团、商务印书馆2008年版。

[59] 《人口研究》编辑部：《中国人口政策的过去、现在与未来》，《人口研究》2000年第4期。

[60] 复旦公共行政评论（第二辑）《公共政策与政府治理》，上海人民出版社2006年版。

[61] G. M. Shah：《每个克什米尔穆斯林应该生一打小孩》，《印度图画周

刊》1989年4月2日。

[62] 甘文：《作为软法的道德规范》，《国家治理的现代化与软法国际研讨会论文集》2014年7月9日。

[63] 顾宝昌：《从历史的透镜认识中国人口——读〈人类的四分之一：马尔萨斯的神话与中国的现实（1700—2000）〉》，《人口研究》2001年第3期。

[64] 顾宝昌：《对人口的客观规律性要抱有敬畏感——读〈中国未来生育政策的选择〉》，《市场与人口分析》2006年第3期。

[65] 顾宝昌、王丰：《八百万人的实践——来自二孩生育政策地区的调研报告》，社会科学文献出版社2009年版。

[66] 顾宝昌：《关于生育政策的讨论实际上是对人口规律性的认识问题——读〈关于进一步完善生育政策的若干认识问题〉》，《市场与人口分析》2007年第1期。

[67] 顾宝昌、李建新：《21世纪中国生育政策论争》，社会科学文献出版社2010年版。

[68] 顾宝昌、王涤、周长洪、谭克俭：《浙江省生育政策完善和管理体制转型的调查与研究》，《"长三角生育政策调整与管理体制转型研究"课题组研究报告》2010年。

[69] 顾宝昌：《关于翻译．顾宝昌教授与彭伟斌的通信》，2014年1月3日。

[70] 顾宝昌：《关于译法、顾宝昌教授与左学金研究员与梁中堂教授的通信》，2014年2月23日。

[71] 顾纪瑞：《人口、消费和可持续发展》，凤凰出版传媒集团、凤凰出版社2011年版。

[72] 桂世勋：《关于调整我国现行生育政策的思考》，《江苏社会科学》2008年第2期。

[73] 郭衍：《中国未来50年人口问题的探讨》，《中国西部科技》2009年第28期。

[74] 郭震威：《关于"四二一"家庭的微观仿真研究》，中国人口出版社2007年版。

[75] 郭志刚：《警惕"人口控制"矫枉过正》，《中国改革》2010年第5期。

[76] 郭志刚：《议人口政策》，《财经》2012 年第 22 期。

[77] 郭志刚：《六普结果表明以往人口估计和预测严重失误》，《中国人口科学》2011 年第 6 期。

[78] [美] 郭子中：《人口战争——谨防世界与中国人口大爆炸》，光明出版社 2014 年版。

[79] 国家人口和计划生育委员会编：《新时期人口和计划生育工作重要文献》，中国人口出版社 2007 年版。

[80] 国家人口和计划生育委员会流动人口服务管理司：《中国流动人口发展报告.2010》，中国人口出版社 2010 年版。

[81] 国家统计局国民经济综合统计司：《新中国六十年统计资料汇编》，中国统计出版社 2010 年版。

[82] 国家统计局人口和就业统计司：《中国人口和就业统计年鉴》，中国统计出版社 2013 年版。

[83] 国务院人口普查办公室、国家统计局人口与就业统计司：《中国 2010 年人口普查资料（光盘版）》，中国统计出版社 2012 年版。

[84] 国务院人口普查办公室：《2010 年第六次全国人口普查汇总数据》，中国统计出版社 2012 年版。

[85] 国务院第六次全国人口普查办公室、国家统计局人口和就业统计司：《第六次全国人口普查主要数据》，中国统计年鉴数据库 2014 年版。

[86] [美] 哈瑞·丹特：《人口峭壁》，中信出版社 2014 年版。

[87] 郝虹生、陈功：《中国的人口研究与〈人口研究〉二十年》，《人口研究》1998 年第 5 期。

[88] 何干强：《人口政策的调整要与经济社会发展的实际相适应》，《经济纵横》2009 年第 10 期。

[89] 何景熙：《中印人口状况和人口政策的比较研究》，《南亚研究》1985 年第 3 期。

[90] 何亚福：《以制度改革应对未来人口结构危机》，《南风窗》2011 年第 17 期。

[91] 何亚福：《人口危局——反思中国计划生育政策》，中国发展出版社 2013 年版。

[92] 何亚福：《为何计划生育降低人口素质》，人口与未来网站，2014.9.15

(http://www.cnpop.org/column/hyf/201409/00002330.html)。

[93] 何亚福:《人口漫话》,《决策与信息》2015 年第 1 期。

[94] 侯东民:《国内外思潮对中国人口红利消失及老龄化危机的误导》,《人口研究》2011 年第 3 期。

[95] 侯文若:《各国人口政策比较》,中国人口出版社 1991 年版。

[96] 胡焕庸:《论中国人口之分布》,华东师范大学出版社 1983 年版。

[97] 胡湛、彭希哲:《家庭变迁背景下的中国家庭政策》,《人口研究》2012 年第 2 期。

[98] 黄淮海、袁连生:《1982—2010 年人口受教育水平增长与 GIS 空间分布特征》,《人口学刊》2014 年第 5 期。

[99] 黄润龙、沈勇、吴金林:《近十年江苏人口的变化特征》,《南京师大学报》(社会科学版)2003 年第 3 期。

[100] 黄文政:《北京不应该控制人口规模》,搜狐财经,2014-09-04 (http://business.sohu.com/20140904/n404075995.shtml)。

[101] 黄文政、梁建章:《翼城二胎试点结果印证中国需鼓励生育》(http://www.cnpop.org/column/ljz/201310/00000523.html),转自华尔街日报中文网,2013 年 10 月 17 日。

[102] 黄亚生:《"中国模式"到底有多独特?》,中信出版社 2011 年版。

[103] [美] 吉利斯、波金斯、罗默、斯诺德格拉斯:《发展经济学(第四版)》,中国人民大学出版社 1998 年版。

[104] 《江浙沪粤基层计划生育工作调查》课题组:《基层计划生育工作者对现行生育政策的认识——来自江浙沪粤的调查》,《人口学刊》2013 年第 6 期。

[105] 江苏省人口普查办公室编:《江苏省人口学会.改革开放的江苏人口:江苏省第四次人口普查分析研讨会,江苏省人口学会第六次人口科学讨论会论文选编》,中国统计出版社 1992 年版。

[106] 江苏省人口普查办公室:《90 年代的江苏人口》,江苏省第四次人口普查资料第二次分析研讨会论文选编,中国统计出版社 1993 年版。

[107] 江苏省人口普查办公室编:《世纪之交的中国人口(江苏卷)》,中国统计出版社 2004 年版。

[108] 江苏省人口普查办公室:《江苏省 1990 年人口普查资料》,中国统

计出版社 1990 年版。

[109] 江苏省人口普查领导小组办公室：《江苏省 2010 年人口普查资料》，中国统计出版社 2010 年版。

[110] 江苏省人口普查领导小组办公室编：《江苏省 2010 年人口普查资料》，中国统计出版社 2012 年版。

[111] 江苏省人口学会：《总结第三次人口普查经验 探索江苏人口的发展趋势：我省第二次人口科学讨论会在南京胜利召开》，《江苏社联通讯》1984 年第 6 期。

[112] 江苏省人口普查领导小组办公室：《江苏省 2010 年人口普查资料》，中国统计出版社 2012 年版。

[113] 江苏省统计局、国家统计局江苏调查总队：《江苏统计年鉴》，中国统计出版社 2013 年版。

[114] 江苏省统计局：《江苏城市化发展状况研究》，江苏省统计局网站，2011 年 11 月 21 日。

[115] 蒋耒文：《"欧洲第二次人口转变"理论及其思考》，《人口研究》2002 年第 3 期。

[116] 蒋雄：《计划生育对出生性别比影响分析》，见浙江省人口和计划生育委员会《人口科学发展新论——低生育率水平下的人口计划生育研究》，浙江大学出版社 2010 年版。

[117] 蒋子龙、樊杰、陈东：《2001—2010 年中国人口与经济的空间集聚与均衡特征分析》，《经济地理》2014 年第 5 期。

[118] [美] 杰克·戈德斯通：《新人口爆炸：四大趋势将改变世界》，宁维嘉译，《国外社会科学文摘》2010 年。

[119] [美] 杰克·戈德斯通：《为什么是欧洲？世界史视角下的西方崛起（1500—1850）》，关永强译，浙江大学出版社 2010 年版。

[120] 金小桃、周学馨、朱尧耿：《关于构建社会主义和谐社会与人口政策拓展的战略思考》，《南方人口》2005 年第 6 期。

[121] [丹麦] 卡塔琳娜·托马瑟夫斯基：《人口政策中的人权问题》，毕小青译，中国社会科学出版社 1998 年版。

[122] 跨世纪的中国人口（江苏卷）编纂委员会：《跨世纪的中国人口：江苏卷》，中国统计出版社 1994 年版。

[123] 跨世纪的中国人口（浙江卷）编纂委员会：《跨世纪的中国人口：

浙江卷》，中国统计出版社 1994 年版。

[124] 李斌：《为全面建设小康社会创造良好的人口环境》，《求是》2009 年。

[125] 李宏规：《实行计划生育是人口、资源、环境协调发展的重要保证》，《中国人口、资源与环境》1992 年第 1 期。

[126] 李宏规：《面向新世纪的重大决策》，《人口与计划生育》2000 年第 3 期。

[127] 李红锦、李胜会：《人口迁移承接与珠三角城市经济社会结构演变的耦合》，《经济地理》2013 年第 8 期。

[128] 李建民：《对人口均衡发展的诠释》，《人口研究》2010 年第 3 期。

[129] 李建民：《后人口转变论》，《人口研究》2000 年第 4 期。

[130] 李建新：《低生育率的社会学后果研究》，《社会科学》2001 年第 2 期。

[131] 李建新：《转型期中国人口问题》，社会科学文献出版社 2005 年版。

[132] 李建新：《也论中国人口的百年战略——兼答李小平先生》，《人口研究》2006 年第 1 期。

[133] 李建新：《计划生育断送了中国的未来》，_youx11986_新浪博客（http：//blog.sina.com.cn/s/blog_712d83 880100ol9b.html）。

[134] 李建新：《微言集——言必计划生育（42）》，李建新的搜狐博客（http：//lijianxinpku.blog.sohu.com/257126129.html/2013 - 03 - 11）。

[135] 李建新、苏文勇、张月云：《中国当代育龄妇女生育意愿分析——以江苏 6 县市调查为例》，《南京人口管理干部学院学报》2011 年第 2 期。

[136] 李建新、彭云亮：《我国实际低生育水平的影响因素分析——邦戈茨低生育率模型应用》，《人口与经济》2012 年第 4 期。

[137] 李建忠：《印度：关注弱势群体 促进区域均衡》，《中国教育报》2011 年 1 月 25 日第 A3 版。

[138] 李敏：《浅谈公共政策的终结》，《经营管理者》2009 年第 4 期。

[139] 李琦：《二十世纪五十年代中共领导人的人口控制思想探析》，《中共党史研究》2009 年第 11 期。

[140] 李通屏等：《扩大内需的人口经济学：人口转变、人口政策影响经济增长可持续性研究》，商务印书馆 2012 年版。

[141] 李通屏、郭继远：《中国人口转变与人口政策的演变》，《市场与人口分析》2007 年第 1 期。

[142] 李通屏、才亚丽：《长期经济增长中的人口因素：武汉的经验》，《武汉大学学报》（哲学社会科学版）2010 年第 1 期。

[143] 李小平：《控制和减少人口总量就是优化人口结构》，《重庆工学院学报》（社会科学版）2007 年第 9 期。

[144] 李小平：《人口与经济的关系及人类生活的美学问题》，天涯社区，2006 - 4 - 29（http://bbs.tianya.cn/post - no01 - 237191 - 1.shtml）。

[145] 李小平：《人类生活的美学问题》，《读书》2001 年第 10 期。

[146] 李微敖：《二胎政策启动：每年或多生 100 万人 GDP 增长 0.2》，《21 世纪经济报道》2013 年 11 月 16 日。

[147] 李新建：《中国人口控制中的政府行为》，中国人口出版社 1999 年版。

[148] 李新玲：《各地"单独二孩"申请量低于预期 因抚养成本高》，中青在线—中国青年报，2015 - 1 - 12（http://zqb.cyol.com/html/2015 -01/12/nw.D110000zgqnb_201501 12_6 - 01.htm）。

[149] 联合国：《人口与发展国际会议行动刚要》，开罗，1994 年。

[150] 联合国：《计划生育的人权方面：第 XIII 号决议》，《国际人权会议最终文件》，德黑兰，1968.4.22 - 5.13，U.N.Doc.A/CONR.32/41，1968。

[151] 《联合国人口基金会世界人口白皮书》，联合国人口基金会网站，2010 年 10 月 20 日。

[152] 梁建章：《中国人可以多生！反思中国人口政策》，社会科学文献出版社 2014 年版。

[153] 梁建章：《放开单独二胎对生育率恢复正常杯水车薪》，财新网，2013 - 11 - 15（http://opinion.caixin.com/20 13 - 11 - 15/100605703.html）。

[154] 梁秋生、李哲夫：《中国人口出生控制成效的比较分析》，《人口研究》2003 年。

[155] 梁中堂：《人口学》，山西人民出版社 1983 年版。

[156] 梁中堂:《论我国人口发展战略》,山西人民出版社 1985 年版。

[157] 梁中堂:《中国人口问题的"热点"——人口理论、发展战略和生育政策》,中国城市经济社会出版社 1988 年版。

[158] 梁中堂:《中国与印度人口变动及其发生原因比较研究》,《人口研究》1992 年第 6 期。

[159] 梁中堂、谭克俭、景世民:《20 世纪最后 20 年中国妇女生育水平变动研究》,《中国人口科学》2000 年第 2 期。

[160] 梁中堂:《人口论疏》,上海,2004 年。

[161] 梁中堂:《人口过程:不依人的意志为转移的客观运动》,《人口研究》2005 年第 1 期。

[162] 梁中堂:《论改变和改革计划生育制度》,上海,2007 年。

[163] 梁中堂:《我国五个民族自治区经济发展和人口变动研究》,《人口学刊》2008 年第 4 期。

[164] 梁中堂:《"一胎化"政策形成的时代背景》,香港中文大学《二十一世纪》2009 年第 3 期。

[165] 梁中堂:《毛泽东"人口非控制不行"考》,《人口与发展》2010 年第 2 期。

[166] 梁中堂:《我国生育政策史论》,上海,2013 年。

[167] 梁中堂:《中国生育政策研究》,山西人民出版社 2014 年版。

[168] 梁中堂:《论"公开信"》,上海,2010 年。

[169] 梁中堂:《马寅初事件始末》,上海,2011 年。

[170] 梁中堂:《"四人帮"与计划生育》,上海,2012 年。

[171] 梁中堂:《鹿耶,马耶? 田雪原"中央人口座谈会"》,上海,2013 年。

[172] 梁中堂:《中国计划生育政策史论》,中国发展出版社 2014 年版。

[173] 梁中堂:《自由生育权是中国必须尽快解决的大事——梁中堂接受社会科学报的访谈》,梁中堂的新浪博客,2012 - 3 - 11(http://blog.sina.com.cn/s/blog_5e1d59c30101091p.html)。

[174] 梁中堂:《自由生育权是一个不容讨论的问题》,网易论坛,2011 - 9 - 28(http://bbs.local.163.com/bbs/localhunan/232071877.html)。

[175] 梁中堂:《毛泽东人口思想研究》,《兰州商学院学报》2008 年第 5 期,第 9 页。

[176] 梁中堂：《人口研究与江湖术士》，上海，2014年。

[177] 梁中堂：《生育政策的改变与对国家的迷信》，梁中堂的网易博客，2013-3-3-1（http://liangzhongtang.blog.163.com/blog/static/10942650820132312117123/）。

[178] 梁中堂：《一部有违于我国宪法的法——三论计划生育法是恶法》，梁中堂的网易博客，2014-8-10（http://liangzhongtang.blog.163.com/blog/static/1094265 08201471024818）。

[179] 梁中堂：《我国可能出现的补偿性生育究竟有多少？——政府部门说话不可以信口开河》，梁中堂的新浪博客（http://liangzhongtang.blog.163.com/blog/static /10942650820146200293957/2014-07-19）。

[180] 梁中堂：《关于"family planning"的翻译——梁中堂教授与顾宝昌教授、郑真真教授和彭伟斌的通信》，2014年2月19日。

[181] 梁中堂：《计划生育是"人口问题"阴影的制度安排——〈现行生育政策的决策体制与机制研究〉的结束语》，梁中堂的网易博客，2014-12-8（http://liangzhongta ng.blog.163.com/blog/static-ic/10942650820141181012 51262/）。

[182] 梁中堂：《计划生育制度是一面镜子》，梁中堂的网易博客，2013-2-10（http://liangzhongtang.blog.163.com/blog/static/10942650820131103 4525355/）。

[183] 林锦屏、章剑卫：《人口和就业协调发展——新中国65年浙江经济社会发展成就之十四》，浙江省统计局，2014年9月9日。

[184] 刘洪光：《江苏省2010年人口普查资料》，中国统计出版社2013年版。

[185] 刘金塘、林富德：《从稳定低生育率到稳定人口——新世纪人口态势模拟》，《人口研究》2000年第4期。

[186] 刘海燕、刘敬远：《印度与中国的计划生育政策比较》，《南亚研究季刊》2010年第4期。

[187] 刘骥：《阶级分化与代际分裂——欧洲福利国家养老金政治的比较分析》，北京大学出版社2008年版。

[188] 刘凯、秦耀展：《基于Logistic和Gompertz模型的河南省人口预测》2010年第13期。

[189] 刘社建:《还历史本原面目——评梁中堂研究员著〈马寅初考〉》,《文汇报》2015年3月20日。

[190] 刘夷:《单独二孩启动》,《东方财富网》(http://www.eastmoney.com.2014-3-26)。

[191] 刘亚南:《印度粮食产量预计将创历史新高》,《新华网》2011年4月6日。

[192] 刘铮:《人口理论教程》,中国人民大学出版社1984年版。

[193] 刘铮:《人口现代化和优先发展教育》,《人口研究》1992年第2期。

[194] 刘忠良:《大国危途——民族兴衰与人口政策再思考》,经济科学出版社2013年版。

[195] 路磊、郝虹生、高凌:《1990年中国分省简略生命表》,《人口研究》1994年第3期。

[196] 陆杰华、朱荟:《建设人口均衡型社会的现实困境与出路》,《人口研究》2010年第4期。

[197] 陆杰华、张韵:《在全面深化改革背景下促进社会与人口均衡发展》,《中国社会科学报》2004年12月26日。

[198] 罗兰容:《毛泽东"适当"节制生育思想原因评析》,《毛泽东思想研究》2005年第1期。

[199] 罗纳德·麦金农口述,贾康、石英华等整理:《人口观决定发展观》,同期声《新理财政府版》2009年第7期。

[200] 罗纳德·米克:《马克思恩格斯论马尔萨斯》,上海三联书店1957年版。

[201] 罗纳德·科斯:《计划生育是我听过最奇葩的政策》,网易财经《意见中国——网易经济学家访谈录》栏目科斯专访,http://v.163.com/movie/2012/11/H/3/M8EL1Q1UR_M8KG1SRH3.html。

[202] 罗纳德·J.赫林:《耕者有其田:南亚土地制度改革的政治经济同题》,耶鲁大学出版社1983年版。

[203] 骆克任:《未来浙江人口之探讨》,《杭州大学学报》1987年第3期。

[204] 《马克思恩格斯全集》(第46卷上册),人民出版社1973年版。

[205] [英]马尔萨斯:《人口论》,郭大力译,北京大学出版社2008

年版。

[206] ［意］马西姆·利维巴茨：《繁衍——世界人简史（第三版）》，郭峰、庄瑾译，北京大学出版社 2005 年版。

[207] 马寅初：《新人口论》，北京出版社 1979 年版。

[208] ［法］米歇尔·福柯：《安全、领土与人口》，钱翰、陈晓径译，上海人民出版社 2010 年版。

[209] 门可佩、唐沙沙、蒋梁瑜、刘静：《基于新优化灰色模型的江苏人口发展预测研究》，《南京信息工程大学学报》（自然科学版）2010 年第 1 期。

[210] 孟向京：《印度的社会经济特征与生育控制》，《南亚研究季刊》2001 年第 2 期。

[211] 莫龙等：《中国人口：结构与规模的博弈》，社会科学文献出版社 2013 年版。

[212] 穆光宗：《论我国人口生育政策的改革》，《华中师范大学学报》（人文社会科学版）2014 年第 1 期。

[213] 穆光宗：《中国人口生育率下降的代价：框架性意见》，《社会科学》1998 年第 6 期。

[214] 穆光宗：《我国人口政策应如何走？》，《中国社会科学报》2009 年 7 月 2 日 A6。

[215] 穆光宗：《民心不可失 民权不可轻 民意不可违》，《穆光宗的凤凰播报》2014 年 10 月 21 日（http：//blog.ifeng.com/article/34273484.html）。

[216] 潘纪一、马淑鸾、王瑞梓：《人口素质与中国的现代化》，南京大学出版社 1992 年版。

[217] 彭珮云主编：《中国计划生育全书》，中国人口出版社 1997 年版。

[218] 彭希哲：《中国未来发展的四个关键性人口问题》，《探索与争鸣》2012 年第 5 期。

[219] 彭伟斌、陈晓慧：《论人口下降区农村城镇化发展的困境与趋势——以浙江省为例》，《杭州师范大学学报》（社会科学版）2013 年第 6 期。

[220] 彭伟斌：《印度国家人口政策的历史演进及影响因素研究》，《人口学刊》2014 年第 6 期。

[221] 《普查结果显示印度人口已超 12 亿》，梅州网（http：//www.meizhou.cn/news/ 1103/31/11033100130.html）。

[222] 戚攻：《我国人口和计生综合改革面临的八个问题》，《人口和计划生育》2004 年第 7 期，第 18—20 页。

[223] 乔晓春、任强：《中国未来生育政策的抉择》，《市场与人口分析》2006 年第 3 期。

[224] ［英］乔治·马格纳斯：《人口老龄化时代：人口正在如何改变全球经济和我们的世界》，余方译，经济科学出版社 2012 年版。

[225] 《全国仅 70 万单独夫妻申请生二孩》，《东南早报》2014 年 11 月 1 日（http：//news.gmw.cn/newspaper/ 2014－11/01/ content_101770796.htm）。

[226] 冉志、杨化：《抗战时期国民政府人口政策研究》，《重庆师范大学学报》（哲学社会科学版）2007 年第 1 期。

[227] ［美］R.莱斯太格：《论人类生育的社会控制》，《人口与发展评论》1981 年第 1 期。

[228] 《人大代表称中国劳动力过剩 有 6 亿人口是负作用大于正作用》，经济观察网，2010－3－11，引自凤凰网（http：//finance.ifeng.com/news/special/lianghui2010/2 0100311/1913533.shtml）。

[229] 《人类生育》，世界卫生大会，第 18.49（1965）号决议。

[230] 上海社会科学院课题组：《国际社会应对人口老龄化的经验借鉴和 21 世纪中国人口政策的选择》，国家社科基金重大课题"21 世纪中国人口老龄化与经济社会发展对策研究"子课题研究报告，2011 年。

[231] 上海市统计局、上海市人口普查办公室：《华东人口：华东地区人口科学研讨会论文集》，中国统计出版社 1989 年版。

[232] ［美］塞缪尔·普雷斯顿、［美］帕特里克·霍伊维兰、［美］米歇尔·古略特：《人口统计学：人口过程的测量与建模》，郑真真译，社会科学文献出版社 2012 年版。

[233] 沈可、王丰、蔡泳：《国际人口政策转向对中国的启示》，《国际经济评论》2012 年第 1 期。

[234] 盛来运总编、中华人民共和国国家统计局：《中国统计年鉴》，中国统计出版社 2013 年版。

[235]［日］石川準吉、国家総動員史資料編：《人口政策確立要綱》，国家総動員史刊行会，1976年。

[236]石海峻：《甘地主义、马克思主义和后殖民主义》，《南亚研究》2004年第6期。

[237]世界银行：《1984年世界发展报告》，1984年。

[238]［俄］斯姆列维奇：《资产阶级人口论和人口政策批判》，生活·读书·新知三联书店1960年版。

[239]宋健、于景元、李广元：《人口发展过程的预测》，《中国科学》1980年第9期。

[240]宋健、姚远、陆杰华、张敏才、杨文庄、顾宝昌：《中国的人口，安全吗？》，《人口研究》2005年第2期。

[241]宋健、［韩］金益基：《人口政策与国情——中韩比较研究》，光明日报出版社2009年版。

[242]苏剑：《论我国人口政策的走向》，《广东商学院学报》2010年第1期，第13—16页。

[243]孙鹃娟：《家庭利益最大化：认识农村留守老人的根本》，《中国社会科学报》2014年7月25日第A8期。

[244]孙沐寒：《中国计划生育史》，北方妇女儿童出版社1990年版。

[245]孙燕丽：《改革开放30年与江苏人口发展》，河海大学出版社2009年版。

[246]孙燕丽、张肖敏：《2009江苏人口发展研究报告》，河海大学出版社2010年版。

[247]孙沐寒：《中国计划生育史分期问题研究》，《中国人口科学》1992年第4期。

[248]谭崇台：《发展经济学》，上海人民出版社2000年版。

[249]汤兆云：《中国现行人口政策的形成与稳定——新中国人口政策的演变》，《中共党史资料》2008年第2期。

[250]唐娅辉：《人口政策是带有战略性的大政策》，《湖湘论坛》2004年第3期。

[251]［英］特伦斯·W.哈奇森：《经济学的革命与发展》，北京大学出版社1992年版。

[252]［美］托马斯·梅里克等：《世界人口转变》，何晓勤、步金玲、

严春松译，上海图书情报中心 1987 年版。

[253] 田雪原：《关于人口"老龄化"问题》，《人民日报》1980 年 3 月 18 日第 A5 版。

[254] 田雪原、王金营、李文：《"软着陆"：中国人口发展战略的理性选择》，《社会科学战线》2005 年第 2 期。

[255] 田雪原：《新中国人口政策 60 年》，社会科学文献出版社 2009 年版。

[256] 田雪原、王金营、李文：《"软着陆"：中国人口发展战略的理性选择》，《社会科学战线》2005 年第 3 期。

[257] 童桦、林莉：《生二胎，意愿多于行动》，《浙江日报》2014 年 8 月 21 日。

[258] 程恩富：《激辩"新人口策论"》，中国社会科学出版社 2010 年版。

[259] 王爱华、程恩富：《我国"一胎化"生育政策的成本—效益测度》，《重庆社会科学》2008 年第 7 期。

[260] 王涤：《试论我国稳定低生育水平应予关注的若干关系——以浙江人口发展为例》，《人口经济》2002 年第 1 期。

[261] 王丰、郭志刚、茅倬彦：《21 世纪中国人口负增长惯性初探》，《人口研究》2008 年第 6 期。

[262] 王丰、蔡泳：《4 亿中国人是怎么少生的?》，《中国改革》2010 年第 7 期。

[263] 王广州、胡耀岭、张丽萍：《中国生育政策调整》，社会科学文献出版社 2013 年版。

[264] 王建芹：《人口管理制度的实质是一种宪政文明》，《人大研究》2007 年第 4 期。

[265] 王金营：《中国计划生育政策人口控制效果评估》，《中国人口科学》2006 年第 5 期。

[266] 《论人口政策学的研究对象任务和方法》，《河北大学学报》（哲学社会科学版）1992 年第 6 期。

[267] 王俊详：《人口政策学》，河北大学出版社 1994 年版。

[268] 王美福、冯淑娟：《如何看浙江人均 GDP 超 1 万美元》2013 年第 4 期。

[269] 王新华：《探索全面建设小康社会进程中的现代生育文明之路》，

见孙燕丽《改革开放 30 年与江苏人口发展》，河海大学出版社 2009 年版。

[270] 王晓丹：《印度国家人口政策》，《当代亚太》2003 年第 3 期。

[271] 王晓丹：《印度国家人口政策的发展与实施》，《中国人口报》2005 年 11 月 23 日。

[272] 王晓真编译：《欧洲八科学院联合呼吁应对人口挑战》，《中国社会科学报》2014 年 6 月 18 日。

[273] 王跃生：《制度人口学重大问题研究述评》，《社会科学管理与评论》2006 年第 5 期。

[274] 王嗣均主编：《中国人口》（浙江分册），中国财政经济出版社 1988 年版。

[275] 王嗣均、吴汉良：《中国人口迁移与城市化研究（浙江卷）》，华中理工大学出版社 1995 年版。

[276] 王渊明：《历史视野中的人口与现代化》，浙江人民出版社 1995 年版。

[277] ［美］威廉·刘易斯：《发展计划——经济计划的本质》，何宝玉译，北京经济学院出版社 1988 年版。

[278] ［美］威廉·恩道尔：《粮食危机》，知识产权出版社 2008 年版。

[279] 韦杰：《拉动消费的另一种政策——积极的人口政策》，《现代商业》2009 年第 26 期。

[280] 魏下海、蓝嘉俊：《老龄化对劳动分配格局影响具阶段性特征》，《中国社会科学报》2014 年 7 月 16 日。

[281] 邬沧萍：《十三亿人口日：挑战与希望》，《人口研究》2005 年第 2 期。

[282] 文晔：《13 亿：难解的方程式》，《中国新闻周刊》2007 年 3 月 19 日。

[283] 吴宏洛：《影响中国人口政策走向的几个关键性问题》，《福建论坛》（人文社会科学版）2010 年第 1 期。

[284] 吴永年：《印度社会的性犯罪现象》，《社会》2004 年第 1 期。

[285] ［美］西蒙·库兹涅茨：《现代经济增长中的人口问题》，1965 年。

[286] ［美］西蒙·库兹涅茨：《各国的经济增长》，哈佛大学出版社 1971 年版。

[287] [美] 西蒙·库兹涅茨:《人口与经济增长》,《美国哲学学会的预测》1967年第3期。

[288] [法] 西尔雅、布吕内尔:《饥荒与政治》,社会科学文献出版社2010年版。

[289] 肖黎春:《世界低生育率国家生育率下降模式分析》,载上海社会科学院人口与发展研究所编《转变中的中国与世界人口问题研究——上海社会科学院人口与发展研究所论文精选》,上海社会科学院出版社2008年版。

[290] 徐剑:《中国人口政策效果分析》,博士学位论文,吉林大学,2010年。

[291] 徐向东:《全球正义》,浙江大学出版社2011年版。

[292] 谢玲丽:《长三角人口发展战略研究》,复旦大学出版社2007年版。

[293] [日] 小滨正子:《计划生育的开端——1950—1960年代的上海》,《台湾中研院近代史研究所集刊》2010年第68期。

[294] [英] 亚当·弗格森:《文明社会史论》,林本椿、王绍详译,浙江大学出版社2014年版。

[295] 严健:《城市化进程加速发展——江苏60年经济社会发展系列分析之二十二》,江苏省统计局,2010年6月24日。

[296] 杨发详:《当代中国计划生育史研究》,博士学位论文,浙江大学,2003年。

[297] 杨垣国:《历史地看待新中国成立以来的人口政策及其演变》,《江西社会科学》2009年第1期。

[298] 杨魁孚、陈胜利、魏津生:《中国计划生育效应与投入》,人民出版社2000年版。

[299] 姚引妹、李芬、尹文耀:《单独两孩政策实施中堆积夫妻及其生育释放分析》,《人口研究》2014年第4期。

[300] 姚忆江、袁瑛、实习生、梅岭、丁婷婷:《"人口政策不要陷入教条主义"——专访国情研究中心主任胡鞍钢》,《南方周末》2010年3月18日。

[301] 叶海平、李冬妮:《社会政策与法规》,华东理工大学出版社2000年版。

[302] 叶菊英：《完善生育政策促进我省人口长期均衡发展》，浙江省社科联第二届学术年会会议论文集，2014年11月15日。

[303] 易申波、张斌：《浅析中国人口政策》，《成都行政学院学报》2002年第3期。

[304] 易富贤：《大国空巢：反思中国计划生育政策》，中国发展出版社2012年版。

[305] 易富贤：《以人为本，用科学的发展观指导人口政策调整》，《社会科学论坛》2008年第6期。

[306] 易富贤：《停止计划生育后会补偿性出生多少人？》，《经济观察报》2014年10月30日。

[307] 易富贤：《从单独二孩实践看补偿性生育》，《财经》2014年第29期。

[308] 易富贤：《历代鼓励生育的政策》，《决策与信息》（上旬刊）2014年第4期。

[309] 易富贤：《人口政策何必用二胎过渡》，《中国改革》2013年第10期。

[310] 易富贤：《易富贤与梁中堂教授的通信》，2014-1-4，原文取自联合国网站，http：//www.unfpa.org/6billion/populationissues/program.htmPopulation Issues-1999；http：//www.unfpa.org/public/News/pid/4557-2009；http：//www.unfpa.org/public/home/news/pid/15052-2013。

[311] 易富贤：《补偿性出生高峰真的会出现吗？》，《经济观察报》2014年11月3日。

[312] 尹文耀：《关于计划生育投入—产出效应研究的几个问题》，《人口与计划生育》1999年第4期。

[313] 尹文耀等：《浙江省人口发展指标体系研究专题报告》，见浙江省人口发展战略协调会议办公室、浙江省人口发展战略研究课题报告集，2006年。

[314] 尹文耀：《"中国重大战略性人口科学与政策问题"研讨会综述》，《中国人口科学》2014年第6期。

[315] 《印度国家语言列表》，维基百科网站（http：//zh.wikipedia.org/wiki）。

[316] 印东：《新形势下中国地方政府计划生育管理体制研究》，硕士学位论文，山东师范大学，2012年。

[317]《印度控制人口目标难实现 政府逐户派发避孕品》，新疆新闻网（http://www.xj.chinanews.com.cn/html/v50/2011/01/12/787099.htm）。

[318] 于学江：《生育权研究》，硕士学位论文，中国海洋大学，2006年。

[319] 于学军、翟振武、杨凡、李建民、穆光宗：《为什么要建设"人口均衡型社会"？》，《人口研究》2010年第3期。

[320] 于学军：《中国人口转变与"战略机遇期"》，《中国人口科学》2000年第2期。

[321] 于学军：《不能完全通过调整人口政策解决人口老龄化问题》，中国政府网在线访谈，2007年7月10日。

[322] 俞华、顾宝昌、张二力、刘爽、茅倬彦、梁颖：《中国生育政策的调整：历史、经验及启示》，国家人口计生委政策法规司2010年委托课题报告，2010年。

[323] 俞宪忠：《人口发展与制度创新——兼谈制度人口学的构建》，《理论学刊》2005年第4期。

[324] [英] 约翰·斯图尔特·密尔：《精神科学的逻辑》，李涤非译，浙江大学出版社2009年版。

[325] [英] 约翰·伊特韦尔、默里·米尔盖特、彼得·纽曼：《新帕尔格雷夫经济学大辞典》，经济科学出版社1996年版。

[326] [美] 约瑟夫·熊彼特：《经济分析史（第一卷）》，商务印书馆1996年版。

[327] 曾毅：《以晚育为杠杆，平稳向二孩政策过渡》，《人口与经济》2005年第2期。

[328] 曾毅：《21世纪中国人口与经济发展》，社会科学文献出版社2006年版。

[329] 曾毅、李玲、顾宝昌、林毅夫：《21世纪中国人口与经济发展》，社会科学文献出版社2006年版。

[330] 曾毅：《力推"二孩晚育软着陆"》，和讯网（http://news.hexun.com/2012-09-04/145449156.html）。

[331] 曾毅等：《低生育水平下的中国人口与经济发展》，北京大学出版社 2010 年版。

[332] 曾毅主编：《生命支持系统大百科全书（人口学分卷）》，中国人口出版社 2010 年版。

[333] 曾毅、顾宝昌、郭志刚等：《低生育水平下的中国人口与经济发展》，北京大学出版社 2010 年版。

[334] 翟振武、刘爽、段成荣：《常用人口统计公式手册》，中国人口出版社 1993 年版。

[335] 翟振武：《20 世纪 50 年代中国人口政策的回顾与再评价》，《中国人口科学》2000 年第 1 期。

[336] 翟振武：《"错批一人与误增三亿"质疑》，《纵横》2000 年第 7 期。

[337] 翟振武：《当代中国人口发展战略的回顾与思考》2001 年第 3 期。

[338] 翟振武、张现苓、靳永爱：《立即全面放开二胎政策的人口学后果分析》，《人口研究》2014 年第 3 期。

[339] ［美］詹姆斯·E. 安德森：《公共决策》，唐亮译，华夏出版社 1990 年版。

[340] ［美］詹姆斯·P. 莱斯特、小约瑟夫·斯图尔特：《公共政策导论》，中国人民大学出版社 2003 年版。

[341] 湛中乐、苏宇：《论政府信息公开排除范围的界定》，《行政法学研究》2009 年第 4 期。

[342] 张纯元：《脱贫致富的人口对策（1—3 集）》，北京大学出版社 1994 年版。

[343] 张二力：《从"五普"地市数据看生育政策对出生性别比和婴幼儿死亡率性别比的影响》，《人口研究》2005 年第 1 期。

[344] 张二力：《江苏省生育政策一元化对人口出生的影响》，《人口研究》2008 年第 3 期。

[345] 张风雨：《中国生育和避孕使用的多层次研究》，中国人口出版社 1997 年版。

[346] 张家康、张力：《我国人口健康面临的挑战和对策》，《科技创新导报》2008 年第 15 期。

[347] 张理智：《均衡人口与均衡 GDP 关系研究——兼论中国计划生育

政策需要调整》,《社会科学研究》2006年第1期。

[348] 张赛群、黄殷殷:《生育政策城乡趋同助推户籍制度改革》,《中国社会科学报》2014年8月29日。

[349] 张胜军:《气候变化治理的理论范式》,《中国社会科学报》2013年5月31日。

[350] 张为民:《中国2000年全国人口普查资料(光盘版)》,中国统计年鉴数据库:中国2000年人口普查资料。

[351] 张庆辉:《印度人口地理特征及其对经济的影响》,《世界地理研究》2004年第9期。

[352] 张维庆:《改革开放与中国人口发展》,社会科学文献出版社2009年版。

[353] 张维庆:《以人的全面发展统筹解决我国人口问题——关于人口热点问题的问与答》2006年第9期。

[354] 张肖敏:《新人口礼赞——人口和计划生育工作回顾与展望(江苏卷)》,中国人口出版社2007年版。

[355] 张秀兰、徐月宾:《建构中国的发展型家庭政策》,《中国社会科学》2003年第6期。

[356] 张旭昆:《思想市场论——分析知识产品演化的一个模式:以经济学为例》,浙江大学出版社2000年版。

[357] 张翼:《我国人口不会到16亿》,《科学决策》2005年第10期。

[358] 张翼:《中国人口控制政策的历史变化与改革趋势》,《广州大学学报》(社会科学版)2006年第8期。

[359] 张玉芹:《计划生育法制》,中国人口出版社1998年版。

[360] 章文彪主编:《新人口礼赞:人口和计划生育工作回顾与展望》,中国人口出版社2007年版。

[361] 赵白鸽:《人口方案和应对气候变化》,《人口研究》2010年第1期。

[362] 赵白鸽:《人口发展与人口政策——在中国经济社会发展智库首届论坛上的致辞》,载程恩富《激辩"新人口策论"》,中国社会科学出版社2010年版。

[363] 赵静:《劳动年龄人口负增长下的变化与挑战》,浙江省统计信息网(2014-11-3, http://www.zj.stats.gov.cn/tjfx_1475/tjfx_

sjfx/201411/t20141106_149074.html)。

[364] 赵琪：《人口增长快和老龄化加剧已成为21世纪严重社会问题》，《中国社会科学报》2014年8月25日第A3版。

[365] 赵晓姝：《论计划生育在促进中国人权进步中的作用》，河北大学，硕士学位论文，2004年。

[366] 赵语慧：《社会转型时期政策制定的模式选择》，《和田师范专科学校学报》2006年第2期。

[367] 浙江省人口发展战略研究协调会议办公室、浙江省人口和计划生育委员会：《浙江省人口发展战略研究课题报告集（2006—2007）》，2009年。

[368] 浙江省人口普查办公室编：《世纪之交的中国人口（浙江卷）》，中国统计出版社2004年版。

[369] 浙江省人口普查办公室编：《浙江省2010年人口普查资料》，中国统计出版社2012年版。

[370] 浙江省人口志编纂委员会编：《浙江省人口志》，中华书局2007年版。

[371] 浙江省计划生育编纂委员会编：《浙江省计划生育志》，中华书局2004年版。

[372] 浙江省统计局：《从普查数据看浙江人口性别均衡》，2012-12-11，浙江省统计局网站（http://www.zj.stats.gov.cn/tjfx_1475/tjfx_sjfx/201212/t20121211_138458.html）。

[373] 浙江省统计局：《人口与就业协调发展——浙江省第十二次党代会以来经济社会发展成就之十三》，2012-6-21（http://www.zj.stats.gov.cn/tjfx_1475/tjfx_sjfx/201206/t20120621_138419.html）。

[374] 浙江省统计局：《建设美丽浙江 创造美好生活——新中国65年浙江经济社会发展成就总报告》，浙江统计信息网，2014-9-15（http://www.zj.stats.gov.cn/tjfx_1475/tjfx_sjfx/201409/t20140915_144955.html）。

[375] 《浙江省统计局浙江人口发展进入新常态的思考》，2014-8-12（http://www.zj.stats.gov.cn/tjfx_1475/tjfx_sjfx/201408/t20140819_143113.html）。

[376] 浙江省统计局：《浙江高学历人口发展与省际比较研究》，浙江省

统计信息网，2014-7-8（http：//www.zj.stats.gov.cn/tjfx_1475/tjfx_sjfx/201407/t20140709_140910.html）。

[377] 浙江省卫生计生委计划生育基层指导处：《浙江省单独两孩政策实施情况报告》，浙江省卫生和计划生育委员会，2014-8-1（http：//www.zjjsw.gov.cn/）。

[378] 镇天锡、尹建中：《人口政策的形成与检讨》，联经出版事业公司1983年版。

[379] 郑卫东：《村落社会变迁与生育文化》，上海人民出版社2007年版。

[380] 郑真真：《生育意愿的测量与应用》，《中国人口科学》2014年第6期。

[381] 钟逢干：《我国城市人口发展现状分析》，全国经济地理研究会第十二届学术年会暨"全球化与中国区域发展"研讨会论文集，2008年6月1日。

[382] 中国发展研究基金会：《人口形势的变化和人口政策的调整（中国人口发展报告2011/12）》，中国发展出版社2012年版。

[383] 《中国经济周刊》评论员：《中国要警惕"低生育率陷阱"》，《中国经济周刊》2011年5月9日。

[384] 《中国计划生育年鉴》编辑委员会编：《中国计划生育年鉴1991》，科学普及出版社1992年版。

[385] 《马克思恩格斯全集》（第1卷），人民出版社1956年版。

[386] 《马克思恩格斯全集》（第46卷下册），人民出版社1973年版。

[387] 《毛泽东文集》（第7卷），人民出版社1999年版。

[388] 《中国城市发展报告》编委会编：《中国城市发展报告2007》，中国城市出版社2007年版。

[389] 《中共中央国务院关于加强人口与计划生育工作稳定低生育水平的决定》，《中国共产党新闻》中国共产党新闻网（http：//cpc.people.com.cn/GB/64162/71380/71382/71481/4854373.html）。

[390] 舟木：《就"计划生育减少碳排放"言论与赵白鸽主任商榷》，舟木的搜狐博客（http：//zhoumurenkou.blog.sohu.com/139406585.html）。

[391] 周长洪：《关于现行生育政策微调的思考——兼论"单独家庭二孩

生育政策"的必要性与可行性》，《人口与经济》2005年第2期。

[392] 周天勇：《江浙70%私营企业家都移民了》，《凤凰财经》2014年10月17日。

[393] 朱国宏：《关于对我国人口政策的评估》，《科技导报》1991年第8期。

[394] ［美］朱利安·L. 西蒙：《人口增长经济学》，彭松建、周维、邱沛玲、蔡文眉、胡键颖、李运宽、王德中、南钟万译，北京大学出版社1984年版。

[395] 庄亚儿：《中国人口迁移数据集（五）》，中国人口出版社1995年版。

[396] 庄亚儿：《1990年以来中国常用人口数据集》，中国人口出版社2003年版。

[397] 庄亚儿、韩枫编著：《2000—2010年中国常用人口数据集》，中国人口出版社2012年版。

[398] 左学金、杨晓萍：《生育政策调整势在必行》，《中国改革》2010年第5期。

[399] 左学金：《人口增长对经济发展的影响》，《国际经济评论》2010年第6期。

[400] 左学金：《人口均衡型社会的提法不科学》，左学金教授对国家人口计生委就"人口均衡型社会"提法专家咨询意见回复，来自梁中堂与作者的邮件通信，2011年1月13日。

[401] 左学金：《21世纪中国人口再展望》，《北京大学学报》（哲学社会科学版）2012年第5期。

[402] 左学金：《关于稳定适度低生育水平的新思考》，《人口与发展》2011年第3期。

[403] 左学金：《缺少大量跟踪调查的数据影响决策》，《财经》2013年第17期。

[404] 左学金：《关于"family planning"的译法——左学金研究员与梁中堂、顾宝昌和郑真真三位教授的通信》，2014年2月22日。

[405] Alvin H. Hansen. Economic Progress and Declining Population Growth. The American Economic Review, Vol. 29, No. 1, 1939: 1–15.

[406] Ansley J. Coale, Edgar M. Hoover. Population, Growth, And Econom-

ic Development In Low Income Countries. Princeton University Press. 1958.

[407] Ansley Johnson Coale, Edgar Malone Hoover. Population Growth And Economic Development In Low Income Countries: A Case Study of India's Prospects. Literary Licensing, LLC, 2012.

[408] Amartya Sen: Population Policy: Authoritarianism Versus Cooperation. Journal of Population Economics, Vol. 10, No. 1, 1995.

[409] Ashish Bose. National Population Policy, 2000: Swaminathan to Shanmugham. Economic and Political Weekly, Vol. 35, No. 13, 2000: 1058 - 1059.

[410] Amartya Sen. Population: Delusion and Reality. New York Review of Books, Vol. 41, No. 15, 1994: 1 - 16.

[411] Ansley J. Coale. Population Trends, Population Policy, and Population Studies in China. Population and Development Review, Vol. 7, Issue1, 1981: 85 - 97.

[412] Arthur P. Wolf. The Preeminent Role of Government Intervention in China's Family Revolution. Population and Development Review, Vol. 12, No. 1, 1986: 101 - 116.

[413] Barbara B Crane, Jennifer Dusenberry. Power and Politics in International Funding for Reproductive Health: the US Global Gag Rule. Reproductive Health Matters, Vol. 12, Issue 24, 2004: 128 - 137.

[414] Bernard Berelson. Population Policy: Personal Notes. Population Studies, Vol. 25, No. 2, 1971: 173 - 182.

[415] B. P. Singh Sehgal. Population Policy and the Law. New Delhi: Deep & Deep Publications, 1992.

[416] Baumgartner, Leona, and Frank W. Notestein. Suggestions for a Practical Program of Family Planning and Child Care. Population Council Report, New York, 1955: 20 - 22.

[417] Becker GS, Tomes N. Childendowments and the quantity and quality of children. J. Polit Econ 84, 1976: S142 - S163.

[418] Bhatia, Dipak. India: A Gigantic Task. In Family Planning Programs: An International Survey. ed. B. Berelson, New York: Basic Books,

1969: 73 - 88.

[419] C. Clark and M. Haswell. The Economics of Subsistence Agirculture. Macmill an, London, 1964, chs. 1 and 2.

[420] Caldwell, John, and Pat Caldwell. Limiting Population Growth and the Ford Foundation. Contribution. London: Frances Pinter, 1986.

[421] Carl Haub, O. Sharma. India's Population Reality: Reconciling Change and Tradition. Population Bulletin, Vol. 61, No. 3, September, 2006.

[422] Census of India 2011: Census 2011 India increased by 181 million in 15th Census Data. http://www.india summary.com/2011/03/31/census-of-india-2011-cen sus-2011-india-incre ased-by-181-million-in-15th-census-data/.

[423] Christine Dehlendorf, MD, MAS; Maria Isabel Rodriguez, MD; Kira Levy, BA; Sonya Borrero, MD, MS. Disparities in Family Planning. American Journal of Obstetrics & Gynecology, 2010, (3).

[424] Coale, Ansley J. and E. M. Hooper, Population Growth and Economic Development in Low-income Countries. Princeton, N. J.: Princeton University Press, 1958.

[425] Corsa, L., and Oakley, D. Population Planning. University of Michigan Press, Ann Arbor, MI, 1979.

[426] Dasgupta P. The Ethical Foundations of Population Policies. Paper Prepared for Committee on Population, National Research Council, Washington DC, 1984.

[427] Denise DeRoeck, M. H. Making Health Sector Non-Governmental Organizations More Sustainable: A Review of NGO and Donor Efforts. Partnerships for Health Reform. Development Associates and Harvard School of Public Health. Howard University International Affairs Center University Research Co., LC. 1998.

[428] Davis K. Population Policy: Will Current Programs Succeed?. Science, Vol. 162, 1967: 1243 - 1248.

[429] Diana Farrell. The Economic Impact of an Aging Europe. The McKinsey Quarterly. 2005, (5).

[430] Diane Francis. The Real Inconvenient Truth—The Whole World Needs

to Adopt China's One-child Policy. Financial Post. Dec. 14, 2009. http: //www. financial post. com/story. html? id = 2314438.

[431] Dinesh C sharma. Indian State Proposes Third Child Population Control Policy. THE LANCET, Vol. 356, September. 30, 2000.

[432] District Level Estimates of Fertility from India's 2001 Census. Christophe Z. Guilmoto and S. Irudaya Rajan. Economic and Political Weekly, Vol. 37, No. 7, Feb. 16 – 22, 2002: 665 – 672.

[433] Dixon-Mueller, Ruth. Population Policy & Women's Rights: Transforming Reproductive Choice. Westport, Connecticut: Praeger Publishers. 1993.

[434] Dr A. V. Ramana Kumar. 2003. India and a One-Child-Policy. South Asian Voice. July, 2003 Edition. http: //india_resou rce. tripod. com/one-child-policy. html.

[435] Dr Indira Jai Prakash. Ageing in India. World Health Organization Geneva (WHO) . April, 1999.

[436] E. Boserup. The Conditions of Agriculture Growth. Allen and Unwin, London, 1965: 22 – 62.

[437] Economic and Political Weekly. Rewinding Population Policy? Economic and Political Weekly, Vol. 37, No. 26, Jun. 29 – Jul. 5, 2002: 2515 – 2516.

[438] Edward Jow-Ching Tu, Jersey Liang and Shaomin Li. Mortality Decline and Chinese Family Structure Implications for Old Age Support. Journal of Gerontology, Vol. 44, Issue 4, 1989: S157 – S168.

[439] Ensminger, Douglas. The Ford Foundation's Relations with the Planning Commission. Oral history. Ford Foundation Archives, New York, 1971: 2 – 5.

[440] Ethel Shanas and Philip M. Hauser. Zero Population Growth and the Family Life of Old People. Journal of Social Issues, Vol. 30, No. 4, 1974: 79 – 92.

[441] Feeney, Griffith and Wang Feng. Parity Progression and Birth Interval in China: The Influence of Policy in Hastening Fertility Decline. Population and Development Review, Vol. 19, No. 1, 1993: 61 – 101.

[442] Financial Times. Japan Pay Deals Offer Workers Baby Bonus. March 22, 2007.

[443] Frank Lorimer. Issues of Population Policy. Annals of the American Academy of Political and Social Science, Vol. 237, World Population in Transition, Jan., 1945: 193 – 203.

[444] Frank W. Notestein. Zero Population Growth: What is it? Family Planning Perspectives, Vol. 2, No. 3, 1970: 20 – 24.

[445] Freedman, Ronald. The Contribution of Social Science Research to Population Policy and Family Planning Program Effectiveness. Studies in Family Planning, 1987, 18 (2): 57 – 82.

[446] Green, Marshall. The Evolution of U. S. International Population Policy, 1965 – 92: A Chronolgical Account. Population and Development Review, Vol. 19, No. 2, 1993: 303 – 321.

[447] Griffith Feeney, Yuan Jianhua. Below Replacement Fertility in China? A Close Look at Recent Evidence. Population Studies, Vol. 48, Issue 3, 1994: 381 – 394.

[448] Gwatkin, Davidson R. Political Will and Family Planning: The Implications of India's Emergency Experience. Population and Development Review 5, (2): 32, 1979: 44 – 45.

[449] Herbert Kaufman. Are Governmental Organization Immortal?. Washington, DC: Brookings, 1976.

[450] Herbert Kaufman. Time, Chance and Organizations: Natural Selection in a Perilous Environment. Chatham, Nj: Chatham House, 1987.

[451] Henry Shue. Basic Rights: Subsitstence, Affluence, and U. S. Foreign Policy. Princeton: Princeton University Press, 1980.

[452] Himani Datar. Population Policy. Economic and Political Weekly, Vol. 27, No. 10/11, Mar. 7 – 14, 1992.

[453] India: Change is Possible-investing in Family Planning to Implove Health and Development. United Stat es Agency for International Development and Indian Health Policy Initiative. 2007: 1. http: //www. healthpolicy-initiative. com/Publi cations/Documents/1169 _1 _India _RA PID _brief _FINAL_acc: df.

[454] India's Population 2011. Indian online. http：//www. indiaonlinepages. com/ population/india-current-popul ation. html. Census of Inida website. http：//www. censusindia. gov. in/2011 – prov-results/census2011_PPT_paper1. html.

[455] India's slum population to be over 93 million in 2011. The report of the committee on slum statistics2010. Ministry of Housing and Urban Poverty Alleviation, India. http：//headlinesindia. mapsofindia. com/social-interest-news/social-awareness/indias-slum-population-to-be-over – 93 – million-in – 2011 – 62307. html.

[456] Isaac Ehrlich and Francis T. Lui. The Problem of Population and Growth：A Review of the Literature from Malthus to Contemporary Models of Endogenous Population and Endogenous Growth. Journal of Economic Dynamics and Control, Vol. 21, No. 1, 1997：205 – 242.

[457] J. E. Meade. Population Explosion, the Standard of Living and Social Conflict. The Economic Journal, Vol. 77, No. 306, 1967：233 – 255.

[458] J. M. Keynes. Some economic consequences of a declining population. Eugen Rev. Apr. , 1937；29（1）：13 – 17.

[459] Jack A. Goldstone. The New Population Bomb：The Four Megatrends That Will Change the World：The Four Megatrends That Will Change the World. Foreign Affairs. 2010, January/February. http：//www. foreignaffairs. com/articles/65735/jack-a-goldstone/the-new-population-bomb.

[460] James C. Knowles, John S. Akin and David K. Guilkey. The Impact of Population Policies：Comment. Population and Development Review, Vol. 20, No. 3, 1994：6 11 – 615.

[461] James E. Kocher. Population Policy in India：Recent Developments and Current Prospects. Population and Development Review, Vol. 6, No. 2, 1980.

[462] Jann Christoph von der Pütten. Moral Issues and Concerns about China's One-Child Policy. GRIN Verlag, 2008.

[463] Jen-min Jih-pao. Should Properly Practise Birth Control. Peking, 55,

1957, (3).

[464] John S. Aird. Population Policy in Mainland China. Population Studies, Vol. 16, No. 1, 1962.

[465] John A. Ross and W. Parker Mauldin. Family Planning Programs: Efforts and Results: 1972 – 94. Studies in Family Planning, 1996, Vol. 27, No. 3.

[466] John Bongaarts. The Continuing Demographic Transition, edited by G. W. Jones et al. Oxford: Clarendon Press, 1997.

[467] John F. May. World Population Policies: Their Orign, Evolution, and Impact. The World Bank, Washington DC: Spinger, 2012.

[468] John Bongaarts, Steven Sinding. Poplation Policy in Transition in the Developing World. Science, 2011, Vol. 333.

[469] John S. Aird. Population Studies and Population Policy in China. Population and Development Review, Vol. 8, Issue 2, 1982: 267 – 297.

[470] John Sharpless. Reviews of Population Policy: Contemporary Issues by Godfrey Robert. Contemporary Sociology, Vol. 20, No. 3, 1991: 411 – 414.

[471] Joseph J. Spengler. Socioeconomic Theory and Population Policy. American Journal of Sociology, Vol. 61, No. 2, 1955: 129 – 133.

[472] John S. Aird. Population Policy in Mainland China. Population Studies, Vol. 16, No. 1, 1962: 38 – 57.

[473] Judith Blake. Reproductive Motivation and Population Policy. BioScience, Vol. 21, No. 5, 1971: 215 – 220.

[474] Keyfitz, N. Age Distribuation as a Challenge to Development. American Journal of Sociology 70, 1965: 659 – 668.

[475] Kingsley Davis. Zero Population Growth: The Goal and the Means. Daedalus, Vol. 102, No. 4, The No-Growth Society, 1973: 15 – 30.

[476] Kurt W. Back and Nancy J. McGirr. Population Policy and Models of Human Nature. Journal of Population, Vol. 2, No. 2, 1979: 91 – 103.

[477] Lant H. Pritchett. Desired Fertility and the Impact of Population Policies. Population and Development Review, Vol. 20, No. 1, 1994: 1 – 55.

[478] Laszlo, E., Baker, R. Jr., Eisenberg, E., Raman, V. The Objectives of the New International Economic Order-Published for UNITAR. Pergamon Policy Studies (USA) (United Kingdom), 1978.

[479] Lee B. M.; Isbister J. The Impact of Birth Control Programs on Fertility. In: Family planning and population programs. (Proceedings of the International Conference on Family Planning Programs, Geneva, August 1965). Chicago: University of Chicago Press, 1966: 737 - 758.

[480] Leela Visaria, Shireen Jejeebhoy and Tom Merrick. From Family Planning to Reproductive Health: Challenges Facing India. International Family Planning Perspectives, Vol. 25, Supplement, January, 1999.

[481] Lori S. Ashford, 2001 New Population Policies: Advancing Women's Health and Rights. Population Bulletin 56, No. 1; and Jain, ed., Do: Population Policies Matter? 2002.

[482] Lu Caimei, Hao Yonghong, Wang Xuemeng. China's population projections based on GM (1, 1) metabolic model. Kybernetes, Vol. 38, No. 3/4, 2009: 417 - 425.

[483] M. Nerlove. Population Policy and Individual Choice. Journal of Population Economics, Vol. 1, No. 1, 1988: 17 - 31.

[484] Making Population Stabilization a Peoples' Programme. National Commission of Population in India. http://populationcommission.nic.in/ngo.htm.

[485] Mara Hvistendahl. Has China Outgrown The One-Child Policy? Science, Vol. 329, No. 5998, 2010: 1458 - 1461.

[486] Mahinder D. Chaudhry. Population Policy in India. Population and Environment, Vol. 11, No. 2, 1989: 101 - 121.

[487] Mamta Murthi, Anne-Catherine Guio, Jean Drèze. 1995. Mortality, Fertility, and Gend er Bias in India: A District-Level Analysis. Population and Development Review, Vol. 21, No. 4, Dec., 1995: 770 - 771.

[488] Marque-Luisa Miringoff. The Impact of Population Policy upon Social Welfare. Social Service Review, Vol. 54, No. 3, 1980: 301 - 316.

[489] Maurice Vellacott. Fear depopulation, not overpopulation. Financial

Post. http://www.finan cialpost.com/opinion/story.html? id = 2332380.

[490] Meadows, Donella H., Dennis L. Meadows, Jorgen Randers, and William W. Behre ns, III. The Limits to Growth. New York: Universe Books, 1972.

[491] McCarthy, Kathleen D. The Ford Foundation's Population Programs in India, Pakistan and Bangladesh, 1959 – 1981. Archive Report 011011. New York: Ford Foundation, 1985.

[492] Michael E. Kraft. Population Policy. Encyclopedia of Policy Studies (Second Edithion, Revised and Expanded). edited by Stuart S. Nagel. New York · Basel · Hong Kong: Marcel Dekker, Inc, 1994: 617 – 638.

[493] Michael E. Kraft. Population Policy for the 21st Century. http://www.populationpress.org/essays/essay-kraft.html.

[494] Michael R. Olneck and Barbara L. Wolfe. A Note on Some Evidence on the Easter lin Hypothesis. The Journal of Political Economy, Vol. 86, No. 5, 1978: 953 – 958.

[495] Miller, W. B., and Godwin, R. K. Psyche and Demos: Individual Psychology and the Issues of Population. New York: Oxford University Press, 1977.

[496] Ministry of Health & Family Welfare. The National Population Policy. http://mohfw.nic.in/NRHM/Doc uments/national_Population_Policy_2000: df. 2000.

[497] Ministry of Housing and Urban Poverty Alleviation, India. http://headlin esindia.mapsofindia.com/social-interest-news/social-awareness/indias-slum-population-to-be-over – 93 – million-in – 2011 – 62307. html.

[498] Mohan Rao. Population Policy: From Bad to Worse. Economic and Political Weekly, Vol. 37, No. 22, 2002: 2120 – 2122.

[499] Namkee Ahn., Effects of the One-child Family Policy on Second and Third Births in Hebei, Shaanxi and Shanghai. Journal of Population Economics, Vol. 7, No. 1, 1994: 63 – 78.

[500] Narain, Govind. India: The Family Planning Program since 1965.

Studies in Family Planning, Vol. 1, No. 35, 1968: 1 - 9.

[501] National Research Council, Committee on Population, Working Group on Population and Development, Population Growth and Economic Deveiopment: Policy Questions. Washington, D. C. : National Academy Press, 1986.

[502] Nick Eberstadt. Recent Declines in Fertility in Less Developed Countries, and What 'Population Planners' May Learn from Them. World Development, Vol. 8, 1980: 37 - 60.

[503] Orieji Chimere-Dan. Population Policy in South Africa. Studies in Family Planning, Vol. 24, No. 1, 1993: 31 - 39.

[504] Oscar Harkavy, Lyle Saunders and Anna L. Southam. An Overview of the Ford Foundation's Strategy for Population Work. Demography, Vol. 5, No. 2, Progress and Problems of Fertility Control around the World, 1968.

[505] Paige Whaley Eager. Global Population Policy: From Population Control to Reproducetive Rights. Chippenham, Wiltshire: Antony Rowe Ltd, 2004.

[506] Potter RG Jr. Estimating births averted in a family planning program. In: Behrman, S. J. , Corsa, L. , and Freedman, R. , eds. Fertility and family planning. Ann Arbor, University of Michigan Press, 1969: 413 - 434.

[507] Patrick Gerland1, Adrian E. Raftery, Hana Ševčíková, Nan Li, Danan Gu, Thomas Spoorenberg, Leontine Alkema, Bailey K. Fosdick, Jennifer Chunn, Nevena Lalic, Guiomar Bay, Thomas Buettner, Gerhard K. Heilig, John Wilmoth. World population stabilization unlikely this century. Science, 2014 - 9 - 18.

[508] Planning to Reproductive Health: Challenges Facing India. International Family Planning Perspectives, Vol. 25, Supplement, January, 1999.

[509] P. J. Donaldson. The Elimination of Contraceptive Acceptor Targets and the Evolution of Population Policy in India. Population Studies, Vol. 56, 2002: 97 - 110.

[510] Policy Statement of the United States of America at the United Nations International Conference on Population. Reprinted in Population and Development Review, Vol. 10, No. 3, 1984: 574 – 579.

[511] Population and Family Planning Policy. http://countrystudies.us/india/34.htm.

[512] Government of India Ministry of Home Affairs. Primary Census Abstract. Census – 2001 Data Online. http://censusindia.gov.in/2011 – comm.on/censusdataonli ne.html.

[513] Pronab Sen. It's Time to Review Population Policy. population policy, India, 2009.9.30. http://headlinesindia.mapsofindia.com/socia-l-interest-news/population-e xplosion/its-time-to-review-population-policy-pronab-sen.html.

[514] Qian Xinzhong. China's Population Policy: Theory and Methods. Studies in Family Planning, Vol. 14, No. 12, 1983: 295 – 301.

[515] Raina, B. L. India. In Family Planning and Population Programs, ed. Bernard Berelson, Richmond K. Anderson, Oscar Harkavy, John Maier, W. Parker Mauldin, and Sheldon Segal. Chicago: University of Chicago Press. 1966.

[516] Ramachandran V., NGOs in the Time of Globalization, Seminar, No. 447, 1996: 54 – 59.

[517] Registrar General and Cencus Commissioner, India, published census results. Carl Haub and O. P. Sharma. 2006. India's Population Reality: Reconciling Change and Tradition. Population Bulletin, Vol. 61, No. 3, September, 2006.

[518] Robert Barro, Jong-Wha Lee. A New Data Set of Educational Attainment in World 1950 – 2010. Journal of Development Economics, 2013, (4): 184 – 198.

[519] RD Lee, L. Carter, S. Tuljapurkar. Disaggregatton in population forecasting: Do we need it? And how to do it simply. Mathematical Population Studies, Vol. 5, Issue 3, 1995: 217 – 234.

[520] Robert J. and Lapham, W. Parker Mauldin Family Planning Program Effort and Birthrate Decline in Developing Countries. International Family

Planning Perspectives: Vol. 10, No. 4, 1984: 109 – 118.

[521] Rod Tyers, Jane Golley. China's Growth to 2030: The Roles of Demographic Change and Financial Reform. Review of Development Economics, Vol. 14, No. 3, 2010: 592 – 610.

[522] Ronald Freedman. The Contribution of Social Science Research to Population Policy and Family Planning Program Effectiveness. Studies in Family Planning, Vol. 18, No. 2, 1987: 57 – 82.

[523] S. Greenhalgh and J. Bongaarts. Fertility policy in China: future options. Dudley L. Poston Jr., David Yaukey. The Population of Modern China. The Plenum Series on Demographic Methods and Population Analysis, 1992.

[524] S. Kuznets. Population Change and Aggregate Output. Demographic and Econom ic Change in Developed Countries. Report of the NBER, Princeton: Princeton University Press, 1960.

[525] S. Kuznets. Population, Capital and Growth. Norton, New York, 1973: 3.

[526] Sandra D. Lane. From population control to reproductive health: An emerging policy agenda. Social Science & Medicine, Vol. 39, No. 9, 1994: 1303 – 1314.

[527] Scharping, T. The politics of numbers: Fertility statistics in recent decades. In Z. Zhongwei & F. Guo (Eds.), Transition and challenge: China's population at the beginning of the 21st century. London: Oxford University Press. 2007: 34 – 52.

[528] Series J. Sources of Population and Family Planning Assistance. Population Reports. Family Planning Programs. No. 26, January-February, 1983.

[529] Shikha Jha, P. V. Srinivasan, and Maurice Landes. Indian Wheat and Rice Sector Policies and the Implications of Reform Economic Research Report. No. (ERR – 41), 2007.

[530] Simon, Julian L. The Ultimate Resource. Princeton, N. J.: Princeton University Press, 1981.

[531] Simone Veil. Human Rights, Ideologies, and Population Policies. Population and Development Review, Vol. 4, No. 2, 1978: 313 –

321.

[532] Singe Marie Cold Ravnkilde, Mikkel Funder. Development Cooperation, Climate Change and Conflict. Danish Institute for International Studies (DIIS). 2012 – 4 – 2.7: http://www.filestube.to/Development-cooperation-climate-change-and-conflict-d JagSGEFuglKq0h2J3swfa.html.

[533] South, S. J. and K. Trent. Sex Ratios and Women's Roles: A Cross-National Analy sis. American Journal of Sociology 93, 1988.

[534] Srinivasan, K. Population Policy and Family Planning Programmes in India: A Review and Recommendations. Lecture at the Fifth Dr. C. Chandrasekaran Memorial Lecture Series, February 3, Indian Institute of Population Studies Newsletter, Deonar, Mumbai. 47 (1 – 2), 2006.

[535] Stephen S. Roach. The Stall-Speed Syndrome. http://www.project-syndicate.org/commentary/stephen-s--roach-warns-that-anemic-growth-is-leaving-developed-economies-vulnerable-to-a- recessionary-relapse. 8 – 27 – 2014.

[536] Sumner LW. Classical Utilitarianism and Population Optimum. In: Sikora RI, Barry B (eds) Obligations to Future Generations. Philadelphia: Temple University Press, 1978.

[537] Susan Greenhalgh. Shifts in China's Population Policy, 1984 – 86: Views from the Central, Provincial, and Local Levels. Population and Development Review, Vol. 12, No. 3, 1986: 491 – 515.

[538] Susan Greenhalgh. Socialism and Fertility in China. Annals of the American Academy of Political and Social Science, Vol. 510, World Population: Approaching the Year 2000, Jul., 1990.

[539] Susan Greenhalgh. Population Studies in China: Privileged Past, Anxious Future. The Australian Journal of Chinese Affairs, No. 24, July, 1990.

[540] Susan Greenhalgh. Governing China's Population: From Leninist to Neoliberal Biopolitics. Stanford California: Stanford University Press. 2005.

[541] Susan Greenhalgh. Just One Child: Science and policy in Deng's China. Los Angeles: University of California Press, 2008.

[542] Susan Greenhalgh. Cultivating Global Citizens. Cambridge: Harvard University Press, 2010.

[543] T. Paul Schultz. Population Policies, Fertility, Women's Human Capital, and Child Quality. Handbook of Development Economics, Vol. 4, 2007.

[544] Therese Hesketh, Li Lu, Zhu Wei Xing. The Effect of China's One-Child Family Policy after 25 Years. The New England Journal of Medicine. September 15, 2005: 1171 – 1176.

[545] Therese Hesketh, Wei Xing Zhu. Health in China: The One-Child Family Policy: the Good, the Bad, and the Ugly. Education and debate, BMJ Vol. 314, 1997: 1685 – 1687.

[546] Timothy King and Allen C. Keiley. The New Population Debate: Two Views on Population Growth and Economic Development, Population Trends and Public Policy Paper, No. 7, Washinton, D. C. : Population Reference Bureau, 1985.

[547] T. K. Ommen. Green Revolution and Agrarian Conflict. Economic and Political Weekly, Vol. 6, No. 26, 1971.

[548] United Nations. United Nations Common Database, UNCDB, http://unstats.un.org/unsd/cdb.

[549] United Nations, World Population Prospects: The 2010 Revision. Department of Social Affairs, Population Division United Nations, New York, 2011.

[550] United States Council on Enviromental Quality. The Global Report to the President of the United States, Entering the 21st Century. New York: Pergamon Press, 1980.

[551] U. S. Projected to Remain World's Third Most Populous Country Through 2050, Census Bureau Reports, JUNE, 27, 2011. http://www.census.gov.

[552] Visaria, Pravin, and Anrudh K. Jain. India. Country Profiles Series. New York: Population Council, 1976.

[553] W. Parker Mauldin. Assessment of National Family Planning Programs in

Developing Countries. Studies in Family Planning, 1975, Vol. 6, No. 2.

[554] W. Parker Mauldin, John A. Ross. Family Planning Programs: Efforts and Results, 1982 – 89. Studies in Family Planning, 1991, Vol. 22, No. 6.

[555] Wang Feng. Can China Afford to Continue Its One-Child Policy?. Asia Pacific Issues, 2005, (77).

[556] Warren C. Robinson, John A. Ross. The Global Family Planning Revolution: Three Decades of Population Policies and Programs. The World Bank, 2007.

[557] Wentworth, W. C. Zero population growth. Quadrant, Vol. 21, No. 1, 1977.

[558] W. Parker Mauldin. Assessment of National Family Planning Programs in Developing Countries. Studies in Family Planning, 1975, Vol. 6, No. 2.

[559] World Population Plan of Action. UN World Population Conference, Bucharest, 1974.

[560] Wattal, Pyare Kishan The Population Problem in India: A Census Study. Bombay: Bennett, Coleman and Company, 1916.

[561] Y. C. YuSource. The Population Policy of China. Population Studies, Vol. 33, No. 1, 1979.

[562] Yasheng Huang. Capitalism with Chinese Characteristics: Entrepreneurship and the State. New York: Cambridge University Press, 2008.

[563] Zhou Yongming. Just One Child: Science and Policy in Deng's China by Susan Greenhalgh. PoLAR: Political and Legal Anthropology Review, Vol. 33, Issue 1, 2010.

# 致　　谢

　　2015年10月29日，党的十八届五中全会闭幕。这次会议将在中国人口政策演变的历史上写下重重的一笔：会议决定坚持计划生育的基本国策，完善人口发展战略，全面实施一对夫妇可生育两个孩子的政策，积极开展应对人口老龄化行动。这是继2013年党的十八届三中全会决定启动实施单独两孩政策之后的又一次人口政策调整。12月27日，第十二届全国人大常委会第十八次会议以157票赞成2票弃权，表决通过了关于修改人口与计划生育法的决定。2016年1月1日起中国开始实施新的修改决定：国家提倡一对夫妻生育两个子女。

　　中国人口政策正在翻开历史性的一页，政府开始关注和重视生育率的有效回升问题。值此之时，《江浙人口政策比较研究》得以出版，实在是一种巧合。本书的撰写。从2010年开始选题到2018年最终出版是一个漫长而艰苦的探索过程。本书的顺利完成和出版，首先要感谢我的博士生导师梁中堂教授。在单独两孩政策实施后，考虑到有关比较研究的成果并不多，他建议我在博士学位论文修改的基础上出版成书。在人口政策的研究和探索之路上，先生给予我莫大的鼓励支持和悉心指导，以他的伟岸人格和求真精神深深感染着我。刚退休在家的他，时时勤于笔耕，反倒比以前更忙了。他的儒雅风范、渊博学识、宽广视野潜移默化地影响了我。先生平易近人也乐于助人，几年的亲近和交往令我看到了自己为人为学的不足和今后需要努力的方向。是他坚持引导我以一种责任心来关注和投入本书主题的研究。早在20世纪80年代，先生就极力反对一胎化并上书中央领导，主张执行二胎政策。在他的建议下，我国开启了至今尚不广为人知的二胎试点。过去30多年的时间证明他的二胎观点和政策主张是经得起历史和时间检验的。在此，我要表达对先生的无尽感恩，呈上我诚挚的敬意。复旦大学的王桂新教授，上海社会科学院的左学金研究员、石良平教授、陈淮研究员、刘社建研究员等为本书的修改提出了极为宝贵的建议，在此表示深深的感谢。南京大学陈友华教授在本书的写作过程中给予我热心的帮助和指导,杭州师范大学的康胜教授与冯晗博士时常与我分享他们的研究感悟并提供及时的帮助与指导,在此一并致谢。李南寿教授生前十分关心我的学习与工作,如今老先生驾鹤西去,在此请允许我表达深深的缅怀。

  借此机会,我要深深感谢我的妻子。在持续几年的写作和修改过程中,她不仅要工作学习,还要照顾孩子,承担了大量的家务,令我有充分的时间来专注投入本书的写作。当我在研究中遇到困难甚至想放弃的时候,同样是她给予我信心和勇气来完成本书的写作与修改。

  此外,要特别感谢浙江省社科联和浙江省社会规划办,浙江省社科联省级社会科学学术著作出版资金的资助,保证了本书的顺利出版。感谢中国社会科学出版社的编辑,他们的敬业精神和有关建议令本书增色。由于本人学术水平有限,书中难免有不当之处,恳请读者批评指正。

**彭伟斌**

2018 年 6 月于杭州西溪河下